edition suhrkamp

Redaktion: Günther Busch

W0060970

H. J. Sandkühler, geb. 1940, ist Professor am Zentrum f. Philosophie u. Grundlagen der Wissenschaft an der Univ. Gießen. Veröffentlichungen: Freiheit und Wirklichkeit, 1968. F. W. J. Schelling, 1970. Zum Verhältnis von Hermeneutik und Ideologiewissenschaft 1972. Editionen: Psychoanalyse und Marxismus, 1970. Marxismus und Ethik; Austromarxismus, 1970 (mit R. de la Vega). Aufsätze und Rundfunkvorträge zur bürgerlich-revolutionären Philosophie Hegels und des deutschen Jakobinismus, zur Geschichte des historischen und dialektischen Materialismus und dessen Revisionen im ›demokratischen Sozialismus‹.

Dieses Buch ist ein Leitfaden zum Studium der materialistischen Dialektik und ihrer Kategorien: Materie, Dialektik, Natur, Arbeit, Geschichte, Basis/Überbau, gesellschaftliches Sein/gesellschaftliches Bewußtsein. Es versucht, die dialektische Erkenntnistheorie und die leninistische dialektische Logik weiterzuentwickeln und Grundlagen einer nichtidealistischen Hermeneutik als Instrument der Ideologiewissenschaft zu erarbeiten. Es argumentiert im Kontext der gegenwärtigen wissenschaftlich-sozialistischen Philosophie. Die Einheit von Historischem und Logischem im Alltagsbewußtsein, Klassenbewußtsein und im Wissenschaftsprozeß ist das Thema dieser Studie, die die Objektivität und Geschichtlichkeit der Erkenntnis betont und sich dem Problem stellt: wie kann ein Geschichtsbewußtsein revolutionärer Identität gewonnen werden? Die Antwort: durch die Erkenntnis der Dialektik der Arbeit und des individuell-gesellschaftlichen Bewußtseins in der widersprüchlichen Kontinuität des Fortschritts.

Hans Jörg Sandkühler
Praxis und Geschichtsbewußtsein

Studie zur materialistischen Dialektik,
Erkenntnistheorie und Hermeneutik

Suhrkamp Verlag

edition suhrkamp 529
Erste Auflage 1973
© Suhrkamp Verlag Frankfurt am Main 1973
Erstausgabe. Printed in Germany. Alle Rechte vorbehalten, insbesondere
das der Übersetzung, des öffentlichen Vortrags und der Übertragung durch
Rundfunk und Fernsehen, auch einzelner Teile
Satz in Linotype Garamond, Druck und Bindung bei Georg Wagner,
Nördlingen. Gesamtausstattung Willy Fleckhaus.

Inhalt

Vorbemerkung

Teile dieses Buches sind aufgrund von Vorlesungen und Seminaren zur materialistischen Geschichtsauffassung, zur Theorie der Praxis und zur dialektischen Erkenntnistheorie entstanden. Den Studenten, die mich durch Kritik und eigene Alternativen zur Überprüfung und Veränderung meiner Vorstellungen veranlaßt haben, danke ich.

Die Auswahlbibliographie im Anhang soll zum weiteren Studium der Fragen einer materialistischen Hermeneutik anregen und über den Forschungsstand informieren. Sie umfaßt Quellen, Hilfsmittel und Literatur des historischen und dialektischen Materialismus, der geistes- und sozialwissenschaftlichen Hermeneutik und deren Kritik. Innerhalb der materialistischen Dialektik habe ich vor allem auf die für dieses Buch wesentlichen Theorieelemente der Geschichtsauffassung und der Gnoseologie abgehoben. Die Bibliographie ist nirgends vollständig. Einen Überblick über die zeitgenössische Entwicklung des wissenschaftlichen Sozialismus zu bieten, ist ihre besondere Aufgabe. Veröffentlichungen in osteuropäischen Sprachen wurden aufgenommen, soweit über sie in deutschsprachigen Arbeiten oder in den Publikationen der ›Zentralstelle für die philosophische Information und Dokumentation‹ (Berlin/DDR, vgl. Bibl. (2)-(4)) berichtet wurde. Die Titel der Bibliographie sind im Buch selbst nur teilweise ausgewertet; sie werden innerhalb des Textes zitiert (Zitierweise: Autor: (Nr. der Bibl.), Seite). Die Fußnoten zu weiterer Literatur und zu den Quellen sind durchnumeriert.

Die Quellen der materialistischen Dialektik werden ausführlich zitiert. Es geht mir nicht darum, ihre Autorität als entliehenes Argument zu mißbrauchen; sie, wo Information notwendig ist, paraphrasierend zu verschweigen, würde aber nur den Schein der Originalität erwecken. Es ging darum, mit den Quellen überprüfbar zu arbeiten, denn die Rekonstruktion der materialistischen Dialektik geschieht nicht interesselos, sondern mit dem Ziel ihrer angemessenen Fortentwicklung.

Die Wiederaufnahme und erneute Diskussion einzelner Theorieelemente der materialistischen Dialektik habe ich mit der

Zweiteilung des Buchs bewußt in Kauf genommen, wenn sich im Verlauf der Darstellung neue Perspektiven ergaben.

September 1972   H. J. S.

Teil I – Natur, materiell-geschichtliche Praxis und die Genesis des Bewußtseins

1. Die Perspektive: Praxis und Geschichtsbewußtsein

1.1. Zu einigen Schwierigkeiten materialistischer Theorie im Kapitalismus

»Ich habe bemerkt«, sagte Herr K., »daß wir viele abschrecken von unserer Lehre dadurch, daß wir auf alles eine Antwort wissen. Könnten wir nicht im Interesse der Propaganda eine Liste der Fragen aufstellen, die uns ganz ungelöst erscheinen?« B. Brechts Geschichte vom Herrn Keuner[1] wird zitiert als Aufgabe der Selbstkritik und der Legitimation der Theorie vor der Praxis. Dieses Buch – eine philosophische Studie – wirft Fragen der gegenwärtigen Geltung der materialistischen Dialektik auf, die selbst ein Produkt der Geschichte ist und so ohne ein aus der Wirklichkeit begründetes Geschichtsbewußtsein nicht anwendbar ist. Dieses Buch dementiert nicht, im Rahmen der Liste ungelöster Probleme zu arbeiten; dies versteht sich von selbst, wenn die materialistische Dialektik nicht als Checkliste abhakbarer Lösungen gleich unter welchen politischen und sozio-ökonomischen Bedingungen mißbraucht werden soll. Die Anwendung der materialistischen Dialektik in der Bundesrepublik Deutschland verträgt weder die blinde Übernahme von erfolgreichen Lösungen aus der Deutschen Demokratischen Republik wie aus den anderen sozialistischen Ländern noch die offenkundig revisionismus-interessierte These, die Widersprüchlichkeit der ökonomischen Gesellschaftsformationen in Sozialismus bzw. Kapitalismus habe die vermeintliche Einheit des Marxismus und seiner theoretischen Fundamente als das entlarvt, was sie immer gewesen sei: eine vom Führungsanspruch der KPdSU bedingte Fiktion. Dieses Buch geht davon aus, daß der Erkenntnisprozeß der materialistischen Wissenschaft sich im sozialen, ökonomischen und ideologischen Determinationsfeld kapitalistischer Gesellschaftsformationen nicht exterritorial vollzieht, sondern den besonderen

1 B. Brecht, *Gesammelte Werke in 20 Bd.* Frankfurt/M. 1967. Bd. 12, 382.

Gesetzen der Widerspieglung herrschender Verhältnisse durch ein gegen die Verhältnisse parteinehmendes Bewußtsein entspricht; aus diesem Grund – und nicht einzig als Beitrag zu einer angemessenen wissenschaftlichen Erklärung von manifesten Bewußtseinsprodukten, zu einer materialistischen Hermeneutik – räumt es Fragen der dialektisch-materialistischen Erkenntnistheorie einen Vorrang ein. Für die an den Erfordernissen verändernder Praxis orientierte Selbstreflexion materialistischer Theorie müssen die Bedingungen ihrer eigenen Genesis aus dem Kapitalismus fragwürdig sein.

Eine der nicht generalisierbaren Schwierigkeiten zeitgenössischer marxistischer Wissenschaft liegt begründet in der nach dem Einmünden der sozialistischen Studentenbewegung in politische Organisationsformen entstandenen Situation. Die Konfrontation der ›Autorität‹ der Institutionen des bürgerlichen Staats mit der Autorität zunächst nur prinzipieller Gegenautorität durch die Neue Linke war ein Erfolg, der nicht zu schmälern ist. Die Ambivalenz von Gegenautorität und tendenziellem Anarchismus hat diesen Erfolg von Anbeginn gefährdet. Die links-maximalistischen ›marxistisch-leninistischen‹ Sekten haben einen Teil des Erbes angetreten. Was die Kanonisierer der Schriften von Marx-Engels-Lenin-Stalin-Mao Tse-Tung sich nicht eingestehen wollen und aus Gründen der ohnmächtigen Selbstidentifikation nicht eingestehen können, ist, daß erstens das System des historischen und dialektischen Materialismus umfassender und differenzierter ist, als die rituell-revolutionäre Formel ›Orthodoxie‹ es zu fassen vermag, daß zweitens die Geltung der materialistischen Dialektik von der Qualität nicht nur des Begreifens der historischen und gegenwärtigen Genesis abhängt, sondern vor allem von der Konkretheit der Anwendung, und daß drittens die mit einem fetischisierten Praxis-Begriff gegen die Theorie vorgetragenen Angriffe der bürgerlichen Trennung von Theorie und Praxis, Kopf- und Handarbeit, hohen Tribut zollen. Die Forderung ›Praxis *statt* Theorie‹ ist so mechanistisch wie utopisch; sie verkennt die Praxisdetermination der Theorie wie den Bedarf der Praxis an materialistischer Analyse der Wirklichkeit. Als Symptom der Grenzen materialistischer Theorie im Kapitalismus ist sie freilich ernst zu nehmen: »Auf dem ›praktischen‹ Element des Theorie-Praxis-Nexus zu bestehen, nachdem beide Elemente gespalten, getrennt und nicht bloß unterschieden wurden [. . .], bedeutet, daß man eine relativ primitive, eine noch ökonomisch-korporative Phase durchläuft, in der sich der allgemeine Rahmen der ›Basis-Struktur‹ quantitativ verändert und die entsprechende Überbau-Qualität zwar im Entstehen begriffen ist, sich aber noch nicht organisch entwickelt hat«[2]. Diese Einsicht Antonio Gramscis – des Gründers der KPI und Lehrers Togliattis – ist aktuell. Will man dem historischen und dialektischen Materialismus keine andere als die ihm von Marx und Engels zugeschriebene Funktion beimessen – d. h. ihn als Leitfaden beim Studium der Geschichte und der Realität anzuwenden –, dann bedeutet das Bestehen auf Theorie keine Emigration des Intellektuellen aus der Wirklichkeit hinein in das Reservat der Rekonstruktion des Marxismus und keine Resignation vor dem Kapitalverhältnis; es bedeutet nichts anderes als Verzicht auf Aktionismus und die Anerkennung der notwendigen Arbeitsteilung in der Totalität des wissenschaftlichen Sozialismus. ›Aufhebung der Theorie‹ bleibt ein riskantes Schlagwort, solange die Theorie ihren Auftrag nicht erfüllt hat, als Element der Praxis ihre Verwirklichung mit ins Werk zu setzen.

Auch für die materialistische Wissenschaft gilt, arbeitet sie unter kapitalistischen Bedingungen, was Marx für die kapitalistische Warenproduktion analysiert hat: die Wissenschaftsproduktion produziert nicht nur Wissensobjekte, sondern ein diesem verdinglichenden Produktionsprozeß angemessenes Subjekt. Für die kapitalistische Wissenschaftsproduktion bedeutet dies: ein Subjekt, das mit dem Produktionsmittel Wissenschaft – denn über die Produktivkraft Wissenschaft wird im Privateigentum wie über ein Produktionsmittel verfügt – unter dem Kapitalverhältnis subsumiert ist; das Subjekt der Wissenschaft tritt auf in der Form des Objekts einer scheinbar ›naturwüchsigen‹ Wissenschaftsökonomie. Sind hieraus Folgerungen für die antikapitalistische materialistische Wissenschaft zu ziehen? Zu fragen ist nach dem Widerspiegelungscharakter dieser Studie. Ist innerhalb des Kapitalismus – und die Anleihe bei Lösungen praktischer Probleme in den sozialistischen Ländern bietet noch keine Antwort – objektiv richtige Erkenntnis mög-

2 A. Gramsci, *Philosophie der Praxis. Eine Auswahl.* Hg. u. übers. v. Ch. Riechers mit einem Vorwort v. W. Abendroth. Frankfurt/M. 1967, 139.

lich? Ist ein für die sozialistische Wissenschaft unverzichtbares Klassenbewußtsein möglich, dem die Theorie adäquat wäre? Formuliert die Probleme der Theorie jener Klasse, die in der BRD als kapitalproduzierende lohnabhängige Klasse als Arbeiterklasse zu bezeichnen ist, richtig, wer den Sozialisations- und Bewußtseinsbildungsprozeß der bürgerlichen Gesellschaft in Westdeutschland nach 1945 durchlaufen hat? Emphatische Parteinahme ist noch kein Garant für die Glaubwürdigkeit und Wahrheit eines Klassenstandpunkts, der vom Intellektuellen eingenommen wird. Zu untersuchen sind die materiellen und ideellen Bedingungen, unter denen der Intellektuelle zwischen konkurrierenden Ideologien seine Wahl trifft. Eine bewußte Wahl und keine Dezision, dies sei unterstellt. Die Richtung einer Antwort, der sich diese Studie insgesamt widmet, kann angegeben werden: die Wahl einer theoretischen klassenspezifischen Position setzt die Existenz der Klasse voraus, deren Standpunkt und deren objektive Interessen der Intellektuelle vertritt. Die Einsicht in den Widerspiegelungscharakter auch des Klassenbewußtseins, das eine Parteinahme zum Ursprung hat, läßt keinen anderen Schluß zu. Einzubeziehen ist dabei, daß auch eine im Prozeß der Bildung des Klassenbewußtseins einer noch nicht solidarischen Arbeiterklasse entwickelte Theorie zu objektiv richtigen Aussagen kommt, wenn sie die latenten, noch nicht politisch manifesten Antagonismen der Klassenstruktur einer bürgerlichen Gesellschaftsformation antizipiert.

Eine ihrer Genesis aus dem Kapitalverhältnis bewußte historisch- und dialektisch-materialistische philosophische Theorie hat von dieser Zustandsbeschreibung illusionslos auszugehen. Sie hat zu berücksichtigen, daß sie sich – um ihre eigene Sprache ringend – des Sprachbestands im kapitalistischen System durch die Parteinahme für dessen Alternative noch nicht entledigt hat. Daß der »Bourgeois [...] es um so leichter« hat, »aus seiner Sprache die Identität merkantilistischer und individueller oder auch allgemein menschlicher Beziehungen zu beweisen, als diese Sprache selbst ein Produkt der Bourgeoisie ist«[3], ist eine Erfahrung, die für den materialistischen Wissen-

<hr/>

3 K. Marx / Fr. Engels, *Werke*. Hg. v. Institut f. Marxismus-Leninismus beim ZK d. SED. 39 Bd., 1 Erg. Bd. in 2 Tl., 2 Registerbände. Berlin 1956 bis 1971 (= *MEW*). *MEW* 3, 212.

schaftler nicht per se mit umgekehrten Vorzeichen gilt, sondern erst mit der Veränderung der materiellen Basis der Sprache. Eine Studie zur materialistischen Dialektik unterzieht sich – nach Brecht – dieser Aporie »sozusagen auf eigene Gefahr, aber der Leser, der sich hineinbegibt, kommt mitunter darin um«[4].

Zur Rechenschaft, die sich dieses Buch gibt, gehört eine der die Geschichte der Arbeiterbewegung fortwährend begleitenden Schwierigkeiten: der so fruchtbare wie gefährliche, oft kurzschlüssige Kontakt zwischen Intellektuellen und Arbeiterklasse. Die Fruchtbarkeit dieser Allianz ist bekannt; daß der die Aktionsfähigkeit der Partei häufig erschwerende, oft blockierende Einfluß intellektueller *Renegaten* der bürgerlichen Klasse das Resultat vorhergehender Theorie-Revisionen war, wird freilich verdrängt. Friedrich Engels' im Vorwort zur englischen Ausgabe der *Lage der arbeitenden Klasse* nachzulesende Warnung vor denen, »die den Arbeitern von der ›Unparteilichkeit‹ ihres höheren Standpunkts einen über allen Klassengegensätzen und Klassenkämpfen erhabenen Sozialismus predigen«[5], ist nicht überholt. Als Moment der Selbstkritik sei hier eingebracht, was Marx und Engels in einem Zirkularbrief an Bebel, Liebknecht und andere schrieben:

»Es ist eine im Gang der Entwicklung begründete, unvermeidliche Erscheinung, daß auch Leute aus der bisher herrschenden Klasse sich dem kämpfenden Proletariat anschließen und ihm Bildungselemente zuführen [...]. Es ist aber hierbei zweierlei zu bemerken: *Erstens* müssen diese Leute, um der proletarischen Bewegung zu nutzen, auch wirkliche Bildungselemente mitbringen. Dies ist aber bei der großen Mehrzahl der deutschen bürgerlichen Konvertiten nicht der Fall. [...] Statt die neue Wissenschaft vorerst selbst gründlich zu studieren, stutzte sich jeder sie vielmehr nach dem mitgebrachten Standpunkt zurecht, machte sich kurzerhand eine eigene Privatwissenschaft und trat gleich mit der Prätention auf, sie lehren zu wollen. [...] *Zweitens.* Wenn solche Leute aus andern Klassen sich der proletarischen Bewegung anschließen, so ist die erste Forderung, daß sie keine Reste von bürgerlichen, kleinbürgerlichen etc. Vorurteilen mitbringen, sondern sich die proletarische Anschauungsweise unumwunden aneignen«[6].

4 B. Brecht a.a.O. Bd. 20, 82.
5 *MEW* 22, 270.
6 *MEW* 19, 164/165.

Die Resistenz der bürgerlichen Ideologie belastet auch die materialistische Theorie, eine Theorie in praktischer Absicht, eine Theorie, die sich nicht zur Quasi-Praxis stilisiert. Die Lösung dieses Problems hängt ab von einer befriedigenden Antwort auf die Frage nach dem Zusammenhang von Wahrheit und Parteilichkeit; und beim Gebrauch dieser Kategorie ist Vorsicht geboten. Der rationale Kern von ›Parteilichkeit‹ gerät in Gefahr, sobald sie mit Dogmatismus verwechselt wird. Parteilichkeit hat sich zu orientieren an den objektiven Bedürfnissen und Interessen der Klasse, der sie gilt. Dabei sind die Barrieren zwischen Klasse und Klassenbewußtsein im Kapitalismus, die Marx unter dem Titel des Fetischismus der Warenwelt beschrieben hat, nicht durch emphatischen Verbalismus auszuräumen, sondern zuerst durch die wissenschaftliche Analyse der *objektiven* bedürfnisleitenden gesellschaftlichen Wirklichkeit. Diese Analyse schließt jeden Dogmatismus aus. Dazu Lenin:

»Man kann wohl kaum etwas deutlicher ausdrücken: die Marxisten entlehnen der Marx'schen Theorie vorbehaltlos nur die wertvollen Methoden, ohne die eine Aufhellung der gesellschaftlichen Verhältnisse unmöglich ist, und sehen folglich das Kriterium für ihre Beurteilung dieser Verhältnisse keineswegs in abstrakten Schemata und ähnlichem Unsinn, sondern darin, ob diese Beurteilung richtig ist und mit der Wirklichkeit übereinstimmt«[7].

In *Über einige Besonderheiten der Entwicklung des Marxismus* heißt es mit größter Strenge:

»Unsere Lehre [...] ist kein Dogma, sondern eine Anleitung zum Handeln. In diesem klassischen Satz [von Engels] ist mit [...] Prägnanz jene Seite des Marxismus hervorgehoben, die sehr oft außer acht gelassen wird. Wenn wir sie aber außer acht lassen, machen wir den Marxismus zu einer einseitigen, mißgestalteten, toten Lehre, nehmen wir ihm die lebendige Seele, untergraben wir seine fundamentale Grundlage – die Dialektik, die Lehre von der allseitigen und widerspruchsvollen historischen Entwicklung, untergraben wir seinen Zusammenhang mit den bestimmten praktischen Aufgaben der Epoche, die sich bei jeder neuen Wendung der Geschichte ändern kann«[8].

7 W. I. Lenin, *Werke*. Nach d. 4. russ. Ausg. hg. v. Institut f. Marxismus-Leninismus beim ZK d. SED. 40 Bd., 1. Erg. Bd., 3 Registerbd. Berlin 1961 bis 1969. (= *LW*). *LW* 1, 189.
8 *LW* 17, 23.

Lenin ging es nicht um ein Alibi für eine spezifische politische Strategie im vorrevolutionären Rußland, sondern um die Beachtung der politisch-ökonomischen und gnoseologischen Prämissen der Politik. Konkrete dialektische Analyse auf dem Niveau der gesellschaftlichen Realität – dies ist der Kern des Leninschen Anti-Dogmatismus. Er erlaubt Parteilichkeit, die ihr Ziel erkennt, bevor sie im Wort ist; so erst ergreift sie die richtige Partei richtig. Dies ist kein Plädoyer für einen ›offenen‹ Marxismus, wenn Offenheit Revisionen Tür und Tor zu öffnen hieße. Es ist eine Verteidigung der materialistischen Dialektik gegen den Voluntarismus im sogenannten ›westlichen‹ Marxismus wie gegen die Hörigkeit gegenüber dem ›östlichen‹, der wider Willen als Rezeptbuch gelesen wird.

Eine Studie zur materialistischen Dialektik scheint sich in Schwierigkeiten zu begeben, sobald sie sich als philosophische versteht. Trotz des Marxschen dialektischen Einwands gegen die Philosophie – sie sei aufzuheben durch ihre Verwirklichung und zu verwirklichen in ihrer Aufhebung – hat sich der Eindruck einer Kontraindikation eingeschlichen. Der Dialektik, »daß das Philosophisch-Werden der Welt zugleich ein Weltlich-Werden der Philosophie, daß ihre Verwirklichung zugleich ihr Verlust« ist[9], scheint das klare Veto Lenins und Engels' zu widersprechen. Lenin: »Dem Standpunkt von Marx und Engels zufolge hat die Philosophie keinerlei Recht auf eine gesonderte, selbständige Existenz, und ihr Material verteilt sich auf die verschiedenen Zweige der positiven Wissenschaft«[10]; Engels: »Sobald an jede einzelne Wissenschaft die Forderung herantritt, über ihre Stellung im Gesamtzusammenhang der Dinge und der Kenntnis von den Dingen sich klarzuwerden, ist jede besondere Wissenschaft vom Gesamtzusammenhang überflüssig. Was von der ganzen bisherigen Philosophie dann noch selbständig bestehn bleibt, ist die Lehre vom Denken und seinen Gesetzen – die formelle Logik und die Dialektik. Alles andre geht auf die positive Wissenschaft von Natur und Geschichte«[11]. Der Eindruck der Kontraindikation täuscht; akzentuiert man, daß die Philosophie kein Recht auf eine *gesonderte, selbständige Existenz* habe (Lenin) und dies vornehm-

9 *MEW* Erg. Bd. 1, 329.
10 *LW* 14, 433.
11 *MEW* 20, 24.

lich für die *bisherige* Philosophie gelte (Engels), und stellt man den Kontext dieses Vetos her, so ergibt sich: die Philosophie hat ihre Funktionsbestimmung nicht mehr aus sich selbst zu begründen; sie bestimmt ihr Wesen im »materiellen, empirisch konstatierbaren und an materielle Voraussetzungen geknüpften Lebensprozeß«[12]. Mit anderen Worten: »Es genügt nicht, daß der Gedanke zur Verwirklichung drängt, die Wirklichkeit muß sich selbst zum Gedanken drängen«[13]. Man gelangt so nicht zur Geringschätzung philosophischer Theorie – denn auch ihre Resultate werden zur »materiellen Gewalt«[14], »zu einem großen Hebel der Geschichte«[15] und zu einer »lebendigen Anleitung zum Handeln«[16] –, auch nicht zur junghegelianischen Utopie der ›Reform des Bewußtseins‹, sondern – mit Gramsci – »zur Gleichheit oder Gleichsetzung von ›Philosophie‹ und ›Politik‹, von Denken und Handeln, d. h. zu einer Philosophie der Praxis. Alles ist politisch, auch die Philosophie oder die Philosophien, und die einzige ›Philosophie‹ ist die sich verwirklichende Geschichte, ist also das Leben selbst«[17]. Das Bestehen auf einer so bestimmten Philosophie verkümmert nicht beim Adornoschen Satz, der nur als Zynismus gelesen werden kann: »Diejenige Theorie dürfte noch die meiste Hoffnung auf Verwirklichung haben, welche nicht als Anweisung auf ihre Verwirklichung gedacht ist«[18]. Grundsätzlich, gerade aber auch in kapitalistischen Verhältnissen, verzichtet die materialistische Dialektik als Methode und Theorie nicht auf die Philosophie. Eine Philosophie ist unverzichtbar, die »das Entscheidende im Marxismus [...]: nämlich seine revolutionäre Dialektik«[19] in wissenschaftlichen Kategorien formuliert; eine Philosophie also, die den Begriff der dem bürgerlichen Denken nur noch in der

12 *MEW* 3, 26. Das Protokoll d. Sitzung d. Brüsseler Sektion d. Intern. Arbeiterassoziation vom 25. 11. 1865 ist ein konkreter Beleg. Es führt auf: »I. Fragen, die die Assoziation betreffen [...] II. Soziale Fragen [...] III. Fragen der internationalen Politik [...] IV. Philosophische Fragen« (*MEW* 31, 491).
13 *MEW* 1, 386.
14 *MEW* 1, 385.
15 *MEW* 19, 333.
16 *LW* 17, 26.
17 A. Gramsci, a.a.O. 158.
18 Th. W. Adorno, *Marginalien zu Theorie und Praxis.* In: *DIE ZEIT,* 15. 8. 1969, 10.
19 *LW* 33, 462.

Spekulation als Ganzes erscheinenden Totalität der Wirklichkeit leistet (vgl. Kofler: (126), 165). Diese Philosophie beansprucht keine ›gesonderte Existenz‹, sondern ist als *Organon* wissenschaftlicher, abstrahierender und synthetisierender Kategorienbildung ein integrierender Bestandteil des wissenschaftlichen Sozialismus. Sie ist das *System* der Theorien und Methoden, in denen sich die Totalität und die Dialektik der Wirklichkeit inclusive deren geschichtlicher Genesis widerspiegeln. Dieser Begriff von Philosophie liegt der Arbeit zugrunde.

In welchem Ausmaß Fragestellungen und Antworten der materialistischen Theorie im Kapitalismus gestört sind, wird nicht zuletzt dort offenkundig, wo wesentliche *materialistische* Theorieelemente aufs Spiel gesetzt werden: der Materialismus-Primat wird preisgegeben 1. in der Anthropologisierung, 2. in der Subjektivierung, 3. in der historischen ›ideologiekritischen‹ Relativierung, 4. durch das Unterschieben eines idealistischen ›Praxis‹-Konzepts und 5. durch die strukturalistische Leugnung eines Subjekts des materiellen Seins. Alle diese Unternehmungen treten auf mit dem Anspruch der Wahrung eines genuinen Marxismus, dessen Rekonstruktion sich in Wirklichkeit als Revision herausstellt. Repräsentativ für das Revisionsverfahren sind a) die Entlastung der Marx'schen Lehre durch die Belastung des Engels'schen Systems, d. h. die Zerstörung einer historischen Totalität; b) die Entlastung des Marxismus durch die Belastung des Leninismus als Un-Philosophie, d. h. die Zerstörung einer historischen Kontinuität; c) die Entlastung des Marxismus-Leninismus durch die Belastung des vulgären Mechanismus bzw. Stalinismus, d. h. die Zerstörung der Erkenntnis der materiellen gesellschaftlichen Ursachen der Widersprüche im wissenschaftlichen Sozialismus durch deren Personalisierung. Charakteristisch für diese der materialistischen Dialektik scheinbar wohlwollenden Revisionen ist eine Kombination der Kritik-Argumente; historischer und dialektischer Materialismus seien inkompatibel, und der Marxismus sei als eine durch nichts als Wahrheit ausgewiesene historische Ideologie und Weltanschauung einer Klasse zu säubern von Entstellungen: von der Entstellung durch die ›sowjetphilosophische‹ Ontologisierung, d. h. letztlich von der *Naturdialektik*.

Die Position und die Darstellungsweise – beginnend mit den

materialistischen Kategorien ›Materie‹, ›Natur‹, ›Dialektik‹ und ›Geschichte‹, mit dem dialektischen Materialismus – dieser Untersuchung werden neben systematischen Erfordernissen auch durch die Konfrontation mit den Revisionismen bestimmt. Sie macht Front gegen den Idealismus der subjektivistischen Verstümmelung der Dialektik[20], gegen die Anti-Engels-Mode[21] wie gegen die Leugnung des philosophischen Charakters der Leninschen Theorie[22] und – gewiß nicht minder – gegen den Dogmatismus der mechanistischen bzw. objektivistischen, antihumanistischen Mißverständnisse der Dialektik von Bucharin über den Stalinismus bis zum Strukturalismus Althussers. Sie

20 Stellvertretend seien für diese Tendenz – so unterschiedlich ihre Resultate sein mögen – zitiert: für die jugoslawische ›Praxis-Philosophie‹ M. Životić: »Die Marxsche Dialektik [...] entstand als Theorie, die die *menschliche Totalität* der Wirklichkeit – die Totalität vom Standpunkt des authentischen Subjekts aus – zu erfassen sucht« (*Die Dialektik der Natur und die Authentizität der Dialektik*. In: *Revolutionäre Praxis. Jugoslawischer Marxismus der Gegenwart*, Freiburg 1969, 145) und M. Marković mit der These, »daß es Sinn habe, über die dialektischen Strukturen zu reden und die dialektische Methode nur dort anzuwenden, wo eine Interaktion zwischen Subjekt und Objekt besteht« (*Dialektik der Praxis*, Frankfurt/M. 1969, 46/47); für die ›Frankfurter Schule‹ J. Habermas: »Hätte Marx Interaktion mit Arbeit nicht unter dem Titel der gesellschaftlichen Praxis zusammengeworfen, [...] dann wäre die Idee einer Wissenschaft vom Menschen nicht durch die Identifikation mit Naturwissenschaft verdunkelt worden« (Bibl. (448), 85) und O. Negt: »Die positive Dialektik konstituiert den Marxismus als Legitimationswissenschaft. [...] In der zum gesonderten Erkenntnisbereich abgespalteten Naturdialektik entsteht kein *Produktionswissen*, sondern in erster Linie *Legitimationswissen*« (Bibl. (214), 33). Diese Halbierungen der Dialektik stehen in der Tradition des Angriffs von G. Lukács gegen die Engels'sche Naturdialektik, in der »die wesentlichste Wechselwirkung: *die dialektische Beziehung des Subjekts und Objekts im Geschichtsprozeß* [...] nicht einmal erwähnt« werde (Bibl. (73), 173); Lukács verweist auf den *Anti-Dühring* und läßt zugunsten seiner These die umfangreicheren 2. und 3. Abschnitte *Politische Ökonomie* und *Sozialismus* schlicht unberücksichtigt.
21 Diese Mode ist so verbreitet wie der ›westliche‹ Marxismus und sein antimarxistisches Pendant: man trägt den Vorwurf des »naiven Materialismus Fr. Engels'« (so z. B. D. Wyss, *Marx und Freud. Ihr Verhältnis zur modernen Anthropologie*, Göttingen 1969, 24).
22 *Was Lenin wirklich sagte* (Wien-München-Zürich 1969) soll – auf der Grundlage einer Zitaten-Collage, auf die die Unterscheidung ›wissenschaftlich/populär‹ schon nicht mehr anzuwenden ist – zum Resümee berechtigen: sein Werk sei »unvollendet, an extremen Situationen, schroffen Antithesen, jähen Wendungen [...] überreich« (12). Genauer noch als E. Fischer / F. Marek weiß es der Hg. der Leninschen *Hefte zu Hegels Dialektik* (München

versucht den Nachweis der Bedeutung einer nicht mechanistisch verzerrten Naturdialektik-Konzeption für die Theorie der Praxis, der Geschichte und des Bewußtseins; sie anerkennt den wichtigen Beitrag Lenins zur Philosophie. Revisionismen, welche die Dialektik der Natur verwerfen, werden nicht kritisiert, weil sie den historischen und dialektischen Materialismus verändert, sondern weil sie sein Fundament zerstört haben. Betont werden soll: die materialistische Kategorie ›Natur‹ ist mit allen naiven oder romantischen geschichtskritischen Natur-Theoremen unverwechselbar. Die Kategorie ›Natur‹ ist unverzichtbar, wenn die Erkenntnis der technisch-industriellen Wirklichkeit nicht scheitern soll; die technisch-industrielle Form der menschlichen Verfügung über das materielle Sein, d. h. über die materiellen Bedingungen und Mittel der Produktion und Reproduktion des Lebens, ist eine Form des Prozesses der menschlichen Naturbeherrschung durch Arbeit. Der Verlust der Natur-Kategorie verhindert darüber hinaus die Kritik des ›Naturwüchsigkeits‹-Scheins der kapitalistischen Ökonomie.

Schließlich: Materialistische Wissenschaft im Kapitalismus – hierzulande unter dem Oktroy jener ›Grundsätze zur Frage der verfassungsfeindlichen Kräfte im öffentlichen Dienst‹, beschlossen von der Konferenz der Ministerpräsidenten der Bundesländer am 28. Januar 1972, beinhaltend die plausible Forderung, sich »zu der freiheitlichen demokratischen Grundordnung im Sinne des Grundgesetzes zu bekennen und für deren Erhaltung einzutreten«[23]. Wer vor wessen Freiheitsverständ-

1969, 9), Th. Meyer: »daß die erkenntnistheoretischen Äußerungen Lenins schon zu ihrer Zeit nicht auf der Höhe historisch relevanter Philosophie waren«; Lenin habe »aufgrund seines vorbürgerlichen gesellschaftlichen Erfahrungshorizontes« »das idealistische Quidproquo von erkenntnistheoretischem und ontologischem Ersten im [. . .] Extrem« reproduziert (46); Anlaß zur ›Würdigung‹, Lenins Materialismus habe – was will man mehr! – »drastisch gezeigt, wie philosophischer Materialismus nicht möglich ist« (10). vgl.: R. Steigerwald, *Lenin-Verfälschung in der BRD*. In: *Marxistische Klassenanalyse oder spätbürgerliche Mythen*, Berlin 1972, 9-25; *Lenin als Philosoph*. Hg. v. d. Akademie f. Gesellschaftswissenschaften beim ZK d. KPdSU. Redaktion M. M. Rosental, Frankfurt/M. 1971; A. Gedö, *Die philosophische Aktualität des Leninismus*. In: A. Gedö / M. Buhr / V. Ruml, *Die philosophische Aktualität des Leninismus / Zur Aktualität der Leninschen Positivismus-Kritik / Positivistische ›Philosophie der Wissenschaft‹ im Lichte der Wissenschaft*, Berlin 1972.
23 *Wortlaut und Kritik der verfassungswidrigen Januarbeschlüsse. Materia-*

nis zu schützen sei, soll nicht gefragt werden. Die Forderung ist
– wird sie schon einmal nicht als Plausibilität vorausgesetzt,
spricht sie schon mit einem Begriff, den das Rechtssystem der
BRD nicht kennt (›verfassungsfeindlich‹), – ein Symptom der
freiheitlich demokratischen Grundordnung ›im Sinne des
Grundgesetzes‹. Dieses Buch soll der Forderung im Sinne des
Grundgesetzes nachkommen, denn, so zumindest meint
Brecht:

»nichts ist verderblicher als die Haltung jener Leute, die gewisse Zustände, die zwar schon herrschend sind, deren Charakter aber noch
nicht durchschaut ist, ohne weiteres sanktionieren, sozusagen trotz
allem im vorhinein, und jene als naiv verlachen, die die Herrschenden
beim Wort nehmen, um ihre Taten als nicht zu den Worten passend
aufzudecken, so den Charakter der Zustände entlarvend.
Die bürgerlichen Republiken garantieren Gedankenfreiheit, die ›Wis-
senden‹ verlachen jeden, der diese Lüge glaubt oder zu glauben vorgibt, indem er diese Gedankenfreiheit in Anspruch nimmt, anstatt
daß sie jene verachten, die diese Lüge nicht bekämpfen – also sich
selber. Aber sie verachten ja sich selber!
Sie sagen: Wie kann man von ›diesem‹ Staat verlangen, daß er freie
Gedanken duldet? Müßten sie doch dann ›diesen‹ Staat nicht dulden!
Aber so dulden sie ›diese‹ Gedanken nicht!«[24]

1.2. Vorfragen und Definition der Erkenntnistheorie

Im Kanon der nicht-materialistischen Wissenschaft gilt heute –
sieht man von ihrer Funktion in der Wissenschaftsphilosophie
bzw. -Theorie des Neo-Positivismus ab – die Erkenntnistheorie
als Fossil der reinen Geisteswissenschaften. Eine Stellung als
Grundwissenschaft räumt ihr allein die materialistische Dialektik ein. Warum die Perspektive ›Praxis und Geschichtsbewußtsein‹ notwendig in die Dimension der Erkenntnistheorie führt,
und warum die Gnoseologie nicht etwa nur ein Teilaspekt, sondern das Zentrum einer Theorie des Verhältnisses von Praxis
und geschichtlichem Bewußtsein ist, muß also begründet
werden. Im Vorgriff auf den historisch- und dialektisch-materialistischen Begründungszusammenhang dieser Studie kann
gesagt werden: Die für eine genetische Theorie der Bewußtseins-

lien für Studenten, Beamte, Angestellte und Arbeiter im öffentlichen Dienst.
Köln 1972, 6.
24 B. Brecht a.a.O. Bd. 20, 55.

und Widerspiegelungsformen wie auch für eine hermeneutische Erklärung der Bewußtseinsmanifestationen (etwa in Texten) zentrale Bedeutung der Erkenntnistheorie gründet in deren Charakter als materialistische, dialektische, historische, soziale und kritische Wissenschaft. Ihre Grundlage ist die Dialektik als allgemeines Gesetz des materiellen – d. h. natürlichen, scheinbar ›naturwüchsigen‹ gesellschaftlichen und endlich bewußten gesellschaftlichen – Seins. Die Erkenntnis der Materialität, Dialektizität und Einheit des gesellschaftlichen Seins als eines Elements der materiellen Wirklichkeit ist erst im kategorialen Kontext einer Theorie möglich, welche die wirkliche geschichtliche Veränderung der Kategorien als Folge des Verwirklichungsprozesses des Menschen einsichtig gemacht hat. Eine zureichende Bestimmung des Bewußtseins muß umfassen die geschichtliche Genesis des Bewußtseins; daraus folgt: mit der Ausblendung der Historizität des Bewußtseins und seiner Manifestation bringt sich die Analyse der Wirklichkeit um die Erkenntnis eines Bestandteils der Realität; Geschichtsblindheit ist Wirklichkeitsblindheit.

Das menschliche Bewußtsein *widerspiegelt* das für die Produktion und Reproduktion des Menschen relevante objektive Sein als den Prozeß der Dialektik von Sein und Bewußtsein. Dies ist der Kern der materialistischen Widerspiegelungstheorie, dies hebt sie aus der Tradition der Abbild-Theoreme hervor. Erkenntnis ist Widerspiegelung; Widerspiegelung ist sozialer Prozeß. Deshalb schließt die theoretische und methodische Perspektive der Erkenntnistheorie, die in der Einheit von historischem und dialektischem Materialismus gründet, die Politische Ökonomie und Revolutionstheorie des wissenschaftlichen Sozialismus mit ein.

Die Kennzeichnung der *Erkenntnis als sozial-historischer Prozeß* (vgl. Gössler: (153a), 517 ff.) ist zu betonen 1. gegenüber dem idealistischen Mißverständnis der Widerspiegelungstheorie und 2. gegenüber deren formallogischer Positivierung.

Erstens: Symptom des idealistischen Mißverständnisses ist ein scheinbares Kuriosum, ein ›Druckfehler‹ in G. Lukács *Geschichte und Klassenbewußtsein*. Marx' Resümee der logisch-historischen Kategorienanalyse in den ›Grundrissen zur Kritik der Politischen Ökonomie‹, daß »die Kategorien Daseinsformen, Existenzbestimmungen« einer bestimmten ökonomischen

Gesellschaftsformation »ausdrücken«[25], liest sich bei Lukács bedeutsam anders: daß nämlich die Kategorien *»Daseinsformen, Existenzbedingungen [...] ausdrücken«*[26]; die Transformation der Kategorien von ›Existenzbestimmungen‹ zu ›Existenzbedingungen‹ ist ein für den Idealismus der ganzen Lukács-Schule konstitutives Symptom; es bezeugt jenen offenkundigen Neo-Kantianismus, dem gegenüber schon der Marxismus der II. Internationale wenig Resistenz bewies[27]. Das Resultat des transzendentalphilosophischen Vetos gegen die Widerspiegelungstheorie ist noch interessanter; Lukács verbindet es mit einem Soziologismus, mit der Beschränkung der materialistischen Dialektik auf eine sozialwissenschaftliche Methode, darin einig mit dem deutschen sozialdemokratischen Revisionsimus wie mit dem Austromarxismus O. Bauers und M. Adlers: Resultat ist ein Verdikt nicht nur gegen die Dialektik der Natur, sondern selbst noch gegen die Anwendung der Dialektik »auf die Erkenntnis der Natur«[28].

Die idealistische Kritik der Widerspiegelungstheorie verführt heute entweder zu deren Verschweigen in der Bilanz gegenwärtiger Gnoseologien[29] oder zum völligen Falschverstehen des Materialismus der Widerspiegelungskonzeption; zum Spektrum gehört der Vorwurf, die Widerspiegelungstheorie sei »nicht klar als gnoseologische oder ontologische oder sogar als regionalontologische« definierbar und lasse aufgrund der »Gegenüberstellung von Materie und Bewußtsein [...] keinerlei Vermittlung« von materiellem Objekt und erkennendem Subjekt mehr zu[30]; gehört die Kritik, der Materialismus ignoriere

25 *MEW* 13, 637.
26 Bibl. (73), 175.
27 Vgl. die Auseinandersetzungen zwischen sozialistischen Neukantianern (F. Staudinger, C. Schmidt) und Marxisten (G. W. Plechanow und F. Mehring) in *Die Neue Zeit* (1898/99), Bernsteins Kant-Rezeption (*Die Neue Zeit*, 1897/98) und Kautskys Machismus-Lob in *Der Kampf* (1909, H. 10). Weitere Hinweise in: *Marxismus und Ethik. Texte zum Neukantianischen Sozialismus*. Hg. v. H. J. Sandkühler / R. de la Vega, Frankfurt/M. 1970, 7-44.
28 Bibl. (73), 175.
29 Vgl. A. Keller, *Heutige Aufgaben der Erkenntnistheorie*. In: *Neue Erkenntnisprobleme in Philosophie und Theologie*. Hg. v. J. B. Lotz, Freiburg 1968.
30 P. Kirschenmann, *Kybernetik, Information, Widerspiegelung. Darstellung einiger philosophischer Probleme im dialektischen Materialismus*, München/Salzburg 1969, 157, 162.

»die von ihm ansonsten besonders hervorgehobene ›tätige Seite‹ der Symbolprozesse des Systems Mensch, indem er darin unausdrücklich schon seit Marx und ausdrücklich seit Lenin eine bloße ›Widerspiegelung‹ eigentlicher materieller Substrate und Verhältnisse der Ökonomie sieht«[31] und schränke etwa die Kunst – welch Rache des »verleugneten Erbes der platonischen Mimesis« – »auf das Wiedererkennen von schon Erkanntem« ein[32]; gehört endlich das durch nichts als eine politische Hypothese untermauerte Apodiktum O. Negts: »die gesellschaftliche Funktion der Widerspiegelungstheorie steht in keinem Verhältnis zu der Bedeutung ihres philosophischen Gehalts«[33].

Zweitens: Die marxistische Diskussion der materialistischen Gnoseologie wurde in den letzten Jahren teilweise beherrscht von Tendenzen formallogischer Positivierung[34]. Fragen der sozial-historischen Determination der Erkenntnis, ihres klassenspezifischen Charakters wie ihrer Genesis aus dem geschichtlich akkumulierten Stand der Praxis traten in den Hintergrund. Das Problem, daß »das Nebeneinanderbestehen mehrerer ver-

31 H. Kilian, *Das enteignete Bewußtsein. Zur dialektischen Sozialpsychologie*, Neuwied/Berlin 1971, 49.
32 H. R. Jauß, *Literaturgeschichte als Provokation*, Frankfurt/M. 1970, 162. vgl. 156/157. Jauß' Kritik, »gemessen an der ursprünglich antinaturalistischen Position der marxistischen Theorie« könne »ihre Verengung auf das Mimesisideal des bürgerlichen Realismus nur als Rückfall in einen substantialistischen Materialismus bewertet werden« (156), generalisiert, was der Marxismus längst – spätestens wieder seit Lenin – überholt hatte: die Plechanowsche »Reduktion kultureller Erscheinungen auf ökonomische, gesellschaftliche oder Klassenäquivalente« (157).
33 Bibl. (214), 40. Die politische spekulative Hypothese: »Die Widerspiegelungstheorie, die ähnlich wie die Naturdialektik einen stationären gesellschaftlichen Zustand gleichzeitig voraussetzt und sanktioniert, hat unter den Bedingungen der Sowjetgesellschaft eine doppelte Funktion: auf der einen Seite wird das Denken auf die Erkenntnis von ›gesetzmäßigen‹ Zusammenhängen vergegenständlichter Arbeitsprozesse, auf technologisch und sozialtechnisch verwertbare Informationen eingeschränkt. [...] Auf der anderen Seite hat das Instrument, das uneingeschränkte Objektivität verbürgen soll, als Legitimationsmittel vor allem auch die Funktion, die alltägliche Erfahrung der Selbstentfremdung des Menschen wie die unverfälschte Reproduktion der ›Tatsachen‹ im wissenschaftlichen Bewußtsein wirksam zu verhindern« (42/43). Die Stalinismus-Kritik dient zur Denunziation ›der‹ Widerspiegelungstheorie wie ›der‹ Sowjetgesellschaft. Vgl. dazu: *Die ›Frankfurter Schule‹ im Lichte des Marxismus. Zur Kritik der Philosophie und Soziologie von Horkheimer, Adorno, Marcuse und Habermas*. Hg. v. J. H. v. Heiseler, R. Steigerwald u. J. Schleifstein, Frankfurt/M. 1970.
34 Vgl. Bibl. (157)-(160), (211), (234), (318)-(320).

schiedener Erkenntnistheorien in jeder Klassengesellschaft [...]
die Frage« aufzwinge: »Die Erkenntnistheorie welcher Klasse
analysieren wir?« (Raphael: (185), 21) wurde nicht mehr angemessen überdacht. Die Formalisierung und Positivierung des
Erkenntnisprozesses und die Verharmlosung der Wahrheitsfrage auf dem Niveau der formallogischen ›wahr/falsch‹-Al-
ternative verschließen den Zugang zum Alltagsbewußtsein und
zum Klassenbewußtsein, nicht zuletzt aber auch zur Dialektik
von Wirklichkeit und Geschichte im Wissen der gesellschaftlichen Individuen. Die Kybernetisierung sozialer Prozesse, auch
der Erkenntnis als sozialer Prozeß, ist eine parallele Erscheinung. Das formallogische Kalkül und der Regelkreis aber kennen keine Geschichte.
Wo im Gegenzug zur positivistischen Erkenntnistheorie von
›undogmatischen‹ linken Gruppen gnoseologische Prämissen
des wissenschaftlichen Sozialismus überhaupt zur Kenntnis genommen werden, gilt hierzulande als dernier cri und Schlüssel
aller Erkenntnisrätsel die Formel A. Sohn-Rethels: ›Warenform = Denkform‹ (Sohn-Rethel: (195)-(197)). Hier hat der
Topos der ›Wechselwirkung‹ die Stelle der Dialektik eingenommen: die Wechselwirkung von Warenproduktion und Er-
kenntnisabstraktion stellt sich am Ende dar als Identifizierung
von Realabstraktion und kategorialer Abstraktion. Diese auf
das Prinzip der Verdinglichung fixierte Lösung verkennt, daß
die Aporie der objektiven Erkennbarkeit der Welt sich auch
unter den kapitalistischen Bedingungen des Warenfetischismus
nicht zu einer schicksalhaften Erkenntnis-Antinomie ausweitet.
Die dialektisch-materialistische Theorie von der Einheit des
Historischen und Logischen – einer Einheit der Ungleichzeitigkeit und Widersprüchlichkeit von Sein und Bewußtsein – besteht dagegen darauf, das System der kategorialen Abstraktionen als ein mit dem ökonomischen Status quo nicht a priori
identisches Element im Prozeß der Aneignung der Wirklichkeit
durch den arbeitenden Menschen zu erklären.
Die materialistische Widerspiegelungstheorie betrachtet »die
Empfindung, Wahrnehmung, Vorstellung und überhaupt das
Bewußtsein des Menschen als Abbild der objektiven Realität.
[...] Die Welt ist die Bewegung dieser von unserem Bewußtsein widergespiegelten objektiven Realität. Der Bewegung der
Vorstellungen, Wahrnehmungen usw. entspricht die Bewegung

der Materie außer mir. Der Begriff Materie drückt nichts anderes aus, als die uns in der Empfindung gegebene objektive Realität«[35]. Der Leninsche Gebrauch der Kategorien ›Widerspiegelung‹ und ›Abbild‹ in *Materialismus und Empiriokritizismus* wie im *Konspekt zu Hegels Wissenschaft der Logik* ist eindeutig: die Erkenntnis ist ein *Prozeß der Dialektik* zwischen objektiver Realität und Subjekt, und der Erkenntnistheorie sind keine statischen Definitionen ihres Gegenstands erlaubt. Bereits Engels hatte in seiner Vorrede zum *Anti-Dühring* mit Nachdruck festgestellt:

»Das theoretische Denken einer jeden Epoche [...] ist ein historisches Produkt, das zu verschiednen Zeiten sehr verschiedne Form und damit sehr verschiednen Inhalt annimmt. Die Wissenschaft vom Denken ist also, wie jede andre, eine historische Wissenschaft, die Wissenschaft von der geschichtlichen Entwicklung des menschlichen Denkens«[36].

Lenins dialektische Logik – die Wissenschaft von der Einheit von Dialektik, Logik und Erkenntnistheorie, im *Konspekt zu Hegels Wissenschaft der Logik* zu höchster Komplexität und Differenziertheit gebracht – hat diese Position präzisiert:

»Die Logik ist die Lehre nicht von den äußeren Formen des Denkens, sondern von den Entwicklungsgesetzen ›aller materiellen, natürlichen und geistigen Dinge‹, d. h. der Entwicklung des gesamten konkreten Inhalts der Welt und ihrer Erkenntnis, d. h. Fazit, Summe, Schlußfolgerung aus der *Geschich*te der Erkenntnis der Welt«[37].

Lenins die Respektierung der formalen Logik nicht ausschließende These von der Geschichtlichkeit der Erkenntniswissenschaft gründet in der Einsicht des historischen Materialismus, daß sich im Prozeß des Fortschritts von der Hominisierung zur Humanisierung, von der Menschwerdung zum Menschlichwerden des Menschen, die menschlichen Sinne, Bewußtsein und Erkenntnis zu immer höheren Formen entfaltet haben. Die Differenzierung der Erkenntnis ist der Differenzierung der Produktionsinstrumente durchgängig vergleichbar. Die Erkenntnis ist selbst instrumentell; sie ist eine Funktion der zur Bedürfnisverwirklichung des Menschen notwendigen Arbeit an

---

35 *LW* 14, 267.
36 *MEW* 20, 230.
37 *LW* 38, 84/85.

der materiellen Natur im gesellschaftlichen Sein; der Fortschritt in der technischen Naturbeherrschung und der Fortschritt im bewußten erkenntnisgesteuerten Einsatz aller Produktionsmittel bedingen sich gegenseitig. Die Produktion des Lebens in individuell-gesellschaftlicher Praxis ist die *ontologische* Voraussetzung für die Entfaltung des gnostischen Verhältnisses der Subjekte zur Wirklichkeit. Gerade die Relation ›Praxis/Erkenntnis/Wirklichkeit‹ bestimmt die Widerspiegelung als historischen und dialektischen Prozeß, zugleich als Prozeß sprachlicher Vermittlung.

Die historisch-logische Voraussetzung der Genesis des Bewußtseins und der Erkenntnisformen hat Marx auf den definitorischen Nenner des historischen Materialismus gebracht, das gesellschaftliche Sein bestimme das gesellschaftliche Bewußtsein. Trotz der Stilisierung des *Vorworts* von 1859 *Zur Kritik der Politischen Ökonomie* zum Credo des Vulgär-Materialismus, bei dem stehenzubleiben nur weitere Simplifizierungen veranlassen könnte, hier das Resultat, das Fazit, die Schlußfolgerung der *Kritik der Politischen Ökonomie:*

»Meine Untersuchung mündete in dem Ergebnis, daß Rechtsverhältnisse, wie Staatsformen weder aus sich selbst zu begreifen sind noch aus der sogenannten Entwicklung des menschlichen Geistes, sondern vielmehr in den materiellen Lebensverhältnissen wurzeln, deren Gesamtheit Hegel [...] unter dem Namen ›bürgerliche Gesellschaft‹ zusammengefaßt, daß aber die Anatomie der bürgerlichen Gesellschaft in der politischen Ökonomie zu suchen sei. [...] Das allgemeine Resultat, das sich mir ergab und [...] meinen Studien zum Leitfaden diente, kann kurz so formuliert werden: In der gesellschaftlichen Produktion ihres Lebens gehen die Menschen bestimmte, notwendige, von ihrem Willen unabhängige Verhältnisse ein, Produktionsverhältnisse, die einer bestimmten Entwicklungsstufe ihrer materiellen Produktivkräfte entsprechen. Die Gesamtheit dieser Produktionsverhältnisse bildet die ökonomische Struktur der Gesellschaft, die reale Basis, worauf sich ein juristischer und politischer Überbau erhebt, und welcher bestimmte gesellschaftliche Bewußtseinsformen entsprechen. Die Produktionsweise des materiellen Lebens bedingt den sozialen, politischen und geistigen Lebensprozeß überhaupt. Es ist nicht das Bewußtsein der Menschen, das ihr Sein, sondern umgekehrt ihr gesellschaftliches Sein, das ihr Bewußtsein bestimmt. Auf einer gewissen Stufe ihrer Entwicklung geraten die materiellen Produktivkräfte der Gesellschaft in Widerspruch mit den vorhandenen Produktionsverhältnissen, oder, was nur ein juristischer Ausdruck dafür ist, mit den Eigentumsverhältnissen, innerhalb derer sie sich bisher bewegt hatten. [...] Es tritt dann eine Epoche sozialer Revolution ein. Mit der Veränderung der ökonomischen Grundlage wälzt sich der ganze ungeheure Überbau langsamer oder rascher um. In der Betrachtung solcher Umwälzung muß man stets unterscheiden zwischen der materiellen, naturwissenschaftlich treu zu konstatierenden Umwälzung der Produktionsbedingungen und den juristischen, politischen, religiösen, künstlerischen oder philosophischen, kurz, ideologischen Formen, worin sich die Menschen dieses Konflikts bewußt werden und ihn ausfechten«[38].

Dieses Ergebnis der Anatomie der bürgerlichen Gesellschaft ist erkenntnistheoretisch von Belang. Es dokumentiert die Einheit und Nicht-Identität von Sein und Bewußtsein, die widersprüchliche Totalität von Logischem und Historischem in der Dialektik körperlicher und ideeller Produktion. Lenins Satz: »Die Dialektik *ist eben* die Erkenntnistheorie [...] des Marxismus«[39] meint nichts anderes. Wie kein anderer hat Lenin die philosophische, genauer: gnoseologische Bedeutung der politisch-ökonomischen Analyse jener Wirklichkeit begriffen, die primär durch das Kapital-Verhältnis der arbeitenden Subjekte gekennzeichnet ist: »Wenn Marx auch keine ›*Logik*‹ [...] hinterlassen hat, so hat er doch die *Logik* des ›Kapitals‹ hinterlassen. [...] Im ›Kapital‹ werden auf *eine* Wissenschaft Logik, Dialektik und Erkenntnistheorie (man braucht keine 3 Worte: das ist ein und dasselbe) des Materialismus angewendet«[40]. Deshalb bedient sich die Erkenntnistheorie als dialektische und historische Wissenschaft der logischen *und* historischen Methode. Als Beispiel führt Lenin »die Geschichte des Kapitalismus und die Analyse der sie resümierenden *Begriffe*« an: »Der Anfang – das einfachste, gewöhnlichste, massenhafteste, unmittelbare ›Sein‹: die einzelne Ware (›Sein‹ in der politischen Ökonomie). Ihre Analyse [ist] als die eines sozialen Verhältnisses [durchzuführen]. Eine *zweifache* Analyse, eine deduktive und eine induktive – eine logische und eine historische«[41]. Konsequenz für die Theorie der Einheit von Dialektik und Geschichtlichkeit der Erkenntnis ist: »Der Begriff (die Erkenntnis)

38 *MEW* 13, 8/9.
39 *LW* 38, 343.
40 *LW* 38, 316.
41 *LW* 38, 319.

enthüllt im Sein (in den unmittelbaren Erscheinungen) das Wesen (Satz des Grundes, der Identität, des Unterschieds etc.) – dies ist wirklich der *allgemeine* Gang aller menschlichen Erkenntnis (aller Wissenschaft) überhaupt. Dies ist der Gang sowohl der *Naturwissenschaft* als auch der *politischen Ökonomie* und der Geschichte. *Insofern* ist die Dialektik [...] eine Verallgemeinerung der Geschichte des Denkens. [...] In der Logik *muß* die Geschichte des Denkens im großen und ganzen mit den Gesetzen des Denkens zusammenfallen«[42].

Eine vorläufige Bilanz: Die dialektische Erkenntnistheorie ist auf dem Niveau der Leninschen dialektischen Logik das System der historischen und dialektischen Methoden zur Erklärung der Widerspiegelungsmodi des Bewußtseins. Methode kann sie nur sein, weil die konkrete Dialektik der materiellen Wirklichkeit sich in der ideellen, theoretischen und wissenschaftlichen Erkenntnis notwendig dialektisch widerspiegelt. Die Kategorien des Denkens *widerspiegeln* den je unterschiedlichen geschichtlichen Stand der Produktionsweisen. Solange die Geschichte der Produktionsweisen bestimmt ist nicht etwa durch die abstrakte Formel ›gesellschaftliche Arbeit‹, sondern durch die Antagonismen, die Kämpfe der Subjekte um den gesellschaftlichen Nutzen aus der gesellschaftlichen Arbeit, konstituiert sich auch die historische und soziale Theorie der intellektuellen Reproduktionsformen als dialektische Wissenschaft. Die dialektische Logik ist die Erkenntnistheorie par excellence der Geschichte der Klassenkämpfe und der in *dieser* Geschichte erarbeiteten Erkenntnis des Menschen. Sie erforscht und verallgemeinert »die Entstehung und Entwicklung der Erkenntnis, den Übergang von der *Un*kenntnis zur Erkenntnis«[43], den das gesellschaftliche Individuum gattungsgeschichtlich – und das heißt konkret: klassengeschichtlich – zu bewerkstelligen hatte.

Eine vorläufige Definition der Erkenntnistheorie: Sie ist eine 1. materialistische, 2. dialektische, 3. historische, 4. soziale und 5. kritische Wissenschaft.

1. Die Erkenntnistheorie ist eine *materialistische* Wissenschaft: Sie ist gegenüber idealistischen und positivistischen Gnoseologien unverwechselbar durch die Erkenntnis und Anerkennung
a) des Primats der Materie und der Materialität als Signum

42 *LW* 38, 315.
43 *LW* 21, 42.

der Einheit der Welt, b) der Dialektik nicht nur als kategoriales Methodensystem, sondern als wirkliches Bewegungsprinzip der ganzen materiellen und ideellen Wirklichkeit, c) der Natur als materielle Basis der gesellschaftlichen Produktion und Reproduktion des Lebens und d) der geschichtlichen Selbstkonstitution des Menschen durch die gesellschaftliche Arbeit an der geschichtlich veränderten Natur. Alle diese vier Prinzipien sind *kategoriale* Widerspiegelungen der Wirklichkeit. Für sie gilt – dies darf nicht vergessen werden – die erkenntnistheoretisch formulierbare und durch die dialektische Ontologie des materiellen wie gesellschaftlichen Seins erzwungene Differenz zwischen Sein und Begriff, zwischen Widerspiegelung und Widergespiegeltem; trotz dieser Nicht-Identität von Sein und Bewußtsein gelangt das natürliche und gesellschaftliche Sein erst durch die erkenntnisgeleitete Arbeit des Menschen zu seiner höchsten Entwicklungsstufe; erst die bewußt gewordene materielle Struktur des Seins wird für den Menschen relevant, erst die bewußt gewordene Wirklichkeit wird in ihrer Gesetzmäßigkeit planmäßig bearbeitbar und veränderbar.

2. Diese Erkenntnistheorie ist eine *dialektische* Wissenschaft: Sie weist in der Analyse des Verhältnisses von Sein und Bewußtsein nach, daß die ideelle Reproduktion wie auch die ideelle Antizipation nicht Ausdruck eines ›rein geistigen‹ Prozesses sind, sondern eine Funktion der zur Lebenserhaltung notwendigen gesellschaftlichen Arbeit der Subjekte. Damit steht sie in der Dimension der gesellschaftlich erfahrenen Dialektik der Natur und der Dialektik der Praxis. Sie ist dialektische Wissenschaft, weil sie von der im Produktionsprozeß manifesten Dialektik von Subjekt und Objekt ausgeht: In der Produktion gesellschaftlich organisierter Individuen wird nicht nur das Objekt ›Ware‹ zur Bedürfnisbefriedigung hergestellt, sondern zugleich ein der Warenproduktionsweise entsprechendes, sie beherrschendes oder ihr unterworfenes Subjekt der Erkenntnis. Die für die Erkenntnis der Individuen konstitutive Trennung der Kopf- und Handarbeit bestimmt auch die Perspektive der Erkenntnistheorie: sie fragt nicht nach der ›Erkenntnis an sich‹, sondern nach den Notwendigkeitsbedingungen der Erkenntnis im Rahmen der Dialektik der Arbeit, der Dialektik von Subjekt und Objekt; sie fragt nach dem Grad der Identität oder Nicht-Identität des erkennenden Subjekts

mit der erarbeiteten Wirklichkeit. So ist die Wahrheit des Kategoriengebrauchs ihr Problem. Ihr Wahrheitskriterium ist die Praxis: die Praxis ist – in der Form der zweckgerichteten, bewußten gesellschaftlichen Arbeit – nicht nur die Quelle der Erkenntnis, sondern wird selbst durch den Übergang vom Unwissen in Wissen fortschrittsfähig. Diese Erkenntnistheorie analysiert ihren Gegenstand nicht als ›an sich‹ widersprüchlich, sondern als ein Element der widersprüchlichen *Totalität* von Sein und Bewußtsein. Sie unterscheidet, aber trennt nicht die Seinsbereiche ›subjektive Dialektik‹ und ›objektive Dialektik‹, und sie unterscheidet nicht in der Absicht, eine monokausale Determination der subjektiven von der objektiven Dialektik zu unterstellen. Die materielle Genesis der Kategorien als abhängiger Faktoren der menschlichen Naturbeherrschung wurde wissenschaftlich erst erkannt, als die Arbeit an der Natur und die in ihr produzierten Herr-Knecht-Verhältnisse und Klassenantagonismen als die Praxis des Subjekts Mensch begriffen wurden; die erkenntnisleitenden objektiven Gesetze haben sich bis in den Kapitalismus scheinbar ›naturwüchsig‹ gegen das Subjekt der Erkenntnis durchsetzen können – *dies* ist die Erfahrung, die in der Unterscheidung zwischen subjektiver und objektiver Dialektik begrifflich gefaßt werden mußte. Und in der Erklärung dieser Erfahrung schlägt die theoretische Dialektik der materialistischen Gnoseologie um in praktische, revolutionäre Dialektik: die wissenschaftliche Erkenntnis wird zur bewußten Beherrschung der objektiven Gesetze durch das Subjekt der Geschichte angewandt.

3. Die dialektische materialistische Erkenntnistheorie ist eine *historische* Wissenschaft: Sie erforscht eine sich unter veränderten ökonomischen Gesellschaftsformationen systematisch verändernde Erkenntnis geschichtlicher Individuen. Wesentlicher aber ist: die ›Veränderung‹ begründet niemals einen Bewußtseinsstatus radikalen Verlusts vergangenen Wissens; ›Veränderung‹ bedeutet Negation, bedeutet ›Aufhebung‹; das vergangene Wissen wird *und* bleibt aufgehoben, wird erinnert *als* negiertes Wissen. Das veränderte Bewußtsein ist selbst noch Teil des ganzen ›historischen Blocks‹ (Gramsci) der Vermittlungen von Praxis und Ideologie. Der Anteil an Geschichte, der jegliches Bewußtsein zum Geschichtsbewußtsein erweitert, definiert das individuelle Bewußtsein schon vor der ideellen

Aneignung seiner eigenen Wirklichkeit als gesellschaftliches, den gesellschaftlichen Widerspiegelungsprozeß akkumulierendes Bewußtsein. Deshalb ist die Wissenschaft von den Gesetzen der Bewußtseinsbildung keine formale Theorie, die eine Tafel ewig geltender ›transzendentaler‹ Erkenntnisgründe aufstellt, sondern selbst die begriffliche, systematische Widerspiegelung der Denkgesetze als ›Schlußfolgerungen aus der Geschichte der Erkenntnis der Welt‹. Ihr Grundsatz ist, nicht die Kategorien, nicht die Theorien und Ideologien hätten eine selbständige Geschichte (wie dies gegenwärtig die ›Begriffsgeschichte‹ annimmt), sondern nur der Mensch als Subjekt, der die Kategorien im Bezugsfeld des durch die Dialektik der Arbeit geschichtlichen materiellen Seins bildet. Die geschichtliche Totalität des Objektiven und des Logischen in jeder individuellen Erkenntnis aufzuspüren, ist der Auftrag, dem die Erkenntnistheorie folgeleistet durch die *dialektische Rekonstruktion der materiellen Genesis* des Bewußtseins, der Erkenntnis und des Wissens; durch die Rekonstruktion des negierten, aufgehobenen Anfangs der Erkenntnis, deren Geltung nicht erklärbar wäre, bliebe ihre Genesis im Dunkeln.

4. Die dialektische, materialistische und historische Erkenntnistheorie ist eine *soziale* (praktische) Wissenschaft: Ihre zentrale Kategorie ist die ›Arbeit‹. Sie geht aus von der wirklichen individuellen und kollektiven gesellschaftlichen Produktion, d. h. von der sozialen Existenzweise des Subjekts. Ihre Perspektive ist – für die schriftlich überlieferte Geschichte – die Geschichte der Klassenantagonismen. Eine ihrer wesentlichen Kategorien ist das ›Klassenbewußtsein‹ als die primäre dialektische Identitätsform des individuell-gesellschaftlichen Bewußtseins. Sie überprüft die unterscheidbaren Bewußtseinsmodi – Alltagsbewußtsein, Klassenbewußtsein, wissenschaftliches Bewußtsein bzw. individuelles und gesellschaftliches Bewußtsein – und definiert deren Relation im bzw. Anteil am individuellen Erkenntnisprozeß. Als vor allem politisch-ökonomisch orientierte soziale Wissenschaft reflektiert die Erkenntnistheorie, daß »auch bei der theoretischen Methode [...] das Subjekt, die Gesellschaft, als Voraussetzung stets der Vorstellung vorschweben« muß. (Daß ›die Gesellschaft‹ kein abstraktes, hypothetisches Subjekt ist, bedarf über den Marxschen Satz hinaus »Die Gesellschaft als ein einziges Subjekt zu be-

trachten, ist, sie [...] falsch betrachten – spekulativ«⁴⁴ keines weiteren Kommentars.) Das »reale Subjekt« wird nicht mehr wie im transzendentalen Idealismus vom Subjekt der Erkenntnis separiert, und die »konkrete Totalität« tritt als wirkliche Erkenntnisbedingung aus dem Schein ihrer idealistischen Verwandlung in eine »Gedankentotalität«. Die marxistische Gnoseologie hat mit der Fiktion gebrochen, »die Bewegung der Kategorien« sei »der wirkliche Produktionsakt«, aus dem die Realität hervorgehe⁴⁵. Die Kategorien des Denkens gelten ihr vielmehr als Ausdruck des Ensembles – oder eines Teils – der ›Existenzbestimmungen‹ des Subjekts ›Gesellschaft‹; sie gelten als Widerspiegelungen der die Klassengesellschaft strukturierenden ökonomischen, politischen und ideologischen Herrschaftsfaktoren. Die Kategorien sind als Widerspiegelungen des Verhältnisses einer Klasse zu den anderen Klassen eines sozialen Systems bzw. zu den politischen Institutionen der herrschenden Klasse zugleich Manifeste jener ›Parteilichkeit‹, die sich aus der tätigen subjektiven Aneignung der Wirklichkeit notwendig ergibt.

5. Die dialektische, materialistische, historische, soziale Erkenntnistheorie ist eine *kritische* Wissenschaft: Sie stellt die in der Produktion verschleierte Totalität praktischer Arbeit und ideologischer Widerspiegelung der Arbeit systematisch wieder her. Sie leistet die Kritik der ökonomischen, sozialen, politischen und ideologischen, das Erkenntnisinteresse leitenden materiellen Interessen. Daß sich die materiellen Bedürfnisse nicht *unmittelbar* individuell in ideologisches Bewußtsein umsetzen, ist ihre Einsicht wie ihr Problem. Mit der dialektischen Psychologie bestimmt sie die ›Persönlichkeit‹ als den Ort der individuellen Vermittlung und Übersetzung äußerer Bedingungen in ideologisches Bewußtsein. Diese Erkenntniskritik ist die Alternative zur undialektischen Mechanisierung des Subjekt-Objekt-Verhältnisses: sie verwahrt sich sowohl gegen den Idealismus der ›rein geistigen‹ Immanenz und Autonomie des Bewußtseins wie – und dies nicht minder – gegen den Objektivismus der totalen heteronomen Bestimmung des Bewußtseins durch ›Gesetze‹, die unabhängig von der Praxis des Subjekts schicksalhaft geltend seien, oder durch die vielberufene ›Logik

44 *MEW* 13, 625.
45 *MEW* 13, 633; 632.

des Kapitals‹, aus der das *Kapital-Verhältnis* als menschliches Verhältnis zugunsten einer deterministischen Hoffnung auf die ›Naturgesetzlichkeit‹ der Revolution herausgeschnitten wurde. Ihre kritische, für die materialistische hermeneutische Erklärung der Genesis und der Geltung von Bewußtseinsprodukten (Texten etc.) besonders wichtige Funktion beweist die Erkenntnistheorie überall dort, wo sie angewandt wird zur systematischen Rekonstruktion der Totalität aller Erkenntnisdeterminanten und so den ideologischen Geltungsanspruch gesellschaftlicher Sozialisationsmittel zerstört (von der Schulbuch- bis zur Gesetzestextkritik).

Diese Definition der Erkenntnistheorie ist vorläufig. Sie scheint vorauszusetzen, was doch erst als Resultat aller Argumentationsschritte dieses Buchs einsichtig werden kann. Warum aber die materialistische Dialektik heute gerade die Perspektive ›Praxis und Geschichtsbewußtsein‹ wichtig werden läßt, warum eine Stärkung des Bewußtseins von der historischen Kontinuität des Erkenntnisfortschritts eine Stärkung der Ich-Identität des Menschen im Kapitalismus verheißt, läßt sich nur begreifen aufgrund der Prämisse: jedes Bewußtsein ist als gesellschaftliches Bewußtsein Geschichtsbewußtsein; und jedes Bewußtsein ist als Geschichtsbewußtsein ein Bewußtsein im Prozeß der Veränderung, in welcher Klassen einander als kollektive Geschichtssubjekte, als Subjekte der Befreiung ablösen. Die Ideologien dieser Klassen als Dokumente des Subjekt-Anspruchs hermeneutisch zu erklären, bedarf es nicht ›der‹ Erkenntnistheorie, sondern eben dieser – zum weiteren Verständnis des Buchs im Vorgriff – definierten Erkenntnistheorie. Die Probleme vor allem der Widerspiegelungstheorie scheint die Definition zu überspielen. Sie werden nicht verschwiegen werden.

1.3. Geschichtstheoretische Vorfragen

Die materialistische Dialektik, zumal die dialektische Erkenntnistheorie, anerkennt in der »wirklichen Geschichte [...] die Basis, die Grundlage, das Sein, *dem* das Bewußtsein *nach*folgt«[46]. Was ist die ›wirkliche Geschichte‹? Ist die Geschichte die Lehrerin der Menschheit, zieht das Bewußtsein im Prozeß

46 *LW* 38, 252.

der Widerspiegelung der gegenwärtigen Wirklichkeit Lehren aus der Geschichte? Oder ist es die ›Geschichte‹, die lehrt? Oder ›lehren‹ gar beide – Geschichte und ›Geschichte‹ – nichts? Die bürgerliche Geschichtstheorie registriert die Auflösung des Topos ›historia magistra vitae‹[47], und der wissenschaftliche Sozialismus beruft sich »auf die Geschichte« als »die beste Marxistin«[48]. Aber ist denn die Geschichte ein Subjekt, das Lehren erteilt? Ist es nicht vielmehr der Mensch als das Subjekt der Geschichte, das lernt aus den Erfolgen und Mißerfolgen, aus Siegen und Leiden, das die Wirklichkeit lehrt, sich menschlich zu verändern? Was ist die ›wirkliche Geschichte‹?

Marx notierte zum Problem der Objektivität der Geschichtserkenntnis: »Die sogenannte *objektive* Geschichtsschreibung bestand eben darin, die geschichtlichen Verhältnisse getrennt von der Tätigkeit aufzufassen. Reaktionärer Charakter«[49]. Was die Kategorie ›wirkliche Geschichte‹ aussagt, ist nicht *identisch* mit dem objektiven Veränderungsprozeß namens ›Wirklichkeit‹, – dies ist gemeint. Der in einer bestimmten Wirklichkeit lebende Mensch bemächtigt sich seiner Vergangenheit mittels des Werkzeugs ›die Geschichte‹. ›Geschichte‹ und Geschichte sind nicht *identisch*. ›Geschichte‹ ist eine durch Abstraktion von der Fülle der Geschehnisse der Vergangenheit und durch Synthesis der wesentlichen Strukturelemente der vergangenen Wirklichkeit gewonnene *theoretische Kategorie*. *›Geschichte‹ ist ein kategoriales System der Widerspiegelungen der Geschichte*. Die spezifische Differenz zwischen widerspiegelndem Begriff und widergespiegeltem objektivem Sein kennzeichnet auch die Kategorie ›Geschichte‹. So umfaßt die sprachliche, begriffliche Aussage über eine vergangene Wirklichkeit nur den bewußten historischen Inhalt ›Vergangenheit‹, d. h. die bewußt erkannten und – dies charakterisiert ihre Spezifik – ideologisch rekonstruierten Strukturelemente der Zeit, die nicht mehr Gegenwart ist. Das empirische Substrat ›die Geschichte‹ läßt sich durch eine formale Bestimmung der Tempo-

47 R. Koselleck, *Historia Magistra Vitae. Über die Auflösung des Topos im Horizont neuzeitlich bewegter Geschichte*. In: *Natur u. Geschichte*. K. Löwith z. 70. Geb. Hg. v. H. Braun / M. Riedel, Stuttgart 1967, 196-219.
48 R. Hilferding, *Organisierter Kapitalismus*. Parteitag d. SPD, Kiel 1927. o. O., o. J., 170.
49 *MEW* 3, 40.

ralstruktur geschichtlicher Erfahrung nicht zureichend definieren. Denn der durch die Formalisierung möglich gewordene transzendental-geschichtstheoretische Gebrauch rein temporaler Kriterien der Unterscheidung von Vergangenheit und Wirklichkeit leistet nicht das Verstehen einer Geschichte, zu der unmittelbar gehört, daß sie von verschiedenen Klassensubjekten aufgrund verschiedener Bedürfnisse mittels unterscheidbarer ›Geschichts‹-Modelle referiert wird. Die wirkliche Geschichte zu ergründen und im Begriff ›Geschichte‹ angemessen widerzuspiegeln bedeutet für den historischen Materialismus: »die wirkliche, profane Geschichte der Menschen eines jeden Jahrhunderts erforschen, diese Menschen darstellen, wie sie in einem *Verfasser und Schausteller* ihres eigenen Dramas waren«[50]. Die Voraussetzungen des historischen Materialismus »sind keine willkürlichen, keine Dogmen, es sind wirkliche Voraussetzungen, von denen man nur in der Einbildung abstrahieren kann. Es sind die wirklichen Individuen, ihre Aktionen und ihre materiellen Lebensbedingungen, sowohl die vorgefundenen wie die durch ihre eigne Aktion erzeugten. Diese Voraussetzungen sind also auf rein empirischem Wege konstatierbar«[51].

Die materialistische ›empirische‹ Geschichtsschreibung steht aber vor einem Problem: wie ist ›Empirie‹ möglich gegenüber der Vergangenheit, die nur als Überlieferung, die nur in den Dokumenten der Reflexion auf eine Wirklichkeit präsent ist, die längst nicht nur Geschichte wurde, sondern auch ›Geschichte‹ ist? Die Menschen sind ›Verfasser und Schausteller‹ ihrer Geschichte. *Die Menschen machen ihre Geschichte selbst, aber . . .* Dies ist – mit Betonung des ›Aber‹ – der Grundsatz der materialistischen Geschichtsauffassung. »Die Menschen machen ihre Geschichte selbst«. Mit der idealistischen Autonomie-These der Geschichtsphilosophie der revolutionären Bourgeoisie des 18. und 19. Jahrhunderts unverwechselbar wird dieser Grundsatz jedoch erst durch das ›Aber‹ des Kontextes, bei Lenin so konkretisiert:

»aber wodurch die Motive der Menschen und namentlich der Masse der Menschen bestimmt, wodurch die Zusammenstöße der widerstreitenden Ideen und Bestrebungen verursacht werden, was die Gesamt-

50 *MEW* 4, 135 (Sperrung v. Sa.)
51 *MEW* 3, 20.

heit aller dieser Zusammenstöße der ganzen Masse der menschlichen Gesellschaft darstellt, was die objektiven Produktionsbedingungen des materiellen Lebens sind, die die Basis für alles geschichtliche Handeln der Menschen schaffen, welcherart das Entwicklungsgesetz dieser Bedingungen ist«, – dies alles also, was zum ›Aber‹ zwingt, ist von der Geschichte die Rede, welche ›die Menschen machen‹, schreibt Lenin Marx zu, der »so den Weg zur wissenschaftlichen Erforschung der Geschichte als eines einheitlichen, in all seiner gewaltigen Mannigfaltigkeit und Gegensätzlichkeit gesetzmäßigen Prozesses«[52] gewiesen hat.

Für den in der Perspektive ›Praxis und Geschichtsbewußtsein‹ unternommenen Versuch, die materialistischen Prämissen einer nicht-idealistischen Hermeneutik zu formulieren, ergibt sich daraus das Problem der Relation von ›Machen‹ und ›Beschreiben‹ der Geschichte, d. h. der Differenz von Realgeschichte und ›Geschichte‹ als kategorialem System. Denn die Referenten der Geschichte verhalten sich auf eine spezifische Weise zu sich selbst als den Produzenten des historischen Prozesses; die Antagonismen der praktischen Produktion verschonen auch die ideelle Reproduktion der Praxis nicht. Auf spezifische Weise: das bedeutet hinsichtlich der *Ontologie* des gesellschaftlichen Lebens, daß die Referenten sich zu sich selbst als Produzenten verhalten, die nicht nur Subjekt, sondern auch in der Dialektik der Arbeit zu Objekten der materiellen Produktion geworden sind; auf spezifische Weise: das meint hinsichtlich der *Logik* der Erkenntnis, daß sich Produzenten referieren, deren logische Kategorien nur als ›Existenzbestimmungen‹ auf unterscheidbaren Stufen der Entwicklung ökonomischer Gesellschaftsformationen erklärt werden können. So verdoppelt sich das Problem: Denn nur *die* materiellen und ideellen Möglichkeits- und Notwendigkeitsbedingungen, unter denen die Geschichte materiell-praktisch geschaffen und die ›Geschichte‹ als Widerspiegelung *zeitgleich*, d. h. auf dem Niveau der Wirklichkeit, geschrieben wird, sind identisch und erlauben eine annähernd objektiv richtige Widerspiegelung. Nicht identisch sind aber jene Determinationsfaktoren des Bewußtseins, unter deren Einfluß die geschichtliche Praxis *hermeneutisch-ungleichzeitig* im Begriffssystem ›die Geschichte‹ reproduziert wird.

52 *LW* 21, 45/46.

Das geschichtlich reflektierende Bewußtsein steht unter dem Zwang der Nichtidentität von gegenwärtiger Praxis, gegenwärtigem Bewußtsein und vergangenen Erkenntnisobjekten; und diese Objekte des geschichtlichen Bewußtseins sind selbst nur annähernd wahre Widerspiegelungen ihrer eigenen Wirklichkeit. Was also heißt ›Empirie‹ geschichtlicher Sachverhalte? Wird doch diese ›Empirie‹ determiniert durch die Differenz und Distanz zum Vergangenen: durch die Differenz zwischen dem ideologischen Widerspiegelungscharakter vergangener Bewußtseinsdokumente (der ›falsches‹ Bewußtsein einschließt) und dem ideologischen Widerspiegelungscharakter gegenwärtigen Bewußtseins (dessen ›Falschheit‹ nicht auszuschließen ist). Das Subjekt, welches die Rekonstruktion seiner eigenen Genesis durch die Rekonstruktion vergangener Praxis und vergangener Widerspiegelungsinhalte leisten muß, kann sich der Dialektik von Zeitbedingtheit und Ungleichzeitigkeit nicht entziehen; es kann als identisches Subjekt der Praxis und der Erkenntnis nur spekulativ fingiert werden, solange der Objektcharakter, solange die Verdinglichungsstruktur des Bewußtseins verschleiert bleibt.

In welchem Umfang die Ich-Identität des geschichtlichen Bewußtseins gestört ist, hat die materialistische Wissenschaft von der Ideologiebildung aufgezeigt: gestört sind die Identität von gesellschaftlichem Sein und individuell-gesellschaftlichem Bewußtsein, von Ich-Bewußtsein und Individualgeschichte, von Ich-Bewußtsein und Gattungsgeschichte, von Ich-Bewußtsein und Klassenbewußtsein, von Klassenbewußtsein und Klassengeschichte. Wenn es die Erklärung geschichtlicher ideeller Reproduktionsformen der Praxis nicht bei der resignativen oder apologetischen Anerkennung des Vorurteilscharakters jeglichen Geschichtsbewußtseins bewenden lassen soll, so muß ihr eine Selbstreflexion vorgeschaltet werden: allseitig zu erforschen sind die Logik der Praxis, die Logik der Erkenntnis, die Logik der Sprache *und* die Logik der Zerstörung der Identität von Praxis, Erkenntnis und Sprache. Es geht also um eine Anatomie des Verhältnisses von geschichtlichem Sein und geschichtlichem Bewußtsein; diese Anatomie zieht – selbst ein Verfahren inmitten der Wirklichkeit – die ›Schlußfolgerungen aus der *Geschichte* der Erkenntnis der Welt‹; Schlußfolgerungen, die notwendig sind, um die Genesis und die Erkenntnisfähigkeit des Bewußtseins gegenüber der Wirklichkeit zu begreifen und zu stärken.

Schon die Marxschen *Ökonomisch-philosophischen Manuskripte* aus dem Jahr 1844 kündigen das Ergebnis dieser Anatomie an:

»Man sieht, wie die Geschichte der *Industrie* und das gewordne *gegenständliche* Dasein der Industrie das *aufgeschlagne* Buch der *menschlichen Wesenskräfte,* die sinnlich vorliegende menschliche *Psychologie* ist«[53].

Weil »die *ganze sogenannte Weltgeschichte* nichts andres ist, als die Erzeugung des Menschen durch die menschliche Arbeit, als das Werden der Natur für den Menschen, so hat er also den anschaulichen, unwiderstehlichen Beweis von seiner *Geburt* durch sich selbst, von seinem *Entstehungsprozeß*«[54]. Folgerichtig sucht die materialistische Geschichtsauffassung die Ursachen der geschichtlichen Veränderung »nicht in den Köpfen der Menschen [...], sondern in Veränderungen der Produktions- und Austauschweise [...]; [...] in der *Ökonomie* der betreffenden Epoche«[55]. Eine Geschichtswissenschaft, die diese materiell-praktische Ursache der Geschichte ausblendet, teilt in der Beschreibung einer historischen Epoche »*die Illusion dieser Epoche*«[56].

Die materialistische Geschichtsauffassung ist auf die Erkenntnisse der Politischen Ökonomie verwiesen. Ihre Konzeption der ›Geschichte‹ muß berücksichtigen, daß die gegenwärtige Wirklichkeit im Kapitalismus und in der Übergangsphase des Sozialismus eine Vergangenheits-Dimension hat, die den status quo als die Aktualität des status quo ante zu begreifen heißt. Der Anachronismus politisch-ökonomischer Wirklichkeitsdeterminanten ist höchst lebendig. Marx dazu im *Kapital:* »Wir leiden nicht nur von den Lebenden, sondern auch von den Toten [...] Neben den modernen Notständen drückt uns eine ganze Reihe vererbter Notstände, entspringend aus der Fortvegetation [...] überlebter Produktionsweisen, mit ihrem Gefolg von zeitwidrigen, gesellschaftlichen und politischen

---

53 *MEW* Erg. Bd. 1, 542.
54 *MEW* Erg. Bd. 1, 546.
55 *MEW* 20, 248.
56 *MEW* 3, 39.

Verhältnissen«[57]. Und diese ›Fortvegetation‹ des politisch-ökonomischen Anachronismus hat als geschichtliches Element der Gegenwart einen wesentlichen Einfluß auf die Erkenntnis der Geschichte durch die ›Geschichte‹; denn die ›Geschichte‹ wird geschrieben in der Gegenwart. ›Geschichte‹ ist eine Widerspiegelung dieser Gegenwart inclusive jenes Geschichtlichen, das nicht nur Vergangenheit ist, sondern *Wirkung*.

Die Qualifikation eines Prozesses von Ereignissen als ›Geschichte‹, als System und als Totalität, ist ein Akt der Theorie, welche im Interesse der Gegenwart nach dem Vergangenen fragt. »Auch der gewöhnliche und mittelmäßige Geschichtschreiben«, – so bereits Hegel[58] – »der etwa meint und vorgibt, er verhalte sich nur aufnehmend, nur dem Gegebenen sich hingebend, ist nicht passiv mit seinem Denken; er bringt seine Kategorien mit und sieht durch sie das Vorhandene«. Dies bedeutet nichts anderes, als daß das Geschichtsbewußtsein nicht frei ist, sich seine ›Geschichte‹ zu wählen. Die Geschichtstheorie ist der Vollzug jenes Theoretischen, das der geschichtlichen Praxis selbst immanent ist als deren Widerspiegelung.

Die geisteswissenschaftliche Historiographie verweigert sich dieser Erkenntnis der Einheit von Historischem und Logischem. Der Preis ist hoch, den sie dafür zahlt: der Preis ist die Scheinaporie der Zirkelhaftigkeit historischen Verstehens, der apriorischen Vorurteilsbefangenheit des Geschichtsbewußtseins, das – angekettet an die Erkenntnisinteressen der Gegenwart – zu keinen objektiven Aussagen über die Geschichte gelangt; der Preis ist entweder die Flucht in die Faktographie der Siegesmeldungen, der Kriege und Verträge, oder in die Biographie der Sieger und der Krieger, oder in den Skeptizismus völliger Geschichtslosigkeit. Die Erfolglosigkeit der Fluchtversuche ist notorisch. Sie beweisen nur, in welchem Ausmaß die ›Geschichte‹ unter dem Niveau der Geschichte bleibt und das Bewußtsein unter dem Niveau einer Wirklichkeit, deren Stabilität nur garantiert ist, solange sie nicht ihrer Geschichtlichkeit und Veränderbarkeit überführt wird. Vom Droysen'schen Fundamentalsatz der Historie, daß nicht die Vergangenheit rekonstruierbar sei, sondern lediglich unser Bild von ihr konstruierbar,

57 *MEW* 23, 14/15.
58 G. W. F. Hegel, *Philosophie der Weltgeschichte*. I. Bd.: *Die Vernunft in der Geschichte*, Leipzig 1944, 7.

bis hin zu neuesten Positionen des historischen Relativismus – »historische Einheiten entstehen [...] stets durch Interpretation von Lebenssituationen, und ihr Bestehen bleibt von solchen Interpretationen abhängig«[59] – und Fiktionalismus[60] bzw. zur Leugnung eines realen Gegenstands der Geschichtswissenschaft[61] zieht sich als roter Faden durch die Idealismen: die Zerstörung der Objektivität der Geschichte. Flucht aus der Geschichte, weil »Geschichte als Korrelat einheitlicher Theorie, als Konstruierbares nicht das Gute, sondern eben das Grauen ist«[62], oder Ersatz der Geschichte durch das anthropologische Prinzip ›Zukunft‹[63] – nur die Kehrseiten des Januskopfs ›bürgerliches Geschichtsbewußtsein‹. (Der Fragenkomplex ›Geschichtsbewußtsein/Klassenbewußtsein‹ bleibt zu erörtern.)

Die politisch-ökonomische Analyse der Wirklichkeit der kapitalistischen Gesellschaft im historischen Materialismus hat das Verstehen der Geschichte verändert; die Konzeption der ›Geschichte‹ bedarf nicht mehr der Fiktion des vorhistorischen ›Anfangs‹ (des ›Goldenen Zeitalters‹ etc.); das Denken vom »historischen *Resultat*« her, von Hegel initiiert, hat die Spekulation vom »Ausgangspunkt der Geschichte« abgelöst. Gegenüber den »Propheten des 18. Jahrhunderts«[64] und gegenüber den aus einem imaginären, geschichtswissenschaftlich nicht identifizierbaren Ur- oder Naturzustand deduzierten Weissagungen der historischen Teleologie entwickelt Marx in den *Grundrissen der Kritik der Politischen Ökonomie* (1857/58) jene Alternative, die den Beweis der Falschheit des ›hermeneutischen Zirkels‹ und der ›Vorurteilsbefangenheit des historischen Bewußtseins‹ antritt. Ohne zu bestreiten, daß »das historische Bewußtsein [...] nur bei sich selber beginnen« könne,

59 H. Seiffert, *Einführung in die Wissenschaftstheorie.* II. Bd. München [2]1971, 48/49; vgl. 46/47.
60 M. Foucault etwa hält »jede Geschichtstheorie per definitionem [für] ›doxologisch‹«. Aus: *alternative*, H. 54 *(Strukturalismusdiskussion)*, Berlin 1967, 130.
61 »Geschichtswissenschaft ist [...] keine Gegenstandswissenschaft, sondern eine Reflexionswissenschaft«. K. Gründer, *Perspektiven für eine Theorie der Geschichtswiss.* In: *Saeculum* 22 (1971), 113.
62 M. Horkheimer / Th. W. Adorno, *Dialektik der Aufklärung*, Amsterdam 1944, 267.
63 P. Vranicki, *Mensch und Geschichte*, Frankfurt/M. 1969, 11.
64 K. Marx, *Grundrisse der Kritik der Politischen Ökonomie.* (Rohentwurf) 1857-1858. Anhang 1850-1859. Berlin 1953, 5; (= *Grundrisse*).

bestreitet diese Alternative, es mißverstehe das Geschichtsbewußtsein »alte Autoren im Licht unserer zeitgenössischen
Vorurteile, indem wir das Buch der Geschichte von der letzten
Seite zurück zur ersten lesen«[65]. Die Reinterpretation der Geschichte ist eine Funktion der objektiven Bedürfnisse der Gegenwart, in welcher die Folgen vergangener Bedürfnisrealisie-
rungen wirksam sind. Die *Kritik der Politischen Ökonomie*
weist an der Kategorie ›Arbeit‹ schlüssig nach, »wie selbst die
abstraktesten Kategorien, trotz ihrer Gültigkeit – eben wegen
ihrer Abstraktion – für alle Epochen, doch in der Bestimmtheit
dieser Abstraktion selbst ebensosehr das Produkt historischer
Verhältnisse sind und ihre Vollgültigkeit nur für und innerhalb dieser Verhältnisse besitzen«. Dem folgt der erste Grundsatz der materialistischen Geschichtsrekonstruktion, welche
›Geschichte‹ ist als Erklärung der Genesis durch die Analyse
der Geltung historischer Strukturen:

»Die bürgerliche Gesellschaft ist die entwickeltste und mannigfaltig-
ste historische Organisation der Produktion. Die Kategorien, die ihre
Verhältnisse ausdrücken, das Verständnis ihrer Gliederung, gewähren
daher zugleich Einsicht in die Gliederung und die Produktionsverhältnisse aller untergegangnen Gesellschaftsformen, mit deren Trümmern
und Elementen sie sich aufbaut, von denen teils noch unüberwundne
Reste sich in ihr fortschleppen, bloße Andeutungen sich zu ausgebildeten Bedeutungen entwickelt haben etc. In der Anatomie des Menschen ist ein Schlüssel zur Anatomie des Affen. Die Andeutungen auf
Höheres in den untergeordnetren Tierarten können dagegen nur verstanden werden, wenn das Höhere selbst schon bekannt ist. Die bürgerliche Ökonomie liefert so den Schlüssel zur antiken etc. Keineswegs aber in der Art der Ökonomen, die alle historischen Unterschiede verwischen und in allen Gesellschaftsformen die bürgerlichen
sehen«[66].

Konsequenz ist: Die Rekonstruktion der Geschichte durch die
›Geschichte‹ erinnert nicht »die mehr oder minder lose Verknüpfung individualisierter Geschehnisse, ein Diskontinuum mo-
mentaner Ereignisse, sondern sie bildet ein in der Zeit sich
vollziehendes Kontinuum von Zuständen, die durch gesetzmäßige Beziehungen miteinander verknüpft sind« (Stiehler:

---

65 So – repräsentativ für den hermeneutischen Skeptizismus – K. Löwith
in: *Weltgeschichte und Heilsgeschehen*. Bibl. (350), 12.
66 *Grundrisse*, 25/26.

(83b), 27). Das historische System Geschichte muß widergespiegelt werden durch das genetische theoretische und methodologische System ›Geschichte‹, durch den materialistischen Historismus, welcher den geschichtlichen Prozeß aus der akkumulierten Erkenntnisperspektive ›Gegenwart‹ »erstens in seiner Entstehung, Entwicklung und Veränderung, zweitens im Zusammenhang mit den anderen Erscheinungen und Bedingungen der betreffenden Epoche, drittens im Zusammenhang mit der konkreten geschichtlichen Erfahrung zu untersuchen« hat (Kon: (70), 134). Der konkrete materialistische Historismus verzweifelt nicht angesichts der prinzipiellen Wirklichkeitsdetermination des historischen Bewußtseins (wie der geistesgeschichtliche bürgerliche Historismus des 19. und 20. Jahrhunderts), weil ihn die Erkenntnis der Geschichte als Prozeß, als geschlossenes System von qualitativen Veränderungen und Übergängen und als gesetzmäßiger Zusammenhang dazu befähigt, den scheinbaren Zirkel zu sprengen; denn die Art und Weise der Rekonstruktion der Geschichte durch das historische Bewußtsein ist selbst auch analysierbar aufgrund eben dieser Erkenntnis der Gesetzmäßigkeit, d. h. der Gesetze der Dialektik von Geschichte und geschichtlichem Bewußtsein (vgl. Kon: (70), 211).

Der erste Grundsatz des materialistischen Historismus würde freilich zu unangemessenen methodologischen Schlüssen führen, bliebe eine wesentliche Einschränkung der Marxschen *Grundrisse* unberücksichtigt: die historische und die logische Entwicklung sind nicht schlechthin identisch, sondern bilden eine Einheit von Widersprüchen, von Ungleichzeitigkeit bis hin zur Kontradiktion. Der materialistische Historismus stellt sich bewußt dem Problem des »unegalen Verhältnisses der Entwicklung der materiellen Produktion, z. B. zur künstlerischen«[67]. Marx schränkt ein:

»Es wäre also untubar und falsch, die ökonomischen [und anderen] Kategorien in der Folge aufeinanderfolgen zu lassen, in der sie historisch die bestimmenden waren. Vielmehr ist ihre Reihenfolge bestimmt durch die Beziehung, die sie in der modernen bürgerlichen Gesellschaft aufeinander haben, und die genau das umgekehrte von dem ist, was als ihre naturgemäße erscheint oder der Reihe der historischen Entwicklung entspricht. Es handelt sich nicht um das Ver-

67 *Grundrisse,* 29.

hältnis, das die ökonomischen Verhältnisse in der Aufeinanderfolge verschiedener Gesellschaftsformen historisch einnehmen. Noch weniger um ihre Reihenfolge ›in der Idee‹ (Proudhon), (einer verschwimmelten Vorstellung der historischen Bewegung). Sondern um ihre Gliederung innerhalb der modernen bürgerlichen Gesellschaft«[68].

Konsequenz ist: die Rekonstruktion der Geschichte hat auszugehen von einer genauen Analyse der *geltenden,* die konkrete jeweils neueste Wirklichkeit determinierenden Strukturelemente, d. h. von der wesentlichen Gliederung der gesellschaftlichen Realität. Für die kapitalistische Wirklichkeit heißt dies: sie hat auszugehen von der Analyse des Kapitals, der Lohnarbeit, der Privateigentumsformen, der Konsumption und Distribution sowie der herrschenden Klassenstruktur. Die Warnung der Hegelschen *Logik* vor dem »Mißverstand [...], als ob das *natürliche* Prinzip oder der *Anfang,* von dem in der *natürlichen* Entwicklung oder in der *Geschichte* des sich bildenden Individuums ausgegangen wird, das *Wahre* und im *Begriffe Erste* sei«[69], wird so als materiell begründet bekräftigt. Die ›Geschichte‹ als Theorie darf die These von der Einheit von Historischem und Logischem nicht verwechseln mit deren fiktiver Identität, sondern muß sich die materiell-praktischen Ursachen der Differenz von Geschichte und ›Geschichte‹ vor Augen führen:
»Das Nachdenken über die Formen des menschlichen Lebens, also auch ihre wissenschaftliche Analyse, schlägt überhaupt einen der wirklichen Entwicklung entgegengesetzten Weg ein. Es beginnt post festum und daher mit den fertigen Resultaten des Entwicklungsprozesses. Die Formen [...] besitzen bereits die Festigkeit von Naturformen des gesellschaftlichen Lebens, bevor die Menschen sich Rechenschaft zu geben suchen, nicht über den historischen Charakter dieser Formen, die ihnen vielmehr bereits als unwandelbar gelten, sondern über deren Gehalt«[70].

68 *Grundrisse,* 28.
69 G. W. F. Hegel, *Wissenschaft der Logik,* Leipzig o. J. (Reclam-Ausg. in 3 Bd.), Bd. III, 26.
70 *MEW* 23, 89/90. Diese Sätze finden sich im *Kapital;* der volle Wortlaut – »Formen, welche Arbeitsprodukte zu Waren stempeln und daher der Warenzirkulation vorausgesetzt sind, besitzen [...]« – verbietet den Gebrauch der Marxschen Aussage *unabhängig* von ihrer ökonomischen Matrix

So ist die allgemeine und abstrakte Deklaration einer spezifischen Differenz zwischen historischem Bewußtsein und Geschichte zu präzisieren. Das Spezifische dieser Differenz ist nicht allein erkenntnistheoretisch zu erklären, sondern erst durch die Einsichten der Politischen Ökonomie. Diese Wissenschaft aber kennt kein ›An-sich‹; daß Sein und Bewußtsein, Geschichte und Geschichtsbewußtsein ›an sich‹ auseinanderklaffen, besagt schier gar nichts. Daß das Bewußtsein des Bürgers seine kapitalistische Existenzgrundlage adäquat – und das heißt: notwendig ›falsch‹ – widerspiegelt und eine Geschichte fingiert und eine ›Geschichte‹ konstruiert, die eine Geschichte wie eine ›Geschichte‹ der ›Menschheit-an-sich‹ zu sein vorgibt, ist erst eine konkrete Aussage.

Der materialistische Historismus ist, da er die Genesis des geltenden historischen Bewußtseins erforscht, keine »Abstraktion von dem aktiven Einfluß, den die frühere Geschichte auf die spätere ausübt«[71]. ›Aktiver Einfluß‹, das meint zweierlei: zum einen die objektive Beeinflussung der gegenwärtigen Wirklichkeit durch die ›Fortvegetation‹ von Produktionsverhältnissen, welche durch die Entfaltung der Produktivkräfte (Gesamtheit der sachlichen und subjektiv-menschlichen, die Produktionsmittel, die Technologie, die Organisation, die Wissenschaft umfassenden Kapazitäten der Produktion des Lebens durch die Arbeit des Menschen) im Grunde überholt sind; zum zweiten aber auch jene Ideologien, deren Grundlage der Anachronismus ist und den sie stabilisieren helfen. In seiner Proudhon-Kritik (*Das Elend der Philosophie*/1847) hat Marx eine Ideologie gegeißelt, die mit ihren kapitalistischen Fundamenten überlebt hat bis heute: die Ideologie der Geschichtslosigkeit.

»Wenn die Ökonomen sagen, daß die gegenwärtigen Verhältnisse – die Verhältnisse der bürgerlichen Produktion – natürliche sind, so geben sie damit zu verstehen, daß es Verhältnisse sind, in denen die Erzeugung des Reichtums und die Entwicklung der Produktivkräfte sich gemäß den Naturgesetzen vollziehen. Somit sind diese Verhältnisse selbst von dem Einfluß der Zeit unabhängige Naturgesetze. Es

(Kapitalismus) und als *Dogma* der Theorie des Geschichtsbewußtseins. Der »Mystizismus der Warenwelt«, Ausdruck des ›Fetischcharakters der Ware‹ und der Vergegenständlichung des Bewußtseins, »verschwindet [...], sobald wir zu andren Produktionsformen flüchten«.
71 *MEW* 3, 45.

sind ewige Gesetze, welche stets die Gesellschaft zu regieren haben. Somit hat es eine Geschichte gegeben, aber es gibt keine mehr«[72].

Es hat eine Geschichte gegeben, auf die sich zu berufen für den Apologeten des Jetzt nützlich ist, um den Fortschritt von gestern herauszustreichen; und es darf keine Geschichte mehr geben, denn eine Berufung auf sie würde den Fortschritt von morgen und das Ende der gegenwärtigen ökonomischen und politischen Herrschaft beschwören. Die für das Verfassungsrecht der BRD konstitutive Begründung der *Menschen*rechte durch die ewigen *Natur*rechte bzw. -gesetze und die politisch-ökonomische Enthistorisierung der Kategorien wie ›die‹ Arbeit, ›die‹ Gesellschaft etc. sind Indizien für eine Geschichts-, weil Veränderungsunwilligkeit, die sich gleichwohl ohne das Gefühl der Paradoxie auf geschichts-*theoretische, meta*-geschichtliche Reflexion zurückziehen kann, statt die Geschichte selbst zu erklären. Es wäre ein Irrtum, in der vielberedeten ›Krise des Geschichtsbewußtseins‹[73] einen Trennungsstrich gegenüber der Vergangenheit zu sehen; das bürgerliche Denken hat sich aus besserer Einsicht von seiner Zukunft getrennt. Im Unterschied zum Geschichtsbewußtsein der revolutionären Bourgeoisie, für das »die Historie [...] kein anderes Objekt hat, als Erklärung des gegenwärtigen Zustands der Welt«[74], hat das gegenwärtige bürgerliche historische Bewußtsein unreflektiert das Ende jener ›Vorgeschichte‹ anerkannt, deren Subjekt der Bürger war und die zur Erklärung der Gegenwart der bürgerlichen Gesellschaft nichts mehr beiträgt. Die Geschichtstheorie im Kapitalismus ist – darum ging es – ein Symptom für einen prinzipiellen Sachverhalt: für die mit jeder Zuwendung zur Geschichte gegebene *Parteinahme* für *eine* Geschichte.
Der Problemkreis der Perspektive ›Praxis und Geschichtsbewußtsein‹ ist nicht abgesteckt, solange die allgemeine These von der ›Geschichte‹ als einer Funktion der Gegenwart und vom Geschichtsbewußtsein als einer Funktion des Wirklich-

72 *MEW* 4, 139.
73 Vgl. Anderle: (334); Heuss: (343); Koselleck: (347); Löwith: (350); Weber: (361); Wittram: (363). Zur Metakritik vgl. Adorno: (333); Basis GWS: (335); Benjamin: (336); Habermas: (341); Lozek: (351); Berthold: (56a); Hoffmann: (68); Kon: (70); Schulze: (83).
74 F. W. J. Schelling, *System des transzendentalen Idealismus* (1800). *Sämtl. Werke*, ed. K. F. A. Schelling, III 591.

keitsbewußtseins nicht präzisiert ist: für welche Geschichte nimmt wer Partei? Ein Vergleich zweier exemplarischer Aussagen soll diese Frage verdeutlichen:

Satz 1: »Wäre die Geschichte auch für die anderen Menschen ohne Nutzen, so müßte man sie den Fürsten zu lesen geben. Es gibt kein besseres Mittel, ihnen aufzudecken, was die Leidenschaften und Interessen, die Zeiten und Umstände, die guten und schlechten Ratschläge, vermögen. Die Geschichten bestehen nur aus den Taten derer, die sie beherrschen, und alles scheint für deren Gebrauch gemacht. Wenn die Erfahrung für sie vonnöten ist, um jene Klugheit zu erwerben, die gut regieren läßt, so ist nichts nutzbringender für ihre Unterweisung, als den Beispielen der vergangenen Jahrhunderte die Erfahrungen zu verbinden, die sie Tag für Tag machen«[75].

Satz 2: »Wer sich zur Geschichte seiner Bewegung verhält wie einer, der sich an nichts erinnert, der kann kein klassenbewußter Arbeiter sein«[76].

Der erste Satz findet sich als Einleitungsbemerkung in J. B. Bossuets *Discours sur l'Histoire Universelle* aus dem Jahre 1631. Er steht am Beginn der neuzeitlichen Geschichtsphilosophie. Die zweite Aussage formulierte Lenin 1914 am Vorabend des imperialistischen Weltbürgerkriegs der Bourgeoisien im Aufsatz *Der ideologische Kampf in der Arbeiterbewegung.* Er ist das Programm der Parteilichkeit des historischen Materialismus. Es geht – hier wie dort – um die *Funktion* der ›Geschichte‹. Weil »die historische Vergeßlichkeit [...] ein Zuhälter des Opportunismus« ist[77], wird die Geschichte zum Zitat, zum Beleg der Legitimität politischer Prinzipienfestigkeit. Was steht auf dem Spiel? Die Kenntnis der Fakten? Die Be-

---

75 J. B. Bossuet, *Discours sur l'Histoire Universelle à Monseigneur le Dauphin: Pour expliquer la suite de la Religion & les changements des Empires.* Première Partie. Depuis le commencement Du Monde jusqu'à l'Empire de Charlemagne. Paris 1631, 3.
Bossuet kennt schon den modernen Geschichtsbegriff (l'Histoire, ›die Geschichte‹ als Kollektivsingular), verwendet aber auch noch die Kategorie ›Geschichten‹ (les Histoires) zur Bezeichnung der Taten großer Individuen. Wichtiger aber ist: Bossuet denkt ein System der Zeiten, die Universalgeschichte, denn »wenn man von der Geschichte nicht lernt, die Zeiten zu unterscheiden, wird man die Menschen unter dem Gesetz der Natur vorstellen« (4).
76 *LW* 20, 278.
77 H. Wessel, *Philosophie des Stückwerks. Eine Auseinandersetzung mit dem neupositivistischen ›kritischen Rationalismus‹,* Berlin 1971, 45. Ich zitiere den Satz wegen seiner Prägnanz, nicht wegen der Qualität des Buchs.

friedigung archivalischer Neugier? Auf dem Spiel steht die ideologische und ethische Normierung individuellen und kollektiven Verhaltens im Kampf um die Beherrschung der Wirklichkeit. Die ›Geschichte‹ interpretiert die Vergangenheit als Richtung auf ein zukünftiges *Ziel,* das zu erreichen die Kontinuität sozialer Bewegungen gewahrt oder – wo sie zerbrach – erinnert werden muß. Die historische Bildung des Klassenbewußtseins der Subjekte der Veränderung muß erkannt werden, um den Anteil der ›Geschichte‹ an der Formung und Weiterentwicklung des Klassenbewußtseins bestimmen zu können. Die ›Geschichte‹ hat eine »bewußtseinsbildende Funktion« und sie hat eine »strategiebildende Funktion« bei der Erarbeitung der Mittel und Wege des Klassenkampfs (vgl. Berthold: (56a), 4/5).

In der DDR studieren jährlich nahezu 900 000 Teilnehmer der Parteilehrgänge der SED die ›Grundlehren‹ der Geschichte der deutschen Arbeiterbewegung. Ein Beschluß des Politbüros der SED vom 5. Juli 1966 stellte die Aufgabe, das Studium der Geschichte der Arbeiterbewegung »zur Hauptform der marxistisch-leninistischen Qualifizierung und der klassenmäßigen Erziehung der Parteimitglieder« zu gestalten; es gehe darum, »die Lehren und Schlußfolgerungen aus dem 120jährigen Kampf der deutschen Arbeiterbewegung tiefer zu verstehen und damit die bereits gewonnenen marxistisch-leninistischen Grundkenntnisse zu vervollständigen«[78]. Schon Engels hatte die Bedeutung des Geschichtsbewußtseins für die Klassenkämpfe seiner Gegenwart nicht unterschätzt; zugunsten einer revolutionären Identifikation mit der Geschichte der Aufstände gegen die Herrschenden hielt er es für geboten, »die ungefügen, aber kräftigen und zähen Gestalten des Bauernkriegs dem deutschen Volke wieder vorzuführen«. Eine andere als vom herrschenden bürgerlichen Sozialisationsinteresse vorgeschriebene historische Kontinuität des proletarischen Klassenbewußtseins zu stiften, schrieb er: »Auch das deutsche Volk hat seine revolutionäre Tradition«[79]. Inzwischen erinnert die Arbeiterklasse ihre eigene Geschichte. Nicht ohne Schwierigkeiten und behindert durch die Kanonisierung der Geschichte der bürgerlichen Gesellschaft – die zur Geschichte der bürgerlichen

78 *Dokumente der SED*, Berlin 1969. Bd. XI, 140.
79 *MEW* 7, 329.

Klasse verstümmelt wird – in den Sozialisationsmedien (vom Lesebuch der Grundschule über die ›abendländische‹ Geistesgeschichte an den Gymnasien bis zur Geschichtswissenschaft an den Universitäten) der BRD; und trotz öffentlicher Förderung auch nicht problemlos in der DDR. Der Aufsatz von J. Stahl *Die Rolle der Geschichtspropaganda im System der politischen Massenarbeit im VEB Schiffswerft ›Neptun‹ Rostock* ist aufschlußreich: Im System der Massenarbeit »nimmt die Geschichtspropaganda einen wichtigen Platz ein. Die Vermittlung historischer Kenntnisse, die Erfassung geschichtlicher Zusammenhänge, die Entwicklung des Geschichtsbewußtseins helfen, das Verständnis für die Aufgaben und Zusammenhänge der Gegenwart und Zukunft zu vertiefen, die Gesetzmäßigkeiten der gesellschaftlichen Entwicklung, insbesondere der sozialistischen Revolution, besser zu erkennen, die Kontinuität und Wissenschaftlichkeit der Politik, der Strategie und Taktik unserer Partei besser zu verstehen und unsere Republik als die Verkörperung der revolutionären Traditionen der deutschen Arbeiterbewegung und als Ergebnis des jahrzehntelangen heldenhaften Kampfes der deutschen Arbeiterklasse zu begreifen«. Dieser Aufsatz[80] ist aufschlußreich nicht allein für die gesellschaftliche Funktionsbestimmung der ›Geschichte‹; er läßt – wie auch einige andere Beiträge der DDR-Historiographie – die Wahrung der Kontinuität der *europäischen* Arbeiterbewegung vermissen[81] und läßt nicht zu Wort kommen die Selbstkritik der Arbeiterbewegung durch die Erklärung ihrer Niederlagen und Fehler; aufschlußreich und zugleich nicht unbedenklich ist darüber hinaus, in wie unvermittelter Form die Pflege des revolutionären Erbes und die Steigerung der industriellen Produktivität der Arbeiter miteinander verknüpft werden: der Bericht verzeichnet als – unbestreitbaren – Erfolg, »daß sich in unserem Betriebskollektiv ein echtes Geschichtsbewußtsein ausgebildet hat«; weiter heißt es: »unsere Kollegen und Genossen sind stolz auf ihren Betrieb. [...] Etwa 60 Prozent

---

80 Vgl. auch Döhring: (61); Meier/Schmidt: (73a); Rupprecht: (71); Streisand: (84a).

81 Daß die Geschichte der Arbeiterklasse im Stadium des Imperialismus nicht mehr als National-Geschichte geschrieben werden kann, berücksichtigt jetzt verstärkt die DDR-Historiographie. Vgl. H. Bartel / W. Schmidt, *Neue Probleme der Geschichtswissenschaft in der DDR*. In: ZGW 20 (1972), 797-817; 809.

der Belegschaft gehören dem Betrieb länger als zehn Jahre an. So kann die Formung des Geschichtsbewußtseins helfen, die Fluktuation zu vermeiden. [...]« (Stahl: (83a), 178/179; 181). Birgt dieser Einsatz der Geschichtspropaganda die Gefahr, Elemente eines geschichtlich durch Sozialisation verfälschten Bewußtseins zu reaktivieren, die als Residuen der Widerspiegelung kapitalistischer Arbeitsformen und als Relikte bürgerlichen Klassenbewußtseins auch in der DDR nach dem kurzen Zeitraum der Entwicklung der sozialistischen Gesellschaft womöglich noch ›fortvegetieren‹? Wichtiger aber scheint, daß die ›Geschichte‹ der Arbeiterbewegung teilweise zu einseitig als Geschichte des Sieges der Arbeiterklasse geschrieben wird. Die Herrschaft der Arbeiterklasse darf nicht dazu verführen, die ›Geschichte‹ der Unterdrückung zu vergessen. Gerade in der Epoche der Diktatur des Proletariats muß sich das Geschichtsbewußtsein für das Problem der Unterdrückung sensibilisieren. Wie keine andere gebietet die Geschichte der Arbeiterbewegung einen Geschichtsbegriff, welcher der Dialektik von Sieg und Niederlage entspricht: »Die Geschichte aller bisherigen Gesellschaft ist die Geschichte von Klassenkämpfen«[82]. Nichts widerspräche der Dialektik in der Geschichte mehr als eine ›Geschichte‹, die nur Niederlagen lamentierend verzeichnete, und nichts mehr, als eine ›Geschichte‹, die nur Siegen applaudierte und nicht erinnerte, gegen wen und mit welchen Opfern sie erkämpft wurden. Die wahre ›Geschichte‹ ist die der Negation der Negation, der Aufhebung der Unmenschlichkeit, d. h. des Fortschritts der Befreiung. Daß »man die Geschichte selbst mit all ihren Widersprüchen und Konflikten, mit ihrer Dramatik, mit den Kämpfen, Niederlagen und Siegen der fortschrittlichen Klassen« sich aneignet, ist Forderung an eine Geschichtswissenschaft, die zur Bildung des Geschichtsbewußtseins beiträgt[83]. Die ›Geschichte‹ der Klassenkämpfe verträgt keine Abstraktion und nennt die von Menschen an Menschen verbrochenen Demütigungen und Leiden, nennt individuellen Hunger und individuellen Tod beim Na-

---

82 *MEW* 4, 462. 1888 präzisierte Engels diesen ersten Satz des ›Kommunistischen Manifests‹ in einer Anmerkung: »Das heißt, genau gesprochen, die *schriftlich* überlieferte Geschichte. 1847 war die Vorgeschichte der Gesellschaft [...] noch so gut wie unbekannt«.
83 H. Bartel / W. Schmidt, a.a.O. 801.

men. Der bewußte materialistische Historismus[84] ist die ›Geschichte‹ der Selbstkonstitution des Menschen in der Dialektik der gesellschaftlichen Arbeit, und das meint nicht zuletzt: in der Dialektik von Beherrschung und Ausbeutung. Diese ›Geschichte‹ überliefert die Geschichte eines notwendigen Fortschritts. Der bewußte Historismus hat eine ethische Dimension. Er fordert mit der Parteinahme für die vom *Menschen gemachte* Geschichte dazu auf, Geschichte verantwortlich zu gestalten und ›Geschichte‹ verantwortlich im Bewußtsein zu schreiben, daß eine unfreie und auf Ausbeutung gegründete Wirklichkeit – Wirklichkeit der Masse der Massen gegenwärtig – die in der Zukunft gegenwärtige wirkende Vergangenheit sein wird.

Die ontologisch und logisch bestimmte Geschichtlichkeit jedes individuellen Bewußtseins und seiner kollektiven gesellschaftlichen Formen verbürgt nicht unmittelbar ein Geschichtsbewußtsein auf dem Niveau der objektiven Bedürfnisse der Individuen und Klassen. *Geschichtliches Bewußtsein* und *Geschichtsbewußtsein* sind unterscheidbare Qualitäten und Modi der Widerspiegelung. Bloße Historizität des Bewußtseins schlägt um in die Qualität ›Geschichtsbewußtsein‹, wenn die wirklichen Triebkräfte der geschichtlichen Praxis erkannt und Zielvorstellungen für den Fortschritt in die Zukunft entwickelt werden. Das Geschichtsbewußtsein erst ist fähig, sich innerhalb des Fortschrittsprozesses zu identifizieren; daß die Geschichte etwas ›lehrt‹, gilt nur für das Geschichtsbewußtsein, das gelernt hat: die Menschen machen ihre Geschichte selbst. Erst der bewußte Historismus bietet das in der Parteinahme für die Befreiung durch einen angemessenen Begriff ›Geschichte‹ logisch korrigierte Spiegelbild der historischen Genesis; die materialistische Geschichtsauffassung »korrigiert nach Gesetzen, die der wirkliche geschichtliche Verlauf selbst an die Hand gibt«[85]. Die geschichtsmaterialistische ›logische Korrektur‹ macht nicht der Geschichte den Prozeß, sondern erkennt die Geschichte als Prozeß: »Über geschichtliche Ereignisse beklagt man sich nicht, man bemüht sich im Gegenteil, ihre Ursachen zu verstehen und damit auch ihre Folgen, *die noch lange nicht erschöpft sind*«[86].

---

84 Zum Begriff ›bewußter Historismus‹ vgl. Bollhagen: (59); Küttler/Lozek: (72); Nowikow: (75); Podkorkorytov: (76).
85 *MEW* 13, 475.
86 *MEW* 21, 201.

1.4. Hermeneutische Vorfragen

Die Hermeneutik ist, von kaum einem bestritten, noch immer eine Domäne der Geisteswissenschaften. Dies gilt für die Hermeneutik als *Verfahren* der verstehenden Reinterpretation von Dokumenten des Bewußtseins wie auch für die Hermeneutik als philosophische *Theorie* des Sinnverstehens. Eine wissenschaftliche Hermeneutik, die ihren Ort im Klassifikationssystem der materialistischen Dialektik angewiesen wüßte, gibt es nicht. Noch nicht? Noch gibt es keine ›materialistische Hermeneutik‹. Warum? Schließen sich Hermeneutik und Materialismus als Gegensätze aus? Auf Klassiker-Zitate kann sich der Versuch einer Begründung der materialistischen Alternative zur bürgerlich-geistesgeschichtlichen Hermeneutik nicht berufen. Nur einmal taucht 1858 der Terminus in einem Brief von Marx an Engels auf, beiläufig und nahezu pejorativ; Marx kritisiert Lassalle, bei dessen Hegel-Rezeption »die juristische Gewohnheit der Hermeneutik« Pate gestanden habe[87].

Die materialistische historisch-logische Rekonstruktion der ›wirklichen Geschichte‹ kommt nicht umhin, Geschichtliches auch aus schriftlich überlieferten, in Quellen, Texten etc. überhaupt erst nachweisbaren Widerspiegelungsergebnissen vergangener Praxis zu erklären. Die Marxsche *Kritik der Politischen Ökonomie* ist über ihre Bedeutung als Anatomie der bürgerlichen, kapitalistisch produzierenden Gesellschaft hinaus das Paradigma einer ›materialistischen Hermeneutik‹: sie ist Hermeneutik jenes Selbstverständnisses, jener kategorialen Widerspiegelung der kapitalistischen Produktionsweise, dessen Dokumente Marx in den Quellen der klassischen englischen Nationalökonomie vorlagen. Es wäre ruinös, sich dieses durch den materialistischen Historismus und durch die dialektische Logik seither noch differenzierten hermeneutischen Instrumentariums nicht methodologisch und theoretisch zu vergewissern. Das bisherige Veto des Marxismus gegen die Hermeneutik ist eindeutig: ›die‹ Hermeneutik wird als Erscheinung des bürgerlichen Idealismus und Irrationalismus abgelehnt; da ihr ein distinkter Gegenstandsbereich im System der materialistischen Dialektik nicht zugesprochen werden kann, werden die »wissenschaftlich beständigen Themen der Hermeneutik« an den

---

87 *MEW* 29, 267.

dialektischen Materialismus, speziell an »Methodologie«, »Erkenntnistheorie« und »Semiotik« verwiesen[88]. Dieses Veto könnte zu weiterer materialistischer Hermeneutik-Forschung kaum ermutigen, wäre nicht offenkundig, daß es sich allein gegen die traditionelle Hermeneutik, deren Idealismen und Irrationalismen wendet. Es wäre aufrechtzuerhalten, sollte eine materialistische Hermeneutik wesentliche marxistische Theorieelemente revidieren oder gar ersetzen. Diese Studie fragt aber nachdrücklich, welche Stelle *innerhalb* des Klassifikationssystems der materialistischen Dialektik einer Hermeneutik einzuräumen ist, die nicht Theorie allgemeinen Sinnverstehens mit dem Vorzeichen ›materialistisch‹ sein kann, sondern eine ihrem Dokumentengegenstand angemessene Methode der Erklärung von Widerspiegelungsformen und -inhalten. Im Rahmen der klassifikatorischen Hierarchie der marxistischen Wissenschaft läßt sich für die materialistische Hermeneutik folgender Ort ausmachen: in den durch die Einheit von Logischem und Historischem bestimmten Wissenschaften arbeitet die materialistische Hermeneutik als Anwendung des Prinzips ›dialektische Rekonstruktion der Genesis‹ auf jene Widerspiegelungsformen, deren Objektivierungen und Materialisierungen in Dokumenten der Sprache vorliegen; sie erklärt die Dokumente der Sprache entsprechend der historischen materiellen Genesis der Sprache als Funktionen der Aneignung der Wirklichkeit. Der Gegenstandsbereich der materialistischen Hermeneutik ist abgrenzbar: sie wendet an die Ergebnisse 1. der Wissenschaft von den materiell-praktischen, die Wirklichkeit gesetzmäßig strukturierenden gesellschaftlichen Arbeits- und Produktionsweisen (Politische Ökonomie), 2. der Wissenschaft von den materiell-praktischen und psychischen Konstitutionsbedingungen des Bewußtseins (Wahrnehmung/Erkenntnis/Wissen) und der gesellschaftlichen Spezifik der individuellen Widerspiegelungsakte (dialektische Erkenntnistheorie), 3. der Wissenschaft vom geschichtlichen Prozeß des Fortschritts durch Klassenkämpfe (materialistischer Historismus) und 4. der Wissenschaft von den kognitiven und normativen Funktionen der Ideologien als systematische parteiliche Widerspiegelungen von Klasseninteressen und Klassenbezie-

88 Art. *Hermeneutik* von W. R. Beyer, in: *Philosophisches Wörterbuch*. Hg. v. G. Klaus/M. Buhr. 6. überarb. u. erw. Aufl. Leipzig 1969, Bd. 1, 475.

hungen (Ideologiekritik). Die materialistische Hermeneutik ist nur begründbar als abgeleitete Größe dieser Wissenschaften, d. h. als deren Organon, und sie ist durch ihren Gegenstand (sprachliche Dokumente) eindeutig eingegrenzt. Daß diese vorläufige Definition ein Programm ist und keine Zustandsbeschreibung, bedarf keines Kommentars. Wie notwendig aber eine Perspektive auf eine materialistische Hermeneutik ist, versteht sich, wenn die völlige Verwirrung behoben werden soll, die über Funktion und Definition einer Hermeneutik herrscht, welche gegen die bürgerliche Hermeneutik antreten soll.

Der Terminus ›materialistische Hermeneutik‹ ist im gegenwärtigen Streit über die Literaturwissenschaften in diversen Abwandlungen modisch geworden. In der BRD-Diskussion wechseln ein vorsichtiger Optimismus und radikale Verdammung einander ab. Dem Satz »Hermeneutik und Marxismus scheinen dann Erkenntnisprozesse zu innovieren, wenn die Hermeneutik sich der Perspektive gesellschaftlicher Totalität öffnet und wenn für den Marxismus auch die Perspektive individueller Erfahrungen von Relevanz ist«[89] wurde nicht etwa entgegengehalten, daß Hermeneutik und Marxismus Begriffe nichtvergleichbaren klassifikatorischen Niveaus sind, daß die geisteswissenschaftliche Hermeneutik die Perspektive der ›gesellschaftlichen *Totalität*‹ a priori ausblendet und daß der Marxismus *ex definitione* auch Theorie individueller Erfahrung *ist*; diesem Ansatz steht vielmehr die linksmaximalistische Phrase gegenüber, es sei »der gemeinsame Nenner der zur Zeit in der Bundesrepublik und Westberlin kursierenden Theorien über marxistische Ästhetik, marxistische Literaturtheorie, marxistische Hermeneutik, Warenästhetik [...] darin zu sehen, daß die Vertreter dieser Auffassungen ihre Theorien von der Geschichte und der aktuellen Praxis des Klassenkampfes ablösen«[90]; die »marxistische Hermeneutik« – wo gibt es sie? – habe im Widerspruch zum historischen Materialismus »die Frage der ›überhistorischen Geltung‹ eines Kunstwerks in den

89 Hauff/Heller/Hüppauf/Köhn/Philippi: (456), 45. Den Autoren liegt an einer wechselseitigen ›Anreicherung‹ von Marxismus und Hermeneutik. Daß eine für den Marxismus integrationsfähige Hermeneutik erst zu erarbeiten ist, bleibt unbedacht.

90 Kommunistischer Studentenverband (KSV), *Thesen zum historisch-materialistischen Studium der Literaturwissenschaft.* In: *alternative*, H. 82. Berlin 1972, 15.

Mittelpunkt gerückt«[91]. Den Beleg bleiben die Hermeneutik-Stürmer schuldig. Es gibt ihn nicht. Der linke Radikalismus sitzt nicht nur der traditionellen bürgerlichen Trennung von Theorie und Praxis auf, sondern operiert mit einem verabsolutierten Ideologiebegriff, für den jegliche nicht-sozialistische Bewußtseinsmanifestation der Ausdruck eines ›falschen Bewußtseins‹ ist[92]. »Es ist« – liest man bei Marx zur Ideologiekritik (der Religion) – »in der Tat viel leichter, durch Analyse den irdischen Kern der religiösen Nebelbildungen zu finden, als umgekehrt, aus den jedesmaligen wirklichen Lebensverhältnissen ihre verhimmelten Formen zu entwickeln«[93]. Konkrete erfolgversprechende Ansätze zu einer materialistischen Hermeneutik zeichnen sich heute noch kaum ab[94].

So muß sich die Formulierung und Begründung von ersten Schritten zu einer materialistischen Hermeneutik vorrangig noch mit der Tradition der bürgerlichen Hermeneutik und deren zeitgenössischen Vertretern auseinandersetzen. Die herrschenden Hermeneutiken lassen sich freilich nur für eine schlichte Agitation, kaum aber für eine wissenschaftliche Kritik auf den simplen Nenner ›bürgerlich‹ reduzieren; ihr Spektrum reicht von der Position idealistischer Überforderung der Hermeneutik als eines »universalen Aspekts der Philosophie« (Gadamer: (402), 451) oder von einer philologischen, kanonisierten hermeneutischen Interpretationslehre mit dem Ziel des ›Verstehens‹ von Formen des ›objektiven Geistes‹ (Betti:

91 Autorenkollektiv sozialistischer Literaturwissenschaftler Westberlin: (452), III.
92 Vgl. (5) passim.
93 *MEW* 23, 393.
94 H. Brinkmanns Bemerkung ›Historisch-materialistische Hermeneutik‹ wird durchs Einlassen auf Sohn-Rethels Formalismus ›Warenform/Denkform‹ dementiert. In: (147a), 22. W. F. Haugs ›Theorie ästhetischer Scheinlösungen [...] als Grundlage für eine Hermeneutik der bestimmten Negation‹ ist ein »Beitrag zur Sozioanalyse des Schicksals der Sinnlichkeit und der Entwicklung der Bedürfnisse im Kapitalismus« und darf wohl als der gelungenste Versuch einer Anwendung materialisch-hermeneutischer Kritik an den Erscheinungen der ›Warenästhetik‹ bezeichnet werden. Die methodologischen und systematischen Voraussetzungen dieser ›Hermeneutik der bestimmten Negation‹ bleiben aber noch unausgesprochen. Haug: (458), 7.
Im ›Zentrum für interdisziplinäre Forschung‹ der Universität Bielefeld hat auf Einladung des Verf. eine Gruppe von Philosophen, Literaturwissenschaftlern, Soziologen und Juristen mit einem Kolloquium (Oktober 1972) die Arbeit an einem Projekt ›Materialistische Hermeneutik‹ aufgenommen.

(379)-(383)) über die Position der unangemessenen Überschreitung ihrer wissenschaftlichen Kompetenz[95] bis hin zur sozialwissenschaftlich bzw. psychoanalytisch begründeten hermeneutischen Sprach- und Kommunikationstheorie (Apel: (442)-(444); Habermas: (446)-(449); Lorenzer: (450)), deren Übergang zu einer materialistischen Sozialisationstheorie (Lorenzer) sich abzeichnet. Was also ist ›die‹ Hermeneutik?

Hermeneutik ist:
- Auslegungstechnik
- Lehre vom Verstehen eines Textes
- theologische Exegese der normativen Quellen göttlicher Offenbarung
- Methodologie der historischen Geisteswissenschaften
- systematische geschichtsphilosophische Auslegung der Faktizität des Daseins
- universalphilosophische Theorie des Selbstverstehens menschlicher Geschichtlichkeit.

Nach Maßgabe einer repräsentativen Definition gilt als gemeinsames Kennzeichen dieser Hermeneutiken: Sie haben es »mit den Gebilden des objektiven Geistes zu tun. Diese Gebilde sind durch eine gewisse Doppelbödigkeit gekennzeichnet, d. h. sie stellen sich dem auffassenden Bewußtsein zunächst in einer äußeren ›objektivierten‹, materiell-sinnlichen Gestalt dar – man könnte dies ihre Dokumentenseite nennen –, aus welcher das geistige Moment, die Bedeutung, der Sinn erst erschlossen werden muß. Dieser geistige Gehalt mag für sich allein im Bewußtsein des einzelnen oder in einer wie immer gearteten intelligiblen Welt ein ephemeres Dasein führen. Für die geistige Kommunikation (im Leben oder in der Wissenschaft) muß er ›zum Ausdruck gebracht‹, d. h. materiell objektiviert werden, sei es in der sprachlichen Artikulation, im Schriftwerk, im Kunstgebilde oder im Werk allgemein. Nur dies sichert ihm die intersubjektiv kontrollierbare Geltung. [...] Die

---

95 H. Seiffert: (436), 43 versteht »unter ›Hermeneutik‹ [...] jene Methode, Lebenssituationen als solche verstehend zu erfassen – mag es sich dabei nun um Zahnschmerzen, um eine Gesellschaft in einer bestimmten Stimmung, um den Charakter einer Wohnung [...] handeln«. Diese ›Hermeneutik‹ resigniert vor der Komplexität historischer Prozesse und weiß nicht mehr zu entscheiden, ob die H. »ein Surrogat für die uns fehlende analytische Einsicht in den Ablauf der Weltgeschichte ist« oder »die einzig angemessene Weise« des Zugangs zur Geschichte (151).

Hermeneutik hat es nun in erster Linie mit den Verfahren der Gewinnung von Sinngehalten aus Artefaktdokumenten und mit dem Verhältnis beider Seiten zu tun, mittelbar aber auch mit dem Verhältnis von Sinngebilden untereinander«[96].

Unter dem Eindruck der Universalitätsansprüche der zeitgenössischen Hermeneutik, die Manifestationen des Bewußtseins der ganzen überlieferten Geschichte zu ›verstehen‹ oder zu ›erklären‹, kann man zweierlei feststellen: *Erstens* haben die herrschenden geistestheoretischen Hermeneutiken das die bürgerlich-revolutionären Geschichtsphilosophien – ihre Herkunft also – auszeichnende Prinzip der Dialektik von Vergangenheit, Wirklichkeit und Zukunft aufgegeben; die Akzentverschiebung auf das Prinzip ›Vergangenheit‹ hat jenen Begriff von ›Geschichte‹ ausgelöscht, zu dem ›Aufhebung‹ und ›Negation‹ unmittelbar gehörten; die ›Konstanz des Verstehens‹ wurde erkauft um den Preis der Fortschrittsidee. *Zweitens* erliegen die geistestheoretischen Hermeneutiken der Fiktion, die Ganzheit der geschichtlichen Herkunft und des Sinnes von Geschichte sei unter der Herrschaft der kapitalistischen Teilung von materieller Produktion und ideeller Reproduktion durch ›Verstehen‹ zu konstruieren; dies ist ein Rückfall hinter die gesellschaftlich notwendige Arbeitsteilung und Theorieteilung, ist Verdrängung und nicht Aufarbeitung.

Die herrschenden Hermeneutiken bilden ein imaginäres Museum geschichtsferner Sinngehalte, ein imaginäres Museum der vermeintlichen oder wirklichen Sinnintentionen von Bewußtseinsdokumenten im Zeitalter ihrer ideologischen Reproduzierbarkeit. Wie in ihren griechischen Anfängen stellt sich heute die Hermeneutik die Aufgabe, einen Sinnzusammenhang aus einer Welt, die nicht gegenwärtig ist, in eine andere Wirklichkeit zu übertragen; die ›Welt‹ göttlicher Offenbarung ist dabei abgelöst von der ›Welt‹ der Geschichte des menschlichen Geistes. Die Geschichte der Hermeneutik[97] zeigt, daß Phasen ihrer Definition durch ein methodisch gesichertes ›objektives‹ (nicht subjektiv-willkürliches) Verstehen objektiver Wahrheiten mit normativem Anspruch und Phasen ihrer Definition durch die

96 Art. ›Hermeneutik‹, in: *Das Fischer-Lexikon. Philosophie.* Hg. v. A. Diemer / I. Frenzel, Frankfurt/M. 1971, 97.
97 Vgl. Blass: (18); Dilthey: (20); Ebeling: (21); Fuchs: (22); Geldsetzer (23); Wach: (30).

Subjektivität intuitiver Vergegenwärtigung nicht-normativen Fremd-Sinns, durch welche der Sinn von Vergangenem *für* ein Subjekt sich erst konstituiere, einander abgelöst haben. Seit der neuzeitlichen geschichtsphilosophischen Erschließung der Wahrheit, daß der Mensch seine Geschichte *macht* und nicht nur durch die *Interpretation* einer göttlichen, der subjektiven Existenz ontologisch vorgängigen Seins-Geschichte sich gehorchend in der Welt einzurichten habe, steht die Hermeneutik vor ihrer Aporie, die sie heute beherrscht: vor der Schwierigkeit, die hermeneutische Erkenntnis zu sichern, obwohl das subjektive Bewußtsein seine Welt immer erst kraft seiner Autonomie ›setzt‹; diese Aporie des ›Zirkels‹ von Ganzem und Teil, Wirklichkeit und Subjektivität, Geschichtlichkeit und Spontaneität, hat eine zweite zur Folge: die Schwierigkeit, trotz der Autonomie des Subjekts aus der Geschichte noch zu lernen[98]. Aus der Vielfalt der Versuche, diese Schwierigkeiten zu meistern, lassen sich fünf Typen herausarbeiten:

I. *Typus:* Die idealistisch-psychologische Theorie hermeneutischen ›Verstehens‹ der Totalität sprachlicher Sinngehalte (Schleiermacher/Dilthey)

2. *Typus:* Die idealistische geschichts-metaphysische Theorie der Hermeneutik als Analyse von Dasein und Faktizität (Heidegger)

3. *Typus:* Die idealistische philosophische Universalhermeneutik auf der Grundlage der Apologie des Vorurteils (Gadamer)

4. *Typus:* Die sozialwissenschaftlich-psychoanalytische Theorie der Hermeneutik; eine ihren idealistischen Status leugnende Theorie der Interpretation von Symbolen auf der Basis sprachlicher Kommunikation und Interaktion (Habermas/Lorenzer)

5. *Typus:* Die historisch- und dialektisch-materialistische Kritik der ideologischen Existenzweise des Bewußtseins.

Erstens: Die moderne Hermeneutik wurde von Schleiermacher in der Abkehr vom normativ-exegetischen Auslegungsverfahren als Theorie des Verstehens, d. h. der Wiederherstellung der ursprünglichen geistigen Produktion mittels einer kongenialen

---

98 Mit den Worten Hegels (*Sämtliche Werke.* Jubiläumsausgabe. Hg. v. H. Glockner, Stuttgart 1927 ff. Bd. 17, 75): »Das Individuum ist ein Sohn seines Volkes, seiner Welt. [...] Wir müssen nicht glauben, die Fragen unseres Bewußtseins, die Interessen der jetzigen Welt bei den Alten beantwortet zu finden«.

intellektuellen Einfühlung durch den Interpreten, entwickelt. Ihre Erkenntnisperspektive ist die Sprachlichkeit des Menschen als universelles Sinn-Medium: »Alles vorauszusetzende in der Hermeneutik ist nur Sprache und alles zu findende, wohin auch die anderen objektiven und subjektiven Voraussetzungen gehören muß aus der Sprache gefunden werden«. Die Sprache begründet die Totalität des hermeneutischen Gegenstandes, eine Totalität individuellen Sprachgebrauchs; deshalb fordert Schleiermacher: »Man muß die Totalität ›fassen‹«, d. h. erkennen, was einem Autor »zu Gebote stand«; zugleich aber müsse »die Individualität [...] unmittelbar angeschaut sein«, d. h. »die Eigenthümlichkeit des Sprachgebrauchs«. Aus dem Spannungsverhältnis von Totalität und Individualität erwächst das hermeneutische Problem: »Jedes Verstehen des Einzelnen ist bedingt durch ein Verstehen des Ganzen« (Schleiermacher: (28), 38; 70; 46). Die ›Zirkel‹-Aporie wird so gelöst durch die Ausblendung der materiellen Determinanten des hermeneutischen Gegenstands: die ideellen Formen der Sprache interessieren, nicht aber die materielle Genesis und sozial-historischen Inhalte von Aussagen.

W. Diltheys wichtiger Aufsatz *Die Entstehung der Hermeneutik* (1900) ist dem Problem gewidmet, wie »gegenüber dem beständigen Einbruch romantischer Willkür und skeptischer Subjektivität in das Gebiet der Geschichte die Allgemeingültigkeit der Interpretation theoretisch begründet« werden könne, auf der doch »alle Sicherheit der Geschichte beruht«. Mit Schleiermacher zieht auch Dilthey für jede Hermeneutik, die als »Hauptbestandteil der Grundlegung der Geisteswissenschaften« Geltung genießen solle, die Summe: »*Verstehen* wird nur Sprachdenkmälern gegenüber zu einer Auslegung, welche Allgemeingültigkeit erreicht«; weil »in der Sprache allein das menschliche Innere seinen vollständigen, erschöpfenden und objektiv verständlichen Ausdruck findet, [...] hat die Kunst des Verstehens ihren Mittelpunkt in der Auslegung oder *Interpretation der in der Schrift enthaltenen Reste menschlichen Daseins*«. Das Problem der Differenz, des Zeitenunterschieds zwischen der »Individualität des Auslegers und der seines Autors« ist für Dilthey nicht durch die objektive Gesetzlichkeit der Dialektik von Historischem und Logischem, sondern allein durch die Erkenntnis der anthropologischen Unveränderlichkeit der »Natur des Verstehens« gelöst: »auf der Grundlage der allgemeinen Menschennatur haben sich beide gebildet, und hierdurch wird die Gemeinschaftlichkeit der Menschen untereinander für Rede und Verständnis ermöglicht«. Die als *»Kunstlehre des Verstehens schriftlich fixierter Lebensäußerungen«* im Grunde ganz unhistorisch definierte Hermeneutik findet in der Psychologie des Seelenlebens ihre wissenschaftliche Grundlage: »Die psychologische Auslegung geht von der Versetzung in den schöpferischen inneren Vorgang aus, und sie schreitet vorwärts zur äußeren und inneren Form des Werkes, von ihr aber weiter zur Erfassung der Einheit der Werke in Geistesart und Entwicklung ihres Urhebers«. Die Psychologie des Verstehens soll »aus dieser objektiven Auffassung des Singulären allgemeine gesetzliche Verhältnisse und umfassende Zusammenhänge ableiten«; die ›Objektivität‹ ist ausschließlich durch die durch alle Differenzierungen historischer Individualität hindurch konstante Qualität der ›Natur‹ des Seelischen verbürgt. Die Wirklichkeit, die hermeneutisch zu verstehen ist, hat mit der objektiven Realität und der materiellen Existenzbasis des Psychischen nichts gemein: diese ›Wirklichkeit‹ ist Innerlichkeit, ist »unmittelbare« – d. h. doch: nicht mit der materiellen Welt vermittelte – »innere Wirklichkeit«, ist »ein von innen erlebter Zusammenhang«. Historisches Erkennen bleibt deshalb in bewußter Entgegensetzung zur »Naturerkenntnis« eine »Aufgabe der *Geisteswissenschaften*«; und die zeichnet »vor allem Naturerkennen« aus, »daß ihr Gegenstand nicht in den Sinnen gegebene Erscheinung, bloßer Reflex eines Wirklichen in einem Bewußtsein« ist. Rigoroser ist der Idealismus einer Hermeneutik nicht mehr formuliert worden, deren Gegenstand durch nichts mit der sozial-historischen materiell-praktischen Realität verkettet ist. Die ›Zirkel‹-Aporie ist – ein Fortschritt innerhalb der idealistischen Hermeneutik – gelöst durch die Annahme einer ›gesetzmäßigen‹ Natur-Entwicklung des Psychischen (Dilthey: (20), 317-333).

Zweitens: Die ›Objektivität‹ der rein ›idiographischen‹, von naturwissenschaftlicher objektiver Erklärung gesetzmäßiger materieller Prozesse sich scharf distanzierenden Beschreibung und Einfühlung hielt der philosophischen Kritik nicht lange stand. Zu offensichtlich verfehlte die idealistisch-psychologische Verstehenstheorie, was den hermeneutischen Prozeß und Gegenstand gerade auszeichnet: die Geschichtlichkeit des Bewußtseins und mit ihr das eigentliche Ziel der bürgerlichen Hermeneutik: die Rekonstruktion eines Sinn-Kontinuums, in dem das je daseiende Bewußtsein sich identifizieren könnte. Mit M. Heideggers *Sein und Zeit* (1927) ist die Schwelle der Hermeneutik als Auslegung wie immer gearteter ›Werke‹ des Bewußtseins überschritten in Richtung einer hermeneutischen Philosophie mit dem Universalitätsanspruch der Daseins-Analyse. Die Metaphysik, von Kants Kritizismus nicht nachhaltig genug zerstört, tritt wieder ins Leben, gibt sich als Geschichts-Metaphysik den Namen ›Hermeneutik‹ und stellt mit unerwarteter Radikalität die unter der Herrschaft der rationalistischen Ontologie unterdrückte ›Frage nach dem Sinn des Seins‹. Hermeneutik *ist* die unablässige Frage nach dem Sinn des Seins selbst; sie *ist* die Erklärung des menschlichen Daseins in seiner Zeitlichkeit und Geschichtlichkeit. Die Philosophie der Tradition hat – so Heidegger – für die Geschichtlichkeit keine Begriffe bereit. Sie hat die »Geschichtlichkeit des Daseins soweit« entwurzelt, »daß das Dasein bei allem historischen Interesse und allem Eifer für eine philologisch ›sachliche‹ Interpretation die elementarsten Bedingungen nicht mehr versteht, die einen positiven Rückgang zur Vergangenheit im Sinne einer produktiven Aneignung ihrer allein ermöglichen«.[99] Heideggers Angriff gegen die Geschichtsblindheit der Ontologie und sein Entwurf einer Wesensbestimmung des Daseins durch ›Geschichtlichkeit‹[100] ist – bei unbestreitbarer philosophischer Folgerichtigkeit und Größe – eines der wichtigsten Symptome für die verhängnisvolle Entwicklung des bürgerlichen Geschichtsbewußtseins. Dieses Geschichtsbewußtsein als höchste Ausformung des bürgerlichen Klassenbewußtseins zu bezeichnen, ist legitim, weil nirgends sonst in der Philosophie als Kern bürgerlicher Ideologie die Geschichte radikaler begriffen wird – als Vernichtung: »Wenn [...] Schicksal die ursprüngliche Geschichtlichkeit des Daseins konstituiert, dann hat

99 M. Heidegger, *Sein und Zeit,* Tübingen [11]1967, 21.
100 A.a.O., 382: »Die These: ›Das Dasein ist geschichtlich‹ meint nicht nur das ontische Faktum, daß der Mensch ein mehr oder minder wichtiges ›Atom‹ im Getriebe der Weltgeschichte darstellt und der Spielball der Umstände und Ereignisse bleibt, sondern stellt das Problem: inwiefern und auf Grund welcher ontologischen Bedingungen gehört zur Subjektivität des ›geschichtlichen‹ Subjekts die Geschichtlichkeit als Wesensverfassung?«; vgl. 379.

die Geschichte ihr wesentliches Gewicht weder im Vergangenen, noch im Heute und seinem ›Zusammenhang‹ mit dem Vergangenen, sondern im eigentlichen Geschehen der Existenz, das aus der *Zukunft* des Daseins entspringt. Die Geschichte hat als Seinsweise des Daseins ihre Wurzel so wesenhaft in der Zukunft, daß der Tod als die charakterisierte Möglichkeit des Daseins die vorlaufende Existenz auf ihre *faktische* Geworfenheit zurückwirft und so erst der *Gewesenheit* ihren eigentümlichen Vorrang im Geschichtlichen verleiht. *Das eigentliche Sein zum Tode, das heißt die Endlichkeit der Zeitlichkeit, ist der verborgene Grund der Geschichtlichkeit des Daseins*«[101]. Weil dieses »Dasein den ontologischen Vorrang hat vor allem Seienden [...], erhält die Hermeneutik als Auslegung des Seins des Daseins [...] den, philosophisch verstanden, *primären* Sinn einer Analytik der Existenzialität der Existenz. In dieser Hermeneutik ist dann, sofern sie die Geschichtlichkeit des Daseins ontologisch ausarbeitet als die ontische Bedingung der Möglichkeit der Historie, das verwurzelt, was nur abgeleiteterweise ›Hermeneutik‹ genannt werden kann: die Methodologie der historischen Geisteswissenschaften«[102]. Der für die Diltheysche Hermeneutik nur psychologisch begründbare Begriff ›Verstehen‹ erhält einen geschichts-metaphysisch erweiterten Begriffsumfang; er umfaßt die Projektionen, durch welche der Mensch sein Dasein als ›Entwurf‹ auf die Zukunft hin erfaßt. ›Verstehen‹ heißt jetzt: »*entwerfend-sein zu einem Seinkönnen, worumwillen je das Dasein existiert*«[103]; oder: »Das Verstehen ist als Existieren im wie immer entworfenen Seinkönnen *primär* zukünftig«[104]. Den ›Zirkel‹-Einwand weist Heidegger als Mißverständnis zurück. Dieser Einwand lautet: das Verstehen bewegt sich in einem Zirkel a) vorausgesetzter Ideen über die ›Existenz‹ und das ›Sein‹, b) aus diesen Ideen abgeleiteter Interpretationen des ›Daseins‹ und c) von aus der Erkenntnis des ›Daseins‹ schließlich reprojizierten Hypothesen über das ›Sein‹; für Heidegger ein leeres Argument: »Die Rede vom ›Zirkel‹ des Verstehens ist der Ausdruck der doppelten Verkennung: 1. Daß Verstehen selbst eine Grundart des Seins

101 A.a.O., 386.
102 A.a.O., 37/38.
103 A.a.O., 336.
104 A.a.O., 337.

des Daseins ausmacht. 2. Daß dieses Sein als Sorge konstituiert ist. Den Zirkel leugnen, ihn verheimlichen oder gar überwinden wollen, heißt, diese Verkennung endgültig verfestigen. Die Bemühung muß vielmehr darauf zielen, ursprünglich und ganz in diesen ›Kreis‹ zu springen, um sich schon im Ansatz der Daseinsanalyse den vollen Blick auf das zirkelhafte Sein des Daseins zu sichern«[105]. Verzweifelter hat keine Philosophie den Sprung aus dem Reich der Notwendigkeit ins Reich der Notwendigkeit je propagiert. Die ›Zirkel‹-Aporie wird nicht mehr als belastendes Problem gelöst, sondern *anerkannt;* der ›Zirkel‹ ist das ontologische Schicksal der Selbstreflexion innerhalb der Faktizität des Daseins. Daß die Wirklichkeit und das menschliche Dasein vom Menschen gemacht werden, ist – materialistisch begriffen – eine Schlüsselerkenntnis zum Verständnis der Heideggerschen Hermeneutik. Diese Hermeneutik ist keine Episode des Irrationalismus, sondern ein Typus der Hermeneutik als Widerspiegelung der bürgerlichen Existenzweise im Kapitalverhältnis, einem Verhältnis ›zum Tode‹.

Drittens: Wie es dem Erbe in den Händen der Theorie-Erblasser bisweilen ergeht, zeigt die Verbindung Diltheyscher und Heideggerscher Nachlaßelemente in der Hermeneutik H.-G. Gadamers. Die idealistisch-psychologische Theorie des Vorverständnisses und die geschichts-metaphysische Apologie des Vorverständnisses amalgamieren in Gadamers philosophischer Universalhermeneutik, die so umstritten wie beherrschend ist (vgl. die Diskussion *Hermeneutik und Ideologiekritik* in (389)). Die Hermeneutik ist nicht nur eine Disziplin der Philosophie und nicht nur das System der Methoden der Geisteswissenschaften, sondern sie *ist* ›die‹ Philosophie. Diese Philosophie fragt: »Wie ist Verstehen möglich?« (Gadamer: (402), XV) und antwortet mit der Konstruktion des »hermeneutischen Universums« ((402), XVII); sie fragt: »Wieweit reicht der Aspekt des Verstehens und seiner Sprachlichkeit selber? Kann er die allgemeine philosophische Konsequenz tragen, die in dem Satz liegt: ›Sein, das verstanden werden kann, ist Sprache‹?« ((402), XX) und antwortet, indem sie die »Sprach- und Denkgewohnheiten, die sich dem einzelnen in der Kom-

105 A.a.O., 315.

munikation mit seiner Mitwelt bilden, vor das Forum der geschichtlichen Tradition stellt, der wir alle gemeinsam angehören« ((402), XXIX). Gadamers »ontologische Wendung der Hermeneutik am Leitfaden der Sprache« gründet in der »Erhebung der Geschichtlichkeit des Verstehens zum hermeneutischen Prinzip« ((402), Dritter Teil + Zweiter Teil, II. Grundzüge einer Theorie der hermeneutischen Erfahrung); sie anerkennt die »Vorurteile als Bedingung des Verstehens« und widmet sich der »Rehabilitierung von Autorität und Tradition« ((402), 261-269). Diese Unterwerfung der Philosophie (Hermeneutik) unter die Geschichte der Wirkungen tradierten Sinns – oder was der Hermeneutiker immer darunter versteht – verspricht sich die ›Offenheit‹ der Realität und einen verständigen Zugang zur gegenwärtigen Wirklichkeit; daß alles, auch Vergangenes, als Sinneinheit verstehbar sein *soll*, weil es keine Wirklichkeit außerhalb ihrer sprachlichen Erfassung geben *kann*, muß diese Unterwerfung legitimieren. Selbst das Eingeständnis, »daß es begrenzte Erfahrungen und Erfahrungsfelder sind, von denen der einzelne Forscher seinen Ausgang nimmt«, führt zu keinen Abstrichen am Konzept der Universalhermeneutik. Denn ohne die Preisgabe des Systemanspruchs der philosophischen Hermeneutik ist Gadamers These nicht mehr revidierbar:

»daß eine philosophische Hermeneutik die Aufgabe hat, die hermeneutische Dimension in ihrer vollen Reichweite aufzuschließen und ihre grundlegende Bedeutung für unser gesamtes Weltverständnis zur Geltung zu bringen, in allen seinen Formen, von der zwischenmenschlichen Kommunikation bis zur gesellschaftlichen Manipulation, von der Erfahrung des Einzelnen in der Gesellschaft wie von der Erfahrung, die er an der Gesellschaft macht, von der aus Religion und Recht, Kunst und Philosophie aufgebauten Tradition bis zu der emanzipatorischen Reflexionsenergie des revolutionären Bewußtseins« (Gadamer: (405), 57).

Wie eine der Apologie des Vorurteils bedürftige historische Ontologie hermeneutischen Verstehens die Formen ›revolutionären Bewußtseins‹ sich einzuverleiben fähig ist, bleibt Gadamers Geheimnis. Und nicht anders, denn als philosophisches, spekulatives Konstrukt ist zu begreifen, daß und wie gerade diese Theorie der Geschichtlichkeit des Verstehens sich der Schwierigkeit entzieht, die sich ergibt aus der Differenz von historischem Erkenntnisobjekt und gegenwärtigem Erkenntnissubjekt: die These, »daß ein überlieferter Text Gegenstand der Auslegung wird, heißt bereits, daß er eine Frage an den Interpreten stellt. Auslegung enthält insofern stets den Wesensbezug auf die Frage, die einem gestellt ist. Einen Text verstehen, heißt diese Frage verstehen« steht nur noch verbal im Kontext der Einsicht, man könne »die geschichtlichen Ereignisse nur verstehen, wenn man die Frage rekonstruiert, auf die das geschichtliche Handeln der Person jeweils die Antwort war« (Gadamer: (402), 351; 352/353). Die ›Dialektik von Frage und Antwort‹ muß Ursache und Wirkung, Praxis und Widerspiegelung, entgegen der Realdialektik von Arbeit und sprachlicher Bewußtwerdung vertauschen; der auf bloßes ›Verstehen‹ reduzierten Hermeneutik bloß geistiger und sprachlicher Offenbarungen kommt die Situation, kommt die Praxis, auf die ein Text die Antwort gab, nicht mehr in den Sinn. So hat A. Wellmer zu Recht eingeklagt, »was die Hermeneutik vergißt: daß das ›Gespräch‹, das wir nach Gadamer ›sind‹, *auch* ein Gewaltzusammenhang und gerade darin *kein* Gespräch ist«[106]. Gadamers Lösungsversuch der ›Zirkel‹-Aporie von Vorverständnis und Erkenntnisfähigkeit folgt Heidegger und tritt die Flucht nach vorn an: die kritische Kategorie des ›Vorverständnisses‹, von der gewiß jede, gerade auch eine materialistische Hermeneutik auszugehen hat, verkommt in der Identifizierung mit dem apologetischen ›Vorurteils‹-Theorem. Noch die von Gadamer nicht von der Hand gewiesene Frage nach der ›Legitimation und Geltung‹ von Vorurteilen ist nur ein Dementi ihrer selbst; denn auch der, welcher diese Frage stellt, findet kein Loch im Vorurteils-Zirkel. O. F. Bollnows vorsichtige Vermutung, es gerate »diese Position [...] in Gefahr, auch im politischen Sinn reaktionär mißbraucht zu werden; bestehende Vorurteile erhalten von hier her den Anschein einer philosophischen Legitimation« (Bollnow: (388), 109) lautet im Klartext: diese Position ist ein Dokument der ›Deutschen Ideologie‹ im 20. Jahrhundert; das Erkenntnisinteresse dieser Position entspricht dem Bedürfnis der bürgerlichen Klasse, sich mit der Vergangenheit der Vorurteile dieser Klasse zu identifizieren und ihre Geltung philosophisch, d. h. ideologisch,

106 A. Wellmer, *Empirisch-analytische und kritische Sozialwissenschaft.* In: *Kritische Gesellschaftstheorie und Positivismus,* Frankfurt/M. ²1969, 48.

zu sichern. Diese Position verschleiert die Spezifik ihrer Parteilichkeit durch den Allgemeinplatz, Vorurteile seien a priori – d. h. schon *vor* jeglicher konkreten Erfahrung – erkenntnisleitend und -bestimmend. Die klassische bürgerliche – vormals revolutionäre – Fiktion der Allgemeingültigkeit und Durchsetzungskraft der ›Vernunft‹ wird zum Instrument gegen die wissenschaftliche Rationalität historischer Erkenntnis. So ist J. Habermas beizupflichten:

»Gadamer hat aus der hermeneutischen Einsicht in die Vorurteilsstruktur des Verstehens eine Rehabilitierung des Vorurteils abgeleitet. Er sieht keinen Gegensatz zwischen Autorität und Vernunft. Die Autorität der Überlieferung setzt sich nicht blind durch, sondern durch die reflektierende Anerkennung derer, die, in einer Tradition stehend, diese verstehen und durch Applikation fortbilden. [...] Dogmatische Anerkennung einer Überlieferung, und das bedeutet die Annahme des Wahrheitsanspruchs dieser Tradition, kann freilich nur mit Erkenntnis selber gleichgesetzt werden, wenn in der Tradition Zwanglosigkeit und Unbeschränktheit der Verständigung über Tradition gesichert wären. Gadamers Argument setzt voraus, daß sich die legitimierende Anerkennung und das Autorität begründende Einverständnis gewaltlos einspielen. Die Erfahrung systematisch verzerrter Kommunikation widerstreitet dieser Voraussetzung. Permanenz gewinnt Gewalt ohnehin nur durch den objektiven Schein der Gewaltlosigkeit eines pseudokommunikativen Einverständnisses.« (Habermas: (449), 156/157).

Diese Kritik ist richtig; sie ist partiell richtig und längst nicht zureichend. Denn: widerstreitet nur die ›Erfahrung systematisch verzerrter *Kommunikation*‹ dem Traum von der Gewaltlosigkeit des Konsenses? Habermas' Angriff bedient sich stumpfer Waffen, solange das ›System‹ nicht analysiert wird, das kommunikative Verdinglichung erzwingt. Der Einwand ist selbst oberflächlich, ist im schlechten Sinn ›ideologiekritisch‹, weil er über ideologische Wirkungen zu Gericht sitzt und die Ursachen nicht namhaft macht. Eben dies aber, dies ›die Kommunikation für die Totalität von Praxis und Sprache Nehmen‹, entspricht Gadamers Versuch, Ideologie auf ›Vorurteil‹ zu beschränken. Weil er die »stillschweigende Inanspruchnahme von Vorurteilen« als »Fundamentalstruktur unseres« – ›unseres‹? wessen denn eigentlich? welcher Subjekte in welchen Klassen? – »Sprechens überhaupt« – ›überhaupt‹? unter welchen konkreten historischen und sozialen Bedingungen denn? –

ausgibt, subsumiert Gadamer die ›Ideologiekritik‹ der Hermeneutik: »Ideologiekritik mit Hilfe der gesellschaftlich-geschichtlichen Reflexion will Vorurteile auflösen, d. h. aber sie muß die Verdeckung aufdecken, die in der unkontrollierten Auswirkung dieser Vorurteile geschieht. Das ist die Aufgabe der hermeneutischen Reflexion überhaupt, für welche die Ideologiekritik nur eine besondere Form darstellt«. Auflösung der Vorurteile – das bedeutet hier nichts anderes, als mit ihnen bewußt zu leben. Es geht nicht um Aufhebung von Ursachen, sondern um die Anerkennung der Wirkungen. Es geht der hermeneutischen ›ideologiekritischen‹ Kritik darum, »ihr eigenes kritisches Bemühen in seiner Bedingtheit und Abhängigkeit zu wissen« und »die Illusionen der Reflexion zum Bewußtsein« zu bringen: »Hermeneutische Reflexion übt auf diese Weise eine Selbstkritik des denkenden Bewußtseins, die alle seine Abstraktionen, auch die ihm durch die Wissenschaften angebotenen Erkenntnisse, in das Ganze menschlicher Welterfahrung jeweils zurückübersetzt« (Gadamer: (404), 262/263). Bemerkenswert, wie ungehindert eine Theorie vom ›Ganzen der Welterfahrung‹ redet, die die ›Zirkel‹-Aporie doch kennt, und bemerkenswert, wie leicht der Schwundstufenbegriff von ›Ideologie‹ (hier = falsches Bewußtsein) in einer nicht-materialistischen Hermeneutik zum Synonym für ›Vorurteil‹ wird[107]. Die Forderung, sich die ›Illusionen der Reflexion‹ bewußt zu machen, ist die Aufforderung einer konsensualistischen Kommunikationstheorie, überlieferte sprachliche Widerspiegelungsformen, Fragmente also der Wahrheit, für das ganze Wahre zu nehmen und nur die Fragen an die Überlieferung

107 Die mechanistische, ökonomische Bornierung des marxistischen Ideologiebegriffs über die Zeit Bucharins und Stalins hinaus gerettet zu haben, darf sich der Anti-Marxismus zuschreiben. ›Ideologie‹ als ›falsches Bewußtsein‹ zu *verdächtigen* wird auch durch die Berufung auf K. Mannheims *Ideologie und Utopie* nicht richtiger. Richtig ist: ›Ideologie‹ bezeichnet eine Bewußtseins- und Widerspiegelungsweise, deren besondere logische Struktur durch die eine ökonomische Gesellschaftsformation kennzeichnende sozialhistorische Klassenherrschaftsstruktur bestimmt ist und die als Ausdruck von Klasseninteressen eine parteiliche, soziales Verhalten normierende Funktion hat. Ideologie ist das gesellschaftlich notwendige (und unter bestimmten, nicht generalisierbaren Bedingungen notwendig ›falsche‹) Bewußtsein vom gesellschaftlichen Sein. Zur Rolle des mißverstandenen Ideologiebegriffs in der bürgerlichen Hermeneutik vgl. Schwarz, *Hermeneutik und Sachkontakt*, in: (383), 32/33.

zu stellen, deren Beantwortung durch Vorurteile garantiert ist – durch herrschende Vorurteile, in welche die Urteile der Beherrschten kaum jemals eingingen. Mit der Geschichte der Aufklärung hat Gadamers Aufklärung über Geschichte nichts mehr gemein; die Tradition der Kritik an der Restauration von ›Autorität und Tradition‹ scheint für den intendierten ›Sinnzusammenhang‹ belanglos zu sein. Hier Aufklärung durch Befreiung aus ›selbstverschuldeter Unmündigkeit‹ (Kant), dort, was Identifikation und Anpassung verwechselt: *Aufklärung durch Selbstzensur.*

Exkurs: Zu E. Bettis Hermeneutik als allgemeiner Auslegungslehre. Die Hermeneutik E. Bettis stellt an den »Auslegungsprozeß« die Forderung, »das epistemologische Problem des *Verstehens* zu lösen«. Der »bei jeder Auslegung zu befolgende Kanon [...] der *Aktualität des Verstehens*« verpflichtet den Interpreten darauf, »in seiner Innerlichkeit den Schaffensprozeß rückläufig zu verfolgen, ihn von innen her *nachzukonstruieren,* einen fremden Gedanken, ein Stück Vergangenheit, ein erinnertes Erlebnis in die eigene Lebensaktualität von innen her *zurückzuübersetzen,* ihn im Rahmen der eigenen Erfahrung vermöge einer Art *Umstellung* seinem eigenen Geisteshorizont kraft derselben Synthese anzupassen und einzufügen, durch die er ihn wiedererkennt. [...] Eben deshalb ist das Bestreben mancher Historiker, sich der eigenen Subjektivität zu entledigen, völlig unsinnig« (Betti: (383), 15; 20). Diese Aufhebung des Subjektivitäts-Verbots in der Hermeneutik bleibt freilich gekoppelt mit dem Bemühen, das Objektivitäts-Gebot aufrechtzuerhalten.

Bettis »epistemologischem Ideal des Auslegungsprozesses [...], daß man den Gegenstand, um dessen Verständnis es geht, ›von sich aus‹ sprechen läßt« und der Forderung des hermeneutischen »Kanons der Immanenz und Ganzheit«, sich nur Gegenständen zuzuwenden, »die dem auszulegenden Werk vorausgegangen sind oder die der gleichen Zeit und Kulturwelt entstammen, und nicht etwa denjenigen, die nachträglich hinzugekommen sind«, scheint jener Satz nicht mehr zu widersprechen, der die Aporie der neuzeitlichen geistesgeschichtlichen Hermeneutik gekennzeichnet hat: »In Wahrheit können wir das, was uns an der Vergangenheit interessiert, nicht in der Vergangenheit selber suchen (sie ist ja keine gegenwärtige Wirklichkeit mehr, noch irgendwo so wieder aufzufinden, wie sie war). Wir müssen sie vielmehr in dem suchen, was von ihr noch gegenwärtig ist«. Doch nur für den hermeneutischen *Idealismus* erweist sich dieser Widerspruch als bloßer Schein. Die idealistische Prämisse lautet: »Die Stellung des Interpreten ist immer die eines Geistes, dem eine Botschaft und eine Anregung in der Objektivation eines anderen Geistes zugeht, möge

dieser persönlich und individuell identifizierbar und möge er über-
persönlich und überindividuell sein«. Das Problem der historischen
Differenz zwischen Subjekt und Objekt scheint gelöst; der *Geist* ist
immer mit sich – als *Geist* – identisch: »Wenn [...] die Werte des
Geistes, wie auch die logischen Kategorien, weder als einfaches Produkt der Spontaneität des transzendental angesehenen Bewußtseins
noch als reiner Ausfluß der Autonomie der Vernunft angesehen werden können, dann bleibt keine andere Erklärung übrig als die, ihnen
eine ideale Objektivität zuzuerkennen [...], die die Antinomie zwischen Subjekt und Objekt aufhebt, indem sie beide miteinander in
Einklang bringt«. Die ›ideale Objektivität‹ gehorcht »unfehlbar einer
eigenen Gesetzlichkeit«; sie hermeneutisch zu erkennen (d. h. zu ›verstehen‹), können Begriffe, »die vom rationalen Denken konstruiert
werden«, nicht leisten; die ›geistigen Werte‹ »sind vielmehr ›Intui-
tionen‹, die nur durch eine innere Einsicht (›intueri‹) begriffen und
erfaßt werden können (wie die platonischen Ideen)«. Die Erwähnung
Platos ist für Bettis um Objektivität bemühten Idealismus mehr als
nur eine gelehrte Anmerkung. Sie ist symptomatisch für eine Hermeneutik, die nichts sein will als ›Mimesis‹, Nachahmung, Wiedererinnerung von Erkanntem: Bettis ›hermeneutische Erkenntnistheorie‹ gip-
felt in der platonistischen These, daß es sich beim Gegenstand der
Erkenntnis a) »eben um Objektivationen des Geistes« handelt und
daß b) »die Aufgabe des erkennenden Subjekts die ist, in diesen Objektivationen den sie beseelenden Schöpfergedanken wiederzuerken-
nen, die Auffassung nachzudenken und die Anschauung wiederzu-
finden, die sich in ihnen enthüllt und bekundet. Das Erkennen ist hier
also ein Wiedererkennen und Nachkonstruieren des Sinnes, mithin
des durch Formen seiner Objektivationen erkennbaren Geistes, der
zum denkenden Geist als einem, der sich ihm im gemeinsamen
Menschsein verwandt fühlt, spricht«. Diese erkenntnistheoretische
Voraussetzung verbindet sich mit der ›methodologischen‹ Aufforderung, »den zum Entdecken und Verstehen günstigsten Standort einzu-
nehmen«. Gegenüber Gadamers Apologie des ›Vorurteils‹ fordert
Betti – in von Problemen der ideologischen Vorprägung des ›Verstehens‹ unberührter Naivität – »eine sowohl ethische wie eine noe-
tische Haltung, die man negativ als Uneigennützigkeit und Selbstentäußerung kennzeichnen kann, wie sie in ehrlicher und entschlosse-
ner Überwindung der eigenen Vorurteile zu sehen ist. In positiver
Hinsicht läßt sie sich charakterisieren als Weite und Fülle des
Gesichtskreises: eine Fähigkeit, die im Hinblick auf den auszulegenden Gegenstand eine kongeniale und sich dem Autor brüderlich verwandt fühlende Einstellung schafft«. Bedürfte es noch eines weiteren
Hinweises auf die unmittelbare, Heidegger und Gadamer ausklam-
mernde Wiederaufnahme der Vorstellungen Schleiermachers bis Dil-

theys, so wäre zu verweisen 1. auf die zentrale Bedeutung der hermeneutischen Psychologie (die Berücksichtigung der »psychologischen Wechselbeziehung zwischen Autor und Empfänger«) und 2. auf die Ausschließung aller Naturphänomene aus dem Verstehensprozeß: die intuitionistische Hermeneutik lehnt jedes »kausale Erklären« ab, denn »das Naturphänomen ist nur eine existierende und nicht reduzierbare Gegebenheit, die an sich keine Evidenz aufweist, d. h. nicht vertraut ist, weil sie sich auf keine innere Erfahrung des Subjekts beziehen kann«.

Mit dem Ausschluß der Natur wird nicht nur das Verstehen irrationalisiert. Der hermeneutische »Kanon der Ganzheit«, demgemäß »die Persönlichkeit eines Autors [...] nicht verstanden werden kann, wenn nicht zugleich die gesamte Epoche und Kultursphäre, in der er lebte und wirkte, erkannt wird«, zielt ab auf eine halbierte Totalität: auf die *ideelle* Widerspiegelung der Praxis, der Arbeit an der Natur. Bettis Notizen zum historischen Materialismus – eine Auseinandersetzung leistet er sich nicht – monieren die ›Gleichsetzung‹ der »oberen Strukturen der sozialen Wirklichkeit mit denen, die unter diese gelagert sind und ihnen als Stoff und Grundlage dienen« (wo in der materialistischen Dialektik ›dient‹ die Basis dem Überbau?), als »das materialistische Vorurteil«. Die Funktionsbestimmung der Hermeneutik durch E. Betti, beizutragen zur »Erziehung des Menschengeschlechts zum historischen Sinn als Sinn für Kontinuität und Geist der Toleranz« und zur »Selbsterziehung zum Humanitätsbewußtsein durch historische Rekonstruktion des Geisteshorizontes der wiedererkannten Objektivationen« zu führen, könnte im Kontext einer Hermeneutik glaubwürdig klingen, die der Idealismus zu schreiben gänzlich unfähig ist: in einer dialektischen materialistischen Hermeneutik von Widerspiegelungen der Praxis. (Betti: (382), 240; 254; 298; 50; 23; 9; 8; 181; 230; 189; 53;307; 311; 750; 742. In der Reihenfolge der Zitate).

Viertens: E. Bettis Theorie der Auslegung knüpft an die Tradition der Hermeneutik als Auslegungskunst[108] an. Sein differenziertes Konzept bietet zweifellos präzise Auslegungsanweisungen, die zur Aufdeckung von Text- und Textintentions-Strukturen hilfreich sind. Diese Stärke macht aber zugleich die

108 Vgl. z. B. Meier: (427), 1/2: »§ 1. Die Auslegungskunst im weiteren Verstande [...] ist die Wissenschaft der Regeln, durch deren Beobachtung die Bedeutungen aus ihren Zeichen können erkannt werden; die Auslegungskunst im engeren Verstande [...] ist die Wissenschaft der Regeln, die man beobachten muß, wenn man den Sinn der Rede erkennen, und denselben andern vortragen will«.

Schwäche einer Position aus, die gegenwärtig alles andere als repräsentativ ist: Hermeneutik als wissenschaftlich disziplinierte *Technik* – sie ist heute nicht gefragt. Gefragt ist Hermeneutik als *Theorie;* als philosophische Theorie traditions- und vorurteilsbedürftiger Selbstverständigung von ›Denkern in dürftiger Zeit‹ (Heidegger/Gadamer) oder – wo Philosophie suspekt ist als sozialtechnologisch unergiebiger Luxus – als sozialwissenschaftlich verwertbares Versatzstück einer Theorie der sozialen Erfahrung, die auf die Selbstreflexion ihrer Methoden und systematischen Voraussetzungen nicht verzichten will. Auch im Gegenzug gegen die universalistischen philosophischen Verstehenstheorien hat sich freilich eines kaum geändert: daß die Hermeneutik *als Theorie* 1. das Surrogat der klassischen bürgerlichen Geschichtsphilosophien bildet und 2. als deren Ersatz die Rolle einer Alternative zur wirklichen Aufhebung der idealistischen Geschichts- und Wirklichkeitsspekulation spielt, d. h. zum historischen und dialektischen Materialismus. Die sozialwissenschaftliche und/oder psychoanalytische Hermeneutik-Diskussion ist offensichtlich eine neue Variante der Abwehr des Marxismus auch dort noch, wo sie sich ›vorurteilslos‹ und ›offen‹ einiger revidierter materialistischer Theoriefragmente bedient (am deutlichsten bei J. Habermas). Für Versuche, die Sozialwissenschaften im Kapitalismus vor Positivismus und Formalismus zu retten, und die Soziologie (als Erfahrungswissenschaft) zu etablieren als »eine hermeneutisch verfahrende Geisteswissenschaft, die der historischen Perspektive nicht entsagen kann«[109], gibt Habermas eine plausible Erklärung:

»Die Funktionen, die dem wissenschaftlich-technischen Fortschritt für die Systemerhaltung entwickelter Industriegesellschaften zugewachsen sind, erklären das objektive Bedürfnis, das technisch verwertbare Wissen zum praktischen Bewußtsein der Lebenswelt rational in Beziehung zu setzen. Ich glaube, daß die Hermeneutik dieses Bedürfnis mit ihrem Universalitätsanspruch zu befriedigen sucht« (Habermas: (449), 128/129).

Ist aber die Hermeneutik fähig, den Zwang zu lindern, »daß der heutige Mensch durch die Ausweitung der Wissenschaften

---

109 So H. P. Dreitzel, *Wege in die soziologische Literatur.* In: H. P. Bahrdt, *Wege zur Soziologie,* München 1966, 221.

und durch die immer größere gegenseitige Abhängigkeit darauf angewiesen ist, von anderen Wissen zu übernehmen«[110]? Oder wird die Hermeneutik nicht angesichts der Dialektik von Wissensakkumulation und Freiheitseinbuße im kapitalistischen Wissenschaftsproduktionsprozeß geradezu in die Rolle einer regressiven, restaurativen Theorie gedrängt, die *hinter* den Stand der gesellschaftlichen Arbeits- und Wissensteilung zurückfallen muß? Drei dem Universalitätsanspruch der Hermeneutik gegenüber durchaus kritische Positionen verneinen diese Gefahr: 1. K.-O. Apels ›erkenntnisanthropologische‹ Begründung des Verstehens; 2. J. Habermas' Hypothese einer »unverzerrten Kommunikation‹ und 3. J. Habermas' und A. Lorenzers zunehmend konkurrierende psychoanalytische Selbstreflexions- bzw. Sozialisationstheorien; alle drei Positionen halten am Prinzip hermeneutischen Verstehens fest.

1. In seinem Aufsatz *Szientistik, Hermeneutik, Ideologiekritik*, einem *Entwurf einer Wissenschaftslehre in erkenntnisanthropologischer Sicht* (Apel: (442); vgl. (443)/(444)) erhebt K.-O. Apel die »methodologische Forderung einer dialektischen Vermittlung der sozialwissenschaftlichen ›Erklärung‹ und des historisch-hermeneutischen ›Verstehens‹ der Sinntraditionen unter dem regulativen Prinzip einer ›Aufhebung‹ der vernunftlosen Momente unseres geschichtlichen Daseins«. Sein Programm: Weil »ein reines Gegenstands-Bewußtsein [...] der Welt keinen Sinn abgewinnen kann, und weil jede »Sinnkonstitution [...] einem Leibengagement des erkennenden Bewußtseins entspricht«, muß die Sprache wiederentdeckt werden; sie weist hin auf »ein eigenartiges, subjektives Apriori, das in der traditionellen, von Descartes abhängigen Erkenntnistheorie nicht beachtet wurde. Ich möchte es das ›Leibapriori‹ der Erkenntnis nennen. [...] Das Leibapriori der Erkenntnis steht [...] insgesamt in einem komplementären Verhältnis zum Bewußtseinsapriori«. Entsprechend komplementär verhalten sich zueinander ›Verstehen‹ und ›Erklärung‹, verstehende Geisteswissenschaften und erklärende Naturwissenschaften, kurz: Hermeneutik und Szientistik. Die neukantianische und

---

110 A. Keller, *Heutige Aufgaben der Erkenntnistheorie.* In: *Neue Erkenntnisprobleme in Philosophie und Theologie.* Hg. v. J. B. Lotz, Freiburg 1968, 30.

positivistische Trennung dieser Wissenschaften hat übersehen, was die ›Erkenntnisanthropologie‹ berücksichtigt:

»Der Mensch hat [...] von Haus aus zwei gleich wichtige, aber nicht identische, sondern komplementäre Erkenntnisinteressen: 1. ein solches, das durch die Notwendigkeit einer technischen Praxis auf Grund der Einsicht in Naturgesetze bestimmt ist, 2. ein solches, das durch die Notwendigkeit sozialer, moralisch relevanter Praxis bestimmt wird. Das letztere ist auf die – auch von der technischen Praxis schon vorausgesetzte – Verständigung über Möglichkeit und Normen eines sinnvollen menschlichen In-der-Welt-seins gerichtet. Dieses Interesse an Sinn-Verständigung bezieht sich nicht nur auf Kommunikation unter Zeitgenossen, sondern zugleich auf Kommunikation der Lebenden mit den vergangenen Geschlechtern in der Weise der Traditionsvermittlung«. Apels »Behauptung einer Komplementarität szientifischer und hermeneutischer Wissenschaften geht letzten Endes von dem Faktum aus, daß die Existenz einer Kommunikationsgemeinschaft die Voraussetzung aller Erkenntnis in der Subjekt-Objekt-Dimension ist und daß die Funktion dieser Kommunikationsgemeinschaft selbst – als intersubjektive Metadimension zur objektiven Beschreibung und Erklärung von Weltdaten – zum Thema wissenschaftlicher Erkenntnis werden kann und muß«.

Die ›erkenntnisanthropologische‹ Begründung des Totalitätsverstehens gerät freilich unversehens in Schwierigkeiten, deren ›Lösung‹ nicht akzeptabel ist: die ›Kommunikationsgemeinschaft‹ ist – zumindest gegenüber der Vergangenheit – gestört; Apel umgeht das alte Dilemma der Ungleichzeitigkeit von Erkenntnissubjekt und -objekt a) durch eine *Anthropologisierung* des Erkenntnissubjekts und die damit verbundene *Enthistorisierung* der Bewußtseinsgeschichte, und b) durch einen neuerlichen Dualismus von Natur und Geschichte, von menschlicher »Geistesgeschichte« und »Naturgeschichte«, von ›natürlicher‹ technischer Praxis und sozialer, moralischer Praxis. Was die anthropologische Begründung der ›Kommunikationsgemeinschaft‹ zu leisten scheint, scheitert flugs daran, daß die hermeneutisch zu verstehenden Sinnintentionen vergangener Subjekte »zugleich Resultate der faktischen Lebensformen« sind, »die sie nicht in ihr Selbstverständnis aufnehmen konnten. An diesem dunklen Einschlag der sich in der menschlichen Geistesgeschichte fortsetzenden Naturgeschichte des Menschen scheitern [...] die Bemühungen der hermeneutischen Identifikation«.

Licht ins ›Dunkel‹ der Naturgeschichte soll nicht etwa eine Theorie der Dialektik von Arbeit und Natur, nicht eine Theorie der dialektischen Totalität von materiellen Bewußtseinsvoraussetzungen und ideellen – etwa sprachlichen – Reproduktionsformen, sondern ein »merkwürdiges Erkenntnismodell« – die analytische *Psychotherapie* – bringen: »In diesem merkwürdigen Erkenntnismodell sind tatsächlich die beiden Momente 1. der objektiv-distanzierten Verhaltens-›Erklärung‹, welche den partiellen Abbruch der Kommunikation voraussetzt, und 2. der nachfolgenden ›Aufhebung‹ der ›Erklärung‹ in ein vertieftes Selbstverständnis dialektisch vermittelt: Der Arzt erkennt mit Hilfe der psychoanalytischen Theoriebildung 1. die quasi-naturhafte, erklärbare und sogar voraussagbare Wirkungsweise verdrängter Sinnmotive; insofern macht er den Patienten zum Objekt. 2. Zugleich aber sucht er den nur erklärbaren kausalen Zwang aufzuheben, indem er den Sinn der verdrängten Motive versteht und den Patienten kommunikativ provoziert, diese Sinndeutung zu einer Revision seines autobiographischen Selbstverständnisses zu verwenden«. In welchem Maße dieses von Apel »auf das Verhältnis der Geschichtsphilosophie zu dem Selbstverständnis der menschlichen Gesellschaft« übertragene »Modell der Psychotherapie« die Illusion einer robinsonhaften ›herrschaftsfreien Kommunikationsinsel‹ voraussetzt, wird am Beispiel der Habermasschen Theorie deutlich werden. Bereits hier aber ist unübersehbar: die ›faktischen Lebensformen‹ kommen dieser Hermeneutik nicht oder nur noch als Folie des ›Verstehens‹ wesentlich intellektueller Leistungen ›des‹ menschlichen Bewußtseins in den Blick. Unerfindlich bleibt, was in diesem Theoriezusammenhang die ›Ideologiekritik‹ überhaupt noch bedeutet (Apel: (442), 43; 10; 11; 27; 28; 38; 43).

Ohne den Lehrer für den Adepten verantwortlich machen zu wollen, lassen sich doch aus der Verallgemeinerung der Apelschen ›Erkenntnisanthropologie‹ durch D. Böhler Rückschlüsse zum Problem ›Ideologiekritik‹ ziehen. Unter Berufung auf Apel behauptet Böhler:

»daß der ideologiekritisch zu untersuchende Sinngehalt, handelt es sich nun um eine Theorie, eine beliebige Handlungsorientierung, ein Gesetz oder eine Rollennorm etc., zunächst einmal immanent verstanden werden muß – und zwar in der besonderen Bedeutung, in der er von den beteiligten Menschen verstanden worden ist. Ein solches hermeneutisches Verstehen ist die Bedingung der Möglichkeit des sozialanalytischen Kritisierens eines Sinngehalts, soll die Kritik überhaupt *diesen Sinngehalt* (in seiner gesellschaftlichen Funktion) treffen. Das wäre der *erste Aspekt* und erste Schritt im Verfahren einer Ideologiekritik«. Dem möglichen Einwand, daß ein ›immanentes Verstehen‹ dem *Schein* der objektiven, im Widerspiegelungsprozeß verdinglicht und falsch dokumentierten Wirklichkeit aufsitzt – und die Ideologiekritik den Schein auf das Wesen der Objektivität zurückzunehmen habe –, greift Böhler durch eine so vehemente wie verzerrende Marxismus-Kritik vor: Marxismus = Reduktion der gesellschaftlichen Bewußtseinsformen »auf einen objektiven Kausalmechanismus« = Vorentscheidung, »Sinngehalte als bloße Produkte materieller Verhältnisse« anzusehen. Idealistische Konsequenzen aus Apels Idealismus ziehend, folgert Böhler aus der »›*erkenntnisanthropologischen*‹ Komplementaritätsthese«: »daß auch der Bereich der *Produktion* vorweg *in einen* geschichtlichen *Interaktionszusammenhang einbezogen* und *von* dessen *Sinnkonstitution abhängig* ist«. Hermeneutische ›Ideologiekritik‹ als Alternative zum dialektischen und historischen Materialismus, – dies ist das Ziel nicht allein Böhlers, der mit einer Selbstgewißheit, die auch die marxistischen Quellen nicht erschüttern können, weiß: »daß Marxens historisch naturalistische Perspektive Sprachlichkeit und Selbstbewußtsein nicht als Bedingungen der Möglichkeit der Interaktion berücksichtigt und infolgedessen einen bloß materialistischen Begriff von Interaktion hat, der als solcher nur die ›Interaktion‹ reiner ›Naturwesen‹ fassen und erklären kann« (Böhler: (445), 15; 102; 220). Es kann nicht deutlich genug festgehalten werden: die materielle Produktion *hängt ab* von der Sinnkonstitution in intersubjektiven Interaktionszusammenhängen; dies ist das Fazit einer Hermeneutik, die ›idealistisch‹ zu nennen keine Bosheit ist. Ärgerlich ist lediglich der Anspruch, nicht-idealistisch das ›Verstehen‹ begründet zu haben.

2. Mehr – oder, dies trifft präziser: weniger – als einen ›bloß materialistischen Begriff von Interaktion‹ formuliert J. Habermas' Kommunikationstheorie: »Verstehen ist kommunikative Erfahrung«. Problematisch, und von Habermas nachdrücklich bedacht, ist, daß die »Objektivität des Verstehens nur innerhalb der Rolle des reflektierten Mitspielers in einem Kommunikationszusammenhang möglich« ist. »Der Interpret kann sich, gleichviel ob er es mit zeitgenössischen Objektivationen oder mit geschichtlichen Überlieferungen zu tun hat, von seiner hermeneutischen Ausgangslage nicht abstrakt lösen. Er kann

den offenen Horizont der eigenen Lebenspraxis nicht einfach
überspringen und den Traditionszusammenhang, durch den seine Subjektivität gebildet ist, nicht schlicht suspendieren. [...]
Gleichwohl ist« – Habermas deutet so seine Lösung an – »Sachlichkeit des hermeneutischen Verstehens in dem Maße zu erreichen, als das verstehende Subjekt über die kommunikative
Aneignung der fremden Objektivationen sich selbst in seinem
eigenen Bildungsprozeß durchschauen lernt« (Habermas: (448),
227/228).

In seiner Kritik am Universalitätsanspruch der philosophischen
Hermeneutik Gadamers hat Habermas mit begrüßenswerter
Deutlichkeit eine nahezu vergessene Differenzierung wiederhergestellt: die zwischen der Hermeneutik als Auslegungstechnik und der philosophischen Theorie ›Hermeneutik‹; er bezeichnet mit ›Hermeneutik‹ zunächst »ein ›Vermögen‹, das wir
in dem Maße erwerben, als wir eine natürliche Sprache ›beherrschen‹ lernen«; »Sinnverstehen richtet sich auf die semantischen Gehalte der Rede, aber auch auf die schriftlich fixierten oder in nicht sprachlichen Symbolsystemen enthaltenen
Bedeutungen, soweit sie prinzipiell in Rede ›eingeholt‹ werden
können« (Habermas: (449), 120). Nicht minder begrüßenswert ist die gegen die Apologie des Vorurteils wieder zur Geltung gebrachte Dimension ›falschen Bewußtseins‹, ohne deren
Berücksichtigung sich die Frage nach der Wahrheit nicht mehr
stellt. Weil die »Metainstitution der Sprache als Tradition«
selbst von materiellen gesellschaftlichen Prozessen abhängt, »die
nicht in normativen Zusammenhängen aufgehen«, und weil
die »Sprache [...] auch ein Medium von Herrschaft und sozialer Macht« ist und »der Legitimation von Beziehungen organisierter Gewalt« dient, verweigert sich Habermas der Identifizierung von Hermeneutik und Ideologiekritik und läßt
»die hermeneutische Erfahrung, die auf eine solche Abhängigkeit des symbolischen Zusammenhangs von faktischen
Verhältnissen stößt, [...] in Ideologiekritik« übergehen
(Habermas: (412), 52/53). So muß sich »eine Theorie der umgangssprachlichen Kommunikation [...] den Zugang zum
pathologisch verschütteten Sinnzusammenhang erst bahnen«
(Habermas: (449), 132). Was aber heißt ›pathologisch‹? Wird
dieser Terminus zur Bezeichnung der Genese falschen Bewußtseins eingeführt, um die ›Anatomie‹ der bürgerlich-kapitalisti-

schen Gesellschaft fortzuschreiben? Welche Therapie verordnet Habermas aufgrund solcher Diagnose? Habermas steckt zwei Wege ab, »auf denen wir erfolgversprechend nach einer Anwort suchen können. Einerseits stoßen wir auf nichttriviale Grenzen des Anwendungsbereichs hermeneutischen Verstehens in Fällen, die die Psychoanalyse und, soweit es sich um kollektive Zusammenhänge handelt, die Ideologiekritik aufzuklären beansprucht. Beide haben es mit umgangssprachlichen Objektivationen zu tun, in denen das Subjekt, das diese Lebensäußerungen hervorbringt, seine eigenen Intentionen nicht wiedererkennt. Diese Äußerungen lassen sich als Teile einer systematisch verzerrten Kommunikation begreifen. Sie können nur in dem Maße verstanden werden, als die allgemeinen Bedingungen der Pathologie umgangssprachlicher Kommunikation erkannt sind« (Habermas: (449), 131/132). Zwei Wege, deren einen (Ideologiekritik) Habermas beschildert und deren anderen (Psychoanalyse) er geht. Die Bindung einer »kritisch über sich aufgeklärten Hermeneutik« an das »Prinzip vernünftiger Rede, demzufolge Wahrheit nur durch *den* Konsensus verbürgt sein würde, der unter den idealisierten Bedingungen unbeschränkter und herrschaftsfreier Kommunikation erzielt worden wäre und auf Dauer behauptet werden könnte« (Habermas: (449), 154), setzt eine Befähigung zur »Selbstreflexion« – »Diese löst das Subjekt aus der Abhängigkeit von hypostasierten Gewalten« – *voraus*. Die These lautet:

»In der Selbstreflexion gelangt eine Erkenntnis um der Erkenntnis willen mit dem Interesse an Mündigkeit zur Deckung. [...] *In der Kraft der Selbstreflexion sind Erkenntnis und Interesse eins.*
Erst wenn Philosophie im dialektischen Gang der Geschichte die Spuren der Gewalt entdeckt, die den immer wieder angestrebten Dialog verzerrt, und aus den Bahnen zwangloser Kommunikation immer wieder herausgedrängt hat, treibt sie den Prozeß, dessen Stillstellung sie sonst legitimiert, voran: den Fortgang der Menschengattung zur Mündigkeit. [...] *Die Einheit von Erkenntnis und Interesse bewährt sich in einer Dialektik, die aus den geschichtlichen Spuren des unterdrückten Dialogs das Unterdrückte rekonstruiert«* (Habermas: (447), 159; 164).

Eine materialistische Hermeneutik wird diesen *Postulaten* der ›kritisch-emanzipatorischen‹ Hermeneutik gewiß nicht widersprechen. Sie wird aber mit Schärfe die Frage stellen, wo der

Ort sich findet, der eine ›herrschaftsfreie Kommunikation‹ und die ›Selbstreflexion‹ begünstigt. Die U-topie, den Ort, den keiner kennt, kann sie nicht anerkennen. Solange dieser Ort nicht im Indikativ beschreibbar ist, ist Mißtrauen am Platz. Das Prinzip ›vernünftiger Rede‹, »demzufolge Wahrheit nur durch *den* Konsensus verbürgt *sein würde,* der unter den *idealisierten* Bedingungen [...] herrschaftsfreier Kommunikation erzielt *worden wäre* und auf Dauer behauptet *werden könnte*« (Kursiv: Sa.), vermag Habermas im Indikativ nicht zu formulieren. Die Antizipation einer idealen Sprachsituation – »und das heißt Lebensform, in der zwanglose universale Verständigung möglich ist« (Habermas: (449), 154) – bleibt als bloße ›regulative Idee‹ die verbale Wiederholung eines Scheiterns: die restaurierte ›*Aufklärung*‹ ist ein Anachronismus, wenngleich ein für die bürgerliche Ideologie unverzichtbarer. So müßte das Urteil über die Utopie ›herrschaftsfreier Kommunikation‹ sich an den konkreten gesellschaftlichen, schon wirklichen Alternativen orientieren, die in der sozialistischen Gesellschaft praktisch vorliegen, böte Habermas nicht zumindest ein ›Modell‹ dieser Utopie. Dieses Modell ist – die Psychoanalyse.

3. Die von Habermas als »eine allgemeine Theorie lebensgeschichtlicher Bildungsprozesse« verstandene Psychoanalyse ist für ihn das Paradigma einer Theorie, »die sich von Anbeginn im Element der Selbstreflexion bewegte und gleichwohl die Legitimation, im strengen Sinne wissenschaftlich zu verfahren, glaubwürdig in Anspruch nahm« (Habermas: (448), 233; 262). Die Berufung auf die Psychoanalyse erweckt die Erwartung, a) »das objektivistische Selbstverständnis der traditionellen Geisteswissenschaften« zu zerstören, b) die »Sozialwissenschaften an Probleme« zu erinnern, »die sich aus der symbolischen Vorstrukturierung ihres Objektbereichs ergeben«, c) die Rolle der »natürlichen Sprache« als einer »›letzten‹ Metasprache« »für alle formalsprachlichen Theorien« geltend zu machen, um die »Legitimation von Entscheidungen, die die Wahl von Forschungsstrategien, den Aufbau und die Methoden der Überprüfung von Theorien, mithin den ›Fortschritt der Wissenschaft‹ bestimmen, zu kontrollieren, und auf dieser Grundlage d) »die Übersetzung folgenreicher wissenschaftlicher Informationen in die Sprache der sozialen Lebenswelt« zu gewährleisten« (Habermas: (449), 127/128; diese Erwartungen

knüpft Habermas an die ›Hermeneutik‹; es darf aber unterstellt werden: an eine Hermeneutik, deren Modell die Psychoanalyse ist).

Diese Erwartungen sind trügerisch. Die »Entschlüsselung der kulturellen Überlieferung« als der Niederschlag der »projektiven Gehalte der Wunschphantasien, die abgewehrte Intention zum Ausdruck bringen«, und der »Sublimierungen [...], die virtuelle Befriedigung darstellen und eine öffentlich lizensierte Entschädigung für den aufgenötigten Kulturverzicht gewähren« (Habermas: (448), 335), kann die Psychoanalyse weder als Therapie noch als hermeneutische Theorie bewerkstelligen. Sie bleibt in jener Barriere stecken, die wegen der für die Psychoanalyse systembegründenden Analogie von Ontogenese und Phylogenese (individueller und Gattungsentwicklung) bereits die Anamnese individuellen Leidens behindert. Freuds anthropologisches, unhistorisches Schema der Triebstruktur ›Es/Ich/Über-Ich‹ verharrt in der Tradition der bürgerlich-gesellschaftlichen ›Naturzustands‹-Theoreme und klammert die historische Bedürfnisvarianz der gesellschaftlich arbeitenden Individuen und damit die Geschichtlichkeit der Triebstruktur aus. Darüber hinaus verkennt Habermas den Charakter der therapeutischen Situation. Der Prozeß von ›Übertragung‹ und ›Gegenübertragung‹ zwischen Patient und Arzt wird nicht folgenlos durch die Sozialisation des Analytikers bestimmt: in diesem Prozeß gegenseitiger Anerkennung – in Wirklichkeit: gegenseitiger Fremd-Identifikation – widerspiegeln sich widersprüchliche Lebenserfahrungen als nicht bewußt zu machende soziale Antagonismen; sie reproduzieren sich zugunsten einer Anpassung des Analysanden, dessen Ich-Identität doch erreicht werden soll, an die sozialen und ideologischen Standards des Analytikers. Nicht nur die psychosomatische Krankheit ist sozialspezifisch, sondern auch deren Anamnese und Therapie. Die These von der Psychoanalyse als dem Idealfall der Übereinstimmung von Erkenntnis und Interesse, als dem Paradigma ›ungestörter Kommunikation‹ ist in ihr Gegenteil zu verkehren: die psychoanalytische Hermeneutik ist *das* Beispiel einer Ideologie, in der eine Kritik der sozialen Motivationen der Erkenntnis und ihrer Handlungsfolgen, in der eine kritische ›Selbstreflexion‹ geradezu ein unzulässiger ›Kunstfehler‹ ist. Statt einer Rekonstruktion der Identität des Subjekts mit seiner Geschichte wird Identifikation beliebig fungibel; es gelingt im ›Verstehen‹ günstigstenfalls die Anerkennung und Verinnerlichung jener ›Über-Ich‹-Normen, jener herrschaftsfördernden Sanktionen, die ein Arrangement des ›Ich‹ mit der zerstörten individual- bzw. klassengeschichtlichen Kontinuität erlaubt. Von einer Steigerung der befreienden ›kommunikativen Kompetenz‹ kann schwerlich die Rede sein. So bleibt es bei der Kritik auch trotz – und gerade wegen – der Kennzeichnung der Psychoanalyse als Ort, an dem das Ideal ›freier Kommunikation‹ Realität werde: Die »Forderung, das Bewußtsein zu verändern, läuft auf die Forderung hinaus, das Bestehende anders zu interpretieren, d. h. es vermittelst einer anderen Interpretation anzuerkennen«[111].

A. Lorenzer hat nach überwiegender Übereinstimmung mit J. Habermas die Modellvorstellung von der Psychoanalyse als einer symbol-kritischen Interaktionslehre revidiert: »Die Interpretation von Symbolbildung als Produktion«, d. h. als Form gesellschaftlicher Praxis und als Widerspiegelung gesellschaftlicher Arbeit, soll zwar »nicht verstanden werden als einseitiger Versuch, Interaktion unter die Kategorie ›Arbeit‹ zu zwingen, wohl aber muß darauf bestanden werden, daß keine menschliche Aktion, auch nicht libidinöse Zuwendung, anders denn als ›produktive Verarbeitung‹ im Kontext gesellschaftlicher Beziehungen [...] angenommen werden kann«. Die skeptische Überprüfung, »inwieweit bestimmte psychoanalytische Kategorien [...] sich der Einbeziehung in eine Kritik der konkreten historischen Lage sperren«, und der Nachweis, »wie sich aus begrifflichen Unzulänglichkeiten Sichtverkürzungen ergeben, die selbst dort, wo die Psychoanalyse bewußt den Bereich einer Individualpsychologie sprengt und sich als Sozialpsychologie versteht, es ihr verwehren, über abstrakt bleibende Begriffe wie den der ›Herrschaft‹ (als ›äonenalter Repression‹) hinauszudenken und [...] den Bezug zu einer Analyse der politisch-ökonomischen Lage herzustellen«, trennen Lorenzer von der Habermasschen Freud-Orthodoxie. Für die Psychoanalyse stellt sich als Problem: *»die Deformierung der Subjekte unter dem Zwang der Produktionsverhältnisse«*. Daraus ergeben sich nebst der Forderung, »den Durchblick zur Analyse

111 *MEW* 3, 20.

der objektiven Bedingungen in der Organisation von Herrschaft *und* Organisation von Arbeit« zu eröffnen, zwei Programmpunkte: »Herrschaft ist auch als eine *biologische* (nicht aber als biologistisch zu lösende) Frage zu sehen, und ›Triebrepression‹ ist aus dem Rahmen der Frage nach dem Herrschaftssystem nicht wegzudenken«. Die Konsequenz ist: die Psychoanalyse ist als Theorie des ›Verstehens‹ von Interaktionen nur um den Preis ihrer Selbstliquidierung auf die Perspektive ›Interaktion/Kommunikation‹ zu beschränken; sie interpretiert ihr symbolisch vorliegendes Material mit Hilfe der Kategorie ›Praxis‹: »Nur die Rückverknüpfung jedes einzelnen Symbols mit den körperlichen Forderungen (die als Bedürfnisse im je schon vermittelten Verständnis zu Wort kommen) auf der einen Seite und der Zusammenhang mit materieller Produktion auf der anderen Seite bewahren die Psychoanalyse vor einem interaktionistischen Mißverständnis«. Das in der Analyse als ›therapeutischer Prozeß‹ dominierende Ziel, »der Aufbau einer Lebensgeschichte« (der »das Werk eines hermeneutischen Zirkels« von einzelner Symboldeutung und lebensgeschichtlichem Ganzheitsverstehen ist), scheint erreichbar. Durch die Kategorie ›Praxis‹, die nun nicht mehr identisch ist mit ›Interaktion / sprachliche Handlung‹, begibt sich die Psychoanalyse auf den Weg zu einer materialistischen Sozialisationskritik. Fraglich ist nicht, inwieweit diese ›Psychoanalyse‹ ihren Namen noch rechtens führt; fragwürdig mag sein, warum diese ›Psychoanalyse‹ sich nicht marxistisch ›aufhebt‹; dies steht hier nicht zur Diskussion. Kritik wird provoziert, wofern sie im Überschwang der Selbstkritik eine Unterscheidung aufgibt, auf der zu bestehen notwendig ist: der materialistischen Unterscheidung von ›Sein‹ und ›Bewußtsein‹, ›Produktion‹ und ›Reproduktion‹, ›Arbeit‹ und ideeller ›Widerspiegelung‹. Lorenzers These, daß ›Symbole als innere Produktionsmittel (im Sinne der erkenntnistheoretischen Wendung von Marx) aus der Produktion selbst entstanden sein können«, ist eine Sackgasse; diese These fingiert eine Identität von materieller und geistiger Produktion, die jegliches ›Verstehen‹ nicht-identischer Widerspiegelungsformen überflüssig machen müßte. Der Beitrag der Psychoanalyse als ›kritischer Theorie des Subjekts‹ und als Kritik der psychischen Ursachen von ›Sprachzerstörungen‹ zu einer materialistischen Hermeneutik müßte ein Beitrag sein zur Lösung des ›Wie?‹ der Umsetzung materieller Prozesse in Ideologie; gerade diesen Beitrag aber verweigert Lorenzer in seiner Aussage:

»Desymbolisierung ist eine beide Verhaltensfelder [Interaktion und Arbeit; Sa.] bestimmende Verstümmelung, die wir als ›Sprachzerstörung‹ bezeichneten, wobei Sprachzerstörung synonym für Praxisverstümmelung steht. Die Sprache ausmachende Symbolbildung geschieht als Selbstkonstitution des Menschen nicht nur nach dem *Muster* der Arbeit (der Auseinandersetzung mit äußerer Natur): als Auseinandersetzung mit der inneren Natur der biologischen Realität. Die zentrale Achse der Symbolbildung im psychoanalytischen Verständnis ist vielmehr stets die dialektische Verspannung von biologischen und gesellschaftlichen Anforderungen. Symbol ist Synthesis analog einer materiellen Produktion, weil allemal verwurzelt sowohl in der inneren Natur, der das Symbol als Produkt abgezwungen werden muß, als auch in der Auseinandersetzung mit äußerer Natur, aus der das sinnlich greifbare Produkt hervorgeht – wie sich zugleich auch in einem ›3. Bereich von Realität‹, den Objektbeziehungen, sich Symbolbildung produktiv verwirklicht, nämlich als sinnlich erfahrbare Interaktion, die ›Fakten‹ schafft« (Lorenzer: (450), 51; 9/10; 54; 33; 46; 50/51).

So scheint die psychoanalytische hermeneutische ›Verstehens‹-Lehre gerade durch ihren fortgeschrittensten Versuch, der ›Zirkel‹-Aporie Herr zu werden, eine Zirkelstruktur radikalster Ausprägung zu entwerfen: den Zirkel der Identität von Ursache und Wirkung, der Identität von Arbeit und Sprache, von materiellem Antagonismus und intellektueller Zerstörung. Daß diese Position den hermeneutischen Idealismus der vier genannten Typen bis an seine materialistische Überwindung treibt, scheint noch keine Gewähr dafür zu bieten, dem subjektivistischen Verkennen der objektiven materiellen Basis ideologischer Widerspiegelungsformen zu entrinnen.

Fünftens: Den Typus der historisch- und dialektisch-materialistischen Kritik der ideologischen Existenzweise des Bewußtseins und seiner für die Hermeneutik zugänglichen Materialisierungen in ›verstehbaren‹ Dokumenten und Quellen zu beschreiben, ist die Aufgabe dieser Arbeit. Vier repräsentative nicht-materialistische Hermeneutik-Typen wurden vorgestellt und kamen ausführlich zu Wort, um – ›via negationis‹ – vorzuzeichnen, welche Fragen und welche Antworten eine materialistische Hermeneutik *nicht* stellen und *nicht* geben wird. Keine

der vier philosophischen, sozialwissenschaftlichen oder psychoanalytischen Hermeneutik-Theorien kann dazu verführen, den
historischen und dialektischen Materialismus zu ersetzen; wohl
aber sollten die konkurrierenden nicht-materialistischen Hermeneutiken eine Provokation bedeuten, ihnen das Feld nicht
gratis zu überlassen, in welchem das Bewußtsein gegenwärtiger
Menschen sozialisiert wird durch die bürgerlich-ideologische
Usurpation der hermeneutischen Herrschaft über die ›Quellen‹.
Eine der für die materialistische Hermeneutik wichtigsten Quellen sind die *Geschichtsphilosophischen Thesen* Walter Benjamins, der »die Frage aufwirft, in wen sich denn der Geschichtsschreiber des Historismus eigentlich einfühlt«. Benjamins
Antwort ist ein Beleg für die Brisanz der Perspektive ›Praxis und Geschichtsbewußtsein‹:

»Die Antwort lautet unweigerlich, in den Sieger. Die jeweils Herrschenden sind aber die Erben aller, die je gesiegt haben. Die Einfühlung in den Sieger kommt demnach den jeweils Herrschenden allemal
zugut. [...] Der historische Materialist betrachtet es als seine Aufgabe, die Geschichte gegen den Strich zu bürsten«.

Für eine materialistische Hermeneutik, die der dialektischen
Rekonstruktion der Genesis des gegenwärtigen, der Geschichte
noch nicht oder aber schon mächtigen Bewußtseins das besondere Instrument der Entschlüsselung ideologischer Traditions-
träger (Texte etc.) an die Hand geben soll, muß klar bewußt
sein:

»Vergangenes historisch artikulieren heißt nicht, es erkennen, ›wie es
denn eigentlich gewesen ist‹. Es heißt, sich einer Erinnerung bemächtigen, wie sie im Augenblick der Gefahr aufblitzt. Dem historischen
Materialismus geht es darum, ein Bild der Vergangenheit festzuhalten, wie es sich im Augenblick der Gefahr dem historischen Subjekt
unversehens einstellt. Die Gefahr droht sowohl dem Bestand der
Tradition wie ihren Empfängern. Für beide ist sie ein und dieselbe:
sich zum Werkzeug der herrschenden Klasse herzugeben. In jeder
Epoche muß versucht werden, die Überlieferung von neuem dem
Konformismus abzugewinnen, der im Begriff steht, sie zu überwälti-
gen. [...] Nur *dem* Geschichtsschreiber wohnt die Gabe bei, im Vergangenen den Funken der Hoffnung anzufachen, der davon durch-
drungen ist: *auch die Toten* werden vor dem Feind, wenn er siegt,
nicht sicher sein. Und dieser Feind hat zu siegen nicht aufgehört.«[112]

112 Benjamin: (336), 83; 81/82.

W. Benjamins Thesen selbst sind in Gefahr, als »Kulturgut« überwältigt zu werden, das »niemals ein Dokument der Kultur« ist, »ohne zugleich ein solches der Barbarei zu sein. Und wie es selbst nicht frei ist von Barbarei, so ist es auch der Prozeß der Überlieferung nicht, in der es von dem einen an den andern gefallen ist«[113]. Gleiches gilt für den Marxismus-Leninismus, dessen ›materialistische Dialektik‹ hier rekonstruiert werden soll: im ›Augenblick der Gefahr‹, entweder mechanistisch zu verkommen oder subjektivistisch zubereitet zu werden bis zur Genießbarkeit auch für die bürgerliche Ideologie.

2. ›Materie‹, ›Dialektik‹, ›Natur‹ und ›Arbeit‹ als Grundbegriffe des dialektischen und historischen Materialismus

Die in der Entwicklung des menschlichen Bewußtseins und in der Geschichte der theoretischen Reflexion über das Bewußtsein revolutionäre neue Qualität der dialektischen Erkenntnistheorie wird nur bemessen können, wer begreift: daß diese Gnoseologie ihre Grundlage findet in der *materialistischen* Antwort auf die *Grundfrage nach dem Verhältnis von Sein und Bewußtsein*. Die Antwort lautet: daß die Bedingungen der Möglichkeit und der Notwendigkeit von Bewußtsein und Erkenntnis nicht zu suchen sind im Bewußtsein selbst, sondern gefunden werden in der Analyse des Prozesses, in dem der Mensch sich durch die Erarbeitung seiner materiellen Existenz geschichtlich und gesellschaftlich selbst erzeugt. Diese Analyse ist die Aufgabe der ›materialistischen Dialektik‹, des wissenschaftlichen philosophischen und politisch-ökonomischen Theoriesystems: historischer/dialektischer Materialismus. Der gemeinsame Nenner der Theorien dieses System heißt *Materialismus*. ›Dialektisch‹ und ›historisch‹ bezeichnen theoretisch und methodologisch unterscheidbare Perspektiven, Gegenstandsbereiche und Anwendungsfelder einer einzigen Wissenschaft. Die Darstellungsweise dieses Buchs ist nicht willkürlich: es führt

113 A.a.O., 83. Zur Verteidigung Benjamins gegen seine Vermarktung und Verfälschung durch ›frankfurterische‹ Umarmungen vgl.: K. Inderthal, *Bereinigung der Theorie. Zur Adorno-Benjamin-Debatte.* (Im Druck; Manuskript: Giessen 1972).

die Kategorien des dialektischen Materialismus ein vor denen des historischen Materialismus, weil diese Kategorien Widerspiegelungen des *materiellen ontologischen Ersten* sind, aus dessen dialektischem Prozeß sich das geschichtlich-gesellschaftliche Sein des Menschen und die Formen des geschichtlich-gesellschaftlichen Bewußtseins der Individuen entwickeln.

Die materialistische Dialektik ist gegenüber Idealismus und Metaphysik unverwechselbar und wahr durch die Erkenntnis und Anerkennung

— des Primats der Materie und der Materialität als Signum der Einheit der Welt

— der Dialektik nicht nur als kategorialen Systems, sondern als Prinzip des Werdens und der Veränderung der gesamten materiellen und ideellen Wirklichkeit, des Seins in Natur und Gesellschaft wie des Bewußtseins

— der Natur als geschichtlich veränderter materieller Basis der Produktion und Reproduktion des Lebens

— der geschichtlichen Selbsterzeugung des Menschen durch die individuell-gesellschaftliche Arbeit an und in der Natur.

Diese vier Prinzipien sind in ihrer Einheit zum Stein des Anstoßes geworden, zum Ärgernis der Idealisten und zum Anlaß von Revisionen mit mechanistisch-objektivistischer bzw. idealistisch-subjektivistischer Tendenz. Es zeichnet die philosophische Qualität der Leninschen, immer wieder als unphilosophisch und epigonal verteufelten Theorie aus, den Materialismus als gemeinsames Kennzeichen dieser Prinzipien gegen alle Versuche verteidigt zu haben, sie auseinanderzudividieren. Gerade die Leninsche Erkenntnistheorie macht es deutlich: der historische und dialektische Materialismus ist kein starres System, sondern das System der Veränderung und des Fortschritts, das seine Anfänge bei Marx und Engels nicht leugnet und nicht bloß konserviert, sondern ›aufhebt‹. Lenin betont, Marx und Engels hätten — »aus Feuerbach emporgewachsen und im Kampf mit den Pfuschern gereift« — »naturgemäß« ihr Interesse »auf den Ausbau der Philosophie des Materialismus nach oben, d. h. nicht auf die materialistische Erkenntnistheorie, sondern auf die materialistische Geschichtsauffassung« zentriert: »deshalb unterstrichen Marx und Engels in ihren Werken mehr den *dialektischen* Materialismus als den dialektischen *Materialismus,* legten sie mehr Nachdruck auf den *historischen*

Materialismus als auf den historischen *Materialismus*«[114]. Das Angriffsziel der bürgerlichen Ideologen war – dies hat Lenin in *Materialismus und Empiriokritizismus* klar vor Augen – in erster Linie der Materialismus. Die Kategorie ›Materie‹ als fundamental und unverzichtbar zu betonen, ist also nicht nur ontologisch und nicht nur durch die Logik der marxistischen Philosophie begründet, sondern die wichtigste Aufgabe auch der Auseinandersetzung mit der Ideologie der Bourgeoisie. Festzuhalten ist: Die materialistische Philosophie wurde erst in ihrem historisch- und dialektisch-materialistischen Konzept zu einer wissenschaftlichen Theorie der Dialektik von Naturalisierung und Humanisierung. Es darf nicht in den Wind geschrieben werden, was Marx und Engels, Lenin und die marxistisch-leninistische Philosophie insgesamt beigetragen haben zur Theorie und Praxis der Befreiung des Menschen durch die auf Erkenntnis der Gesetze der materiellen Natur gegründete Planbarkeit und Machbarkeit einer wirklich menschlichen Geschichte.

2.1. Materie, Kategorie ›Materie‹ und die Materialität als Signum der Einheit der Welt

Marx' Satz im *Kapital*, für ihn sei »das Ideelle nichts anderes als das im Menschenkopf umgesetzte und übersetzte Materielle«[115] ist die erkenntnistheoretisch einschlägige Formel, die sich aus der doppelten Bedeutung des marxistischen ›Materie‹-Konzepts ergibt: die Materie ist ontologisch das erste Sein, doch auf den Begriff ›Materie‹ gebracht werden kann sie nur durch das Subjekt Mensch, das zur Umsetzung und Übersetzung kraft seiner Bewußtseinsbefähigung in der Lage ist. Diese Doppelstruktur des ›Materie‹-Konzepts zieht sich als roter Faden durch alle Quellen im Werk von Marx, Engels und Lenin.

»Wenn wir vom *Sein* sprechen, und *bloß* vom Sein«, – heißt es im Abschnitt *Philosophie* des *Anti-Dühring* bei Engels – »so kann die Einheit nur darin bestehn, daß alle Gegenstände, um die es sich handelt – *sind,* existieren. [...] Die Einheit der Welt besteht nicht in ihrem Sein, obwohl ihr Sein eine Vor-

114 *LW* 14, 333.
115 *MEW* 23, 27.

aussetzung ihrer Einheit ist, da sie doch zuerst *sein* muß, ehe sie *eins* sein kann. [...] Die wirkliche Einheit der Welt besteht in ihrer Materialität«[116]. Und in der *Dialektik der Natur*:

»Es ist ein ewiger Kreislauf, in dem die Materie sich bewegt, ein Kreislauf, für den unser Erdenjahr kein ausreichender Maßstab mehr ist, ein Kreislauf, in dem die Zeit der höchsten Entwicklung, die Zeit des organischen Lebens und noch mehr die des Lebens selbst- und naturbewußter Wesen ebenso knapp bemessen ist wie der Raum, in dem Leben und Selbstbewußtsein zur Geltung kommen. [...] Aber wie oft und wie unbarmherzig auch in Zeit und Raum dieser Kreislauf sich vollzieht [...], – wir haben die Gewißheit, daß die Materie in allen ihren Wandlungen ewig dieselbe bleibt.«[117]

Ausdrücklicher als bei Marx und Engels projiziert Lenins *Materialismus und Empiriokritizismus* (1908 geschrieben) dieses Materie-Verständnis in die Erkenntnistheorie:

»Der Materialismus betrachtet in vollem Einklang mit der Naturwissenschaft als das ursprüngliche Gegebene die Materie, als das Sekundäre – Bewußtsein, Denken, Empfindung«. »Die Welt ist die gesetzmäßige Bewegung der Materie, und unsere Erkenntnis als höchstes Produkt der Natur ist nur imstande, diese Gesetzmäßigkeit *widerzuspiegeln*«[118].

Aber bereits Engels hatte gewarnt vor einer schlechten Identifikation von Materie und ›Materie‹-Begriff: »Die Materie als solche ist eine reine Gedankenschöpfung und Abstraktion. Wir sehen von der qualitativen Verschiedenheit der Dinge ab, indem wir sie als körperlich existierende unter dem *Begriff* Materie zusammenfassen. Materie als solche, im Unterschied von den bestimmten, existierenden Materien, ist also nichts Sinnlich-Existierendes«[119]. Noch einmal:

»Worte wie Materie und Bewegung sind nichts als *Abkürzungen,* in die wir viele verschiedne sinnlich wahrnehmbare Dinge zusammenfassen nach ihren gemeinsamen Eigenschaften. Materie und Bewegung *kann* also gar nicht anders erkannt werden als durch Untersuchung der einzelnen Stoffe und Bewegungsformen, und indem wir diese erkennen, erkennen wir pro tanto auch die Materie und Bewegung *als solche*«[120].

116 *MEW* 20, 40/41.
117 *MEW* 20, 327.
118 *LW* 14, 37; 165.
119 *MEW* 20, 519.
120 *MEW* 20, 503.

Was bei Engels anhebt, präzisiert Lenin im dialektischen Begriff der Einheit und kategorialen Differenz von Materie und ›Materie‹: Was *an sich* ist, wird erst als ein ›*Für uns*‹, als Ergebnis gedanklicher Abstraktion und Synthesis zum bewußten Gegenstand; nichts freilich wäre falscher, als hieraus den Schluß zu ziehen, das ›An-sich‹ der Materie sei für das menschliche Bewußtsein in seiner wesentlichen Qualität unerreichbar; denn in der bewußten Widerspiegelung erst erreicht die Materie *ihre* höchste Qualität. Nur so ist zu verstehen, warum die ontologische und logische Unterscheidung von Materie und ›Materie‹ sich der absoluten idealistischen (dualistischen) Trennung der Seinsbereiche entzieht. Eine Unterscheidung, nichts anderes, formuliert Lenin:

»Der Begriff Materie bedeutet [...] erkenntnistheoretisch *nichts anderes* als: die unabhängig vom menschlichen Bewußtsein existierende und von ihm abgebildete objektive Realität«.
»Das, was den Materialisten grundlegend von dem Anhänger der idealistischen Philosophie unterscheidet, ist dies, daß er die Empfindung, Wahrnehmung, Vorstellung und überhaupt das Bewußtsein des Menschen als Abbild der objektiven Realität betrachtet. Die Welt ist die Bewegung dieser von unserem Bewußtsein widergespiegelten objektiven Realität. Der Bewegung der Vorstellungen, Wahrnehmungen usw. entspricht die Bewegung der Materie außer mir. Der Begriff Materie drückt nichts anderes aus als die uns in der Empfindung gegebene objektive Realität«[121].

Was also heißt Materialismus? Auf diese Frage gibt es nur eine dialektische Antwort, die beide Elemente berücksichtigt: 1. den *ontologischen* Primat der Materie vor dem Bewußtsein *und* 2. die unabdingbare *logische* Qualifikation, die den Prozeß der materiellen Bewegung durch ein Nicht-Materielles (Bewußtsein) vorantreibt; die Welt ist eben nichts anderes als jene ›objektive Realität‹, die ohne die Leistungen des Subjekt-Bewußtseins zwar ›existierte‹, aber eine Existenz wäre ohne jegliche Relevanz für das Subjekt ›Mensch‹. An dieser Stelle ist einzuhalten, ist Vorsicht geboten: außerhalb des Systems ›materialistische Dialektik‹ müßten diese Differenzierungen dazu verleiten, subjektivistisch die ›Materie‹-Kategorie auszuhöhlen; hier aber muß unzweideutig gesagt werden, daß ohne die Tätigkeit des Logischen die Materie selbst mangels dialektischer

121 *LW* 14, 261; 267.

Synthesis ihre Entwicklung nicht vollenden könnte. Materialismus ist also? »Die Anerkennung der objektiven Gesetzmäßigkeit der Natur und der annähernd richtigen Widerspiegelung dieser Gesetzmäßigkeit im Kopf des Menschen ist Materialismus«[122]. *Die* Materie, von der durch Widerspiegelung etwas als ›wahr‹ ausgesagt werden kann – und nur diese, darin liegt die Pointe des dialektischen Materialismus – ist »*eine philosophische Kategorie zur Bezeichnung der objektiven Realität*«[123]. Erst dieser, die dialektische Widerspiegelungstheorie a) erst ermöglichende und b) überhaupt nur in dieser Erkenntnistheorie stringent formulierbare Materialismus leistet, woran Idealismus und naiver empiristischer Materialismus scheitern mußten: die Erkenntnis der Dialektizität des ›Materie‹-Begriffs durch die Erkenntnis der Dialektizität der Materie. Die Differenz von Materie und ›Materie‹-Kategorie wird durch die Widerspiegelung im Bewußtsein nicht *er*zeugt, sondern *be*zeugt.

Ist dies wirklich »der schönste metaphysische Materialismus [. . .], den Hegel in der *Phänomenologie des Geistes* als die andere Seite des von Lenin lebhaft bekämpften Theismus bezeichnet«? Ist Lenins Ausgangspunkt »nicht die menschliche Gesellschaft, sondern die Natur«? Ist der historische Materialismus für Lenin nicht mehr als »ein Sonderfall des philosophischen Materialismus«? Hie ›menschliche Gesellschaft‹ – dort ›Natur‹: diese Abscheidung, dieses Resultat der Unfähigkeit, dialektisch zu denken und die ›Natur‹ im geschichtlichen Status der Arbeit noch als Natur identifizieren zu können, ist ein Syndrom jener revisionistischen ›Stoffwechselkrankheit‹, welche die Natur nicht mehr als Element des ›Stoffwechsels‹ (zwischen Mensch und Natur) begreifen will; F. Jakubowskis jäh und voll grundloser ›linker‹ Begeisterung aus der Vergessenheit gezerrte Lukács-Paraphrase[124] bietet nur den halben Lenin. Lenin ließ keinen Zweifel an der im Prinzip ›Materialismus‹ wurzelnden Einheit von Dialektischem und Historischem, von

122 *LW* 14, 150/151.
123 *LW* 14, 124. (Im Original nicht kursiv). ›Philosophische Kategorie‹, – dies ist keine Relativierung des ›Materie‹-Begriffs, weil Philosophie objektiv geworden ist: »Die Philosophie des Marxismus ist der Materialismus« (*LW* 19, 4).
124 Jakubowski: (40), 63/64.

Natur und Gesellschaft. Jakubowski hat aus einem Kontext nur den ersten Satz exzerpiert, der lautet: »Der Materialismus überhaupt anerkennt das objektive Sein (die Materie), das unabhängig ist von dem Bewußtsein, der Empfindung, der Erfahrung usw. der Menschheit«; soweit Satz eins; unmittelbar schließt aber Lenin die Anwendung dessen, was der Materialismus ›überhaupt‹ anerkennt, auf das gesellschaftliche Sein an: »Der historische Materialismus anerkennt das gesellschaftliche Sein als unabhängig vom gesellschaftlichen Bewußtsein der Menschheit. Das Bewußtsein ist hier wie dort nur das Abbild des Seins, bestenfalls sein annähernd getreues (adäquates, ideal-exaktes) Abbild«[125]. Um Konfusionen zu vermeiden, sei klargestellt, was eigentlich die ›Unabhängigkeit‹ des Seins vom Bewußtsein bedeutet: nichts, als ein ontologisches Prius (Vorgängigkeit) und eine ontologische Möglichkeits- und Notwendigkeitsbedingung der logischen Widerspiegelung; gerade im Bereich des gesellschaftlichen Seins tritt die Absurdität des Mißverständnisses offen zutage, ›Unabhängigkeit‹ bedeutet *Vermittlungslosigkeit;* im Vorgriff auf ein Ergebnis der Leninschen Widerspiegelungstheorie muß hier der wichtige Satz herangezogen werden, der sowohl die ›Unabhängigkeits‹- wie auch die ›Abbild‹-Kategorie vor dem Mechanismuseinwand und vor der Metaphysik-Unterstellung schützt: »Das Bewußtsein des Menschen widerspiegelt nicht nur die objektive Welt, sondern schafft sie auch«[126].

Diese den Engelsschen Materialismus der Natur-Dialektik verdeutlichende Aussage schließt aus die identifizierende Verwechslung von materiellem Sein in Natur und Gesellschaft mit dem Bewußtsein wie auch – nicht minder nachdrücklich – die Leugnung der dialektischen Vermittlung von Sein und Bewußtsein *im Sein selbst,* dessen Widerspiegelungs*form* das Bewußtsein ist. So unbestreitbar Lenin vom Primat des materiellen Seins in Natur und Gesellschaft ausgeht, betont er die Spezifik des Bewußtseins: »Das Denken [...] als materiell bezeichnen heißt einen falschen Schritt zu tun zur Vermengung

---

125 *LW* 14, 329. vgl. H. Hörz, *Philosophischer Materialismus und Leninscher Materiebegriff.* In: *DZP* 17 (1969), 1413-1437; *Materie und Bewußtsein,* Berlin 1965.
126 *LW* 38, 203.

von Materialismus und Idealismus«[127]. Sein und Bewußtsein sind nicht identisch. Aber die *im* Sein und *als* Sein durch das Bewußtsein des gesellschaftlichen Individuums, d. h. durch die Widerspiegelungen der individuell-gesellschaftlichen Produktivität und Kreativität konstituierte ›Welt‹ ist *eine* dialektisch strukturierte Totalität; und das Kennzeichen ihrer Einheit ist ihre Materialität.

In einem Brief an Gorki, zur Entstehungszeit von *Materialismus und Empiriokritizismus* verfaßt, beklagt Lenin, es werde »der Materialismus als Philosophie [...] recht stiefmütterlich behandelt«. Die in diesem Organ ausgetragenen Kontroversen über marxistischen Materialismus oder (neu-)kantianischen Kritizismus erinnernd, kritisiert Lenin: »›Die Neue Zeit‹, das konsequenteste und bestfundierte Organ, verhält sich gleichgültig zur Philosophie, war niemals ein leidenschaftlicher Parteigänger des philosophischen Materialismus«. Sich dagegen verwahrend, »daß aus dem Materialismus, den Marx und Engels gelehrt haben, seelenlose Kleinbürgerlichkeit hergeleitet werden könne«, nennt Lenin den für seine Zeit bedrohlichsten Revisionismus beim Namen: »Alle kleinbürgerlichen Strömungen in der Sozialdemokratie kämpfen vor allem gegen den philosophischen Materialismus, sie tendieren zu Kant, zum Neukantianismus, zur kritischen Philosophie«[128]. Der Adressat der Leninschen Kritik stimmt. Seit E. Bernsteins *Probleme des Sozialismus* (1897/98) und deren Satz: »der reine oder absolute Materialismus ist gerade so spiritualistisch wie der reine oder absolute Idealismus« und der Folgerung: »beide setzen Denken und Sein schlechthin als identisch. [...] Neuere Materialisten stellen sich dagegen ebenso entschieden auf den Boden Kants, wie dies die meisten der größeren modernen Naturforscher gethan haben«[129], prägt der kantianische Kritizismus die Ethik- und Erkenntnistheorie-Diskussion der nicht marxistischen sozialdemokratischen Ideologie. Im Streit zwischen dem sozialistischen Neukantianer Conrad Schmidt und G. W. Plechanow sind wenig später die Fronten nur noch verhärtet wor-

127 *LW* 14, 242.
128 *LW* 34, 375.
129 E. Bernstein, *Das realistische und das ideologische Moment im Sozialismus. Probleme des Sozialismus*, 2. Serie II. In: *Die Neue Zeit* 16 (1897/98), 227.

den. Wie Bernstein verwechselt Schmidt den materialistischen Monismus mit ›Identitätsphilosophie‹: Kants Theorie der Erfahrung stimme »mit der Auffassung wenigstens derjenigen Materialisten überein, die es sich klar gemacht, daß die Gegenstände, die *uns,* das heißt unserem Bewußtsein gegeben sind, *unmittelbar* gar nichts anderes als Gegenstände unseres Bewußtseins, das heißt als Phänomene sein können. Der Unterschied setzt erst bei der *weiteren* Frage ein, welches das *Wesen* sei, das diesen Erscheinungen korrespondiere? Die *Materialisten* müssen behaupten, daß dieses Wesen im letzten Grunde mit den *Erscheinungen wesensgleich sei.* [. . .] Materialismus ist also Identitätsphilosophie, weil er, auch da, wo er auf den begrifflichen Unterschied des im Bewußtsein Gegebenen und des an sich Seienden reflektiert und so die Grenzen des *naiven Realismus* überschreitet, das ›an sich Seiende‹, das ›Ding an sich‹ durch Analyse der Erscheinungen bestimmen zu können meint«¹³⁰. Plechanow antwortete philosophisch mit dem Hinweis auf jenen Widerspruch, »der die Grundlage von Kants Lehre ist. Dieser Widerspruch aber besteht in Folgendem: Einerseits ist das Ding an sich nach Kant die Ursache unserer Vorstellungen, andererseits aber kann die Kategorie der Kausalität nicht auf das Ding an sich oder die Dinge an sich angewendet werden«¹³¹; und er antwortete politisch:

»In unseren Tagen halten die wissenschaftlichen Vertreter der herrschenden Klassen an der Kantschen Philosophie fest und verurtheilen den Materialismus. [. . .] Genosse Schmidt ist ihrem Beispiel gefolgt. [. . .] Er hat dabei vergessen, daß den wissenschaftlichen Vertretern des Proletariats nicht geziemt, was für die wissenschaftlichen Vertreter der Bourgeoisie sich schickt. Die Abneigung der Bourgeoisie gegen den Materialismus und ihre Vorliebe für die Kantsche Lehre sind nicht erstaunlich. Die Bourgeoisie hofft in Kants Philosophie das ›Opium‹ zu finden, durch das sie das Proletariat einschläfern möchte, das immer ›begehrlicher‹ und unlenksamer wird. Der Neo-Kantianismus ist für die herrschende Klasse gerade deswegen in Mode gekommen, weil er ihr eine geistige Waffe im Kampfe ums Dasein liefert. Es ist eine bekannte Thatsache, daß die unterdrückte Klasse oft die unterdrückende Klasse nachahmt. Aber wann tritt diese Nachahmung

130 K. Schmidt, *Einige Bemerkungen über Plechanows letzten Artikel in der ›Neuen Zeit‹.* In: *Die Neue Zeit* 17 (1898/99), 325/326.
131 G. Plechanow, *Materialismus oder Kantianismus?* In: *Die Neue Zeit* 18 (1900), 590.

ein? Wenn die unterdrückte Klasse *noch nicht* revoltiert oder *schon nicht mehr* revoltiert. Diese Nachahmung ist bezeichnend für den Mangel an revolutionärem Gefühl auf Seiten der unterdrückten Klasse. Deshalb ist auch das Zurückgehen auf Kant, das sich manche Genossen angelegen sein ließen, ein schlimmes Zeichen. Es ist ein Ausdruck jenes *opportunistischen Geistes,* der leider in unseren Reihen große Fortschritte macht«[132].

Die ideologische Funktion des Neukantianismus hat in den 20er und 30er Jahren des 20. Jahrhunderts der ›linke‹ Neo-Hegelianismus bei Lukács und anderen gespielt. Heute werden antimaterialistische Positionen innerhalb des Marxismus vor allem durch die jugoslawische ›Praxis-Philosophie‹ vertreten. So schreibt z. B. R. Supek unter dem Titel *Humanistische Universalität und naturwissenschaftliche Erkenntnis:*

»Traditionell sucht man die Materie ›außerhalb des Menschen‹ als etwas seiner Hand Greifbares und durch alles das bis in die Unendlichkeit Erweitertes, was mit den zugänglichen Gegenständen wechselwirkend in Verbindung steht. Die auf diese Weise definierte Materie stellt die objektive Seite in der Arbeit oder in der Forschung des Menschen dar, die der subjektiven Seite, das heißt dem Denken und der Empfindung gegenübergestellt wird, so diese Begriffe des Subjektiven und Objektiven ihren Sinn in der Gegenüberstellung haben (oder in der Dialektik, um hier den Begriff beizubehalten). Derart sind sie die abstrahierten Pole einer eigentlichen Einheit. Traditionell behauptet der Materialismus in seiner wissenschaftlichen Argumentation, daß die Materie primär ist und daß das Leben und das Bewußtsein später erschienen sind. Aber das Durcheinander eines solchen Standpunktes besteht darin, daß er die Materie vor solcher forschenden Tätigkeit sieht und physikalische Modelle erstellt, aus denen Homunkulus sprechen müßte«[133].

Diese Kritik ist erschlichen. Dieser Antimaterialismus stützt sich auf die *Trennung* von Materie und ›Materie‹, die von Marx, Engels und Lenin prinzipiell nur als *Unterscheidung* gedacht wurde. Supek verabsolutiert, daß der Begriff ›Materie‹ nur kraft der Bewußtseins- und Sprachbefähigung des menschlichen *Subjekts der Arbeit* an der materiellen Natur und in der

132 G. Plechanow, *Konrad Schmidt gegen Karl Marx und Friedrich Engels.* In: *Die Neue Zeit 17* (1898/99), 145.
133 R. Supek, in: *Materialien zum Symposion ›Die Dialektik und die moderne Naturwissenschaft‹.* Sammelband. Moskau 1966, 84 (russ.).

materiellen gesellschaftlichen Produktion konzipiert werden kann, und eliminiert auch aus diesem Teileelement der ganzen dialektisch-materialistischen ›Materie‹-Theorie auch noch die Arbeit als materiellen Prozeß. Bei allem ›Verstehen‹ der anti-objektivistischen Tendenz der ›Praxis-Philosophie‹ wird man nicht verniedlichen können, daß diese Theorie einen Ast absägt, auf dem sie längst nicht mehr sitzt: Materialismus.

An Plechanows Plädoyer für einen praktisch wirksamen Materialismus sei erinnert, kommt hier zu Wort, was das in der BRD bürgerliche ›Philosophie‹ repräsentierende *Fischer-Lexikon* unter dem Stichwort ›Materialismus‹ zu berichten weiß:

»der energetische Materialismus« liefere »das allgemeine metaphysische Material für den *dialektischen Materialismus*«. Dessen Aktualität beruhe »weniger auf seiner allgemein denkerischen und geistigen Leistung«, als vielmehr »auf der Tatsache, daß er die Weltanschauung und dogmatische Grundlage einer politischen und wirtschaftlichen Weltmacht darstellt«. »Seine Vertreter« waren im 19. Jahrhundert »nicht sosehr die Arbeiter selbst in ihrer Massenerscheinung, als vielmehr die sie beeinflussenden und leitenden Führer, die meist selbst keine Arbeiter sind, sondern aus Bürgerkreisen stammen. Das gilt« – so in demagogischer Perfidie die ›wertneutrale‹ bürgerliche Philosophie – »nicht zuletzt für Marx und für den Fabrikbesitzer Engels«. Auf nicht anderem Niveau steht die ›wissenschaftliche‹ Information; stalinistischer als Stalin und mechanistischer als Bucharin reduziert der Verfasser den Materialismus auf jenen simplen Ökonomismus, den der dialektische Materialismus gerade von sich fernzuhalten bemüht war: Marx verstehe den »Begriff des Materiellen [...] fast ausschließlich im Sinne des Ökonomischen«. Die im historischen Materialismus beschriebene »dialektische Ursituation« sei nur »ein absolutes Spannungs-, um nicht zu sagen Kampfverhältnis: Kampf des Menschen mit der und gegen die Natur und Kampf der Menschen mit- und gegeneinander. (An sich ist dies ein typisch neuzeitlicher, sogar eigentlich ›kapitalistischer‹ Gedanke, wie überhaupt der Großteil des marxistischen Gedankenguts bürgerlicher Herkunft ist. [...]«. Die Identifizierung des Materialismus mit dem Popanz des ›Determinismus‹, dem Leibhaftigen im bürgerlichen ›Freiheits‹-Denken, muß dazu herhalten, zum Verdikt zu gelangen: »Materialismus marxistischer Prägung als philosophische Theorie ist [...] in dialektischer Konsequenz Teil der politischen Praxis geworden und hat aufgehört, kritische Philosophie zu sein«; wurde doch durch Engels aus Marx’ ›humanistischem Materialismus [...] ein naturalistischer. Jetzt wird der Mensch gesehen, wie ihn die Naturwissenschaft sieht, er wird ein Element der universalen Natur«[134]. Nur die Selbsteinschätzung der bürgerlichen Theorie, nichts mit der Wirklichkeit gemein zu haben, mag die Autoren vor der erschreckenden Einsicht bewahrt haben, der ›bürgerliche Marx‹ und die bürgerliche Wirklichkeit des Kapitalismus sprächen eine gemeinsame Sprache.

Daß die Verschiedenheit der philosophischen ›Materie‹-Konzeptionen den Wandel gesellschaftlichen Bewußtseins als den Wandel der materiellen Produktionsweisen widerspiegeln, gilt für den Materialismus wie für seine Kritiker.

2.2. Dialektik als allgemeines Prozeß-Gesetz und ›Dialektik‹ als Kategorie, Theorie und Methode

Der marxistisch-leninistische Materialismus ist eine dialektische Wissenschaft. Er erkennt und anerkennt die Dialektik als Ursache der Bewegung und Veränderung in Natur und Gesellschaft sowie im Bewußtsein. Weder die Natur noch die Gesellschaft sind ewige unveränderbare Substanzen. Die dialektische Bewegung des materiellen Seins in Natur und Gesellschaft und die ideelle Bewegung des Bewußtseins können nur erkannt werden als historischer Prozeß. So ist die ›materialistische Dialektik‹ als wissenschaftliches System zugleich auch ›historische Dialektik‹.
Materialistische und historische ›Dialektik‹ bilden das System der Theorien und Methoden, durch welche die Natur, die Gesellschaft und das Bewußtsein als *Totalität im Prozeß* erkannt werden; die in Widersprüchen identische Struktur dieser Totalität *ist* dialektisch und konstituiert den Gegenstandsbereich ›Dialektik‹. Die Dialektik gilt – und die ›Dialektik‹ wird angewandt – für das Subjekt ›Mensch/menschliche Gesellschaft‹ wie für das Objekt ›Natur/materielle Produktion‹. Sie gilt (und wird angewandt) aber auch für den Menschen als ein Subjekt, das in der Arbeit an der Natur sich selbst als *Objekt* einer scheinbar ›naturwüchsigen‹, in Wahrheit aber menschlichen Herrschaft erzeugt. Diese für die Analyse von Klassenverhältnissen ungemein wichtige Geltung und Anwendung der Dialektik muß nachdrücklich hervorgehoben werden; andernfalls bliebe die ›Subjekt-Objekt-Dialektik‹ ein leerer Schematismus: hier das Subjekt ›Mensch‹ – dort das Objekt seiner

134 *Das Fischer-Lexikon. Philosophie.* Hg. v. A. Diemer / I. Frenzel, Frankfurt/M. 1971, 162-169.

Tätigkeit ›Natur‹; diese Fiktion hat bereits Hegel in der ›Herr-Knecht-Dialektik‹ der *Phänomenologie des Geistes* zerstört. Und nichts anderes wollte Marx in der ersten seiner Thesen ›ad Feuerbach‹ (1845) sagen als: ein Materialismus, der objektivistisch das Subjekt vom Objekt trennt, verfehlt den Prozeß der Dialektik, der Vermittlung zwischen materiellem gesellschaftlichem Sein und Bewußtsein und verdient nicht seinen Namen, denn er ist undialektisch. Im Wortlaut:

»Der Hauptmangel alles bisherigen Materialismus (den Feuerbachschen mit eingerechnet) ist, daß der Gegenstand, die Wirklichkeit, Sinnlichkeit, nur unter der Form des *Objekts oder der Anschauung* gefaßt wird; nicht aber als *sinnlich menschliche Tätigkeit, Praxis;* nicht subjektiv«.

In dieser Perspektive der praktisch-materialistischen Subjekt-Objekt-Dialektik wird verständlich, warum Marx den seitherigen Materialismus auf seine Klassenbasis hin untersucht:

»Der Standpunkt des alten Materialismus ist die bürgerliche Gesellschaft, der Standpunkt des neuen die menschliche Gesellschaft oder die gesellschaftliche Menschheit« (10. These).

Erst der Materialismus auf dem Niveau der neuen Klasse, des Proletariats, das nicht mehr für eine partikuläre Klassenherrschaft kämpft, sondern für die Befreiung des Menschen als Subjekt aus seiner selbstverschuldeten Objekt-Funktion, kommt zur dialektischen Erkenntnis der Relation ›Determinismus/Freiheit‹. Auf den geschichtlichen gesellschaftlichen Prozeß angewandt lautet diese Einsicht (in These 3):

»Die materialistische Lehre von der Veränderung der Umstände und der Erziehung vergißt, daß die Umstände von den Menschen verändert und der Erzieher selbst erzogen werden muß. Sie muß daher die Gesellschaft in zwei Teile – von denen der eine über ihr erhaben ist – sondieren. Das Zusammenfallen des Änderns der Umstände und der menschlichen Tätigkeit oder Selbstveränderung kann nur als *revolutionäre Praxis* gefaßt und rationell verstanden werden«.

Auf den Erkenntnisprozeß angewandt lautet diese Einsicht (in These 2):

»Die Frage, ob dem menschlichen Denken gegenständliche Wahrheit zukomme – ist keine Frage der Theorie, sondern eine *praktische* Frage. In der Praxis muß der Mensch die Wahrheit, i. e. Wirklichkeit und Macht, Diesseitigkeit seines Denkens beweisen. Der Streit über die Wirklichkeit oder Nichtwirklichkeit des Denkens – das von der Praxis isoliert ist – ist eine rein *scholastische* Frage«[135].

Die Einführung der Kategorie ›Dialektik‹ ergibt sich notwendig aus dem Materialismus. Über die Materie ist nicht zu verhandeln ohne die Kategorie ›Dialektik‹ und über die Dialektik nicht außerhalb dieses so bestimmten Materialismus. Der Begriff der Dialektik ist deshalb nicht primär wissenschaftslogisch und semantisch ›einzuführen‹, sondern er führt sich bereits im umgangsprachlichen Gebrauch von ›Widerspruch/widersprüchlich/Gegensatz/gegensätzlich‹ selbst ein in den Denkprozeß als Strukturelement eines materiellen Seins, welches unser Denken widerspiegelt. Es bleibt freilich zu unterscheiden, in welcher kategorialen Präzision ›Dialektik‹ im Alltagsbewußtsein, im individuell-gesellschaftlichen Bewußtsein und im Klassenbewußtsein ihre Form findet. Wichtig ist: Die Kategorie ›Dialektik‹ ist keine Projektion des Bewußtseins auf das Sein, sondern ist durch Abstraktion und Synthesis aus dem geschichtlichen Entwicklungsgang primär jener Widersprüche gewonnen, die im gesellschaftlichen Sein des Menschen ihre Wirkung entfaltet haben: der Klassenwidersprüche.

Hegels Theorie hat erstmals die Dialektik als objektive und allgemeine Gesetzmäßigkeit allen Seins systematisiert. Wie alle »Denkbestimmungen [...] objektiven Wert und Existenz haben«[136], so ist auch die Dialektik »nicht *äußeres* Tun eines subjektiven Denkens, sondern die *eigene* Seele des Inhalts«[137]. Die idealistische Begründung der objektiven Allgemeinheit der Dialektik durch die Substantialisierung des ›Begriffs‹ bei Hegel hat der idealistischen Kritik nicht standgehalten, und so geriet in Vergessenheit, was zu bewahren war. Nur in der materialistischen Dialektik wurde gerettet, was zu retten war (nicht mehr und nicht weniger):

»Es ist also die Geschichte der Natur wie der menschlichen Gesellschaft, aus der die Gesetze der Dialektik abstrahiert werden. Sie sind eben nichts anderes als die allgemeinsten Gesetze dieser beiden Phasen der geschichtlichen Entwicklung, sowie des Denkens selbst«[138].

135 *MEW* 3, 5-7.
136 G. W. F. Hegel, *Wissenschaft der Logik.* 3 Bd., Leipzig 1951. I. Teil, 32.
137 G. W. F. Hegel, *Grundlinien der Philosophie des Rechts.* Hg. v. J. Hoffmeister, Hamburg 1955, 47.
138 *MEW* 20, 348.

Das dialektische Gesetz weist also – ebenso wie die Materialität des Seins – auf zwei unterscheidbare Prozeßfaktoren, durch die es sich bildet: 1. auf die Bewegung und den Widerspruch als ontologische Faktoren und 2. auf die bewußte Widerspiegelung als historisch-logischen Faktor; beide zusammen konstituieren, was im Begriff ›Dialektik/dialektisches Gesetz‹ bestimmbar wird. A. Gedö's Warnung ist deshalb wichtig und zu befolgen:

»Die Versuche eines *linearen* Aufbaus der Gesetze (und Kategorien) des dialektischen Materialismus werden unvermeidlich scheitern: die Gesetze (und Kategorien) bilden Kreise und Kreise von Kreisen, Spirallinien nicht nur in der Geschichte der Philosophie, sondern auch in ihrer theoretischen Struktur; dies erscheint auch darin, daß die *Kategorie des philosophischen Gesetzes* den Inhalt der *philosophischen Gesetze* in konzentrierter Form in sich enthält, beziehungsweise voraussetzt.
Die *spezifische* Allgemeinheit der Gesetze der materialistischen Dialektik ist nicht durch einen quantitativ höheren Grad der Extensität in Bezug auf die Natur gekennzeichnet; das dialektisch materialistische Gesetz stellt einen *eigenartigen Typus* der gedanklichen Allgemeinheit dar, in dem sich die *gemeinsamen* allgemeinen Bewegungsgesetze der Natur, der Gesellschaft und der Erkenntnis, sowie die Gesetze ihrer gegenseitigen Zusammenhänge widerspiegeln. [...] Das erkenntnistheoretisch-logische Moment ist auch in den philosophischen Gesetzen (und Kategorien) enthalten, die sich vor allem auf die objektive Realität beziehen, und die objektiv-reale Beziehung ist auch dort anwesend, wo die philosophischen Gesetze die Notwendigkeiten der Erkenntnis und des Denkens widerspiegeln« (Gedö: (121a), 232).

Zum dialektisch-materialistischen Gesetzes-Begriff ist eindeutig festzuhalten: »Der dialektische Materialismus lehnt jede Art der *Fetischisierung* der Gesetze ab. Diese Fetischisierung besteht darin, daß man die Gesetze als irgendwelche selbständigen Kräfte ansieht, die von sich aus die Prozesse bewirken. Die Gesetze existieren indessen nicht für sich, stellen nichts Selbständiges dar, sondern sind ein Ausdruck der Wechselwirkung der Dinge und ihrer inneren Elemente. Die Fetischisierung der Gesetze zeigt sich auch darin, daß man sie als eine Art unerbittlich wirkende Macht ansieht, wodurch letzten Endes die menschliche Tätigkeit in Fesseln geschlagen würde. [...] Die Erkenntnis der Gesetze ermöglicht ein zweckmäßiges, folgerichtiges Handeln und Einwirken auf die Natur«. Gesetze

also sind keine *gegen* die Praxis der Subjekte und deren Bewußtsein auszuspielende Substanz-Automaten; Gesetze sind: »wesentliche, notwendige und allgemeine, relativ beständige, sich unter gleichen Bedingungen wiederholende Zusammenhänge, Wechselwirkungen, Bewegungs- und Entwicklungsprozesse der materiellen Welt« (Gropp: (122), 55; 53).
Die Ontologie und die Logik der materialistischen Dialektik fordern eine Totalitätsperspektive von subjektiver und objektiver Dialektik. Diese Perspektive ist im immer wieder mißverstandenen und auch im Marxismus oft unangemessen zitierten Satz von Engels nicht aufgegeben:

»Die Dialektik, die sog. *objektive,* herrscht in der ganzen Natur, und die sog. subjektive Dialektik, das dialektische Denken, ist nur Reflex der in der Natur sich überall geltend machenden Bewegung in Gegensätzen, die durch ihren fortwährenden Widerstreit und ihr schließliches Aufgehen ineinander, resp. in höhere Formen, eben das Leben der Natur bedingen«.

Der vermeintliche Naturalismus des Engelsschen Dialektik-Modells löst sich als das auf, was er wirklich ist, sobald man den inkriminierten Satz im Kontext liest; denn gerade in der *Dialektik der Natur* wird die ›Dialektik‹ als »Wissenschaft von den Zusammenhängen« entwickelt[139] oder – mit der Formulierung des *Anti-Dühring* – als »die Wissenschaft von den allgemeinen Bewegungs- und Entwicklungsgesetzen der Natur, der Menschengesellschaft und des Denkens«[140]. Es ist die Funktion der Engelschen Unterscheidung – und nicht Trennung – von subjektiver und objektiver Dialektik, den materialistischen Grundsatz vom Primat der Materie, der materiellen Prozesse in Natur *und* Gesellschaft, vor dem gesellschaftlichen Bewußtsein für die ›Dialektik‹ zu formulieren. Der Natur-Begriff dieser ›Dialektik‹-Definition schließt ein, daß für den Menschen als das Subjekt der Widerspiegelung der Objektivität – die Objektivität des materiellen Seins immer schon gesellschaftlich

139 *MEW* 20, 481; 348.
140 *MEW* 20, 131/132. Gerade dies ist das Wesentliche: die materialistische Dialektik ist *Prozeßtheorie,* und Ontologie ist sie niemals außerhalb der Theorie der gesellschaftlichen *Praxis* und der dialektischen Logik. vgl. Lenin, *LW* 19, 4/5: »die *Dialektik,* d. h. die Lehre von der Entwicklung in ihrer vollständigsten, tiefstgehenden und von Einseitigkeit freiesten Gestalt, die Lehre von der Relativität des menschlichen Wissens, das uns eine Widerspiegelung der [. . .] Materie gibt«.

vermittelt ist im Prozeß der *Arbeit*. Das Bewußtsein der Subjekte unterliegt den dialektischen Gesetzen der gesellschaftlich durch Arbeit vermittelten Objektivität: dies und nichts anderes besagt Engels' Definition. Die materialistische Dialektik kann die Totalität von Natur und Gesellschaft, Objektivität und Subjektivität, materieller und ideeller Produktion nicht ohne Einbuße ihres materialistischen und dialektischen Charakters dementieren. Alles andere als dieses Dementi ist Engels Aussage in der *Dialektik der Natur*:

»Es ist also die Geschichte der Natur wie der menschlichen Gesellschaft, aus der die Gesetze der Dialektik abstrahiert werden [...]. Und zwar reduzieren sie sich der Hauptsache nach auf drei:
das Gesetz des Umschlagens von Quantität in Qualität und umgekehrt;
das Gesetz von der Durchdringung der Gegensätze;
das Gesetz von der Negation der Negation«.
Bei diesen Gesetzen handelt es sich um die materialistische Umstülpung Hegelscher Dialektik-Elemente, von Hegel freilich »in seiner idealistischen Weise als bloße *Denk*gesetze entwickelt. [...] Der Fehler liegt darin, daß diese Gesetze als Denkgesetze der Natur und Geschichte aufoktroyiert, nicht aus ihnen abgeleitet werden. Daraus entsteht dann die ganze gezwungene und oft haarsträubende Konstruktion: Die Welt, mag sie wollen oder nicht, soll sich nach einem Gedankensystem einrichten, das selbst wieder nur das Produkt einer bestimmten Entwicklungsstufe des menschlichen Denkens ist. Kehren wir die Sache um, so wird alles einfach und die der idealistischen Philosophie äußerst geheimnisvoll aussehenden dialektischen Gesetze werden sofort einfach und sonnenklar«[141].

Bei der Lektüre der Hegelschen *Wissenschaft der Logik* hat sich Lenin der Grundsätze der Dialektik immer wieder vergewissert:
»*Dialektik* ist die Lehre, wie die *Gegensätze identisch* sein können und es sind (wie sie es werden) – unter welchen Bedingungen sie identisch sind, indem sie sich ineinander verwandeln –, warum der menschliche Verstand diese Gegensätze nicht als tote, erstarrte, sondern als lebendige, bedingte, bewegliche, sich ineinander verwandelnde auffassen soll«.
Unter der Randbemerkung im Hegelschen Text *Die Elemente der Dialektik* führt Lenin aus:

141 *MEW* 20, 348. Vgl. A. Griese, *Philosophischer Gesetzesbegriff und dialektisch-materialistische Entwicklungstheorie.* In: *DZP* 19 (1971), 1181-1191.

»Dies sind allem Anschein nach die Elemente der Dialektik. Man kann sich diese Elemente detaillierter wohl so vorstellen:

1) Die *Objektivität* der Betrachtung (nicht Beispiele, nicht Abschweifungen, sondern das Ding an sich selbst).

2) die ganze Totalität der mannigfaltigen *Beziehungen* dieses Dinges zu den anderen.

3) die *Entwicklung* dieses Dinges (resp. der Erscheinung), seine eigene Bewegung, sein eigenes Leben.

4) die innerlich widersprechenden *Tendenzen* (und Seiten) in diesem Ding.

5) das Ding (die Erscheinung etc.) als Summe *und Einheit der Gegensätze.*

6) *Kampf* resp. Entfaltung dieser Gegensätze, der widersprechenden Bestrebungen etc.

7) Vereinigung von Analyse und Synthese – das Zerlegen in einzelne Teile und die Gesamtheit, die Summierung dieser Teile.

8) die Beziehungen jedes Dinges (jeder Erscheinung etc.) sind nicht nur mannigfaltig, sondern allgemein, universell. Jedes Ding (Erscheinung, Prozeß etc.) ist mit *jedem* verbunden.

9) Nicht nur Einheit der Gegensätze, sondern *Übergänge jeder* Bestimmung, Qualität, Eigenheit, Seite, Eigenschaft in *jede* andere (in ihren Gegensatz?).

10) unendlicher Prozeß der Erschließung *neuer* Seiten, Beziehungen etc.

11) unendlicher Prozeß der Vertiefung der Erkenntnis des Dinges, der Erscheinungen, Prozesse usw. durch den Menschen, von den Erscheinungen zum Wesen und vom weniger tiefen zum tieferen Wesen.

12) vom Nebeneinander zur Kausalität und von der einen Form des Zusammenhangs und der wechselseitigen Abhängigkeit zu einer anderen, tieferen, allgemeineren.

13) die Wiederholung bestimmter Züge, Eigenschaften etc. eines niederen Stadiums in einem höheren und

14) die scheinbare Rückkehr zum Alten
(Negation der Negation)

15) Kampf des Inhalts mit der Form und umgekehrt. Abwerfen der Form, Umgestaltung des Inhalts.

16) Übergang der Quantität in die Qualität und *vice versa.* (15 und 16 sind *Beispiele* von 9)

Die Dialektik kann kurz als die Lehre von der Einheit der Gegensätze bestimmt werden. Damit wird der Kern der Dialektik erfaßt sein, aber das muß erläutert und weiter entwickelt werden«[142].

142 LW 38, 99; 212-214.

Hinter diesem entwickelten Programm einer dialektischen Logik, einer logisch eingesetzten Dialektik, sind viele marxistische Detailierungen der Dialektik zurückgeblieben; mechanische Vereinfachungen waren die Folge. Ein Beispiel ist der Entwurf einer *Dialektischen Logik* durch den ungarischen Marxisten B. Fogarasi:

»*Objektive Dialektik:* Dialektik der Naturvorgänge und der gesellschaftlichen Vorgänge.
Subjektive Dialektik: Widerspiegelung der objektiven Dialektik im Denken, dialektisches Denken.
Dialektik als Wissenschaft: die Wissenschaft von den universellen Zusammenhängen, von den Gesetzen aller Bewegungsformen.
Dialektische Logik: die mittels der dialektischen Methode ausgearbeitete Wissenschaft von den Gesetzen der Denkformen und des Denkens« (Fogarasi: (232), 25).

Diese Einteilung muß erhebliche Bedenken provozieren. Die Subsumption der ›gesellschaftlichen Vorgänge‹ unter ›objektive Dialektik‹ im Unterschied (oder Gegensatz?) zum ›dialektischen Denken‹ als bloßem Ausdruck – und mehr kann ›Widerspiegelung‹ in diesem Konzept nicht meinen – der ›objektiven‹ sozialen Bewegungen auf subjektiver Ebene huldigt der in den frühen 50er Jahren gängigen mechanistischen Revision der ›Dialektik‹ und ist nicht vertretbar. Aber auch gegenwärtig sind selbst stärker differenzierungsgeneigte marxistische Ansätze nicht frei von mechanistischen Tendenzen und können nicht überzeugen. Als Beispiel sei G. Klaus' unter dem Titel *Moderne Logik* vorliegender *Abriß der formalen Logik* (1965) zitiert:

»Das System der marxistisch-leninistischen Philosophie kann in seinen allgemeinen Zügen wie folgt charakterisiert werden: Die materialistische Dialektik als Lehre von den allgemeinsten Bewegungsgesetzen der Natur, der Gesellschaft, des Denkens ist die Oberdisziplin. Ihr untergliedern sich die objektive Dialektik, d. h. die Lehre von den bewußtseinsunabhängigen allgemeinen Gesetzen der Natur und der Gesellschaft, und die subjektive Dialektik, die die gedankliche Abbildung der ersteren ist. Zwischen beiden vermittelt die Erkenntnistheorie als Lehre von der Art und Weise der Abbilung der objektiven auf die subjektive Dialektik. Die subjektive Dialektik gliedert sich nun in formale Logik und dialektische Logik.

Gewiß tut jede Klassifikation dem dialektischen Prozeß und der Prozeßkategorie ›Dialektik‹ Gewalt an; und gewiß ver-

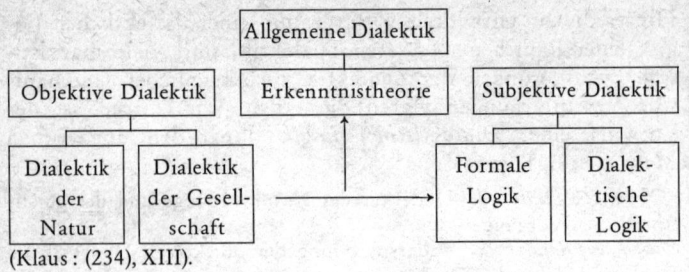

(Klaus: (234), XIII).

sucht G. Klaus eine Vermittlung zwischen subjektiver und objektiver Dialektik. Die Inkonsequenz seines Versuchs, der letztlich wider Willen das Leninsche Widerspiegelungstheorem als Modell der dialektischen Einheit von Reflex *und* Antizipation, Determination und Schöpfertum aufs Spiel setzen muß, liegt in folgendem: die Theorie der Erkenntnis (als Organ der Vermittlung) aus dem Bereich der subjektiven Dialektik, aus dem Bereich des dialektischen Denkens auszuklammern und sie ›zwischen die Stühle‹ von Objektivität und Subjektivität zu setzen, kann nur bedeuten, die spezifischen Gesetze der sozialen Genesis wie auch der individuell-gesellschaftlichen psychologischen Struktur der Denkkategorien für die *Theorie* vom Denken, für die Erkenntnistheorie, zu leugnen; dies ist ein Paradox innerhalb der materialistischen Dialektik. Diese Tendenz zur Verobjektivierung der Theorie gegenüber dem ideologischen Charakter ihrer Gegenstände scheint so bedenklich wie erklärbar: wer die Dialektik von Sein und Bewußtsein in einem eindimensionalen Kausalitätsprinzip verkümmern läßt, und wer die Wechselwirkung zwischen Sein und Erkenntnis ohne Berücksichtigung des Praxis-Kriteriums der Erkenntnis reduziert auf die einseitige Bedingtheit der Erkenntnis durch ein substantialistisch definiertes gesellschaftliches Sein, der muß angesichts der drohenden – ex definitione drohenden – Möglichkeit der Widerspiegelung vergegenständlichter sozialer Verhältnisse durch ein ›falsches‹ vergegenständlichtes Bewußtsein zumindest die *Theorie* aus dem Kausalnexus befreien, um ihren Wissenschafts- und Wahrheitsanspruch aufrechterhalten

zu können. In der Konsequenz der Klausschen Einschaltung
einer Vermittlungsinstanz zwischen subjektiver und objektiver
Dialektik hätte gelegen: 1. die primär *klassifikatorische* Bedeutung der Unterscheidung ›subjektiv/objektiv‹ zu betonen und
zu dementieren, es gebe zwei *wirklich* getrennte Seinsbereiche
und Geltungsbereiche der Dialektik; 2. die Vermittlungsfunk-
tion entweder der materialistischen Dialektik als *System der
allgemeinen Gesetze* zu übertragen oder aber, wenn schon der
Erkenntnis*theorie*, die Funktion dieser Theorie einzig und allein aus dem Begriff des ›richtigen‹ Bewußtseins und aus der
Perspektive der objektiven Wahrheit der Erkenntnis zu begründen; denn allein die objektiv richtige Widerspiegelung ist
befähigt, objektive gesellschaftliche Prozesse und die individuell-gesellschaftliche personale Existenz zu vermitteln.
Zwischen subjektiver und objektiver Dialektik innerhalb der
einen geschlossenen Prozeßtheorie ›Dialektik‹ zu unterscheiden,
ist sinnvoll; die Unterscheidung hat zwei Funktionen: sie hat
1) eine Bedeutung für die Begründung und Erklärung der objektiven Erkennbarkeit der Wirklichkeit, des Geltungsbereichs
der ›objektiven Dialektik‹, durch das menschliche subjektive
Denken, das nicht etwa nur Symbole oder Metaphern oder
Analogien des objektiven Seins konstruiert, sondern unter bestimmten Bedingungen das materielle Sein objektiv richtig widerspiegelt; diese Widerspiegelung findet statt im Subjekt- Bereich des Prozesses der Höherentwicklung der materiellen Objektivität; die subjektive Widerspiegelung ist dialektisch nach
Maßgabe der Realdialektik zwischen Natur und Gesellschaft,
d. h. nach Maßgabe der Dialektik der Arbeit; diese Auffassung
schließt aus, der subjektiven Dialektik eine reine Imitations-
rolle zuzuschreiben; das dialektische Denken ist eine integrie-
rende Kraft der Negation und der Synthese innerhalb der materiellen Prozeß-Dialektik selbst. Sie hat 2) eine Bedeutung
für die Erklärung der *revolutionären, praktischen* Funktion
der ›Dialektik‹: »Das Entscheidende im Marxismus [...] [ist]
seine revolutionäre Dialektik«[143].
Die richtige Antwort auf die »große Grundfrage aller, speziell neueren Philosophie, [...] die nach dem Verhältnis von
Denken und Sein«[144], findet sich nicht allein in der Theorie;

143 *LW* 33, 462.
144 *MEW* 21, 274.

es handelt sich um eine praktische Frage. Die Antwort der materialistischen Dialektik hebt an mit der Feststellung: »Wir leben nicht nur in der Natur, sondern auch in der menschlichen Gesellschaft, und auch diese hat ihre Entwicklungsgeschichte und ihre Wissenschaft nicht minder als die Natur. Es handelt sich also darum, die Wissenschaft von der Gesellschaft, d. h. den Inbegriff der sogenannten historischen und philosophischen Wissenschaften, mit der materialistischen Grundlage in Einklang zu bringen und auf ihr zu rekonstruieren«[145]. In diesem Zusammenhang wird eindeutig, worin die wirkliche Bedeutung der Differenzierung ›subjektive/objektive Dialektik‹ eigentlich liegt. Diese Unterscheidung dient nicht der mechanistischen Abhängigkeitserklärung des subjektiven Faktors von den Gesetzen der objektiven Realität. Sie dient vielmehr gerade der philosophischen, ›dialektischen‹ Begründung der Freiheit des Menschen, die zu erringen und zu erhalten es der Einsicht in die Gesetze der Dialektik zwischen Sein und Bewußtsein, zwischen Natur und Praxis, zwischen Bewußtseinsdetermination und materiell-praktischem Schöpfertum bedarf. ›Subjektive Dialektik‹ und ›objektive Dialektik‹ kennzeichnen »zwei Reihen von Gesetzen, die der Sache nach identisch, dem Ausdruck nach aber insofern verschieden sind, als der menschliche Kopf sie mit Bewußtsein anwenden kann, während sie in der Natur und bis jetzt auch großenteils in der Menschengeschichte sich in unbewußter Weise, in der Form der äußern Notwendigkeit, inmitten einer endlosen Reihe scheinbarer Zufälligkeiten durchsetzen«[146]. Bei der Unterscheidung der Elemente im dialektischen Prozeß geht es also um die Erkenntnis und bewußte Anwendung der Gesetze in Natur und Gesellschaft, die ›der Sache nach identisch‹ sind. Gesetze der Gesellschaft: – hier handelt es sich um eine Gesellschaft, in deren klassenantagonistischer Wirklichkeit sich die Gesetze der Produktion und Reproduktion des Lebens ›bis jetzt‹, d. h. bis in die kapitalistische ökonomische Gesellschaftsformation, ›in unbewußter Weise‹ und in ›scheinbar‹ naturwüchsiger Form durchsetzen konnten. Um nichts anderes als um die Erkenntnis der ›scheinbaren‹ Naturgesetzlichkeit und um nichts anderes als um die bewußte Planbarkeit und Machbarkeit einer genuin

145 *MEW* 21, 280/281.
146 *MEW* 21, 292/293.

menschlichen Wirklichkeit geht es. Der ›menschliche Kopf‹ soll
endlich mit Bewußtsein die Gesetze der objektiven Dialektik
anwenden.

Die dialektisch-materialistische Erkenntnis der Geltung der
Natur- und gesellschaftlichen Dialektik setzt die ganze Geschichte der menschlichen materiellen und geistigen Naturaneignung voraus. Das dialektische Denken ist die subjektive
Form, in welcher sich – durch die akkumulierte Geschichtlichkeit des Bewußtseins bedingt – nicht nur die materielle Genesis
der Objektivität widerspiegelt, sondern in der sich zugleich
auch alle historischen, vergangenen Formen der Widerspiegelung bewußt oder unbewußt repräsentieren. Die Kategorien
der subjektiven Dialektik sind die individuell angewandten
Kategorien der Subjekt-Objekt-Dialektik der Arbeit; sie sind
Kategorien des wirklichen Subjekts der Arbeit, der Gesellschaft und ihrer Klassen: »Der Mensch steht vor einem *Netz*
von Naturerscheinungen. Der instinktive Mensch, der Wilde,
hebt sich nicht aus der Natur heraus. Der bewußte Mensch
hebt sich heraus, die Kategorien sind Stufen des Heraushebens,
d. h. der Erkenntnis der Welt, Knotenpunkte in dem Netz, die
helfen, es zu erkennen und es sich zu eigen zu machen«[147]. Erst
die ›Dialektik‹, welche zwischen Subjekt und Objekt nicht radikal trennt, sondern zwischen beiden als Elementen *eines*
Prozesses zu unterscheiden weiß, ist der Definition des Bewußtseins als bewußten Seins ein gutes Stück nahegekommen. Sie
ist die Grundbedingung jener bewußten Aneignung der Objektivität, die sich bis in den Kapitalismus vor der Barriere der
subjektfremden, vergegenständlichten Naturhaftigkeit zerstören lassen mußte. Lenin rechnet das subjektive dialektische
Denken, die Erkenntnis, zu den »Formen des *objektiven* Prozesses«[148], denn »die Tätigkeit des Menschen, der sich ein objektives Weltbild gemacht hat, *verändert* die äußere Wirklichkeit, hebt ihre Bestimmtheit auf [...] und nimmt ihr auf diese
Weise die Züge des Scheins, der Äußerlichkeit und Nichtigkeit,
macht sie zur an und für sich seienden = objektiv wahren«[149].
Dies ist der rationelle Kern der These, die subjektive Dialektik
sei eine Widerspiegelung der objektiven.

147 *LW* 38, 85.
148 *LW* 38, 178.
149 *LW* 38, 209.

Die Spezifik der Subjekt-Objekt-Beziehung im dialektischen Prozeß ist richtig erfaßt, erkennt man diese »als dasjenige dialektische Prinzip im gesellschaftlichen Prozeß, in dem alle Momente sich zur dialektischen Ganzheit zusammenfassen«; d. h. als eine »Beziehung, in der die *subjektive Tätigkeit ebenso Bedingung für das Entstehen der objektivgesetzlichen Gegebenheiten ist, wie auch umgekehrt die objektive Gesetzlichkeit Bedingung für die subjektive Tätigkeit*« (Kofler: (126), 120/121).

Die Unterscheidung ›subjektive/objektive Dialektik‹ ist erst – und konnte erst – theoretisch formuliert werden, als sich *praktisch* die konkrete Möglichkeit abzeichnete, die Gesetze der objektiven materiellen, sozio-ökonomischen Lebensverhältnisse bewußt und subjektiv, d. h. durch ein bewußtes Subjekt, anzuwenden. Die materialistische Dialektik wurde nicht spontan ›erfunden‹; sie ist Ausdruck einer neuen Bewußtseinsqualität einer neuen Klasse; sie ist das Subjekt-Bewußtsein des Proletariats, das als Herrschaftsobjekt der bürgerlichen Ökonomie und als benennbare Kraft der Negation die Widersprüche des Kapitalverhältnisses erkannte. Das subjektive dialektische Denken wurde zur objektiven materiellen Gewalt in der politischen Organisation der Arbeiterbewegung. Die materialistische Dialektik hat ein Fazit aus der bisherigen Geschichte der Klassenkämpfe *und* aus der theoretischen Widerspiegelung der Klassenkämpfe gezogen: aus der Tradition des vordialektischen Materialismus, aus der Tradition der bürgerlichen politischen Ökonomie und aus der Geschichtsphilosophie der europäischen bürgerlichen Revolution. Die materialistische Dialektik ist die systematische Erkenntnis, welche die Tradition der noch nicht freien und noch nicht bewußten Aneignung der Natur, kurz: der noch nicht *subjektiven* gesellschaftlichen Praxis, aufhob. Sie ist entstanden aus dem Zwang der Vergegenständlichung der subjektiven Arbeit in der kapitalistischen Warenproduktion; sie ist entstanden aus der praktischen proletarischen Negation der Vergegenständlichung auch des Bewußtseins; sie ist entstanden aus der Zerstörung des Scheins der Naturwüchsigkeit ökonomischer Gesetze und aus der Kritik der bürgerlichen Theorien, welche diese ›Naturwüchsigkeit‹ behaupteten. Die materialistische Dialektik widerspiegelt als Theorie und Methode das *Wesen der Realdialektik*: sie ist

»Einheit, Identität der Gegensätze«[150]; in der Form des Widerspruchs, des Gegensatzes und der Negation – und nur in dieser Form – steht sie innerhalb der ›Einheit‹ und der ›Identität‹ des objektiven materiellen gesellschaftlichen Seins, das ihre Matrix war: im Kapitalverhältnis der bürgerlichen Gesellschaft. Das Wesentliche in der Definition der Dialektik als Einheit der Gegensätze ist – Marx hat darauf größten Wert gelegt – das Widerspruchsprinzip; in der Kritik an Mill heißt es: »Wo das ökonomische Verhältnis – also auch die Kategorien, die es ausdrücken – Gegensätze einschließt, Widerspruch und eben die Einheit von Widersprüchen ist, hebt er [Mill] das Moment der *Einheit* der Gegensätze hervor und leugnet die Gegensätze. Er macht die Einheit von Gegensätzen zur unmittelbaren Identität dieser Gegensätze«[151]. Die bloße Zustandsbeschreibung einer Wechselwirkung von Kräften, etwa im gesellschaftlichen Bereich, kann noch nicht als ›dialektische‹ Analyse ausgegeben werden. Zur Dialektik der Wirklichkeit wie zur ›Dialektik‹ als Theorie und Methode gehört unmittelbar die ›Aufhebung‹, die Veränderung in Richtung einer neuen Qualität des Seins bzw. des Bewußtseins. In welcher Weise mit der Kategorie ›dialektisch‹ gegenwärtig Schindluder getrieben wird, ist bekannt; wer ›dialektisch‹ sagt, meint allzuoft, weiterer Erklärungen enthoben zu sein. Die ›Dialektik‹ war – mit einem Aperçu Adornos – »als Mittel, Recht zu behalten, von Anbeginn auch eines zur Herrschaft, formale Technik der Apologie unbekümmert um den Inhalt, dienstbar denen, die zahlen konnten: das Prinzip, stets und mit Erfolg den Spieß umzudrehen. Ihre Wahrheit oder Unwahrheit steht daher nicht bei der Methode als solcher, sondern bei ihrer Intention im historischen Prozeß«[152]. Die Intention der Theorie des Proletariats ist unzweifelhaft. Theoretiker, die für diese Intention Partei nehmen, ha-

---

150 *LW* 38, 246.
151 *MEW* 25, 84.
152 Th. W. Adorno, *Minima Moralia. Reflexionen aus dem beschädigten Leben,* Frankfurt/M. ²1962, 330. Marx, der 1868 J. Dietzgen ankündigte, er werde »eine ›Dialektik‹ schreiben«, wenn er »die ökonomische Last abgeschüttelt« haben werde (*MEW* 32, 547), karikierte den Mißbrauch der ›Dialektik‹ in einer Situation, in der es möglich war, »daß ich mich blamiere. Indes ist dann immer mit einiger Dialektik wieder zu helfen. Ich habe natürlich meine Aufstellungen so gehalten, daß ich im umgekehrten Fall auch recht habe« (*MEW* 29, 160/161).

ben deshalb immer wieder die Einheit von Dialektik und ›Dialektik‹, materieller Gesetzlichkeit und methodischer – durch die Systematik des dialektischen und historischen Materialismus gesicherter – Anwendung, bedacht und betont[153]. Um den Wahrheitsanspruch dieser Methode zu bestreiten, wurde von bürgerlichen Ideologen in immer neuen Variationen versucht, die Theorie und die Methode ›Dialektik‹ von der Realdialektik zu trennen; das gängigste Argument lautet noch heute: Engels habe im Widerspruch zur Marxschen Absicht die Methode überfordert und in seiner Natur-Dialektik ein rein logisches Verfahren ontologisiert, naturalisiert etc. etc.[154]

2.3. Natur, die Dialektik des Natur-Verhältnisses und die ›Dialektik‹ der menschlichen Arbeit
Die materialistische Dialektik ist die Theorie des Prozesses zwischen Mensch und Natur, dessen Manifestationen vorliegen in der Arbeit, den Produktionsweisen und Produkten und –

153 Vgl. Baumann: (115); Chaschačich: (116); Deborin: (117); Eichhorn I: (120); Gropp: (122); Hörz: (123); Klaus: (125); Rosenthal/Schtraks: (134).
154 Die gegenwärtig wohl subtilste, ihre ideologischen Prämissen mit gleicher Subtilität verdeckende Kritik an der materialistischen Dialektik formuliert J. Frese im Artikel *Dialektik* (*Historisches Wörterbuch der Philosophie*. Hg. v. J. Ritter. Band 2: D-F, Basel/Stuttgart 1972, 198–207): »Angesichts der verwirrenden Mißverständnisse, die sich in der Marxliteratur an den D.-Begriff knüpfen«, will er »zunächst ausgrenzen, was D. bei Marx *nicht* ist: a) D. ist *nicht* ›Realdialektik‹, d. h. nicht Wesen und Verlaufsgesetz wirklicher (natürlicher und/oder geschichtlicher) Bewegung(en), auch nicht ›Logik‹ von Produktions-, politischen und iedologischen Prozessen. D. ist vielmehr ›Methode des Bearbeitens‹«. Die Interpretation »vereinzelter metaphorischer Verwendung des Wortes ›Widerspruch‹ zur Kennzeichnung struktureller Konflikte (›Antagonismen‹)« als ›Dialektik‹ hält F. für das »geschichtsontologische Mißverständnis der Marxschen D.«. D. ist nicht: »b) D. ist *nicht* ein Verfahren der *empirischen* Forschung [. . .]. D. ist Darstellungs- und nicht ›Forschungsweise‹. c) D. ist *nicht* eine Methode systematisch-*deduktiver* Darstellung [. . .]. d) D. ist *nicht* eine Darstellungsmethode der Sozial- oder Ideologiehistorie [. . .]. Für die dialektische Darstellung der Kategorien folgt daraus, daß für deren Abfolge historische Gesichtspunkte nicht maßgebend sein können. Engels' Identifizierung dialektischer mit historischer Methode bleibt verfahrenstechnisch folgenlos, wenn er D. interpretiert als ›der historischen Form‹ entkleidestes ›Spiegelbild [. . .] des historischen Verlaufs‹«. Frese sagt, was D. bei Marx ist: »Marx kennt D. nur als Verfahren der Rekonstruktion des kategorialen Systems einer klassenbezogenen Sozialwissenschaft, als Methode der Kritik der politischen Ökonomie, als Form der Ideologiekritik. [. . .] Unterscheid-

nicht zuletzt – den Widerspiegelungsweisen, Erkenntnisformen und Wissensinhalten. Die Kategorie ›Dialektik der Natur‹ stellt eine neue Qualität und eine neue Epoche des menschlichen Naturverhältnisses und der bewußten Widerspiegelung des Naturverhältnisses dar. Die materielle, soziale, ökonomische und politische Voraussetzung dieser Kategorie ist ein Subjekt, welches erstmalig seine Praxis nicht als Offenbarung der Natur selbst auffaßt, sondern als Arbeit an der Natur, als Stoffwechsel mit der Natur. Die kritische Funktion der Kategorie ›Natur-Dialektik‹ entspricht der massenhaften Kritik des Proletariats am Kapitalverhältnis und dessen von den Ideologen des Kapitals behaupteter ›Natürlichkeit‹, ›Naturwüchsigkeit‹ und – dies ist die politisch-ideologische Pointe der Naturtheoreme – ›Ewigkeit‹. Die materialistische ›Dialektik der Natur‹ bestreitet die Unveränderbarkeit des Kapitalismus und seiner Produktionsweise. Zwischen subjektiver und objektiver Dialektik wurde nicht zuletzt deshalb unterschieden, weil anders der gesellschaftlich im Kapitalismus *notwendige Schein* der *Natur*wüchsigkeit historischer Produktionsformen nicht zerstört werden kann. Eine *Identitäts*theorie des Subjekt-Objekt-Verhältnisses käme niemals umhin, den ideologischen Schein für bare Münze zu nehmen; das Bewußtsein von der ›Naturwüchsigkeit‹ müßte mit Natur-*Sein* unmittelbar übereinstimmen. Diese Interpretation der Engelsschen ›Naturdialektik‹ ist völlig uninteressiert an einer ›Rettung‹ eines Klassikers. Sie ist vielmehr notwendig, weil ohne die Kategorien der ›Dialektik‹ der Natur das Sein und das Bewußtsein des Menschen nicht erklärt werden können; die Kategorien der ›Dialektik‹ der Natur sind – wie wenige andere – *Kritik*; die scheinbar um die Wahrung der Subjektivität des Menschen bemühten Revisionen dieser ›Dialektik‹ gefährden nicht nur die Theorie – dies könnte ja verzeihlich und fortschrittlich sein –, sondern die Kritik und sind alle miteinander antirevolutionär[155].

bare ›dialektische‹ Verfahren der Ideologiekritik sind Techniken der Erzeugung charakteristischer a) Satzformen, b) Textstrukturen und c) Systemgefüge«. Verwirrend, aber ein Mißverständnis?
155 Dies gilt auch für jene ›linken‹ Revisionen, denen in der Auseinandersetzung mit ›rechten‹ Vulgär-Mechanismen (von Kautsky bis Stalin und die Folgen) guter Wille gar nicht abzusprechen ist; was nichts daran ändern kann, gegen ihre Falschheit und politischen Konsequenzen zu Felde zu ziehen. Die Urformel der ›linken‹ Revision lautet, die materialistische Dialek-

Der in der ›Dialektik‹ der Natur formulierte Naturbegriff hat drei Dimensionen und drei Konsequenzen:

Dimension A: die Materie ist für den Menschen gegenständlich in der Natur;

Konsequenz A: die Natur ist die von der Erkenntnis des Menschen unabhängig existierende, gleichwohl aber auf Erkennbarkeit hin existierende Form der Materie. Die Kategorie ›Natur‹ ist als Leistung des Bewußtseins ein Indiz der Höherentwicklung der Materie.

Dimension B: die Natur ist als die für den Menschen existente Form der Materie, der Materie nicht mehr nur ›an sich‹, sondern ›für uns‹, immer ein Element des Stoffwechsels, der sich in individuell-gesellschaftlicher Arbeit vollzieht; von der Materie

tik müsse »auf die historisch-soziale Wirklichkeit« beschränkt werden. Das menschliche Natur-Verhältnis wird aus der dialektischen Konstitutionstheorie der Arbeit ausgeschlossen: »Die Mißverständnisse, die aus der Engelsschen Darstellung der Dialektik entstehen, beruhen wesentlich darauf, daß Engels – dem falschen Beispiel Hegels folgend – die dialektische Methode auch auf die Erkenntnis der Natur ausdehnt. Wo doch die entscheidenden Bestimmungen der Dialektik: Wechselwirkung von Subjekt und Objekt, Einheit von Theorie und Praxis, geschichtliche Veränderung des Substrats der Kategorien als Grundlage ihrer Veränderung im Denken etc. in der Naturerkenntnis nicht vorhanden sind« (Lukács: (73), 175). Lukács erliegt hier der idealistischen Fiktion der bürgerlichen Geschichtsphilosophie seit Vico, für den die Natur, weil nicht vom Menschen *gemacht*, auch nicht erkennbar schien, bis hin zur Hegelschen Disqualifikation der Natur als bloßer Form der ›Äußerlichkeit‹ des Geistes; er hat nicht begriffen, daß für die ›Dialektik‹ der Natur‹ die Natur gerade nicht mehr das im Vergleich zur menschlichen Praxis ›Andere‹ ist, sondern Element des Stoffwechsels, aus dem Arbeit erst erwächst. Geradezu ein Kuriosum ist, daß Lukács die Dialektizität selbst noch der ›Erkenntnis‹ der Natur leugnet und nicht allein der Natur als materiellen Seins.

O. Negt hat diesen Lukács-Satz aufgegriffen, um über seine Stalinismus- und Mechanismus-Kritik hinaus ›den‹ Marxismus (›Sowjetphilosophie‹) in Verruf zu bringen: Aus Bucharins Mechanismus »Revolutionen in der Gesellschaft sind dasselbe wie die Sprünge in der Natur« (N. Bucharin, *Theorie des historischen Materialismus*. 1922, 84), der den klassischen französischen Materialismus der ›histoire naturelle‹ des 18. Jh. noch nicht überwunden hat, destilliert Negt in kurzschlüssiger Übertragung den Allgemeinplatz: »Eine qualitativ bestimmte Projektion gesellschaftlicher Verhältnisse auf Naturzusammenhänge findet sich nur in dem einen Punkt, in dem der Legitimationsmangel der nachrevolutionären Gesellschaft unmittelbar berührt wird: im Begriff der Revolution selber, die, weil ihr ein autonomes historisches Subjekt fehlt, in der elementaren Gestalt eines Naturereignisses auftritt« (Negt: (214), 34). Der Petrograder Sowjet und die Rote Armee waren eine Phantasmagorie Lenins. Wer wüßte das nicht?

in der Form der Natur zu sprechen, ist nur sinnvoll für den Menschen als Wesen, das sich durch Arbeit selbst erzeugt;

Konsequenz B: die Kategorien der Naturerkenntnis sind eine Funktion der geschichtlichen gesellschaftlichen Arbeit an der und in der Natur; sie sind historische und gesellschaftliche Kategorien und nicht etwa Kategorien ›der Natur selbst‹.

Dimension C: Natur, über die Erkenntnisse gewonnen werden können, ist immer Natur auf einem spezifischen Stand ihrer geschichtlichen Veränderung durch die menschliche Aneignung, durch die Arbeit; die Aneignung der Natur schlägt in Epochen, in welchen Klassen gegen andere Klassen über die Mittel der Natur als Produktionsmittel monopolistisch gebieten, um in eine neuerliche Beherrschung von Subjekten der Arbeit durch scheinbare ›naturhafte‹ Determinanten in der ökonomischen Produktion;

Konsequenz C: die nur scheinbare ›Natürlichkeit‹ der ökonomischen Produktionsgesetze wird ideologisch widergespiegelt und für wahr gehalten in den Kategorien der Gesellschaftsformationen, in denen Bedürfnisse nicht solidarisch, sondern klassenantagonistisch befriedigt werden und in denen intersubjektive Produktionsverhältnisse als Verhältnisse zwischen Naturgegenständen erscheinen: die Logik der menschlichen Erkenntnis der technisch-industriell bewirtschafteten Natur wird dem Produktionsprozeß selbst angedichtet als ›Logik des Kapitals‹; das dialektische Denken wird vernichtet durch die scheinbar dem ›objektiven‹ (natürlichen) Prozeß immanente Dialektik, unter deren Räder zu kommen das Schicksal des Subjekts zu sein scheint.

In der Perspektive dieser Konsequenz (C) erweist sich die materialistische ›Dialektik‹ der Natur als Anti-Objektivismus: sie reflektiert das Natur-Verhältnis des Menschen nicht, um eine autonome Naturentwicklung zu erträumen, in welcher die Revolution von selbst abrollt; dennoch ist das vulgärsozialistische Mißverständnis der ›Natur-Dialektik‹ auch heute aktuell; um die wirklichen Schwierigkeiten des Klassenkampfs und der Aufhebung eines kapitalistischen Natur-Verhältnisses (eines Verhältnisses in technisch-industrieller Form) zu verharmlosen, schlagen linksmaximalistische Sekten (vor allem sogen. ›Marxisten-Leninisten‹ und deren diverse ›Parteien‹, deren Einigungsmerkmal ist, sich aus Gründen der ›wahren Linie‹ vierteljährlich zu spalten) Kapital aus der vermeintlichen ›Selbst-negation des Kapitals‹, der gegenüber Klasse, Klassenbewußt-sein und Parteiorganisation bestenfalls noch ›Medien‹ sind, in denen die ›Logik des Kapitals‹ sich schon – einmal – durch-setzen wird.

Die Dimensionen und Konsequenzen des dialektischen und ma-terialistischen Naturbegriffs wurden von Marx, Engels, Lenin und in der Weiterentwicklung ihrer Theorie ausgelotet. Sie aufzudecken, ist von größter Wichtigkeit für die dialektische Erkenntnistheorie und für eine materialistische Hermeneutik: die umgangssprachlichen und wissenschaftssprachlichen Natur-kategorien und die literarischen/künstlerischen Natur-Begriffe, -analogien, -metaphern und -allegorien können erst als be-gründete Widerspiegelungsformen erkannt und verstanden werden, wenn sie als ideelle Formen der menschlichen Selbst-erzeugung durch die Arbeit an/in der Natur entdeckt werden. Dabei sticht ins Auge, daß der marxistisch-leninistische Natur-begriff ein Beleg für die Marxsche Prämisse ist, daß erst aus der Analyse der wirklichen, gegenwärtigen, auf dem Niveau der Geschichte stehenden Kategorien und erst aus der Kritik des gegenwärtigen Kategoriengebrauchs sich Erkenntnisse ein-stellen, die auch die materiellen und ideologischen Strukturen der Vergangenheit enträtseln. Von der Natur ist immer die Re-de im Kontext der Politischen Ökonomie des Kapitalismus bzw. im Kontext der modernen bürgerlich-gesellschaftlichen Naturwissenschaften; nirgend wird aber von einer ›Natur-an-sich‹ fabuliert.

Das Wesentliche in der materialistischen ›Dialektik‹ der Natur besteht darin, daß die Frage nach dem Verhältnis von Natur und Geschichte sich nicht mehr als *Alternative* stellt; die »Fra-ge, ob die Dialektik nur ein Gesetz der Geschichte ist oder auch ein Gesetz der Natur«[156], ist gewiß nicht von vornherein be-

---

156 Diese Frage beherrschte eine folgenreiche Kontroverse zwischen Marxis-mus und französischem Existentialismus im Jahre 1961. (Existentialismus und Marxismus. Eine Kontroverse zwischen Sartre, Garaudy, Hyppolite, Vigier und Orcel. Mit einem Beitrag v. A. Schmidt. Frankfurt/M. 1965); Antworten waren:
Orcel: »die Geschichte der Natur und die Geschichte der Menschen sind nur Momente einer einzigen Geschichte. [. . .] Es gibt [. . .] eine wirkliche und objektive Geschichte aller Aspekte, aller Daseinsweisen der Materie« (12).
Sartre: bei der Übertragung der Geschichtsdialektik auf die der Natur geht

deutungslos; nur: kann diese Frage mehr ergeben, als was als Antwort vorliegt? Die materialistische Dialektik erkennt die Fragestellung als Alternative nicht mehr an und dies aus guten Gründen:

»Durch Produktion verändert der Mensch die Natur, wirkt aktiv auf sie ein. Und in der Arbeit macht er sich ein Bild von ihr: das Bild einer durch Arbeit veränderten Umwelt, widergespiegelt in einem sich ebenfalls durch Arbeit verändernden Gehirn. So bestimmt die menschliche Arbeit das jeweilige Naturbild des Menschen. Die grundlegende praktische Tätigkeit des Menschen, das ist die materielle Produktionspraxis: die gesellschaftliche Erzeugung materieller Güter durch Anwendung selbstgeschaffener Arbeitsmittel. [...] Je

es nur um ein Prinzip: »das erkenntnistheoretische Prinzip der Wissenseinheit«; D. d. N. heißt, »daß der Mensch in den Grenzen der Natur und die Dialektik seiner Geschichte selbst durch die Totalität der Naturtatsachen bedingt ist« (23); Marx aber habe gewußt, »daß die Natur nie an sich erfaßt wird. Sie wird durch die Produktionsprozesse hindurch erkannt, die Institutionen hervorbringen. Und diese verleihen dem Wirken der Natur [...] eine Rolle« (24); für Sartre bedeutet das: »die menschliche Dialektik genügt sich selbst« (26); weil nicht die Natur, sondern nur die gesellschaftlich produzierte Geschichte eine ›Totalität‹ sei, gelte: »die Dialektik ist nichts anderes als die Praxis. Während sie das Ganze ist, indem sie sich hervorbringt und erhält, kann sie zugleich eine Logik des Handelns genannt werden« (30); die D. d. N. ist nur eine *Analogie* des Denkens: »Sobald man diese Welt und das der Geschichte Vorausgehende verläßt, was bleibt dann übrig? Analogien. Die Totalität der Natur ist eine Analogie« (37/38). *Garaudy:* »Wenn wir von Dialektik der Natur sprechen, so ist das keine willkürliche Extrapolation, wir verkennen auch die Besonderheit der Ebenen nicht. Die Dialektik ist nicht so in der Natur, wie sie in unserem Denken ist. Dies zu behaupten wäre eine theologische, zumindest hegelianische Auffassung, weil sie die Existenz eines absoluten Geistes in der Natur setzte. Wenn man sagt, daß es eine Dialektik der Natur gibt, so soll das heißen: die Struktur und die Bewegung der Realität sind so beschaffen, daß allein ein dialektisches Denken uns die Erscheinungen erkennbar und praktikabel macht. Fassen wir zusammen: es gibt ein materielles An-sich (vor uns und außer uns); es hat (ebenfalls vor uns und außer uns) eine Struktur; die Wissenschaften beweisen uns, daß diese Struktur dialektisch ist« (48). *Hyppolite:* »Hat es nicht schwerwiegende Folgen, wenn man [...] die Natur historisiert und die Geschichte naturalisiert? [...] Nur in der Erfahrung der Geschichte zeigt sich die Negation, ist eine Negation der Negation durch ein totalisierendes Projekt möglich« (58); »Die historische Dialektik, die gelebte Existenz ist an einer natürlichen Entwicklung oder einem Schema nicht meßbar, obgleich sie an der Natur teilhat in der Praxis« (60). *Vigier:* »der historische Materialismus kann nur in dem allgemeinen Rahmen der Dialektik der Natur wirklich seine Geltung erlangen« (65).

umfassender Produktionspraxis und allgemeine gesellschaftliche Praxis sind, desto umfassender vermag auch das Naturbild zu sein«[157].

Prinzipieller und noch deutlicher erfaßt jener Engelssche Satz die *Praxis-Bedeutung* der ›Dialektik‹ der Natur, der sich gegen die behauptete Ausschließlichkeit von Freiheit und Notwendigkeit (Determination) richtet:

»Nicht in der geträumten Unabhängigkeit von den Naturgesetzen liegt die Freiheit, sondern in der Erkenntnis dieser Gesetze, und in der damit gegebenen Möglichkeit, sie planmäßig zu bestimmten Zwekken wirken zu lassen«[158].

Die Anerkennung der Gesetze der Dialektik im Feld der Natur verdammt nicht den Menschen, sein Bewußtsein und seine Subjektivität zur Bewußtlosigkeit einer Marionette; es ist vielmehr die Bewußtlosigkeit des bisherigen Geschichtsverlaufs das Ergebnis der anthropozentrischen, der Illusion einer absoluten menschlichen Produktionsautonomie verfallenen Natur-Blindheit; diese Blindheit verbindet sich mit dem Versuch, als ›natürlich‹ auszugeben, was historisch ist: der Anthropozentrismus ist nicht wider Willen, sondern zugunsten der kapitalistischen Produktionsweise der Neuzeit entstanden, deren Natur-Wissenschaften nicht zufällig immer stärker von den historischen, ›humanistischen‹ Geisteswissenschaften abgesondert wurden. Daß heute gerade in den kapitalistischen, technisch-industriellen Metropolen die Natur als ›Umwelt‹ wiederentdeckt wird, braucht niemanden zu verwundern und sollte niemanden zum Optimismus verführen, hier bahne sich ein neues Erkennen der Dialektik zwischen Mensch und Natur an; der kapitalistische profitorientierte Raubbau an den Naturgrundlagen der Produktion ist auf eine Grenze gestoßen, die zu mißachten der Profitmaximierung widerspräche; die Lösung der ›Umweltschutz-Frage‹ erinnert an die ›Lösung der sozialen Frage‹ im 19. Jahrhundert, bei welcher es darum ging, die menschlichen Ressourcen der Produktion nicht in einem Maße verelenden zu lassen, das die Reproduktion der Ware ›Arbeitskraft‹ lahmgelegt hätte. Gleichwohl darf die Chance nicht vertan werden, die in der Furcht vor der ›Rache‹ der Natur liegt: poli-

157 W. Hollitscher, *Die Natur im Weltbild der Wissenschaft.* Bearb., 3. Aufl., Wien 1965, 14.
158 *MEW* 20, 22. Vgl. Hörz: (123).

tisch zu sagen, wer in wessen Interesse den Stoffwechsel zwischen Mensch und Natur ideologisch verleugnete und ökonomisch pervertierte. Die marxistisch-leninistische ›Dialektik der Natur‹ ist ein wichtiges Mittel, das gegenwärtige Erschrekken in Erkenntnis und praktische Veränderung überzuleiten.

Die ›Dialektik der Natur‹ muß unaufhörlich die wissenschaftliche Frage als praktisches, jeden angehendes Problem formulieren: kann der Mensch seine Geschichte als seine eigene Tat (und Untat) begreifen, wenn er sie nicht als Geschichte der Arbeit in und an der Natur versteht? Gibt es eine menschliche Geschichte, die außerhalb der Naturgeschichte stattfindet? Und: gibt es eine Naturgeschichte, die außerhalb der menschlichen Arbeitsgeschichte stattfindet?

Die Marxsche Natur-Auffassung hat sich, dies zeigt das ganze Werk, in dem Maße gewandelt und präzisiert, wie sich die Begriffe von der Geschichte als dem Feld der Produktion und Reproduktion des menschlichen Lebens konkretisiert haben. Mit Engels war er der einzige, der »aus der deutschen idealistischen Philosophie die bewußte Dialektik in die materialistische Auffassung der Natur und Geschichte hinübergerettet« hatte[159]. Das wohl wichtigste Kennzeichen dieser ›bewußten Dialektik‹ ist, daß sie zwar nachdrücklich über Natur nicht ohne die Kategorie ›menschliche Arbeit/Geschichte‹ und über Geschichte nicht ohne Berücksichtigung der ›Natur‹ verhandelt; ein idealistischer Rückfall hinter der *Realdialektik* der Natur ist aber das Habermassche Mißverständnis, für den ›jungen‹ Marx sei »Dialektik wesentlich historisch, und eine Dialektik der Natur, unabhängig von gesellschaftlichen Bewegungen, überhaupt undenkbar« gewesen: »Die Natur hatte nur Geschichte in bezug auf den Menschen, der Mensch nur in bezug auf die Natur. [...] Engels degradiert dagegen die Dialektik der Geschichte zu einer Disziplin neben den Disziplinen der Dialektik der Natur und der Logik«[160]. Dagegen ist daran zu erinnern, daß es für Engels *wie auch* für Marx (und die ihnen bewußte Tradition der materialistischen ›histoire naturelle‹) keinen Zweifel an der Geschichtlichkeit *auch* der Natur gab. Daß alles, was

159 *MEW* 20, 10. Zu Fr. Engels vgl.: H. Hörz, *Friedrich Engels und die Naturwissenschaften.* In: *WZUHB* 20 (1971), 677-683.
160 J. Habermas, *Theorie und Praxis. Sozialphilos. Studien*, Neuwied/ Berlin 1963, 270. H. referiert Bollnow und identifiziert sich kritiklos.

sich dialektisch, d. h. in Widersprüchen und durch die Aufhebung von Widersprüchen entwickelt, auch historisch ist, ist selbstverständlich und – als Aussage gegen die Dialektik der Natur gewandt – nicht mehr als eine Tautologie: »Denn es ist ganz unbestreitbar, daß die Dialektik nur als *allgemeiner* Ausdruck der *Historizität* der objektiven Realität bedeutungsvoll ist. ›Dialektisch‹ und ›geschichtlich‹ sind Ausdrücke für Momente ein und desselben Sachverhalts. *Dialektik ist das Allgemeine der Geschichte; Geschichte ist die unmittelbare Wirklichkeit der Dialektik*« (Ruben: (135), 54). Die Kategorien der ›Dialektik‹ wie der ›Geschichte‹ stehen im Realkontext der Dialektik in Natur und Geschichte. Dies soll hier um so eindeutiger betont werden, als dieses Buch in erster Linie sich mit den Aspekten der ›Dialektik‹ der Natur befaßt, die von Belang für die Perspektive ›Praxis und Geschichtsbewußtsein‹ sind: die ›Dialektik‹ der Natur wird hier notwendigerweise – aber ohne bewußte Vereinseitigungstendenz – als ›Dialektik‹ des menschlichen Natur-Verhältnisses und als ›Dialektik‹ der Arbeit geschrieben; dabei kann nie vergessen werden, daß die Praxis und die Bildung eines Geschichtsbewußtseins nicht nur gesellschaftlich arbeitende Subjekte voraussetzen, sondern auch jenen objektiven Prozeß, in dem die Natur zur materiellen Produktionsgrundlage und – als technisch-industrielle Natur – zum Produktionsmittel wird; und nicht zu vergessen die Vor-Geschichte der noch nicht für den Menschen bedeutungsvollen Kosmos-Natur. Erst die materialistische ›Dialektik‹ der Natur vermag aber als nicht-lineare Theorie der Evolution zusammenzudenken, was sonst die Natur-Theorie in Glaubenssätze auszuweichen nötigte: die *Kontinuität und Diskontinuität* der menschlichen und der Naturgeschichte: »In kontinuierlicher Abstammungsgeschichte vom Tierreich herkommend, hat sich der Mensch durch universelles Arbeiten von der Tierwelt ab- und emporgehoben, so die Diskontinuität zwischen Natur- und Gesellschaftsgeschichte unleugbar etablierend. Mit der Hominisierung begann der emanzipierende Humanisierungsprozeß unserer Gattung«[161]. In seinen Notizen und Fragmenten zur *Dialektik der Natur* schrieb Engels, es habe sich »die ganze Natur in Geschichte aufgelöst«, *und* es sei »die Geschichte nur

161 W. Hollitscher, *»Kain« oder Prometheus? Zur Kritik des zeitgenössischen Biologismus*, Berlin 1972, 13.

als Entwicklungsprozeß *selbstbewußter* Organismen von der Geschichte der Natur verschieden«[162]. Dieses ›einerseits/andererseits‹ ist nicht der Ausdruck einer Ambivalenz und Unentschlossenheit, sondern eben jener Dialektik, die für Natur *und* Gesellschaft gilt und *beide* Sphären historisch zu nennen erlaubt: »*Die ewigen Naturgesetze* verwandeln sich auch immer mehr in historische«[163]; mit dieser Feststellung ist mehr gesagt, als zunächst scheint: sie will nicht nur ausdrücken, daß die modernen Wissenschaften die ›Gesetze‹ der Natur im historischen Moment eines bestimmten gesellschaftlichen Erkenntnisinteresses formulieren und diese ›Gesetze‹ sosehr natürlich sind wie erkenntnisgeschichtlich bedingt, sondern daß die Natur selbst immer mehr Teil der menschlichen Geschichte geworden ist; die ›Gesetze‹ der modernen Agrikultur sind Widerspiegelungen einer land-wirtschaftlichen, d. h. agrarökonomisch veränderten Qualität der Natur selbst. So schließt sich ein Kreis zurück zu den frühen Marxschen Pariser *Ökonomisch-Philosophischen Manuskripten* von 1844:

»Wie alles Natürliche *entstehn* muß, so hat auch der *Mensch* seinen Entstehungsakt, die *Geschichte,* die aber für ihn eine gewußte und darum als Entstehungsakt mit Bewußtsein sich aufhebender Entstehungsakt ist. Die Geschichte ist die wahre Naturgeschichte des Menschen«[164].

Der zitierte Satz Engels' ist das späte Resümee eines bereits 1844 angekündigten Sachverhalts. Die inhaltliche Verdeutlichung der Verhältnisbestimmung von Natur und Geschichte und von Natur- und gesellschaftlicher Dialektik leistet freilich in ausgezeichneter Weise die *Kritik der Politischen Ökonomie.* Daß der Zusammenhang von materiell-natürlicher Produktionsgrundlage, gesellschaftlicher Produktionsweise und ideeller Widerspiegelung gerade in Marx' *Kapital* untersucht wird, ist kein Zufall; die materialistische Antwort auf die Grundfrage nach dem Verhältnis von Sein und Bewußtsein hebt an mit der wichtigsten Kategorie, von der aus die Grundfrage zunächst einmal ganz neu gestellt wird, nämlich als Frage nach dem Verhältnis von *gesellschaftlichem* Sein und *gesellschaftlichem* Bewußtsein – mit der Kategorie der *Arbeit:*

162 *MEW* 20, 504.
163 *MEW* 20, 505.
164 *MEW* Erg. Bd. 1, 579.

»Die Arbeit ist zunächst ein Prozeß zwischen Mensch und Natur, ein Prozeß, worin der Mensch seinen Stoffwechsel mit der Natur durch seine eigne Tat vermittelt, regelt und kontrolliert«.

Die Arbeit ist:
– ein Prozeß
– ein Prozeß zwischen Mensch und Natur
– ein Stoffwechselprozeß
– ein Stoffwechsel mit der Natur
– ein Stoffwechsel mit der Natur, den der Mensch durch seine eigene Praxis vermittelt, regelt und kontrolliert.

»Die Arbeit ist zunächst ein Prozeß zwischen Mensch und Natur, ein Prozeß, worin der Mensch seinen Stoffwechsel mit der Natur durch seine eigne Tat vermittelt, regelt und kontrolliert. Er tritt dem Naturstoff selbst als eine Naturmacht gegenüber. Die seiner Leiblichkeit angehörigen Naturkräfte, Arme und Beine, Kopf und Hand, setzt er in Bewegung, um sich den Naturstoff in einer für sein eignes Leben brauchbaren Form anzueignen. Indem er durch diese Bewegung auf die Natur außer ihm wirkt und sie verändert, verändert er zugleich seine eigne Natur. Er entwickelt die in ihr schlummernden Potenzen und unterwirft das Spiel ihrer Kräfte seiner eignen Botmäßigkeit«.

Diese Definition der Arbeit ist ein Kernstück der ›Dialektik in Natur und Gesellschaft‹, ein Kernstück des einheitlichen Systems ›historischer/dialektischer Materialismus‹; diese Definition fingiert aber keineswegs ihre Gültigkeit aufgrund einer anthropologischen Konstanz für die ganze Geschichte der Natur und der Menschheit. Marx schränkt ein:

»Wir haben es hier nicht mit den ersten tierartig instinktmäßigen Formen der Arbeit zu tun. Dem Zustand, worin der Arbeiter als Verkäufer seiner eignen Arbeitskraft auf dem Warenmarkt auftritt, ist in urzeitlichen Hintergrund der Zustand entrückt, worin die menschliche Arbeit ihre erste instinktartige Form noch nicht abgestreift hatte. Wir unterstellen die Arbeit in einer Form, worin sie dem Menschen ausschließlich angehört«, d. h. als Arbeit innerhalb der entwickelten Produktionsweisen.

Und nun erst folgt bei Marx die zentrale Aussage, durch welche die Bedeutung des Arbeitsbegriffs für die Lösung des Rätsels der Differenz und Identität von Natur und Menschheitsgeschichte unmittelbar einsichtig wird:

»Eine Spinne verrichtet Operationen, die denen des Webers ähnlich, und eine Biene beschämt durch den Bau ihrer Wachszelle manchen menschlichen Baumeister. Was aber von vornherein den schlechtesten Baumeister vor der besten Biene auszeichnet, ist, daß er die Zelle in seinem Kopf gebaut hat, bevor er sie in Wachs baut. Am Ende des Arbeitsprozesses kommt ein Resultat heraus, das beim Beginn desselben schon in der Vorstellung des Arbeiters, also schon ideell vorhanden war. Nicht daß er nur eine Formveränderung des Natürlichen bewirkt; er verwirklicht im Natürlichen zugleich seinen Zweck, den er weiß, der die Art und Weise seines Tuns bestimmt und dem er seinen Willen unterordnen muß«[165].

Das heißt: Die Selbsterzeugung des Menschen durch seine Arbeit bestimmt im evolutionären und revolutionären Kontinuum/Diskontinuum der Veränderung der Natur grundsätzlich sein Naturverhältnis; die Natur hat Geschichte, insofern sie sich als materielle Basis der Arbeit verändert, und sie kann sich verändern, weil die Materie nicht stabil ist, sondern bewegt; das Gesetz der Bewegung der Materie und der Natur ist die Widersprüchlichkeit einschließlich deren Aufhebung; die Natur ist als für den Menschen vorliegende und bedeutsame Form der Materie geschichtlich nach Maßgabe der Dialektik der Arbeit. Und die Arbeit qualifiziert den Menschen gegenüber der Natur: es erweist sich »die Entwicklungsgeschichte der Gesellschaft in einem Punkt als wesentlich verschiedenartig von der der Natur. In der Natur sind es – *soweit* wir die Rückwirkung der Menschen auf die Natur außer acht lassen – lauter bewußtlose Agenzien, die aufeinander einwirken und in deren Wechselspiel das allgemeine Gesetz zur Geltung kommt. [...] Dagegen in der Geschichte der Gesellschaft sind die Handelnden lauter mit Bewußtsein begabte, mit Überlegungen oder Leidenschaft handelnde, auf bestimmte Zwecke hinarbeitende Menschen«[166]. Über die Barrieren, die der bewußten Planung und Gestaltung der Geschichte quer im Weg standen, und die Illusion lügen straften, die menschliche Geschichte sei die Geschichte menschlicher Autonomie, bleibt freilich noch zu reden. Wichtig ist hier, daß durch die Beantwortung der Frage nach dem Verhältnis von Natur und Menschengeschichte im kategorialen Rahmen einer Arbeits-Theorie das *Subjekt* der für

165 *MEW* 23, 192/193.
166 *MEW* 21, 296; »soweit« im Original nicht hervorgehoben.

den Menschen bedeutsamen Historizität der Natur endlich aus-
findig gemacht wurde:

»Die wichtige Frage über das Verhältnis des Menschen zur Natur
(oder gar [...] die ›Gegensätze in Natur und Geschichte‹, als ob
das zwei voneinander getrennte ›Dinge‹ seien, der Mensch nicht immer eine geschichtliche Natur und eine natürliche Geschichte vor sich
habe), [...] zerfällt von selbst in der Einsicht, daß die vielberühmte
›Einheit des Menschen mit der Natur‹ in der Industrie von jeher bestanden und in jeder Epoche je nach der geringeren oder größeren
Entwicklung der Industrie anders bestanden hat, ebenso wie der
›Kampf‹ des Menschen mit der Natur, bis zur Entwicklung seiner
Produktivkräfte auf einer entsprechenden Basis«[167].
Im Unterschied zur industriellen Naturaneignung sei – so die *Theo-
rien über den Mehrwert* zum Thema schon der *Deutschen Ideologie* –
»anzunehmen, daß in der roheren, vorkapitalistischen Produktions-
weise die Agrikultur *produktiver* ist als die Industrie, weil die
Natur als Maschine und Organismus hier mitarbeitet, während die
Naturkräfte in der Industrie fast noch ganz durch Menschenkraft
ersetzt werden«[168].

Die historische, in der bürgerlichen Gesellschaft seit der ursprünglichen Akkumulation[169] immer stärker durchgesetzte
Trennung von Stadt und Land ist die materielle Voraussetzung
des Zusammenhangs von ›Natur-Dialektik‹ und Arbeitstheorie.
In der Warenproduktion des Kapitalismus »beziehen sich die
Menschen nicht allein auf die Natur. Sie produzieren nur, indem sie auf eine bestimmte Weise zusammenwirken und ihre
Tätigkeiten gegeneinander austauschen. Um zu produzieren,
treten sie in bestimmte Beziehungen und Verhältnisse zueinander, und nur innerhalb dieser gesellschaftlichen Beziehungen
und Verhältnisse findet ihre Beziehung zur Natur [...]
statt«[170]. Noch einmal, mit den Worten des *Kapital:*

»Das Kapitalverhältnis entspringt [...] auf einem ökonomischen
Boden, der das Produkt eines langen Entwicklungsprozesses ist. Die
vorhandene Produktivität der Arbeit, wovon es als Grundlage aus-

167 *MEW* 3, 43. Hier handelt es sich um eine *gemeinsame* Position von
Engels und vom ›jungen‹ Marx (1845/46).
168 *MEW* 26/2, 103.
169 Vgl. *Kapital* Bd. 1, 24. Kap.: *Die sogenannte ursprüngliche Akkumulation. MEW* 23, 741-791.
170 *MEW* 6, 407.

geht, ist nicht Gabe der Natur, sondern einer Geschichte, die Tausende von Jahrhunderten umfaßt«[171].

Die Politische Ökonomie hütet sich davor, Kategorien arbeitender Produktion auf die Produktivität der Natur zu übertragen; die Natur ›tut‹ nichts, sie stellt nichts her. Im dialektischen Stoffwechselprozeß der Arbeit an der Natur verändern sich Mensch und Natur; »die Technologie enthüllt das aktive Verhalten des Menschen zur Natur, den unmittelbaren Produktionsprozeß seines Lebens, damit auch seiner gesellschaftlichen Lebensverhältnisse und der ihnen entquellenden geistigen Vorstellungen«[172]. Jede Arbeit findet im materiellen Sein ›Natur‹ statt, und jede Arbeit findet eine jeweils andere, veränderte Natur vor. Daß aber die historische Spezifik der menschlichen Bedürfnisregulation durch historisch spezifische Arbeitsweisen das Charakteristische zur Bestimmung des gesellschaftlichen Seins ist, ist *kein* Widerspruch zur Definition des Arbeitsprozesses als: »ewige Naturbedingung des menschlichen Lebens und daher unabhängig von jeder Form dieses Lebens, vielmehr allein seinen Gesellschaftsformen gleich gemeinsam«[173]. Ohne diese ›natürliche‹, abstrakte Arbeitskategorie sind die historischen Varianten nicht erklärbar.

Der marxistischen Erklärung der Entwicklung des Menschen aus der Natur, aus dem Tierreich, wurde und wird entgegengehalten, sie unterstelle eine Kontinuität, die doch vom Widerspruch ›Materie/Geist‹ ad absurdum geführt werde; die Arbeit gelte einmal als Kennzeichen des bewußten Wesens ›Mensch‹, müsse aber zum andern dazu herhalten, die Menschwerdung überhaupt erst zu begründen. Dieses Argument klingt recht plausibel; es übersieht aber, daß die qualitative Unterscheidbarkeit von Kopf- und Handarbeit kein ontologisches oder anthropologisches Faktum von Ewigkeit her ist; diese Unterscheidung blendet den geschichtlichen Entwicklungsgang der Trennung von körperlicher und geistiger Produktion aus, um bei einer Momentaufnahme stehenzubleiben: einer einzigen bestimmten und historisch identifizierbaren Qualität der Geschichte der Arbeitsteilung, in welcher die die Tätigkeit *einer* Klasse vorrangig definierende Arbeitsform (Kopfarbeit) zur

171 *MEW* 23, 535.
172 *MEW* 23, 393.
173 *MEW* 23, 198.

Wesensbestimmung *des* Menschen geronnen ist, um die körperliche Arbeit der Massen als *nicht*-herrschaftslegitimierend zu disqualifizieren: »Wie im Natursystem Kopf und Hand zusammengehören, vereint der Arbeitsprozeß Kopfarbeit und Handarbeit. Später scheiden sie sich bis zum feindlichen Gegensatz«[174]. Dem idealistischen – und nur scheinbar humanistischen – Argument hält W. Hollitscher entgegen:

»Die vermeintliche Paradoxie zwischen Arbeit als spezifischer Leistung des Menschen und Arbeit zugleich als Grund der Menschwerdung selbst löst sich durch die Unterscheidung zwischen den Vorstufen der Arbeit und der Arbeit selbst. Im *Kapital* betont Marx, bei seiner Betrachtung der Arbeit unterstelle er die vollentwickelte Arbeit; im Zusammenhang mit der Kritik der politischen Ökonomie ist dies auch selbstverständlich. Damit zeigt Marx, daß er auch den Begriff einer nichtvollentwickelten menschlichen Arbeit kennt, eine vormenschliche Form der Arbeit also, die sich erst im Übergangsfeld zur Menschwerdung entwickelt. [...] Es geht um den Übergang von der instinktiven Arbeit ›noch-nicht-menschlicher‹ Vorfahren zur stets bewußter werdenden Arbeit des ›immer menschlicher‹ werdenden Menschen. Es ist der Übergang vom gelegentlichen Gebrauch naturgebildeter Behelfsmittel zur gewohnheitsmäßigen Verwendung selbstverfertigter Arbeitsmittel«[175]. Und zu ergänzen ist: »Arbeit zuerst, nach und nach dann mit ihr die Sprache – das sind die beiden wesentlichen Antriebe, unter deren Einfluß das Gehirn eines Affen in das bei aller Ähnlichkeit weit größere und vollkommenere eines Menschen übergegangen ist. Mit der Fortbildung des Gehirns aber ging Hand in Hand die Fortbildung seiner nächsten Werkzeuge, der Sinnesorgane«[176].

Die These aufzustellen, die ›Dialektik‹ der Natur sei die der materiellen Dialektik angemessene ›Dialektik‹ der gesellschaftlich veränderten Natur, hat gute Gründe. Bucharins *Theorie des historischen Materialismus* von 1922 macht erschreckend deutlich, welche Folgerungen sich ergeben, wenn man *diese* historische ›Dialektik‹ der Natur leugnet: Mechanisch – wollte er doch die »›mystische‹ Sprache der Hegelschen Dialektik in die Sprache der modernen Mechanik umsetzen« – trennt Bucharin die Natur als *Invariable* von der Gesellschaft als der sich »anpassenden« Variablen; »ob recht oder schlecht, die Ge-

174 *MEW* 23, 531.
175 W. Hollitscher, *»Kain« oder Prometheus . . .*, 22/23.
176 *MEW* 20, 447.

sellschaft existiert in der Natur: mehr oder weniger ist sie an sie ›angepaßt‹, befindet sich so oder so im Gleichgewicht mit der Natur«. Bucharins Versuch, mit Hilfe des Arbeitsbegriffs dennoch zwischen Natur und Gesellschaft zu ›vermitteln‹, muß als gescheitert gelten, weil er die Veränderung der Natur auf die ›Technik‹ zurücknimmt; die Arbeit ist nicht mehr als eine bloß »aktive Anpassung«, und ihre Produktivität ist nur der Indikator des »Wechselverhältnisses zwischen der Umwelt und dem System«; angesichts der Beständigkeit der Naturbedingungen der Produktion kann die ›Veränderung‹ ausschließlich die Technik als »veränderliche Größe« betreffen; und die Technik ist Mimikry, etwas, »das sich natürlich an das anpaßt, was in der Natur vorhanden ist«[177]. Die Gegner der *Dialektik der Natur* sollten Bucharin lesen, wenn sie ihr Feind-Bild wirklich bestätigt finden wollen. Wie eine vorweggenommene Kritik an Bucharins – und anderer Mechanisten – Mechanismus liest sich bei Engels eine (in ganz anderem Zusammenhang stehende) Formulierung: es sei der »Kernpunkt der dialektischen Auffassung der Natur« die Erkenntnis, daß die »Gegensätze und Unterschiede in der Natur zwar vorkommen, aber nur mit relativer Gültigkeit, daß dagegen jene ihre vorgestellte Starrheit und absolute Gültigkeit erst durch unsre Reflexion in die Natur hineingetragen ist«[178].

Wichtige Aussagen über die Natur und zum Verhältnis von Natur und Geschichte/Gesellschaft hat Marx in seinen frühen Manuskripten zur politischen Ökonomie der bürgerlichen Gesellschaft niedergeschrieben. Die sogenannten *Ökonomisch-philosophischen Manuskripte* sind in der Zeit zwischen April und August 1844 in der Pariser Emigration entstanden; sie wurden erst 1932 veröffentlicht und gar erst 1968 in die MEW-Ausgabe aufgenommen. Eine umfangreiche bürgerliche Literatur hat sich seit 1932 dem Ziel gewidmet, die Überlegungen des ›jungen‹ Marx pro toto eines genuinen, eigentlich ›humanistischen‹ Marxismus zu propagieren. Diese Ambitionen sind so falsch wie der provozierte Gegenkurs, der die ›Manuskripte‹ als genial (aber verworren), als frühreif (aber eben nicht reif)

177 N. Bucharin, *Theorie des historischen Materialismus*, Hamburg 1922, 76; 74; 124; 133.
178 *MEW* 20, 14. Vgl. G. Schulz, *Bemerkungen zur Historizität und zum Ursprung der Naturgesetze.* In: *WZUHB* 20 (1971), 699-706.

in die Archive verbannen wollte. Richtig ist: die Pariser Gedanken zur bürgerlichen Nationalökonomie und zum Kommunismus als deren Überwindung sind eine der wichtigsten Etappen in der Entwicklung des historischen Materialismus und des wissenschaftlichen Kommunismus; sie enthalten keine spekulativ-philosophische *Theorie* der ›Entfremdung‹, sondern die Kritik der politisch-ökonomischen Ursachen einer Form menschlicher Unfreiheit, die Marx zunächst als ›Entfremdung‹ und später als ›Vergegenständlichung‹ beschrieben hat: beide Kategorien besagen, daß der Mensch als arbeitendes *Subjekt* unter den Bedingungen kapitalistischer Ausbeutung seiner Arbeitskraft zum *Gegenstand* der Interessen einer ihm *fremden* Klassenherrschaft geworden ist; der wirkliche Arbeit-Geber, der Arbeiter, erkennt sich in den Produkten seiner Arbeit nicht mehr wieder, deren gesellschaftlichen Nutzen ihm der wirkliche Arbeit-Nehmer, der Kapitalist, zugunsten der Kapital-akkumulation vorenthält.

Man muß die frühen *Manuskripte* lesen; man muß sie spät lesen, d. h. nach der entfalteten Kritik der politischen Ökonomie; dann sind sie zu verstehen und tragen zum Verständnis etwa der Natur-Dialektik viel bei. Es zeigt sich dann, daß die Naturkategorie des ›frühen‹ Marx kein Plädoyer im Prozeß gegen den ›späten‹ (ökonomischen) Marx abgibt. Oder will sich die ›Wir-wollen-den-humanistischen-Marx-Fraktion‹ wirklich auf den Satz berufen:

»Der *Mensch* ist unmittelbar *Naturwesen*. Als Naturwesen und als lebendiges Naturwesen ist er teils mit *natürlichen Kräften*, mit *Lebenskräften* ausgerüstet, ein *tätiges* Naturwesen«[179]?

Widerspricht nicht dem als Subjektivismus mißverstandenen Humanismus der Marxsche Akzent:

»Also die *Gesellschaft* ist die vollendete Wesenseinheit des Menschen mit der Natur, die wahre Resurrektion der Natur, der durchgeführte Naturalismus des Menschen und der durchgeführte Humanismus der Natur«?

Das Vexierspiel des in der Natur versteckten ›Humanismus‹ der bürgerlichen Ideologie (auf dem Rückweg in die Natur-Romantik) löst sich auf, nimmt man zur Kenntnis, daß Marx

[179] *MEW* Erg. Bd. 1, 578.

vom *gesellschaftlichen* Menschen spricht, der sich selbst durch seine Arbeit als gesellschaftliches Individuum erfahren hat (ohne in der Gesellschaftlichkeit des Menschen auch schon die Menschlichkeit der Gesellschaft entdecken zu können), *bevor* er Natur thematisiert:

»Das *menschliche Wesen* der Natur ist erst da für den *gesellschaftlichen* Menschen«[180].

In diesem Marxschen Kontext findet sich jener Satz, der zum Kronzeugen-Zitat der Gegner der Natur-Dialektik erkoren wurde:

»Aber auch die *Natur,* abstrakt genommen, für sich, in der Trennung vom Menschen fixiert, ist für den Menschen *nichts«.*

Zur Vereindeutigung besteht Marx darauf:

»Die *Natur* als *Natur,* d. h. insofern sie sich sinnlich noch unterscheidet von jenem geheimen, in ihr verborgenen Sinn, die Natur getrennt, unterschieden von diesen Abstraktionen ist *Nichts,* ein sich als *Nichts bewährendes Nichts,* ist *sinnlos* oder hat nur den Sinn einer Äußerlichkeit, die aufgehoben werden muß«[181].

Worum geht es? Es geht um die ›abstrakte‹ Natur, die nicht Natur ist, sondern ›Natur‹, d. h. durch Abstraktion gewonnene Kategorie. Bedeutet aber jegliche durch Abstraktion gewonnene Natur-Kategorie ›für den Menschen nichts‹? Marx' Antwort ist eindeutig: Nein. Er bestreitet nicht die Existenz einer vom Menschen und dessen Bewußtsein unabhängigen Natur; er bestreitet nicht, daß diese Natur sich dialektisch entwickelt; er äußert sich hierzu nicht; sein Thema ist, welche Natur für die *Konstitution von Sinn* für den Menschen belangvoll ist: die Natur-*an-sich* ist nicht sinnvoll und produziert *an sich* keinen Sinn der menschlichen Existenz; und weiter: eine Natur, deren Wesen in den Kategorien der Abstraktion nicht mehr erfaßt wird, ist *für den Menschen* ein Nichts; die Kategorien der Abstraktion sind unmenschlich, wenn sie die Natur nicht mehr als Quelle der menschlichen Existenz vorstellen. Eindeutig ist:

»daß Marx jene ›Abstraktion‹ meint, welche die Abstrakta *hypostasiert,* also als ›wahre Wirklichkeiten‹ behauptet, während sie in der

180 *MEW* Erg. Bd. 1, 537/538.
181 *MEW* Erg. Bd. 1, 587.

Tat allein die *Resultate* der Abstraktion sind. Das heißt, Marx meint die metapyhsische Depravation der Abstraktion. Dies ist wichtig zu bedenken, weil es nicht die Abstraktion schlechthin ist, die die Natur in der Trennung vom Menschen fixiert. Als ›verständige Abstraktion‹, d. h. als solche, die ›wirklich das Gemeinsame hervorhebt, fixiert, und uns daher die Wiederholung erspart‹[182],tritt sie uns in der Physik entgegen. Und es ist genau jene metaphysische Depravation der Abstraktion, welche die physikalischen Aussagen als Repräsentationen der ›wahren Wirklichkeit‹ der Natur aufnimmt. Die physikalische Abstraktion unterstellt vielmehr die unauflösliche *Gemeinschaft* von Mensch und Natur, ist ohne diese Gemeinschaft absolut *nicht ausführbar*. Statt die Illusion zu begründen, daß die Natur ›unabhängig vom Menschen‹ Gegenstand der Physik sei, demonstriert sie das genaue Gegenteil. Sie ist jener Austauschakt, worin das Allgemeine der Natur sich als menschlicher Besitz realisiert. Die Depravation der Abstraktion setzt dies Allgemeine selbst mit der Natur identisch, womit die Trennung von Mensch und Natur für das Bewußtsein erst vollzogen wird. Die ›verständige Abstraktion‹ dagegen trennt nicht Natur und Mensch, sondern das Allgemeine vom Einzelnen, also nicht Gegenstände als solche, sondern ihre *Beziehungen*« (Ruben: (135), 56).

Die ›frühen‹ *Manuskripte* wie die ›späten‹ Marxschen ›Randglossen zu A. Wagners *Lehrbuch der politischen Ökonomie*‹ (1881/82) verwahren sich dagegen, »das Verhältnis des Menschen zur Natur« nicht als »praktische, d. h. auf Handlung beruhende, sondern theoretische Beziehungen« zu diskutieren[183]. In der durch die praktische Kategorie ›Arbeit‹ bestimmten praktischen Perspektive des Natur-*Verhältnisses* als Kern der ›*Dialektik*‹ der Natur wird eine uneingeschränkte Identifizierung von Natur und Materie fragwürdig. Im Rahmen der *Unterscheidung* von Sein und Bewußtsein ist dieser synonyme Kategorien-Gebrauch teilweise notwendig[184]; aber

182 Zitat im Zitat: K. Marx, *Grundrisse* . . . 7.
Zu methodologischen Problemen der dialektischen Naturerkenntnis vgl.: *Wege des Erkennens. Philosophische Beiträge zur Methodologie der naturwissenschaftlichen Erkenntnis*. Hg. v. H. Laitko / R. Bellmann, Berlin 1969.
183 *MEW* 19, 362.
184 Das *Philos. Wörterbuch*, von G. Klaus / M. Buhr hg., definiert als ›Natur‹: »die unabhängig und außerhalb vom Bewußtsein existierenden Dinge und Erscheinungen in der ganzen Mannigfaltigkeit ihrer Formen zum Unterschied von Bewußtsein. In diesem Sinne ist die Natur identisch mit Materie« (ed. Leipzig 1969, 760). Diese Definition ist auch erkenntnistheo-

er ist nicht zureichend: das Natur-*Verhältnis*, der ›Stoffwechsel‹, findet nicht unmittelbar mit der Materie statt, und das Bewußtsein bildet sich nicht unmittelbar als Widerspiegelung der Materie. Der Mensch – so Marx in den erwähnten ›Randglossen‹ – »steht *im Verhältnis zu Dingen der Außenwelt* als Mittel zur Befriedigung seiner Bedürfnisse«. Dabei handelt es sich keineswegs *zuerst* um ein theoretisches Verhältnis zur Natur, denn Menschen »fangen, wie jedes Tier, damit an, *zu essen, zu trinken* etc., also nicht in einem Verhältnis zu ›stehen‹, sondern *sich aktiv zu verhalten*, sich gewisser Dinge der Außenwelt zu bemächtigen durch die Tat, und so ihre Bedürfnisse zu befriedigen. (Sie beginnen also mit der Produktion.) Durch die Wiederholung dieses Prozesses prägen sich die Eigenschaften dieser Dinge, ihre ›Bedürfnisse zu befriedigen‹, ihrem Hirn ein, die Menschen wie Tiere lernen auch ›theoretisch‹ die äußeren Dinge, die zur Befriedigung ihrer Bedürfnisse dienen, vor allen andern zu unterscheiden«[185].

Das Natur-*Verhältnis* des Menschen durch eine ›Dialektik‹ der Natur zu betonen, den Aspekt der Bedürfnisbefriedigung herauszuheben und die Arbeit als Mittel der Bedürfnisbefriedigung sowie als Quelle menschlicher Erkenntnis zur wesentlichen Perspektive zu erheben, sollte angesichts der unbestrittenen Tatsache nicht umstritten sein, daß auch heute Menschen ›essen‹; Idealisten handeln nicht anders, sie denken nur anders. Dies alles ist kein Aperçu: das immer stärker zu beobachtende Verschwinden von Natur-Kategorien aus der zeitgenössischen bürgerlichen Literatur (und aus anderen ideologischen Bereichen) ist ein ernstzunehmendes Indiz dafür, daß die materielle Basis der Bedürfnisbefriedigung dem Bewußtsein in Vergessenheit gerät; damit wird ein konstitutives Element der Arbeit bis zur Unkenntlichkeit verstümmelt; die gesellschaftlich und historisch notwendige technologische Abstraktheit der im Arbeitsprozeß vorliegenden Natur *als* Abstraktheit zu durchschauen, bedarf es der Gegensteuerung: einer technologisch fortgeschrittenen Natur-Erkenntnis, die gleichwohl noch Erkenntnis der *Natur* ist. Für die materialistische Hermeneutik

retisch zweideutig: nicht eindeutig wird, daß erst im erarbeiteten Naturverhältnis die Materie erkenntnisrelevant, bewußt und widergespiegelt wird.
185 *MEW* 19, 362/363.

ergibt sich so eine Anforderung: sie hat ihren sprachlichen Befund – nicht ausschließlich, aber auch nicht zuletzt – daraufhin zu befragen, ob und wie sich in ihm gesellschaftliche Arbeits- und Erkenntnisprozesse *in ihrer Vermittlung zur Natur widerspiegeln*; Naturmetaphern etc. hat sie keinesfalls als subjektive ›Einfühlungen‹ in das der menschlichen Existenz ›ganz Andere/Fremde‹ zu erklären, sondern als Widerspiegelungsformen der Arbeit in und an der Natur (auf dem Niveau ihrer technischen Umformung, versteht sich), d. h. als Signale der Orientierung oder Desorientierung in jenem materiellen Sein, das die Matrix der Existenzsicherung ist.

Die Einheit von Natur und Gesellschaft kann formuliert werden in den Begriffen der Dialektik der Geschichte der Arbeit. Die Differenz von Natur und Gesellschaft und die Unterscheidbarkeit von Natur- und Gesellschaftswissenschaften abzustreiten, wäre aber nur ein Romantizismus. Denn Naturbestimmungen und -gesetze sind nicht blindlings auf soziale Prozesse zu übertragen; dies gilt vice versa. Eine Trennung ist indessen mit allem Nachdruck abzulehnen: die von Natur- und historischen Wissenschaften. Natur, Gesellschaft, individuelles Leben und die erarbeiteten Bewußtseinsformen sind insgesamt *historisch*, weil *dialektisch*. Die dialektische Erkenntnistheorie und die materialistische Hermeneutik lassen sich nur um den Preis ihrer Idealisierung von der Natur-Dimension abschneiden; denn die geschichtliche Prägung jedes Bewußtseins *ist* zugleich eine Prägung aus Naturverhältnissen, die körperlich und geistig erlebt und erfahren wurden.

Dies im Blick, wird die Engelssche Kritik am Sozialdarwinismus in einem neuen Erkenntnisinteresse wichtig:

»Die ganze darwinistische Lehre vom Kampf ums Dasein ist einfach die Übertragung der Hobbesschen Lehre vom bellum omnium contra omnes und der bürgerlich-ökonomischen von der Konkurrenz, nebst der Malthusschen Bevölkerungstheorie, aus der Gesellschaft in die belebte Natur. Nachdem man dies Kunststück fertiggebracht [...], so rücküberträgt man dieselben Theorien aus der organischen Natur wieder in die Geschichte und behauptet nun, man habe ihre Gültigkeit als ewige Gesetze der menschlichen Gesellschaft nachgewiesen«[186].

186 *MEW* 34, 170.

Hatte noch 1861 die Darwinsche Lehre Marx »als naturwissenschaftliche Unterlage des geschichtlichen Klassenkampfes« ein wenig voreilig ins Konzept gepaßt[187], so revidierte er bereits 1862, es sei doch »merkwürdig, wie Darwin unter Bestien und Pflanzen seine englische Gesellschaft mit ihrer Teilung der Arbeit, Konkurrenz, Aufschluß neuer Märkte [...] wiedererkennt. [...] es erinnert an Hegel in der *Phänomenologie*, wo die bürgerliche Gesellschaft als ›geistiges Tierreich‹, während bei Darwin das Tierreich als bürgerliche Gesellschaft figuriert«[188]. Als Pointe der Vertauschung von Natur- und Sozialkategorien im Darwinismus gilt für Engels, »daß dies die höchste Blamage für die moderne bürgerliche Entwicklung sei, daß sie es noch nicht über die ökonomischen Formen des Tierreichs hinausgebracht habe«. Als Kontrast zu diesem Befund, der durch die organizistischen Staatstheorien der politischen Romantik des 19. Jahrhunderts zu ergänzen wäre, verficht Engels eines der Ergebnisse der ›Dialektik‹ der Natur:

»Für uns sind die sogenannten ›ökonomischen Gesetze‹ keine ewigen Naturgesetze, sondern historische, entstehende und verschwindende Gesetze. [...] Für uns ist daher auch keins dieser Gesetze, soweit es *rein bürgerliche Verhältnisse* ausdrückt, älter als die moderne bürgerliche Gesellschaft«[189].

Diese Darwinismus-Kritik ist ein Kabinettstück einer materialistisch-hermeneutischen Text-Entschlüsselung: aus den Resultaten bürgerlicher Naturwissenschaft wird geschlossen auf die materiellen Interessen einer Gesellschaft, sich ihrer Stabilität zu versichern durch die Übertragung scheinbar unwandelbarer Naturgesetze auf den sozialen Prozeß.
Auf der Folie dieser Kritik erscheinen nun auch einige auf den ersten Blick naturalistische Definitionen sozialer Bewegungen in neuem Licht: beschreibt Marx die »Entwicklung der ökonomischen Gesellschaftsformation als einen naturgeschichtlichen Prozeß«[190] und kommt Engels zum Schluß, eine Revolution sei »ein reines Naturphänomen, das mehr nach physikalischen Gesetzen geleitet wird, als nach den Regeln, die in ordinären

187 *MEW* 30, 578.
188 *MEW* 30, 249.
189 *MEW* 31, 466.
190 *MEW* 23, 16.

Zeiten die Entwicklung bestimmen«[191], so wäre doch nichts kurzschlüssiger, als hierin unangemessene Naturalisierungen zu vermuten. Vom »Naturgesetz ihrer Bewegung«[192] auszugehen, ist Marx legitimiert unter dem Eindruck einer Gesellschaft, die nicht anders als in Natur-*Analogien* beschrieben werden kann: die kapitalistische Produktion vollzieht sich scheinbar ›naturwüchsig‹ hinter dem Rücken der Arbeiter, denen die Warenproduktion keine angemessenen Kategorien der Selbstreflexion mehr anzubieten vermag, will sie nicht den *beschränkten instrumentellen* Charakter der Alltagsarbeit *und* des Alltagsbewußtseins in Frage stellen; dies aber müßte sie ruinieren. Die ökonomische Formation des Kapitalismus stellt an die Theorie, will sie kritisch und revolutionär sein, die Forderung, *wie* ein naturgeschichtlicher Prozeß analysiert zu werden; deshalb ist die Kritik der Politischen Ökonomie eine ›*Anatomie*‹ der bürgerlichen Gesellschaft.

In der Arbeit tritt der Mensch der Natur selbst als eine Naturmacht gegenüber. Das Kapital ist eine für den einzelnen Arbeiter nicht mehr kontrollierbare Naturmacht. Naturkategorien werden deshalb herangezogen, weil nur sie die Existenzbestimmungen der Arbeit im Kapitalismus richtig ausdrücken. Es ist keine Paradoxie, daß folglich sowohl die bürgerliche Ideologie der ›Ewigkeit der Naturgesetze‹ wie auch die dialektisch-materialistische und politisch-ökonomische Kritik dieser Ideologie scheinbar mit der gleichen Zunge reden; die Kategorien beider ideologischen Systeme sind als Widerspiegelungsformen ›Existenzbestimmungen‹ ihrer zeitgenössischen sozialen Lage. So notwendig der ideologische Schein der ›Naturwüchsigkeit‹ der kapitalistischen Ökonomie als Ausdruck eines ›falschen‹ Bewußtseins auch ist, so notwendig, gesellschaftlich notwendig, ist auch das richtige Bewußtsein, das diesen Schein zu durchbrechen vermag; nicht kraft subjektiver Spontaneität eines genialen Menschenfreundes, sondern kraft der Dialektik eben dieses gesellschaftlichen Systems:

»Die kapitalistische Produktion erzeugt mit der Notwendigkeit eines Naturprozesses ihre eigene Negation. Es ist die Negation der Negation«[193].

191 *MEW* 27, 190.
192 *MEW* 23, 15.
193 *MEW* 23, 791.

Die Naturhaftigkeit der Kategorien, in denen sich der Kapitalismus blind oder kritisch widerspiegelt und in denen er seine Kämpfe zu einem guten Teil auch ausficht, ist nichts anderes als das diagnostizierbare Symptom seiner Geschichtlichkeit und Veränderbarkeit.

So ist die dialektische Naturkategorie sinnvoll eingesetzt als Werkzeug zur Bestimmung des Verhältnisses der Arbeit zur materiellen Produktionsvoraussetzung und zum natürlichen Produktionsmittel. Diese Natur-Kategorie widerstreitet nicht der These der materialistischen Dialektik, der Mensch selbst sei die wichtigste Produktivkraft. Sie verleitet freilich auch nicht zum Fehlschluß, daß die »von bewußten Subjekten gemachte Menschengeschichte« die *Voraussetzung* der »Naturgeschichte« sei. A. Schmidts Hypothese verzerrt, was als Leistung der Marx-Engelsschen ›Dialektik‹ der Natur klarzustellen war: Die Naturgeschichte sei nur die »rückwärtige Verlängerung« der Menschengeschichte, und sie werde »von den Menschen als *nicht mehr* zugängliche Natur mit denselben gesellschaftlich geprägten Kategorien erfaßt, die sie auf die *noch nicht* angeeigneten Naturbereiche anzuwenden genötigt sind«[194]. Die Natur hat Geschichte in der Weise der Bewegung: nicht auf ein Ziel, sondern der Bewegung zu neuen Strukturformen, die als Fortschritt *erklärbar* sind; gewiß ›macht‹ die Natur keine Geschichte. Aber sie erlaubt erst, was der Mensch seine ›Geschichte‹ nennt; und mit dieser bewußt gemachten Geschichte beginnt eine neue Qualität der Naturgeschichte. Die Summe kann nur lauten: Veränderung der Natur durch menschliche *Arbeit* plus Veränderung des Menschen durch Arbeit an der *Natur* gleich geschichtlicher Fortschritt von der Hominisierung zur Humanisierung. Der Verlust der Erkenntnisfähigkeit des Menschen, seine Arbeit *als* Arbeit an und in der Natur zu begreifen, hebt diese Summe auf. Die Kenntnis und Erinnerung der dialektischen Kontinuität von Natur und Gesellschaft, Naturgeschichte und Menschengeschichte, wird durch die ›Dialektik‹ der Natur gestärkt. Die Perspektive ›Praxis und Geschichtsbewußtsein‹ ist – so aufgefaßt – lebensnotwendig.

---

194 A. Schmidt, *Der Begriff der Natur in der Lehre von Marx*, Frankfurt/M. 1962, 36/37.

3. Vorgeschichte, Geschichte und Praxis der Befreiung

Der Mensch nimmt teil an einem Prozeß der Veränderung des materiellen Seins. Die Spezifik der menschlichen Existenz durch diese Teilnahme bestimmen zu wollen, ist falsch. Das Auftreten des Menschen in der Entwicklung der Materie kennzeichnet eine qualitative Veränderung; diese Veränderung läßt sich nur unzureichend als qualitativer ›Sprung‹ versinnbildlichen, denn nichts und niemand springt in unendlicher Dauer und Weite. Das qualitativ Neue angemessen auszudrücken, bedarf es eines Kategoriensystems, das selbst der Ausdruck, die Widerspiegelung, des Neuen ist; das Kategoriensystem selbst widerspiegelt in der Form der Akkumulation von Erfahrungen jenen Prozeß, aufgrund dessen der Mensch Erfahrungen macht. Die wesentliche menschliche Erfahrung ist, daß das Leben produziert werden muß; die wichtigste Erfahrung ist, daß es ohne Arbeit nur den Tod gibt. Die Spezifik der menschlichen Existenz kann deshalb nicht durch die Teilnahme am Prozeß der Materie formuliert werden, sondern nur durch das Eingreifen in einen nicht-menschlichen Prozeß durch den Menschen: durch *Arbeit*. Durch die Arbeit an und in der Natur verändert der Mensch seine Existenzgrundlagen – und sich selbst. Dies ist die Erfahrung, die – individuell ständig wiederholt und gattungsbewußt gespeichert – das Kategoriensystem der Widerspiegelung der Arbeitsweisen und ihrer Veränderung prägt; ein Kategoriensystem, das selbst aus der Entwicklung der erarbeiteten Erfahrungen resultiert und nichts anderes ist als die im Wissen des Menschen gegenwärtige »Entwicklung des gesamten konkreten Inhalts der Welt und ihrer Erkenntnis, d. h. Fazit, Summe, Schlußfolgerung aus der *Geschichte* der Erkenntnis der Welt«[195]. Die Kurzformel für die Erfahrung, daß Menschen geschichtliche Wesen sind, lautet: »Die Menschen haben Geschichte, weil sie ihr Leben *produzieren* müssen«[196]. Und die von der materialistischen Dialektik ausgewertete Erfahrung des ›Wie‹, der Art und Weise der Produktion, bringt das *Manifest der Kommunistischen Partei* auf

195 *LW* 38, 84/85.
196 *MEW* 3, 30.

diesen Nenner: »Die Geschichte aller bisherigen Gesellschaft ist die Geschichte von Klassenkämpfen«[197].

Der historische Materialismus ist im Klassifikationsrahmen der materialistischen Dialektik die Theorie, welche »in der Entwicklungsgeschichte der Arbeit den Schlüssel erkannte zum Verständnis der gesamten Geschichte der Gesellschaft«[198]. Diese Theorie gründet in der ›Dialektik‹ der Materie, der Natur und der Arbeit. Ein völliges Mißverständnis der historischen Genesis der materialistischen Geschichtsauffassung wäre es aber, zu unterstellen, die neue Geschichtskonzeption sei aus rein wissenschaftlicher *Deduktion* gewonnen worden. Die Kategorie ›Geschichte‹ wurde nicht aus der materialistischen ›Dialektik‹ abgeleitet, sondern sie widerspiegelt die materielle gesellschaftliche Notwendigkeit der Entstehung des historischen Materialismus aus den wirklichen Widersprüchen zwischen der bürgerlich-kapitalistischen Produktionsweise und einem neuen Subjekt der Geschichte: dem Proletariat. Die den Geschichtsbegriff der revolutionären und später fortschrittsfeindlichen Bourgeoisie zerstörende materialistische Geschichtsauffassung – des Proletariats – ist das Produkt der Dialektik innerhalb der Klassen des Kapitalverhältnisses; sie ist eine neue Form von Klassenbewußtsein.

Das Proletariat macht tagtäglich die Erfahrung, daß »in der bürgerlichen Gesellschaft [...] die Vergangenheit über die Gegenwart« herrscht, und es entwickelt ein Programm, um in »der kommunistischen die Gegenwart über die Vergangenheit« herrschen zu lassen[199]. Der Status quo ist unter kapitalistischen Arbeitsbedingungen immer auch *Status quo ante*; nicht allein anachronistische Produktionsweisen vegetieren fort, sondern mit ihnen zugleich soziale, politische und ideologische Verhältnisse, in denen sich das Kapitalverhältnis reproduziert. Als Theorie dieser Verhältnisse setzt die materialistische Geschichtsauffassung da ein, »wo die Spekulation aufhört, beim wirklichen Leben«; die »Darstellung der praktischen Betätigung, des praktischen Entwicklungsprozesses der Menschen« ist die Perspektive einer Wissenschaft und Weltanschauung, deren Bezug zum historischen Vergangenen die Wirklichkeit ist. Die

197 *MEW* 4, 462.
198 *MEW* 21, 307.
199 *MEW* 4, 476.

geschichtsmaterialistische ›Dialektik‹ fragt nicht abstrakt nach ›der Geschichte‹, sondern nach den materiellen und praktischen Voraussetzungen, unter denen ein Fortschrittsprozeß durch die menschliche Arbeit vorangetrieben werden konnte und mußte. Die unmittelbare materielle und praktische Voraussetzung des neuen Geschichtsverständnisses ist die Existenzweise einer Menge von Menschen, deren im Wesentlichen gleiche Arbeitsbedingungen es zulassen, sie als ›Klasse‹ zu bezeichnen: das Proletariat kann sich nicht anders begreifen als im und durch den Arbeitsprozeß und es kann sich nicht anders theoretisch beschreiben als in der Analyse des Arbeitsprozesses; das Proletariat kann sich nicht anders über die Atomisierung der Individuen hinaus als Gesamtarbeiter begreifen und den ideologischen Schein der Geschichtslosigkeit (= ›Naturhaftigkeit‹) der Arbeitsverhältnisse zerstören, als durch eine Theorie der materiell-praktischen und ideologischen *Herkunft* seiner eigenen Wirklichkeit. Deshalb gilt von nun an »die Geschichte der *Industrie*« als »die sinnlich vorliegende menschliche Psychologie«[200]. Die Geschichte wird vom Standpunkt des Proletariats aus in einem Begriff ›Geschichte‹ erkannt, der aufgehört hat, »eine Sammlung toter Fakta zu sein [...] oder eine eingebildete Aktion eingebildeter Subjekte«[201]. Die Geschichte ist weder eine Substanz noch ein Subjekt, sondern sie ist die spezifisch menschliche Form der Bewegung, der Veränderung, der *Dialektik*. Der materialistische Begriff ›Geschichte‹ ist eine theoretische Abstraktion von den Geschichten, den Ereignissen, und den Zufällen; er abstrahiert aber niemals von den *Subjekten* der Veränderung, den Menschen und den Klassen:

»*Die Geschichte* tut *nichts,* sie ›besitzt *keinen* ungeheuren Reichtum‹, sie ›kämpft *keine* Kämpfe‹! Es ist vielmehr *der Mensch,* der wirkliche, lebendige Mensch, der alles tut, besitzt und kämpft; es ist nicht etwa die ›Geschichte‹, die den Menschen zum Mittel braucht, um *ihre* – als ob sie eine aparte Person wäre – Zwecke durchzuarbeiten, sondern sie ist *nichts* als die Tätigkeit des seine Zwecke verfolgenden Menschen«[202].

Die wichtige geschichtsmaterialistische Unterscheidung »zwischen der materiellen, naturwissenschaftlich treu zu konstatie-

200 *MEW* Erg. Bd. 1, 542.
201 *MEW* 3, 27.
202 *MEW* 2, 98.

renden Umwälzung in den ökonomischen Produktionsbedingungen« einerseits und – auf der Seite des Subjekts – »den
juristischen, politischen, religiösen, künstlerischen, oder philosophischen, kurz, ideologischen Formen, worin sich die Menschen« nicht nur der Klassenkonflikte und der Widersprüche
zwischen den Produktivkräften und den Produktionsverhältnissen »bewußt werden«, sondern ihre Konflikte auch »ausfechten«, gibt einen Hinweis: darauf nämlich, daß auch die
materialistische Geschichtsauffassung selbst eine dieser Formen
ist, in welcher sich das Proletariat der Widersprüche seiner Existenz im Kapitalverhältnis *und* deren Genesis aus der Geschichte der bürgerlichen Gesellschaft *bewußt* wird und seinen
Kampf gegen die Bourgeoisie *ausficht*. Diese Geschichtsauffassung wurzelt deshalb nicht nur in den ideologischen Verhältnissen, die sie theoretisch beerbt (also in der bürgerlich-revolutionären Philosophie und politischen Ökonomie der europäischen Industrienationen des 18. und 19. Jahrhunderts), und
sie setzt nicht allein das Bewußtsein des Proletariats als Antipoden der Bourgeoisie voraus, sondern eine materielle Produk-
tionsverfassung, die als »die letzte antagonistische Form des
gesellschaftlichen Produktionsprozesses« erklärt werden muß.
Der neue Geschichtsbegriff setzt das wirkliche Ende der »Vorgeschichte der menschlichen Gesellschaft« im Kapitalismus voraus[203]. Die Kategorie ›Vorgeschichte‹ hat nichts gemein mit
den vorgeschichtlichen, d. h. geschichtslosen bürgerlichen Kon-
struktionen eines Anfangs der Gesellschaft (Hobbes bis Rous-
seau) vor aller Gesellschaft; von der ›Vorgeschichte‹ wird vielmehr gesprochen, weil die Praxis der Befreiung die nicht mehr
utopische, sondern verläßlich konkrete Erwartung einer Geschichte ermöglicht hat, von der gesagt werden kann: die Menschen machen ihre Geschichte selbst. Die materialistische
Geschichtsauffassung orientiert sich also nicht am fiktiven
›Kontinuum‹ einer Geschichte der Natur oder der Menschheit,
sondern an einem qualitativen Diskontinuum; das Kriterium
der Qualifikation des historischen Verlaufs ist nicht mehr aus
der Vergangenheit gewonnen, sondern aus der Gegenwart, die
es in eine menschliche Zukunft zu verändern gilt. Diese Geschichtsauffassung ist die einzige, die nicht vor der Schein-

203 *MEW* 13, 8/9.

Alternative ›Kontinuität der Geschichte/Bruch mit der geschichtlichen Herkunft‹ zu kapitulieren genötigt ist: die Dialektik von Evolution und Revolution ist die Dialektik des historischen Bewegungsprozesses selbst und spiegelt sich wider in einer ›Dialektik‹, welche die Geschichte als diskontinuierliches Kontinuum beschreibt[204]. Für die geschichtsmaterialistische Dialektik handelt es sich deshalb – mit einer Formulierung von Marx aus dem Jahre 1843 – »nicht um einen großen Gedankenstrich zwischen Vergangenheit und Zukunft, sondern um die Vollziehung der Gedanken der Vergangenheit«[205]; das bedeutet: in praktischem Interesse und aus materiell-praktischem Bedürfnis eignet sich das geschichtlich akkumulierte Bewußtsein gegenwärtiger Individuen auch jenen Teil seiner Wirklichkeit an, der die Summe der Herkunft ist. *Der Vollzug der Vergangenheit ist die Rekonstruktion der Genesis;* es geht nicht um die Genese ›der Wirklichkeit‹ als solcher, sondern um die Genesis von menschlichen Subjekten, die sich die soziale, politische und ideologische Wirklichkeit aneignen, um leben zu können; es geht so nicht allein um *Aufklärung*, sondern um die Erklärung der Notwendigkeit, die Vergangenheit *aufzuheben.* Die Arbeiterklasse hat keine andere Wahl als die der Aufhebung jenes Zirkels von Vergangenheit und Gegenwart, in dem sich das Kapital und die über das Kapital herrschende Klasse *als* vergangene Existenzen reproduzieren und gegenwärtig hal-

204 In seinem Buch *Kontinuität und Geschichte* hat H. M. Baumgartner aus der Kontinuitäts-Sucht der bürgerlichen historischen Wissenschaften den verzweifelten Schluß gezogen, den ›Verlust der Geschichte‹ (Kontinuität) nicht zu beklagen, sondern anzuerkennen; er schlägt vor: »solange sich jedenfalls ein neutralisierter Gebrauch der Kontinuitätsvorstellung offenbar nicht realisieren läßt, diese Vorstellung und Vokabel wenigstens vorläufig aus dem Sprachgebrauch der Historie auszuschließen«. So plausibel dieser Vorschlag gegenüber dem ideologischen, ›die anonyme Geschichte eines globalen Subjekts bzw. einen weiter nicht benannten geheimnisvollen Zusammenhang‹ suggerierenden Sprachgebrauch von ›Kontinuität‹ ist, so riskant ist er: die Alternative B.'s setzt angesichts »der Partikularität als eines immanenten Charakters der narrativen Struktur des historischen Wissens« die Kategorie der Totalität aufs Spiel – und verliert sie in der Schlußfolgerung, »daß der Begriff des ›Ganzen‹ der Geschichte eine nicht realisierbare Fiktion darstellt« (*Kontinuität und Geschichte. Zur Kritik und Metakritik der historischen Vernunft.* Frankfurt/M. 1972, 332; 330/331; 340). Die aus dem historisch-materialistischen System ›Dialektik/Totalität‹ gewonnene Lösung des Problems ›Kontinuität/Diskontinuität‹ erwähnt und diskutiert B. nicht.
205 *MEW* 1, 346.

ten. Der historische Materialismus ist von dieser konkreten geschichtlichen Lage aus entwickelt worden. Aber er ist mehr als nur die Widerspiegelung einer einzigen Epoche der Klassengeschichte: er ist die reduktiv verfahrende Wissenschaft von den Gesetzen der Dialektik im Sein, das als *gesellschaftliches Sein* vom Menschen individuell-gesellschaftlich erarbeitet wird.

3.1. Geschichte, Praxis und politische Ökonomie

Die Einheit der Dialektik als Prozeßgesetz in Materie, Natur, Gesellschaft und Bewußtsein bestimmt die Einheit des Systems der materialistischen ›Dialektik‹. Dialektischer und historischer Materialismus sind Teilsysteme, deren Theorien und Methoden in unterscheidbaren (nicht aber getrennten) Seinsbereichen angewandt werden. Der Gegenstandsbereich der materialistischen Geschichtsauffassung ist prägnant angebbar, ohne daß die Verschiedenheit der theoretischen Perspektiven die objektive Vermittlung zwischen den dialektischen Prozessen der Natur und denen der Gesellschaft verleugnen könnte: Was der Mensch durch seine Arbeit an und in der Natur selbst schafft, ist zwar eine neue ontologische Qualität – keine ›zweite Natur‹, vielmehr eine ›erste Gesellschaft‹ –, bleibt aber doch eine *Objektivität* und objektiven Gesetzmäßigkeiten unterworfen. Die Objektivität im geschichtlichen gesellschaftlichen Sein ist »das Resultat der Objektivationen der Tätigkeit der einander ablösenden Menschengenerationen. Ihre Objektivität ist spezifisch: Die sozialen Bedingungen, die die Entwicklung der Gesellschaft bestimmen (Produktivkräfte und Produktionsverhältnisse), werden von den Menschen im Laufe der Geschichte geschaffen. Das ist eine neue ontologische Beziehung zwischen Subjekt und Objekt, die in der Natur nicht existiert: Hier bilden das Subjektive und Objektive eine Einheit von sich ineinander umwandelnden Gegensätzen«[206].

Der neuen ontologischen Qualität des Fortschrittsprozesses, den die menschliche Arbeit vorantreibt, ist eine Wissenschaft angemessen, welche sowohl die Einheit wie auch die Gegensätzlichkeit und Widersprüchlichkeit der Veränderungen im menschlichen Sein begrifflich darstellen kann: die materialisti-

---

206 T. I. Oiserman, *Probleme der Philosophie und der Philosophiegeschichte*, Frankfurt/M. 1972, 284/285.

sche Geschichtsauffassung (Synonyme: historischer Materialismus bzw. geschichtsmaterialistische Dialektik). Seit der von Marx und Engels 1845/46 als *Kritik der neuesten deutschen Philosophie in ihren Repräsentanten Feuerbach, B. Bauer und Stirner, und des deutschen Sozialismus in seinen verschiedenen Propheten* geschriebenen ersten umfassenden Darstellung des historischen Materialismus – Titel: *Die deutsche Ideologie* – bestimmen zwei Aspekte die geschichtsmaterialistische Dialektik; die »Wissenschaft der Geschichte« und die Analyse der politisch-ökonomischen Existenzverhältnisse sind diese beiden wesentlichen Aspekte.

1. »Wir kennen nur eine einzige Wissenschaft, die Wissenschaft der Geschichte. Die Geschichte kann von zwei Seiten aus betrachtet werden, in die Geschichte der Natur und die Geschichte der Menschen abgeteilt werden. Beide Seiten sind indes nicht zu trennen; solange Menschen existieren, bedingen sich Geschichte der Natur und Geschichte der Menschen gegenseitig«[207].
Hier wird nicht die Subsumtion aller Wissenschaften unter der ›Geschichte‹ gefordert; These ist, daß keine Wissenschaft wissenschaftlich im strengen Sinne verfährt, die nicht in der Perspektive der Geschichtlichkeit ihres Gegenstandes und der Geschichtlichkeit des Wissens über den Gegenstand ihre Fragestellungen an der wirklichen Geschichte orientiert. Die Wissenschaft von der Geschichte ist die empirisch gesicherte Theorie der *Einheit* aller Prozesse in Sein und Bewußtsein.
2. »Die Produktion des Lebens, sowohl des eignen in der Arbeit wie des fremden in der Zeugung, erscheint nun schon sogleich als ein doppeltes Verhältnis – einerseits als natürliches, andrerseits als gesellschaftliches Verhältnis –, gesellschaftlich in dem Sinne, als hierunter das Zusammenwirken mehrerer Individuen, gleichviel unter welchen Bedingungen, auf welche Weise und zu welchem Zweck, verstanden wird. Hieraus geht hervor, daß eine bestimmte Produktionsweise oder industrielle Stufe stets mit einer bestimmten Weise des Zusammenwirkens oder gesellschaftlichen Stufe vereinigt ist, und diese Weise des Zusammenwirkens ist selbst eine ›Produktivkraft‹, daß die Menge der den Menschen zugänglichen Produktivkräfte den gesellschaftlichen Zustand bedingt und also die ›Geschichte der Menschheit‹ stets im Zusammenhange mit der Geschichte der Industrie und des Austauschs studiert und bearbeitet werden muß. [...] Es zeigt sich also schon von vornherein ein materialistischer Zusammenhang

207 *MEW* 3, 18.

der Menschen untereinander, der durch die Bedürfnisse und die Weise der Produktion bedingt und so alt ist wie die Menschheit selbst – ein Zusammenhang, der stets neue Formen annimmt und also eine ›Geschichte‹ darbietet, auch ohne daß irgendein politischer oder religiöser Nonsens existiert, der die Menschen noch extra zusammenhalte«[208].

Der ›Zusammenhang‹ der Menschen untereinander kann aber nicht durch die ›Einheit‹ definiert werden, sondern nur als Resultat aus Widersprüchen:

Mit der Teilung der Arbeit, die – als ›naturwüchsige‹ Arbeitsteilung – »ursprünglich nichts war als die Teilung der Arbeit im Geschlechtsakt, dann Teilung der Arbeit, die sich vermöge der natürlichen Anlage (z. B. Körperkraft), Bedürfnisse, Zufälle etc. etc. von selbst oder ›naturwüchsig‹ macht«[209], beginnt die Wirkung der gesellschaftlich produzierten Widersprüche. Ihre antagonistische Kraft entfalten sie freilich erst in der Arbeitsteilung »von dem Augenblicke an, wo eine Teilung der materiellen und geistigen Arbeit eintritt. Von diesem Augenblicke an *kann* sich das Bewußtsein wirklich einbilden, etwas Andres als das Bewußtsein der bestehenden Praxis zu sein, *wirklich* etwas vorzustellen, ohne etwas Wirkliches vorzustellen – von diesem Augenblicke an ist das Bewußtsein imstande, sich von der Welt zu emanzipieren und zur Bildung der ›reinen‹ Theorie [...] überzugehen«. Das Marx/Engelssche Resultat ist, »daß diese drei Momente, die Produktionskraft, der gesellschaftliche Zustand und das Bewußtsein, in Widerspruch untereinander geraten können und müssen, weil mit der *Teilung der Arbeit* die Möglichkeit, ja die Wirklichkeit gegeben ist, daß die geistige und materielle Tätigkeit – daß der Genuß und die Arbeit, Produktion und Konsumption, verschiedenen Individuen zufallen«[210]. Kurz: »Alle Kollisionen der Geschichte haben [...] ihren Ursprung in dem Widerspruch zwischen den Produktivkräften und der Verkehrsform«[211].

Die Wissenschaft von der *Widersprüchlichkeit,* der Dialektik der einen Geschichte ist also die *politische Ökonomie.* Politische Ökonomie und Wissenschaft von der Geschichte kommen zu dem in unterschiedlicher Fragestellung erzielten Ergebnis:

»Die Geschichte ist nichts weiter als die Aufeinanderfolge der einzelnen Generationen, von denen Jede die ihr von allen vorhergegangenen übermachten Materiale, Kapitalien, Produktionskräfte exploitiert, daher also einerseits unter ganz veränderten Umständen die

208 *MEW* 3, 29/30.
209 *MEW* 3, 31.
210 *MEW* 3, 31/32.
211 *MEW* 3, 73. ›Verkehrsform‹ wird später als ›Produktionsverhältnisse‹ bezeichnet.

überkommene Tätigkeit fortsetzt und andrerseits mit einer ganz veränderten Tätigkeit die alten Umstände modifiziert«[212].

Die politische Ökonomie ist nicht durch eine willkürliche Methodenwahl zur wichtigsten Wissenschaft der historischen ›Dialektik‹ geworden und nicht, weil die Ideologen der Bourgeoisie wesentliche zwischenmenschliche Interaktionen irrigerweise in den Kategorien der politischen Nationalökonomie verschleiert hätten – was die ›*Kritik* der Politischen Ökonomie‹ demaskiert –, sondern weil die *Produktion und Reproduktion des Lebens* ein nur ökonomisch beschreibbares Feld von Voraussetzungen der Geschichte absteckt:

»Wir müssen bei den voraussetzungslosen Deutschen damit anfangen, daß wir die erste Voraussetzung aller menschlichen Existenz, also auch aller menschlichen Geschichte konstatieren, nämlich die Voraussetzung, daß die Menschen imstande sein müssen zu leben, um ›Geschichte machen‹ zu können. Zum Leben aber gehört vor allem Essen und Trinken, Wohnung, Kleidung und noch einiges Andere. Die erste geschichtliche Tat ist also die Erzeugung der Mittel zur Befriedigung dieser Bedürfnisse, die Produktion des materiellen Lebens selbst, und zwar ist dies eine geschichtliche Tat, eine Grundbedingung aller Geschichte, die noch heute, wie vor Jahrtausenden, täglich und stündlich erfüllt werden muß, um die Menschen nur am Leben zu erhalten. [...] Das Zweite ist, daß das befriedigte erste Bedürfnis selbst, die Aktion der Befriedigung und das schon erworbene Instrument der Befriedigung zu neuen Bedürfnissen führt – und diese Erzeugung neuer Bedürfnisse ist die erste geschichtliche Tat. [...] Das dritte Verhältnis, was hier gleich von vornherein in die geschichtliche Entwicklung eintritt, ist das, daß die Menschen, die ihr eignes Leben täglich neu machen, anfangen, andre Menschen zu machen, sich fortzupflanzen – das Verhältnis zwischen Mann und Weib, Eltern und Kindern, die *Familie*. [...] Übrigens sind diese drei Seiten der sozialen Tätigkeit nicht als drei verschiedene Stufen zu fassen, sondern eben nur als drei Seiten [...], die vom Anbeginn der Geschichte an und seit den ersten Menschen zugleich existiert haben und sich noch heute in der Geschichte geltend machen«[213].

Dieser Voraussetzungen erinnern sich die bürgerlichen Ideologen angelegentlich jener ›Krisen‹ und ›Katastrophen‹, nach jenen Kriegen, die als Produkte falscher Produktionsweisen als grausamste Formen der Klassenkämpfe – inzwischen im Welt-

212 *MEW* 3, 45.
213 *MEW* 3, 28/29.

maßstab – alle materiellen Lebensbedingungen zerstören; dann ist wieder ›Geschichte‹ im Gerede, wird ›Kontinuität‹ beschworen, wird die Getreideernte wichtiger als der gutbürgerliche Luxus. Nach der Restauration der ›Kontinuität‹ wird die Geschichte suspendiert und mit ihr das Geschichtsbewußtsein, das Voraussetzungs-Bewußtsein.

Für die materialistische Geschichtsauffassung stehen im Vordergrund des Erkenntnisinteresses »die wirklichen Individuen, ihre Aktion und ihre materiellen Lebensbedingungen, sowohl die vorgefundenen wie die durch ihre eigne Aktion erzeugten«[214]. Jede Aussage der historischen ›Dialektik‹ trägt bei zur Überprüfung und Erhärtung des Satzes: Die Menschen machen ihre Geschichte selbst, aber . . .; aber, d. h.: eben nicht voraussetzungslos, nicht ohne materielle und ideelle Vorbedingungen; die wichtigste Präzisierung des ›Aber‹ leistet die politische Ökonomie, solange – und nur solange – sie das wirkliche Subjekt des gesellschaftlichen Lebens, den individuell-gesellschaftlich produzierenden Menschen, nicht vertauscht gegen ein fiktives Subjekt, gegen ›die Ökonomie‹ bzw. ›das ökonomische Gesetz‹. Dieser Vorbehalt gegenüber der politischen Ökonomie ist geboten angesichts einiger mechanistischer Revisionen der Subjekt-Perspektive in der materialistischen Geschichtsauffassung; die Entwicklung der marxistischen politischen Ökonomie zeigt eine heute weitgehend, aber noch nicht vollständig ausgeräumte Tendenz, die wirklichen Individuen aus der Geschichte der Produktion und der Praxis zu exilieren und abstrakte ökonomische ›Gesetze‹ zu inthronisieren. Die mechanistisch-ökonomische Widerrede gegen den – im Sinne der 1. Feuerbachthese – ›subjektiven‹ Materialismus der historischen ›Dialektik‹ muß um so deutlicher kritisiert werden, als die Begründer des Marxismus-Leninismus die *Deutsche Ideologie* nie dementiert haben. Noch die Marxschen *Theorien über den Mehrwert* von 1862/63 halten daran fest:

»Der Mensch selbst ist die Basis seiner materiellen Produktion, wie jeder andren, die er verrichtet. Alle Umstände also, die den Menschen affizieren, das *Subjekt* der Produktion, modifizieren plus ou moins alle seine Funktionen und Tätigkeiten, also auch seine Funktionen und Tätigkeiten als Schöpfer des materiellen Reichtums, der

214 *MEW* 3, 20.

Waren. In dieser Hinsicht kann in der Tat nachgewiesen werden, daß *alle* menschlichen Verhältnisse und Funktionen [...] die materielle Produktion beeinflussen und mehr oder minder bestimmend auf sie eingreifen«[215].

Die Marxsche Kritik der politischen Ökonomie der bürgerlichen Gesellschaft hat der Verobjektivierung und Fetischisierung *personaler* Beziehungen in scheinbar ewig geltenden *substantiellen* Ökonomie-Gesetzen ein Ende gesetzt. Nachdrücklich genug? Ja, denn die Marxsche, Engelssche und Leninsche Verhältnisbestimmung von Freiheit und Determination ist ein eindeutiges Veto gegen die Konzeption von Gesetzen, die in objektivistischer Maskerade durch die ›Geschichte‹ z. B. der politischen Ökonomie geistern und nach deren erhabenem Willen die Subjekte, die gesellschaftlichen Individuen, nur die Erfüllungsgehilfen ›des Prozesses‹ (à la Hegel, mit materialistischem Vorzeichen) sind. Dieses Veto muß immer wieder betont werden.

Daß die Menschen die Geschichte machen, und daß die Menschen die Geschichte bis zur Vollendung einer solidarisch produzierenden, nicht mehr antagonistischen Gesellschaftsformation unfrei machen, sind zwei Aussagen, die zusammengehören. Die wirklichen Individuen sind die wirklichen Produzenten, von denen die politische Ökonomie auszugehen hat. Wirkliche Individuen, – d. h. *gesellschaftliche* Individuen; gesellschaftliche Individuen, – d. h. *geschichtliche* ›Ensembles gesellschaftlicher Verhältnisse‹. In der gesellschaftlichen Natur der individuellen Arbeit gründet die Wirkung der Objektivität, der Gesetzmäßigkeit der sozialen Bewegungen.

Vergewissert man sich der historisch-materialistischen Erkenntnisse über die Relation ›Individuum/Gesellschaft‹, so ist eine Fetischisierung wie eine subjektivistische Revision des materialistischen, dialektischen Gesetzes-Begriffs nicht mehr möglich. Die Produktion beginnt für die Individuen niemals ab ovo, nie mit einer ›Stunde Null‹:

»Die Menschen [wählen] ihre *Produktivkräfte* – die Basis ihrer ganzen Geschichte – nicht frei [...]; denn jede Produktivkraft ist eine erworbene Kraft, das Produkt früherer Tätigkeit. Die Produktivkräfte sind also das Resultat der angewandten Energie der Menschen,

215 *MEW* 26/1, 260.

doch diese Energie selbst ist begrenzt durch die Umstände, in welche die Menschen sich versetzt finden, durch die bereits erworbenen Produktivkräfte, durch die Gesellschaftsform, die vor ihnen da ist, die sie nicht schaffen, die das Produkt der vorhergehenden Generation ist. Dank der einfachen Tatsache, daß jede neue Generation die von der alten Generation erworbenen Produktivkräfte vorfindet, entsteht [...] die Geschichte der Menschheit, die um so mehr Geschichte der Menschheit ist, je mehr die Produktivkräfte der Menschen und infolgedessen ihre gesellschaftlichen Beziehungen wachsen. Die notwendige Folge: Die soziale Geschichte der Menschen ist stets nur die Geschichte ihrer individuellen Entwicklung, ob sie sich dessen bewußt sind oder nicht«[216].

Aus der sozialen Bestimmung der Individualität der arbeitenden Subjekte folgt – dies ist einmal zu beachten – auch ihre Geschichtlichkeit; dies gilt auch umgekehrt. Alle begrifflichen Anstrengungen zugunsten einer dialektischen Definition von Individuum und Gesellschaft haben Argumente gegen die Abstraktion ›der Mensch‹ erbracht. Nur wofern die Individuen »nicht mehr unter die Teilung der Arbeit subsumiert« werden[217], kann das Quid pro quo von Individuum und abstraktem Menschen gelingen. Die Kehrseite dieser Abstraktion von den wirklichen Individuen ist die nicht minder abstrakte Kategorie ›die Gesellschaft‹, die als unhistorisches sozial-ontologisches Substrat der individuell-gesellschaftlichen Produktion erdacht wird. Das gemeinsame Prinzip der Individuation wie der Sozialisation ist aber die Arbeit in ihrem geschichtlichen Teilungsprozeß; dies ist der zweite beachtenswerte Aspekt. Für Marx galt es »zu vermeiden, die ›Gesellschaft‹ wieder als Abstraktion dem Individuum gegenüber zu fixieren. Das Individuum *ist* das *gesellschaftliche Wesen*«; denn »*wie* die Gesellschaft selbst den *Menschen* als *Menschen* produziert, so ist sie durch ihn *produziert*«[218]. Die Frage: »Was ist die Gesellschaft, welches immer auch ihre Form sei?« wird deshalb mit dem Satz beantwortet: »Das Produkt des wechselseitigen Handelns der Menschen«[219].

Individuum und Gesellschaft können nur als *Verhältnis*, als *Beziehung* erfaßt und definiert werden. Die frühen Formulie-

216 *MEW* 4, 548/549.
217 *MEW* 3, 69.
218 *MEW* Erg. Bd. 1, 538; 537.
219 *MEW* 4, 548.

rungen aus den Jahren bis 1846 (bis zur Auseinandersetzung von Marx mit Proudhon) stimmen mit den späteren aus den Jahren der Marxschen Arbeiten zur *Kritik der Politischen Ökonomie* voll überein. In der *Einleitung zur Kritik der Politischen Ökonomie* – 1857 verfaßt und 1903 in *Die Neue Zeit* veröffentlicht – heißt es:

»Alle Produktion ist Aneignung der Natur von seiten des Individuums innerhalb und vermittelst einer bestimmten Gesellschaftsform«. Und auch hier die Schlußfolgerung: »Die Gesellschaft als ein einziges Subjekt betrachten, ist, sie überdem falsch betrachten – spekulativ«[220].

»In Gesellschaft produzierende Individuen – daher gesellschaftlich bestimmte Produktion der Individuen ist natürlich der Ausgangspunkt« der politischen Ökonomie als des Kernstücks der geschichts-materialistischen ›Dialektik‹ der konkreten Wirklichkeit, d. h. der Arbeit, der Praxis[221]. Nicht eine allgemeine Theorie der Praxis, nicht eine Philosophie der Praxis-an-sich, nicht eine Anthropologie der Praxis vermögen das Subjekt der Geschichte zu definieren, sondern erst eine Theorie, welche von der konkreten materiellen Tätigkeit der gesellschaftlichen Individuen ausgeht: die politische Ökonomie. Für die politische Ökonomie gilt erst, daß die »bestimmten *sozialen Verhältnisse* ebenso gut *Produkte der Menschen* sind, wie Tuch, Leinen etc.«[222]; erst für die politische Ökonomie stellen sich »die ökonomischen Verhältnisse einer gegebenen Gesellschaft [...] zunächst dar als *Interessen*«[223].

Die politische Ökonomie enthüllt aufgrund der Erkenntnis, warum im Kapitalismus »die Produktion [...] als eingefaßt in von der Geschichte unabhängigen ewigen Naturgesetzen dargestellt werden [muß], bei welcher Gelegenheit dann ganz unter der Hand *bürgerliche* Verhältnisse als unumstößliche Naturgesetze der Gesellschaft in abstracto unterschoben werden«[224], auch die bürgerlich-gesellschaftlich notwendige Abstraktheit der Kategorien ›der Mensch‹ und ›die Gesellschaft‹. Beide Kategorien sind Abstraktionen vom realen Widerspruch

220 *MEW* 13, 619; 625.
221 *MEW* 13, 615.
222 *MEW* 4, 130 (im Original ohne Hervorhebung).
223 *MEW* 18, 274.
224 *MEW* 13, 618/619.

zwischen Menschen und Gesellschaftsformen, beide sind notwendig zur ›Versöhnung‹ der Klassengegensätze und der Fremdheit der Individuen untereinander – im Bewußtsein. Die politische Ökonomie ist – in der Analyse solcher Abstraktionen – *Kritik;* sie ist Kritik in der Perspektive einer mit dem Ende der Vorgeschichte möglichen *Universalität des Individuums;* die kapitalistische Produktionsweise »produziert die realen Bedingungen ihrer eignen Aufhebung«, denn ihr Resultat ist »die ihrer Tendenz [...] nach allgemeine Entwicklung der Produktivkräfte – des Reichtums überhaupt – als Basis, ebenso die Universalität des Verkehrs, daher der Weltmarkt als Basis«:

»Die Basis als Möglichkeit der universellen Entwicklung des Individuums, und die wirkliche Entwicklung der Individuen von dieser Basis aus als beständige Aufhebung ihrer *Schranke,* die als Schranke gewußt ist, nicht als *heilige Grenze* gilt. Die Universität des Individuums nicht als gedachte oder eingebildete, sondern als Universalität seiner realen und ideellen Beziehungen. Daher auch Begreifen seiner eignen Geschichte als eines *Prozesses* und Wissen der Natur (ebenso als praktische Macht über sie vorhanden) als seines realen Leibes. Der Prozeß der Entwicklung selbst als Voraussetzung desselben gesetzt und gewußt. Dazu aber nötig vor allem, daß die volle Entwicklung der Produktivkräfte *Produktionsbedingung* geworden; nicht bestimmte *Produktionsbedingungen* als Grenze für die Entwicklung der Produktivkräfte gesetzt sind«[225].

In dieser Perspektive der Veränderung der Produktivkräfte ist die marxistische politische Ökonomie *Kritik.* Im Maße der realen Entfaltung dieser Produktivkräfte im Sozialismus wird die politische Ökonomie eine *positive Wissenschaft.*
Die Kritik der bürgerlichen politischen Ökonomie begründet mit der dialektischen Definition des Verhältnisses von Individuum und Gesellschaft in den sozialwissenschaftlichen Kategorien der Arbeit und der Produktion einen Bereich der materialistischen ›Dialektik‹, der allzuoft als verselbständigte wissenschaftliche Disziplin ausgewiesen wurde: die *Erkenntnistheorie.*
Die Erkenntnis ist immer individuell, und sie ist immer gesellschaftlich durch Erfahrungen der Arbeitswirklichkeit vermittelt; die Erkenntnis ist immer gegenwärtige Erkenntnis, und sie ist immer geschichtlich durch die akkumulierte gesellschaft-

225 *Grundrisse,* 440.

liche Erfahrung vermittelt; denn die individuelle Widerspiegelung reproduziert die gesellschaftliche Genesis der Wirklichkeit
als geschichtliche Wirklichkeit, und zwar in der Form des geschichtlichen Bewußtseins und des Geschichtsbewußtseins. Das
Bewußtsein hat nicht eine Geschichte aus sich selbst, sondern
aus der Praxis vor allem der materiellen ökonomischen Produktion. Erkenntnistheoretisch bedeutsam wird die historisch-
materialistische politische Ökonomie, weil ihr Gegenstand nicht
etwa der Mechanismus der Produktion selbst ist, sondern das
Produktionsverhältnis von Menschen, die in der Arbeit auch
ihr Bewußtsein erarbeiten. So erzeugt die kapitalistische
Warenproduktion nicht nur Waren als Gegenstände der Bedürfnisbefriedigung; sie erzeugt zugleich a) den Menschen »als
eine *Ware*, die *Menschenware*, den Menschen in der Bestimmung der *Ware*«, d. h. den lohnabhängigen Proletarier, und
b) ein Bewußtsein, das der ›Menschenware‹ angemessen ist; die
ökonomische Produktion erzeugt im Kapitalverhältnis die
›Menschenware‹ als »*selbstbewußte* und *selbsttätige* Ware«[226],
d. h. das revolutionäre Proletariat und eine Theorie der Revolution. Lenin definiert:

»Die politische Ökonomie befaßt sich keineswegs mit der ›Produktion‹, sondern mit den gesellschaftlichen Beziehungen der Menschen
in der Produktion, mit der gesellschaftlichen Struktur der Produktion«[227].

Die politische Ökonomie im historischen Materialismus zieht –
dies begründet ihre Effizienz für die dialektische Erkenntnistheorie – die *logischen* Schlußfolgerungen aus der geschichtlichen Entwicklung der ökonomischen Gesellschaftsformationen, deren kategoriales Widerspiegelungsresultat in den Kategorien der bürgerlichen Nationalökonomie vorliegen. Die
wichtigsten historisch-logischen Reduktionsschritte der Marxschen politischen Ökonomie sollen hier am Leitfaden der *Einleitung zur Kritik der Politischen Ökonomie* vorgestellt werden. Sie sind die Bausteine der materialistischen Gnoseologie
als historischer Wissenschaft.

a) ›Produktion‹ ist grundsätzlich bestimmt als Tätigkeit gesellschaftlicher Individuen in geschichtlich unterscheidbaren ökonomischen Formationen.

226 *MEW* Erg. Bd. 1, 524.
227 *LW* 3, 51.

b) Es gibt keine Produktion ohne Konsumption. Die Konsumption vollzieht sich subjektiv und objektiv: als Auslöschen der in der Produktion entwickelten subjektiven Fähigkeiten. Erst in der Konsumption wird das Produkt zum wirklichen, nutzbaren Produkt. Die Konsumption erzeugt das Bedürfnis nach erneuter Produktion.

c) Die Produktion befriedigt nicht nur Bedürfnisse durch Produkte, sondern schafft Bedürfnisse nach Produkten: »Der Kunstgegenstand – ebenso jedes andre Produkt – schafft ein kunstsinniges und schönheitsfähiges Publikum. Die Produktion produziert daher nicht nur einen Gegenstand für ein Subjekt, sondern auch ein Subjekt für den Gegenstand«.

d) Das Subjekt der Produktion ist das gesellschaftlich arbeitende Individuum. Die Art und Weise der Warenproduktion – und d. h.: auch der Produktion von Subjekten und von Bewußtsein – bestimmt aber nicht das Individuum, sondern die Gesellschaft als Ensemble aller individuellen Produktionstätigkeiten.

e) Die Wissenschaft, welche die Praxis der Subjekte erforscht wie auch die erarbeiteten Formen des Bewußtseins, hat deshalb von der Gesellschaft als dem eigentlichen Subjekt und als der wesentlichen Voraussetzung der Bewußtseinsleistungen auszugehen.

f) Jede historische Wissenschaft, auch die Erkenntnistheorie, muß erkennen, »daß, wie in der Wirklichkeit, so im Kopf, das Subjekt, [...] die [...] Gesellschaft, gegeben ist, und daß die Kategorien daher Daseinsformen, Existenzbestimmungen [...] dieses Subjekts ausdrücken«. Das Subjekt ist für die Marxsche politische Ökonomie die moderne bürgerliche Gesellschaft.

g) Die Erkenntnistheorie ist eine historische Wissenschaft auf der Basis der logischen Kategorienanalyse der politischen Ökonomie. Die Kategorienanalyse setzt an bei der jeweils höchsten Entwicklungsform der Gesellschaft und ihrer Produktionsweise. Die Kategorien, die Existenzbestimmungen dieser höchstentwickelten Gesellschaftsformation widerspiegeln, bergen zugleich den ganzen historischen Prozeß aller früheren Formationen: »In der Anatomie des Menschen ist ein Schlüssel zur Anatomie des Affen«.

h) Die historisch-materialistische Wissenschaft identifiziert nicht die früheren Formationen mit jener, die als Wirklichkeit Gegenstand der Analyse und Kritik ist. Sie stellt sich dem Problem der Ungleichzeitigkeit der materiellen ökonomischen Produktion mit den ideologischen Widerspiegelungsformen. Die historisch-logische Methode rekonstruiert nicht den exakten geschichtlichen Entwicklungsgang, sondern sie extrapoliert aus den Gesetzmäßigkeiten der Genesis der Wirklichkeit die wesentlichen allgemeinen Prinzipien der Herkunft aus der Vergangenheit. Die historisch-logische Methode deduziert nicht die Geschichte aus der Gegenwart, sondern gewinnt Erkenntnisse über die Geschichte durch Reduktion[228]. Sie bietet das logisch korrigierte Spiegelbild der historischen Genesis, das sie gewinnt durch die logische Analyse der Widerspiegelungen der Gegenwart. Die logische Analyse läßt nicht »die ökonomischen Kategorien in der Folge aufeinander folgen [...], in der sie historisch die bestimmenden waren. Vielmehr ist ihre Reihenfolge bestimmt durch die Beziehung, die sie in der modernen bürgerlichen Gesellschaft aufeinander haben, und die genau das Umgekehrte von dem ist, was als ihre naturgemäße erscheint oder der Reihenfolge der historischen Entwicklung entspricht«[229].

i) Die historisch-logische Methode muß die Wahrheit der Kategorien gewinnen, indem sie sie ›korrigiert‹, d. h., indem sie sie des Scheins überführt. Die Kategorien *sind* nicht ›Daseinsformen‹ der Gesellschaft, sondern sie *drücken* diese Daseinsformen *aus;* sie sind nicht identisch mit dem, was sie ausdrücken, sondern sie sind der ideologische Schein, der gesellschaftlich notwendige Schein, hinter dem erst die Wahrheit der gesellschaftlichen Beziehungen praktisch tätiger Menschen sich verbirgt.

j) Der »kapitalistische Produktionsprozeß [...] produziert [...] nicht nur Ware, nicht nur Mehrwert, er produziert und reproduziert das Kapitalverhältnis selbst, auf der einen Seite den Kapitalisten, auf der anderen den Lohnarbeiter«[230]; er produziert nicht Bewußtsein-allgemein, sondern *Klassenbewußtsein.* Die Marxsche ›Logik‹ ist die Logik des Kapitalverhältnisses. Diese Logik hat für den Kapitalisten und den Proletarier einen erheblich unterschiedlichen Stellenwert. Die ›Logik‹ des Kapitalverhältnisses und des Klassenbewußtseins ist die Logik des Widerspruchs; nicht des formalen logischen Gegensatzes, sondern des dialektischen Widerspruchs.

k) Die Individuen treten im Kapitalverhältnis zunächst nur auf als Träger ›ökonomischer Charaktermasken‹. Sie erfahren die von ihnen selbst produzierten gesellschaftlichen Beziehungen als fremde Verhältnisse, die nicht mehr ihrem eigenen Willen gehorchen, sondern scheinbar der Eigengesetzlichkeit ›der Ökonomie‹ oder ›des Kapitals‹. Die Kategorien, deren sich der ›homo oeconomicus‹ bedient, entsprechen nicht der Wirklichkeit der menschlichen Praxis, sondern der verobjektivierten ›Sachlichkeit‹ der Warenwelt. Diese Kategorien sind geboren aus einem gesellschaftlich erzwungenen falschen Bewußtsein.

l) Die dialektische Erkenntnistheorie ist die Wissenschaft nicht nur von den klassenspezifischen Formen der Erkenntnis, sondern zugleich

---

228 Zu ›Deduktion‹ und ›Reduktion‹ vgl. Bibl. Nr. (5): Art. ›Logik, formale‹.
229 Zu a)-h) vgl. *MEW* 13, 615-641.
230 *MEW* 23, 604.

auch von den materiellen Bedingungen, die dem Bewußtsein die Falschheit der ökonomisch produzierten und politisch reproduzierten Vergegenständlichung aufnötigen oder eine objektiv richtige Widerspiegelung ermöglichen.

Die gesellschaftlichen Ursachen der Falschheit des Bewußtseins und der Kategorien zu erklären gelang Marx im *Kapital*. Er löste das Rätsel des ›Fetischcharakters der Ware‹. Der »mystische Charakter der Ware« entspringt – so Marx' Entdeckung – nicht aus ihrem Gebrauchswert. Die Ware verwandelt sich erst im Tausch in ein »übersinnliches Ding«:

»Das Geheimnisvolle der Warenform besteht [...] einfach darin, daß sie den Menschen die gesellschaftlichen Charaktere ihrer eignen Arbeit als gegenständliche Charaktere der Arbeitsprodukte selbst, als gesellschaftliche Natureigenschaften dieser Dinge zurückspiegelt, daher auch das gesellschaftliche Verhältnis der Produzenten zur Gesamtarbeit als ein außer ihnen existierendes gesellschaftliches Verhältnis von Gegenständen. Durch dieses Quidproquo werden die Arbeitsprodukte Waren, sinnlich übersinnliche oder gesellschaftliche Dinge«.
»Es ist« – dies setzt Marx dagegen – »nur das bestimmte gesellschaftliche Verhältnis der Menschen selbst, welches hier für sie die phantasmagorische Form eines Verhältnisses von Dingen annimmt. [...] Dieser Fetischcharakter der Warenwelt entspringt [...] aus dem eigentümlichen gesellschaftlichen Charakter der Arbeit, welche Waren produziert«. Den im Kapitalismus zur Konkurrenz gezwungenen Privatarbeitern, die keinen Einblick in die Funktion ihrer Arbeit in der Gesamtarbeit der Gesellschaft mehr haben, erscheinen notgedrungen »die gesellschaftlichen Beziehungen ihrer Privatarbeiten als das, was sie sind, d. h. nicht als unmittelbar gesellschaftliche Verhältnisse der Personen in ihren Arbeiten selbst, sondern vielmehr als sachliche Verhältnisse der Personen und gesellschaftliche Verhältnisse der Sachen«[231].

Die Formen des gesellschaftlich notwendigen falschen Bewußtseins sind keine ›dem Menschen‹ aufgrund ›der Natur des Denkens‹ anhaftenden Strukturen, sondern konkret erklärbare Widerspiegelungsformen einer (vor allem politisch-ökonomisch, historisch-logisch zu analysierenden) geschichtlich akkumulierenden Praxis arbeitender Individuen. Außerhalb der kapitalistischen Produktionsweise existieren andere, qualitativ

231 *MEW* 23, 85/86/87.

verschiedene Bewußtseinsdeterminanten. Die Formen des Fetischismus existieren in allen bisherigen Produktionsformationen, aber nicht als Fetischismus der *Ware*; die wirklichen Lebens- und Produktionsbeziehungen waren in allen vorsozialistischen Produktionsformationen für die Individuen undurchschaubar, sei es durch religiöse oder durch juristische und politisch-institutionelle Versachlichungsmechanismen; (wie z. B. der *sachliche* Status des Sklaven in der römischen Gesellschaft selbstverständlich schien, weil ihn das *Recht* als Sache in der Verfügungsgewalt eines Herrn definierte, der durch das Eigentum an Sachen (Sklaven) zur Person wurde). Bei der erkenntnistheoretischen, historisch-logischen und hermeneutischen Rekonstruktion geschichtlicher Prozesse muß man deshalb die qualitative Verschiedenheit der Ursachen und der Formen des Fetischismus berücksichtigen. Die Abstraktheit der politisch-ökonomischen Kategorien im Kapitalismus ist das Resultat nicht ›der‹ Warenproduktion, sondern der kapitalistischen; die materiell-praktischen Formen der Objektivationen menschlicher Tätigkeit sind die – historisch genau zu unterscheidenden – Voraussetzungen der ideellen Widerspiegelungsobjektivationen, der Kategorien usw.

»Die Menschen machen ihre Geschichte selbst«, – dieses Fazit zieht auch Engels; doch auch Engels subtrahiert an ›Aber‹, was die ökonomische Ursache der Beschränkung einer autonomen Machbarkeit der Geschichte ausmacht:

»aber bis jetzt nicht mit Gesamtwillen nach einem Gesamtplan, selbst nicht in einer bestimmt abgegrenzten gegebenen Gesellschaft. Ihre Bestrebungen durchkreuzen sich, und in allen solchen Gesellschaften herrscht ebendeswegen die *Notwendigkeit,* deren Ergänzung und Erscheinungsform die *Zufälligkeit* ist. Die Notwendigkeit, die hier durch alle Zufälligkeit sich durchsetzt, ist wieder schließlich die ökonomische«[232].

Durch seine Arbeit an der Natur erzeugt der Mensch eine neue ontologische Qualität, das gesellschaftliche Sein; doch auch in diesem Sein herrschen objektive Gesetze, d. h. Notwendigkeiten, die aus den der menschlichen Kontrolle entzogenen Objektivationen der Produktions-Praxis entstehen. Die politische Ökonomie ist für die Theorie der Geschichte konstitutiv, weil

232 *MEW* 39, 206.

allein durch ihre kritischen Kategorien das Wesen und der Charakter der gesellschaftlichen Gesetzmäßigkeiten erklärt werden können. Die materialistische Geschichtsauffassung ist eine Theorie der Praxis, deren Notwendigkeiten und Zufälle sie a) empirisch, d. h. politisch-ökonomisch erforscht durch Analysen und b) philosophisch, d. h. historisch-logisch verallgemeinert durch theoretische Abstraktionen, die das Ergebnis gedanklicher Synthesis sind; durch diesen zweifachen Erkenntnisweg sichert sie sich ihren Gegenstand, die Geschichte, als Konkret-Allgemeines. Sie ist eine Theorie der Praxis, weil für sie »die Produktion, und nächst der Produktion der Austausch ihrer Produkte, die Grundlage aller Gesellschaftsordnung ist«; sie erkennt, »daß in jeder geschichtlich auftretenden Gesellschaft die Verteilung der Produkte, und mit ihr die soziale Gliederung in Klassen oder Stände, sich danach richtet, was und wie produziert wird«. Für die Theorie der Praxis »sind die letzten Ursachen aller geschichtlichen Umwälzungen zu suchen nicht in den Köpfen der Menschen, in ihrer zunehmenden Einsicht in die ewige Wahrheit und Gerechtigkeit, sondern in Veränderungen der Produktions- und Austauschweise; sie sind zu suchen nicht in der *Philosophie,* sondern in der Ökonomie der betreffenden Epoche«. Folgerichtig sind die Mittel zur Veränderung der Gesellschaft »nicht etwa aus dem Kopf zu *erfinden,* sondern vermittelst des Kopfes in den vorliegenden materiellen Tatsachen der Produktion zu *entdecken*«[233].

An dieser Stelle erhebt sich noch einmal das Problem des Subjekts der ›Veränderung der Produktions- und Austauschweise‹ bzw. des Schöpfers der ›materiellen Tatsachen der Produktion‹. Es ist eines der schwerwiegenden Probleme der marxistischen Philosophie und muß erörtert werden, will man auf die praktische Frage nach der Freiheit des Menschen nicht für die Philosophie verzichten. Auf diese Frage verzichten heißt, den Marxismus als Theorie und Praxis der revolutionären Veränderung ad acta zu legen. Der Marxismus ist ein Humanismus nicht etwa, weil er – wie Marx von westlichen ›humanistischen‹ Marxologen unterstellt wird – ›den Menschen‹ an sich und abstrakt als Subjekt der Geschichte anerkennt, sondern weil er theoretisch – durch die ›Geschichte‹ der materiellen Ursachen

233 *MEW* 20, 248/249.

der Unfreiheit – und praktisch – durch die revolutionäre Herstellung von materiellen Bedingungen der Freiheit – die Frage nach der Freiheit des Individuums löst. Wer das Subjekt der Geschichte suspendiert oder nach ihm zu forschen aufgibt, begeht nicht etwa theoretische Fehler, sondern verrät mit dem Marxismus, was zweitrangig wäre, den Humanismus, und dies ist vorrangig. Vor einer Kritik zweier Revisionen des Marxismus sei klargestellt, daß für Marx und Engels das Thema der Freiheit des Individuums *die* Perspektive ihrer Wissenschaft war.

Die Perspektive der Theorie:
»Indem aber für den sozialistischen Menschen die *ganze sogenannte Weltgeschichte* nichts anders ist, als die Erzeugung des Menschen durch die menschliche Arbeit, als das Werden der Natur für den Menschen, so hat er also den anschaulichen, unwiderstehlichen Beweis von seiner *Geburt* durch sich selbst, von seinem *Entstehungsprozeß*. Indem die *Wesenhaftigkeit* des Menschen und der Natur, indem der Mensch für den Menschen als Dasein der Natur und die Natur für den Menschen als Dasein des Menschen praktisch, sinnlich anschaubar geworden ist, ist die Frage nach einem *fremden* Wesen [...] praktisch unmöglich geworden«[234].

Die Perspektive der Praxis:
»Der *Kommunismus* als *positive* Aufhebung des Privateigentums als *menschlicher Selbstentfremdung* und darum als wirkliche *Aneignung* des menschlichen Wesens durch und für den Menschen; darum als vollständige, bewußt und innerhalb des ganzen Reichtums der bisherigen Entwicklung gewordne Rückkehr des Menschen für sich als eines *gesellschaftlichen*, d. h. menschlichen Menschen. Dieser Kommunismus ist als vollendeter Naturalismus = Humanismus, als vollendeter Humanismus = Naturalismus, er ist die *wahrhafte* Auflösung des Widerstreits zwischen dem Menschen und der Natur und mit dem Menschen [...], zwischen Freiheit und Notwendigkeit, zwischen Individuum und Gattung. Er ist das aufgelöste Rätsel der Geschichte und weiß sich als diese Lösung«[235].

Wer diese Sätze als Spekulationen des ›jungen‹ Marx nicht schätzt, sollte den Vergleich mit der Theorie der Freiheit in der späteren vollentwickelten politischen Ökonomie nicht scheuen: die Natur-Kategorie ist historisch und politisch-öko-

234 *MEW* Erg. Bd. 1, 546.
235 *MEW* Erg. Bd. 1, 536.

nomisch präzisiert; an Themenstellung und Lösung hat sich nichts geändert. Engels im Wortlaut:

»Hegel war der erste, der das Verhältnis von Freiheit und Notwendigkeit richtig darstellte. Für ihn ist die Freiheit die Einsicht in die Notwendigkeit. ›*Blind* ist die Notwendigkeit nur, *insofern dieselbe nicht begriffen wird.*‹ Nicht in der geträumten Unabhängigkeit von den Naturgesetzen liegt die Freiheit, sondern in der Erkenntnis dieser Gesetze, und in der damit gegebnen Möglichkeit, sie planmäßig zu bestimmten Zwecken wirken zu lassen. Es gilt dies mit Beziehung sowohl auf die Gesetze der äußern Natur, wie auf diejenigen, welche das körperliche und geistige Dasein des Menschen selbst regeln – zwei Klassen von Gesetzen, die wir höchstens in der Vorstellung, nicht aber in der Wirklichkeit voneinander trennen können. Freiheit des Willens heißt daher nichts andres als die Fähigkeit, mit Sachkenntnissen entscheiden zu können. [...] Freiheit besteht also in der, auf Erkenntnis der Naturnotwendigkeiten gegründeten Herrschaft über uns selbst und über die äußere Natur; sie ist damit notwendig ein Produkt der geschichtlichen Entwicklung«[236].

Die Einsicht in die Notwendigkeit als Unterwerfung und Anpassung und Engels' Theorie der Freiheit als Aufforderung zur Anpassung fehlzudeuten, blieb bürgerlichen Ideologen vorbehalten, die zu ›Notwendigkeit‹ nur willkürliche Herrschaft zu assoziieren vermögen – notwendigerweise. Für Marx und Engels war mit der kapitalistischen Produktionsweise der Fortschritt in der Aneignung der Natur soweit vorangetrieben, daß die Überwindung der Unfreiheit keine Utopie mehr sein konnte. Die Maschine wurde zum Indiz möglicher Freiheit; mit ihr hatte sich der Mensch vom »Gängelband der Natur«[237] zu lösen begonnen; »den Naturprozeß, den er in einen industriellen umwandelt, schiebt er als Mittel zwischen sich und die unorganische Natur, deren er sich bemeistert«[238]. In der Veränderung der Natur hat sich eine Gattung selbst verändert bis zur Qualität, Subjekt zu sein – Subjekt der Arbeit, der Produktion, der Praxis und der Geschichte. Dies hat die politische Ökonomie begriffen, und aus dem Begriff hat die kommunistische Revolution ihre Forderung auch wissenschaftlich legitimiert: das Produkt der Arbeit soll dem Arbeiter gehören; wer über

236 *MEW* 20, 106.
237 *MEW* 23, 536.
238 *Grundrisse*, 592/593.

das Produkt der Arbeit herrscht, verfügt über Subjekte. Die Erkenntnis der politischen Ökonomie lautet:

»Die Natur baut keine Maschinen, keine Lokomotiven, Eisenbahnen. [...] Sie sind Produkte der menschlichen Industrie, verwandelt in Organe des menschlichen Willens über die Natur oder seiner Betätigung in der Natur. Sie sind *von der menschlichen Hand geschaffne Organe des menschlichen Hirns;* vergegenständlichte Wissenskraft«[239].

Die kommunistische Forderung, Verhältnisse zu revolutionieren, »die den Arbeiter zum Sklaven seines eigenen vom Kapitalisten monopolisierten Produkts machen«[240], heißt:

»Besitzer der Arbeitsmittel – der Rohstoffe, Fabriken und Maschinen – soll das arbeitende Volk selbst sein«[241].

Die Forderung, die gesellschaftlich wirksamen Kräfte dem Willen der Individuen zu unterwerfen, ist die politische Forderung nach Freiheit: »Indem sich die Gesellschaft zur Herrin der sämtlichen Produktionsmittel macht, um sie gesellschaftlich planmäßig zu verwenden, vernichtet sie die bisherige Knechtung der Menschen unter ihre eignen Produktionsmittel«; entsprechend der historisch-materialistischen Verhältnisbestimmung von Individuum und Gesellschaft fährt Engels fort: »Die Gesellschaft kann sich selbstredend nicht befreien, ohne daß jeder einzelne befreit wird«[242]. Die Menschen werden erstmalig »wirkliche Herren der Natur, weil und indem sie Herren ihrer eignen Vergesellschaftung werden. Die Gesetze ihres eignen gesellschaftlichen Tuns, die ihnen bisher als fremde, sie beherrschende Naturgesetze gegenüberstanden, werden dann von den Menschen mit voller Sachkenntnis angewandt und damit beherrscht. [...] Erst von da an werden die Menschen ihre Geschichte mit vollem Bewußtsein selbst machen, erst von da an werden die von ihnen in Bewegung gesetzten gesellschaftlichen Ursachen vorwiegend und in stets steigendem Maße auch die von ihnen gewollten Wirkungen haben. Es ist der Sprung der Menschheit aus dem Reiche der Notwendigkeit in das Reich der Freiheit«[243].

239 *Grundrisse*, 594.
240 *MEW* 19, 251.
241 *MEW* 19, 250.
242 *MEW* 20, 273.
243 *MEW* 20, 264.

Bereits im bis 1867 vollendeten Entwurf des dritten Buchs von Marx' *Kapital* ist die Idee vom Reich der Freiheit gedacht; der Tenor des Textes scheint skeptischer als in Engels' *Anti-Dühring*[244]:

»Das Reich der Freiheit beginnt in der Tat erst da, wo *das* Arbeiten, das durch Not und äußere Zweckmäßigkeit bestimmt ist, aufhört; es liegt also der Natur der Sache nach jenseits der Sphäre der eigentlichen materiellen Produktion. Wie der Wilde mit der Natur ringen muß, um seine Bedürfnisse zu befriedigen, um sein Leben zu erhalten, und zu reproduzieren, so muß es der Zivilisierte, und er muß es in allen Gesellschaftsformen und unter allen möglichen Produktionsweisen. Mit seiner Entwicklung erweitert sich dies Reich der Naturnotwendigkeit, weil die Bedürfnisse; aber zugleich erweitern sich die Produktivkräfte, die diese befriedigen. Die Freiheit auf diesem Gebiet kann nur darin bestehn, daß der vergesellschaftete Mensch, die assoziierten Produzenten, diesen ihren Stoffwechsel mit der Natur rationell regeln, unter ihre gemeinschaftliche Kontrolle bringen, statt von ihm als einer blinden Macht beherrscht zu werden. [...] Aber es bleibt dies immer ein Reich der Notwendigkeit. Jenseits desselben beginnt die menschliche Kraftentwicklung, die sich als Selbstzweck gilt, das wahre Reich der Freiheit, das aber nur auf jenem Reich der Notwendigkeit als seiner Basis aufblühn kann. Die Verkürzung des Arbeitstags ist die Grundbedingung«[245].

Die Idee vom Reich der Freiheit ist keine erhabene Prophetie, sondern Ausdruck des Marxschen realistischen Humanismus. Diese Idee der Freiheit überspielt nicht, wie in Marcuses Paradies der Spiele, die Grenzen, die gesetzt sind und gesetzt bleiben durch die zur Produktion und Reproduktion des Lebens *notwendige* gesellschaftliche Arbeit. Die bisherige Geschichte war aber nicht die Geschichte der gesellschaftlich *notwendigen* Arbeit, sondern die der partikulären Aneignung des Mehrprodukts der Arbeit des Arbeiters durch jene Klassen, die aufgrund dieser Aneignung herrschten. *Diese* Geschichte ist noch nicht von den Subjekten in Freiheit gemacht. In dieser Geschichte ist der soziale Widerspruch, ist der Klassenkampf die

244 Zwischen 1863 und 1867 hatte Marx die beiden letzten Bücher des *Kapital* entworfen. Der 3. Bd. wurde 1894 von Fr. Engels herausgegeben. Dessen *Anti-Dühring* entstand 1876-1878 und erschien 1894 in 3., durchgesehener und vermehrter Auflage.
245 *MEW* 25, 828; (Hervorhebung H. J. Sa.). Ohne diese Hervorhebung wäre die Legende glaubhaft, Marx habe die Abschaffung der Arbeit propagiert.

entscheidende Kraft der Transformation. So verbietet sich dreierlei: 1. die Darstellung der Geschichte als Geschichte des Geistes oder welthistorischer Individuen als dessen Statthalter; 2. die Konzeption der Geschichte als Geschichte des Zufalls oder abstrakter, namenloser Gewalt oder seinsgeschicklicher Katastrophen; und 3. die Preisgabe der Geschichte der Praxis an hypostasierte ›Gesetze‹ oder die verzweifelte Hoffnung auf eine Geschichte ohne Subjekt, die sich selbst kraft ihrer ›Struktur‹ vorantreibt.

Die unter 3 genannten Revisionen anerkennen gegenüber 1 und 2 zwar die Dialektik der Arbeit als Triebkraft der Entwicklung im gesellschaftlichen Sein, leugnen aber, daß es ein individuelles und identifizierbares Subjekt der Geschichte gibt. ›Die Menschen‹, die Geschichte machen, erscheinen hier nur noch als Konstrukt der Theorie. Der Revisionstypus 3 läßt sich gegenwärtig in der marxistischen Theorie feststellen; es gibt ihn a) als Rezidiv des undialektischen Mechanismus, als Anachronismus in der ansonsten längst wieder zur Höhe dialektischer Wissenschaft aufgestiegenen materialistischen Geschichtsauffassung; nicht zuletzt in politischen Ökonomien ist er noch nicht endgültig aufgegeben; es gibt b) eine Mechanismus-Renaissance im französischen Strukturalismus, vor allem Louis Althussers.

Zu a): »Die ökonomischen Entwicklungsgesetze der Gesellschaft sind objektive Gesetze. Sie werden unabhängig vom Willen der Menschen durch bestimmte ökonomische Bedingungen hervorgebracht und treten mit dem Verschwinden dieser Bedingungen außer Kraft. Ökonomische Gesetze sind Entwicklungsgesetze der Produktionsverhältnisse. [...] Die Menschen können die ökonomischen Gesetze nicht willkürlich aufheben oder schaffen. Sie können diese Gesetze nur erkennen und in ihrem Interesse ausnutzen«[246].

Kein Zweifel, die gesellschaftlichen, ökonomischen Gesetze sind objektiv; sie existieren unabhängig davon, ob sie in ihrer Objektivität erkannt werden oder nicht; sie existieren, weil sie nach den Regeln der Kausalität eine Wirkung entfalten, die vom Willen der Individuen bisweilen *nicht mehr* beeinflußbar

---

246 *Politische Ökonomie. Lehrbuch.* Nach d. 4., überarb. und erg. russ. Ausg. [Moskau 1962]. Hg. v. d. Akademie d. Wiss. d. UdSSR. Institut f. Ökonomie, Berlin 5. Aufl. 1964, 18.

sein *kann*, in einer speziellen Form der Objektivität: der blinden Notwendigkeit. Die Objektivität der gesellschaftlichen Gesetze hat gegenüber der Objektivität der Gesetze der Natur eine neue Qualität, die in Analogie zur neuen ontologischen Qualität des bewußtseinbegabten arbeitenden Menschen zu verstehen ist: objektiv sind die ökonomischen Gesetze, weil sie erstens Regelmäßigkeiten der gegenständlichen, materiellen und bewußtseinsunabhängigen Produktionsprozeß-Wirklichkeit sind und weil sie zweitens *als* Gesetze nur durch die Objektivationen der individuell-gesellschaftlichen Arbeit und durch die ideellen Widerspiegelungs-Objektivationen erkennbar sind. Keineswegs aber werden die ökonomischen Gesetze ›unabhängig vom Willen der Menschen *durch* bestimmte ökonomische *Bedingungen*‹ hervorgebracht; die Bedingungen *bedingen* Schaffensprozesse, aber sie *schaffen* selbst keine Bedingungen. Darüber hinaus ist die These, ökonomische Gesetze seien Gesetze der ›Produktionsverhältnisse‹ einseitig und in dieser Einseitigkeit falsch. Ökonomische Gesetze wirken in Produktionsverhältnissen, die selbst erst das Resultat der Dialektik der Arbeit, der Produktivkräfte *und* der Produktionsverhältnisse sind. Während Engels den verobjektivierten, fetischisierten Kapital-Begriff der bürgerlichen Nationalökonomie auf seinen gesellschaftlichen Kern zurückführte – »Kapital ist Kommando über die unbezahlte Arbeit andrer«[247] –, und Lenin das Kriterium des gesellschaftlichen Fortschritts gerade in den Produktivkräften ausmachte, deren wichtigste der Mensch selbst ist, schreibt das *Lehrbuch* ausschließlich den Produktionsverhältnissen Gesetzescharakter zu. Daß sich in dieser sozialen Dimension der Fetischisierung von gesellschaftlichen Arbeitsbeziehungen zu Eigentums- und Vertragsverhältnissen die ökonomischen Gesetze bis in den Kapitalismus weitgehend unbewußt, planlos und – am Zweck des Menschen gemessen – unzweckmäßig durchgesetzt haben, steht außer Zweifel. Die mechanistische politische Ökonomie zieht aber in Zweifel und revidiert, daß »die Verhältnisse, in denen die Produktivkräfte sich entwickeln, nichts weniger als ewige Gesetze sind, sondern einem bestimmten Entwicklungszustande der Menschen und ihrer Produktivkräfte entsprechen und daß eine in den Produk-

247 *MEW* 18, 240.

tivkräften der Menschen eingetretene Veränderung notwendigerweise eine Veränderung in ihren Produktionsverhältnissen herbeiführt«[248]. Die mechanistische politische Ökonomie verwechselt die kategorialen Widerspiegelungen der gesellschaftlichen historischen Dialektik mit den realen Triebkräften dieser Dialektik; sie verwechselt die durch Abstraktion von den wirklichen produzierenden – auch ihr (partiell falsches) Bewußtsein produzierenden – Individuen gewonnene Gesetzeskategorie mit deren sozialer Matrix:

»Das Gesetz der Übereinstimmung der Produktionsverhältnisse mit dem Charakter der Produktivkräfte erforderte die Ablösung der Sklaven durch Arbeitende, die in gewissem Maße an den Ergebnissen ihrer Arbeit interessiert waren«[249]. Oder: »Die Produktivkräfte, die sich im Rahmen der Feudalgesellschaft entwickelt hatten, gerieten in Widerspruch mit den feudalen Produktionsverhältnissen. Das Gesetz der Übereinstimmung der Produktionsverhältnisse mit dem Charakter der Produktivkräfte forderte den Übergang vom Feudalismus zum Kapitalismus«[250].

Diese Stilisierung der ›Gesetze‹ zum Subjekt der Geschichte und der gesellschaftlichen Transformation als materialistische und dialektische Analyse anzuerkennen, wird sich jeder weigern müssen, der den Schlüssel zur Geschichte sucht. »Die Menschen« – schreibt Marx, und seine Aussage ist der beste Kommentar zum Mechanismus – »bauen sich eine neue Welt [...] aus den geschichtlichen Errungenschaften ihrer untergehenden Welt. Sie müssen im Lauf ihrer Entwicklung die *materiellen Bedingungen* einer neuen Gesellschaft selber erst *produzieren*, und keine Kraftanstrengung der Gesinnung oder des Willens kann sie von diesem Schicksal befreien«[251]. Der universelle Zusammenhang und die universelle Wechselwirkung der realen Prozeßdialektik in den sozialen und ökonomischen Bewegungen spiegelt sich in den Kategorien auch der politischen Ökonomie wider. Der substantialistische Gesetzesbegriff ist die Widerspiegelung entweder einer auch in der Sowjetunion in den frühen 60er Jahren noch nicht verwirklichten Einheit von sozialistischen Produktivkräften und Produktionsverhältnissen,

248 *MEW* 4, 140.
249 *Politische Ökonomie. Lehrbuch,* 40.
250 *Politische Ökonomie. Lehrbuch,* 52.
251 *MEW* 4, 339.

d. h. eines Nachhinkens der Produktionsverhältnisse, oder er ist keine angemessene, sondern eine ideologisch und politisch-institutionell notwendige falsche Widerspiegelung einer längst über die Ideologie hinausgeschrittenen Ökonomie; in jedem Fall ist er falsch. Diese Gesetzes-*Kategorie* ist nicht identisch mit der Notwendigkeit, die sich aus der Dialektik der Produktivkräfte und Produktionsverhältnisse ergibt. Der Begriff des »*Gesetzes* ist« – so Lenin – »*eine* der Stufen der Erkenntnis der *Einheit* und des *Zusammenhangs,* der wechselseitigen Abhängigkeit und der Totalität des Weltprozesses durch den Menschen«[252]. Zu dieser Totalität gehört die Einheit der Gesetze des gesellschaftlichen Seins und des individuell-gesellschaftlichen Bewußtseins sowie des Klassenbewußtseins. Diese Einheit ist nicht widerspruchslos; der marxistische Gebrauch der Gesetzes-Kategorie muß deshalb reflektieren, unter welchen materiellen und ideologischen Voraussetzungen er steht; zu überprüfen ist, in welchem Umfang die Gesetzes-Kategorie noch die gesellschaftlich notwendige Widerspiegelung ökonomischer Realabstraktionen ist, die sich aus der Verobjektivierung der Warenwelt ergeben. Gerade in der Zeit des Übergangs von sozialistischen zu kommunistischen Produktionsweisen ist ein unhistorischer Einsatz des Gesetzesbegriffs gefährlich; die Notwendigkeit des Sozialismus zu begründen, bedarf es jedenfalls keiner Notwendigkeits-*Spekulation*: nicht das Gesetz erschafft den Sozialismus, sondern der Mensch erarbeitet und erkämpft den Sozialismus in einer gesetzmäßigen, bewußt geplanten Art und Weise. Das Gesetz ist solange nicht Subjekt, wie es nicht identisch ist mit einer bewußten menschlichen Produktivität. Die Herstellung einer freien Praxis wird keinesfalls gefördert durch die theoretische Revision der Theorie des Subjekts und gewiß nicht durch den politischen Quietismus, der das wahre Gesicht des verbal-optimistischen Notwendigkeits- und Gesetzesglaubens ist.

Selbst daraus, daß »die einzelnen Willen [...] nicht das erreichen, was sie wollen, sondern zu einem Gesamtdurchschnitt, einer gemeinsamen Resultante verschmelzen, [...] darf doch nicht geschlossen werden, daß sie = O zu setzen sind. Im Gegenteil, jeder trägt zur Resultante bei und ist insofern in ihr

252 *LW* 38, 141.

einbegriffen«[253]. Der materialistische Historismus hat als Theorie der Geschichte auf der Basis der politischen Ökonomie Anlaß in Fülle, die wirklichen Produzenten, die wirklichen Arbeiter und die wirklichen Klassen, als Subjekte zu analysieren. Die Widersprüche zwischen diesen Subjekten sind der Motor der Geschichte. Zur Abwehr des Fatalismus-Vorwurfs an die Adresse des Marxismus schrieb Lenin:

»Die Idee des Determinismus, die die Notwendigkeit der menschlichen Handlungen feststellt und die unsinnige Fabel von der Willensfreiheit zurückweist, verwirft damit keineswegs die Vernunft, das Gewissen des Menschen oder eine Bewertung seines Handelns. [...] Desgleichen schmälert die Idee der historischen Notwendigkeit auch die Rolle der Persönlichkeit in der Geschichte nicht im mindesten: alle Geschichte stellt sich gerade als die Gesamtheit der Handlungen von Personen dar, die zweifellos Handelnde sind. Die eigentliche Frage bei der Beurteilung der öffentlichen Tätigkeit einer Persönlichkeit lautet: Unter welchen Bedingungen ist dieser Tätigkeit ein Erfolg gesichert?«[254].

Die Leninsche Unterscheidung zwischen Objektivismus und Determinismus gilt auch für die Verwendung der Gesetzes-Kategorie; sie lautet:

»Der Objektivist spricht von der Notwendigkeit des gegebenen historischen Prozesses; der Materialist trifft genaue Feststellungen über die gegebene sozialökonomische Formation und die von ihr erzeugten antagonistischen Verhältnisse. Wenn der Objektivist die Notwendigkeit einer gegebenen Reihe von Tatsachen nachweist, so läuft er stets Gefahr, auf den Standpunkt eines Apologeten dieser Tatsachen zu geraten; der Materialist enthüllt die Klassengegensätze und legt damit seinen Standpunkt fest. Der Objektivist spricht von ›unüberwindlichen geschichtlichen Tendenzen‹; der Materialist spricht von der Klasse, die die gegebene Wirtschaftsordnung ›dirigiert‹«[255].

Dieser Standpunkt Lenins, der Standpunkt des historischen materialistischen Determinismus, ist unverzichtbar für den Humanismus, der das Subjekt der Geschichte namhaft macht. Politisch heißt ›subjektiver‹ Materialismus nichts anderes, als eine gesellschaftliche Kraft heranzubilden, welche die objektiven Gesetze des humanen Fortschritts bewußt wirksam werden

253 *MEW* 37, 464.
254 *LW* 1, 152.
255 *LW* 1, 414.

läßt; dazu ist es notwendig, über die politische Organisation der Klasse hinaus ein Klassenbewußtsein zu erzielen, welches die objektive Determiniertheit der Praxis im Kapitalismus zu kritisieren und die objektiven Determinanten einer revolutionären neuen Wirklichkeit zu antizipieren fähig ist; erst dann können diese Determinanten bewußt erzeugt werden[256].

Zu b) Der Mechanismus hat seine gegenwärtig auffälligste Renaissance im französischen Strukturalismus. L. Althusser nennt ihn frank und frei ›Antihistorismus‹ und ›Antihumanismus‹[257]. Man wisse doch – unterstellt Althusser – seit Marx, »daß das menschliche Subjekt, das ökonomische, politische oder philosophische Ego nicht das ›Zentrum‹ der Geschichte ist – und wir wissen gar [...], daß die Geschichte kein ›Zentrum‹ hat, sondern eine Struktur, die nur in ideologischer Verblendung ein notwendiges Zentrum besitzt«[258]. Weiß man seit Marx nicht, daß nur der Mensch Subjekt der Arbeit, der Produktion, der Praxis, der Geschichte und der sie treibenden Widersprüche ist? Althusser generalisiert Marx' Kapitalismus-Kritik und deren Einsicht, daß die Individuen als ›Träger ökonomischer Charaktermasken‹ erscheinen müssen, um zum Ergebnis zu kommen:

»daß die Struktur der Produktionsverhältnisse die Stellen und Funktionen bestimmt, die die Produzenten dann besetzen und übernehmen; die Produzenten sind immer nur in dem Maße die Inhaber bestimmter Stellen, wie sie auch die ›Träger‹ bestimmter Funktionen sind. Die wahren (einen Prozeß konstituierenden) ›Subjekte‹ sind daher weder die Stelleninhaber noch die Funktionäre, also – allem Anschein und jeder ›Evidenz‹ des ›Gegebenen‹ im Sinne einer naiven Anthropologie zum Trotz – eben *nicht* die ›konkreten Individuen‹ und die ›wirklichen Menschen‹: *die wahren ›Subjekte‹ sind die Bestimmung und Verteilung dieser Stellen und Funktionen. Die bestimmenden und verteilenden Faktoren, kurz, die Produktionsverhältnisse (und die politischen und ideologischen Verhältnisse einer Gesellschaft) sind die wahren ›Subjekte‹.* Aber da es sich hierbei um ›Verhältnisse‹ handelt, können sie in der Kategorie des *Subjekts* nicht gedacht werden«[259].

256 Vgl. H. Hörz, *Objektives Gesetz und menschliches Handeln.* In: *WZHUB* 20 (1971), 149-161; Hörz: (123), 74 ff.; 232 ff.
257 L. Althusser / E. Balibar, *Das Kapital lesen* I. Reinbek bei Hamburg 1972, 158.
258 L. Althusser, *Freud und Lacan.* Berlin 1970, 33.
259 L. Althusser / E. Balibar, *Das Kapital lesen* II, 242.

Für die Marxsche Theorie gelte – pflichtet Etienne Balibar im zweiten Teil von *Das Kapital lesen* bei[260] – »das Paradox, daß ihr permanentes Objekt zwar die Geschichte ist und daß sie die wissenschaftliche Erkenntnis der Geschichte einleitet, daß sie uns aber an keiner Stelle den adäquaten und reflektierten Begriff dieser Geschichte vermittelt«. Was zu beweisen ist. Da nicht bewiesen werden kann, der Satz, die Menschen machten ihre Geschichte selbst, sei kein Marxscher Satz, muß bewiesen werden, daß Marx diesen Satz ganz anders habe verstehen müssen. Nur einer naiven Lektüre könne einfallen, »bezeichne das Wort ›Menschen‹ in erster Linie die Träger des geschichtlichen Transformationsprozesses der gesellschaftlichen Struktur durch die ökonomische Produktion. [...] Zweitens scheint es so, als bezeichne das Wort die wirklichen (konkreten) Träger der verschiedenen, in der Gesellschaftsstruktur ineinander verflochtenen Praxisformen. [...] Der Begriff ›Menschen‹ ist so gesehen ein Ausdruck des Ausweichens vor der präzisen Aussage in Bereiche einer philosophischen oder vulgären Ideologie«[261]. Der Strukturalist, voll Abscheu vor dem vulgären Wort ›Menschen‹, weiß das wirkliche Subjekt mit unerreichter Präzision zu definieren: »*daß das Subjekt der Entwicklung nichts anderes ist als das, was bestimmt wird durch die Abfolge der Organisationsformen der Arbeit* und die Verschiebungen, die sie hervorruft«[262]. Das Subjekt ist also? Das, was bestimmt wird durch das, was kein Subjekt hat. Eine logische Offenbarung, – oder eine Tautologie? Kaum aufschlußreicher ist das Endergebnis der strukturalistischen Lektüre des *Kapital:*

»daß jede relativ autonome Praxis ihre eigenen Formen geschichtlicher Individualität entwickelt. Die Folgerung dieser Feststellung ist eine radikale Bedeutungsveränderung des Terminus ›Menschen‹. [...] Wir können jetzt sagen, daß diese ›Menschen‹ – ihrem theoretischen Status nach – nicht jene *konkreten Menschen* sind, die – berühmten Formulierungen zufolge – unmittelbar ›die Geschichte machen‹ sollen. Ausgehend von der Struktur ihrer Verbindung können vielmehr für jede Praxis und jede Umgestaltung der Praxis verschiedene Formen der Individualität bestimmt werden [...], die [...] ihre eigene, relativ autonome Geschichte haben«[263].

260 *Das Kapitel lesen* II, 268/269.
261 *Das Kapitel lesen* II, 278.
262 *Das Kapitel lesen* II, 332.
263 *Das Kapitel lesen* II, 339.

Wer wollte bestreiten, daß Marx im *Kapital* nicht bestreitet, daß ›die Menschen‹ keine ›Menschen an sich‹ sind und verschiedene Formen der Individualität erarbeiten? Die strukturalistische Lektüre ergibt eine Trivialität. Für die Leugnung eines humanen Subjekts der Geschichte muß es also eine andere Begründung geben.

Althussers *Für Marx* – ein Nachruf auf einen, der es unternahm, Notwendigkeit und Zufall, Subjekt und Objektivität zu bedenken, – Engels, – ist ein Epilog auf die marxistische Theorie des Subjekts der Geschichte. Erinnert wird an Engels' Brief an J. Bloch vom 21. 9. 1890. Worum ging es? Die ideologischen und politischen Überbau-Erscheinungen hätten – darum ging es Engels – »auch ihre Einwirkung auf den Verlauf der geschichtlichen Kämpfe« und bestimmten »in vielen Fällen vorwiegend deren *Form*«. Die »Wechselwirkung« der ökonomischen, politischen, juristischen und ideologischen Momente gegen die vulgärmaterialistische Reduktion der Geschichte auf ›Ökonomie‹ betonend, unterstrich Engels, daß »schließlich durch alle die unendliche Menge von Zufälligkeiten (d. h. von Dingen und Ereignissen, deren innerer Zusammenhang untereinander so entfernt oder so unnachweisbar ist, daß wir ihn als nicht vorhanden betrachten, vernachlässigen können) als Notwendigkeit die ökonomische Bewegung sich durchsetzt«[264].

Althusser stellt an die Kategorien ›Notwendigkeit‹ und ›Zufall‹ die Frage, wie »die *Einheit* der wirklichen aber relativen Wirksamkeit des Überbaus und des ›in letzter Instanz‹ bestimmenden Prinzips der Ökonomie« vorzustellen und zu begründen sei; der Überbau habe zwar »eine *Wirksamkeit*, aber diese Wirksamkeit verstreut sich *in gewisser Weise ins Unendliche*, in die Unendlichkeit der Wirkungen, der Zufälle«. Die Auflösung »*in die mikroskopische Inexistenz* der den Überbauten *in ihrer makroskopischen Existenz* zuerkannten Wirksamkeit«, d. h. die »infinitesimale Zerstreuung« der Wirkungen, ist Althussers Problem[265]. Er bestreitet die logische Begründbarkeit der Notwendigkeitskategorie auf dem Niveau der ›Zufälle‹. Denn ungeklärt bleibe, »ob diese Notwendigkeit eben die Notwendigkeit dieser Zufälle ist, und wenn sie es ist, warum sie es

---

264 *MEW* 37, 463.
265 L. Althusser, *Für Marx*, Frankfurt/M. 1968, 86/87.

ist«[266]. Unbestreitbar träfe diese Frage den Nerv der historisch-materialistischen Theorie, folgten in Engels Brief nicht jene Sequenzen zum Subjekt der Geschichte, die auch der Interpret nicht ableugnet:

»Zweitens aber macht sich die Geschichte so, daß das Endresultat stets aus den Konflikten vieler Einzelwillen hervorgeht, wovon jeder wieder durch eine Menge besonderer Lebensbedingungen zu dem gemacht wird, was er ist; es sind also unzählige einander durchkreuzende Kräfte, eine unendliche Gruppe von Kräfteparallelogrammen, daraus eine Resultante – das geschichtliche Ergebnis – hervorgeht, die selbst wieder als das Produkt einer, als Ganzes, *bewußtlos* und willenlos wirkenden Macht angesehen werden kann. Denn das, was jeder einzelne will, wird von jedem andern verhindert, und was herauskommt, ist etwas, das keiner gewollt hat«[267].

Soweit der von Althusser rezipierte Engels. Die in dieser Konzeption sich andeutende Antwort auf die Frage nach dem Verhältnis von Notwendigkeit und Zufall werde aber flugs dementiert; Engels habe unter der Hand seinen Gegenstand gewechselt: Problem sei nun nicht mehr die klare Bestimmung des Relativitätsgrades der Überbau-Wirksamkeit, sondern vielmehr »die *individuellen, in Kräfteverhältnissen einander gegenübergestellten und kombinierten Willen*«[268]. Was aber sollten diese Willen – fragt der Strukturalist, der den Menschen als Subjekt nicht kennt – mit der Wirksamkeit des Überbaus noch gemein haben? Die Resultante dieser Willen, – was noch könne sie sein als »in ihrem Wesen *unbewußt* [...] und gleichzeitig *eine Kraft ohne Subjekt*, eine objektive Kraft, aber von Anfang an *Kraft von niemandem*«[269]? Dem Subjekt-Phobiker, der beweisen will, »daß, da dieser Gegenstand nicht vorhanden ist, weder *das* Problem noch *die* Lösung existieren«[270], hat seine Unfähigkeit, ein Subjekt der ökonomischen *Struktur* auch nur zu denken, einen Streich gespielt: die Kritik negiert den Gegenstand der Engelsschen Analyse, den »individuellen Willen«, dessen »Evidenz nichts anderes ist als die Voraussetzung der klassischen bürgerlichen Philosophie und der bürgerlichen po-

266 *Für Marx*, 88.
267 *MEW* 37, 464.
268 *Für Marx*, 90.
269 *Für Marx*, 91.
270 *Für Marx*, 91.

litischen Ökonomie«; die individuellen Willensakte aber waren niemals und »in nichts der Ausgangspunkt der Wirklichkeit [...], sondern der Ausgangspunkt einer *Vorstellung* von der Wirklichkeit, *eines Mythos,* der dazu bestimmt ist, *die Zielsetzungen* der Bourgeoisie in der Natur (d. h. für alle Ewigkeit) zu *begründen*«[271]. Engels' Perspektive des Willens der Individuen verkümmert folglich zum »Gedanken, der [...] Gemüter, die um ihre Macht über die Geschichte oder, ist Gott erst einmal tot, um die Anerkennung ihrer historischen Persönlichkeit besorgt sind, beruhigen kann«; für den Strukturalisten »ein guter verzweifelter Gedanke [...], der Verzweiflungen nähren kann, d. h. Hoffnungen«[272]. Wer aber, fragt der Marxist, hat schon den Trost der strukturell verbürgten Selbstoffenbarung der Struktur in der Geschichte?

Die strukturalistische Kritik ist erschlichen. Sie bezieht ihr Argument aus der Zerstörung eines Quellen-Kontextes, aus der Zersplitterung der für Engels zweifachen und logisch aufeinander verwiesenen Bedingungen, unter denen die relative Wirksamkeit der ideologischen Kräfte erst definiert werden kann: der von individuell-gesellschaftlichen Subjekten erarbeiteten *antagonistischen* ökonomischen Grundverhältnisse *und* der an *diesen* subjektbedingten Verhältnissen mit Notwendigkeit scheiternden individuellen Willen. Althussers Kritik fällt hinter den mit dem materialistischen Historismus erreichten Stand der Kritik des Ewigkeitsanspruchs bürgerlich-gesellschaftlicher Kategorien zurück; sie restauriert eine metahistorische Theorie der Gesetze von Sein und Bewußtsein. Was bei aufmerksamer Lektüre – *Engels Brief lesen* – nicht zu übersehen ist, übersieht Althusser: daß die historisch-materialistische Definition der Notwendigkeit der zufälligen Willensakte der Individuen von Menschen auszugehen hat, die sich materiell und ideell produzieren; von Menschen, die sich im Kapitalismus in ihren Produkten notwendig falsch widerspiegeln mußten, aber es nicht mehr müssen, sobald jene ›Vorgeschichte‹ überwunden ist, die Engels' Basis-Überbau-Modell noch als Wirklichkeit geprägt hat: der Kapitalismus. Althusser hat sich die Lektüre des Satzes erspart, der den Schlüssel zum Verständnis des ganzen Textes enthält:

271 *Für Marx,* 96/97.
272 *Für Marx,* 96.

»So verläuft die *bisherige* Geschichte nach Art eines Naturprozesses und ist auch wesentlich denselben Bewegungsgesetzen unterworfen«[273].

Ein Begräbnis erster Klasse, das der Strukturalismus für den ›subjektiven‹ Marxismus ausrichtet; der Leichnam fehlt.

Auch der strukturalistische Mechanismus, der im Gegensatz zu Engels für die Ausmerzung des Zufalls aus dem Prozeß der Geschichte den Preis zahlt, das Subjekt nicht mehr als ›unendliche Vielzahl‹ von Individuen zu denken, ist ein Revisionismus nicht allein in der Theorie. Die Entwicklung der internationalen Arbeiterbewegung weist einen vergleichbaren theoretischen Revisionismus mit vergleichbarer politischer Konsequenz auf: den vulgären, ökonomistischen Mechanismus in der deutschen Sozialdemokratie zur Zeit des ›Erfurter Programms‹ von 1891.

Sollte sich die Kommunistische Partei Frankreichs – ihr Mitglied Althusser einmal als Indiz genommen – in einer vergleichbaren Phase politischer Ohnmacht befinden, welche die deutsche Sozialdemokratie veranlaßte, den revolutionären ›subjektiven‹ Weg zu verlassen und das ›friedliche Hineinwachsen der bürgerlichen Gesellschaft in den Sozialismus‹ politisch zu propagieren und theoretisch zu legitimieren? Die KPF hat sich vom ›Subjektivismus‹ Garaudys distanziert; die Auseinandersetzung mit dem ›Objektivismus‹ Althussers müßte folgen. Denn die philosophische Theorie des Strukturalisten könnte politische Folgen nach sich ziehen, welche die Strategie der Partei bisher vermieden hat: den Attentismus. Angesichts der nominellen, nicht aber faktischen Macht der Arbeiterbewegung im Kapitalismus – in Deutschland 1891 wie in Frankreich 1971 – besteht die Tendenz, die Legitimation der Abwarte-Strategie durch eine Theorie der ›Naturnotwendigkeit der Revolution‹ abzusichern. Die Prognose eines mit ›*Natur*notwendigkeit‹ – oder *Struktur*notwendigkeit – eintretenden Sieges der Arbeiterklasse war aber und ist nichts anderes als das Surrogat einer revolutionären Politik. Man berief – und beruft – sich auf Marx. Marx hatte im 24. Kapitel seines *Kapital* die ›geschichtliche Tendenz der kapitalistischen Akkumulation‹ so beschrieben:

273 *MEW* 37, 464, (Hervorhebung v. Sa.).

»Mit der beständig abnehmenden Zahl der Kapitalmagnaten, welche
alle Vorteile dieses Umwandlungsprozesses usurpieren und monopo-
lisieren, wächst die Masse des Elends, des Drucks, der Knechtschaft,
der Entartung, der Ausbeutung, aber auch die Empörung der stets
anschwellenden und durch den Mechanismus des kapitalistischen Produktionsprozesses selbst geschulten, vereinten und organisierten Arbeiterklasse. Das Kapitalmonopol wird zur Fessel der Produktionsweise, die mit und unter ihm aufgeblüht ist. Die Zentralisation der
Produktionsmittel und die Vergesellschaftung der Arbeit erreichen
einen Punkt, wo sie unverträglich werden mit ihrer kapitalistischen
Hülle. Sie wird gesprengt. Die Stunde des kapitalistischen Privateigentums schlägt. Die Expropriateurs werden expropriiert.
Die aus der kapitalistischen Produktionsweise hervorgehende kapitalistische Aneignungsweise, daher das kapitalistische Privateigentum,
ist die erste Negation des individuellen, auf eigene Arbeit gegründeten Privateigentums. Aber die kapitalistische Produktion erzeugt mit
der Notwendigkeit eines Naturprozesses ihre eigene Negation. Es
ist Negation der Negation. Diese stellt nicht das Privateigentum
wieder her, wohl aber das individuelle Eigentum auf Grundlage der
Errungenschaft der kapitalistischen Ära: der Kooperation und des
Gemeinbesitzes der Erde und der durch die Arbeit selbst produzierten Produktionsmittel. Die Verwandlung des auf eigner Arbeit der
Individuen beruhenden, zersplitterten Privateigentums in kapitalistisches ist natürlich ein Prozeß, ungleich mehr langwierig, hart und
schwierig als die Verwandlung des tatsächlich bereits auf gesellschaftlichem Produktionsbetrieb beruhenden kapitalistischen Eigentums in
gesellschaftliches. Dort handelte es sich um die Expropriation der
Volksmasse durch wenige Usurpatoren, hier handelt es sich um die
Expropriation weniger Usurpatoren durch die Volksmasse«[274].

Die mechanistisch mißverstandene Verelendungstheorie und
die Kategorie der ›Naturnotwendigkeit‹, die Marx nur als
Analogie verwandt hatte und die sinnvoll einzusetzen war
nur im Konzept der Dialektik der Natur (als Dialektik der
Arbeit), dienten als Instrumente der Legitimation des politischen Revisionismus. Aber weder die ›Notwendigkeit eines Naturprozesses‹ noch die Notwendigkeit des Strukturprozesses
können das Subjekt der Expropriation der Expropriateure ersetzen. Der Marx unterschobene ›Antihumanismus‹ ist eine
ideologische Fiktion. Die Menschen machen ihre Geschichte

274 *MEW* 23, 790/791; die Kategorie des Naturprozesses gibt nicht vor,
die kapitalistische Produktion *sei* ein Naturprozeß; sie erzeugt vielmehr
›*mit* der Notwendigkeit eines Naturprozesses‹ ihre Negation; es handelt sich
also auch hier um eine Analogie.

selbst. Dies *war* kein analytischer, sondern ein postulatorischer Satz. Die historisch-materialistische Philosophie der Praxis und die politische Ökonomie nennen die Voraussetzungen, unter denen er als analytischer Satz wahr sein wird.

3.2. Gesellschaftliches Sein und gesellschaftliches Bewußtsein: Zur Basis-Überbau-Theorie im historischen Materialismus

Im Produktionsprozeß der materiellen Arbeit produzieren die gesellschaftlichen Individuen ihr Bewußtsein; die materielle Arbeit hat neben einem materiell-gegenständlichen auch ein ideelles Ergebnis. Was aber heißt: ›*im* Produktionsprozeß‹? Können materielle und ideelle Arbeit voneinander separiert werden? *Folgt* das ideelle Produkt dem materiellen, *entspricht* das ideelle Produkt dem materiellen? Verbindet man, was nur wissenschafts-klassifikatorisch zu trennen sinnvoll ist, die dialektische Widerspiegelungstheorie und die historisch-materialistische ›Basis-Überbau‹-Theorie, dann ergibt sich: die materiellen und die ideellen Formen der Arbeit und deren Resultate entfalten sich nicht in einem zeitlichen Nacheinander, sondern in kausal-genetischer Abfolge; die Formen des Bewußtseins sind den Formen der materiellen Produktion angemessen, aber nicht identisch mit ihnen; die Formen des Bewußtseins sind notwendig, aber nicht notwendig wahr. Das Bewußtsein widerspiegelt den historischen Entwicklungsstand der Arbeit, in welcher sich die Subjekte gesellschaftlich konstituieren; es ist deshalb noch kein a priori identisches Subjekt-Bewußtsein. Die Theorie über ›Basis‹ und ›Überbau‹ ist die Theorie des *Verhältnisses* zwischen materieller und ideeller Produktion. ›Basis‹ und ›Überbau‹ sind Kategorien zur Bezeichnung der Tatsache, daß materielle und ideelle Arbeit *Funktionen voneinander* darstellen.

»Es ist nicht das Bewußtsein der Menschen, das ihr Sein, sondern umgekehrt ihr gesellschaftliches Sein, das ihr Bewußtsein bestimmt«.

Dieser Satz ist das theoretisch-abstrakte Fazit nicht der Theorie, sondern der Geschichte. In diesem Satz drücken sich die Schlußfolgerungen der erkenntnistheoretischen wie der geschichtsmaterialistischen ›Dialektik‹ aus. Seine historisch-materialistische Prämisse lautet:

»In der gesellschaftlichen Produktion ihres Lebens gehen die Menschen bestimmte, notwendige, von ihrem Willen unabhängige Verhältnisse ein, Produktionsverhältnisse, die einer bestimmten Entwicklungsstufe ihrer materiellen Produktivkräfte entsprechen. Die Gesamtheit dieser Produktionsverhältnisse bildet die ökonomische Struktur der Gesellschaft, die reale Basis, worauf sich ein juristischer und politischer Überbau erhebt, und welcher bestimmte gesellschaftliche Bewußtseinsformen entsprechen. Die Produktionsweise des materiellen Lebens bedingt den sozialen, politischen und geistigen Lebensprozeß überhaupt«[275].

Die Wahrheit dieser Theorie ist materiellen gesellschaftlichen Produktionsverhältnissen abgerungen, deren Struktur sich ›eigentlich‹ in anderen Kategorien ausdrückt: in den Kategorien der bürgerlichen Ideologie. Aufschluß über den Charakter und die Funktion der Basis-Überbau-Theorie erhält man, wenn man die Möglichkeit der Entstehung von Kategorien bedenkt, die – wie der historische Materialismus – nur noch als Negationen der materiellen Basis erklärt werden können; die Kategorien der materialistischen Dialektik sind gerade nicht identisch mit ihrer sozialen Basis. Sind sie deshalb spekulativ, grundlose Antizipationen, reine Willensäußerungen oppositioneller Denker? Hier ist an das historisch-logische Prinzip zu erinnern, daß die Kategorien ›Existenzbestimmungen‹ nicht ›der‹ Gesellschaft an sich sind, sondern unter bestimmten Bedingungen nur »einzelne Seiten dieser bestimmten Gesellschaft« ausdrücken[276]. Die Kategorien der materialistischen Dialektik sind auf dem Boden der bürgerlich-kapitalitsischen Gesellschaft entstanden und drücken eine besondere Seite dieser Gesellschaft aus: die im Kapitalverhältnis entstandene proletarische Klasse.

Im Klassenbewußtsein dieser Klasse, welches zu seiner theoretischen Form gelangt, bevor es allgemein wird, tritt die Erfahrung des vereinzelten proletarischen Individuums aus ihrer Beschränktheit heraus. Die Marxsche politische Ökonomie bringt durch die empirische Befundfeststellung und durch die historisch-logische Verallgemeinerung jene Dialektik von gesellschaftlichem Sein und gesellschaftlichem Bewußtsein des Proletariats im Kapitalismus auf den Begriff, die die »massenhaften, kommunistischen Arbeiter, welche in den Ateliers

275 *MEW* 13, 8/9.
276 *MEW* 13, 637.

von Manchester und Lyon z. B. tätig sind«, physisch und psychisch tagtäglich erfahren:

»Sie empfinden sehr schmerzlich den *Unterschied* zwischen *Sein* und *Denken*, zwischen *Bewußtsein* und *Leben*. Sie wissen, daß Eigentum und Kapital, Geld, Lohnarbeit u. dgl. durchaus keine ideellen Hirngespinste, sondern sehr praktische, sehr gegenständliche Erzeugnisse ihrer Selbstentfremdung sind, die also auch auf eine praktische, gegenständliche Weise aufgehoben werden müssen, damit nicht nur im *Denken*, im *Bewußtsein*, sondern im massenhaften *Sein*, im Leben der Mensch zum Menschen werde«[277].

In der *Heiligen Familie* wird nicht – wie später von Lukács – ›dem‹ Arbeiter abstrakt und nicht allein aufgrund seiner objektiven Lebensweies das Klassenbewußtsein, d. h. der begriffene ›Unterschied zwischen Sein und Denken‹, *zugerechnet;* Marx und Engels entdecken dieses Bewußtsein ausdrücklich beim ›kommunistischen Arbeiter‹.

Wie aber wird der kommunistische Arbeiter exterritorial inmitten einer Welt verobjektivierter und disparater Privatarbeitsbeziehungen? Bestimmt das gesellschaftliche Sein nicht ein für alle Arbeiter gleiches Bewußtsein? Die *Heilige Familie* gibt darauf bereits 1845 eine Antwort:

»Weil die Abstraktion von aller Menschlichkeit, selbst von dem *Schein* der Menschlichkeit, im ausgebildeten Proletariat praktisch vollendet ist [...], weil der Mensch in ihm sich selbst verloren, aber zugleich nicht nur das theoretische Bewußtsein dieses Verlusts gewonnen hat, sondern auch unmittelbar durch die nicht mehr abzuweisende, nicht mehr zu beschönigende, also absolut gebieterische *Not* – den praktischen Ausdruck der *Notwendigkeit* – zur Empörung gegen diese Unmenschlichkeit gezwungen ist, darum kann und muß das Proletariat sich selbst befreien«.

Wegen dieser Not und Notwendigkeit handelt es sich »nicht darum, was dieser oder jener Proletarier oder selbst das ganze Proletariat, als Ziel sich einstweilen *vorstellt*. Es handelt sich darum, *was es ist* und was es diesem *Sein* gemäß geschichtlich zu tun gezwungen sein wird«[278]. Es handelt sich, darauf liegt der Akzent, zunächst noch nicht um das individuell-gesellschaftliche Bewußtsein einer kapital-immanenten Klasse, sondern um die Notwendigkeit der Kapital-Negation, die keine Aufhebung des Kapitals per se ist, sondern eine *produzierte*

277 *MEW* 2, 55/56.
278 *MEW* 2, 38.

Negation, die das Proletariat *erarbeitet*. Die Selbsterkenntnis des Proletariats als *Klasse* ist die notwendige Folge. Den Unterschied zwischen seinem gesellschaftlichen Sein als Ware und seinem den Warenfetischismus zerstörenden gesellschaftlichen Bewußtsein reflektiert nicht schon der Proletarier als solcher, sondern der kommunistische Arbeiter. Dessen Bewußtsein ist eine Funktion des Kapitalverhältnisses und zugleich die Negation dieses Verhältnisses.

Die materialistische Dialektik ist ein historischer Beleg für die Immanenz *und* Negationskraft des gesellschaftlichen Bewußtseins gegenüber dem gesellschaftlichen Sein. Es wäre deshalb grundfalsch, das Verhältnis von Sein und Bewußtsein als rein lineare Kausalitätsrelation zu beschreiben. Wie die soziale Existenz wird auch das Bewußtsein des expropriierten Proletariats nicht isoliert von der sozialen Existenz und vom Bewußtsein der herrschenden Expropriateure produziert: Klassensein und Klassenbewußtsein verhalten sich, durch Arbeit vermittelt, zueinander; proletarisches und bürgerliches Bewußtsein verändern sich entsprechend der qualitativ veränderten Struktur des Kapital-*Verhältnisses*. Die Kategorien ›Sein‹ und ›Bewußtsein‹, ›Basis‹ und ›Überbau‹ sind erst zureichend definiert, wenn sie als dialektische Kategorien die ganze Widersprüchlichkeit jener ökonomischen, sozialen, politischen und ideellen Verhältnisse enthalten, in denen sie sich als Verhältnisse, als Funktionszusammenhänge der gesellschaftlichen Totalität gebildet haben.

»Die Gedanken der herrschenden Klasse sind in jeder Epoche die herrschenden Gedanken, d. h. die Klasse, welche die herrschende *materielle* Macht der Gesellschaft ist, ist zugleich ihre herrschende geistige Macht«[279].

Die Mechanisierung des Basis-Überbau-Theorems glaubte aus diesem Satz ihre theoretische Legitimation beziehen zu können. Marx aber ging es um die Erklärung eines sozialen Verhältnisses. Die Definition des Basis-Überbau-Verhältnisses ist eine Definition im Prozeß. Ein Beispiel: Nur das positivistische Schwundstufenverständnis dieser Kategorien kann der Einbildung erliegen, die bürgerlichen Legitimationstopoi ›Gleichheit‹ und ›Freiheit‹ widerspiegelten ausschließlich und chemisch rein

---

279 *MEW* 3, 46.

die sozialen Interessen der bürgerlichen Klasse; die Bourgeoisie war die herrschende Klasse der bürgerlichen Gesellschaft; und das bedeutete Herrschaft über andere und eine andere Klasse. Wie sie sich die körperliche Arbeit der Volksmassen kapitalakkumulierend aneignete, eignete sie sich auch die Gleichheits- und Freiheitsinteressen dieser Massen ideologisch an. Die Voraussetzung dieser materiellen und ideellen Aneignung, dieses Raubbaus an fremder Produktivität und fremdem Bewußtsein, ist die Teilung der materiellen und ideellen Arbeit. ›Basis‹ des über der Teilung der Arbeit sich erhebenden kategorialen Gebäudes ›Freiheit und Gleichheit‹ war also nicht die bürgerliche Klasse allein, sondern die Gesamtheit der Widersprüche im Verhältnis von bürgerlicher und ausgebeuteter Klasse; reale ökonomische Basis waren beide im Kapitalverhältnis fungierenden Klassen; gleichwohl setze sich im ideologischen Überbau das Interesse der einen herrschenden Klasse durch. Die französische Revolution ist das klassische Beispiel: die bürgerliche Revolution war nicht die Revolution der Bourgeoisie allein; die Bourgeoisie stützte sich, wie die Verbindung von bürgerlichem Jakobinismus und plebejischem Sansculottismus dokumentiert, auf eine nicht-bürgerliche Klasse; die Ideen der radikalen Linken gingen in die Ideologie der siegenden Bourgeoisie ein; Jaques Roux, Hébert und Chaumette besorgten die Sache Robespierres, das Präproletariat die Sache der Bourgeoisie; Robespierre ließ die Anführer der radikalen plebejischen Linken liquidieren, – ihre Ideen aber paßte er seinen Interessen an.

Der ideologische Überbau darf nicht auf eine ökonomische Klassenbasis *reduziert* werden; seine *Genesis* ist zu entwickeln. Die Determination des individuellen gesellschaftlich produzierten Bewußtseins durch die Produktionsweise *und* durch die objektiven Bedürfnisse herrschender Klassen erzwingt, über die primäre Differenz zwischen objektiver materieller Welt und ideeller Widerspiegelung hinaus, eine historische Form der Nicht-Identität von gesellschaftlichem Sein und Bewußtsein: ist schon die – ohne Berücksichtigung variabler gesellschaftlicher Modi analysierbare – materielle »Realität nicht ihr eigener Begriff«[280], so potenziert sich die Spaltung von Sein und Bewußtsein in der Verschärfung der Klassenwidersprüche.

280 *MEW* 39, 431.

»Das Bewußtsein *widerspiegelt* überhaupt das Sein – das ist eine allgemeine These des *gesamten*« (auch vordialektischen) »Materialismus«. Für den historischen Materialismus folgt aber laut Lenin »daraus, daß die Menschen als bewußte Wesen in gesellschaftlichen Verkehr treten, [...] *keineswegs*, daß das gesellschaftliche Bewußtsein mit dem gesellschaftlichen Sein identisch ist. Wenn die Menschen miteinander in Verkehr treten, sind sie sich in allen einigermaßen komplizierten Gesellschaftsformationen – und insbesondre in der kapitalistischen Gesellschaftsformation – *nicht bewußt*, was für gesellschaftliche Verhältnisse sich daraus bilden, nach welchen Gesetzen sie sich entwickeln usw. Zum Beispiel: der Bauer, der Getreide verkauft, tritt mit dem Weltgetreideproduzenten auf dem Weltmarkt in ›Verkehr‹, aber er ist sich dessen nicht bewußt, ebensowenig, wie er sich bewußt ist, welche gesellschaftlichen Beziehungen aus dem Austausch entstehen«. Lenin folgert:

»Das gesellschaftliche Bewußtsein *widerspiegelt* das gesellschaftliche Sein. [...] Die Widerspiegelung kann eine annähernd richtige Kopie des Widergespiegelten sein, aber es ist unsinnig, hier von Identität zu sprechen«[281].

Unsinnig ist die z. B. von Jakubowski vertretene These: »Die gesellschaftliche Wirklichkeit erkennt sich selbst; Denken und Sein finden ihre Einheit im Menschen, der Subjekt und Objekt darstellt« (Jakubowski: (40), 24). Die Wirklichkeit widerspiegelt sich mitnichten als subjekthafte Substanz; sie wird in der gesellschaftlichen Aneignung zum Objekt des Bewußtseins. Die Erkenntnis reproduziert die Subjekt-Objekt-Struktur nicht nur; die in der Subjekt-Objekt-Beziehung *wirklich* werdende Realität ist nie stabil, sondern in Bewegung gehalten durch die Aktivität des Subjekts *und* dessen Erkenntnis. Der ontologische Primat des materiellen Seins vor dem immateriellen Bewußtsein hat im Subjekt-Objekt-Verhältnis keine identische Entsprechung: im Prozeß der wechselseitigen Vermittlung von Subjekt und Objekt, in erster Linie im Arbeitsprozeß, konstituiert sich das Subjekt im Medium einer schöpferisch veränderten Objektivität (vgl. Kosing: (169), 27): »Denken und Sein sind zwar *unterschieden*« – unterscheidbar durch die ontologische Priorität des Seins –, »aber zugleich in *Einheit* mit-

---

281 *LW* 14, 326.

einander«[282] – einheitlich als Elemente der Vermittlungsstruktur der Praxis.

Das Bewußtsein des Menschen ist die Totalität der Präsentationen der objektiven Wirklichkeit *für* den Menschen. Das Bewußtsein widerspiegelt die Objektivität gerade nicht in ihrer ontologischen ›Unabhängigkeit‹, sondern als durch Arbeit an der Natur (Naturerkenntnis) und in gesellschaftlicher Praxis (Erkenntnis der Geschichtlichkeit der sozialen Prozesse) vermittelte objektive Welt. Die Gesetze der logischen Strukturierung des Bewußtseins und des denkenden Erkennens sind nicht apriorisch, d. h. vor und außerhalb aller Erfahrung. Sie sind vielmehr geschichtliche Schlußfolgerungen aus der phylogenetisch akkumulierten Erfahrung mit der Aneignung der materiellen Wirklichkeit. Das Bewußtsein war und ist orientiert an den Bedürfnissen der Subjekte. Es ist geprägt durch die ganze Geschichte der Bedürfnisverwirklichung wie der Bedürfnisunterdrückung; es ist ›gewitzt‹ durch Erfahrung:

»Die *Bildung* der 5 Sinne ist eine Arbeit der ganzen bisherigen Weltgeschichte«[283].

Die annähernde Übereinstimmung des individuellen und gesellschaftlichen Bewußtseins mit der Wirklichkeit ist eine historische Annäherung an Übereinstimmung. Die Wahrheit ist ein Prozeß. Im Bewußtsein verhält sich der Mensch zu den Objektivationen seiner materiellen und geistigen Arbeit, die ihn zum Menschen gemacht haben. Das Bewußtsein lernt aus der Wirklichkeit in dem Maße, wie es die Wirklichkeit gelehrt hat, *für* den Menschen zu sein. »Das Bewußtsein ist [. . .] von vornherein ein gesellschaftliches Produkt und bleibt es, solange überhaupt Menschen existieren«[284].

Das Bewußtsein ist ein *gesellschaftliches* Produkt, nicht aber ›der Ökonomie‹, wie die falschen Freunde des Marxismus unterstellen. Nicht ›die Produktion‹ schlechthin ist die Basis der Widerspiegelungsweisen, sondern die ökonomische, d. h. individuell-gesellschaftlich produzierte, unterscheidbare Gesellschaftsformationen unterschiedlich beherrschende Struktur der Organisation der Produktion. Weil sich diese Produktion in

282 *MEW* Erg. Bd. 1, 539.
283 *MEW* Erg. Bd. 1, 541/542.
284 *MEW* 3, 30/31.

allen vorgeschichtlichen ökonomischen Formationen antagonistisch, im Widerspruch von Aneignung und Ausbeutung, vollzogen hat, muß zwischen ›Basis‹ und ›Überbau‹ unterschieden werden. Solange gesellschaftliches Sein und gesellschaftliches Bewußtsein nicht *identisch* (im Sinne polymorpher Identität) waren und sind, hat die Unterscheidung von ›Basis‹ und ›Überbau‹ eine weit über die erkenntnistheoretische Funktion hinausgehende Bedeutung. Die Produkte der praktisch-materiellen Tätigkeit und der ideellen Widerspiegelung – Waren etwa und Kunstwerke – werden gewiß grundsätzlich durch diese Kategorien in ihrer Verschiedenheit interpretierbar bleiben. Die ideologische Schärfe der Basis-Überbau-Theorie beruht aber auf der Anwendbarkeit der Kategorien in einer Basis-Überbau-Dialektik, die ein identisches Bewußtsein des Subjekts gegenüber seinem Produkt nicht erlaubt; ein Bewußtsein also, das sich in den Produkten der Praxis nicht identifizieren kann; ein Bewußtsein, dessen Leistungen Warencharakter haben, gleich ob es Symphonien oder positive juristische Gesetze hervorbringt.

Die Kategorien ›Basis‹ und ›Überbau‹ dienen der Darstellung des Systems ›Gesellschaft‹ in seiner Einheitlichkeit und Unterscheidbarkeit. Als materialistische Kategorien beugen sie vor der »Verwechslung der idealistischen Vorstellung von der Gestaltung der Geschichte *durch* das Bewußtsein mit der dialektisch-materialistischen, daß die Geschichte sich [...] durch das Bewußtsein *hindurch* gestaltet« (Kofler: (126), 105). Der historisch-materialistischen Theorie der Dialektik von materieller Produktion und ideeller Widerspiegelung geht es um den roten Faden des Verständnisses der geschichtlichen Wirklichkeit; nicht zufällig werden die Kategorien ›Basis‹ und ›Überbau‹ in der politischen Ökonomie entwickelt. In der Perspektive dieser Kategorien stellt sich der Funktions- und Wechselwirkungszusammenhang zwischen dem System der ökonomischen Produktionsweise, der jeweiligen Produktions-, Konsumptions- und Distributionsverhältnisse wie der diesen entsprechenden Klassenverhältnisse und der materiellen Produktivkräfte einerseits und der Widerspiegelungen der Wirklichkeit im System der politisch-institutionellen und ideologischen Aneignungsformen andererseits wieder her. Zwischen diesem ›Einerseits-andererseits‹ gibt es nie eine monokausale, eindimensionale Determination, sondern den *Prozeß* der Vermittlung und des Austauschs und des Ineinanderübergehens von Wirkungen.

Alles, was er wisse, sei, kein Marxist zu sein, hielt Marx voller Spott jenen entgegen, die mit der Theorie von der »materiellen Daseinsweise« als dem »primum agens« nicht zusammendenken konnten, »daß die ideellen Gebiete eine reagierende, aber sekundäre Einwirkung auf sie wiederum ausüben«[285]. Und die sogenannten Engelsschen ›Alterbriefe‹ zum historischen Materialismus verwahrten sich immer aufs Neue gegen eine Phraseologie, die von Geschichte sprach, aber deren wirklichkeitsblinde »Konstruktion à la Hegelianertum« nur schlecht vertuschte[286]. Man muß sich die warnende und kritische Funktion dieser Briefe, die an Adressaten des Marxismus der II. Internationale mit rechtsrevisionistischer Tendenz gerichtet wurden, vor Augen führen:

»Nach materialistischer Geschichtsauffassung ist das *in letzter Instanz* bestimmende Moment in der Geschichte die Produktion und Reproduktion des wirklichen Lebens. Mehr hat weder Marx noch ich je behauptet. Wenn nun jemand das dahin verdreht, das ökonomische Moment sei das *einzig* bestimmende, so verwandelt er jenen Satz in eine nichtssagende, abstrakte, absurde Phrase«.

Das in letzter Instanz bestimmende Moment sind die zu materieller Produktion aufgrund ihrer Bedürfnisnatur genötigten Menschen; nicht mehr und nicht weniger steht zur Debatte. Gleich Marx analysiert Engels den Basis-Überbau-Prozeß als die dialektische *Trias* von ökonomischer Produktionsweise, politischer und institutioneller Organisation der Produktion in Klassenverhältnissen und ideologischer klassenspezifischer Widerspiegelung:

»Die ökonomische Lage ist die Basis, aber die verschiedenen Momente des Überbaus – politische Formen des Klassenkampfs und seine Resultate – Verfassungen, nach gewonnener Schlacht durch die siegende Klasse festgestellt usw. – Rechtsformen und nun gar die Reflexe aller dieser wirklichen Kämpfe im Gehirn der Beteiligten, politische, juristische, philosophische Theorien, religiöse Anschauungen und deren Weiterentwicklung zu Dogmensystemen, üben auch ihre Einwirkung auf den Verlauf der geschichtlichen Kämpfe aus und bestimmen

285 *MEW* 37, 436.
286 *MEW* 37, 436.

176

in vielen Fällen vorwiegend deren *Form.* Es ist eine Wechselwirkung aller dieser Momente, worin schließlich durch alle die unendliche Menge von Zufälligkeiten [...] als Notwendiges die ökonomische Bewegung sich durchsetzt. Sonst wäre die Anwendung der Theorie auf eine beliebige Geschichtsperiode ja leichter als die Lösung einer einfacher Gleichung ersten Grades. Wir machen unsere Geschichte selbst, aber [...] unter sehr bestimmten Voraussetzungen und Bedingungen«[287].

Die Theorie der Dialektik zwischen den als ›Basis‹ zu beschreibenden Produktionsprozessen und den als ›Überbau‹ darzustellenden ideellen Aneignungsprozessen kritisiert den Versuch, die Geschichte der Ideologien so zu »schreiben, als wären sie vom Himmel gefallen«, wie auch jene Konstruktion, welche eine »automatische Wirkung der ökonomischen Lage« fingiert. Sie besteht deshalb darauf:
»Die politische, rechtliche, philosophische, religiöse, künstlerische etc., Entwicklung beruht auf der ökonomischen. Aber sie alle reagieren auch aufeinander und auf die ökonomische Basis. Es ist nicht, daß die ökonomische Lage *Ursache, allein aktiv ist* und alles andere nur passive Wirkung«[288].
Das Basis-Überbau-Theorem ist ein kritisches heuristisches Prinzip beim Studium der Geschichte und der Realität. Um nicht Grau in Grau zu malen, muß man eine von Engels eingeführte und für eine differenzierte Analyse der jeweiligen strukturbestimmenden Basis-Elemente wichtige Präzisierung berücksichtigen: *die Kateogrie des ›negativ Ökonomischen‹.* Diese Kategorie hilft, die Wirkungen der materiellen gesellschaftlichen Produktion auch dort noch zu extrapolieren, wo sie scheinbar nicht mehr, in Wirklichkeit aber *indirekt* vorhanden ist. So löscht der Verfall der ökonomischen Produktionsweise des Kapitalismus keineswegs automatisch z. B. den theoretischen Fundus aus, der als Erfahrung und überlieferte Erkenntnis logisch – und durch die irreversible hirnphysiologische Ausdifferenzierung auch materiell – weiterwirkt. Am Beispiel der Philosophie erläutert Engels, die »schließliche Suprematie der ökonomischen Entwicklung« sei gelenkt in die Bahnen der »durch das einzelne Gebiet selbst vorgeschriebenen Bedingungen:

287 *MEW* 37, 463.
288 *MEW* 39, 205/206.

In der Philosophie z. B. durch Einwirkung ökonomischer Einflüsse (die meist wieder erst in ihrer politischen usw. Verkleidung wirken) auf das vorhandene philosophische Material, das die Vorgänger geliefert haben. Die Ökonomie schafft hier nichts ab ovo, sie bestimmt aber die Art der Abänderung und Fortbildung des vorgefundnen Gedankenstoffs, und auch das meist indirekt, indem es die politischen, juristischen, moralischen Reflexe sind, die die größte direkte Wirkung auf die Philosophie üben«[289].

Die gegenwärtige Neuauflage der ›Sozialistengesetze‹ in der BRD – von ›demokratischen Sozialisten‹ gegen Demokraten und Sozialisten ausgeheckt, ein Hintertreppenwitz der Geschichte der Arbeiterbewegung und ein Exempel von Geschichtsamnesie – belegen die indirekte, negativ-ökonomische, weil scheinbar nur politisch-institutionell und juristisch verfahrene Durchsetzung der Kapitalinteressen gegen die antikapitalistische Philosophie.

Die materialistische Dialektik verwendet den Begriff ›Basis‹ also nicht nur zur Kennzeichnung der ökonomischen Determinanten der Bewußtseinsbildung und der Ideologieformen. ›Basis‹ ist das Subjekt der Kategorienbildung: die Gesellschaft, unter dem Aspekt der Praxis betrachtet. Die ›Basis‹-Beziehungen zwischen Produzenten sind geschichtlich im Stoffwechsel mit der Natur erarbeitet. Die Basis-Überbau-Theorie ist deshalb nicht etwa nur das Instrument der »Zuordnung kultureller Erscheinungen zu ökonomischen Äquivalenten [...] oder das Reduzieren der Kultur auf den ökonomischen Faktor«. Diese Theorie ist die Erklärung der Dialektik von Sein und Bewußtsein im historisch-gesellschaftlichen Bereich, wie die Ontologie die Theorie der Erklärung des Verhältnisses von Materiellem und Ideellem überhaupt ist. Die Basis-Überbau-Theorie liefert – darin ist K. Kosik ohne Zustimmung zu seinen Folgerungen beizupflichten – »die Methode der Entwicklung oder Explikation der gesellschaftlichen Erscheinungen aus der praktischen gegenständlichen Aktivität des historischen Menschen« (Kosik: (127), 33/34). ›Basis‹ und ›Überbau‹ sind aufgrund der politisch-ökonomischen *und* ontologischen *und* gnoseologischen Untersuchung und Verallgemeinerung der konkreten Dialektik der Gesellschaft gewonnene Kategorien; sie dienen der unterscheidenden Kennzeichnung der Produktivität und der Pro-

289 *MEW* 37, 492/493.

dukte der gesellschaftlichen Arbeit von Individuen und Klassen, die in der Produktion auch ihr Bewußtsein produzieren; sie sind diagnostische Kategorien zur Bestimmung der Ursachen, d. h. der gesellschaftlichen Notwendigkeit des Bewußtseins und seiner Objektivationen:

»Die Begriffe ›Basis‹ und ›Überbau‹ stellen Abstraktionen dar. Sie heben grundsätzliche Beziehungen und Prozesse hervor, die sich im wirklichen gesellschaftlichen Leben in einer unendlich vielgestaltigen Mannigfaltigkeit von individuellen und kollektiven Aktionen, Auseinandersetzungen und in Widersprüchen vollziehen. Sie bringen diese grundsätzlichen Beziehungen und Prozesse in einen theoretisch leicht überblickbaren und zugleich praktikablen strukturellen und funktionellen Zusammenhang. Hieraus ergibt sich, [...], daß sie [...] auf die konkrete Situation konkret angewandt werden müssen« (Klaus/Buhr: (5), 171).

Gängige Verballhornungen des Basis-Überbau-Modells zu einem undialektischen Schema der linearen Ableitbarkeit des gesellschaftlichen Bewußtseins aus ›der Ökonomie‹ destillieren aus der nur theoretisch distinkt abgrenzbaren, in Wirklichkeit aber in Widersprüchen einheitlichen Totalität von gesellschaftlichem Sein und Bewußtsein die Ideologie als ein apartes System ohne Vermittlungscharakter. Im Bezugsrahmen der materialistischen Dialektik können aber ›Basis‹ und ›Überbau‹ nur als progressionsgerichtete Funktionsverhältnisse gedacht werden. Darüber hinaus ist eine terminologische Klärung notwendig:

1. *Basis und gesellschaftliches Sein:* der Begriff ›Basis‹ ist dem Begriffsumfang nach enger als der auch das ontologische Naturverhältnis des arbeitenden Subjekts abdeckende Begriff ›gesellschaftliches Sein‹;

2. *Überbau und gesellschaftliches Bewußtsein:* auch diese Begriffe sind nicht deckungsgleich. Erstens besagt ›Überbau‹ mehr als ›gesellschaftliches Bewußtsein‹, insofern der Begriff die Einheit von ideologischen *und* politisch-institutionellen Elementen der spezifischen Aneignungs- und Organisationsformen innerhalb der gesellschaftlichen Wirklichkeit umgreift; zweitens aber bedeutet die Überbau-Kategorie eine perspektivische Verengung, weil das gesellschaftliche Bewußtsein nicht *nur* in jenen ideologischen Bewußtseinsformen und politisch-institutionellen Bewußtseinsobjektivationen repräsentiert ist, welche bereits

gegebene ökonomische Verhältnisse widerspiegeln. Das gesellschaftliche Bewußtsein schließt die *antizipativen,* d. h. noch latente Widersprüche aufdeckenden Leistungen der Erkenntnis mit ein.

Die Fruchtbarkeit dieser Präzisierungen erweist sich, geht es um die Klärung des Verhältnisses der ›Ideologie‹ zur ›Basis‹ und zum ›gesellschaftlichen Sein‹ wie der Ideologieformen zum ›Überbau‹ und zum ›gesellschaftlichen Bewußtsein‹.

Besondere Aufmerksamkeit gebührt der Marxschen Feststellung aus dem *Vorwort zur Kritik der Politischen Ökonomie,* daß sich der Überbau nach qualitativen Veränderungen der Produktionsweise ›*langsamer oder rascher*‹ umwälzt. Marx schließt mit dieser nicht näher erläuterten Aussage bewußt jede Linearitätsrelation zwischen Basis und Überbau aus. Engels hat nicht verschwiegen, daß die Basis-Überbau-Theorie weiterzuentwickeln blieb, hatte er doch mit Marx »das Hauptgewicht auf die Ableitung der politischen, rechtlichen und sonstigen Vorstellungen und durch diese Vorstellungen vermittelten Handlungen aus den ökonomischen Grundtatsachen gelegt und legen müssen«; der ideologische Befund der idealistischen herrschenden Theorien war zunächst zu bestreiten, um der kapitalistischen Produktionsweise ihre theoretische Sanktionierung zu entziehen:

»Dabei haben wir dann die formelle Seite über der inhaltlichen vernachlässigt, die Art und Weise, wie diese Vorstellungen etc. zustandekommen. Das hat dann den Gegnern willkommenen Anlaß zu Mißverständnissen respektive Entstellungen gegeben«[290].

Das ›Wie‹ der Genese der ideologischen Bewußtseinsformen ist in der Entwicklung der materialistischen Dialektik zunehmend zum Problem der Erkenntnistheorie und der gesellschaftlichen Psychologie geworden und soll auch hier unter diesen Titeln behandelt werden.

Die philosophische Genealogie des Bewußtseins aus dem gesellschaftlichen Sein, vorrangig aus der Dialektik der Arbeit, findet in der Basis-Überbau-Theorie ein wichtiges Begriffsinstrumentarium. Lenins Satz, daß das Bewußtsein die objektive Welt nicht nur widerspiegle, sondern auch ›schaffe‹ ist die an-

290 *MEW* 39, 96.

gemessene Schlußfolgerung aus der Erkenntnis des Verhältnisses von Basis und Überbau. Stalins Lehre hat dagegen die These vom Zurückbleiben des Bewußtseins gegenüber dem Sein unangemessen generalisiert und in den Rang eines ›allgemeinsoziologischen Gesetzes‹ erhoben. Gleichwohl ist nicht zu leugnen, daß Stalins Schrift *Über den Marxismus in der Sprachwissenschaft* (1952) von der Bucharinschen mechanistischen Parallisierung von ›Basis‹ und ›Ursache‹ bzw. ›Überbau‹ und ›Wirkung‹[291] teilweise abgerückt ist. Seine Schrift kann als Beitrag zur Lösung des Problems der gegenüber den Basis-Veränderungen langsameren Umwälzungen der Ideologie gelesen werden. Der schiere Dualismus von ›Basis‹ und ›Überbau‹ wird zerstört. Deshalb soll die Sprach-Schrift als opus posthumum eines von der Geschichte überwundenen Politikers zu Wort kommen.

Stalin beantwortet die Frage: »Ist es richtig, daß die Sprache ein Überbau der Basis ist?« mit einem eindeutigen Nein:

»Nein, das ist nicht richtig. Die Basis ist die ökonomische Struktur der Gesellschaft in der gegebenen Etappe ihrer Entwicklung. Der Überbau – das sind die politischen, juristischen, religiösen, künstlerischen, philosophischen Anschauungen und die ihnen entsprechenden politischen, juristischen und anderen Institutionen. Jede Basis hat ihren eigenen, ihr entsprechenden Überbau. [...] Ändert sich die Basis und wird sie beseitigt, so ändert sich anschließend ihr Überbau und wird beseitigt«. Soweit bleibt Stalin im Rahmen des mechanistischen Dogmatismus, wenn auch hier bereits eine auffällige Umkehrung der Relation ›Ideologie‹ und ›Institution‹ festzustellen ist: gegenüber dem Marxschen *Vorwort zur Kritik der Politischen Ökonomie* läßt Stalin die Institutionen in der Hierarchie der Wirkungen der Produktion den ideologischen Anschauungen *folgen*. Sein Mechanismus ist durch seine Sprachtheorie weitgehend dementiert:

»Die Sprache unterscheidet sich in dieser Hinsicht grundlegend vom Überbau. [...] Die Sprache [...] ist das Produkt einer ganzen Reihe von Epochen, in deren Verlauf sie sich formt, bereichert, entwickelt, ihren Schliff erhält. Daher lebt die Sprache unvergleichlich länger als jede beliebige Basis und jeder beliebige Überbau. [...] Die Sprache ist ja gerade dazu da, sie ist ja gerade dazu geschaffen, der Gesellschaft in ihrer Gesamtheit als Werkzeug des menschlichen Verkehrs zu dienen, eine [...] für die Gesellschaft einheitliche Sprache

---

291 N. Bucharin, *Theorie des historischen Materialismus*, Hamburg 1922, 264.

zu sein, die den Mitgliedern der Gesellschaft, unabhängig von deren Klassenlage, in gleicher Weise dient«[292].

Stalin hat die Konsequenz gescheut, die ideologischen und institutionellen Faktoren des Überbaus an die Sprache zurückzukoppeln. An der vulgären Trennung von Sprache und Überbau festhaltend, entzieht sich Stalin einer Revision seiner Widerspiegelungstheorie; und die wäre fällig gewesen, hätte Stalin die Sprache aus Ausdruck des Bewußtseins der Individuen anerkannt. Man muß also die Schrift gegen den Buchstaben lesen, um ihr auf dialektische Sprünge zu helfen; dann freilich wird sie wichtig. Denn es liegt auf der Hand, aus der sprachlichen Verfaßtheit nahezu aller Überbau-Erscheinungen den Kreis zum Marxschen Problem zurückzuschließen: nicht zuletzt die Resistenz der Sprache verhindert eine unmittelbare Angleichung des Überbau-Prozesses an den der Basis; wälzt sich der Überbau nach ökonomischen Strukturveränderungen ›langsamer oder rascher‹ um, so liegen die Gründe dafür nicht zuletzt in der Sphäre der sprachlichen Kommunikation; das Beharrungsvermögen der Umgangssprache und der Anwendung in politischen Institutionen wie Rechtsinstanzen behindert die Anpassung der Ideologie an die materielle Produktionssituation; der Antizipationsreichtum der theoretisch-wissenschaftlichen Sprache befähigt, über den status quo hinauszudrängen. Diese Aussicht auf eine historische Definition des Verhältnisses von Basis und Überbau hat sich Stalin verbaut[293]. Die Sprache ist freilich nur dann ein Indiz für die Notwendigkeit einer historischen und dialektischen Basis-Überbau-Theorie, wenn sie nicht als Oberflächenerscheinung berücksichtigt wird: Sprecher der Sprache ist der Mensch; die Sprache ist das Instrument der Objektivation seines Bewußtseins. Konsequenz ist: das Bewußtsein des gesellschaftlichen Individuums zeichnet verantwortlich für die Angleichung von Basis- und Überbau-Prozessen; das Bewußtsein bestimmt den ideellen Aneignungs- und Objektivationsbereich und *wirkt aktiv* auf die Basis, die selbst immer schon das Resultat der materiellen Produktion

---

292 Zit. nach: *Marxismus und Literatur. Eine Dokumentation in 3 Bd.* Hg. v. F. J. Raddatz, Reinbek bei Hamburg 1969. Bd. III, 7-9.
293 Zum Problem der Sprache vgl. Bibl. (302)-(308). Zur Basis-Überbau-Theorie Stalins vgl. besonders Tomberg: (56), 7-81, einen der wichtigsten Ansätze zum Problem überhaupt.

wie auch der geistigen Konzeption und Planung der Produktion ist. Der ideologische Überbau vermittelt seine Wirkungen durch die institutionellen Instanzen der Gesellschaft zurück auf die materielle Arbeit und auf die soziale Aneignung der Arbeit. *Basis und Überbau sind Funktionen voneinander;* die materialistische Theorie vom Primat der Basis ist die Theorie vom Primat der Praxis (vgl. Gleserman: (36); Alexander / Kirsch: (112), (113); Eichhorn / Kosing: (121)). Die Theorie vom Primat der Praxis ist keine subjektivistische Theorie, sondern die Wissenschaft von den Objektivationen der geistigen und körperlichen Arbeit und der in ihnen und durch sie wirkenden objektiven Gesetzmäßigkeit. Dies hat die sogenannte ›Philosophie der Praxis‹ vergessen.

Die Kategorien ›Basis‹ und ›Überbau‹ sind Perspektiven für die empirische Analyse und theoretische Verallgemeinerung der Dialektik von gesellschaftlichem Sein und Bewußtsein. Richtig angewandt, verifizieren sie die allgemeine materialistisch-ontologische Verhältnisbestimmung von Sein und Bewußtsein, Materiellem und Ideellem. Die richtige Anwendung dieser Kategorien ist nicht unabhängig von der gesellschaftlichen Struktur des Überbaus; sie selbst *sind* Elemente des Überbaus, der Ideologie. Wie die Ideologie widerspiegeln sie nicht nur die soziale Basis, sondern wirken im Rahmen der Basis:

»Der Überbau widerspiegelt seinem allgemeinen Inhalt und seiner Form nach die gesellschaftlich-historische Qualität der Basis. Das besagt aber nicht, daß er bloß deren passiver Reflex wäre. Vielmehr vermag er *aus sich heraus*, aus seinen eigenen Triebkräften und gesetzmäßigen Zusammenhängen eine Aktivität zu entfalten, welche die Basis weiterentwickelt. Diese Tatsache erlangt gerade im Sozialismus besonderes Gewicht, weil die sozialistische Gesellschaft nach einem Gesamtplan und mit einem Gesamtwillen verwirklicht wird«[294].

Die Basis-Überbau-Theorie wird über ihre analytische Funktion hinaus zu einem aktiven Steuerungsfaktor im Bewußtseinsbildungsprozeß: aus der Einsicht in die historische Genesis des Überbaus bringt sie die revolutionäre Kontinuität der

294 G. Stiehler, *Karl Marx über die Dialektik von Basis und Überbau.* In: *Lebendiger Marxismus.* Rundfunkvorträge. Teil 2: *Entstehung und Entwicklung der Marxschen Philosophie.* Hg. v. I. Knoth / O. Finger, Berlin 1972, 207.

Klassenauseinandersetzungen und der in diesen Kämpfen für die Unterdrückten parteiergreifenden Ideologien ein zugunsten der Bildung eines wirklichen Geschichtsbewußtseins. Dies ist eine wichtige praktische Funktion, die ihre Wirkung vor allem in der Massenkommunikation und in den Medien entfaltet. Der ideologische Überbau stabilisiert nicht nur die soziale Basis durch Theorien und Institutionen der Legitimation, sondern kann als Produkt, Instrument und zugleich Gegenstand des Klassenkampfs bewußt gegen die herrschende ökonomische Struktur eingesetzt werden. So nimmt die herrschende bürgerliche Klasse den Überbau in Funktion, um gegenüber den revolutionären Inhalten des Geschichtsbewußtseins eine Zensur zu verhängen; die einseitig liberalistische Rezeption der bürgerlich-revolutionären Naturrechtstradition im Verfassungsrecht der BRD ist ein Indiz der Verdrängung revolutionärdemokratischer Überlieferungen der bürgerlichen Gesellschaft; das Totschweigen des deutschen demokratischen Jakobinismus Forsters, Rebmanns und vieler anderer zugunsten des sogenannten ›deutschen Idealismus‹ Kants, Fichtes, Schellings und Hegels ist ein weiteres beispielhaftes Symptom. Die innerhalb des bürgerlichen Systems durchgesetzte Erinnerung an revolutionäre geschichtliche Faktoren – wie z. B. den Jakobinismus – zeigt aber auch, daß der Überbau gegen die noch herrschende Basis zum Zeugen gerufen werden kann. In beiden Fällen gilt:

»Die ökonomischen Gegensätze der Klasse treten als Aktivitäten auf dem Gebiet des Überbaus an den Tag, nehmen dort – insbesondere in Gestalt des politisch-organisatorischen und politisch-ideologischen Kampfes um die staatliche Macht – gesellschaftsumfassenden Charakter an und werden auf diese Art ausgefochten« (Eichhorn I/ Kosing: (121), 596; im Original hervorgehoben).

Diese die Aktivität des Überbaus, d. h. der Formen und ideologischen Gehalte der Bewußtseinsobjektivationen betonende Auffassung vom Basis-Überbau-Verhältnis ist heute im wissenschaftlichen Sozialismus herrschende Lehrmeinung.

In seinen *Thesen zur Theorie des Überbaus* hat B. Brecht gefordert, »Kultur, also Überbau, [...] nicht als Ding, Besitz, Resultat einer Entwicklung, in geistigen Luxus umgesetzte Rente, sondern als selbst entwickelnden Faktor (eventuell aber nicht *nur* rentenerzeugend) und vor allem als Prozeß anzusehen«. Diese Forderung hat nicht nur theoretische Bedeutung, sondern auch politisch-praktische. Brechts Definition – »Die Art, auf die Überbau entsteht, ist: Antizipation«[295] – mag einseitig sein und von der sozial-historischen Determination auch der Antizipationen des Bewußtseins absehen; sie ist aber richtungsweisend. Denn die am materiellen gesellschaftlichen Produktionsprozeß orientierte Theorie des Überbau-Verhältnisses entdeckt nicht nur »die *objektive* Logik« der materiell-praktischen und ideologischen »Veränderungen und ihrer geschichtlichen Entwicklung in den Haupt- und Grundzügen«; sie definiert vielmehr das Programm der Veränderung der Gesellschaft neu:

»Die höchste Aufgabe der Menschheit ist es, diese objektive Logik der wirtschaftlichen Evolution (der Evolution des gesellschaftlichen Seins) in den allgemeinen Grundzügen zu erfassen, um *derselben* ihr gesellschaftliches Bewußtsein und« – so Lenin 1908 – »das der fortgeschrittenen Klassen aller kapitalistischen Länder so deutlich, so klar, so kritisch als möglich anzupassen«[296].

Lenin hat so die *politischen* Funktionen der Basis-Überbau-Theorie für den Kampf der Arbeiterklasse, deren Existenz die historische Voraussetzung der Theorie war, hervorgehoben.
Der Leninist Antonio Gramsci, dessen politisches und philosophisches Erbe hierzulande erst anzutreten ist, hinterließ ein hervorragendes Dokument der politischen Reflexion über ›Basis‹ und ›Überbau‹. Gramsci interpretiert Marx' *Vorwort zur Kritik der Politischen Ökonomie* als Aussage darüber, »daß die Menschen das Bewußtsein der strukturellen Konflikte auf dem Gebiet der Ideologien gewinnen«; dies müsse als »eine Feststellung von erkenntnistheoretischem und nicht rein psychologischem oder moralischem Wert betrachtet werden«. Die Veränderung der Erkenntnisbedingungen durch die politische, von der proletarischen Partei vorangetriebene Umwälzung von Basis und Überbau ist für Gramsci die praktische Konsequenz des Marxismus. Seine Folgerung lautet:

»daß auch das theoretisch-praktische Prinzip der Hegemonie selbst der wichtigste theoretische Beitrag von Ilic [Lenin] zur Philosophie

295 B. Brecht, *Gesammelte Werke in 20 Bd.*, Frankfurt/M. 1967. Bd. 20, 76/77.
296 *LW* 14, 328/329.

einen erkenntnistheoretischen Wert hat und daß auf diesem Gebiet der Praxis zu suchen ist. Ilic hat demnach die Philosophie wirklich weiterentwickelt, weil er die politische Doktrin und Praxis sich weiterentwickeln ließ«.

Die Herstellung einer revolutionären Herrschaft der Arbeiterklasse und die Organisation der Herrschaft durch die Partei – Gramsci nennt dies »die Verwirklichung eines hegemonialen Apparats« – bewirkt über die Strukturveränderung der ökonomischen Basis hinaus die Voraussetzungen einer neuen Erkenntnisqualität: sie »determiniert [...] eine Reform des Bewußtseins und der Erkenntnismethoden« und ist deshalb auch »eine Tatsache der Erkenntnis, eine philosophische Tatsache«. Für die Entwicklung des Marxismus denkwürdig ist, daß Gramsci in der Phase dominierender mechanistischer Tendenzen in der Philosophie das Basis-Überbau-Verhältnis wieder *dialektisch* faßt:

»Basis und Überbauten bilden einen ›historischen Block‹, d. h. das komplexe, widersprüchliche und ungleiche Ganze der Überbauten ist der Reflex der gesamten gesellschaftlichen Produktionsverhältnisse. Daraus folgt: – daß nur ein totalitäres System von Ideologien den Widerspruch der Basis rational widerspiegelt und die Existenz der objektiven Bedingungen für die Umwälzung der Praxis darstellt. Wenn sich eine zu hundert Prozent ideologisch homogene gesellschaftliche Klasse bildet, so bedeutet das, daß zu hundert Prozent die Voraussetzungen für diese Umwälzung bestehen, daß also das ›Rationale‹ aktuell und verwirklichbar ist. Die Erörterung basiert auf der notwendigen Wechselwirkung zwischen Basis und Überbau (einer Wechselwirkung, die gerade den realen dialektischen Prozeß ausmacht)[297]«.

Die Dialektik von Struktur und Metastruktur kann nicht unabhängig von der Wirkung des die Struktur erzeugenden Subjekts, d. h. gerade auch seines Bewußtseins, konzipiert werden. Der ›reale dialektische Prozeß‹, als welchen Gramsci die ›Wechselwirkung‹ von Basis und Überbaufaktoren beschreibt,

297 A. Gramsci, *Opere*. Bd. 2. *Quaderni del carcere 1. Il materialismo storico e la filosofia di Benedetto Croce*. Torino [8]1966, 39/40. Dt. Übers.: A. Gramsci, *Philosophie der Praxis . . .*, 163. ›Totalität‹ (totalitario) ist mit Bezug zu ›Totalität‹, nicht zu ›Totalitarismus‹ gebraucht. ›Basis‹ = struttura, ›Überbau‹ = superstruttura. Gramsci spricht – dies ist zu beachten – von ›superstrutture‹ (= Überbauten), um die Komplexität der von der Basisstruktur abhängigen Phänomene zu betonen.

wird politisch verändert und in neuer Qualität erzeugt. Die Theorie des ›blocco storico‹, des historischen Blocks, berücksichtigt darüber hinaus wie wenige Entwicklungsformen des Marxismus-Leninismus den Verweisungszusammenhang von Praxis und Historizität des Bewußtseins, von ökonomischer Produktion, politischer Organisation und Ideologie als *geschichtlichen* Prozeß. Dieser Prozeß kann nur kurzschlüssig ausschließlich unter dem Aspekt ›Fortschritt‹ gedacht werden; Geschichte ist – dies ist ein Resultat der Dialektik von Basis und Überbau – nicht nur Vergangenheit, sondern immer aufgehobene Geschichte, d. h. durch die Praxis überwundene *wie auch* praktisch fortwirkende vergangene Wirklichkeit.

Die wirkliche Dialektik von Basis und Überbau wird von der mechanistischen Trennung dieser Bereiche der sozialen Praxis verfehlt; nicht minder irrig ist die These, Basis und Überbau ließen sich nicht unterscheiden und müßten durch die Kategorie des ›gesellschaftlichen *Lebens*‹ in ihrer ›Totalität‹ erfaßt werden.

Das Marx/Engelssche Diktum, das Bewußtsein sei nur das bewußte Sein, war eine kritische Aussage. Die *Deutsche Ideologie* gab bereits die Bedingungen an, unter denen Sein und Bewußtsein *endlich* identisch *werden* könnten. Die Paradoxie der Identifikation auch des falschen Bewußtseins mit dem ›bewußten Sein‹, der durch Vergegenständlichung und Fetischismus genarrten Subjektivität der Warenproduzenten mit dem Subjektbewußtsein als objektiv wahrer Widerspiegelung der Produktionstätigkeit, lag Marx so fern wie Engels. Die kritischen antifeudalen Oppositionstheorien der bürgerlichen Klasse wie jene antikapitalistischen des Proletariats waren und sind keineswegs Formen des ›bewußten Seins‹ der herrschenden ökonomischen Strukturen. So ist die von der Lukácsschen Totalitäts-Kategorie inspirierte apodiktische These Jakubowskis: »Bewußtsein ist bewußtes Sein« mit der historisch-materialistischen Basis-Überbau-Theorie nicht vereinbar (Jakubowski: (40), 44).

Die kritische heuristische Funktion der Begriffe ›Basis‹ und ›Überbau‹ ist in der Tradition des sogenannten westlichen Marxismus trotz gegenteiliger Beteuerungen immer mehr mißachtet worden. Die – um ein repräsentatives zeitgenössisches Beispiel anzuführen – antigeschichtliche anthropologische ›Bereicherung‹ der materialistischen Dialektik durch die vermeintliche Philosophie der ›Praxis‹ bedient sich ihrer nur noch als materialistischer Versatzstücke. Der behauptete »*materialistische Monismus*« z. B. R. Kalivodas hat sich aus der Auseinandersetzung mit dem idealistischen Dualismus von Sein und Bewußtsein in die Perspektive der ›Existenz‹ geflüchtet. Die Widersprüche der Existenz des arbeitenden Menschen – von der Basis-Überbau-Theorie beim dialektischen Namen genannt – kommen nicht mehr in den Blick. Wo ›Basis‹ und ›Überbau‹ als »Totalität der primären und sekundären Schichten« der ›Existenz‹ – wahlweise des ›Lebens‹ – und als gleichwertige »Funktionen der menschlichen Existenz« ihrer spezifischen Charakteristika entblößt werden, ist der Schritt zur psychologisierenden Frage nach den »Wurzeln der ökonomischen Tätigkeit« bereits der zweite Schritt über den historischen Materialismus hinaus. Die Konflikte der Klassen und Individuen sind dann nicht mehr Erzeugnisse der materiellen Produktion und Reproduktion des Lebens. Die ökonomischen Antagonismen lösen sich dann auf als Manifestationen der anthropologischen, ewigmenschlichen »*Konfliktbedingtheit*«; Konsequenz ist:

»Die geistige Aktivität des Menschen [...] (Produkt der Transformation und Sublimierung des primären Bedürfnisses nach materieller Lust) ist wirklich ein *unmittelbarer* Ausdruck seiner materiellen Energie, und aus diesen primären materiellen Wurzeln speist sich die Libido, ohne die der Mensch seine ›raison d'être‹ verlöre«.

Mit dem Anspruch, den »vollen materialistischen Sinn« der »Termini ›Sein‹ und ›Bewußtsein‹, ›Basis‹ und ›Überbau‹« aufzudecken, wirft Kalivoda das dialektische Prinzip der Vermittlung zwischen Sein und Bewußtsein durch die geschichts- und sozialspezifische Basis-Überbau-Struktur über Bord. Die anthropologische Theorie von der ›Energie des Menschen‹ – wahlweise des ›Lebens‹ – bereitet der historisch-materialistischen Prozeßtheorie ein tristes Ende; die Anleihen bei der Psychoanalyse Freuds können es nicht beschönigen. Für die anthropologische Generalisierung gilt, was Marx und Engels in der Kritik der bürgerlichen Naturalisierung historischer Bewegungen geäußert haben[298].

298 R. Kalivoda, *Der Marxismus und die moderne geistige Wirklichkeit*, Frankfurt/M. 1970, 65.

Aus der dialektischen und geschichtsmaterialistischen Verhältnisbestimmung von Basis und Überbau ergeben sich notwendig Schlußfolgerungen vor allem für die philosophische Begründung der Kategorien ›Ideologie‹ und ›Klassenbewußtsein‹. Hierüber wird im zweiten Teil dieser Untersuchung im erkenntnistheoretischen Zusammenhang verhandelt. Bei der Einführung der Kategorien ›Basis‹ und ›Überbau‹ ging es zunächst darum, die materiellen Bedingungen und die materialistischen Voraussetzungen der Erkenntnistheorie zu konkretisieren. Die Basis-Überbau-Theorie ist eine historisch-materialistische Präzisierung und Anwendung der allgemeinen philosophischen Bestimmung vom Primat des Materiellen vor dem Ideellen. Auf der Grundlage der dialektisch-materialistischen Konzeption der ›Materie‹, der ›Dialektik‹, der ›Natur‹ und der ›Arbeit‹ ermöglicht die Definition des Funktionsverhältnisses von ökonomischer Praxis und gesellschaftlichem Überbau den Übergang zur Theorie der Erkenntnis. Die Basis-Überbau-Theorie ist das wissenschaftliche Fundament der dialektisch-logischen Genealogie des menschlichen, individuell-gesellschaftlichen Bewußtseins. Dieses Fundament war aufzubauen aus den Grundsteinen der materialistischen Dialektik: aus der Dialektik der Natur und der Arbeit.

Teil II – Bewußtsein, Erkenntnis und Wissen: Schlußfolgerungen aus der Geschichte der Erkenntnis der Welt

4. Erkenntnis als Widerspiegelung und sozialer Prozeß

Erkenntnis ist Widerspiegelung. Widerspiegelung ist sozialer Prozeß. Die materialistische Dialektik erfaßt die Erkenntnis und das Wissen »materialistisch als die Abbilder der wirklichen Dinge, statt die wirklichen Dinge als Abbilder dieser oder jener Stufe des absoluten Begriffs.« Dieser Materialismus der Erkenntnistheorie hat eine philosophische Tradition seit den griechischen Atomisten Leukipp und Demokrit. Erst die ›Dialektik‹ qualifiziert ihn als Neues: die »Begriffsdialektik [ist] selbst nur der bewußte Reflex der dialektischen Bewegung der wirklichen Welt«[1]. Der Materialismus wird als philosophische Theorie von der Materialität auch des Verhältnisses von Sein und Bewußtsein zum dialektischen Materialismus durch die ›Dialektik‹, durch die philosophische Theorie vom Zusammenhang, von der Bewegung, von der Widersprüchlichkeit und Prozessualität der Welt; der Welt, – also auch des Verhältnisses von Sein und Bewußtsein. Der dialektische Materialismus birgt als Teilsystem die dialektische Erkenntnistheorie, die selbst eine Prozeßtheorie ist; sie ist aber Theorie der konkreten Erkenntnisprozesse erst im Kontext des historischen Materialismus, der dialektischen Theorie von der menschlichen, individuell-gesellschaftlichen Geschichte. Die Einheit von historischem und dialektischem Materialismus kennzeichnet auch die einzelnen Teilsysteme dieser beiden Großsysteme: die dialektisch-materialistische Erkenntnistheorie ist unfähig, Genesis und Wahrheit der Erkenntnis zu erklären, bricht man sie aus der Theorie der Arbeit und der Praxis heraus; die erkenntnistheoretische Perspektive der Dialektik von Subjekt und Objekt bleibt eine leere Abstraktion, solange sie nicht vordringt zur konkreten Dialektik der gesellschaftlichen Klassenkämpfe. Die materialistische Dialektik erklärt die Bildung des Bewußtseins, des Denkens und Erkennens wie des Wissens und der

1 *MEW* 21, 293.

Wahrheit aus der materiellen Produktion des Lebens der Erkenntnis-Subjekte. Sie weiß die Gesetzmäßigkeiten der Erkenntnis erarbeitet im Rahmen der Gesetzmäßigkeit der Arbeit an und in der Natur. Die Basis der Erkenntnis ist die Produktion: erstens die Produktion der lebensbedeutsamen Objektivität des gesellschaftlichen Seins und zweitens die Produktion des menschlichen Individuums. Die Formen und Inhalte der Erkenntnis korrelieren mit den Formen und Inhalten der materiellen Produktion und sind Funktionen der aktiven Tätigkeit der Subjekte wie der Verhältnisse, die sich die arbeitenden Individuen schaffen.

Die dialektische Erkenntnistheorie ist deshalb eine historische und soziale Wissenschaft, die Wissenschaft von der sozial-historischen Determination der Erkenntnis (vgl. die Definition in 1.2, Teil I). Sie ist als wissenschaftliches System die Widerspiegelung der Systematik des Produktionsprozesses. Sie ist Prozeßtheorie und selbst eine prozessuale Erkenntnisform. Die Entwicklung der marxistischen Erkenntnistheorie stellt sich dar als die Entwicklung von Lösungsversuchen der Frage nach dem ›Wie‹ der Umsetzung von Materiellem in Ideelles, d. h. nach dem ›Wie‹ der Genesis der Erkenntnis aus der Praxis. Nicht ohne Irrwege, nicht ohne erzielte und wieder vergessene Klärungen, nicht ohne schwerwiegende Revisionen und nicht unbeeinflußt von fruchtbaren materialismus-externen Problemstellungen hat sich die Geschichte dieser Wissenschaft vollzogen. Daß an den Pfeilern der dialektisch-materialistischen Gnoseologie – am Materie-Primat, an der Dialektik, an der Praxis-Determination und an der Historizität – nicht zu rütteln ist, will man nicht in Ruinen denken, – dafür steht diese Geschichte; dafür steht selbst noch ihre ›Vorgeschichte‹ im englischen materialistischen Sensualismus und Empirismus wie im französischen aufklärerischen Materialismus und in der revolutionären Transzendentalphilosophie seit Kant. Diese ›Vorgeschichte‹ und deren Rezeptionen – im Wortsinn – zu Ende gedacht zu haben, schreibt der Marxismus-Leninismus rechtens Feuerbach zu; denn dessen Entwicklung vom Hegelianer zum Materialisten gipfelte im »totalen Bruch mit dem idealistischen System seines Vorgängers« Hegel; ihm drängte sich die »Einsicht auf, daß die Hegelsche vorweltliche Existenz der ›absoluten Idee‹, die ›Präexistenz der logischen Kategorien‹, ehe

denn die Welt war, weiter nichts ist als ein phantastischer
Überrest des Glaubens an einen außerweltlichen Schöpfer; daß
die stoffliche, sinnlich wahrnehmbare Welt, zu der wir selbst
gehören, das einzig Wirkliche, und daß unser Bewußtsein und
Denken, so übersinnlich es scheint, das Erzeugnis eines stofflichen, körperlichen Organs, des Gehirns ist. Die Materie ist
nicht ein Erzeugnis des Geistes, sondern der Geist ist selbst
nur das höchste Produkt der Materie«[2].

Die von Engels betonte Dominanz der Materie in der Bewußtseinsbildung hat freilich seit der *Deutschen Ideologie* niemals
zur Leugnung der Spezifik des menschlichen Bewußtseins geführt. Denn unumstritten gilt:

daß »alles, was einen Menschen bewegt, den Durchgang durch seinen
Kopf machen muß. [...] Die Einwirkungen der Außenwelt auf den
Menschen drücken sich in seinem Kopf aus, spiegeln sich darin ab als
Gefühle, Gedanken, Triebe, Willensbestimmungen, kurz, als ›ideale
Strömungen‹, und werden in dieser Gestalt zu ›idealen Mächten‹«[3].

Engels' *Ludwig Feuerbach und der Ausgang der klassischen
deutschen Philosophie* von 1886 resümiert noch einmal die historisch-materialistische Antwort auf das problematische ›Wie‹:
»welche Gestalt« die Außenwelt »in diesem Kopf annimmt,
hängt sehr von den Umständen« der materiellen Produktion
ab[4]. Den zweiten Teil der Antwort liefert die *Widerspiegelungstheorie*:

»Die Ideen alle der Erfahrung entlehnt, Spiegelbilder – richtig oder
verzerrt – der Wirklichkeit«[5].

Dieser Aphorismus aus den Vorarbeiten zum *Anti-Dühring*
enthält im Kern die marxistische Gnoseologie. Deren letztes
Wort enthält er nicht; dieses letzte Wort ist bis heute noch
nicht gesprochen. Gewiß aber ist er das Pendant zur Theorie
der Klassenbewegungen und -widersprüche, die auch die widerspiegelnde Erkenntnis nicht verschonen. Mit der Erforschung der »treibenden Ursachen [...], die sich [...] in den
Köpfen der handelnden Menschen [...] als bewußte Beweg-
gründe klar oder unklar, unmittelbar oder in ideologischer,

2 *MEW* 21, 277/278.
3 *MEW* 21, 281/282.
4 *MEW* 20, 573.
5 *MEW* 21, 298.

selbst in verhimmelter Form widerspiegeln«, beschreitet auch die Erkenntnistheorie den »einzigen Weg, der uns auf die Spur der die Geschichte [...] beherrschenden Gesetze führen kann«[5]. So tritt die Gnoseologie selbst in ihre historische Dimension ein, außerhalb derer sie positivistisch verdorren müßte.

Das Thema der Erkenntnistheorie, die sich dem Problem des ›Wie‹ der bewußten Übersetzung von materiellen Bedürfnissen und Praxis ›in den Köpfen‹ stellt, ist die Erklärung der komplexen Determinationsstruktur des Bewußtseins und der Erkenntnis, des Denkens und des Wissens. Selbst dialektische Erkenntnis, trägt sie bei zur »Entfaltung der gesamten Totalität der Momente der Wirklichkeit«, rekonstruiert sie »die Erkenntnis der Materie bis zur Erkenntnis (zum Begriff) der Substanz«[6] und kommt so der Wahrheit des Wissens auf die historische Spur. Sie hat die Perspektive der »*Gesamtheit aller* Seiten der Erscheinungen, der Wirklichkeit und ihrer (Wechsel-)*Beziehungen*« [...], woraus sich die Wahrheit zusammensetzt«. Es geht ihr um »die Beziehungen (=Übergänge = Widersprüche) der Begriffe = Hauptinhalt der Logik, *wobei* diese Begriffe (und ihre Beziehungen, Übergänge, Widersprüche) als Widerspiegelungen der objektiven Welt« nachzuweisen sind. Ihre Prämisse heißt: »Die Dialektik der *Dinge* erzeugt die Dialektik der *Ideen*«[7]. »Die wirklich wichtige erkenntnistheoretische Frage« lautet nach Lenin, »ob die objektive Gesetzmäßigkeit der Natur oder aber die Beschaffenheit unseres Geistes, das diesem eigene Vermögen, bestimmte apriorische Wahrheiten zu erkennen usw., die Quelle unserer Erkenntnis« sei[8]; sie ist entschieden. Damit ist die Entscheidung gegen jeglichen Agnostizismus, Skeptizismus und Erkenntnispessimismus gefallen. Diese Erkenntnistheorie gewinnt *als Erfahrung* mit der Geschichte der Erkenntnis der Welt die Überzeugung, daß die Erkenntnis des Menschen »die gesetzmäßige Bewegung der Materie« – und somit das materielle gesellschaftliche Sein – »*widerzuspiegeln*« befähigt ist[9]. Lenin hat den Realismus dieser Gnoseologie auf die Formel gebracht:

6 *LW* 38, 148/149.
7 *LW* 38, 186.
8 *LW* 14, 155.
9 *LW* 14, 165.

»Unsere Empfindungen, unser Bewußtsein sind nur das *Abbild* der Außenwelt, und es ist selbstverständlich, daß ein Abbild nicht ohne das Abgebildete existieren kann«[10].

Die Polemik des Idealismus gegen den vermeintlichen ›naiven‹ Leninschen Realismus hat sich an diesem Satz festgebissen und kommt nicht mehr zum lebendigen Inhalt, der dieses Definitionsskelett trägt, – zum *Kriterium der Praxis in der Erkenntnistheorie*. Nur aus dem Kontext des Praxis-Kriteriums herausgerissen erweist sich der zitierte Satz als tautologischer Beweis. Das Subjekt der Erkenntnis widerspiegelt eine »sich ewig bewegende und entwickelnde Materie« mit einem »sich entwickelnden menschlichen Bewußtsein«, mit einem geschichtlich erarbeiteten Bewußtsein. Was dies noch »mit ›Statistik‹ zu schaffen« habe, fragt Lenin, handele es sich doch »nicht um das unveränderliche Wesen und nicht um das unveränderliche Bewußtsein, sondern um die *Übereinstimmung* zwischen dem die Natur widerspiegelnden Bewußtsein und der vom Bewußtsein widergespiegelten Natur«[11]. Die Einbeziehung der Natur-Kategorie in die Erkenntnistheorie bezieht – dies hebt die Leninsche von der vordialektischen Abbild-Theorie ab – die Dialektik der Praxis mit ein. Dazu Lenins *Hegel-Konspekt*:

»Die Idee, d. h. die *Wahrheit* als Prozeß – denn die Wahrheit ist ein *Prozeß* – durchläuft in ihrer *Entwicklung drei* Stufen: 1. das Leben; 2. den Prozeß des Erkennens, der die *Praxis* des Menschen und die *Technik* einschließt [...]; – 3. die Stufe der absoluten Idee (d. h. der vollen Wahrheit). Das Leben erzeugt das Gehirn. Im menschlichen Gehirn widerspiegelt sich die Natur. Indem der Mensch die Richtigkeit dieser Widerspiegelungen in seiner Praxis und in der Technik überprüft und anwendet, gelangt er zur objektiven Wahrheit«. Die Randbemerkung Lenins zu diesem Stück Selbstverständigung anhand Hegels: »Die Wahrheit ist ein Prozeß. Von der subjektiven Idee gelangt der Mensch zur objektiven Wahrheit *durch* die ›Praxis‹ (und Technik)«[12].

Bereits in *Materialismus und Empiriokritizismus* ist die Gnoseologie als Prozeßtheorie und im Blick auf die *Praxis* profiliert:

10 *LW* 14, 61.
11 *LW* 14, 132.
12 *LW* 38, 191.

»Unsere Wahrnehmungen und Vorstellungen sind [...] Abbilder. Durch die Praxis werden diese Abbilder einer Probe unterzogen, werden die richtigen von den unrichtigen geschieden«[13].

Die Orientierung an der Natur zieht die erkenntnismaterialistische ›Dialektik‹ nicht in den Bannkreis der faktographischen Abbild-Theoreme, weil ihr bewußt ist, »daß sich in den Begriffen des Menschen *in eigentümlicher Form* (dies NB: *in eigentümlicher Form* und *dialektisch*!) die Natur widerspiegelt«[14]. Die Qualifikation der Natur durch ihre eigene Bewegung *und* durch die Dialektik der Erkenntnis auf der Basis der Dialektik der Praxis sind zusammengedacht.

Die Totalität der ontologischen und geschichtlich-praktischen Prozeßbedingungen der Widerspiegelung gibt der Erkenntnistheorie ihre Problematik auf, deren sie sich, nimmt man mechanistische Revisionen aus, nie durch platte Identifikationen von Sein und Bewußtsein, Objekt und Begriff, Widerspiegeltem, Widerspiegelungsakt und Widerspiegelungsresultat enthoben hat. Es sei – stellte Engels fest – »schon die richtige Widerspiegelung der *Natur* äußerst schwer, Produkt einer langen Erfahrungsgeschichte. [...] In *Gesellschafts*sachen die Widerspiegelung noch schwieriger«[15]. Die Erkenntnis durch Widerspiegelung gründet in der Dialektik der Materie, aber sie ist nicht durch die *Immanenz* der Materie-Bewegung begründet, sondern durch die praktische Dialektik der Aneignung durch Arbeit; und in der Arbeitsdialektik unterliegt die Widerspiegelung allen Objektivations- wie allen Fetischisierungstendenzen, welche die Erkenntnis an die Erscheinung binden und vom Wesen trennen. Wäre die bewußte Widerspiegelung durch die *gleichen* objektiven Gesetze der Dialektik bestimmt wie die Materie selbst, wäre sie wie die Materie »von Anfang an dialektisch angelegt; wäre es das Bewußtsein in gleichem Maße, so müßte es die objektive Dialektik sofort und vollkommen, geradezu mechanisch widerspiegeln. Da dies nicht der Fall ist, muß man annehmen, daß das geistige Moment der Materie erst durch den Kampf mit der Welt außer ihm allmählich, in einem geschichtlichen Prozeß zum Bewußtsein und

13 *LW* 14, 103.
14 *LW* 38, 273.
15 *MEW* 20, 582/583.

zur Vollkommenheit seiner dialektischen Struktur entwickelt wird« (Raphael: (185), 39/40).

Die auf der Dialektik der Natur und der Arbeit aufgebaute Widerspiegelungstheorie erfaßt die kognitiven Abbilder in ihrer historisch-notwendigen Relativität; das kognitive Abbild ist »eine adäquate ideelle Reproduktion von Eigenschaften, Beziehungen und Strukturen von Wirklichkeitsbereichen«, zu denen sich der Mensch als aktives historisches Subjekt verhält; »es handelt sich hierbei nicht um naiv-realistische Abdrücke [...], sondern um geschichtlich vermittelte, durch das Prisma der gesellschaftlichen Praxis ›gebrochene‹ ideelle Reproduktionen der Objekte, einschließlich der gesellschaftlichen Beziehungen der Menschen zu diesen Objekten«. Daraus folgt für die Widerspiegelungstheorie:

»Die theoretisch-erkennende Aneignung der Objekte ist *aktive Tätigkeit* des gesellschaftlichen Subjekts und keine passive Rezeption einer dem Subjekt beziehungslos gegenüberstehenden Welt« (Kosing: (170), 360/361).

Dies jenen ins Stammbuch, die wie A. Schmidt eine *kritische* Theorie der Erkenntnis nur mit dem Lamento über die »heute im Osten in populären Traktaten propagierte ›Abbildtheorie‹« von der marxistischen Gnoseologie abheben zu können glauben[16]. Das Wesentliche an der dialektisch-materialistischen Widerspiegelungstheorie ist nicht die Definition des Widerspiegelungsresultats als ›Abbild‹, sondern die Erkenntnis des Widerspiegelungsprozesses als eines *sozialen Prozesses* (vgl. Gößler: (153a)). Es ist dies der Prozeß, in welchem die Objektivationen der Arbeit und die Objektivationen des Bewußtseins Funktionen voneinander bilden und sich in den Formen neuer Praxis und neuer Erkenntnis aufheben.

4.1. Zwei Determinationsfaktoren der Widerspiegelung: Zur materiell-psychischen und historisch-genetischen Grundlage der Erkenntnis

Die komplexe Determinationsstruktur des Bewußtseins ergibt sich in erster Linie aus zwei Elementen: die Widerspiegelung wird determiniert a) durch die materielle Seinsweise des Widerspiegelungsobjekts in Natur und gesellschaftlicher Produk-

16 A. Schmidt, *Der Begriff der Natur in der Lehre von Karl Marx.* Frankfurt/M. 1962, 91.

tion bzw. durch die materielle, physiologische Basis der psychischen Leistung des Gehirns und b) durch das gesellschaftliche Verhältnis des Subjekts zum Objekt, in welchem die akkumulierte Erfahrung des Menschen mit seiner Welt sich als sozialhistorische Determination durchsetzt; in diesem Verhältnis sind eingeschlsosen die ideologischen und sprachlichen, die das Alltags- und das Klassenbewußtsein charakterisierenden Prädispositionen des individuellen Denkens; sie bilden den ›historischen Block‹ von Ideologie und Praxis. Diese beiden Determinationsreihen verlangen, daß die Erkenntnistheorie das Bewußtsein nicht ausschließlich als ›Gegenstand‹, als ›Objekt‹ betrachtet, sondern als ›sinnlich-menschliche Tätigkeit‹. Die beiden Determinationselemente können vorläufig so konkretisiert werden:

1. Das Bewußtsein ist als die Totalität der in den Bereich der menschlichen Empfindung, Wahrnehmung und des Denkens getretenen, subjektiv verarbeiteten Objektstrukturen der Wirklichkeit der Prozeß der psychischen Aktivität des Hirns als höchstorganisierter Materie. Die physiologischen Bewegungen im komplexen System ›Gehirn‹ und der Denkakt sind nicht – im Sinne eines psycho-physischen Parallelismus – als voneinander unabhängige (parallele) Prozeßreihen aufzufassen, sondern als einheitlicher Widerspiegelungsprozeß. Lenins Feststellung, daß »das Bewußtsein ein innerer Zustand der Materie ist«[17], korrespondiert widerspruchslos mit einer zweiten Aussage: daß bei einer Identifikation von Materie und Bewußtsein »die erkenntnistheoretische Gegenüberstellung von Materie und Geist« ihre Bedeutung verlöre; die Ineinssetzung wäre so sinnlos, wie die Unterscheidung von Physischem und Psychischem außerhalb des erkenntnistheoretischen und psychologischen Operationsfelds den Materie-Begriff als Kennzeichen der Einheit der Welt gefährden müßte[18]. Allein im gnostischen Verhältnis von Subjekt und Objekt sind das Psychische und das Physische qualitativ unterscheidbar: die psychische Tätigkeit des Subjekts hat ihre besondere Qualität in der ideellen Umsetzung, d. h. in der Bewußtmachung der materiellen Objektivität *für* ein Subjekt, und in der sprachlichen höheren Objektivierung sowohl der materiellen Prozesse der Hirnphy-

17 *LW* 14, 79.
18 *LW* 14, 244.

siologie wie der objektiven Gegenstände der Widerspiegelung. Die Widerspiegelung *produziert,* und zwar nicht identische Abbilder und nicht nur Zeichen oder Symbole des Objekts, sondern das Objekt in neuer Qualität. Jede Widerspiegelung ist eine neue, von der Tätigkeit des Psychischen erarbeitete objektive Wirklichkeit für den Menschen. Eine Grenzüberschreitung aus dem Gebiet der Spezifik des menschlichen Bewußtseins zurück in den Bereich des bewußtlosen materiellen Seins liegt vor, wenn etwa von der »denkenden Materie« die Rede ist (wie in Bibl.: (8), 128); dieser Wortgebrauch erfaßt nicht mehr, daß das Bewußtsein ein individuell-gesellschaftliches Subjekt voraussetzt, das sich der Materie in der Natur materiell-tätig gegenüber verhält. Aber nur dieses gesellschaftliche Subjekt hat das ›erste Signalsystem‹ der tierischen instinktiven Reiz-Reaktion-Relation und damit die ausschließlich sinnliche Widerspiegelung der biologischen Umwelt überwunden; das ›zweite Signalsystem‹ – System der Sprache in Wort und Symbol – ist erarbeitet in der Geschichte der zunehmend zweckmäßigen Aneignung des natürlichen Seins durch den zunehmend planmäßigen Einsatz von gemachten Werkzeugen. Erst die (sprachlichen) Signale von (körperlichen) Signalen haben »die Abstraktion und gleichzeitig damit die Verallgemeinerung der unzähligen Signale des vorhergehenden Systems zugunsten der Orientierung in der Umwelt« ermöglicht[19]. Der Differenzierung der gesellschaftlichen Produktionstätigkeit entspricht auf der Grundlage der Bedürfnisdifferenzierung die Entfaltung der zerebralen Struktur, der Sprache und der Erkenntnis.

Ob nun »die Frage, wie das gnostische Verhältnis der psychischen Erscheinungen zur objektiven Realität beschaffen ist«, mit einem Satz beantwortet werden kann, ist beim gegenwärtigen Erkenntnisstand zweifelhaft. Ob dieser eine Satz auch zureicht – der Satz: »Die psychischen Erscheinungen sind die Widerspiegelung der Welt, der objektiven Realität« (Rubinstein: (294), 5) –, ist noch heute in der marxistischen Theorie umstritten. Das ›Wie‹ der Wechselwirkung zwischen Physischem und Psychischem ist durch die Definition des Psychischen als »reflektorische, widerspiegelnde Tätigkeit«, als »analytisch-

19 I. P. Pawlow, *Zwanzigjährige Erfahrungen mit dem objektiven Studium der höheren Nerventätigkeit (des Verhaltens) der Tiere.* In: *Sämtliche Werke* Bd. III/2. Berlin 1953, 451.

synthetische Tätigkeit« (Rubinstein: (294), 177), nicht abschließend geklärt. Auch hier kann angesichts der unsicheren Forschungstrends keine Klärung herbeigeführt werden. Das Problem aber soll nicht verschwiegen werden. Lenin hat als noch nicht gelöstes Problem der Widerspiegelungstheorie die Frage aufgeworfen, »wie die angeblich überhaupt nicht empfindende Materie sich mit einer Materie verbindet, die aus gleichen Atomen (oder Elektronen) zusammengesetzt ist, zugleich aber eine klar ausgeprägte Fähigkeit des Empfindens besitzt«. Fraglich ist, wie sich »die Energie des äußeren Reizes in eine Bewußtseinstatsache« umsetzt[20]. W. Hollitscher hat 1965 und 1969 ausdrücklich erklärt, noch immer vor einem »ungelösten Teilproblem der marxistischen Widerspiegelungstheorie« zu stehen. Trotz seiner Anerkennung der »Reizbarkeitseigenschaften der lebenden Materie« und seines Hinweises auf die »optische Spiegelung« als »anorganische Abbildungsform« verwahrt er sich gegen die Reduktion der bewußten Widerspiegelung »auf das anorganische Niveau einer ›Protowiderspiegelung‹«. Mit A. Polikarow hält er es zwar für logisch, »die Existenz eines Prozesses anzunehmen, der dem Prozeß der Empfindung vorangeht und mit ihm dem Wesen nach verwandt ist und der auch ›Protowiderspiegelung‹ genannt werden kann«[21]. Die Funktionen der Widerspiegelung auf dem Integrationsniveau lebendiger bewußter Strukturen aber aus einer anorganischen ›Protowiderspiegelung‹ ableiten oder ›erklären‹ zu wollen, kritisiert Hollitscher als »tiefes mechanistisches Mißverstehen des Wesens einer Erklärung für das Zustandekommen einer höheren Qualität aus einer niedrigeren«. Denn die Genesis, die Veränderungsbedingungen und Veränderungsergebnisse eines qualitativ ›Neuen‹, nicht durch bloße Evolution ableitbaren, sondern revolutionär ›Neuen‹, zu erklären, kann nur bedeuten, die »quantitative Vorbereitung des qualitativen Sprungs immer deutlicher« hervortreten zu lassen; es gilt also, die objektiven Determinanten des ›Neuen‹ zu erforschen. Hollitscher zieht daraus den Schluß, daß »das sogenannte psychophysische Problem in materialistischem Verständnis nur durch die Klärung

20 *LW* 14, 43.
21 A. Polikarow, *Widerspiegelung als allgemeine Eigenschaft der Materie.* In: *Naturwissenschaft und Philosophie.* Berlin 1960, 283-304. Zit. nach: W. Hollitscher, *Der Mensch im Weltbild der Wissenschaft.* Wien 1969, 131.

des psychogenetischen Problems lösbar« sei; es geht ihm um die »auf das bisher bekannte Physiologische nicht reduzierbare Qualität« des Psychischen.

Richtungweisende Lösungsansätze findet Hollitscher in der – in *Life and Mind as Physical Realities* entworfenen – Theorie J. B. S. Haldanes; Haldane zufolge sei »die Qualität der Empfindsamkeit bei den psychischen Leistungen Eigenschaft von Quantenereignissen, die zwischen den nervösen Gehirnstrukturen stattfinden, sich über bestimmte, und zwar berechenbare Gebiete von Raum und Zeit erstrecken und einander überlagern«.

»Haldanes Hypothese zufolge sind also Prozesse der Empfindung, des Gewahrwerdens – kurz: Erlebnisse – nichts anderes als die Realität widerspiegelnde Muster von Quantenereignissen im reizempfindlichen Gewebe, denen die besonderen qualitativen Eigenschaften zukommen, welche die psychischen Leistungen auszeichnen. Sie sind auf die neuro-physiologischen Strukturen und Prozesse, die ihr Substrat sind, nicht ›reduzierbar‹« (Hollitscher: (207), 967-975).

Hollitschers Offenlegung einer ungelösten Problematik der Widerspiegelungstheorie kann nicht ernst genug genommen werden; animistische Vorstellungen vom Gehirn als ›Sitz‹ des Bewußtseins sind bloßgestellt und können verworfen werden. Doch das Problem bleibt geschärft bestehen: »Das Gehirn ist nur das *Organ* der psychischen Tätigkeit und nicht ihre *Quelle*« (Rubinstein: (294), 3). Es scheint aber auch sicher, daß in Richtung der Haldane'schen Hypothese die inzwischen klassische Theorie der reflektorischen Tätigkeit zu überprüfen ist, um die Qualität des Psychischen als materielle Qualität mit einer eigenen ontologischen Spezifik bestimmen zu können. Daß die Empfindungen des Menschen aufgrund organischer Reize zustandekommen und materielle, bewußtseinsvorgängige Objekte und Prozesse zur Bedingung haben, steht außer Zweifel. Wie aber z. B. diese Objekte und Prozesse geartet sein müssen, um teils bewußte, teils nicht-bewußte psychische Leistungen auszulösen, vermag die Theorie der reflektorischen Tätigkeit nicht präzise anzugeben. S. L. Rubinstein schreibt über diese Theorie:

»Die Auffassung der psychischen Tätigkeit als eines reflektorischen Vorgangs ist das notwendige Bindeglied zwischen der These, daß die psychische Tätigkeit einerseits als *Hirntätigkeit* und andererseits als *Widerspiegelung der Welt* zu betrachten ist. Die reflektorische Auffassung von der Hirntätigkeit vereinigt diese zwei Grundthesen zu einem untrennbaren Ganzen. Die psychische Tätigkeit des Gehirns ist deshalb zugleich Widerspiegelung der Welt, weil die Hirntätigkeit selbst reflektorischer Natur und durch die Einwirkungen der Außenwelt bedingt ist. [...] Die Erkenntnis der Welt durch den Menschen kann nur dadurch erfolgen, daß die Hirnfunktion keine einfache *Rezeption* der Einwirkungen auf das Hirn ist, sondern eine *Tätigkeit,* und zwar die Analyse und Synthese, die Differenzierung und Generalisierung dieser Einwirkungen. Die der Widerspiegelungstheorie innewohnende Logik führt notwendigerweise zur reflektorischen Auffassung von der psychischen Tätigkeit. [...] Die reflektorische Konzeption der Hirntätigkeit behauptet in erster Linie deren Determiniertheit. Die Anerkennung der psychischen Tätigkeit als einer reflektorischen Tätigkeit des Gehirns bedeutet nicht die Reduktion der psychischen auf die neurodynamische, physiologische Tätigkeit, sondern die Anwendung der reflektorischen Konzeption auf die psychische Tätigkeit. *Die reflektorische Konzeption* ist damit letzten Endes nicht anderes als die Anwendung *des deterministischen Prinzips* auf die Hirntätigkeit« (Rubinstein: (294), 161).

Ob die der Widerspiegelungstheorie innewohnende Logik unbedingt zur Theorie der reflektorischen Tätigkeit führt, scheint zweifelhaft. Rubinstein ist sich nicht darüber im klaren, daß er eine Scheinalternative konstruiert: die Alternative zwischen der Widerspiegelung als ›einfacher Rezeption‹ und als ›Tätigkeit‹. Das Tertium fehlt: die Widerspiegelung ist *sozial-historisch determiniert* und *ein sozialer Prozeß.* Im Anschluß an die Mitte des 19. Jh. entwickelte Physiologie I. M. Setschenows formuliert Rubinstein zwei Thesen:

»1. Das allgemeine Schema eines psychischen Prozesses gleicht dem eines jeden reflektorischen Aktes: Wie dieser beginnt der psychische Prozeß bei einer äußeren Einwirkung, setzt sich als zentrale Nerventätigkeit fort und endet als Antworttätigkeit des Individuums (Bewegung, Handlung, Rede). Die psychischen Erscheinungen entstehen als Ergebnis der ›Begegnung‹ des Individuums mit der Außenwelt.
2. Die psychische Tätigkeit kann nicht von der einheitlichen reflektorischen Tätigkeit des Gehirns getrennt werden. Sie ist ihr ›integrierender Bestandteil‹. Deshalb dürfen die psychischen Erscheinungen weder von der objektiven Wirklichkeit noch von der reflektorischen Tätigkeit des Gehirns losgelöst werden« (Rubinstein: (294), 167/168).

Diese beiden Thesen sollen nicht bestritten werden. Sie sind aber nicht zureichend, um die Spezifik des Bewußtseins und seiner Objektivationen zu erklären. Denn die ›Außenwelt‹ bleibt als naturwissenschaftliche Kategorie objektivistisch und nahezu undialektisch die Perspektive der Theorie der reflektorischen Tätigkeit. ›Tätigkeit‹ bezeichnet eher eine Bewegung des materiellen Hirnapparats als eine sozial-historisch determinierte Aktivität des Psychischen. Rubinstein geht bereits in *Sein und Bewußtsein* (Bibl.: (294), 216 ff.) tendenziell und in seinem späteren Werk *Das Denken und die Wege seiner Erforschung* nachdrücklich über die naturwissenschaftliche einseitige Orientierung der Psychologie hinaus.

Insgesamt scheint die Frage nach dem ›Wie‹ der Umsetzung des Materiellen in Ideelles heute naturwissenschaftlich noch nicht endgültig beantwortbar zu sein. Noch nicht? Oder sollte die Frage als Problem der Wissenschaft von der Natur falsch gestellt sein? Unbestreitbar bedarf die Widerspiegelungstheorie einer naturwissenschaftlichen Begründung; diese Begründung kann aber nur ein Element neben einem zweiten sein; dieser gewichtige zweite Aspekt kann als erklärt gelten: das Bewußtsein ist seiner Funktionsweise und seiner Produktivität nach das Resultat der geschichtlichen Entwicklung des gesellschaftlichen Menschen; es präsentiert bewußt oder nicht-bewußt seine eigene Genesis.

2. Die psychische Tätigkeit des Gehirns als des Organs und Instruments der Vermittlung objektiver Daten und subjektiven Bewußtseins ist immer geschichtlich bedingt. Sie wird determiniert durch eine in gesellschaftlicher Arbeit veränderte materielle Objektstruktur der Wirklichkeit wie durch die in diesem Prozeß veränderte individuell-gesellschaftliche Subjektstruktur. »Das Bewußtsein ist [...] von vornherein schon ein gesellschaftliches Produkt und bleibt es, solange überhaupt Menschen existieren«[22]. Und bereits in den ›Philosophisch-Ökonomischen Manuskripten‹:

»Daher ist auch die *Tätigkeit* meines allgemeinen Bewußtseins [...] mein *theoretisches* Dasein als gesellschaftliches Wesen«[23].

Das Bewußtsein konstituiert sich im individuellen Erkenntnisprozeß als Prozeßelement des gesamtgeschichtlichen Entwick-

22 *MEW* 3, 31.
23 *MEW* Erg. Bd. 1, 538.

lungsgangs. Es ist die Manifestation einer Tätigkeit, welche durch die geschichtlich im Lernprozeß der Praxis und der Widerspiegelungsformen dieser Praxis erworbenen Eigenschaften des Gehirns determiniert ist. Das Bewußtsein ist deshalb nicht eine materie-endogene Selbstbewegung, sondern entsteht, wo die historisch akkumulierte Erfahrung des Menschen sich mit einer individuellen Erfahrung verbindet, d. h. wo sich die Gattungserfahrung aktualisiert und aus ihrer Latenz in manifestes Wissen übergeht:

»Die Art, wie das Bewußtsein ist, und wie es etwas für es ist, ist das *Wissen*«[24].

Im Bewußtsein verhält sich ein Individuum zu einem für es selbst relevanten Wissen; es verhält sich bewußt in Objekten zu sich selbst als einem interessierten weil bedürftigen und die Welt für sich verändernden Subjekt. Das Wissen selbst wird lebensbedeutsam, indem es »in die gesellschaftliche und historische Praxis des Menschen aufgenommen wird« (Kopnin: (165), 35). So ist das Denken als »eine verallgemeinerte, mit Hilfe des Wortes realisierte und durch verstandene Kenntnisse vermittelte Widerspiegelung der Wirklichkeit durch das menschliche Gehirn eng mit der sinnlichen Erkenntnis und mit der praktischen Tätigkeit des Menschen« verknüpft[25].

Das im Denken und Wissen manifeste Bewußtsein ist individuell im Sinne der Individualität der gesellschaftlichen Produktion des Menschen. Es ist also zugleich sozial, weil es an gesellschaftliche, solidarisch kooperierende oder klassenantagonistisch kämpfende Individuen gebunden ist. Nicht schon das individuell-subjektive Bewußtsein, sondern erst das Bewußtsein in seiner primären Identitätsform ›Klassenbewußtsein‹ tritt aus der Vereinzelung heraus; es tritt zurück in den Kreis seiner sozialen Genesis[26]; nicht um in der Erinnerung sich Genüge zu tun, sondern um aufzubrechen nach vorn. In der Widerspiegelung wird das Denken selbst zum Objekt wie zum Subjekt; es gibt keine Widerspiegelung, keine Reflexion, ohne Selbstreflexion; die bewußte Identifikation eines Objekts ist gleichzeitig der Akt, in dem das erkennende Subjekt sich selbst

24 *MEW* Erg. Bd. 1, 580.
25 A. A. Smirnow, *Das Denken*. In: *Psychologie*. Berlin 1962, 252.
26 Zur erkenntnistheoretischen ›Kreis‹-Metapher vgl. Beyer: (147).

identifiziert, sei es in richtigem, sei es in falschem Bewußtsein. Da der Mensch »weder mit einem Spiegel auf die Welt kommt, noch als Fichtescher Philosoph: Ich bin Ich, bespiegelt sich der Mensch zuerst in einem andern Menschen«[27]. Dieser Satz findet sich bei Marx in einem Kontext, der ihn eindeutig konkretisiert: der Mensch spiegelt sich nicht im abstrakten ›Mitmenschen‹ wider, sondern in einem, der zum Anderen wird, weil er arbeitet und produziert; der Satz findet sich in Marx' *Kapital,* nicht den *Dialog* intersubjektiver Widerspiegelung beschreibend, sondern die *Dialektik* von arbeitendem ›Ich‹ und ›Du‹. Hegel hatte den Kampf des Bewußtseins um Anerkennung in den noch spekulativen Kategorien der ›Herr-Knecht-Dialektik‹ gefaßt[28]. Marx begriff diesen Kampf als den scheiternden Versuch des atomisierten bürgerlichen Individuums, das sich in den im Kapitalverhältnis erarbeiteten Produkten nicht mehr wiedererkennen und den Andern nicht mehr anerkennen kann; denn im Warenfetischismus entsteht die ›Fremdheit der Subjekte‹ zueinander. Deren Bewußtsein widerspiegelt objektiv den subjektiven Prozeß der Aneignung der Wirklichkeit. Objektiv, das bedeutet: so wie die Aneignung sozial-ökonomisch wirklich stattfindet, und das heißt: verobjektiviert. Unter diesen Bedingungen meint ›Widerspiegelung als sozialer Prozeß‹ die Determination des subjektiven Bewußtseins und seiner Leistungen durch eine subjekt-fremde Notwendigkeit: Fremdbewußtsein, falsches Bewußtsein.

Diese Perspektive der Fremddetermination des individuellen Bewußtseins entwickelt Marx auch im *18ten Brumaire* (1852):

»Auf den verschiedenen Formen des Eigentums, auf den sozialen Existenzbedingungen erhebt sich ein ganzer Überbau verschiedener und eigentümlich gestalteter Empfindungen, Illusionen, Denkweisen und Lebensanschauungen. Die ganze Klasse« – nicht aber ›die denkende Materie‹ – »schafft und gestaltet sie aus ihren materiellen

27 *MEW* 23, 67.
28 G. W. F. Hegel, *Enzyklopädie der philosophischen Wissenschaften im Grundrisse* (1817). Hg. v. H. Glockner. Stuttgart 1927, §§ 352/353: »Es ist ein Selbstbewußtsein für ein Selbstbewußtsein, zunächst *unmittelbar,* als ein Anderes für ein *Anderes.* [...] Dieser Widerspruch, daß Ich nur Ich als Negativität des unmittelbaren Daseins bin, gibt den Prozeß des *Anerkennens.* Es ist ein Kampf; denn Ich kann mich im Andern nicht als mich selbst wissen, insofern das Andere ein unmittelbares anderes Dasein für mich ist«.

Grundlagen heraus und aus den entsprechenden gesellschaftlichen Verhältnissen. Das einzelne Individuum, dem sie durch Tradition und Erziehung zufließen, kann sich einbilden, daß sie die eigentlichen Bestimmungsgründe und den Ausgangspunkt seines Handelns bilden«[29].

Unfähig, »die Dialektik auf die Bildertheorie, auf den Prozeß und die Entwicklung der Erkenntnis anzuwenden«[30], ist deshalb, wer die sozialen Bedingungen der Nicht-Identität von individuellem gesellschaftlichem Bewußtsein und gesellschaftlichem Sein nicht begreift und die Dimension der ›sozialen Bedingungen‹ nicht auch in ihrer historischen Akkumulation erkennt. Jede Widerspiegelung ist einmal eine durch die Anforderungen der gegenwärtigen Praxis determinierte Selektion, ein Signal zur Orientierung in der Gesamtwirklichkeit; jede Widerspiegelung wird zweitens aber auch bestimmt durch den Grad der Selektion aus dem historisch verfügbaren Wissen. Die Untersuchung der Transformation materieller, sozial verfügbarer Objekte in gesellschaftliches Bewußtsein muß deshalb a) von der Einheit von Historischem und Logischem und b) vom Grad der Bewußtheit von dieser Einheit ausgehen. Die inneren psychischen Prozesse, durch welche die äußeren Beziehungen zu Objekten vermittelt werden, und die äußeren sozialen Bedingungen, welche die Art der Erkenntnis bestimmen, kommen im vergesellschafteten Erkenntnissubjekt zusammen. Dies geschieht nicht nur in jedem individuellen Erkenntnisakt, sondern selbst noch in der Anamnese, im Erinnern eines Wissens, das in einer vergangenen geschichtlichen Situation durch die beiden Faktoren bewirkt wurde. Die historisch-materialistische Erkenntnis der Geschichtlichkeit des Bewußtseins ist psychologisch bestätigt; mit S. L. Rubinstein kann man davon ausgehen, daß das Wiedererkennen, die vorbewußte Anamnese, phylogenetisch wie ontogenetisch der freien bewußten Reproduktion vorausgeht und das motorische Gedächtnis früher als das bildhafte oder rationale auftritt[31].

Die Anamnese ist selbst ein Faktor der Determination des Bewußtseins; sie füllt es an mit den ›Summen‹ aus der Geschichte

29 *MEW* 8, 139.
30 *LW* 38, 344.
31 S. L. Rubinstein, *Grundlagen der allgemeinen Psychologie*. Berlin 1958, 359.

der Welterkenntnis. Das individuelle Bewußtsein erhält dabei seine sozialen Gehalte nicht aus der Wiedererinnerung individuellen, sondern gesellschaftlichen Bewußtseins. Die subjektive ideelle Aneignung der sozial strukturierten Wirklichkeit trägt nicht ›a priori‹ gesellschaftliche Züge, sondern ›a posteriori‹, d. h. aufgrund des aktualisierten Resultats aller früheren Praxis- und Bewußtseinsformationen. Gleichwohl darf »das individuelle Bewußtsein mit dem sogenannten gesellschaftlichen Bewußtsein nicht gleichgesetzt werden«. Nach Hollitscher ist das gesellschaftliche Bewußtsein:

»das durch das ›gesellschaftliche Sein‹ bestimmte und die Verhältnisse widerspiegelnde allgemeine Bewußtsein einer Epoche, Gesellschaftsformation, Klasse [...]: die Menge ihrer Theorien, Ideen, Anschauungen und Auffassungen einschließlich der gesellschaftlichen Psychologie, zu der natürlich auch das Alltagsbewußtsein zu zählen ist. Das gesellschaftliche Bewußtsein ist das allen Bewußtseinsleistungen einer der erwähnten Mengen von Menschen Gemeinsame, das den Individuen einer solchen Menge Allgemeine«[32].

Das gesellschaftliche Bewußtsein strukturiert das individuelle und erzeugt die sozialspezifische Allgemeinheit der ideellen Reproduktion einer gegebenen Objektivität der Praxis. Es ist die psychische ›Basis‹ der persönlichkeitsgebundenen Funktionen der Widerspiegelung. Das gesellschaftliche Bewußtsein ist *relativ* invariabel als ›abstrakte‹, d. h. ungeachtet ihrer unterschiedlichen individualgeschichtlichen Konkretion notwendige Voraussetzung jeder Bewußtseinstätigkeit. Es ist determiniert durch die ihre Genesis jederzeit präsentierenden geltenen sozialen Normen und durch seine Funktion im Prozeß der fortschreitenden Bedürfnisverwirklichung. Dieser Primärdetermination folgt erst die historisch-variable Determination der Spezifik des individuell-gesellschaftlichen Bewußtseins. Ohne die Perspektive ›Geschichtlichkeit des Bewußtseins/Geschichtsbewußtsein‹ bleibt die materialistische Erkenntnistheorie ein Torso: die dialektische Gnoseologie ist Theorie der Bewußtseinsgenesis; Wissenschaft vom Vermittlungsprozeß zwischen Sein und Bewußtsein ist sie nur durch den »Bezug auf den gewordnen Menschen, in dessen Kopf das akkumulierte Wissen

32 W. Hollitscher, *Der Mensch im Weltbild der Wissenschaft*. Wien 1969, 150.

der Gesellschaft existiert«[33]. Hierin tritt sie materialistisch die Erbschaft Hegels an, für den sich die »Arbeit des Menschengeistes im innern Denken [...] mit allen Stufen der Wirklichkeit parallel« darstellte und der den historischen Schluß zog: »Das *Resultat* ist der Gedanke, der bei sich ist, und darin zugleich das Universum umfaßt, es in intelligente Welt verwandelt«[34]. Das Denken »existiert nur als das Einzeldenken von Milliarden vergangener, gegenwärtiger und zukünftiger Menschen«[35]. Die Kategorien des Denkens, welche dem Widerspiegelungsprozeß und dessen gewußtem Resultat ihre Physiognomie geben, sind nicht ›gegeben‹, nicht als museal Gespeichertes abrufbar, und lassen sich nicht als ›transzendentale Bedingungen‹ in einer ewiggültigen Kategorientafel fixieren. Die materialistische Aufhebung der Transzendentalphilosophie hat in die Gnoseologie qualitativ andere – will man am Begriff festhalten – ›Transzendentalien‹ eingebracht: der Mensch widerspiegelt die ihm objektiv gegebene Wirklichkeit auf eine der Objektivität der Praxis und deren historischem Status angemessene bestimmte, notwendige Weise; er erkennt im Interesse der Selbsterhaltung und auf der Basis von deren sozialökonomischer Gestaltung. Diese ›Transzendentalien‹ legen – darin wird man Habermas zustimmen – »drei Kategorien möglichen Wissens fest: Informationen, die unsere technische Verfügungsgewalt erweitern; Interpretationen, die eine Orientierung des Handelns unter gemeinsamen Traditionen ermöglichen; und Analysen, die das Bewußtsein aus der Abhängigkeit von hypostasierten Gewalten lösen«[36]. Die Analyse der ›transzendentalen‹ Möglichkeits- und Notwendigkeitsbedingungen des Denkens ist die Analyse des Denkens in seiner Geschichte. Hat es für die lebensphilosophische neo-idealistische Erkenntnistheorie »schlechterdings keinen Sinn, [...] zurückgreifen zu wollen auf einen Anfangszustand, wo der Mensch seine Erkenntnis von Grund aus neu aufbauen könnte«, und versteigt sie sich – die Frage nach dem Anfang als Frage nach dem Anfangs*zustand* ohnehin falsch stellend – zum Apodik-

33 *Grundrisse*, 600.
34 G. W. F. Hegel, *Jub. Ausg.* Bd. 19, 684/685.
35 *MEW* 20, 79.
36 J. Habermas, *Erkenntnis und Interesse*. In: *Technik und Wissenschaft als ›Ideologie‹*. Frankfurt/M. ⁴1970, 162.

tum »Wir kommen zu keinem Anfang«[37], so ist festzuhalten, daß sie sich den Weg zur historischen Quelle der Erkenntnis aus der unbegründeten Angst vor der ›Zirkelhaftigkeit des Verstehens‹ selbst verstellt hat.

Daß die Wahrheit ein Prozeß ist, daß dieser Prozeß rekonstruierbar, weil sozial-historisch determiniert ist, und daß dieser Prozeß der Annäherung des Fortschritts bewußt beeinflußt und gelenkt, weil in seiner Gesetzmäßigkeit erkannt werden kann, ist keine Voraussetzung der marxistischen Erkenntnistheorie, sondern vielmehr ein Fazit. In der komplexen Determinationsstruktur der Widerspiegelung als Übersetzung von Materiellem ins Ideelle müssen mehrere Faktoren unterschieden werden, die letztlich die Einheit von Geschichtlichkeit und Objektivität der Erkenntnis begründen. Das materielle Erkenntnisobjekt ist

»Ursache des objektiven Inhalts des ideellen Abbildes. Das Abbild wird weiter determiniert durch die im Subjekt gespeicherten Erkenntnisse und Erkenntnisverfahren, die in der Generationsfolge der gesellschaftlichen Entwicklung auf der Grundlage der sich entwickelnden gesellschaftlichen Praxis entstanden sind (Kategoriensysteme, Theorien, Wissenschaften). Dazu gehören auch ideologische Systeme, die hemmend oder fördernd auf den Widerspiegelungsprozeß einwirken. Der gesamtgesellschaftliche Prozeß der praktischen Umgestaltung der objektiven Realität determiniert über das abzubildende Objekt das Abbild, so daß mit dem Objekt auch die gesellschaftlichen Bedürfnisse widergespiegelt werden, die es verursachen«[38].

Die Speicherung von Erkenntnissen und Erkenntnismethoden ist eine der Bedingungen, unter denen sich das individuelle Denken entfaltet. Sie verhindert eine bloße Projektion der äußeren Objektivität in das Bewußtsein, und sie prägt die Formen wie auch die Selektion der Inhalte der bewußten Aneignung der Objektivität. Das Kriterium, dementsprechend die gespeicherten Erkenntnisse aktualisiert werden, ist die Praxis, ist die Arbeit der gesellschaftlichen Individuen. Die Praxis aber ist selbst auch – gewiß nicht ausschließlich – eine Funktion des Bewußtseins *in* seiner Historizität. Die Widerspiegelungstheorie formuliert deshalb keine Sätze über die Erkenntnis ›des

37 O. F. Bollnow, *Philosophie der Erkenntnis*. Bibl.: (388), 23/24.
38 K. Kannegießer / R. Rochhausen, Widerspiegelung und Erkenntnis. In: DZP 20 (1972), 456.

Seins‹ durch ›das Bewußtsein‹, sondern über das Verhältnis von gesellschaftlichem Sein und individuell-gesellschaftlichem und gesellschaftlichem Bewußtsein. Jede Widerspiegelung begründet eine Erkenntnis im sozialen Prozeß, der bereits ein Resultat der Dialektik von gesellschaftlichem Sein und Bewußtsein ist. Jede Widerspiegelung ist eine Aufhebung von gegebenem Bewußtsein durch ein verändertes – und veränderndes – Bewußtsein. Dies bedeutet:

Die »Geschichtlichkeit der Erkenntnis ist *universal*; sie durchdringt auch die *logischen* Formen und Gesetze; sie stellt eine Einheit des historischen Prozesses der Erkenntnis der *Menschheit*, der Geschichte der Erkenntnistätigkeit des *Individuums* und des *logisch-historischen* Werdegangs der Erkenntnis dar. Der Unterschied zwischen Historischem und Logischem verschwindet nicht, aber er existiert innerhalb der gemeinsamen Gesetze, die die Bewegung des Gedankens bestimmen. [...]
Im dialektischen Materialismus ist die Einheit von Geschichtlichkeit und Objektivität der Erkenntnis kein teleologisches Prinzip, keine apriorische Gegebenheit, sondern ein erkenntnistheoretisch-logisches Gesetz. Die Erkenntnis widerspiegelt ihren *Gegenstand*, der ein Moment der *objektiv-realen Geschichtlichkeit* darstellt; die Erkenntnis ist ein Aspekt der *sozialen Geschichte des Menschen*, ihre Grundmotive und ihr Kriterium stammen aus der *geschichtlichen Praxis*, die zwischen der Erkenntnis und ihrem Naturgegenstand vermittelt und die selbst zum Gegenstand der Erkenntnis wird; jedes Wissen ist eine Station in der Geschichte der Erkenntnis, in dem Annäherungsprozeß zur objektiven Wahrheit, es ist eine Stufe in der *eigenen* Geschichte der Widerspiegelung« (Gedö: (152), 826; 828).

Widerspiegelung und Erkenntnis sind Strukturelemente eines sozialen, zugleich eines historischen Prozesses. Dies bestimmt die Methode der dialektisch-materialistischen Erkenntnistheorie, die – wie entwickelt wurde – ihre Entstehung dem materialistischen Historismus, vornehmlich der politischen Ökonomie, verdankt: sie verfährt diachronisch *und* synchronisch, historisch und logisch, induktiv und deduktiv (besser: reduktiv). Die Totalität des akkumulierten Wissens wird nicht rein historisch-genetisch als Determinante des gegenwärtigen Bewußtseinsbildungs- und Erkenntnisprozesses wiederhergestellt, sondern – die Marxsche Kategorienanalyse in der Kritik der bürgerlich-kapitalistischen politischen Ökonomie ist Zeuge – durch eine *historisch-logische Rekonstruktion der Genesis*.

Die materialistische Rekonstruktion des Anfangs der Erkenntnis und des Übergangs von Unwissen in Wissen konstruiert keinen *Zustand,* aus dem (als Entelechie) die Geschichte der Erkenntnis sich entfaltete; sie imaginiert kein ›goldenes Zeitalter‹ vergessener Fülle und apriorischer Vollendung; sie anerkennt die Herrschaft der Gegenwart über die Vergangenheit, ohne Geschichtsblindheit freilich. Die dialektische, historisch-logische Rekonstruktion ist die »*Negation unseres Wissens über den Gegenstand*« (Erdei: (150), 133). Sie ist die theoretische Rekonstruktion des ›Nicht-Wissens‹ *als* des Anfangs unseres Wissens. Sie verfolgt den Prozeß des Aufsteigens vom Abstrakten zum Konkreten zurück, abstrahiert vom Konkreten, um dessen Genesis aus dem Abstrakten in den Begriff des Konkreten wieder einholen zu können. Aber die Negation des Wissens ist nur die eine Seite, deren Kehrseite die Negation des Nicht-Wissens ist. Denn erst der geschichtlich erreichte Stand der Verwandlung und der Aufhebung von Nicht-Wissen in Wissen, von instinktartiger Reaktion in Bewußtsein, hat die materielle Voraussetzung der theoretischen Rekonstruktion geboten. Erst die historische, materiell-praktische, praktisch-dialektische ›Negation‹ des Nicht-Wissens durch die Arbeit hat die Theorie in die Lage versetzt, vom gewußten Resultat her logisch und methodisch gesichert und von keinem Vergessen bedroht hinter den Status quo der Erkenntnis zurückzugehen. Sicherheit bietet die Einsicht in die *Gesetzmäßigkeit* der Vermittlung von Praxis und Erkenntnis; das Gesetz der Dialektik von gesellschaftlichem Sein und Bewußtsein ist der Leitfaden, der aus dem Labyrinth der Erkenntnisgeschichte wieder herauszufinden hilft. Die Negation des Wissens ist deshalb alles andere als eine Regression. Die ›Wiederkehr des Gleichen‹ ist in der Sicht der Rekonstruktion der Genesis nur ein Alptraum aus verdrängter Geschichte. Das seiner Genesis bewußte Bewußtsein ist der ›Historiker‹, der die scheinbare Positivität des gesellschaftlichen Wissens als falsches Bewußtsein entlarvt und als Stadium des historisch-sozialen Widerspiegelungs- und Wahrheitsfindungsprozesses *erklärt*. Bewußtsein ist erst *als* erkannte Genesis bewußtes Sein; und dies bedeutet: Erkenntnis der Geschichte der Dialektik von Arbeit und Denken. Die Rekonstruktion der Genesis ist ein revolutionärer Akt; sie korrigiert die scheinbare Kausalität, die sich aus der Geschichte der

Teilung von Kopf- und Handarbeit erst ergeben hat und derzufolge die Idee die Wirklichkeit aus sich heraus entlassen habe; sie entdeckt die ›Logik‹ der Vermittlung von Sein und Bewußtsein. Die *Wirkung* des Bewußtseins hat eine *Ursache* außerhalb des Bewußtseins, und die Ursachen blieben wirkungslos ohne die Leistungen des Bewußtseins. Die historisch-logische Rekonstruktion und Korrektur der Erkenntnisgeschichte ist eine Leistung des Bewußtseins; sie ist verursacht durch das objektive Bedürfnis des erkennenden Subjekts, aus seiner Herkunft die Lehre zu ziehen, die den ›Erzieher erzieht‹: Herstellung eines gesellschaftlichen Seins, das Wahrheit ermöglicht; Erzeugung von Determinanten einer objektiv wahren Widerspiegelung. In der Perspektive ›Praxis und Geschichtsbewußtsein‹ ist die Widerspiegelungstheorie ein Teil des Systems ›historischer/dialektischer Materialismus‹, welches Gramsci die ›Philosophie der Praxis‹ nannte. Dieser Aspekt der Widerspiegelungstheorie ist gegenwärtig zu verteidigen gegenüber Formalisierungsversuchen, die aufgrund einseitiger Orientierung an der Kybernetik in eine Sackgasse führen müssen.

Dieser sozial-historische Gesichtspunkt ist zugleich zu betonen gegenüber dem unter dem Namen ›kritischer Rationalismus‹ auftretenden Positivismus, der die Dialektik von Genesis und Geltung suspendiert unter dem Vorwand, daß eine Begründung der geltenden Erkenntnis aus ihren Gründen und Quellen prinzipiell unmöglich sei. Mit K. R. Popper unterstellt H. Albert jeder Frage nach dem Grund und der Herkunft von Erkenntnis, sie operiere »mit einem quasi-theologischen Offenbarungsmodell«; problematisch scheint Albert »die Idee einer positiven Begründung aller Erkenntnis«: »die Verschmelzung der Gewinnungs- und der Geltungsproblematik und die damit verbundene Idee einer Wahrheitsgarantie, eines Weges zu sicherer Erkenntnis durch Rückgang auf die Erkenntnisquelle«[39]. Das Prinzip der ›zureichenden Begründung‹ einer Erkenntnis gilt Albert im Gegensatz zum klassischen Rationalismus nicht mehr als Kritik-Prinzip, sondern geradezu als Strategie, die Geltung einer Erkenntnis vor Kritik zu schützen: als

39 H. Albert, *Probleme der Theoriebildung. Entwicklung, Struktur und Anwendung sozialwissenschaftlicher Theorien.* In: *Theorie und Rationalität. Ausgewählte Aufsätze zur Wissenschaftslehre der Sozialwissenschaften.* Hg. v. H. Albert. Tübingen 1964, 14–16.

Strategie der ›Kritik-Immunität‹. Weil die Rekonstruktion der Genesis den ›infiniten Regreß‹, den Rückgang ins Grundlose vermeiden müsse, sei sie genötigt, »an einer bestimmten Stelle ein *Dogma*« einzuführen, »eine Behauptung, die angeblich nicht der Begründung bedürftig ist, weil ihre Wahrheit gewiß erscheint und daher nicht in Frage gestellt werden kann«. Diese Situation der Nötigung zum Dogmatismus bezeichnet Albert als »Münchhausen-Trilemma«: »Man kann nämlich offenbar nur wählen zwischen:

(1) einem *infiniten* Regress, der sich aber als nicht durchführbar erweist,
(2) einem *logischen Zirkel,* der ebenfalls zu keiner Begründung führen kann, und
(3) einem *Abbruch des Verfahrens* an einem bestimmten Punkt, der sich zwar durchführen läßt, aber eine Suspendierung des Prinzips bedeuten würde, deren Willkür schwerlich bestritten werden kann«⁴⁰.

Der kritische Rationalismus entgeht dem ›Münchhausen-Trilemma‹ nicht, obwohl es existiert, sondern weil es als Konstrukt nicht existiert; mehr noch: er entgeht ihm, indem er sich einrichtet mit dem, was hier ›Schwejk-Dilemma‹ genannt werden soll, – mit der Anerkennung der Stückwerk-Theorie. Interessanter als das ›kritische‹ Veto gegen die Rekonstruktion der Genesis einer geltenden Wahrheit, Theorie oder Hypothese ist die Weigerung der Popperschen Sozialwissenschaft, die Zukunft von der Wirklichkeit her mittels wissenschaftlicher Prognose langfristig zu planen: Albert und Popper immunisieren geltende – politische – Wahrheiten vor ihrer Geschichte wie vor ihrer theoretisch denkbaren – revolutionär antizipierbaren – Zukunft. Die Stückwerk-Theorie und die politische Stückwerk-Technologie sind eineiige verwechselbare Zwillinge⁴¹. Wider Willen liefert Albert den notwendigen Kommentar selbst:

»Daß Philosophie politische Implikationen hat [...], braucht keineswegs geleugnet zu werden. Die Politisierung des Denkens überhaupt

40 H. Albert, *Kritizismus und Naturalismus*. In: *Konstruktion und Kritik. Aufsätze zur Philosophie des kritischen Rationalismus*. Hamburg 1972, 14/15.
41 Poppers geistige Patenschaft an der Politik der ›kleinen Schritte‹, welche die Dialektik von Reform und Revolution negiert, ist aktenkundig im *Langzeitprogramm* der SPD.

aber ist eine Konsequenz, die nur dann in Betracht kommt, wenn
man zuvor die Wahrheitsidee geopfert und das Denken an erkennt-
nisfremde Intentionen ausgeliefert hat, die angeblich als leitende Interessen ohnehin für es maßgebend sind. Diesen Schritt braucht keiner mitzumachen«[42].

Die Widerspiegelungstheorie macht – als Theorie der sozial-
historisch determinierten Prozessualität der Erkenntnis – diesen Schritt nicht mit. Gerade in der dialektischen Rekonstruktion der Erkenntnisgenesis aus dem sozialen Existenzverhältnis
des Menschen dokumentiert sie ihre kritische Funktion und ihre
Überlegenheit gegenüber dem Positivismus. Die Methode der
Rekonstruktion ist kein willkürliches Theoriekonstrukt, sondern entspricht dem wirklichen Prozeß, in welchem sich die
Erkenntnis – vom Abstrakten zum Konkreten aufsteigend und
im wissenschaftlich ausgesagten Konkret-Allgemeinen gipfelnd
– bildet.

4.2. *Der Weg der Erkenntnis vom Abstrakten zum Konkreten und von der Erscheinung zum Wesen*

Notiz Lenins: »Das Denken, das vom Konkreten zum Abstrakten aufsteigt, entfernt sich nicht – wenn es *richtig* ist [...]
– *von* der Wahrheit, sondern nähert sich ihr. Die Abstraktion
der *Materie*, des Natur*gesetzes,* die Abstraktion des *Wertes*
usw., mit einem Wort *alle* wissenschaftlichen (richtigen, ernst
zu nehmenden, nicht unsinnigen) Abstraktionen spiegeln die
Natur tiefer, richtiger, *vollständiger* wider. Von der lebendigen Anschauung zum abstrakten Denken *und von diesem zur
Praxis* – das ist der dialektische Weg der Erkenntnis der *Wahrheit,* der Erkenntnis der objektiven Realität«[43].

In dieser Bemerkung Lenins zu Hegels ›Lehre vom Begriff‹ im
›Konspekt‹ lassen sich mehrere Aspekte finden:

a) zum *Annäherungsprozeß* des Denkens an die Wahrheit,
b) zur Definition des Begriffs ›*Wahrheit*‹ als richtiger, vollständiger
   (approximativ vollständiger) Widerspiegelung,
c) zum Prozeß zwischen *Abstraktem und Konkretem*; diese beiden
   Begriffe werden scheinbar ambivalent verwendet:
   aa) der Weg des Denkens zur Wahrheit ist der Weg vom Kon-
       kreten zum Abstrakten,

42 H. Albert, *Konstruktion und Kritik*, 11.
43 *LW* 38, 160.

213

bb) von dem der ›lebendigen‹ konkreten Anschauung zugrundeliegenden Abstrakten über das Konkrete zu einem zweiten
Abstrakten höherer Qualität,
d) zur Wahrheitsfindung in der *Praxis*.

Die Kategorien ›Abstraktes/Abstraktion‹ scheinen nicht ein-
deutig zu sein. Was also ist ein ›Abstraktes‹ und was leistet die
›Abstraktion‹? Und wie ist das ›Abstrakte‹ im *Verhältnis* zum
›Konkreten‹ zu bestimmen? Mit diesen Fragen ist eines der
Zentralprobleme der dialektischen Erkenntnistheorie aufge-
worfen.

Der Erkenntnisprozeß ist – so wurde ausgeführt – als Prozeß
der Aneignung der Realität durch die Widerspiegelung zwei-
fach determiniert: er ist ein Element des sozial-historischen
Prozesses der Wirklichkeitsaneignung durch intelligente, bewußte Arbeit; er ist zugleich ein logisch strukturierter physi-
scher und psychischer Prozeß. Die gängige Unterscheidung von
lebendiger Anschauung und abstraktem Denken als *Stufen* des
Erkenntnisprozesses ist unzureichend, soll das Verhältnis von
Sinnlichem und Rationalem, Empfindung und Verstand, Sin-
neserfahrung und Denken, analysiert werden. V. A. Smirnov
fragt:

»Kann man Sinnliches und Rationales [...] als Erkenntnisstufen
betrachten? Unserer Meinung nach nicht. Erstens sind Sinneserfah-
rung und Denken zeitlich nicht getrennt, sondern zwei gleichzeitig
existierende Seiten der menschlichen Erkenntnis. Zweitens wird das
Wissen im eigentlichen Sinne, d. h. das, was als wahr oder falsch bewertet wird, immer in einem Urteil formuliert. Deshalb existiert
außerhalb der Sphäre des Denkens kein menschliches Wissen im eigentlichen Sinne. Um Wissen zu sein, muß das Resultat der Sinnes-
erfahrung in die Sphäre des Denkens übertragen und in dieser oder
jener Sprache formuliert werden. Unserer Meinung nach ist es notwendig, die Frage nach den Ebenen des Wissens vom Problem ›Sinn-
liches-Rationales‹ zu unterscheiden. In erster Näherung lassen sich
zwei solcher Ebenen unterscheiden: empirisches und theoretisches
Wissen. [...] Unserer Meinung nach kann die Frage nach den Erkenntnisstufen nur unter dem Aspekt ›Empirisches-Theoretisches‹
[...] gestellt werden« (Smirnov: (273), 36/37).

Dieser Aspekt ›Empirisches-Theoretisches‹ ist angemessen sowohl angesichts des langen geschichtlichen Wegs der Theoriebildung im Medium der Wirklichkeitserfahrung wie auch im
Blick auf den individuellen Konstitutionsmodus der Erkennt-

nis. Dieser Aspekt berücksichtigt die historischen und logischen qualitativen Übergänge im Erkenntnisvorgang: vom Einzelnen zum Allgemeinen, vom Sinnlich-Konkreten zum Theoretisch-Abstrakten und von der *Erscheinung zum Wesen.* Die Entdeckung des Wesentlichen in den Erscheinungen der Objekt-Welt ist ein »unendlicher Prozeß der Vertiefung der Erkenntnis des Dings, der Erscheinungen, Prozesse usw. durch den Menschen, von den Erscheinungen zum Wesen und vom weniger tiefen zum tieferen Wesen«[44]. Es ist dies der Weg und die Methode, »die sichtbare, bloß erscheinende Bewegung auf die innere wirkliche Bewegung zu reduzieren«[45]. Dies ist der *Weg* der Erkenntnis, und dies ist die *Methode* der Erkenntnis. Die dialektische Erkenntnistheorie weist diesen Weg und diese Methode nach, nicht als je abgrenzbares Stück Wegs, nicht als Statisches, sondern in der Dynamik der Aneignung:

»Die Erkenntnis ist die ewige, unendliche Annäherung des Denkens an das Objekt. Die *Widerspiegelung* der Natur im menschlichen Denken ist nicht ›tot‹, nicht ›abstrakt‹, *nicht ohne Bewegung, nicht ohne Widersprüche,* sondern im *Prozeß* der Bewegung, des Entstehens der Widersprüche und ihrer Lösung aufzufassen«[46].

Der dialektische Prozeß von der Erscheinung zum Wesen wird in der marxistischen Gnoseologie in erster Linie als Weg vom *Abstrakten zum Konkreten* beschrieben (vgl. Bibl.: (9), 607 ff.). Hier soll nicht über die Geschichte des wissenschaftlichen Gebrauchs der Begriffe ›Abstraktes/Konkretes‹[47] berichtet werden; im Vordergrund steht vielmehr die für die Erkenntnistheorie des Marxismus-Leninismus charakteristische Systematik und Methodenfrage (vgl. Bibl.: (5), 41-45). Entsprechend der doppelten Bedeutung von ›Abstraktes/Konkretes‹ zur Bezeichnung der Systematik des Erkenntnisprozesses und der Methode der – vor allem wissenschaftlichen – Erkenntnis verfährt die Darstellung.

4.2.1. ›Abstraktes‹ und ›Konkretes‹ als Prozeßelemente der Dialektik der Erkenntnis

44 *LW* 38, 213.
45 *MEW* 25, 324.
46 *LW* 38, 185.
47 Vgl. die begriffsgeschichtlichen Artikel ›Abstrakt/Konkret‹ und ›Abstraktion‹ in: *Historisches Wörterbuch der Philosophie.* Hg. v. J. Ritter. Bd. 1: A-C. Basel/Stuttgart 1971, 33-65.

Unter dem Stichwort ›Die Kategorien der Logik und die menschliche Praxis‹ hat Lenin für die Darstellung und Verhältnisbestimmung von Abstraktem und Konkretem eine Perspektive vorgezeichnet, die in der dialektisch-materialistischen Literatur nicht genügend berücksichtigt wurde. Lenin schreibt:

»Die praktische Tätigkeit des Menschen mußte das Bewußtsein des Menschen milliardenmal zur Wiederholung der verschiedenen logischen Figuren führen, damit diese Figuren die Bedeutung von Axiomen erhalten konnten«[48].

Weil »die Dialektik der *Dinge* [...] die Dialektik der *Ideen*« erzeugt, »und nicht umgekehrt«[49], formuliert Lenin den Prozeß vom Abstrakten zum Konkreten nicht als Weg der Erkenntnisbildung im individuellen Bewußtsein – von der individuellen sinnlichen Wahrnehmung zum konkreten Begriff des abstrahierenden Denkens –, sondern im Rahmen der Dialektik der Praxis:

»Erkenntnis ist die Widerspiegelung der Natur durch den Menschen. Aber das ist keine einfache, keine unmittelbare, keine totale Widerspiegelung, sondern der Prozeß einer Reihe von Abstraktionen, der Formierung, der Bildung von Begriffen, Gesetzen etc., welche Begriffe, Gesetze etc. (Denken, Wissenschaft = ›logische Idee‹) eben bedingt, annähernd die universelle Gesetzmäßigkeit der sich ewig bewegenden und entwickelnden Natur *umfassen*. Hier gibt es *wirklich*, objektiv *drei* Glieder: 1) die Natur; 2) die menschliche Erkenntnis = das *Gehirn* des Menschen (als höchstes Produkt eben jener Natur) und 3) die Form der Widerspiegelung der Natur in der menschlichen Erkenntnis, und diese Form sind eben die Begriffe, Gesetze, Kategorien etc. Der Mensch kann die Natur nicht als *ganze,* nicht vollständig, kann nicht ihre ›unmittelbare Totalität‹ erfassen = widerspiegeln = abbilden, er kann dem nur *ewig* näher kommen, indem er Abstraktionen, Begriffe, Gesetze, ein wissenschaftliches Weltbild usw. usf. schafft«[50].

Daraus ergibt sich als *These* und Forderung: Das Problem des Prozesses vom Abstrakten zum Konkreten kann nicht als ausschließlich logisches oder individualpsychologisches Problem verstanden werden. Richtig verstanden wird es nur in der Perspektive der Einheit von Historischem und Logischem. Die Voraussetzung jeden individuellen Erkenntnisweges vom Abstrakten zum Konkreten ist die *Geschichte der Erkenntnis der Welt,* die selbst als ein Aufsteigen vom Abstrakten zum Kon-

48 LW 38, 181.
49 LW 38, 186.
50 LW 38, 172.

kreten, von der Erscheinung zum Wesen, geschrieben werden kann.

›Praxis und Geschichtsbewußtsein‹ – dies ist die Perspektive, die Lenin vorgezeichnet hat. Sie hilft, ein verbreitetes Mißverständnis zu vermeiden, das sich bei der Darstellung des Erkenntnisprozesses vom Abstrakten zum Konkreten immer wieder Geltung verschafft: das Mißverständnis der unhistorischen Abstraktion.

»Das Konkrete ist konkret, weil es die Zusammenfassung vieler Bestimmungen ist, also Einheit des Mannigfaltigen«[51]. Wie aber gelingt im Erkenntnisprozeß diese ›Zusammenfassung‹? Durch Analyse und Synthese. Der Erkenntnisprozeß hebt an mit der sinnlichen Wahrnehmung eines Objekts, das sich als undifferenziertes Ganzes, als Konkretes darbietet. Diese Aussage hat drei Aspekte: Der Erkenntnisprozeß hat phylogenetisch mit der Erfahrung der natürlichen Objektivität begonnen, er beginnt ontogenetisch in der kindlichen Wahrnehmung mit der sinnlichen Erfahrung, und die Struktur des individuellen Erkenntnisaktes wird durch Sinnlichkeit als primäre Bewußtseinstätigkeit geprägt. Das im ersten Aneignungsschritt für die Erkenntnis sinnliche Gestalt annehmende ›Konkrete‹ aber ist – dies besagt eine der wichtigsten Errungenschaften der Geschichte der Erkenntnistheorie: die Hegelsche *Phänomenologie des Geistes* – in Wahrheit (was seine Wahrheit betrifft) *abstrakt:*

»Das Wissen, welches zuerst oder unmittelbar unser Gegenstand ist, kann kein anderes sein als dasjenige, welches selbst unmittelbares Wissen, *Wissen* des *Unmittelbaren* oder *Seienden* ist. Wir haben uns ebenso *unmittelbar* oder *aufnehmend* zu verhalten, also nichts an ihm wie es sich darbietet, zu verändern und von dem Auffassen das Begreifen abzuhalten«. An diesen methodischen Auftakt schließt Hegel eine folgenreiche Definition an: »Der konkrete Inhalt der *sinnlichen Gewißheit* läßt sie unmittelbar als die *reichste* Erkenntnis, ja als eine Erkenntnis von unendlichem Reichtum erscheinen, für welchen ebensowohl, wenn wir im Raume und in der Zeit, als worin er sich ausbreitet, *hinaus* –, als wenn wir uns ein Stück aus dieser Fülle nehmen und durch Teilung in dasselbe *hineingehen,* keine Grenze zu finden ist. Sie erscheint außerdem als die *wahrhaftigste;* denn sie hat von dem Gegenstande noch nichts weggelassen, sondern ihn in seiner ganzen Vollständigkeit vor sich. Diese *Gewißheit* aber gibt in der Tat

51 *MEW* 13, 632.

sich selbst für die abstrakteste und ärmste *Wahrheit* aus. Sie sagt von
dem, was sie weiß, nur dies aus: es *ist;* und ihre Wahrheit enthält
allein das *Sein* der Sache«[52].

Das Bewußtsein überschreitet – phylogenetisch, ontogenetisch
wie im Erkenntnisakt – die unmittelbare sinnliche Wahrnehmung und deren Abstraktheit durch die analytischen und synthetisierenden Operationen des logischen Denkens. Das Bewußtsein bildet Denkformen einer höheren Abstraktionsqualität aus; Denkformen, die das Individuum befähigen, einzelne
Merkmale und Elemente des Objekts abzubilden. Welche Elemente abgebildet werden, entscheiden wesentlich die subjektive
Zwecksetzung und die objektive materielle Notwendigkeit.
Kraft wessen aber ist das Bewußtsein in der Lage, die Grenzen
der unmittelbaren sinnlichen Erfahrung zu sprengen, das Abstrakt-Konkrete seiner Abstraktheit wegen zu ›kritisieren‹ und
eine neue Abstraktionsqualität zu erzeugen? Kraft Bewußtseins? Automatisch? Per se? Dies wäre ein Idealismus erster
Klasse. Und die synthetisierenden Denkoperationen, die in der
Verallgemeinerung das ganze Objektive *als* Totalität reproduzieren und bei Wahrung der Abstraktionsresultate – jedoch
ohne deren begriffliche Isolation – das wahre Konkrete, die
wesentliche Totalität, bewirken, – kraft wessen wirken sie und
warum gerade so, wie sie wirken?
Folgende enzyklopädische Darstellung des Aufsteigens vom
Abstrakten zum Konkreten führt einen Schritt weiter:

»Im Prozeß der Erkenntnis wird auf der Grundlage des ursprünglich vorhandenen konkreten Denkens durch Abstrahieren zum abstrakten Denken übergegangen, d. h. einem Denken, das mit Abstraktionen[53] arbeitet, die Anschauung abstreift, ideale Gegenstände

52 G. W. F. Hegel, *Phänomenologie des Geistes.* ed. Hoffmeister. Hamburg
1952, 79.
53 ›Abstraktion‹ = »1. wichtiges Moment des Erkenntnisprozesses beim
Übergang von der sinnlichen zur rationalen Erkenntnis, 2. das Resultat dieses Prozesses. Der Abstraktionsprozeß besteht allgemein darin, daß in einer
Reihe von analytischen Denkakten, in denen das konkrete Sinnesmaterial
verarbeitet wird, von bestimmten Merkmalen, Eigenschaften und Beziehungen des [. . .] Gegenstandes abgesehen wird, andere dagegen als wesentlich
herausgehoben und zugleich variabel gemacht werden. Als Ergebnis des Abstraktionsprozesses, der eng mit der Verallgemeinerung verbunden ist, entstehen Begriffe, die das Wesen der Gegenstände widerspiegeln. [. . .] Die
Möglichkeit der Abstraktion ist objektiv bedingt, denn die materielle Welt

konstruiert usw. Dieser Übergang vom konkreten K_1 zum abstrakten A_1 bereichert einerseits die Erkenntnis und ermöglicht es der Menschheit, sich in der unendlichen Fülle des ursprünglich gegebenen Konkreten zurechtzufinden; andererseits bedeutet der Übergang zu dieser Form des abstrakten Denkens auch eine Verarmung des Denkens, weil von Momenten abgesehen werden muß, die weiter oben bei der Charakterisierung des Konkreten aufgezählt wurden. Deshalb muß vom abstrakten Denken A_1 der Schritt zu einem konkreten Denken K_2 auf höherer Ebene vor sich gehen. Bei diesem Denken wird das, was die Überlegenheit des einfach Abstrakten über das einfach Konkrete ausmacht, aufbewahrt, zugleich aber auch aufgehoben und in einer neuen Konkretheit entwickelt. Es ergibt sich deshalb folgendes Schema der Entwicklung der Begriffe im Speziellen und des Denkens im Allgemeinen:

$K_1 \rightarrow A_1 \rightarrow K_2 \rightarrow A_2 \rightarrow \ldots$« (Bibl.: (5), 42).

Trotz der Differenzierungen dieser Definition kommt man nicht umhin, festzustellen: es handelt sich um eine bloße phänomenologische Beschreibung der Bewegung vom Abstrakten zum Konkreten. Das z. B. von P. V. Kopnin erkannte Problem bleibt ungelöst:

»Wenn die lebendige Anschauung nicht in irgendeiner Form oder Stufe das Allgemeine enthielte, woher soll es das Denken denn haben, da es sich auf die sinnliche Erfahrung stützen muß und über keine anderen Verbindungswege zur Außenwelt verfügt? Die Vorstellung, daß nur das Denken dem Wissen die Allgemeinheit verleiht, ist ein Überbleibsel des Rationalismus« (Kopnin: (165), 212).

Die Schwäche der Definition des *Philosophischen Wörterbuchs* liegt in dem nicht präzise eingeführten Terminus des ›ursprünglich‹ vorhandenen konkreten Denkens‹ bzw. des ›ursprünglich gegebenen Konkreten‹. Auch das ›ursprünglich‹ empirisch Erfahrene hat bereits eine logische Struktur, auf deren Grundlage Objekte als ›Tatsachen‹, d. h. als Lebensbezüge, als Verhältniselemente, festgestellt werden. Die logische Struktur der empirischen Erfahrung *ist* bereits das Resultat der Ge-

ist keine Anhäufung isolierter Einzeldinge, sondern eine zusammenhängende Mannigfaltigkeit, in der objektiv Klassen, allgemeine Beziehungen existieren. [...] Das Verfahren der Abstraktion enthält eine Reihe unterschiedlicher Aspekte. Die *klassischen Formen der Abstraktion* sind die folgenden: a) Die *generalisierende Abstraktion* [...] b) Die *isolierende Abstraktion* [...] c) Die *idealisierende Abstraktion* [...]« (Zum vollen Wortlaut vgl. Bibl.: (5), 42–44).

schichte des Prozesses zwischen Abstraktem und Konkretem. Die materielle Bedingung der empirischen Wahrnehmung – die physiologische Hirnstruktur – ist eine historisch erarbeitete Voraussetzung schon der primären Sinneswahrnehmung eines Abstrakt-Konkreten. Gerade dies hatte Lenin betont:

»Die logischen Begriffe sind subjektiv, solange sie ›abstrakt‹, in ihrer abstrakten Form bleiben, aber zugleich drücken sie auch die Dinge an sich aus. Die Natur ist *sowohl* konkret *als auch* abstrakt, *sowohl* Erscheinung *als auch* Wesen, *sowohl* Moment *als auch* Verhältnis. Die menschlichen Begriffe sind subjektiv in ihrer Abstraktheit, Losgelöstheit, aber objektiv im Ganzen, im Prozeß, im Ergebnis, in der Tendenz, im Ursprung«[54].

Deutlicher noch hebt Lenin dies an einer früheren Stelle des ›Konspekts‹ heraus:

»Die Bildung von (abstrakten) Begriffen und die Operationen mit ihnen schließen *schon* die Vorstellung, die Überzeugung, das *Bewußtsein* von der Gesetzmäßigkeit des objektiven Weltzusammenhangs *in* sich. [...] Die Objektivität der Begriffe, die Objektivität des Allgemeinen im Einzelnen und im Besonderen zu leugnen ist unmöglich. [...] So, wie die einfache Wertform, der einzelne Akt des Tausches einer einzelnen gegebenen Ware gegen eine andere schon in unentwickelter Form *alle* Hauptwidersprüche des Kapitalismus in sich einschließt – so bedeutet schon die einfachste *Verallgemeinerung*, die erste und einfachste Bildung von *Begriffen* (Urteilen, Schlüssen etc.) die immer mehr fortschreitende Erkenntnis des tiefen *objektiven* Weltzusammenhangs durch den Menschen«[55].

Die erste These, daß der Weg der Erkenntnis als Weg des Aufsteigens vom Abstrakten zum Konkreten nicht allein logisch oder individualpsychologisch zu beschreiben sei, kann jetzt um eine zweite ergänzt werden:

1. Jeder Erkenntnisprozeß bzw. Erkenntnisakt vollzieht sich als *Fortschritt,* als Aufhebung eines durch den vorgängigen historisch-logischen Prozeß der Abstraktions- und Konkretionsbefähigung des individuell-gesellschaftlichen Bewußtseins vermittelten – jedoch seiner *Erscheinung* nach ›unmittelbaren‹ – konkreten Erfahrungsgehalts K_1 durch eine erste verallgemeinernde Abstraktion A_1 zu einem Konkreten höherer Qualität K_2.
2. Dieser Prozeß dialektischer Aufhebung scheinbarer, d. h. erschei-

54 *LW* 38, 198.
55 *LW* 38, 168/169.

nender Unmittelbarkeit führt über eine tendenziell unendliche Summe von Vermittlungsschritten zur wissenschaftlichen Erkenntnis, daß der Erkenntnisprozeß in der Einheit von Historischem und Logischem gründet. Lenin: »Die Bewegung der Erkenntnis *zum* Objekt kann stets nur dialektisch vor sich gehen: zurückgehen, um sicherer zu treffen – reculer pour mieux sauter (savoir?). Zusammenlaufende und auseinanderlaufende Linien: Kreise, die einander berühren. Knotenpunkt = Praxis des Menschen und der Menschheitsgeschichte«[56].

Die Dialektik materieller erkenntnisgeleiteter Arbeit und Praxis widerspiegelt sich in jenen historischen Prädispositionen des Logischen, die sich vermittels der Geschichtlichkeit des Bewußtseins, des Wissens und der Sprache – d. h. durch die gesellschaftliche Produktion der Individualität der Erkenntnis – durchsetzen. Die historisch-logische Vorstrukturierung qualifiziert eine ganz spezifische, vermittelte empirische Erfahrung des abstrakt-konkreten sinnlichen Objekts: die sinnliche Erfahrung schließt bereits in jeden Erkenntnisanfang die Fähigkeit und die Tätigkeit jener logischen Abstraktionen mit ein, die aus der Geschichte der Erkenntnis der Welt resultieren. Das ›naive‹ realistische Bewußtsein ist nichts als eine rationalistische Fiktion.

3. Das Schema »$K_1 \rightarrow A_1 \rightarrow K_2 \rightarrow A_2$...« ist mißverständlich: Wird das Pfeilsymbol als logisches Zeichen für eine Implikation ($\rightarrow$ = impliziert) verstanden, so würde zwar K_1 eine A_1 implizieren, A_1 aber keineswegs K_2 implizieren können. Bedeutet der Pfeil umgangssprachlich ›führt zu‹, so klaffen im Schema offensichtliche Lükken; denn es gibt kein K_1 *als* Erfahrungsobjekt, das nicht durch eine vorgängige historisch-logisch vermittelte, notwendige Abstraktion *vermittelt* erkannt würde. Der reduktiv rekonstruierbare gattungsgeschichtliche Prozeß der Bewußtseinsbildung und fortschreitender Widerspiegelungsbefähigung kann durch keine Formalisierung ausgedrückt werden, in der es einen unvermittelten Anfang der Erkenntnis K_1 gibt. Das K_1 ist ausschließlich logisch, nie aber historisch als Anfang rekonstruierbar.

Für den realen aktuellen Erkenntnisakt gilt, daß sein Anfang nicht von einem statisch gegebenen Konkreten K_1 verursacht ist, sondern daß er von einem komplexen dialektischen Anfang sinnlicher Objektivität ausgeht, der eine *Funktion* von materiell unmittelbarer Objektwelt *und* historisch-logischer Erkenntnisdetermination ist. So gilt für jeden Erkenntnisakt: jedes K_1 ist eine Funktion des komplexen Anfangs der Erkenntnis $A_0 K_0$. Wenn $A_0 K_0$ die dialektische Einheit von historisch-logischer Objekt-Vermittlung und materiell-unmittelbarer Sinnlichkeit bezeichnet, so kann der Erkenntnisakt folgendermaßen schematisch dargestellt werden: $K_1 = f(A_0 K_0) \rightarrow A_1$... Verbalisiert: Jedes Abstrakt-Konkrete ist als Ausgangspunkt der Erkenntnis eine

56 *LW* 38, 267.

Funktion von Objektivität und historisch-logischer Determination und führt *als solches* zu einer ersten durch Abstraktion gewonnenen Verallgemeinerung ... usf.

Die Dialektik der materiellen und ideellen Aneignung der geschichtlich akkumulierten Wirklichkeit läßt keinen anderen Schluß zu. Denn der Prozeß der Bildung von Abstraktionen ist als Resultat der Dialektik von Objekt und Subjekt und der Dialektik von Objektivität und Subjektivität der Erkenntnis auf zweifache Weise *objektiv* bedingt: er ist notwendig nicht nur als ein Element der materiell-praktischen Aneignung des Seins und notwendig nicht allein durch die abstrakte, lebensnotwendig zu überwindende Konkretheit der Erfahrungsgegenstände, sondern er ist auch objektiv als ein Produkt der Objektivationen des Bewußtseins in der historischen Dialektik der Arbeit. In der Analyse der Erkenntnisbewegung vom Abstrakt-Konkreten zum konkreten Allgemeinen (vgl. Eiletz: (231)) bestätigt sich eine der Aussagen dieser Studie: erst in der bewußten Widerspiegelung erreicht die Materie *ihre* höchste Formbestimmung und Qualität. Die Widerspiegelung eines materiellen Objekts ist nicht möglich, ohne daß das abzubildende Objekt ideell ›abstrakt‹ und vereinfacht, zugleich aber in neuer Qualität konkretisiert wird. So Lenin:

»Wir können die Bewegung nicht vorstellen, ausdrücken, ausmessen, abbilden, ohne das Kontinuierliche zu unterbrechen, ohne es zu versimpeln, zu vergröbern, ohne das Lebendige zu zerstückeln, abzutöten. Die Abbildung der Bewegung durch das Denken ist immer eine Vergröberung, ein Abtöten – und nicht nur die Abbildung durch das Denken, sondern auch durch die Empfindung, und nicht nur die Abbildung der Bewegung, sondern auch die *jedes* Begriffes. Und darin liegt das *Wesen* der Dialektik. *Gerade dieses Wesen* wird auch durch die Formel ausgedrückt: Einheit, Identität der Gegensätze«[57].

An dieser Stelle ist freilich vor einer Verwechslung zu warnen. Unbedingt festzuhalten ist, daß die »Methode vom Abstrakten zum Konkreten aufzusteigen, nur die Art für das Denken ist, sich das Konkrete anzueignen, es als geistig Konkretes zu reproduzieren«. Der Weg vom Abstrakt-Konkreten zum kon-

---

57 LW 38, 246. Vgl. F. Richter, *Vereinfachung und Idealisierung*. In: *Wege des Erkennens. Philosophische Beiträge zur Methodologie der naturwissenschaftlichen Erkenntnis*. Hg. v. H. Laitko / R. Bellmann. Berlin 1969, 108 bis 110.

kreten Allgemeinen *konstituiert* niemals das Konkrete, er ist
»keineswegs [...] der Entstehungsprozeß des Konkreten
selbst«[58]. Im Prozeß des Aufsteigens wird bestimmt, *wie und in
welcher Form* ein materiell gegebenes Konkretes *für den Menschen* zu einem bewußten Sein werden kann. Die Aussage, daß
jedes *Erfahrungsobjekt* K_1 historisch-logisch die in der Geschichte des Fortschritts vom Abstrakten zum Konkreten, von der
Erscheinung zum Wesen, gewonnenen Abstraktionen *für die
Wahrnehmung* voraussetzt, ist eine Aussage der historischen
dialektischen Logik. Die Aussage, daß das materielle Objekt
die logische Abstraktion voraussetze, wäre ein bloßer Idealismus. So hat Lenin – gegenüber Bogdanows ›Empiriomonismus‹
– die Erkenntnistheorie mit jenem Idealismus konfrontiert, der
sich aus der Leugnung der ontologischen Unmittelbarkeit der
materiellen Objektwelt ergibt: für den Idealismus führt »zur
Natur noch ein langer Übergang *über die Abstraktionen* des
›Psychischen‹. Es ist gleichgültig, wie man diese Abstraktionen
nennt: ob absolute Idee oder universales Ich, Weltwille usw.
usf. [...] Das Wesen des Idealismus besteht darin, daß das
Psychische zum Ausgangspunkt genommen wird; aus ihm wird
die Natur abgeleitet, *und dann erst* aus der Natur das gewöhnliche menschliche Bewußtsein. Dieses ursprüngliche ›Psychische‹
erweist sich daher stets als *tote Abstraktion*«[59].
Allein die ›verständige Abstraktion‹ führt zu einer neuen
»reichen Totalität von vielen Bestimmungen und Beziehungen«; die ›verständige Reflexion‹ ist sich der ontologischen Differenz zwischen realem Konkretem und gedachtem Konkretem
bewußt und reflektiert den sozial-historisch und historisch-logisch determinierten Weg der ideellen Reproduktion der Wirklichkeit durch die Abstraktion. Im Gegensatz hierzu ergibt sich
für das in der verselbständigten Kopfarbeit ›autonom‹ gewordene Denken die »konkrete Totalität als Gedankentotalität, als ein Gedankenkonkretum, in fact ein Produkt des Denkens«[60]; in dieser Form der spekulativen Abstraktion bleibt
das wirkliche Subjekt der Erkenntnis, der Begriffe und Kategorien ein Fremdkörper. Für die ›verständige Abstraktion‹,
deren höchste Form die objektiv richtig widerspiegelnde Wis-

58 *Grundrisse*, 22.
59 *LW* 14, 224/225.
60 *Grundrisse*, 21./22.

senschaft ist, weisen dagegen noch »die abstraktesten Bestimmungen, genauer untersucht, [...] immer auf weitere konkrete bestimmte historische Basis hin. (Of course, da sie davon, in dieser Bestimmtheit, abstrahiert sind.)«[61].

Die Darstellung des Erkenntnisprozesses als Weg des Fortschritts vom Abstrakten zum Konkreten machte sich einer spekulativen, formalistischen Abstraktion schuldig, wenn sie nicht eine weitere Problematik berücksichtigte: das Aufsteigen vom Abstrakten zum Konkreten vollzieht sich keineswegs in einer für alle individuellen, persönlichkeitsspezifischen Erkenntnisakte identischen Qualität. Die Formbestimmung des Erkenntnisobjekts im Erkenntnisprozeß hängt ab von der Qualität, vom Grad der Bewußtheit und der Reflexion über die historisch-logischen und aktuellen materiell-praktischen Voraussetzungen der Wahrnehmung, der Erfahrung und der Erkenntnis. Die objektiv angemessene Abstraktion ist das Kennzeichen nicht ›der‹ Bewußtseinstätigkeit, sondern jenes Erkenntnisprozesses, der zum wahren Wissen führt. Es ist also zwischen verschiedenen qualitativen Voraussetzungen der Abstraktion zu unterscheiden: dem Alltagsbewußtsein, dem individuell-gesellschaftlichen Bewußtsein, dem gesellschaftlichen Bewußtsein, dem Klassenbewußtsein und der wissenschaftlichen Erkenntnis. Die historisch erarbeiteten und physiologisch strukturbestimmenden bzw. psychisch wirksamen logischen Determinanten der Erkenntnis prägen auch innerhalb einer bestimmten Identitätsform gesellschaftlichen Bewußtseins Formen der Erkenntnisobjekte, die in ihrer Verschiedenheit der Varianz der Persönlichkeit entsprechen. (Hierauf ist bei der Behandlung psychologischer Fragen noch einmal einzugehen). Der Weg der Erkenntnis von den Erscheinungen zum Wesen ist für die Individuen nicht a priori frei. Sprachliche Fetischismen – »das Kapital arbeitet«, »die Waren gehen gut« etc. – sind Indizien dafür, daß die dem Kapitalverhältnis adäquaten Abstraktionen weder die Totalität der Erscheinungen widerspiegeln noch von den Erscheinungen zum Wesen durchzustoßen fähig sind.

»Die sichtbare, bloß erscheinende Bewegung auf die innere wirkliche Bewegung zu reduzieren«, sei – so Marx – das Prinzip wesentlicher Erkenntnis[62]. Die Methode dieser Erkenntnis

61 *MEW* 29, 317.
62 *MEW* 25, 324.

hat Marx vor allem in den *Grundrissen der Kritik der Politischen Ökonomie* als die Methode des Aufsteigens vom Abstrakten zum Konkreten analysiert.

4.2.2. Das ›Aufsteigen vom Abstrakten zum Konkreten‹ als Methode der objektiven wissenschaftlichen Erkenntnis

»Alle Wissenschaft wäre überflüssig, wenn die Erscheinungsformen und das Wesen der Dinge unmittelbar zusammenfielen«[63]. Es ist kein Zufall, daß Marx diese Kritik an der idealistisch-objektivistischen Wissenschaftskonzeption Hegels – am logischen Optimismus also, »daß die Dinge und das Denken derselben [...] an und für sich übereinstimmen«[64] – im *Kapital* formuliert hat. Die *Kritik der Politischen Ökonomie* des Kapitalismus – gerade sie – erklärt, daß und warum das Wissen als Verallgemeinerung der Praxis und als Widerspiegelung von Elementen der Dialektik der Arbeit in der Phase seiner kapitalistischen Verwertbarkeit unter dem Zwang des ›Fetischismus der Warenwelt‹, d. h. unter dem Zwang der Nicht-Identität von Erscheinung und Wesen, produziert wird. Die von Marx der »großen Industrie« zugeschriebene »Scheidung der geistigen Potenzen des Produktionsprozesses von der Handarbeit und die Verwandlung derselben in Mächte des Kapitals über die Arbeit«[65] erlaubt keine identitätsphilosophische Position mehr, soll die Wirklichkeit der *Dialektik* von Wesen und Erscheinung in der Analyse des Erkenntnis- und Kategorienbildungsprozesses noch zur Geltung kommen. Auf dem Niveau der kapitalistischen »Verdinglichung«[66] der gesellschaftlichen Produktionsbestimmungen sind die dem Bewußtsein ›naturwüchsig‹ gegebenen Erscheinungen selbst vergegenständlicht. Diese Vergegenständlichung der Produktionsbeziehungen impliziert für die Erkenntnis der arbeitenden Individuen eine ›tote Abstraktion‹: die Erscheinungen der ka-

63 *MEW* 25, 825.
64 G. W. F. Hegel, *Wissenschaft der Logik*. Leipzig o. J. I, 38/39.
65 *MEW* 23, 446. Vgl. *MEW* 26/1, 382.
66 Die Kategorie der ›Verdinglichung‹ taucht m. W. bei Marx nur eimnal im 3. Bd. des *Kapital* auf: »Es ist ferner schon in der Ware eingeschlossen, und noch mehr in der Ware als Produkt des Kapitals, die Verdinglichung der gesellschaftlichen Produktionsbestimmungen und die Versubjektivierung der materiellen Grundlagen der Produktion, welche die ganze kapitalistische Produktionsweise charakterisiert.« (*MEW* 25, 887)

pitalistischen gesellschaftlichen Wirklichkeit sind für die Erkenntnis ein *scheinbar unmittelbares, naturwüchsiges, nicht durch Privatarbeit vermitteltes Abstrakt-Konkretes;* dieses Abstrakt-Konkrete auf das Niveau einer ›verständigen Abstraktion‹ zu heben, bedeutet, das Wesen der Erscheinungen und deren dialektische Totalität wissenschaftlich begreifbar zu machen. Diesem Auftrag hat sich die Marxsche ›Logik‹ des ›Kapitals‹, der ›Kritik der Politischen Ökonomie‹ des Kapitalismus, gestellt.

In seinem Vorwort zur ersten Auflage des *Kapital* (1867) bemerkt Marx:

»Aller Anfang ist schwer, gilt in jeder Wissenschaft. [...] Die Wertform, deren fertige Gestalt die Geldform, ist sehr inhaltslos und einfach. Dennoch hat der Menschengeist sie seit mehr als 2000 Jahren vergeblich zu ergründen gesucht, während andererseits die Analyse viel inhaltsvollerer und komplizierterer Formen wenigstens annähernd gelang. Warum? Weil der ausgebildete Körper leichter zu studieren ist als die Körperzelle. Bei der Analyse der ökonomischen Formen kann außerdem weder das Mikroskop dienen, noch chemische Reagentien. Die Abstraktionskraft muß beide ersetzen«[67].

Dieses Prinzip wissenschaftlicher Abstraktion trug Marx – so Engels 1894 – das Mißverständnis ein, daß er definieren wolle, »wo er entwickelt, und daß man überhaupt bei Marx nach fix und fertigen, ein für allemal gültigen Definitionen suchen dürfe. Es versteht sich ja von selbst, daß da, wo die Dinge und ihre gegenseitigen Beziehungen nicht als fixe, sondern als veränderliche aufgefaßt werden, auch ihre Gedankenabbilder, die Begriffe, ebenfalls der Veränderung und Umbildung unterworfen sind; daß man sie nicht in starre Definitionen einkapselt, sondern in ihrem historischen resp. logischen Bildungsprozeß entwickelt«[68]. Bereits zehn Jahre zuvor hatte Engels gegenüber Kautsky klarstellen müssen:

»Marx faßt den in den Dingen und Verhältnissen vorliegenden gemeinsamen Inhalt auf ihren allgemeinsten Gedankenausdruck zusammen, seine Abstraktion gibt also nur in Gedankenform den schon in den Dingen liegenden Inhalt wieder«[69].

Die Problematik der wissenschaftlichen Abstraktionsmethode

67 *MEW* 23, 11/12.
68 *MEW* 25, 20.
69 *MEW* 36, 209.

und der falschen Anwendung der dialektischen Theorie war Marx durchaus bewußt. 1861 kritisierte er die bloße »Subsumtion einer Masse von ›Cases‹ under a general principle« als einen »Ideologismus«, der mit ›Dialektik‹ nichts gemein habe[70]; und im Nachwort zur zweiten Auflage des *Kapital* (1873) wies er mit Nachdruck auf den Unterschied zwischen Darstellungs- und Forschungsweise, zwischen Abstraktion und genetischer Analyse, hin: »Allerdings muß sich die Darstellungsweise formell von der Forschungsweise unterscheiden. Die Forschung hat den Stoff sich im Detail anzueignen, seine verschiednen Entwicklungsformen zu analysieren und deren inneres Band aufzuspüren. Erst nachdem diese Arbeit vollbracht, kann die wirkliche Bewegung entsprechend dargestellt werden. Gelingt dies und spiegelt sich nun das Leben des Stoffs ideell wider, so mag es aussehen, als habe man es mit einer Konstruktion a priori zu tun. [...] Für Hegel ist der Denkprozeß [...] der Demiurg des Wirklichen, das nur seine äußere Erscheinung bildet. Bei mir ist umgekehrt das Ideelle nichts andres als das im Menschenkopf umgesetzte und übersetzte Materielle«[71].

Das prinzipiell Neue, die historisch-logische materialistische Abstraktion als Methode der Erkenntnis des Wesens, wurde von Marx in der Kritik der ökonomischen Kategorien der kapitalistischen bürgerlichen Gesellschaft entdeckt: der Zusammenhang von kategorialer Abstraktion und Realabstraktion. Im 1. Kapitel der ›Kritik der Politischen Ökonomie‹ (1859) gibt Marx ein resümierendes Beispiel:

»Als Tauschwert sind alle Waren nur bestimmte Maße *festgeronnener Arbeitszeit*. [...] Um die Tauschwerte der Waren an der in ihnen enthaltenen Arbeitszeit zu messen, müssen die verschiedenen Arbeiten selbst reduziert sein auf unterschiedslose, gleichförmige, einfache Arbeit, kurz auf Arbeit, die qualitativ dieselbe ist und sich daher nur quantitativ unterscheidet.
Diese Reduktion erscheint als eine Abstraktion, aber es ist eine Abstraktion, die in dem gesellschaftlichen Produktionsprozeß täglich vollzogen wird. Die Auflösung aller Waren in Arbeitszeit ist keine größere Abstraktion, aber zugleich keine minder reelle, als die aller organischen Körper in Luft. Die Arbeit, die so gemessen ist durch die

70 *MEW* 30, 207; vgl. *Grundrisse*, 69.
71 *MEW* 23, 27.

Zeit, erscheint in der Tat nicht als Arbeit verschiedener Subjekte, sondern die verschiedenen arbeitenden Individuen erscheinen vielmehr als bloße Organe *der* Arbeit. Oder die Arbeit, wie sie sich den Tauschenden darstellt, könnte ausgedrückt werden als *allgemein menschliche* Arbeit. Diese Abstraktion der allgemein menschlichen Arbeit *existiert* in der Durchschnittsarbeit, die jedes Durchschnittsindividuum einer gegebenen Gesellschaft verrichten kann, eine bestimmte produktive Verausgabung von menschlichem Muskel, Nerv, Gehirn usw. Es ist *einfache* Arbeit, wozu jedes Durchschnittsindividuum abgerichtet werden kann und die es in der einen oder andern Form verrichten muß«[72].

Diese Einsicht in das Verhältnis von wirklicher gesellschaftlicher und kategorialer Abstraktion war folgenreich für die Darstellungsweise der *Kritik der Politischen Ökonomie* in allen ihren Entwicklungsstufen von den *Grundrissen* (1857 bis 1858) über *Zur Kritik der Politischen Ökonomie* (1859) bis zum *Kapital* (1867 ff.): sie führte zum Primat des Historisch-*Genetischen* in der Analyse des Kapitalismus und zum Primat des Historisch-*Logischen* in der Kritik des Wesens kapitalistisch-industrieller gesellschaftlicher Arbeit[73].

In der Begründung der »allgemeinen Formel des Kapitals« geht Marx zwar von »Welthandel und Weltmarkt« aus, die im 16. Jahrhundert »die moderne Lebensgeschichte des Kapitals« eröffneten; zugleich aber abstrahiert er »vom stofflichen Inhalt der Warenzirkulation, vom Austausch der verschiednen Gebrauchswerte«, um »nur die ökonomischen Formen« zu betrachten, »die dieser Prozeß erzeugt«: Resultat dieser Abstraktion ist die Kategorie des ›Geldes‹; »dies letzte Produkt der Warenzirkulation ist die erste Erscheinungsform des Kapitals«. Marx stellt fest:

»Historisch tritt das Kapital dem Grundeigentum überall zunächst in der Form von Geld gegenüber, als Geldvermögen, Kaufmannskapital und Wucherkapital. Jedoch bedarf es nicht des Rückblicks auf

72 *MEW* 13, 18. In überarbeiteter Form findet sich dieser Text im 1. Kap. des *Kapital* »Die Ware« (MEW 23, 58 f.). Zum Abstraktionscharakter der ökonomischen Verhältnisse und Kategorien vgl. besonders: E. Hahn, *Historischer Materialismus und marxistische Soziologie. Studien zu methodologischen und erkenntnistheoretischen Grundlagen der soziologischen Forschung.* Berlin 1968, 69-85.
73 Vgl. J. Zelený, *Die Wissenschaftslogik bei Marx und ›Das Kapital‹.* Frankfurt/M. 1968; H. Reichelt: (186).

die Entstehungsgeschichte des Kapitals, um das Geld als seine erste
Erscheinungsform zu erkennen. Dieselbe Geschichte spielt täglich
vor unsren Augen«[74].

Die Abstraktion kann ihre Funktion wahrnehmen, »die Ordnung des geschichtlichen Materials zu erleichtern« – ohne aber
»ein Rezept oder Schema« zu bieten, »wonach die geschichtlichen Epochen zurechtgestutzt werden können«[75] –, weil auf
der Ebene der abstrahierenden Konkretion erst offenkundig
wird, »wie selbst früheren Produktionsepochen angehörige
ökonomische Kategorien auf Grundlage der kapitalistischen
Produktionsweise einen spezifisch verschiedenen, historischen
Charakter erhalten«[76]. Die logische Verallgemeinerung führt
in der Perspektive der Kritik der politischen Ökonomie zu keiner Abstraktion von der Geschichte der bürgerlichen Gesellschaft, sondern zur Einsicht in und zur Kritik der gegenwärtigen, historisch bedingten Abstraktheit jener Kategorien, in
denen die bürgerliche Ökonomie die scheinbare Geschichtslosigkeit der bürgerlichen Produktion widerspiegelt:

»Die auf das Kapital gegründete Produktion einmal vorausgesetzt
[...], gehört die Bedingung, daß der Kapitalist durch eigne Arbeit
oder sonstwie – nur nicht durch schon vorhandne, vergangne Lohnarbeit – geschaffne Werte in die Zirkulation hereinbringen muß, um sich
als Kapital zu setzen, zu den antediluvianischen Bedingungen des
Kapitals; zu seinen *historischen Voraussetzungen*, die eben als solche
historische Voraussetzungen vergangne sind und daher der *Geschichte
seiner Bildung* angehören, keineswegs aber zu seiner *kontemporänen
Geschichte*, d. h. nicht in das wirkliche System der von ihm beherrschten Produktionsweise gehören. Wenn z. B. das Weglaufen der
Leibeignen in die Städte eine der *historischen* Bedingungen und Voraussetzungen des Städtewesens ist, so ist es keine *Bedingung*, kein Moment der Wirklichkeit des ausgebildeten Städtewesens, sondern gehört zu seinen *vergangnen* Voraussetzungen, den Voraussetzungen
seines Werdens, die in seinem Dasein aufgehoben sind. Die Bedingungen und Voraussetzungen des *Werdens*, des *Entstehns* des Kapitals
unterstellen eben, daß es noch nicht ist, sondern erst *wird;* sie verschwinden also mit dem wirklichen Kapital. [...] So z. B. wenn bei
dem ursprünglichen Werden des Geldes oder des für sich seienden

74 *MEW* 23, 161.
75 *MEW* 3, 27.
76 *Resultate des unmittelbaren Produktionsprozesses.* In: *Marx-Engels-
Archiv*, russ. Ausg., Bd. II (VII), 182.

Werts zu Kapital eine Akkumulation [...] auf seiten des Kapitalisten vorausgesetzt ist, die er als *Nichtkapitalist* vollbracht hat – wenn also die Voraussetzungen des Werdens des Geldes zu Kapital als gegebne äußre *Voraussetzungen* für die Entstehung des Kapitals erscheinen – so, sobald das Kapital als solches geworden ist, schafft es seine eignen Voraussetzungen, nämlich den Besitz der realen Bedingungen für Schöpfung von Neuwerten *ohne Austausch* – durch seinen eignen Produktionsprozeß. Diese Voraussetzungen, die ursprünglich als Bedingungen seines Werdens erschienen – und daher noch nicht von seiner Aktion *als Kapital* entspringen konnten –, erscheinen jetzt als Resultate seiner eignen Verwirklichung, Wirklichkeit, als *gesetzt* von ihm – *nicht als Bedingungen seines Entstehens, sondern als Resultate seines Daseins* [...]«.

Die angemessene logische Analyse der Kapitalstruktur erweist sich also als angemessene Methode der Enthüllung gerade der Historizität und Veränderbarkeit der Produktionsformen. Die logische Strukturanalyse erst ermöglicht die Marxsche Kritik an der Enthistorisierung historischer Arbeitsprozesse im bürgerlich-ökonomischen Kategoriensystem:

»Die bürgerlichen Ökonomen, die das Kapital als eine ewige und naturgemäße (nicht geschichtsgemäße) Form der Produktion betrachten, suchen es dann wieder zu rechtfertigen, indem sie die Bedingungen seines Werdens als die Bedingungen seiner gegenwärtigen Verwirklichung aussprechen, d. h. die Momente, in denen der Kapitalist als Nicht-Kapitalist sich noch aneignet – weil er erst wird –, für die *very conditions* ausgeben, in denen er *als Kapitalist* sich aneignet. Diese Versuche der Apologetik beweisen böses Gewissen und die Ohnmacht, die Aneignungsweise des Kapitals als Kapitals mit den von der Gesellschaft des Kapitals selbst proklamierten *allgemeinen Eigentumsgesetzen* in Harmonie zu bringen. Andrerseits, was viel wichtiger für uns ist, zeigt unsre Methode die Punkte, wo die historische Betrachtung hereintreten muß, oder wo die bürgerliche Ökonomie als bloß historische Gestalt des Produktionsprozesses über sich hinausweist auf frühre historische Weisen der Produktion. Es ist daher nicht nötig, um die Gesetze der bürgerlichen Ökonomie zu entwickeln, *die wirkliche Geschichte der Produktionsverhältnisse zu schreiben.* Aber die richtige Anschauung und Deduktion derselben als selbst historisch gewordner Verhältnisse führt immer auf erste Gleichungen – wie die empirischen Zahlen z. B. in der Naturwissenschaft –, die auf eine hinter diesem System liegende Vergangenheit hinweisen. Diese Andeutungen, zugleich mit der richtigen Fassung des Gegenwärtigen, bieten dann auch den Schlüssel für das Verständnis der Vergangenheit – eine Arbeit für sich, an die wir hoffent-

lich auch noch kommen werden. Ebenso führt diese richtige Betrachtung andrerseits zu Punkten, an denen die Aufhebung der gegenwärtigen Gestalt der Produktionsverhältnisse – und so *foreshadowing*
der Zukunft, werdende Bewegung sich andeutet. Erscheinen einerseits die vorbürgerlichen Phasen als *nur historische,* i. e. aufgehobne
Voraussetzungen, so die jetzigen Bedingungen der Produktion *als
sich selbst aufhebende* und daher als *historische Voraussetzungen* für
einen neuen Gesellschaftszustand setzende«[77].

Diese Marxsche Quelle ist nicht nur wegen der in ihr formulierten Relationen ›Geschichte/Gegenwart‹, ›Gegenwart/Zukunft‹,
›Analyse/Kritik‹ und ›Kritik/Antizipation‹ besonders wichtig.
Sie verdeutlicht vielmehr wie wenige andere, daß die methodische wissenschaftliche Reduktion vergangener Formen der ökonomischen Praxis aus deren gegenwärtigem, konkret geworde-
nem Status der Abstraktion bedarf und diese Abstraktion nur
möglich ist auf der Basis der wirklichen Abstraktheit der bürgerlichen Gesellschaft im Kapitalismus. Die Marxsche Kritik
an der abstrakten analytischen Methode der klassischen Ökonomie, welche »die *Grundform des Kapitals,* die auf Aneignung fremder Arbeit gerichtete Produktion nicht als *geschichtliche* Form, sondern *Naturform* der gesellschaftlichen Produktion auffaßt«, unterstellt nicht, sondern erklärt:

»Sie hat nicht das Interesse, die verschiednen Formen genetisch zu
entwickeln, sondern sie durch Analyse auf ihre Einheit zurückzufüh-
ren, weil sie von ihnen als gegebnen Voraussetzungen ausgeht«[78].

Verfolgt man den Weg der Marxschen Auseinandersetzung mit
der bürgerlichen Nationalökonomie von den *Ökonomisch-Philosophischen Manuskripten* (1844) über die *Deutsche Ideologie*
(1845/46) und Marx' Antwort auf Proudhons *Philosophie des
Elends* – unter dem Titel *Misère de la philosophie* 1847 in
französischer und als *Das Elend der Philosophie* 1885 in von
Kautsky und Bernstein besorgter deutscher Erstausgabe erschienen – bis hin zum vollendeten *Kapital,* so muß man feststellen: *Das Elend der Philosophie* stellt einen Wendepunkt
dar; hier wie in dem Brief an Annenkow vom Dezember 1846
hat Marx die in den 1844er Manuskripten noch wirksame generelle Kritik an der klassischen Arbeitswerttheorie und die

77 *Grundrisse,* 363–365.
78 *MEW* 26/3, 491.
79 Vgl. W. Tuchscheerer, *Bevor das Kapital entstand.* Berlin 1968.

spekulative Theorie der Entfremdung der Arbeit als Charakteristikum der Warenproduktion überwunden[79].

In einem späteren Brief an J. B. v. Schweitzer vom 24. 1. 1865 hat Marx seine Proudhon-Kritik bestätigt und auf folgenden Nenner gebracht: Proudhon habe die »Illusionen der spekulativen Philosophie« geteilt,

»indem er die *ökonomischen Kategorien, statt als theoretische Ausdrücke historischer, einer bestimmten Entwicklungsstufe der materiellen Produktion entsprechenden Produktionsverhältnisse* zu begreifen, sie in präexistierende, *ewige Ideen* verfaselt, und [...] auf diesem Umwege wieder auf dem Standpunkt der bürgerlichen Ökonomie ankommt«[80].

1846 hatte Marx, die Proudhon-Schrift resümierend, festgestellt:

»Herr Proudhon hat sehr gut begriffen, daß die Menschen Tuch, Leinwand, Seidenstoffe herstellen... Nicht begriffen hat Herr Proudhon dagegen, daß die Menschen je nach ihren Produktivkräften auch die *gesellschaftlichen Beziehungen* produzieren, in denen sie Tuch und Leinwand produzieren. Noch weniger hat Herr Proudhon begriffen, daß die Menschen, die entsprechend ihrer materiellen Produktivität [...] die gesellschaftlichen Beziehungen produzieren, auch die *Ideen*, die *Kategorien*, d. h. den abstrakten, ideellen Ausdruck eben dieser gesellschaftlichen Beziehungen produzieren. Die Kategorien sind also genausowenig ewig wie die Beziehungen, die sie ausdrücken. Sie sind historische und vorübergehende Produkte. Für Herrn Proudhon sind ganz im Gegenteil die Abstraktionen, die Kategorien die primäre Ursache. Nach ihm produzieren sie, und nicht die Menschen, die Geschichte. *Die Abstraktion, die Kategorie als solche,* d. h. losgelöst von den Menschen und ihrer materiellen Tätigkeit, ist natürlich unsterblich, unveränderlich, unbeweglich; sie ist nur ein Wesen der reinen Vernunft, was lediglich besagen will, daß die Abstraktion als solche abstrakt ist – eine prächtige *Tautologie!*«[81].

Hier wie im *Elend der Philosophie* hat Marx die Genese der Kategorien als abstrakter Widerspiegelungsformen betont an die Produktions*beziehungen,* an die Produktions*verhältnisse*[82] gebunden. Dies ist der oft übersehene springende Punkt der

80 *MEW* 16, 28.
81 *MEW* 4, 554.
82 *MEW* 4, 126.

dialektischen historischen Kategorienanalyse: Die Kategorien sind nicht abstrakte Abbilder isolierter Erscheinungen der Produktionssphäre – nicht ›des‹ Geldes, nicht ›der‹ Waren, nicht ›des‹ Kapitals –; sie sind vielmehr Widerspiegelungen des Produktions*prozesses,* in dem gesellschaftlich arbeitende Individuen Güter und sich selbst als güterabhängige Objekte der Produktion produzieren; die Kategorien sind ›Existenzbestimmungen‹ des Subjekts ›Gesellschaft‹ in seiner *antagonistischen* Struktur; sie sind Formen der ideellen dialektischen Reproduktion der Dialektik der Produktion. Sie gewinnen ihren abstrakten Charakter durch Abstraktion von der zeitlichen, prozessualen Struktur der Produktion und durch die Verallgemeinerung einzelner Elemente der Totalität ›Gesellschaft‹:

»Ebenso wie wir durch Abstraktion jedes Ding in eine logische Kategorie verwandelt haben, braucht man nur von jeder unterscheidenden Eigenschaft der verschiedenen Bewegungen zu abstrahieren, um zur Bewegung im abstrakten Zustande, zur rein formellen Bewegung, zu der rein logischen Formel der Bewegung zu gelangen. Hat man erst in den logischen Kategorien das Wesen aller Dinge gefunden, so bildet man sich ein, in der logischen Formel der Bewegung die *absolute Methode* zu finden, die nicht nur alle Dinge erklärt, sondern auch die Bewegung der Dinge umfaßt«[83].

Die historisch-materialistische ›Kritik der reinen Kategorien‹ steht so vor der Aufgabe, die Kategorien der bürgerlichen klassenspezifischen Ökonomie als tote Abstraktionen zu erklären. Diese Abstraktionen sind – entgegen ihrem ideologischen Anspruch – gesellschaftlich, historisch notwendige Widerspiegelungsformen. Sie erfüllen ihre Funktion nicht mehr, das Wesen von den Erscheinungen zu trennen. Die Kategorien der bürgerlichen Ökonomie stellen sich für Marx als die scheinbar unmittelbar konkrete Wirklichkeit der Bourgeoisie dar. Hier setzt seine Kritik ein: diese Kategorien leisten kein Konkret-Allgemeines, nicht den *Begriff* der bürgerlichen Produktion *in* ihrer materiellen Abstraktheit und Widersprüchlichkeit; sie sind abstrakt, weil sie in ideologischer Form vom Kapital-*verhältnis* von Bourgeoisie und Arbeiterklasse absehen und das Verhältniselement ›Kapital‹ zur Pseudo-Objektivität ›der‹ bürgerlichen Gesellschaft verallgemeinern. Daß »dieselben Menschen, welche die sozialen Verhältnisse gemäß ihrer ma-

83 *MEW* 4, 128.

teriellen Produktivität gestalten, [...] auch die Prinzipien, die Ideen, die Kategorien gemäß ihren gesellschaftlichen Verhältnissen« erzeugen[84], und daß das Kapitalverhältnis seiner spezifischen Natur entsprechend gerade nicht mehr als Verhältnis von Klassen widergespiegelt werden kann, sondern – um sich zu reproduzieren – vereinseitigender Abstraktion bedarf, – dies ist das Wesentliche der Marxschen Perspektive.

Die Kategorien sind »historische, vergängliche, vorübergehende Produkte«; »die ökonomischen Kategorien sind nur die theoretischen Ausdrücke, die Abstraktionen der gesellschaftlichen Produktionsverhältnisse«[85]. In dieser Definition eine geniale Erfindung zu vermuten, hieße, an der Marxschen Entdeckung völlig vorbeizugehen, die zur Erklärung des Wesens der bürgerlich-kapitalistischen Erscheinungen führte. Die Perspektive der ›Produktionsverhältnisse‹ bildete den Ausgangspunkt der theoretischen Analyse, den Ausgangspunkt des Aufsteigens vom Abstrakt-Konkreten zum Konkret-Allgemeinen, von den Erscheinungen zum Wesen der bürgerlichen, als Totalität begriffenen Gesellschaft. Es handelt sich – dies darf nicht vergessen werden – um eine theoretische Perspektive, in welcher die Theorie der materiellen gesellschaftlichen Verhältnisse den Schlüssel zur Geschichte der ökonomischen Gesellschaftsformationen liefert. Die methodologische und gnoseologische Funktion der in der Kategorie der ›materiellen gesellschaftlichen Verhältnisse‹ entdeckten Theorie-Perspektive wird erst verständlich, wenn diese Kategorie als »Ergebnis eines vielseitigen Abstraktions- und Verallgemeinerungsprozesses« begriffen wird. E. Hahn hat dieses Problem höchst prägnant beschrieben; für ihn »bezieht sich dieser Abstraktionsprozeß zunächst auf die Dialektik zwischen Verhältnissen und Verhalten:

In der Realität existieren die materiellen ökonomischen Verhältnisse nicht anders als im Verhalten der wirklichen Menschen. Sie existieren nicht in einer selbständigen, abgesonderten sinnlichen Gestalt neben dem wirklichen tagtäglichen Verhalten der Individuen«, denn – so Marx in der Deutschen Ideologie[86] – »die Verhältnisse der Individuen können unter allen Umständen nichts andres als ihr wechsel-

84 MEW 4, 130.
85 MEW 4, 130.
86 MEW 3, 423.

seitiges Verhalten« sein. Hahn fährt fort: »Die Verselbständigung
der Verhältnisse ist also zunächst begrifflicher Natur, sie erfolgt im
Ergebnis einer Abstraktion«; oder – mit Marx' *Grundrissen* – ein
Verhältnis kann »nur durch Abstraktion eine besondre Verkörperung
erhalten, selbst wieder individualisiert werden [...] wie Verhältnisse
überhaupt nur *gedacht* werden können, wenn sie fixiert werden sollen, im Unterschied von den Subjekten, die sich verhalten«[87].

Für die Ausgangskategorie ›gesellschaftliche Verhältnisse‹ ergibt sich notwendigerweise eine Präzisierung:

»In Gesellschaft produzierende Individuen – daher gesellschaftlich
bestimmte Produktion der Individuen ist natürlich der Ausgangspunkt« der theoretischen Analyse[88].

Für die historisch-materialistische Ausgangskategorie, von der
aus der Weg vom Abstraktheitscharakter des ›Fetischismus der
Warenwelt‹ zur Erkenntnis der konkreten dialektischen Totalität der bürgerlichen Gesellschaft sich erst eröffnet, gilt das
Prinzip:

»Allgemeinbegriffe sind das Resultat theoretischer Tätigkeit. Das
Allgemeine läßt sich nicht beobachten, existiert aber nichtsdestoweni-
ger objektiv-real«[89].

Die historisch-materialistische Leitkategorie ›materielle gesellschaftliche Verhältnisse‹ ist *als* Resultat eines historisch-logischen wissenschaftlichen Abstraktionsprozesses zur Voraussetzung der ›Anatomie‹ und der ›Geschichte‹ der bürgerlichen Gesellschaft wie der Vorgeschichte insgesamt geworden. Die
Marxsche Kritik der politischen Ökonomie ist das Paradigma
der wissenschaftlichen Methode des Aufsteigens vom Abstrakten zum Konkreten; irrig wäre die Annahme, dieser Weg sei
vom *historischen* Abstrakten, von der noch nicht entwickelten
Urgeschichte der Gesellschaft aus gegangen worden; das ›Abstrakte‹, welches den Anfang des Aufsteigens zum Konkret-
Allgemeinen ausmacht, ist ein bereits durch die Gesamtge-
schichte der Produktionsverhältnisse und der Klassenantagonismen vermitteltes Abstraktes: das ›Abstrakte‹ sind die *in der
Form* der bürgerlich-ökonomischen Kategorien erscheinenden,

87 *Grundrisse*, 61.
88 A.a.O. 5.
89 E. Hahn, *Historischer Materialismus und marxistische Soziologie* (in der
Zitatfolge), 70; 71; 84/85.

fetischisierten, verobjektivierten Verhältnisse der kapitalistischen ökonomischen Formation. Vom ›Abstrakten‹ in den ökonomischen Kategorien auszugehen, bedeutete für Marx nicht etwa, das Kategoriensystem der klassischen politischen Ökonomie philologisch aufzuarbeiten; das ›Abstrakte‹ zu überwinden und aufzuheben, erwies sich vielmehr nur ein Weg als gangbar: der Weg der Lösung des Problems der Kategorien*genese* durch die Analyse der sozial-historischen und historisch-logischen Determinanten der Widerspiegelung.

Noch einmal sei deshalb die Methode der Reduktion in der *Einleitung* zu den *Grundrissen* erwähnt (vgl. unten 3.1. Geschichte, Praxis und politische Ökonomie). Marx beginnt mit der Kategorie ›Produktion‹, mit der »Produktion gesellschaftlicher Individuen«, – mit einer problematischen Kategorie:

»Es könnte [...] scheinen, daß, um überhaupt von der Produktion zu sprechen, wir entweder den geschichtlichen Entwicklungsprozeß in seinen verschiednen Phasen verfolgen müssen, oder von vornherein erklären, daß wir es mit einer bestimmten historischen Epoche zu tun haben, also z. B. mit der modernen bürgerlichen Produktion. [...] Allein alle Epochen der Produktion haben gewisse Merkmale gemein, gemeinsame Bestimmungen. Die *Produktion im Allgemeinen* ist eine Abstraktion, aber eine verständige Abstraktion, sofern sie wirklich das Gemeinsame hervorhebt, fixiert, und uns daher die Wiederholung erspart. Indes dies *Allgemeine*, oder das durch Vergleichung herausgesonderte Gemeinsame, ist selbst ein vielfach Gegliedertes [...]; wenn die entwickeltsten Sprachen Gesetze und Bestimmungen mit den unentwickeltsten gemein haben, so muß gerade das, was ihre Entwicklung ausmacht, den Unterschied von diesem Allgemeinen und Gemeinsamen, die Bestimmungen, die für die Produktion überhaupt gelten, müssen grade gesondert werden, damit über der Einheit – die schon daraus hervorgeht, daß das Subjekt, die Menschheit, und das Objekt, die Natur, dieselben – die wesentliche Verschiedenheit nicht vergessen wird. In diesem Vergessen liegt z. B. die ganze Weisheit der modernen Ökonomen, die die Ewigkeit und Harmonie der bestehenden sozialen Verhältnisse beweisen«[90].

Marx' Kritik an Proudhon hatte sich gegen das methodologische Prinzip der Konstruktion der Aufeinanderfolge ökonomischer Kategorien aus dem reinen Denken gewandt. Was in dieser Kritik noch nicht gelungen war, tritt in den Reflexionen über die Methode der politischen Ökonomie in der *Einlei-*

90 *Grundrisse*, 7.

tung mit Klarheit zutage: die Systematik der ökonomischen Kategorien der Bourgeoisie kann nur entdeckt und erklärt werden aufgrund einer historisch-logischen Strukturanalyse; diese Analyse abstrahiert von den die historische wirkliche Entwicklung kennzeichnenden Zufällen, ›korrigiert‹ die Geschichte und legt die inmitten der Zufälle als Resultante entstehenden wesentlichen Strukturmerkmale offen.

Bei der politisch-ökonomischen Untersuchung eines bestimmten Landes scheine es doch auf den ersten Blick ganz selbstverständlich »das Richtige zu sein, mit dem Realen und Konkreten, der wirklichen Voraussetzung zu beginnen, also z. B. in der Ökonomie mit der Bevölkerung, die die Grundlage und das Subjekt des ganzen gesellschaftlichen Produktionsakts ist«. Gerade dies aber – erläutert Marx – ist eine irrige Annahme. Die nun folgende Erklärung der Falschheit dieser Methode, die naiv-realistisch vom empirischen ›Konkreten‹ ausgeht und es nicht als ›Abstraktes‹ erkennt, hat eine revolutionär neue Methodologie der wissenschaftlichen Wahrheitsfindung begründet. Marx schreibt:

»Die Bevölkerung ist eine Abstraktion, wenn ich z. B. die Klassen, aus denen sie besteht, weglasse. Diese Klassen sind wieder ein leeres Wort, wenn ich die Elemente nicht kenne, auf denen sie beruhn. Z. B. Lohnarbeit, Kapital etc. Diese unterstellen Austausch, Teilung der Arbeit, Preise etc. Kapital z. B. ohne Lohnarbeit ist nichts, ohne Wert, Geld, Preis etc. Finge ich also mit der Bevölkerung an, so wäre das eine chaotische Vorstellung des Ganzen und durch nähere Bestimmung würde ich analytisch immer mehr auf einfachere Begriffe kommen; von dem vorgestellten Konkreten auf immer dünnere Abstrakta, bis ich bei den einfachsten Bestimmungen angelangt wäre. Von da wäre die Reise wieder rückwärts anzutreten, bis ich endlich wieder bei der Bevölkerung anlangte, diesmal aber nicht als bei einer chaotischen Vorstellung eines ganzen, sondern als einer reichen Totalität von vielen Bestimmungen und Beziehungen. Der erste Weg ist der, den die Ökonomie in ihrer Entstehung geschichtlich genommen hat«[91].

Als »die wissenschaftlich richtige Methode« bezeichnet Marx dem Einfachen, wie Arbeit, Teilung der Arbeit, Bedürfnis, dagegen das Verfahren jener »ökonomischen Systeme, die von Tauschwert aufstiegen bis zum Staat, Austausch der Nationen,

91 *Grundrisse*, 21.

und Weltmarkt«. Das Konkrete, welches der empirischen Untersuchung als positiv gegebene unmittelbare Faktizität *erscheint*, ist in Wahrheit »konkret, weil es die Zusammenfassung vieler Bestimmungen ist, also Einheit des Mannigfaltigen«. Die ideelle Herstellung dieser Einheit der Erscheinungen mußte die Theorie zu einem idealistischen Mißverständnis verleiten, solange sie die ›Einheit des Mannigfaltigen‹ nicht als dialektische Einheit begreifen konnte:

»Im Denken erscheint es [das Konkrete] daher als Prozeß der Zusammenfassung, als Resultat, nicht als Ausgangspunkt, obgleich es der wirkliche Ausgangspunkt und daher auch der Ausgangspunkt der Anschauung und Vorstellung ist. Im ersten Weg wurde die volle Vorstellung zu abstrakter Bestimmung verflüchtigt; im zweiten führen die abstrakten Bestimmungen zur Reproduktion des Konkreten im Weg des Denkens. Hegel geriet daher auf die Illusion, das Reale als Resultat des sich in sich zusammenfassenden . . . und aus sich selbst bewegenden Denkens zu fassen, *während die Methode vom Abstrakten zum Konkreten aufzusteigen, nur die Art für das Denken ist, sich das Konkrete anzueignen, es als ein geistig Konkretes zu reproduzieren. Keineswegs aber der Entstehungsprozeß des Konkreten selbst*«[92].

Am Beispiel der einfachen Kategorie ›Arbeit‹ führt Marx den minutiösen Beweis durch, daß jede ›einfache Kategorie‹ – und so auch jeder bei einer ›einfachen Kategorie‹ ansetzende Abstraktionsweg zum konkreten Allgemeinen – ein Dokument der theoretisch bewußt gewordenen umfassenden Totalität ist, die ohne Abstraktion und Verallgemeinerung nicht mehr *als* Totalität erkannt werden könnte:

»Arbeit scheint eine ganz einfache Kategorie. Auch die Vorstellung derselben in dieser Allgemeinheit – als Arbeit überhaupt – ist uralt. Dennoch, ökonomisch in dieser Einfachheit gefaßt, ist ›*Arbeit‹ eine ebenso moderne Kategorie, wie die Verhältnisse, die diese einfache Abstraktion erzeugen*. [. . .] Nun könnte es scheinen, als ob damit nur der abstrakte Ausdruck für die einfachste und urälteste *Beziehung* gefunden, worin die Menschen – sei es in welcher Gesellschaftsform immer – als produzierend auftreten. Das ist nach einer Seite hin richtig. Nach der andern nicht. *Die Gleichgültigkeit gegen eine bestimmte Art der Arbeit setzt eine sehr entwickelte Totalität wirklicher Arbeitsarten voraus,* von denen keine mehr die alles beherrschende ist. So entstehn die allgemeinsten Abstraktionen über-

92 A.a.O. 21/22. (Im Original nicht hervorgehoben).

haupt nur bei der reichsten konkreten Entwicklung, wo Eines vielen Gemeinsam erscheint, allen gemein. Dann hört es auf, nur in besondrer Form gedacht werden zu können. Andrerseits ist diese Abstraktion der Arbeit überhaupt *nicht nur das geistige Resultat einer konkreten Totalität von Arbeiten.* Die Gleichgültigkeit gegen die bestimmte Arbeit entspricht einer Gesellschaftsform, worin die Individuen mit Leichtigkeit aus einer Arbeit in die andre übergehn und die bestimmte Art der Arbeit ihnen zufällig, daher gleichgültig ist. Die Arbeit ist hier nicht nur in der Kategorie, sondern in der Wirklichkeit als Mittel zum Schaffen des Reichtums überhaupt geworden, und hat aufgehört, als Bestimmung mit den Individuen in einer Besonderheit verwachsen zu sein. Ein solcher Zustand ist am entwickeltsten in der modernsten Daseinsform der bürgerlichen Gesellschaften – den Vereinigten Staaten. Hier also *wird die Abstraktion der Kategorie ›Arbeit‹,* ›Arbeit überhaupt‹ [...], der Ausgangspunkt der modernen Ökonomie, *erst praktisch wahr.* Die einfachste Abstraktion also, welche die moderne Ökonomie an die Spitze stellt, und die eine uralte und für alle Gesellschaftsformen gültige Beziehung ausdrückt, erscheint doch *nur in dieser Abstraktion praktisch wahr als Kategorie der modernsten Gesellschaft.*

Dies Beispiel der Arbeit zeigt schlagend, wie selbst die abstraktesten Kategorien, trotz ihrer Gültigkeit – eben wegen ihrer Abstraktion – für alle Epochen, doch in der Bestimmtheit dieser Abstraktion selbst ebensosehr das Produkt historischer Verhältnisse sind und ihre Vollgültigkeit nur für und innerhalb dieser Verhältnisse besitzen«[93].

Einige Aspekte dieses Textes müssen besonderes hervorgehoben werden:

Erstens. Die Abstraktionskraft einfacher Kategorien steht in einer Relation zur Abstraktheit nicht nur des realen Gegenstandes oder sozialen Prozesses, den sie ausdrückt; sie ist vielmehr eine *Funktion von Verhältnissen oder Beziehungen und deren wirklicher Abstraktheit.* Die Kategorie ›Arbeit‹ bezeichnet nicht etwa nur den Stoffwechsel zwischen Mensch und Natur und nicht allein die individuell-isolierte praktische Wirklichkeitsaneignung; als Kategorie widerspiegelt sie in allgemeiner Form ein wesentliches Strukturelement der sozialen antagonistischen Beziehungen zwischen Individuen und Klassen. Daß sie auch den dialektischen Charakter gesellschaftlicher Prozesse widerspiegelt, gilt nicht für die Kategorie ›Arbeit‹ schon *an sich*; ein wichtiger Faktor, der mit über die Abstraktionsfähigkeit einfacher Kategorien entscheidet, ist der theore-

93 A.a.O. 24/25. (Im Original nicht hervorgehoben).

tisch-systematische Kontext, in welchem sie angewandt werden. Die einfache Kategorie ›Arbeit‹ gewinnt ihre systemanalysierende Aussagekraft nicht aus sich selbst, sondern erst in einem hierarchischen System von Abstraktionskategorien. ›Arbeit‹ ist eine zweite Abstraktion, der die Kategorie ›materielle gesellschaftliche Verhältnisse‹ als in erster Abstraktion gewonnene Ausgangsperspektive vorhergeht. Die Abstraktionsfunktion der Kategorien hängt wesentlich vom kontexturalen ideologischen Feld ab, welches als ganzheitliche wissenschaftliche Weltanschauung den Rahmen für die Methode des Aufsteigens vom Abstrakten zum Konkreten absteckt.

Zweitens. Wie die Kategorie ›allgemeine Arbeit‹ eine »sehr entwickelte Totalität wirklicher Arbeitsarten« voraussetzt, hat auch die Logik in der Marxschen Kritik der politischen Ökonomie eine wichtige Voraussetzung. Die erkenntnistheoretischen Begriffe, welche in Relation zum gesellschaftlichen Sein gesetzt werden, sind ihrer Natur nach einfache Kategorien, Allgemeinbegriffe. Ihrem Abstraktionsgrad entsprechend setzen sie die entwickelte Totalität der geschichtlichen Widerspiegelungsformen voraus. Zum kontexturalen Feld der Kategorie ›Bewußtsein‹ gehören unmittelbar die im historischen Prozeß des Aufsteigens vom Abstrakten zum Konkreten erarbeiteten und logisch wirksamen Allgemeinbegriffe ›Arbeit‹ bzw. ›gesellschaftliche Verhältnisse‹. ›Bewußtsein‹ bliebe eine tote Abstraktion vom wirklichen gesellschaftlichen Erkenntnisprozeß, wenn es nicht auf dem historisch-logischen Fundament vorgängiger Abstraktionen verwendet würde: in der Form ›gesellschaftliches Bewußtsein‹ und in der Relation ›gesellschaftliches Sein/gesellschaftliches Bewußtsein‹. Die allgemeinen erkenntnistheoretischen und methodologie-begründenden Marxschen analytischen Kategorien sind a) das Resultat historisch-logischer Konkretion und b) die Widerspiegelung der realen Abstraktheit der bürgerlich-kapitalistischen Arbeitsweise. Die scheinbar geschichtslose Abstraktheit dieses sozialen Seins wird in der Theorie überwunden durch eine qualitativ neue Abstraktion: durch die Abstraktion von den isolierten Erscheinungen des Kapitalverhältnisses; die Isolation der Privatarbeit wird in der Wissenschaft überwunden durch eine verständige, erklärende, die widersprüchliche Einheit der disparaten kapitalistischen Privatarbeit erkennende Abstraktion: ›Arbeit‹; diese Abstraktion von den besonderen Formen der kapitalistischen Arbeit mündet in eine neue Konkretion: in die den Erscheinungen des Kapitalismus widersprechende Kategorie der gesamtgesellschaftlichen Arbeit, ›Gesamtarbeit‹. ›Arbeit‹ ist also der Ausdruck einer Abstraktion von jener realen Abstraktheit, in welcher sich im Kapitalismus die ›konkreten‹ Erscheinungen des Arbeitsprozesses darstellen. Dies bedeutet: die logische Abstraktion, Verallgemeinerung und Totalisierung (Synthese) eröffnen in der wissenschaftlichen abstrakten Allgemeinheit einfacher Kategorien die *Dimension des Historischen,* der Geschichtlichkeit und sich verändernden Wirklichkeit der Kategorien. Der unhistorische Charakter der in der Arbeitsteilung atomisierten und ideologisch naturalisierten kapitalistischen Arbeitsformen und ihrer kategorialen Widerspiegelung ist eine Maskierung. Die historisch- und dialektisch-logischen abstrakten Kategorien bilden hingegen den Untergrund des methodischen Zugangs zum Konkreten. Der Weg des Aufsteigens von Allgemeinbegriffen zum Konkret-Allgemeinen schließt den Weg vom Empirisch-Abstrakten zur Allgemeinkategorie mit ein; die wissenschaftliche Methode des Aufsteigens vergewissert sich ihres Kategorieninstrumentariums durch die Reflexion auf dessen historische Genesis. Die wissenschaftliche Abstraktionsmethode ist ständig begleitet von der dialektischen Rekonstruktion der Genesis. Ohne diese Reflexion wären die Allgemeinbegriffe nicht in der Lage, Perspektiven zur Kritik der scheinbar konkreten, in Wahrheit aber abstrakten Positivität der bloßen Erscheinungen zu bieten.

Die historisch- und dialektisch-logische Abstraktion geht also nicht ausschließlich vom Empirischen aus; sie ist mehr als ein bloßes Hervorheben allgemeiner strukturbildender Merkmale und Eigenschaften. Diese Abstraktion fügt dem Empirischen schöpferisch eine neue Qualität zu und bestätigt so Lenins Satz, das Bewußtsein widerspiegle nicht nur die objektive Welt, sondern schaffe sie auch.

Drittens: Diese Abstraktion hat eine logische und eine materiell-praktische Komponente. Die logische abstrahierende Bewußtseinstätigkeit erzeugt keine Erkenntnisinhalte ex nihilo; sie ist eine spezielle systematische Widerspiegelungsform und unterliegt deren Gesetzen. Die logische Wahrheit einer Allgemein- oder Gesetzesaussage ist nie unabhängig von der ›prakti-

schen Wahrheit‹. Umgekehrt aber gilt – dies ist zu betonen –
auch, daß die praktische Wahrheit z. B. der ›Arbeit‹ in der
modernsten Gesellschaftsformation »nur in dieser Abstraktion«
der historisch-logischen Theorie begriffen und ausgesagt werden kann.

Die Methode der materialistischen Dialektik gründet in hohem Maße in der von Marx formulierten Methode der Bildung von Allgemeinkategorien und des Aufsteigens vom Abstrakten zum Konkreten. F. Kumpf faßt sie so zusammen:

»*Erstens:* die systematische Entwicklung eines als dynamisches System gefaßten Gegenstandes in seinen inneren Zusammenhängen und
in seiner gesetzmäßigen Entwicklung.
Zweitens: eine Analyse, die im Ausgangspunkt die ihm immanenten
Entwicklungstriebkräfte, insbesondere die Widersprüche untersucht.
Drittens: gibt uns diese Analyse die Richtung und Tendenz der objektiven Entwicklung sowie den Übergang zu anderen Elementen, die
gesetzmäßig aus dem Ausgangspunkt erwachsen.
Viertens: sie gibt uns damit die Richtung für die weitere empirische
und theoretische Analyse.
Fünftens: indem die Analyse somit notwendig auf die Bewegung
und den Übergang führt, schließt sie die Synthese in sich ein.
Sechstens: die Synthese ist kein mechanisches Zusammenfügen, sondern Fixierung der notwendigen aus den inneren Triebkräften des
Systems entspringenden Vermittlungen der einzelnen Elemente und
damit Konkretion im Hinblick auf das Gesamtsystem.
Siebentens: durch diese Einheit von Analyse und Synthese, die deduktive wie induktive Momente vermittelt in sich faßt, vollzieht sich
die geistige Reproduktion des objektiv gegebenen konkreten Systems.
Achtens: damit schreitet die dialektische Untersuchung des Gegenstandes vom Allgemeinen zum Besonderen und vom Wesen zur Erscheinung, indem sie diese in ihrer notwendigen Einheit erfaßt.
Neuntens: auf diese Weise wird das Gesamtsystem in seinem immanenten strukturellen und dynamischen Zusammenhang erfaßt, wodurch der Untersuchungsgegenstand begriffen und darum adäquat
begrifflich widergespiegelt werden kann« (Kumpf: (239), 162/163).

Dieses von Marx in der *Einleitung* zu den *Grundrissen* im Prinzip formulierte methodologische Programm mündete in eine
Kritik und ein Postulat an die wissenschaftliche Theorie. Seine
Kritik am idealistischen Mißverständnis der dialektischen Methode lautet:

»Für das Bewußtsein [. . .], dem das begreifende Denken der wirkliche Mensch und daher die begriffene Welt als solche erst das Wirkliche ist, – erscheint daher die Bewegung der Kategorien als der wirkliche Produktionsakt – der leider nur einen Anstoß von außen erhält –, dessen Resultat die Welt ist; und dies ist – dies ist aber wieder eine Tautologie – soweit richtig, als die konkrete Totalität als Gedankentotalität, als ein Gedankenkonkretum, in fact ein Produkt des Denkens, des Begreifens ist; keineswegs aber des außer oder über der Anschauung und Vorstellung denkenden und sich selbst gebärenden Begriffs, sondern der Verarbeitung von Anschauung und Vorstellung in Begriffe. Das Ganze, wie es im Kopfe als Gedankenganzes erscheint, ist ein Produkt des denkenden Kopfes, der sich die Welt in der ihm einzig möglichen Weise aneignet, einer Weise, die verschieden ist von der künstlerischen, religiösen, praktisch-geistigen Aneignung dieser Welt. Das reale Subjekt bleibt nach wie vor außerhalb des Kopfes in seiner Selbständigkeit bestehn; solange sich der Kopf nämlich nur spekulativ verhält, nur theoretisch.«

Marx' Postulat an die wissenschaftliche Theorie:

»Auch bei der theoretischen Methode daher muß das Subjekt, die Gesellschaft, als Voraussetzung stets der Vorstellung vorschweben«[94].

Dieser Satz ist der archimedische Punkt der Erkenntnistheorie und der wissenschaftlichen Methodologie. Denn die Kategorie ›Gesellschaft‹, die das *allgemeine* Subjekt der Kategorienbildung widerspiegelt, ist eine Kategorie auf dem Niveau einer Erkenntnis, die selbst vom Abstrakten zum Konkreten aufgestiegen ist; ›Gesellschaft‹ ist das Ergebnis einer Abstraktion, welche die Abstraktheit der materiellen Produktion in der kapitalistischen Privatarbeit überwunden und die empirisch feststellbare Individualität der Erkenntnis aufgehoben hat in der Perspektive der ›Universalität des Individuums‹. Die Einheit von Objektivität und historischer Logizität der Erkenntnis kommt in der ›Einleitung‹ in einem Satz zum Ausdruck, der ungemein folgenreich die Methodologie und Logik der wissenschaftlichen Forschung bestimmen muß:

»Wie überhaupt bei jeder historischen, sozialen Wissenschaft, ist bei dem Gang der ökonomischen Kategorien immer festzuhalten, daß, wie in der Wirklichkeit, so im Kopf, das Subjekt, hier die moderne bürgerliche Gesellschaft, gegeben ist, und daß die Kategorien daher Daseinsformen, Existenzbestimmungen, oft nur einzelne Seiten dieser bestimmten Gesellschaft, dieses Subjekts ausdrücken, und daß sie

94 *Grundrisse*, 22.

daher *auch wissenschaftlich* keineswegs da erst anfängt, wo nun von ihr *als solcher* die Rede ist«[95].

Die für die dialektische Rekonstruktion der Genesis von Kategorien unabdingbare Bildung von ›einfachen Kategorien‹, welche das Konkret-Allgemeine, das strukturbestimmende Wesen in den Erscheinungen systematisch widerspiegeln, ist gesichert durch die Erkenntnis einer gnoseologischen Gesetzmäßigkeit: die Systematik und wechselseitige Abhängigkeit der logisch verfügbaren Kategorien braucht nicht empirisch-historisch nachgewiesen zu werden; »vielmehr ist ihre Reihenfolge bestimmt durch die Beziehung, die sie in der modernen bürgerlichen Gesellschaft aufeinander haben« und die kraft der universalen Geschichtlichkeit und historisch-logischen, objektivnotwendigen Aktualität und Verfügbarkeit der Kategorien »genau das umgekehrte von dem ist, was als ihre naturgemäße erscheint oder der Reihe der historischen Entwicklung entspricht«[96].

Dieses Gesetz der systematischen, durch Abstraktion erkannten kategorialen Strukturbildung erweist sich als Basis aller Wissenschaften, deren Aufgabe die Interpretation und Erklärung geschichtlicher Objektivationen der materiellen und geistigen Arbeit ist. Die Begründung einer nicht-idealistischen, nicht-geistesgeschichtlichen, nicht-kategoriengeschichtlichen materialistischen Hermeneutik steht und fällt mit der Einsicht in den Erkenntnisprozeß als sozial-historisch und historisch-logisch determinierten *Weg* des Aufsteigens vom Abstrakt-Konkreten zum Konkret-Allgemeinen und mit der Anerkennung der *Methode,* die von den Erscheinungen zum Wesen vorzudringen befähigt, indem sie durch verständige theoretische Abstraktion das Konkrete in seiner widersprüchlichen Totalität ideell reproduziert; denn nur diese Methode reflektiert die theoretische Funktion einfacher, allgemeiner Kategorien im Horizont ihrer geschichtlichen Genesis und ihrer historischen Spezifik.

In diesem Zusammenhang ist eine kritische *Nebenbemerkung* fällig: angesichts der Marktintensität des erkenntnistheoretischen Mechanizismus, der die Sohn-Rethelschen Theoreme zu ›Warenform und Denkform‹ kennzeichnet, und des Eifers

95 A.a.O. 26/27.
96 *Grundrisse,* 28.

einer – polemisch gesagt – folkloristischen Linken in der BRD, sich dieser Theoreme als ›nicht-orthodoxer‹ marxistischer Grundlagen zu bedienen, muß Sohn-Rethels Scheinalternative zum Marxismus kurz charakterisiert werden.

1. Sohn-Rethels politischer Standort.

In seiner Schrift *Die ökonomische Doppelnatur des Spätkapitalismus* (1972) heißt es: »Für viele der neuen revolutionären Bewegungen, die auf marxistischem Boden, aber nicht dem der orthodoxen Parteilinie stehen, scheinen sie [S.-R.'s Thesen] mir die bisher fehlende theoretische Fundierung zu bieten«[97]. Die Thesen wenden sich gegen die »weithin übliche Ansicht, die derzeitige Welt sei in ein ›kapitalistisches Lager‹ und ein ›sozialistisches Lager‹ geteilt, mit der ›Dritten Welt‹ unentschlossen und zerrissen zwischen ihnen«. Diesen sensus communis – wessen? – teilt Sohn-Rethel nicht. Er hält es statt dessen »für sachgemäßer und ergiebiger, vielmehr alle Teile der gegenwärtigen Welt als Übergangsgesellschaften anzusehen, die entwickelten kapitalistischen nicht weniger als die sozialistischen und die anderen Länder, obwohl der Übergang natürlich in verschiedenen Stadien und unterschiedlichen Formen vor sich geht«[98]. Man muß keineswegs an der Strategie einer Kritikimmunisierung gegenüber den gegenwärtigen sozialistischen Ländern interessiert sein, um die These von der Übergangsgesellschaft nach ökonomischen Gesellschaftsformation differenziert und qualitativ – nicht nur nach ›Stadien‹ und ›Formen‹ – präzisiert wissen zu wollen. Sohn-Rethels ›Spaziergang nach Peking im Jahre 1972‹ verweilt freilich bei der Entwicklung in der Sowjetunion so übermächtig, daß als Eindruck nicht mehr bleibt, als daß »der sozialistische Aufbau [...] in der Sowjetunion bis heute nicht stattgefunden hat« (Sohn-Rethel: (197), 77). Statt dessen Chinoiserien allenthalben[99].

2. Die Polemik gegenüber dem politischen Standort ist nicht überflüssig. Denn der unhistorischen Perspektive in puncto Sozialismus korrespondiert folgenreicher eine Enthistorisierung der marxistischen Gnoseologie: »Die logische und historische Wurzel der Warenproduktion überhaupt und durch ihre verschiedenen Entwicklungsstadien hindurch ist die Trennung von Arbeit und Vergesellschaftung. Verknüpft mit dieser ist die Verdinglichung und als Seitenwirkung die Scheidung von Kopf- und Handarbeit«[100]. Dieses Absehen von den qualitativen Unterschieden der Warenproduktion in unterscheid-

97 A. Sohn-Rethel, *Die ökonomische Doppelnatur des Spätkapitalismus.* Darmstadt/Neuwied 1972, 5.
98 A. Sohn-Rethel, *Die ökonomische Doppelnatur . . .*, 7.
99 Vgl. Sohn-Rethel: (197), 61 ff.; (195), 214; 219 f.; 223; 260.
100 A. Sohn-Rethel, *Die ökonomische Doppelnatur . . .*, 11.

baren Warenproduktionsformationen gründet in – oder folgt aus? – einer Naturalisierung der Geschichte, die Marx als Symptom der bürgerlichen Ideologie diagnostiziert hatte. Für Sohn-Rethel erscheint »die funktionale Realabstraktion des Warenverkehrs« als »eine gesellschaftliche Naturrealität und von ebensolcher blinden Naturwüchsigkeit wie irgendwelche Resultate der pflanzlichen oder tierischen Biologie«. Wie bei Hegel der absolute Geist zum Umweg durch die äußere Natur genötigt ist, wird im neuesten ›Geschichtsmaterialismus‹ die Gesellschaft zum Element der Naturkausalität. Fern der Einsicht des historischen Materialismus in die neue ontologische Qualität des gesellschaftlichen – selbst des im Kapitalismus nur in Naturanalogien darzustellenden – Seins behauptet S.-R., »daß diese Naturkausalität den geschichtlichen Weg durch die Gesellschaft macht«. Und dieser Umweg der Natur »bewirkt, daß ihr Resultat in ideellen Erkenntnisbegriffen besteht statt in Phänomenen der physischen Natur«[101]. Das Denken, – eine Selbstoffenbarung der Natur.

3. »Die Vernachlässigung der Erkenntnistheorie durch Marx wirkt sich aus als Mangel an einer Theorie vom Verhältnis der Kopfarbeit zur Handarbeit, d. h. als theoretische Vernachlässigung einer von Marx selbst als wesentlich erkannten Vorbedingung klassenloser Vergesellschaftung« (Sohn-Rethel: (195), 44). Dieses Mißverstehen der Marxschen Theorie, für welche die Problematik ›Kopfarbeit/Handarbeit‹ begründet gerade nicht Gegenstand primär der Erkenntnistheorie sein konnte, sondern der politischen Ökonomie im Rahmen der materialistischen Geschichtsauffassung, führt zu einer Revision sowohl der Marxschen Warenanalyse wie auch der Verhältnisbestimmung ›Realabstraktion/Denkabstraktion‹. Sieht man von Randkonsequenzen wie der Preisgabe der Logik aufgrund einer durch nichts begründeten Alternativstellung von Dialektik und Logik (vgl. (195), 33) einmal ab, so bleiben Eskapaden zu erwähnen, welche die komplexe Struktur der gegenwärtigen marxistischen Gnoseologie bis zur Unkenntlichkeit simplifizieren: Bemüht, die offensichtliche Revision der materialistischen Dialektik als »anscheinenden Widerspruch aufzuklären, der sich zwischen den erkenntnistheoretischen Auffassungen von Engels und Lenin einerseits und von G. Thomson und mir andererseits ergab«, bekundet Sohn-Rethel Übereinstimmung im abstrakten Prinzip, daß die Abstraktionen »aus dem Sein, nicht aus dem Denken stammen«. Die Preisgabe der Widerspiegelungstheorie scheint auf einem anderen Blatt zu stehen: Zur Frage, »wie der Abstraktionsvorgang zu denken ist, durch den der Verstand in den Besitz seiner unerläßlichen Erkenntnisbegriffe gelangt«, »haben sich Engels und Lenin nicht ausgesprochen, während von G. Thomson und mir zu dieser Frage eine dezidierte Theorie vorgelegt wird. Aus-

101 A.a.O. 72.

drücke wie ›Abbildung‹, ›Reflex‹, ›Widerspiegelung‹ [...] sind bloße
Wortbegriffe, die weit eher das Fehlen einer ausgeführten Theorie
bezeichnen, als daß sie selber eine solche vertreten oder unnötig ma-
chen könnten« (Sohn-Rethel: (197), 33). Eine dezidierte Theorie?
Eine Theorie, die kraft Dezision das Problem der Historizität der
Denkabstraktionen aus der Welt schafft:
G. Thomsons Schrift *Die ersten Philosophen* (Dt. 1961) entnimmt
S.-R. das Prinzip der Universalität des Warenfetischismus. *Thomson:*
»Demnach ist also das zivilisierte Denken von seinen frühesten Zei-
ten bis in unsere Gegenwart vom Warenfetischismus beherrscht, wie
Marx es nannte, das heißt, von dem falschen Bewußtsein, das von
den gesellschaftlichen Verhältnissen der Warenproduktion erzeugt
wird« (Zit. Sohn-Rethel: (197), 14). *Sohn-Rethel:* »In der antiken
Anfangsform der Warenproduktion sind Hand und Kopf in extre-
mer Weise geschieden. [...] Der gesellschaftliche Kopfbesitzer ist der
Sklavenhalter, sein Leib hat belebtes Geldmaterial zur gesellschaftlichen Substanz, er ist sozusagen vergoldet. Diese Sicht des antiken
Warenfetischismus [...] halte ich für zutreffend« (Sohn-Rethel:
(196), 95). *Sohn-Rethel*: »Die griechische Philosophie [...] ist verständlich als ideologische Leistung der antiken Handels- und Geld-
kapitalisten als der Klasse, die die griechische und römische Gesellschaft als Aneignungsgemeinschaft von Geldeigentümern organisierten, an der die Produzenten keinen Anteil hatten« (Sohn-Rethel:
(197), 30).
Diese Theorie, welche im Gegensatz zu Marx (vgl. MEW 23, 90:
»Aller Mystizismus der Warenwelt [...] verschwindet [...] sofort,
sobald wir zu andren Produktionsformen flüchten«) den *Warenfetischismus* ohne Rücksicht auf die außerhalb des Kapitalismus bestehenden Fetischisierungsformen generalisiert und die Kategorien
der *Kapital*analyse auf jede, selbst schon die griechische Warenproduktion überträgt, muß sich in unlösbare Widersprüche lavieren. So
gibt es zwar a) »zwischen den Kategorien der Warenökonomie und
denen der Naturerkenntnis keinerlei logische Vermittlung« (Sohn-
Rethel: (197), 35); gleichwohl sind b) »die Elemente der Tauschabstraktion reine Formelemente, welche, jeglicher Wahrnehmung entzogen, keine andre Erfassung gestatten als die Reflexion im reinen
Begriff« (a.a.O. 23). Da *ist* zwar »der Abstraktionsprozeß, der für
die Erkenntnisbegriffe des Verstandes die Erklärung enthält, [...]
der gesamte Gesellschaftsprozeß der Warenproduktion selbst«; und
dennoch *ist* »der Austauschprozeß [...] nicht Denken, aber er hat die
Form des Denkens, die Abstraktionsform ›reinen‹ Denkens«. Da sind
zwar »die *Formen* des abstrakten Bewußtseins [...] unmittelbar Erzeugnisse der gesellschaftlichen Basis«; zugleich aber sind sie es *als*
Formen des *Bewußtseins* wieder nicht: »aber das *Bewußtsein* dieser

Formen ist vielfältig vermittelt und mühsam erarbeiteter Teil des Überbaus« (a.a.O. 33/34). Da *ist* einmal »der Abstraktionsprozeß [...] der gesamte Gesellschaftsprozeß der Warenproduktion selbst« (a.a.O. 33); zweitens aber soll, »was nun mit der Begriffwerdung der Tauschabstraktion Form gewinnt und geschichtlich ins Dasein tritt, [...] der von der Handarbeit konstitutionell geschiedne, logisch unabhängige Intellekt« sein; und drittens endlich fällt die sozial verursachte gesamtgesellschaftliche »Unabhängigkeit des Intellekts doch nur dem Individuum zu, das in diesen Formen denkt« (a.a.O. 31). Diese Collage von Widersprüchen ließe sich fortsetzen. Ein letztes Beispiel: Die Tauschabstraktion löscht jede Spur der Geschichtlichkeit des Bewußtseins. »Der in dieser Genesis entspringende unabhängige reine Intellekt hat keine Spur von seinem Ursprung. Sie ist durch die Genesis in der Genesis für ihn ausgelöscht«. Trotz und alledem gibt es einen »in der Tauschabstraktion wurzelnden gemeinsamen Nenner« für eine vom »widersprüchlichen Zusammenhang von falschem Bewußtsein und Idee der Wahrheit« begründete »Philosophie und ihre durch alle Epochen der Warenproduktion sich durchziehende Diskussionsgemeinschaft« (a.a.O. 32).

Dies alles ist die Quadratur des Kreises eines mit seiner realabstraktiven Basis logisch unvermittelten geschichtslosen logisch-abstrahierenden historischen Bewußtseins, dessen Formen Basis sind und doch als Bewußtseinsformen Überbau sein müssen.

Marx war früher einen Schritt weiter: »Um den Zusammenhang zwischen der geistigen Produktion und der materiellen zu betrachten, vor allem nötig, die letzte selbst nicht als allgemeine Kategorie, sondern in *bestimmter historischer* Form zu fassen. Also z. B. der kapitalistischen Produktionsweise entspricht eine andre Art der geistigen Produktion als der mittelalterlichen Produktionsweise. Wird die materielle Produktion selbst nicht in ihrer *spezifischen historischen* Form gefaßt, so ist es unmöglich, das Bestimmte an der ihr entsprechenden geistigen Produktion und die Wechselwirkung beider aufzufassen. Es bleibt sonst bei Fadaisen. Dies wegen der Phrase von ›Zivilisation‹«[102].

Sohn-Rethels identitätsphilosophische Ineinssetzung von ›Warenform‹ und ›Denkform‹, von ›Realabstraktion‹ und ›Denkabstraktion‹, ist dem *Schein* erlegen, dem entsprechend die »spezifischen gesellschaftlichen Formen« der Produkte menschlicher Arbeit, seien sie »subjektiv, wie Arbeit, oder objektiv, wie Gegenstände für die Befriedigung natürlicher oder geschichtlicher Bedürfnisse [...] zunächst

102 *MEW* 26/1, 256/257. Dies zu der von A. Sohn-Rethel emphatisch übernommenen These G. Thomsons, die Ware sei – als »eine rein abstrakte Realität« – »das bestimmende Kennzeichen der Zivilisation« (Zit. Sohn-Rethel: (197), 14).

allen Produktionsepochen gemeinsam« *erscheinen*[103]. Er hat vergessen, daß die Denkabstraktionen – imaginäre Ausdrücke wie ›Wert
der Arbeit‹ z. B. – »Kategorien für Erscheinungsformen wesentlicher
Verhältnisse« sind. Für seinen ökonomistischen Reduktionismus gilt:
»Daß in der Erscheinung die Dinge sich oft verkehrt darstellen, ist
ziemlich in allen Wissenschaften bekannt, außer in der politischen
Ökonomie«[104]. Aber Marx bietet wohl vielen ›der neuen revolutionären Bewegungen, die auf marxistischem Boden, aber nicht dem der
orthodoxen Parteilinie stehen‹ – was immer dieser Popanz sein mag –,
nicht ›die bisher fehlende theoretische Fundierung‹.

4.3. *Die Praxis als Kriterium der Wahrheit*

Erkenntnis ist Widerspiegelung. Widerspiegelung ist sozialer
Prozeß. Die Wahrheit ist ein Prozeß; ›Wahrheit‹ ist eine philosophische Kategorie zur Beschreibung eines im historisch-logisch und sozial-historisch determinierten gnostischen Verhältnis zwischen Subjekt und Objekt erreichten Standes der
Erkenntnisannäherung an die objektive Wirklichkeit. Die objektive Wirklichkeit ist – soweit erkenntnisbedeutsam – ein
Ergebnis der Dialektik der Praxis, die selbst bewußtseins-
geleitet ist.
Weg und Methode des ›Aufsteigens vom Abstrakten zum Konkreten‹ zu beschreiben bedeutet, den historischen und wissenschaftlichen Prozeß der Erkenntnisbildung und -akkumulation
in einer von der unmittelbaren Dialektik von Praxis und Erkenntnis *abstrahierenden* gnoseologischen Perspektive zu erklären. Dabei muß stets bewußt bleiben, daß es sich um eine
vorläufige, theorienotwendige Abstraktion handelt: ›theorie-
notwendig‹ will besagen, daß im System der materialistischen
Dialektik immer von jener qualitativen Differenz von Sein
und Bewußtsein auszugehen ist, die ontologisch verursacht und
logisch widergespiegelt wird; es gibt keine *Identität* von Praxis
und Erkenntnis, sondern ein *Verhältnis* beider, das nur in den
Kategorien der Einheit der Widersprüche ausgesagt werden
kann. Die Widerspiegelung der objektiven Wirklichkeit angemessen zu begreifen, bedarf es einer Praxis-Konzeption, welche
die Praxis nicht zur universellen anthropologischen ›Befind-
lichkeit‹ stilisiert und sie andererseits aber auch nicht als Zen-
tralkategorie der Erkenntnistheorie suspendiert. Es bedarf

103 *Grundrisse*, 736.
104 *MEW* 23, 559.

jener Theorie, welche die Praxis als Wahrheitskriterium anerkennt. Lenin führt die Kategorie ›Praxis‹ ein, um das formallogische Wahrheitskonzept – die logische ›Wahr-Falsch-Alternative‹ – aufzuheben, ohne seine logische Gültigkeit zu bestreiten. In *Noch einmal über die Gewerkschaften* (1921) sieht sich Lenin durch den Bucharinschen theoretischen, politischen Folgen nach sich ziehenden Eklektizismus veranlaßt, das Prinzip der dialektisch-logischen Wahrheitsfindung noch einmal deutlich zu machen:

»Um einen Gegenstand wirklich zu kennen, muß man alle seine Seiten, alle Zusammenhänge und ›Vermittlungen‹ erfassen und erforschen. Wir werden das niemals vollständig erreichen, die Forderung der Allseitigkeit wird uns aber vor Fehlern und vor Erstarrung bewahren. Das zum ersten. Zweitens verlangt die dialektische Logik, daß man den Gegenstand in seiner Entwicklung, in seiner ›Selbstbewegung‹ (wie Hegel manchmal sagt), in seiner Veränderung betrachte [...]. Drittens muß in die vollständige ›Definition‹ eines Gegenstandes die ganze menschliche Praxis sowohl als Kriterium der Wahrheit wie auch als praktische Determinante des Zusammenhangs eines Gegenstandes mit dem, was der Mensch braucht, eingehen. Viertens lehrt die dialektische Logik, daß es ›eine abstrakte Wahrheit nicht gibt, daß die Wahrheit immer konkret ist‹, wie [...] Plechanow – mit Hegel – zu sagen pflegte«[105].

Diese Leninsche Quelle ist aus verschiedenen Gründen wichtig: erstens findet sie sich – dies ist für die Theorie-Praxis-Relation aufschlußreich – in einem politischen Kontext; zweitens – und hierauf kommt es an – korrigiert sie die in der Literatur dogmatisch vorherrschende Meinung, das Praxis-Kriterium sei das ausschließliche dialektisch-logische Wahrheitskriterium; unübersehbar fungiert das Praxis-Kriterium in einer Reihe weiterer Wahrheitskriterien: dem der Allseitigkeit, des Prozessualität und der Konkretheit. Dieser Standpunkt Lenins ist das Resultat einer erkenntnistheoretischen Entwicklung, die mit *Materialismus und Empiriokritizismus* beginnt und deren wichtigstes Verbindungsglied die Überlegungen zu Hegels *Wissenschaft der Logik* sind. Auf die Ausbildung der Leninschen Konzeption des Praxis-Kriteriums in der Gnoseologie zu achten, ist notwendig, weil die Lenin-Verfälschung gerade die Praxiskategorie und ihre erkenntnistheoretische Bedeutung teils nicht

105 *LW* 32, 85.

verstanden und teils völlig bis zum plattesten vordialektischen Materialismus deformiert hat.

L. Nelson konstruierte in *Die Unmöglichkeit der Erkenntnistheorie* das Dilemma der Unauffindbarkeit eines Wahrheitskriteriums; sein Agnostizismus gründet in einem Schein-Zirkel: entweder müsse dieses Kriterium eine Erkenntnis sein oder nicht; als Erkenntnis würde es »dem Bereich des Problematischen angehören, über dessen Gültigkeit mit Hilfe des erkenntnistheoretischen Kriteriums entschieden werden soll [...]. Ist aber das erkenntnistheoretische Kriterium keine Erkenntnis, so müßte es doch, um anwendbar zu sein, bekannt sein, d. h. wir müßten erkennen können, daß es ein Kriterium der Erkenntnis ist. Um aber diese Erkenntnis des Kriteriums zu gewinnen, müßten wir das Kriterium schon anwenden. Wir kommen also in beiden Fällen auf einen Widerspruch« (Zit. nach Wittich: (320), 944/945). Nelsons idealistisches Quidproquo von Erkenntnis und Praxis ist bis heute symptomatisch geblieben. So hat I. Kolobowa für den Pragmatismus und Operationalismus aufgezeigt, daß die notwendige Unterscheidung von Objekt und Subjekt unterschlagen werden muß, daß »die Erforschung des objektiven Inhalts unseres Wissens [...] durch eine Identifizierung des Sinnes der Sätze mit den Operationen ihrer Verifikation ersetzt« werden muß, um über den Nachweis unterschiedlicher Verifikationsverfahren zur These »der Pluralität der Wahrheit« zu gelangen[106]. J. W. Görlichs ›Analyse‹ der marxistisch-leninistischen Praxis-Konzeption unterstellt in antimarxistischer Beweisnot, ›Praxis‹ sei – als ›Umgestaltung der objektiven Realität‹ definiert – das alleinige Wahrheitskriterium und solchermaßen »funktionslos«. ›Praxis‹ als Wahrheitskriterium widerspreche »offenkundig dem Status eines Wahrheitskriteriums, der allein der Wahrheitsrelation, so wie sie von den Vertretern der marxistisch-leninistischen Philosophie gegenüber jedem Pragmatismus und Psychologismus verteidigt wird, adäquat« sei:

»Es ist offensichtlich, daß das marxistisch-leninistische Praxiskriterium als Wahrheitsgarantie einen nur *psychologischen* Charakter besitzt. *Nachdem* eine in der wissenschaftlichen Beobachtungs- und Er-

---

106 I. Kolobowa, *Operationalismus*. In: *Philosophische Enzyklopädie*. Bd. 4. Moskau 1967, 146 (russ.). Zit. nach: Wittich: (320), 960/961.

kundungspraxis genügend garantierte Sachadäquatheit einer Theorie und damit eine, wenn auch immer nur relativ bedingte Wahrheit über die objektive Realität gewonnen ist, vermag nun auf der Grundlage, erleuchtet und gesteuert von dem wissenschaftlich verläßlich überprüften Wissen über die objektive Realität, die Praxis als Umgestaltung der objektiven Realität es ›für jedermann evident‹ werden lassen [...], daß die Wissenschaft eine Sachverhaltstruktur der objektiven Realität abgebildet hat [...]. Da der Mensch ein nicht nur sachlogisches und beobachtend festgestelltes Wesen, sondern nicht zuletzt ein psychologisches, ein handelndes und Ziele verwirklichendes Wesen ist, vermag wohl maximale Bewährung in Technik, Industrie usw., d. h. in der umgestaltenden Verwirklichungspraxis in einem *anthropologisch* vertretbaren Sinn als Wahrheitskriterium in letzter Instanz bezeichnet zu werden. Es komplementiert als ausschließlich *psychologische* Instanz im pragmatischen Bereich das sachlogische Kriterium im semantisch-kognitiven Bereich«. Die ›Praxis‹-Kategorie sei – solange nicht unterschieden werde zwischen »Praxis als Erkundungs- und Praxis als Umgestaltungstätigkeit der objektiven Realität« – erkenntnistheoretisch irrelevant (Görlich: (260), 77; 81).

Dieses Kuriosum der Verwechslung von Wirkung (Wissenschaft) und Ursache (objektive Bedürfnisse materieller Arbeit) und von ›Wahrheit‹ und ›Evidenz‹ muß sich einstellen, wo immer die Dialektik in der Kategorie der bloßen Wechselwirkung aufgeht und ›der Mensch‹ Subjekt der Handlung wird. Nicht weniger kurios sind die Mutmaßung über die Unfähigkeit der Theorie, praktisch zu werden[107], und über den Idealismus der Leninschen »Identifikation von Natur- und Gesellschaftserkenntnis«; Lenin habe »im Begriff einer absoluten Wahrheit [...] einen außergeschichtlichen Status der Begriffsbildung unterstellt, aus dem von oben her über die Kongruenz von Abbild und Ding an sich befunden werden« könne; flugs wird »eine prästabilierte Harmonie von Subjekt und Objekt« unterschoben: »Damit ist ein starres, seiner Qualität nach historisch invariantes Verhältnis von Subjekt und Objekt urgiert, innerhalb dessen die quantifizierte Erkenntnis horizontal fortschreitet. Der Möglichkeit, die Instanz der transzendentalen Strukturbildung von Objektivität in gesellschaftlicher Praxis nachzuweisen, ist a limine der Boden entzogen, wenn es das

---

107 So R. Bubner, »*Philosophie ist ihre Zeit, in Gedanken erfaßt*«. In: (389), 216. B. zieht Marx' Satz von der Theorie, die die Massen ergreift, der »mythischen Rede«, »denn die Massen mag manches ergreifen – mehr oder minder emotional gesteuert – nur nicht die Theorie«.

Ansich der Dinge sein soll, das widergespiegelt wird. Danach richtet sich Lenins Praxisbegriff. An sich funktionslos, wenn die ›objektive Realität‹ ›von unseren Empfindungen kopiert, fotografiert, abgebildet wird‹, wird er als Reminiszenz an seine zentrale Bedeutung bei Marx ins abbildrealistische System eingefüttert. [...] In seiner erkenntnistheoretischen Nachträglichkeit erinnert der Leninsche Praxisbegriff« den Lenin-Editor Th. Meyer »eher an einen pragmatischen, merkwürdig metaphysisch gewendet«[108]. Es gehört Mut dazu, läßt man sich von den edierten Quellen umgehend dementieren und der Unfähigkeit überführen, die Quellen zu lesen. K. Graf Ballestrems Versenkung in die ›sowjetische Erkenntnismetaphysik‹ setzt das stillschweigende Einverständnis bereits voraus, zu dem Nicht-Leser kommen mögen:

»Auch Lenin spricht im Zusammenhang mit der Wahrheitstheorie von der Praxis, obwohl sie in seinem Denken einen viel weniger bedeutenden Platz einnimmt, als bei Marx und Engels«, denen »die gesellschaftliche Praxis zugleich Grundlage, Wahrheitskriterium und Ziel des Erkennens« bedeutet habe. »Bei Lenin ist alles ganz anders. [...] Die Theorie wird nicht mehr durch die Praxis aufgehoben, sondern die Praxis ist nur noch das Wahrheitskriterium der Theorie«[109].

Dies alles ist falsch. Lenin forderte nicht nur »die Vereinigung von Erkenntnis und Praxis«, sah nicht nur ein, daß die Praxis selbst dem Ziel wesentlicher Erkenntnis im Wege stehe, weil das subjektive Handeln »sich von dem Erkennen trennt und die äußerliche Wirklichkeit nicht als das wahrhaft Seiende (als die objektive Wahrheit) anerkennt«[110]; die Leninsche dialektische Logik zog vielmehr die Konsequenzen aus der Dialektik, aus der Widersprüchlichkeit von Handeln und Erkennen, Praxis und Wahrheit, und vertiefte die Marx-Engelsschen gnoseologischen Ansätze zu einer Analyse und Erklärung jener Bedingungen, unter denen Erkennen und Praxis nicht-identisch sein können bzw. identisch werden müssen.

Der historisch-materialistische, aus der Marx-Engelsschen Ana-

108 Th. Meyer, *Einleitung* zu: W. I. Lenin, *Hefte zu Hegels Dialektik*. München 1969, 48–50.
109 K. Graf Ballestrem, *Die sowjetische Erkenntnismetaphysik und ihr Verhältnis zu Hegel*. Dordrecht 1968, 90 f.
110 LW 38, 207.

tomie der bürgerlichen Gesellschaft und ihrer Kategorien als Diagnose überkommene ideologische Befund lag für Lenin vor in allgemeinen Bestimmungen zum Verhältnis von Theorie und Praxis:

Vorlag die Erkenntnis, die der proletarischen Bewegung und ihrer realistischen Einschätzung einer »deutschen Revolution« entsprach: »Die Theorie wird in einem Volke immer nur so weit verwirklicht, als sie die Verwirklichung seiner Bedürfnisse ist. [...] Es genügt nicht, daß der Gedanke zur Verwirklichung drängt, die Wirklichkeit muß sich selbst zum Gedanken drängen«[111].

Es lag vor die Kritik der *Heiligen Familie* am Junghegelianismus und dessen Illusion einer ›Reform des Bewußtseins‹, die von der Massenaktion absehen zu können glaubte: »Die ›*Idee*‹ blamierte sich immer, soweit sie von dem ›*Interesse*‹ unterschieden war«[112].

Vorgegeben waren die Marxschen Thesen gegen Feuerbach, die die Frage nach dem Wahrheitscharakter des menschlichen Denkens als Problem der Praxis und nicht der Theorie neu stellten und zum Ergebnis kamen: »Alles gesellschaftliche Leben ist wesentlich *praktisch*. Alle Mysterien, welche die Theorie zum Mystizism veranlassen, finden ihre rationale Lösung in der menschlichen Praxis und in dem Begreifen dieser Praxis«[113].

Wesentlich wurde das Selbstverständnis des proletarischen Materialismus, »daß nichts unpraktischer ist«, als die Lösung sozialer Antagonismen »vorher ausgeklügelten, auf alle Fälle anwendbaren ›praktischen Lösungen‹« anzuvertrauen, »und daß der praktische Sozialismus vielmehr in einer richtigen Erkenntnis der kapitalistischen Produktionsweise nach ihren verschiedenen Seiten hin besteht«[114].

Die politisch-ökonomische Analyse der Realität wurde zum Paradigma praktischer Theorie; sie wurde angewendet in der ideologischen Auseinandersetzung mit der bourgeoisen Ideologie auch auf dem Gebiet der Erkenntnistheorie, d. h. in der Kritik des neukantianischen Agnostizismus und seiner theoretischen Wurzeln:

»Ehe die Menschen argumentierten, handelten sie. [...] Und menschliche Tat hatte die Schwierigkeit schon gelöst, lange ehe menschliche Klugtuerei sie erfand. The proof of the pudding is in the eating. In dem Augenblick, wo wir diese Dinge, je nach den Eigenschaften, die wir in ihnen wahrnehmen, zu unserm eignen Gebrauch anwenden, in demselben Augenblick unterwerfen wir unsre Sinneswahrnehmungen einer unfehlbaren Probe auf ihre Richtigkeit oder Unrichtigkeit.

111 *MEW* 1, 386.
112 *MEW* 2, 85.
113 *MEW* 3, 5-7.
114 *MEW* 18, 287.

Waren diese Wahrnehmungen unrichtig, dann muß auch unser Urteil über die Verwendbarkeit eines solchen Dings unrichtig sein. [...] Erreichen wir aber unsern Zweck, finden wir, daß das Ding unsrer Vorstellung von ihm entspricht, daß es das leistet, wozu wir es anwandten, dann ist dies positiver Beweis dafür, daß innerhalb dieser Grenzen unsre Wahrnehmungen von dem Ding und von seinen Eigenschaften mit der außer uns bestehenden Wirklichkeit stimmen«[115]. Gewiß sind diese ersten gnoseologischen Verallgemeinerungen nahe an einem pragmatischen oder utilitarischen Wahrheitskriterium; aber die Widerspiegelungstheorie stand nicht am Anfang des wissenschaftlichen Sozialismus, sondern resümierte die politischen Erfahrungen, zog ein Fazit aus Erfolg oder Niederlage politischer Praxis; und nicht zu vergessen die naturwissenschaftlichen Studien von Engels, die einen immer dichteren Kontext zum Studium der politischen Ökonomie bildeten: »Gerade die *Veränderung der Natur durch den Menschen*, nicht die Natur als solche allein, ist die wesentlichste und nächste Grundlage des menschlichen Denkens, und im Verhältnis, wie der Mensch die Natur verändern lernte, in dem Verhältnis wuchs seine Intelligenz«[116].

Engels' Vorarbeiten zum *Anti-Dühring* dokumentieren nicht die frühe Vollendung einer marxistischen Erkenntnistheorie, sondern verbinden den Aphorismus – »Die Ideen alle der Erfahrung entlehnt, Spiegelbilder – richtig oder verzerrt – der Wirklichkeit«[117] – mit der Warnung vor kurzschlüssigem Optimismus: »Schon die richtige Widerspiegelung der *Natur* äußerst schwer, Produkt einer langen Erfahrungsgeschichte. [...] In *Gesellschafts*sachen die Widerspiegelung noch schwieriger«[118]. Dies ist der Befund.

Lenins Konzeption der Praxis als gnoseologischen Wahrheitskriteriums hat aus den vorliegenden allgemeinen Bestimmungen des Verhältnisses ›Sein/Bewußtsein‹ bzw. ›Praxis/Erkenntnis‹ Lehren gezogen, die einen unbestreitbaren Fortschritt nicht nur für die dialektische Erkenntnistheorie bedeuten, sondern für die Theorie der Praxis selbst. Dabei ist zu berücksichtigen, daß die erkenntnistheoretische Praxis-Perspektive in *Materialismus und Empiriokritizismus* einen ersten Akzent setzt, der politisch notwendig ist: Lenins Forderung, die *Praxis* als Entscheidungsinstanz über die Wahrheit der Philosophie anzuerkennen, ist eine politische Forderung im Rahmen der Theorie. Im Jahre 1908 trat Lenin als »einfacher Marxist«

115 *MEW* 19, 530.
116 *MEW* 20, 498.
117 *MEW* 20, 573.
118 *MEW* 20, 583.

und Leser »unserer Parteiphilosophen« mit einer ›Philosophie‹ an die Öffentlichkeit, um eine politische Spaltung der revolutionären Sozialdemokratie in Rußland (Bolschewiki) zu verhindern. Er las »den Empiriomonisten Bogdanow und die Empiriokritiker Basarow, Lunatscharski u. a.«; er sah sich – trotz erheblicher politischer Differenzen – veranlaßt, seine *»ganze* Sympathie *Plechanow* zuzuwenden«, weil er den *Materialismus* der proletarischen Weltanschauung gefährdet wußte. Das politische Problem war: »Darf man, soll man die Philosophie verbinden mit einer Richtung der Parteiarbeit? mit dem Bolschewismus?« Lenin kam zum Ergebnis, *»solche* philosophischen Streitigkeiten wie die zwischen Materialisten und ›Empirio-‹ von der reinen Parteiarbeit zu trennen«[119]. Wenige Wochen später hatten die von Basarow, Berman, Bogdanow, Gelfond, Juschkewitsch, Lunatscharski und Suworow herausgegebenen *Beiträge zur Philosophie des Marxismus* die Auseinandersetzung verschärft: die Autoren denunzierten die Annahme der objektiven bewußtseinsunabhängigen Realität als ›Mystik‹ und verbreiteten die Auffassungen des idealistischen Neukantianismus innerhalb der russischen Sozialdemokratie. *Materialismus und Empiriokritizismus* ist Lenins Abrechnung mit diesem Revisionismus; es ging darum, »nicht den geringsten Anlaß [zu] geben, die Bolschewiki als Richtung, als taktische Linie des revolutionären Flügels der russischen Sozialdemokraten, mit dem Empiriokritizismus oder mit dem Empiriomonismus in Verbindung zu bringen«[120]. Lenin setzte seine ›Philosophie‹ als Mittel ein, »diesen ganzen Streit von der Fraktion [zu] *trennen«*: »Die Menschewiki gewinnen, wenn sich die bolschewistische Fraktion von der Philosophie der drei Bolschewiki nicht abgrenzt. *Dann* gewinnen sie endgültig. Wenn hingegen der philosophische Streit außerhalb der Fraktion ausgetragen wird« – d. h. auf dem Gebiet der philosophischen Kontroverse –, »dann werden die Menschewiki endgültig auf die Politik beschränkt, und das ist ihr Tod«[121]. Der politische Charakter der »Philosophie«[122] Lenins darf nicht außer Sicht

119 W. I. Lenin, *Briefe.* Hg. v. Institut f. Marxismus-Leninismus beim ZK d. SED. Berlin 1967 ff. (= *LB*). *LB* II, 134. An A. M. Gorki, 7. 2. 1908.
120 *LB* II, 143. An A. M. Gorki, 25. 2. 1908.
121 *LB* II, 151. An A. M. Gorki, 24. 3. 1908.
122 *LB* II, 159. An W. W. Worowski, 1. 7. 1908.

geraten; für Lenin bildete der Empiriomonismus Bogdanows die Kehrseite des linken Maximalismus Alexinskis, der zum Boykott der Wahlen zur II. und III. Duma aufgerufen hatte und Lenins Bündnisstrategie hintertrieb: »Sie organisieren die Spaltung auf empiriomonistisch-boykottistischer Grundlage. [...] Die Spaltung ist sehr wahrscheinlich. Ich werde aus der Fraktion austreten, sobald die Linie des ›linken‹ und wirklichen ›Boykottismus‹ die Oberhand gewinnt«[123].

Das Kriterium der Praxis in der Erkenntnistheorie wird so zur Leitperspektive Lenins, dessen Philosophie – dies sollte gezeigt werden – selbst ein Dokument der Geltung dieses Kriteriums ist; der Kampf für den Materialismus und gegen den neukantianischen Revisionismus zwingt dazu, die erkenntnistheoretischen Idealismen der Gegner in die Schranken der Praxis zu fordern:

»Die materialistische Theorie, die Theorie der Widerspiegelung der Gegenstände im Denken, ist [...] hier mit größter Klarheit dargestellt: die Dinge existieren außer uns. Unsere Wahrnehmungen und Vorstellungen sind ihre Abbilder. Durch die Praxis werden diese Abbilder einer Probe unterzogen, werden die richtigen von den unrichtigen geschieden«[124].

Zu den »Schlußfolgerungen, die alle Menschen in der lebendigen menschlichen Praxis ziehen und die der Materialismus seiner Erkenntnistheorie bewußt zugrunde legt«[125], zählt Lenin explizit die Objektivität der Wirklichkeit; unausgesprochen aber schließt die Praxis-Kategorie mit ein, daß *Praxis* nicht nur eine der Widerspiegelung und deren Wahrheit oder Falschheit zugrundeliegende vorgängige ontologische Qualität des gesellschaftlichen Seins ist, sondern ›*gemacht*‹ wird: Praxis als Wahrheitskriterium bedeutet, die Erkenntnisse – auch der Wissenschaften – am Erfolg zu messen. Was aber heißt Erfolg? Handelt es sich doch nur um ein pragmatisches oder gar utilitaristisches Wahrheitskriterium? Für Lenin gilt der Erfolg *der* Praxis, »die für jedermann den Schein von der Wirklichkeit sondert«, als Kriterium: »Die Erkenntnis kann nur dann biologisch fördernd, fördernd für die menschliche Praxis, für die Erhaltung des Lebens, für die Erhaltung der Gattung sein, wenn

123 *LB* II, 159. An W. W. Worowski, 1. 7. 1908.
124 *LW* 14, 103.
125 *LW* 14, 97.

sie eine objektive, vom Menschen unabhängige Wahrheit widerspiegelt. Für den Materialisten beweist der ›Erfolg‹ der menschlichen Praxis die Übereinstimmung unserer Vorstellungen mit der objektiven Natur der von uns wahrgenommenen Dinge. Für den Solipsisten ist ›Erfolg‹ all das, was *ich in der Praxis*, die man getrennt von der Erkenntnistheorie betrachten kann, brauche«[126]. Das leninistische Praxis-Kriterium hat einen gänzlich anderen logischen Status, als das vom Pragmatismus verabsolutierte Nützlichkeits-Kriterium; es ist orientiert am Prinzip der Objektivität der gesellschaftlichen Bedürfnisse, nicht aber am Erfolg subjektiver Interessen. Lenins Betonung »des Lebens, der Praxis« als des »ersten und grundlegenden Gesichtspunkts der Erkenntnistheorie«[127] ist nicht zu verstehen, läßt man den revolutionären, antirevisionistischen politischen Aspekt von *Materialismus und Empiriokritizismus* außer acht. Hier ist ›Praxis‹ zunächst noch als Kontroll-Instanz und als Regulativ der Widerspiegelung beschränkt gnoseologisch eingeführt. Freilich vergißt Lenin auch 1908 nicht, »daß das Kriterium der Praxis schon dem Wesen der Sache nach niemals irgendeine menschliche Vorstellung *vollständig* bestätigen oder widerlegen kann. Auch dieses Kriterium ist ›unbestimmt‹ genug, um die Verwandlung der menschlichen Kenntnisse in ein ›Absolutum‹ zu verhindern«. Die Geltung dieses materialistischen Wahrheitskriteriums hängt davon ab, »daß man als einzigen Weg zu dieser Wahrheit den Weg der auf dem materialistischen Standpunkt stehenden Wissenschaft« anerkennt[128].

En lisant Hegel hat Lenin in einer politisch fortgeschrittenen Lage der Bolschewiki das Praxis-Kriterium umfassender begründet. Unbestritten bleibt: »Die Wahrheit ist ein Prozeß. Von der subjektiven Idee gelangt der Mensch zur objektiven Wahrheit *durch* die ›Praxis‹ (und Technik)«; uneingeschränkt gilt: »*Die Praxis ist höher als die (theoretische) Erkenntnis*, denn sie hat nicht nur die Würde des Allgemeinen, sondern auch der unmittelbaren Wirklichkeit«[129]. Deutlicher aber erkennt Lenin, daß die Praxis keine *außerhalb* der Erkenntnis

126 *LW* 14, 134.
127 *LW* 14, 137.
128 *LW* 14, 137/138.
129 *LW* 38, 191; 204.

ontologisch als Qualität sui generis existierende Instanz der Wahrheitsfindung ist; der »Prozeß des Erkennens« schließt vielmehr »die *Praxis* des Menschen und die *Technik*« in sich; Erkenntnis und Praxis sind Funktionen voneinander; Erkenntnis und Praxis sind Tätigkeiten. Der Mensch ist das Subjekt, welches die Widerspiegelungen der objektiven Natur im menschlichen Gehirn »in seiner Praxis und in der Technik überprüft und anwendet« und so »zur objektiven Wahrheit« gelangt[130]. Die Wahrheit der Erkenntnis ergibt sich also nicht *als* eine *Offenbarung* des materiellen Seins; Widerspiegelung produziert – in der durch die Praxis kontrollierten Form – Wahrheit. Die Objektivität der Erkenntnis konstituiert sich erst dort, wo »der Begriff zum ›Fürsichsein‹ im Sinne der Praxis wird«, d. h. in der »Probe« durch die Praxis[131]. Die *Dialektik* von Erkenntnis und Praxis wird in diesem gnoseologischen Begründungskontext faßbar:

»Das Bewußtsein des Menschen widerspiegelt nicht nur die objektive Welt, sondern schafft sie auch«[132].

Die Wahrheitsfindung vollzieht sich *nicht* allein durch die Konfrontation zwischen idealer und materieller Produktion, nicht an der bloßen Widerständigkeit der Praxis gegen die individuell-gesellschaftlichen Bewußtseinsobjektivationen. Die materielle Praxis (= Verwirklichung und Erzeugung von Bedürfnissen) *ist nicht als solche* schon das Kriterium der Wahrheit, sondern sie *wird* im Erkenntnisprozeß zu diesem Kriterium. Mit Hegel gegen Kant und mit dem Marxschen Materialismus gegen den Neukantianismus sich wendend zieht Lenin eine wichtige Schlußfolgerung aus der Erkenntnis, daß das Wissen im Weg vom Abstrakt-Konkreten zum Konkret-Allgemeinen erzeugt wird; die für die Bestimmung des Praxis-Kriteriums notwendige Schlußfolgerung lautet:

»Von der lebendigen Anschauung zum abstrakten Denken *und von diesem zur Praxis* – das ist der dialektische Weg der Erkenntnis der *Wahrheit*, der Erkenntnis der objektiven Realität«[133]. Dies bedeutet: die Praxis *wird* zum Wahrheitskriterium, indem sie selbst Gegenstand des analytischen Denkens

130 *LW* 38, 191.
131 *LW* 38, 202.
132 *LW* 38, 203.
133 *LW* 38, 160.

wird; das abstrahierende analytische Denken vergewissert sich seiner Wahrheit, *indem* es die Relation ›Erkenntnis/Praxis‹ widerspiegelt; die Praxis ist, in den *Kategorien der Abstraktion* als *wesentlicher* Erkenntnisbezug reflektiert, ein kategorial vermitteltes Wahrheitskriterium. Praxis ist ein relatives, ein ›unbestimmtes‹ Wahrheitskriterium, weil die Dialektik von Erkenntnis und materieller Produktion die Relativität der *historischen Form* der Produktion einschließt. Erst in einer anthropologisierenden ›Philosophie der Praxis‹ wird die Praxis zur ›grundlegenden Kategorie‹ im Sinne von eindimensionaler, monokausaler ›Grundlegung‹ der Bewußtseinsobjektivationen durch die nicht mehr erkenntnisvermittelte Objektivität der materiellen Produktion. Mit V. Ruml muß deshalb gegen die Stilisierung der ›Praxis‹ zur materialistisch-dialektischen ›Ausgangskategorie‹ festgehalten werden: »Das theoretische System der marxistischen Philosophie ist multidimensional und kann nicht auf eine lineare Subordination der Kategorien und Begriffe reduziert werden«. Der logische Status der ›Praxis‹ wäre völlig falsch angegeben, nähme man eine lineare Korrelation von Praxis und Erkenntnis an; ›Praxis‹ ist als objektives Wahrheitskriterium *historisch und logisch* vermittelt: »Die gesellschaftliche Praxis der Menschen in einem genügend langen historischen Zeitraum überprüft die Wahrhaftigkeit unserer Erkenntnis« (Ruml: (221 a), 30/31). Erst eine Kategorie ›Praxis‹ wird erkenntnistheoretisch relevant als Wahrheitskriterium, welche die menschliche Praxis a) durch Erkenntnis vermittelt, historisch-logisch vermittelt weiß und b) umfaßt, daß jede praktische Tätigkeit von gesellschaftlichen Individuen in den Grenzen einer historischen ökonomischen Gesellschaftsformation verortet ist. Aus einer solchen Praxis-Konzeption ergibt sich für eine materialistische Analyse historischer Bewußtseinsobjektivationen – etwa in einer materialistischen Hermeneutik – die klare Forderung, die trivial-soziologistische Auffassung fallenzulassen, der bloße Vergleich zwischen Momenten sozialgeschichtlicher Praxis und deren intellektuellem ›Pendant‹ sei bereits eine Analyse von Ursache und Wirkung. Mutmaßungen, ein Autor (von literarischen, wissenschaftlichen, juristischen Quellen) habe ja nicht anders denken können, als es die jeweils aktuelle ökonomische Lage zugelassen habe, führen zu nichts; sie bleiben blind gegenüber dem historisch-

logischen Verhältnis, das sich aufgrund objektiver Bedingungen
der Praxis *und* der Erkenntnis als Wahrheitsgrundlage ergibt.
Die Praxis-Kategorie muß zur Konkretisierung der philosophischen Grundfrage nach dem Verhältnis von materiellem
Sein und ideellem Bewußtsein dienen und nicht zu deren Um-
gehung (vgl. Mieth: (98), 99/100). Nicht zu revidieren ist, daß
»der Marxismus [...] die Praxis selbst auf ein theoretisches
Niveau emporgehoben« hat und als »dialektische Synthese der
objektiven Wirklichkeit und deren ›subjektiver‹ Erkenntnis«
versteht (Deborin: (117), 54). Eine Subsumtion der Theorie
(Erkennen, Wissen) unter der Praxis (undifferenziert als Ensemble der gesamten sozialhistorischen Tätigkeit des Menschen
aufgefaßt) verbietet sich ebenso, wie die These, die Praxis sei
nur eine von drei Stufen der Erkenntnis (vgl. Rutkevitsch:
(187 a), 222 ff.). *Praxis ist:* Praxis ist materielle, körperliche,
sinnliche menschliche Tätigkeit, welche die Wirklichkeit gesetzmäßig und notwendig verändert und dabei ideelle Aneignungsformen determiniert *und* voraussetzt; Praxis ist nicht
identisch mit Erkenntnis, sondern schließt Erkenntnis ein, *soweit* diese Erkenntnisse sozial relevant sind und in verobjektivierter Form (Wissen, Wissenschaft) als Produktivkräfte
wirken. Die Objektivität der Bedürfnisse des menschlichen Lebens ist die Ursache dafür, daß die Praxis das erkennende Denken zur Aufhebung des *Scheins* und zum Begriff des Wesens
der wirklichen materiellen und sozialen Prozesse veranlaßt.
Praxis ist eine *historische* Form *logisch* begründeter und logisches Denken in seinem Fortschritt begründender Wirklichkeitsaneignung.
Zum *bewußt*, d. h. aufgrund historisch-logischer Selbstreflexion
erkennender gesellschaftlich tätiger Individuen, *angewandten*
Wahrheitskriterium wird die so zu definierende Praxis in dem
Maße, wie die Praxis zur materiellen Tätigkeit geschichts-
bewußter Individuen wird. *Die Perspektive dieser Studie:*
*›Praxis und Geschichtsbewußtsein‹ ermöglicht es erst, die Pra-
xis als historisches Wahrheitskriterium der dialektischen Prozeßtheorie ›Gnoseologie‹ zu begreifen.* ›Praxis‹ ist nicht allein
das Ensemble aller Funktionen sozio-ökonomischer Arbeit,
sondern das Ensemble aller Funktionen der materiellen Arbeit
in einer historischen ökonomischen Gesellschaftsformation. Für
die ›Geschichte der Klassenkämpfe‹ und der in ihr erarbeiteten

Bewußtseinsobjektivationen gilt: der geschichtsbewußte Einsatz der ›Praxis‹ als erkenntnistheoretischen Wahrheitskriteriums gründet in der Einsicht in die Klassenstruktur von Arbeit und Erkenntnis.

Diese die Klassenspezifik von Arbeit und Erkenntnis berücksichtigenden Überlegungen zum Wahrheitskriterium sind das Resultat vielfacher kontroverser historisch- und dialektischer Weiterentwicklungen der Leninschen Praxis-Konzeption[134]. Sie wenden sich nachdrücklich gegen die zeitgenössische jugoslawische ›Philosophie der Praxis‹ und deren identitätsphilosophische wie anthropologische Implikationen, die eine Preisgabe der *materialistischen* Widerspiegelungstheorie erzwingen[135].

134 Zur ›Praxis‹-Kategorie vgl. Eichhorn I: (91); Koch: (97); Opitz (102); Peters/Wrona: (103); Seidel: (104); Stiehler: (105); Wald: (108); Wittich: (109). Ferner: Gößler: (153a); Mao Tse-Tung: (176); Raphael: (185); Rutkevitsch: (187a); Korschunow/Prushinin: (209); Pavlov: (218); Wittich: (225). In diesen Arbeiten wird die erkenntnistheoretische Bedeutung der ›Praxis‹ z. T. sehr kontrovers erörtert. Eine enzyklopädische wichtige Darstellung in: (5), 865–873.

135 Die ›Praxis‹-Konzeption der ›Philosophie der Praxis‹, die mit jener A. Gramscis nichts gemein hat, ist eine Kreuzung, von der nur Sackgassen ausgehen: *M. Cekić* geht »von der Marxschen philosophischen Anthropologie« aus, um »der angeblichen Marxschen Auffassung, daß die Praxis der Maßstab der Wahrheit ist«, entgegenzuhalten: »Bei Marx hat die Praxis einen anthropologischen und keinen gnoseologischen Sinn«. Weil nach »Marx [. . .] der Mensch dem Grunde nach kein denkendes, sondern ein praktisch wirksames Wesen« sei, könne »die Praxis nicht der gnoseologische Faktor sein«, und es sei »sinnlos, sie in die Erkenntnistheorie einzuführen«. Cekić: (89), 302/303.

M. Durić hat herausgefunden, »daß die Marxsche Auffassung der Praxis von bestimmten transzendental-philosophischen Voraussetzungen ausgeht, daß sie dem neuzeitlichen Subjektivismus nachfolgt, daß sie sich auf das Subjekt-Objekt-Verhältnis gründet. [. . .] Auf diese Weise festigt die Marxsche Auffassung der Praxis den bürgerlichen Weltentwurf, in dem der Wille zur Macht höchstes Lebensprinzip wird und die Technik die völlige Vorherrschaft über Natur und Mensch erhält«. D. berichtet, »daß die Marxsche Auffassung in sich noch eine weitere, auf den ersten Blick fast unglaubliche, Möglichkeit der Deutung birgt, nach der der Begriff der Praxis nicht so sehr das Geschehen zwischen Mensch und Natur, vielmehr das Geschehen zwischen den Menschen umfaßt [. . .], d. h. die unmittelbare Begegnung des Menschen mit seinesgleichen«. Durić: (90), 104/105.

M. Marković rechnet zu den »Formen der praktischen Tätigkeit«: »Produktion und Interpretation von Wahrnehmungen und Emotionen, die Bildung eigener Sinne, Gefühle, die Selektion von Werten und die Wertbestimmung, gedankliche Operationen usw. Diese Formen der Praxis gehören zu den

Allein in einer dialektischen, den historisch-logischen Vermittlungszusammenhang von Praxis und Erkenntnis als sozial-historischen Prozeß begreifenden Theorie kann die philosophische Frage nach der Wahrheit der Bewußtseinsleistungen angemessen gestellt und beantwortet werden. Die Frage lautet: Ist Wahrheit der objektiven bewußtseinsunabhängigen Wirklichkeit unmittelbar schon zu eigen oder kommt der Wirklichkeit erst im Erkennen Wahrheit zu? Die Berücksichtigung des oben definierten historisch-logischen Wahrheitskriteriums ›Praxis‹ erfordert eine differenzierte Antwort; eine materialistische Antwort muß davon ausgehen, daß nur das bewußte Sein ›wahr‹ ist, daß nicht die Dinge an sich schon ›wahr‹ sind, sondern im Prozeß der Qualifizierung des materiellen Seins zu den Formen des Bewußtseins ›wahr‹ werden; daß also ›Wahrheit‹ keine rein erkenntnistheoretische bzw. logische *Zurechnungskategorie* ist, sondern eine spezifische Form objektiv richtiger Widerspiegelung bewußtseinsvorgängiger materieller und sozialer Verhältnisse durch das Bewußtsein.

Die Wahrheit des Seins wird durch das Bewußtsein nicht passiv rezipiert, sondern aktiv widergespiegelt. Die materialistische Antwort auf die Wahrheitsfrage setzt nicht die Materie-an-sich voraus, sondern die Erkenntnis der Bewegung, der Prozessualität der Materie: *die Wahrheit ist relativ zu diesem Prozeß*. Relativität der Wahrheit, dies besagt, daß es keine Wahrheit gibt, die nicht durch den in der Arbeit an der Natur

verschiedenen Typen *psychischer* Tätigkeit; sie sind die konstituierenden Elemente der materiellen Praxis«. Gemessen an diesen »Möglichkeiten für eine wahrhaft originelle Erkenntnistheorie« fällt es M. nicht schwer, festzustellen, daß »die Kategorie der Widerspiegelung [...] weder fundamental noch eine der fundamentalen gnoseologischen Kategorien sein kann«; schließlich ist »die Widerspiegelungstheorie überhaupt nicht typisch für marxistische Philosophie«. Marković: (100), 28; 40; 25.

G. Petrović spekuliert ›Wider den autoritativen Marxismus‹: »Praxis ist in erster Linie ein bestimmter Modus des Seins, der einem bestimmten Seienden eigentümlich ist, der alle anderen Modi des Seins transzendiert und sich von ihnen grundsätzlich unterscheidet«. Aufgrund dieser »Ausgangsdefinition«, deren »Schwierigkeiten« P. nicht verkennt, erwähnt er »zumindest einige Kennzeichen [...], durch die die Praxis von jeder anderen Form des Seins abgehoben wird. Zum Beispiel ist die Praxis freies Sein, schöpferisches Sein, historisches Sein, Praxis ist Sein der Zukunft«. G. Petrović, *Wider den autoritativen Marxismus*. Frankfurt/M. 1969, 144.

Marx' Kritik am Kapitalismus hat die Praxis des Kapitalismus, deren Unfreiheit und Zukunftslosigkeit, erträumt. So harmlos kann Philosophie sein.

geprägten Annäherungsprozeß der Erkenntnis an die dialektische Totalitätsstruktur der Wirklichkeit bestimmt wird; Relativität der Wahrheit schließt aber nicht jenen Erkenntnisrelativismus ein, der ›Wahrheit‹ als bloße subjektive ›Setzung‹ im individuellen Denken skeptisch relativiert. Denn die durch Widerspiegelung bewußt werdende Wahrheit ist objektiv und hat einen objektiven Inhalt, weil sie eine *Form* des objektiven Seins ist. Soweit ›Wahrheit‹ als Ergebnis der Geschichte der Erkenntnis der Welt bewußt ist, d. h. logisch fixiert und wirksam ist, geht sie als ›absolutes‹ Element in die Relativität der Erkenntnis ein: »*Relative und absolute Elemente bilden in unserem Wissen, in der Wahrheit eine untrennbare Einheit. [...] Die Einheit von Relativem und Absolutem bedingt den historisch-konkreten Charakter der Wahrheit*« (Händel: (309), 245). Im kategorialen Kontext von ›Praxis‹ ist es nicht möglich, die Frage nach der *Objektivität* oder *Subjektivität* der Wahrheit *alternativ* zu stellen bzw. zu beantworten. Wahrheit existiert nicht als der Praxis immer schon vorausgehende *Immanenz* einer wie immer gearteten *Substanz*; es bedeutete deshalb einen Verstoß gegen den Materialismus in der Erkenntnistheorie, »die Wahrheit als Instrument der Erkenntnis [zu] betrachten«[136]. Die Praxis veranlaßt, daß unser Denken von den Erscheinungen zum Wesen vorstößt; wir erkennen das Wesen materieller natürlicher und sozialer Prozesse und Verhältnisse, indem wir unsere Erkenntnisse *praktisch* der Probe unterziehen und so die Wahrheit der Widerspiegelung feststellen. Die erkenntnismaterialistische ›Dialektik‹ anerkennt deshalb »die Relativität aller unserer Kenntnisse [...] nicht im Sinne der Verneinung der objektiven Wahrheit, sondern in dem Sinne, daß die Grenzen der Annäherung unserer Kenntnisse an diese Wahrheit geschichtlich bedingt sind«[137]. Angesichts des Fortschritts der Wissenschaften von der Natur hatte bereits Engels im *Anti-Dühring* notiert: »Die endgültigen Wahrheiten letzter Instanz werden da mit der Zeit merkwürdig selten. [...] Noch schlimmer aber steht es mit den ewigen Wahrheiten in der dritten Gruppe von Wissenschaften, der historischen, die die Lebensbedingungen der Menschen, die gesellschaftlichen Verhältnisse, die Rechts- und Staatsformen mit

136 *LB* II, 244. An N. J. Wilonow, 7. 4. 1910.
137 *LW* 14, 132.

ihrem idealen Überbau von Philosophie, Religion, Kunst usw. in ihrer geschichtlichen Folge und ihrem gegenwärtigen Ergebnis untersucht. [...] In der Geschichte der Gesellschaft [...] sind die Wiederholungen der Zustände die Ausnahme, nicht die Regel, sobald wir über die Urzustände der Menschen [...] hinausgehn. [...] Die Erkenntnis ist hier also wesentlich relativ, indem sie sich beschränkt auf die Einsicht in den Zusammenhang und auf die Folgen gewisser, nur zu einer gegebnen Zeit und für gegebne Völker bestehenden und ihrer Natur nach vergänglichen Gesellschafts- und Staatsformen«[138].

So stellt sich mit Lenins *Materialismus und Empiriokritizismus* die Frage nach der Objektivität der Wahrheit noch einmal:

»1. Gibt es eine objektive Wahrheit, d. h. kann es in den menschlichen Vorstellungen einen Inhalt geben, der vom Subjekt unabhängig ist, der weder vom Menschen noch von der Menschheit abhängig ist?
2. Wenn ja, können dann die menschlichen Vorstellungen, die die objektive Wahrheit ausdrücken, sie auf einmal, vollständig, unbedingt, absolut oder nur annähernd, relativ ausdrücken?
Diese zweite Frage ist die Frage nach dem Verhältnis zwischen absoluter und relativer Wahrheit«[139]. Diese Frage selbst stellt Lenin nicht mehr in der metaphysischen Perspektive ›ewiger Wahrheit‹, sondern historisch und dialektisch[140].

Lenins Antwort war, die Kategorie ›Wahrheit‹ als *Prozeß-Kategorie* zu formulieren. Nicht allein die Wahrheitsfindung ist prozessual, sondern die Wahrheitskonstitution selbst.
Im Zusammenhang mit ›Praxis‹ als erkenntnistheoretischem wie ontologischem Kriterium müssen zwei Dimensionen der Kategorie ›objektive Wahrheit‹ unterschieden werden:
1. Wahrheit hat einen ontologischen Status;
2. ›Wahrheit‹ hat einen logischen Status.
Erstens: Vom ontologischen Status der Wahrheit zu sprechen, bedeutet im System der materialistischen Dialektik keineswegs nur, die objektive Existenz der Außenwelt als des Gegenstandes unserer Erkenntnis anzuerkennen. Die materialistische Ontologie ist dialektische und historische Ontologie. Das Sein, das sie wissenschaftlich aussagt, stellt sich dar in unterscheidbaren

138 *MEW* 20, 82/83.
139 *LW* 14, 116.
140 *LW* 14, 127.

ontologischen Qualitäten: in der materiellen anorganischen und organischen Natur, im noch ›naturwüchsigen‹ gesellschaftlichen Sein und endlich im bewußt gewordenen, bewußt praktisch ›gemachten‹ geschichtlich-gesellschaftlichen Sein. Der ontologische Status der Wahrheit existiert erst auf dem Niveau des gesellschaftlichen Seins, von dem aus die Wirklichkeit der anorganischen und organischen Natur bewußt widergespiegelt werden kann. Als »*objektives* Kriterium der Wahrheit«, das erkenntnistheoretisch bedeutsam wird, gilt deshalb für Lenin: »solange wir das Naturgesetz nicht kennen, das neben unserem Bewußtsein, außerhalb unseres Bewußtseins existiert und wirkt, macht es uns zu Sklaven der ›blinden Notwendigkeit‹. Sobald wir aber dieses Gesetz, das (wie Marx tausendmal wiederholte) *unabhängig* von unserem Willen und unserem Bewußtsein wirkt, erkannt haben, sind wir die Herren der Natur. Die Herrschaft über die Natur, die sich in der Praxis der Menschheit äußert, ist das Resultat der objektiv richtigen Widerspiegelung der Erscheinungen und Vorgänge der Natur im Kopfe des Menschen, ist der Beweis dafür, daß diese Widerspiegelung (in den Grenzen dessen, was uns die Praxis zeigt) objektive, absolute, ewige Wahrheit ist«[141].

Zweitens: Vom logischen Status der ›Wahrheit‹ kann nicht unabhängig von deren ontologischer Qualität gesprochen werden. Nichts ist logisch ›wahr‹, was nicht die Qualität einer objektiv richtigen Widerspiegelung hat.

»Die Tätigkeit des Menschen, der sich ein objektives Weltbild macht, *verändert* die äußere Wirklichkeit, hebt ihre Bestimmtheit auf (= verändert diese oder jene ihrer Seiten, ihrer Qualitäten) und nimmt ihr auf diese Weise die Züge des Scheins, der Äußerlichkeit und Nichtigkeit, macht sie zur an und für sich seienden (= objektiv wahren)«[142]. Hieraus folgt: von der ontologischen Qualität der Wahrheit kann nicht gesprochen werden unabhängig von deren logischem Status als einer praktischen Macht der erkenntnisgeleiteten Veränderung. Jeder Versuch, die Kategorie ›Wahrheit‹ alternativ an die Dinge *oder* an Aussagen über Dinge zu binden, geht an der Einheit von Ontologie (= ›Dialektik‹) *und* Logik *und* Erkenntnistheorie vorbei. »Nur über das Subjekt und das von ihr gelei-

141 *LW* 14, 187.
142 *LW* 38, 209.

tete Handeln des Menschen gelangt die objektive Wahrheit in die Praxis, in das Leben der Menschen. Die Wahrheit, die im Leben verkörpert wird, die zur Überzeugung, zur Weltanschauung des Menschen geworden ist, trägt *sowohl* objektiven *als auch* subjektiven Charakter« (Rubinstein: (294), 59). Der Zusammenhang von Wahrheit und Weltanschauung läßt eine Einschränkung der Kategorie ›Wahrheit‹ auf die formale Logik nicht zu; denn für die formale Logik stellt sich das Problem des Einsatzes, der praktischen Anwendung ›wahrer‹ *oder* ›falscher‹ Aussagen nicht; daß sie den Begriff ›Parteilichkeit‹ nicht kennt und als für die Wahrheitsfrage irrelevant ablehnt, kennzeichnet ihre selbstgewählte Isolation gegenüber der menschlichen Praxis; (über ihre Funktion *innerhalb* der dialektischen Logik ist damit nichts gesagt).

Man wird keinen Einwand dagegen erheben, daß im Rahmen der Logik – auch der dialektischen – ›Wahrheit‹ ihrem logischen kategorialen Status entsprechend als ›Wahrheit‹ von Begriffen und Urteilen definiert wird. Nicht nachdrücklich genug aber kann das Veto gegen jede Verabsolutierung des logischen Wahrheits-Begriffs ausfallen. Solange es darum geht, »den logischen Sinn von ›wahr‹ und ›Wahrheit‹ zu bestimmen«, ist der Satz unbestreitbar, »Wahrheit« sei »nichts anderes als wahrer Gedanke, wahrer Begriff, wahres Urteil«. In der Konsequenz dieses Satzes liegt es aber keineswegs, die ontologische Qualität der Wahrheit aus dem wissenschaftlichen philosophischen Fragen auszuklammern; dies tut, in notwendiger aber generalisierender Kritik an Leibniz und Bolzano, B. Fogarasi in seiner *Dialektischen Logik:* »Die Wahrheit ist der Inhalt des wahren Satzes, des wahren Begriffes, des wahren Urteils«; »die Wahrheit ist *nichts anderes,* als der Inhalt wahrer Urteile und wahrer Begriffe, ein gedanklicher Zusammenhang, der objektiven Zusammenhängen entspricht« (Fogarasi: (232), 188 bis 190; im Original keine Hervorhebung). Die hermetische Geschlossenheit der Identifizierung von ›Wahrheit‹ und Wahrheit, Wahrheit und ›wahrem Begriff‹ läßt den Begriff der ›Entsprechung‹ zwischen gedanklichen und objektiven Zusammenhängen nur noch als Verbalismus erscheinen; darüber hinaus ist die Unterscheidung ›gedanklich-objektiv‹ als Entgegensetzung und Synonym für ›ideell-materiell‹ sinnlos. Keinerlei Plausibilität enthält die Wahrheitsdefinition aber auch deshalb, weil Fogarasi ›Begriff‹ folgendermaßen definiert: »Der Begriff ist die Grundeinheit der Struktur des menschlichen Denkens. Nur der Mensch bildet Begriffe [...]. Der Begriff ist das höchste Mittel zur Erkenntnis der Wirklichkeit. Der richtige Gebrauch der Begriffe ermöglicht die Fixierung, Erweiterung, Verallgemeinerung, Vertiefung unserer durch Reflexe, Empfindungen, Vorstellungen gewonnenen Erkenntnisse. [...] Welche Eigenschaften, welche Elemente des Begriffs muß die befriedigende Definition des Begriffs enthalten? Erstens, daß der Begriff ein Produkt der Materie ist, zweitens, daß der Begriff die materielle Welt widerspiegelt, drittens, daß der Begriff in der Erkenntnis ein Mittel der Verallgemeinerung darstellt, viertens, daß der Begriff eine spezifische menschliche Tätigkeit bedeutet, fünftens, daß die Begriffsbildung untrennbar von ihrem Ausdruck durch die menschliche Sprache, die Lautsprache ist« (Fogarasi: (232), 112; 116). Setzt man diese Definition des Begriffs in den Satz ›Wahrheit ist der Inhalt eines wahren Begriffs‹ ein, so ergibt sich als Fazit: Wahrheit ist der Inhalt eines wahren Produkts der Materie. Dieses Fazit bedeutet das Ende der dialektischen Erkenntnistheorie, denn es gibt die Unterscheidbarkeit von Materie und Denken preis; es führt zurück zum objektiven Idealismus.

Daß »die Wahrheit [...] in den Bereich der Semantik« gehört, ist eine der Feststellungen von G. Klaus, dessen Verdienst es ist, die Aspekte der formalen Logik und Sprachanalyse gegen borniere ideologische Verdikte wieder in der dialektischen Logik differenziert geltend gemacht zu haben. Aber auch G. Klaus' Erkenntnistheorie und Logik haben den nicht-formallogischen Wahrheitsbegriff weitgehend ausgeblendet: »Die Wahrheit gehört in den Bereich der Semantik, und es wird ausdrücklich vom Menschen abstrahiert« (Klaus: (158), 95). Diese Abstraktion vom Menschen und seiner Praxis gründet in einem – genau genommen – vordialektischen Materialismus; G. Klaus wechselt das marxistische Praxis-Kriterium der Wahrheit aus; er ersetzt es durch das Kriterium der »Realität«: »Eine wissenschaftliche Erklärung des Wesens der Logik kann nur der Materialismus geben. Er geht dabei von der aristotelischen Wahrheitsdefinition aus. Unser Denken ist dann logisch richtig, wenn es das in Gedanken verbindet, was in der Wirklichkeit tatsächlich verbunden ist. Der alleinige und letztliche

Maßstab für die Wahrheit unseres Denkens ist die Realität«. Diesem ›anschauenden‹ Materialismus korrespondiert ein Mechanismus in der Abbild-Konzeption; so vertritt Klaus die These von der »Abbildung der objektiven *auf* die subjektive Dialektik«, nicht aber der Abbildung ›*durch*‹ das Denken des Subjekts der Praxis. Wie bei Fogarasi bleibt auch in Klaus' *Moderne Logik* unklar, weshalb ›Wahrheit‹ nur Aussagen zugemessen wird, obwohl doch die Aussage nur die ›objektive Dialektik‹ abbilde; gerade in diesem Abbild-Modell müßte der Gegenstand bereits Wahrheit implizieren; dennoch insistiert G. Klaus: »Dinge und Sachverhalte können nur existieren. Wahr oder falsch sind nur Aussagen, die sich auf Dinge oder Sachverhalte beziehen« (Klaus: (234), 11/12; 1;36).

In seiner *Speziellen Erkenntnistheorie* hatte sich G. Klaus mit Nachdruck gegen eine Argumentation verwahrt, die auf einem mechanistischen Mißverständnis der Widerspiegelungstheorie beruhe, die Widerspiegelung nicht als »aktive, konstruktive Tätigkeit«, sondern als »passives Fotografieren« erkläre und deshalb die Wahrheitstheorie der Übereinstimmung von Abbild und Objekt ablehne. Zugleich hatte Klaus darauf verwiesen, daß die Wahrheitstheorie der Übereinstimmung nicht problemlos sei, weil »Abbilder [...] semantisch oder ikonisch, [...] logisch oder emotional sein« können; »die Abbilder A sind nicht einfach fotographische Abbilder. Dies mag ungefähr noch für die elementarsten Fälle der Abbildung zutreffen. Alle höheren Formen der Abbildung entstehen durch Konstruktion!«. Den Terminus der ›Übereinstimmung‹ von Abbild und Objekt nennt Klaus begründet »problematisch«: »ein Gedanke ist etwas völlig anderes als die Wirklichkeit, ›Übereinstimmung‹ heißt also strenggenommen nichts anderes, als daß es eine isomorphe bzw. homomorphe Zuordnung zwischen der Struktur der Wirklichkeit und der Struktur des Gedankens gibt«. Klaus' Vorbehalt gegenüber der Formel R. O. Gropps »Die objektive Realität ist der Inhalt der Wahrheit«[143] ist nicht unberechtigt eingelegt, denn »die Abbildrelation ist umfassender als die Wahrheitsrelation. Letztere ist in der ersteren enthalten. Wahrheit kommt aber nur einer Teilmenge der Menge aller Abbilder zu«. Die logische Wahrheits-Konzeption ist unverzichtbar, weil ohne sie die spezifische ontologische Qualität des

143 R. O. Gropp, *Der dialektische Materialismus.* Berlin 1959, 113.

in Widerspiegelungen bewußten und wahren Seins nicht analysiert werden könnte. Die Einwände gegen G. Klaus beziehen sich – dies sei klargestellt – nicht auf die notwendigen speziell-erkenntnistheoretischen und logischen Differenzierungen und Konkretisierungen des Wahrheitsbegriffs. Zur Diskussion steht allein die Verselbständigung des logischen Wahrheits-Konzepts, die zu einer Flucht der Erkenntnistheorie aus der historischen dialektischen Logik und aus dem System der materialistischen Dialektik führen mußte. So sehr einzuräumen ist, daß die Erklärung von ›Wahrheit‹ durch ›richtige Widerspiegelung‹ auf eine »Zirkeldefinition« hinauszulaufen droht, so eindeutig bleibt zu kritisieren, daß Klaus die Kategorie ›Praxis‹ wie auch die Praxis selbst aus der Wahrheitsdefinition ausschließt: falsch – nicht gemessen an einem dogmatischen Konsens, sondern am Erkenntnisprozeß selbst – ist, »daß die Bestätigung durch die Praxis nicht in eine Definition der Wahrheit gehört, denn ob eine Wahrheit bestätigt wird oder nicht, ist für ihre Existenz zunächst völlig belanglos« (Klaus: (159), 84; 82; 83; 98; 111; 99). Innerhalb der aussagenlogischen Wahrheitstheorie von G. Klaus hat dieser Satz wohl nur einen polemischen Stellenwert; in ihr gibt es keine außerhalb von Bestätigungen ›existierende‹ Wahrheit. Wichtiger aber ist, daß mit der Eliminierung der Praxis-Dimension aus der Wahrheitstheorie dem subjektivistischen Konsensualismus wie einer durch nichts zu begründenden Praxis-Neutralität der Erkenntnis und ihrer Wahrheit das Wort geredet wird. Die Produkte gesellschaftlicher Arbeit, deren Kennzeichen ist, daß sie ideell – wahr *oder* falsch – konzipiert wurde, *bevor* sie verwirklicht wird, sind nicht mehr qualifizierbar; dies betrifft nicht zuletzt jene gesellschaftliche Produktion, die Wissen und Wissenschaften erzeugt; die Wahrheit von Wissenschaften bzw. wissenschaftlicher Aussagen kann nicht allein nach logischen ›wahr-falsch‹-Kriterien bemessen werden, sondern nach dem Kriterium der Praxis: die Anwendung ›wahrer‹ oder ›falscher‹ Aussagen begründet den ideologischen Charakter jeden Wissens; der Verzicht auf die Praxis-Relation und – in deren Gefolge – auf die Ideologietheorie ist in einem Maße abstrakt, daß er Konvergenztheoreme und die Blindheit gegenüber klassenspezifischen Konstitutionsbedingungen von Aussagen provozieren muß.

G. Klaus' Wahrheitstheorie hat Schule gemacht. Seinen Ansatz

noch erheblich vereinseitigend, hat z. B. L. Kreiser ›Eine Präzision der marxistisch-leninistischen Wahrheitskonzeption‹ an-
geboten, die nur noch als Reduktion verstanden werden kann.
Gemeint ist die »Einschränkung, daß auch bezüglich Theorien
weder von wahr noch von falsch gesprochen werden kann, wie
das nach G. Klaus noch zulässig ist«. Kreiser schränkt die Anwendung von ›Wahrheit‹ rigide auf wissenschaftliche Aussagen ein, für die ein Kriterium ihrer »Entscheidungsdefinitheit«
angegeben werden kann: »Im Falle von Beweisverfahren oder
Verifikationsverfahren sowie ihrer entgegengesetzten Verfahren bedeuten Aussagesätze Wahrheitswerte, sind die betreffenden Aussagen wahr oder falsch. Aussagen dieser Art sollen
daher wahrheitsdefinit (P. Lorenzen) genannt werden«. Übrig
bleibt eine konstruktivistische, letztenendes positivistische
Wahrheitsdefinition: »Eine Aussage ist wahr genau dann,
wenn eine Übereinstimmung mit dem durch entsprechende
Verfahren tatsächlich gegebenen Resultat und dem besteht,
was durch die Aussage behauptet wird. Je nach der Art des
Verfahrens (das wesentlich auch abhängt von der Sprache, in
der die Aussage formuliert ist, und wie sie in ihr formuliert
ist) sind dabei gewisse Toleranzen bezüglich der Übereinstimmung zugelassen, so daß die Aussage nicht wahr (falsch) ist,
wenn das tatsächlich gegebene Resultat den Toleranzbereich
überschreitet. Die Wahrheit der entsprechend negierten Aussage ist somit als Falschheit der unnegierten Aussage zu verstehen«. Konsequenz ist: »es läßt sich erkenntnistheoretisch
nicht definieren, was eine wahre Aussage, formuliert in belie-
bigen Sprachen, ist, da die jeweils spezifischen Wahrheitsbedin-
gungen der betreffenden Sprache zu beachten sind. Es lassen
sich somit erkenntnistheoretisch nur spezielle, auf die jeweilige Sprache bezogene Wahrheitsdefinitionen aufstellen«. Kreiser betont zwar, es gehe ihm nicht »um Eigenschaften der
Wahrheit im Erkenntnisprozeß, wie etwa die Dialektik von
relativer und absoluter Wahrheit«; seine Präzisierung stellt
insgesamt aber keine Konkretisierung eines Teilaspekts der
Wahrheitstheorie dar, sondern deren Surrogat; weil die
›Eigenschaften‹ der Wahrheit im Erkenntnisprozeß vernachlässigt werden, wird dieser Regression in der Gnoseologie der Boden bereitet (Kreiser: (310), 180; 183; 184; 189/190; 180).
D. Wittich stellt demgegenüber *Die Allgemeingültigkeit des*

marxistisch-leninistischen Begriffs »objektive Wahrheit« nicht
zu beliebiger Disposition. Er rezipiert den positiven Ertrag der
Klausschen Wahrheitstheorie und kritisiert vor allem die positivistische Relativierung des historisch-logisch begründeten
Terminus ›relative Wahrheit‹: »Wenn der Marxismus von relativer Wahrheit spricht, so handelt es sich stets um die historische Bedingtheit der Menge der erreichten oder erreichbaren
objektiv wahren Erkenntnisse bzw. um die historische Bedingtheit des erreichten oder erreichbaren Übereinstimmungsgrades
von Erkenntnissen mit ihren Gegenständen«. Wittich weist
nach, daß die These von der sprachlichen Relativität des
Wahrheitsbegriffs und -kriteriums nur eine Scheinkonsequenz
jener anderen These ist, daß Aussagesätzen Wahrheit zukomme. Diese scheinbar plausible Folgerung hat etwa Stegmüller
gezogen: »Daher gibt es nicht einen Begriff ›wahr‹, sondern
soviele derartige Begriffe, als man voneinander verschiedene
semantische Systeme konstruieren kann«[144]. Selbst wenn
man – stellt Wittich dagegen – die Gesamtheit der Widerspiegelungsformen als »Formulieren von Aussagesätzen bzw.
von Gesamtheiten solcher Sätze« und als »Operieren mit ihnen« bestimmen wollte, wäre der semantische Relativismus
grundlos; denn auch bei einer solchen (unzulässigen) semantischen Fixierung des Wahrheitsbegriffs auf Aussagesätze »könnte sich deren grundlegende positive Ausgezeichnetheit für den
Prozeß der materiellen Umgestaltung der objektiven Realität
dennoch einzig aus ihrem Übereinstimmungsverhältnis mit dem
Objekt des Erkennens ergeben«. Der Übergang zum semantischen Idealismus wird notwendig, sobald »die Frage nach der
grundlegenden positiven Ausgezeichnetheit bestimmter Aussagen usw. in bezug auf die Praxis mit der Frage nach den
sprachlichen Bedingungen und Voraussetzungen verwechselt
wird, die eine solche Aussage usw. überhaupt ermöglichen«[145].
Wittichs Kritik gründet in einer glaubwürdigen Verbindung
von logischer und ›praktischer‹ Wahrheitsdefinition; die Alternative von logischem oder ›praktischem‹ Wahrheitskriterium
ist nichts als ein Mißverständnis, freilich eins mit schwerwiegen-

---

144 W. Stegmüller, *Das Wahrheitsproblem und die Idee der Semantik.*
Wien/New York 1968, 223 f. Zit. Wittich: (320), 954.
145 Zur erkenntnistheoretisch einschlägigen dialektisch-materialistischen
Theorie der Sprache vgl. Bibl.: (302)-(308).

den logischen und praktischen Folgen. Wittichs Argumentation lautet:

1. Eine philosophische Wahrheitskonzeption ist die Theorie, welche »die Art, das Merkmal und das Kriterium der in bezug auf die Praxis als ausgezeichnet betrachteten Objektdarstellungen feststellt oder begründet«. Diese Theorie geht aus vom Axiom der objektiven, vom Reflexionsmodus unabhängigen Wahrheit des Objektseins der Widerspiegelungsgegenstände und bezeichnet als ›wahr‹ »dasjenige Merkmal bestimmter Objektdarstellungen [...], das *tatsächlich* für deren Ausgezeichnetheit hinsichtlich der *objektiven* Beschaffenheit der Praxis entscheidend ist«.

2. Diese Wahrheitskonzeption ist spezifisch für die »Arbeiterklasse« und deren Philosophie, denn das Praxis-Kriterium fußt »auf der durch diese Philosophie erreichten Einsicht in die grundlegende und bestimmende Rolle, welche die Produktion materieller Güter für den gesamten menschlichen Lebensprozeß besitzt«.

3. ›Wahrheit‹ kommt nicht a priori allen Aussagen über die Wirklichkeit und die Praxis zu, sondern einer bestimmten Klasse von Aussagen: ›wahr‹ sind Aussagen, »die mit den durch sie reflektierten Gegenständen übereinstimmen« und deren Übereinstimmung in der Praxis überprüfbar ist; erst diese Übereinstimmung garantiert »Handlungsanweisungen für *erreichbare* Ziele und *realisierbare* Wege«. ›Wahre‹ Aussagen oder Aussagenmengen sind ausgezeichnet durch ihre Praxis-Funktion im »menschlichen Lebensprozeß«.

4. Die Wahrheitskonstitution vollzieht sich nach den allgemeinen grundlegenden Gesetzmäßigkeiten »des gesellschaftlichen Erkenntnisprozesses«. Das Subjekt der als ›wahr‹ und praxisrelevant ausgezeichneten Aussagen ist das gesellschaftlich arbeitende und nach Maßgabe der Notwendigkeit der Arbeit erkenntnisbildende Individuum. Für das Wahrsein von Widerspiegelungen ergeben sich folgende Konsequenzen:

a) die durch die Vermittlungsstruktur von Abbild und Objekt bestimmte *Objektivität* der Wahrheit; diese Vermittlung findet statt in der Dialektik der Wirklichkeitsaneignung in der Praxis;

b) die durch die historische Bedingtheit der Erkenntnistotalität einer Gesellschaftsformation gegebene *Relativität* der Wahrheit; jede Erkenntnistotalität ist ein Teil der denkbaren absoluten Erkenntnismenge, ist Teil des Annäherungsprozesses an die absolute Wahrheit; der Grad der Annäherung wird geprägt durch den Stand des materiellen Aneignungsprozesses;

c) »der unterschiedliche Einfluß, den die soziale Klassenzugehörigkeit der die Praxis gestaltenden Menschen auf die Erlangung, das Bekennen und Anwenden von Erkenntnissen ausübt. Dies wird oft als ›Parteilichkeit der Wahrheit‹ bezeichnet«.

5. ›Wahrheit‹ und ›Übereinstimmung zwischen Abbild und Objekt‹ sind nicht identisch, sondern bezeichnen unterscheidbare Qualitäten von Erkenntnissen gegenüber den Erfordernissen der Praxis. Künstlerischen Bewußtseinsformen etwa ist als Widerspiegelungsformen die ›Übereinstimmung‹ nicht abzusprechen. Gerade das erkenntnistheoretische Praxis-Kriterium aber führt zu der Einsicht, daß sie nicht ›wahr‹ sind im Sinne der Ausgezeichnetheit von Aussagen: »Diese Ausgezeichnetheit besteht ja in bezug auf den praktischen Lebensprozeß und insofern als Aussagen usw. der unmittelbare gedankliche Ausgangspunkt für die Gewinnung von Handlungsanweisungen, also für die praktische Umgestaltung der Wirklichkeit sind. Das trifft für keinen anderen zur Diskussion stehenden Bewußtseinsinhalt zu. Deshalb kann [...] nur Aussagen und Gesamtheiten von Aussagen Wahrheit zukommen. Unter ›Gesamtheit von Aussagen‹ fassen wir dabei auch Theorien, soweit sie Aussagensysteme sind und das Wort ›Theorie‹ in diesem Sinne verstanden wird« (Wittich: (320), 941-963; Zitate: 956; 955; 942; 943; 944; 949; 950).

Diese Argumentation zeigt, daß jede Alternativfrage nach dem Wahrheitscharakter der Dinge *oder* der Widerspiegelung von Dingen bzw. der Widerspiegelungen insgesamt *oder* der sprachlichen Aussagen bzw. der sprachlichen Aussagen *oder* nur der wissenschaftlichen Aussagen falsch gestellt ist. Die philosophische Wahrheitstheorie ist aber durchaus berechtigt, aus *terminologischen* Gründen (und ohne die Allgemeingültigkeit der Kategorie ›objektive Wahrheit‹ zu relativieren) metasprachliche Konkretionen vorzunehmen. Die Wahrheit ist ein Prozeß; die wissenschaftliche Wahrheitstheorie ist gehalten, ›Wahrheit‹ entsprechend den Funktionen der Wahrheit in der Dialektik von Praxis und Erkenntnis abgestuft anzuwenden.
Eine »Geschichte des Denkens vom Standpunkt der Entwicklung und der Anwendung der allgemeinen Begriffe und Kategorien der Logik« – wie sie Lenin forderte[146] – kann ohne die Kategorie ›Wahrheit‹ nicht geschrieben werden. Ohne Erkenntniswahrheit gibt es keine Geschichte und keinen Fortschritt. Das historisch-logische Wahrheitskriterium ›Praxis‹ kritisiert den Schein, Wahrheit sei u-topisch. Weil das Subjekt der Praxis und das Subjekt der Wahrheitskonstitution identisch sind, hat ›Wahrheit‹ ihren Ort in der Geschichte. In materialistischer Sicht ist das erkenntnistheoretische Kriterium ›Praxis‹ selbst vermittelt, nicht aber unmittelbar gegeben: Er-

146 LW 38, 167.

kenntnis *und* Praxis sind Formen der Vermittlung zwischen dem materiellen Seinsprozeß und dem menschlichen gesellschaftlichen Bewußtsein. Das eigentliche Wahrheitskriterium ist die Objektivität der Erkenntnis als Widerspiegelung und sozialer Prozeß. So muß man bei der logischen Bestimmung des Verhältnisses »des Subjekts zum Objekt [...] auch die allgemeinen Voraussetzungen für das Sein des *konkreten* Subjekts (= *Leben des Menschen*) in der objektiven Umgebung in Betracht ziehen«[147]. Die erkenntnistheoretische *Ausgangskategorie* heißt ›Leben‹; die Produktion und Reproduktion des wirklichen Lebens wirklicher gesellschaftlicher Individuen determiniert die Formen und Qualitäten der Praxis, die zum Wahrheitskriterium wird. Die Praxis ist das materiell und historisch – d. h. dialektisch – kartographierbare Feld jener Orte, an denen Erkenntnis sich verwirklicht – in ›diesseitiger‹ und relativ-wahrer Form. Der Kategorie ›Wahrheit‹ korrespondiert ›Freiheit‹; beide Kategorien sind philosophisch grundlegend zur erkenntnistheoretischen und historisch-materialistischen Beschreibung der Befreiung[148].

5. Die dialektische Logik – Wissenschaft und System von Dialektik, Logik und Erkenntnistheorie

Im System der materialistischen Dialektik als der Wissenschaft von den allgemeinen Bewegungs- und Prozeßgesetzen der materiellen und ideellen Wirklichkeit bilden die historische materialistische Ontologie und die historische logische Gnoseologie einen *Verbund,* eine Einheit. Die klassifikatorische *Gliederung* dieses Systems ist nicht willkürlich, sondern ist selbst eine spezifische Form der Widerspiegelung, der Erkenntnis, der Abstraktion und Konkretisierung der sozialhistorischen und historisch-logischen, materiell determinierten Bewußtseinsprozesse; die den Systemcharakter der materialistischen Dialektik nicht dementierende Differenzierung wesentlicher – und das heißt: dem Wesen der Dialektik von Sein und Bewußtsein entsprechender – Elemente wissenschaftlicher Forschung ist eine

147 *LW* 38, 192.
148 Zur Wahrheitstheorie vgl. Bibl.: (309)-(320).

besondere Form der Schlußfolgerung aus der Geschichte der Erkenntnis der Welt. Die erkenntnistheoretischen, logischen und wissenschaftstheoretischen Perspektiven der ›Dialektik‹ gründen nicht in apriorischen Denkformen, sondern in Erfahrungen, die sich in der Struktur des Wissens und der Wissenschaft ausdrücken; sie sind notwendig und wahr, sie sind praktisch überprüft. Die Geltung des erkenntnistheoretischen Praxis-Kriteriums der Wahrheit begründet die prinzipielle Überprüfbarkeit der Wahrheit oder Falschheit menschlicher Erkenntnisse. Die marxistische Gnoseologie begnügt sich nicht mit den positivistischen Wahrheitskriterien theorieimmanenter Stringenz und nicht mit nur für die Theorie gültigen Verfahren der Verifikation oder Falsifikation wissenschaftlicher Aussagen. So ist auch die Kategorie ›Praxis‹ nicht semantisch oder logisch-konstruktivistisch ›eingeführt‹; das Praxis-Kriterium macht sich geltend auf dem Niveau einer qualitativ neuen menschlichen Erkenntnis: die Menschen machen ihre Geschichte selbst und produzieren entsprechend den Erfordernissen der Praxis wahre und/oder falsche Erkenntnisse.

Die Erkenntnistheorie erforscht die Genesis und begründet die Geltung von Bewußtseinsleistungen; diese Leistungen (Widerspiegelungen) sind Teilelemente des sozialen Produktions- und Reproduktionsprozesses. Sie vermitteln sich in diesen sozialen Prozeß in der Form des Wissens:

»Die Art, wie das Bewußtsein ist, und wie etwas für es ist, ist das Wissen«[149].

Die erkenntnistheoretische Analyse der ›Art, wie das Bewußtsein ist‹ leistet die Logik als Wissenschaft nicht allein der Denkformen und Wissensformen, sondern zugleich der Formbestimmtheit des Denkens und des Wissens. Die Gesetze, wie diese Formen bestimmt werden, gehören zum Gegenstandsbereich der Logik, sobald die Logik nicht künstlich auf eine Formanalyse beschränkt wird. Insofern diese Gesetze als Prinzipien der Bewegung, des Widerspruchs und des Fortschritts auch im Bereich des Bewußtseins *und* als Formen der Dialektik der Arbeit erkannt werden, ist die Gnoseologie erkenntnismaterialistische ›Dialektik‹. Insofern die Fragestellung nicht lautet, »ob es eine Bewegung gibt, sondern wie sie in der Logik

149 *MEW* Erg. Bd. 1, 580.

der Begriffe auszudrücken ist«[150], ist diese Erkenntnistheorie dialektische Logik. Die dialektische Logik kann nicht auf formale Logik reduziert werden, weil die Kategorien des Denkens a) keine autonomen Seinsformen und b) keine ›Daseinsformen, Existenzbestimmungen‹ *sind,* sondern c) sich in einer spezifischen, sozial-historisch determinierten Distanz und Differenz als ideelle Bewußtseinsformen zu materiellen gesellschaftlichen Existenzformen *verhalten*[151]; dieses Verhältnis schließt Widerspruch ein: nicht den Widerspruch im Denken und seiner Tätigkeit selbst, den die formale Logik rechtens auszuschließen fordert, sondern den Widerspruch zwischen den Erkenntnisbedingungen und den Erkenntnisformen. Die dialektische Logik systematisiert philosophisch den Widerspruch, der eine – formallogisch gesehen – ›richtige‹ Aussage als gesellschaftlich notwendige Bewußtseinsleistung bedingt *und* als gesellschaftlich notwendige ›falsche‹ Bewußtseinsleistung formt. Dieses Widerspruchsprinzip disqualifiziert nicht das Denken, sondern qualifiziert es: der Widerspruch ist ein Verhältnis zwischen Objektivität und Subjekt und gibt dem Bewußtsein den Rang, nicht nur zu reagieren, sondern zu wirken.

5.1. Dialektik, Logik, Erkenntnistheorie

Dialektik, Logik und Erkenntnistheorie bilden als Teilsystem der materialistischen Dialektik einen Verbund. Bilden sie auch eine Einheit? Sind sie gar identisch? Diese Fragen waren und sind Gegenstand von Kontroversen, Kontroversen mit offenkundig praktischer Bedeutung. Für G. Klaus ist in der Weiterentwicklung des marxistischen Logik-Konzepts »deutlich genug dokumentiert, daß die moderne Logik im besten Sinne des Wortes dem genügt, was die marxistische Erkenntnistheorie als das in letzter Instanz gültige Wahrheitskriterium bezeichnet, nämlich der Praxis«. Begrüßenswert nachdrücklich verweist Klaus darauf, es sei »erkenntnistheoretisch ganz falsch, die Produktionspraxis als *die einzige* Form der Praxis zu be-

---

150 *LW* 38, 242/243.
151 G. Lukács hat seinen folgenreichen Irrtum, die Identifizierung von Kategorie und Sein, bis in sein letztes Werk durchgehalten. Der Hegelianismus dient als Motto und als Argument (nicht zuletzt gegen die Logik). Vgl. G. Lukács, *Zur Ontologie des gesellschaftlichen Seins. Die ontologischen Grundprinzipien von Marx.* Darmstadt/Neuwied 1972, 5; 25.

trachten. Die Produktionspraxis ist nur *in letzter Instanz* die
bestimmende und entscheidende Form der Praxis«. Im Blick
auf die elektronische Datenverarbeitung, die Kybernetik und
die logische Theorie der Neuronennetze des Gehirns ist man
»berechtigt zu sagen, daß die mathematische Logik eine praktische Anwendung in der mathematischen Grundlagenfor-
schung und in der Theorie der Konstruktion mathematischer
Systeme findet« (Klaus: (234), X). Mit der Anerkennung der
praktischen Bedeutung der Logik und des Systems ›Dialektik,
Logik, Erkenntnistheorie‹ verbindet sich freilich auch die Einsicht in die Grenzen dieses Teilsystems der marxistischen Philosophie[152].

Sohn-Rethels nicht weiter begründete Vermutung, »daß die
Logik sich im Lichte ihrer Genesis als die gesellschaftliche Form
des Denkens erweist oder [...] als Vergesellschaftungsform des
Denkens« (Sohn-Rethel: (197), 48), zeigt eine wesentliche Dimension der Logik-Auseinandersetzung auf: die Beziehung
von Logik und Ökonomie, materieller gesellschaftlicher Produktion.

In der Darstellung dieser Studie wurde bewußt darauf verzichtet, die dialektische Logik systematisch an den Anfang der
Untersuchung zu stellen. Die Kategorien der dialektischen Logik sind Schlußfolgerungen: die philosophische Begründung
der Kategorien des materiellen Seins, der Dialektik, der Natur,
der Arbeit und der Geschichte, der Erkenntnis als Widerspiegelung und sozialen Prozesses, des Wegs und der Methode des
Aufsteigens vom Abstrakten zum Konkreten und endlich des
Wahrheitskriteriums ›Praxis‹ steht in einem doppelten Funktionsverhältnis zur dialektischen Logik. Einmal zieht sie ein
Fazit aus der Geschichte des Denkens, des Wissens und der
Wissenschaften – vor allem der Philosophie –, zum andern
setzt sie das historisch mit der leninistischen dialektischen Logik erreichte Niveau wissenschaftlicher Reflexion über die Dialektik von Praxis und Denkformen bereits voraus. Die Darstellungsweise sollte die *historisch*-logische Systembildung dokumentieren. Denn nur bei diesem Verfahren tritt zutage, in
welchem Verhältnis kategorialer Abstraktion die dialektische
Logik zur Geschichte der Erkenntnis steht; die dialektische
Logik verallgemeinert diese Geschichte und gelangt zur Er-

152 Vgl. Bibl.: (278), 44.

kenntnis und Formulierung von allgemeinen Gesetzmäßigkeiten der Erkenntnisbildung und der Genese logischer Denkstrukturen. Für ihren Gesetzesbegriff gilt:

»Das Gesetz ist das Dauerhafte (Bleibende) in der Erscheinung. (Das Gesetz – das Identische in der Erscheinung). Das Gesetz ist die wesentliche Erscheinung. (Das Gesetz ist die Widerspiegelung des Wesentlichen in der Bewegung des Universums). (Erscheinung, Ganzheit, Totalität) ((Gesetz = Teil)). (Die Erscheinung ist *reicher* als das Gesetz). (Gesetz ist *Verhältnis* [...] Verhältnis der *Wesenheiten* oder zwischen den Wesenheiten)«[153]

Die dialektische Logik definiert deshalb ihre Beziehung zur ›Dialektik‹ und zur Erkenntnistheorie unter diesem Aspekt: während die ›Dialektik‹ die Bewegungs- und Prozeßformen der Vermittlung von Sein und Bewußtsein vornehmlich in der Perspektive der materiellen Produktion untersucht, während die Erkenntnistheorie die Gesamtheit der Erscheinungen der Erkenntnis und ihre ideologische Wahrheit bzw. Falschheit erforscht, formuliert die Logik die allgemeinen *Gesetze* der Modalitäten und Formen der Bewußtseinsobjektivationen. Die Logik abstrahiert *theoretisch* von der empirischen Gewißheit, »daß sowohl die Welt der Erscheinungen als auch die Welt an sich *Momente* der Naturerkenntnis des Menschen, Stufen, *Veränderungen* oder Vertiefungen (der Erkenntnis) sind«[154]. Aber erst im Bezugsrahmen von ›Dialektik‹, Logik und Erkenntnistheorie begreift die Logik, was die formale Logik aus ihrer Selbstkritik ausklammert: die Wissenschaft von den allgemeinen Gesetzen der logischen Strukturbildung von Bewußtseinsleistungen widerspiegelt den historisch-logischen Prozeß in Form einer »konkreten Totalität als Gedankentotalität« und als eine »Totalität von vielen Bestimmungen und Beziehungen«[155]. Der Abstraktionsgrad der Logik provoziert den Schein, als handele es sich bei abstrakten logischen Aussagen über die menschliche Denktätigkeit um geschichtslose, statische und ewigmenschliche Denkformen. Die dialektische Logik ist die Kritik dieses Scheins. Kraft ihrer dialektischen Methode vermag diese Logik zu erkennen, daß ihre Gegenstände nicht ›Tatsachen‹ ohne historisch-logische Vermittlung sind; ›Tatsa-

---

153 *LW* 38, 144; 140-144.
154 *LW* 38, 143.
155 *Grundrisse*, 21/22.

chen‹ sind vielmehr Resultate von Prozessen. Zur Totalität der Beziehungen, unter deren Wirksamkeit logische Aussagen wahr oder falsch sind, gehört auch die Genesis, der Übergang von Nicht-Wissen in Wissen. Diese Genesis ist nicht – formal-logisch formalisierbar. Die ›Einfachheit‹ von Aussagesätzen, die in formalen Logiken als Beispiele dienen, verharmlost das Problem der logischen Genesis: ›Die Sonne scheint oder scheint nicht‹, ›XY kommt zu spät oder nicht‹ sind Sätze, die notwendig wahr oder falsch sind. Nicht weniger determinierend aber ist jene Notwendigkeit, welche die Relativität der Kategorien ›wahr/unwahr‹ historisch bedingt. Aussagen wie ›Der Kapitalismus befindet sich in seiner Endphase oder nicht‹, ›Der Imperialismus ist das höchste Stadium des Kapitalismus oder nicht‹ lassen sich nicht formal-logisch nach dem Widerspruchslosigkeits-Kriterium erfassen. Sie widerspiegeln nicht-logische Widersprüche; sie widerspiegeln sie z. T. in der Form des dialektischen Widerspruchs. Ohne *dialektische* Einsicht in die spezifischen historisch-logischen Bedingungen solcher Aussagen und ohne die *erkenntnistheoretische* Analyse des gesamten Bewußtseins-Kontextes dieser Aussagen bliebe die *logische* Strukturanalyse ihrem Gegenstand unangemessen.

Die Verhältnisbestimmung von Dialektik, Logik und Erkenntnistheorie wurde von Marx und Engels vorbereitet und von Lenin präzisiert. Die Auseinandersetzung mit der Hegelschen Philosophie hat die ganze Entfaltung der dialektischen Logik wesentlich geprägt.

Die Marxschen *Manuskripte* von 1844 würdigen als Leistung der »spekulativen Logik« Hegels, »daß die *bestimmten Begriffe,* die allgemeinen *fixen Denkformen* in ihrer Selbständigkeit gegen Natur und Geist ein notwendiges Resultat der allgemeinen Entfremdung des menschlichen Wesens, also auch des menschlichen Denkens sind und daß Hegel sie daher als Momente des Abstraktionsprozesses dargestellt und zusammengefaßt hat«. Gegen Hegels Intention liest Marx aber die »ganze Logik« als »Beweis« dafür, »daß das abstrakte Denken für sich nichts ist, daß die absolute Idee für sich nichts ist, daß erst die *Natur* etwas ist«[156]. Marx rezipiert die Hegelsche Erkenntnis, daß die philosophische Logik nicht etwa die logische Strukturen der Sprache auf die Wirklichkeit projiziert und daß die

156 *MEW* Erg. Bd. 1, 585.

Kategorien der Dialektik – wie ›Widerspruch‹, ›Identität‹ – Funktionen der Wirklichkeit sind. Die Marxsche Kritik setzt an bei der identitätsphilosophischen Identifizierung von Logos und Geschichte, die eine Suspendierung der Dialektik nach sich ziehen muß; weil die wesentliche Qualität des Geschichtlichen nicht der ›Begriff‹ ist, sondern die Produktion und Reproduktion des Lebens vermittels des begreifenden Denkens, historisiert Marx im Gegenzug zur Hegelschen Logifizierung der Geschichte die Logik (vgl. Raphael: (185), 8/9).

Engels zieht aus der Marxschen materialistischen Umstülpung der Hegelschen Dialektik die Folgerung, daß die Philosophie nicht mehr die Universalwissenschaft zur Erkenntnis der ›gemachten‹ Geschichte und der Realität sein kann. Die mit der Erkenntnis der ›gemachten‹ Geschichte korrespondierende Positivierung der Wissenschaften läßt für die philosophische Theorie »die Lehre vom Denken und seinen Gesetzen – die formelle Logik und die Dialektik« als Gegenstandsbereich übrig; »alles andre geht auf in die positive Wissenschaft von Natur und Gesellschaft«[157].

Die Verbindung positiv-wissenschaftlichen Wissens über die dialektischen Prozesse zwischen Natur und Gesellschaft mit der philosophischen Wissenschaft vom Denken und dessen Gesetzen läßt die Forderung nach einer qualitativ neuen Logik laut werden. Einer ausschließlich an der *Form*bestimmtheit des Denkens orientierten und gegenüber der Form*bestimmtheit* logischer Strukturen blinden ›formalen Logik‹ setzt Engels die ›dialektische Logik‹ entgegen. In seinen Notizen zur *Dialektik der Natur* finden sich unter dem Titel *Dialektische Logik und Erkenntnistheorie. Von den ›Grenzen der Erkenntnis‹* Überlegungen zur »Einheit von Natur und Geist«, zu »Abstrakt und konkret«, zu »Verstand und Vernunft«, zur »Klassifikation des Urteils«, zum Problem von »Induktion und Deduktion«, »Induktion und Analyse«, zu »Kausalität« und »Wechselwirkung«[158]. Für die Entwicklung der dialektischen Logik wird dabei die Hegel zugeschriebene Erkenntnis bedeutsam, daß »die Entwicklung eines Begriffs oder Begriffsverhältnisses (Positiv und Negativ, Ursache und Wirkung, Substanz und Akzidenz) in der Geschichte des Denkens [...] sich zu seiner

157 *MEW* 20, 24.
158 *MEW* 20, 490-499.

Entwicklung im Kopfe des einzelnen Dialektikers wie die Entwicklung eines Organismus in der Paläontologie zu seiner Entwicklung in der Embryologie« verhalte[159]. Für die Aufgabenstellung einer dialektischen Logik ergibt sich daraus:

»Die dialektische Logik, im Gegensatz zur alten, bloß formellen, begnügt sich nicht wie diese, die Formen der Bewegung des Denkens, d. h. die verschiednen Urteils- und Schlußformen, aufzuzählen und zusammenhanglos nebeneinander zu stellen. Sie leitet im Gegenteil diese Formen, die eine aus der andern ab, sie subordiniert sie einander statt sie zu koordinieren, sie entwickelt die höheren Formen aus den niederen«.

Die modernen Naturwissenschaften nahm Engels zum Zeugen für seine weitere These:

»Was [...] bei Hegel als eine Entwicklung der Denkform des Urteils als solchen erscheint, tritt uns hier entgegen als Entwicklung unsrer auf *empirischer* Grundlage beruhenden theoretischen Kenntnisse von der Natur der Bewegung überhaupt. Das zeigt denn doch, daß Denkgesetze und Naturgesetze notwendig miteinander stimmen, sobald sie nur richtig erkannt sind«[160].

Dieses Prinzip hatte – in idealistischer Weise – bereits Hegels Logik vor Augen, ohne es freilich greifen zu können; seine Logik widmete sich »dem Gedanken, insofern er ebensosehr die Sache an sich selbst ist, oder der Sache an sich selbst, insofern sie ebensosehr der reine Gedanke ist«[161].

Dieses Prinzip der Einheit von Logik und Dialektik der Wirklichkeit erschien Marx als »das *Rationelle* an der Methode, die Hegel entdeckt, aber zugleich mystifiziert hat«[162]. Das Rationelle entdeckte Marx in Hegels Definition: »Die *Logik ist die reine Wissenschaft*, d. i. das reine Wissen in dem ganzen Umfange seiner Entwicklung«[163]. Als Mystifikation dagegen mußte die Idealisierung des Entwicklungsprinzips kritisiert werden: »Das Bewußtsein ist der Geist als konkretes, und zwar in der Äußerlichkeit befangenes Wissen; aber die Fortbewegung dieses Gegenstandes beruht allein, wie die Entwicklung

159 *MEW* 20, 491.
160 *MEW* 20, 492/493.
161 G. W. F. Hegel, *Wissenschaft der Logik*. Erstes Buch. a.a.O., (Reclam-Leipzig), 45.
162 *MEW* 29, 260.
163 *Wissenschaft der Logik*, a.a.O. 72.

alles natürlichen und geistigen Lebens, auf der Natur der *reinen Wesenheiten,* die den Inhalt der Logik ausmachen. Das Bewußtsein, als der erscheinende Geist, welcher sich auf seinem Wege von seiner Unmittelbarkeit und äußerlichen Konkretion befreit, wird zum reinen Wissen, das sich jene reinen Wesenheiten selbst, wie sie an und für sich sind, zum Gegenstand gibt. Sie sind die reinen Gedanken, der sein Wesen denkende Geist«[164]. Doch auch die gegenüber der Hegelschen Geist-Spekulation notwendige Kritik konnte Lenin nicht davon abbringen, Hegels dialektische Logik als Fundament der marxistischen anzuerkennen und zu fordern, der »streitbare Materialismus« solle sich als eine »Gesellschaft materialistischer Freunde der Hegelschen Dialektik« verstehen[165].

Die dialektische Entwicklungsidee Hegels war der materialistischen Aufhebung – und nicht nur der Kritik – wert. Die marxistische Kategorie der ›*konkreten* Totalität‹ hat die Hegelsche Idee kritisch weitergedacht. Nach Lenin fordert die ›Dialektik‹ »die allseitige Berücksichtigung der Wechselbeziehungen in ihrer konkreten Entwicklung«[166]:

»Die Logik ist die Lehre nicht von den äußeren Formen des Denkens, sondern von den Entwicklungsgesetzen ›aller materiellen, natürlichen und geistigen Dinge‹, d. h. der Entwicklung des gesamten konkreten Inhalts der Welt und ihrer Erkenntnis, d. h. Fazit, Summe, Schlußfolgerung aus der *Geschichte* der Erkenntnis der Welt«[167].

Diese zentrale Leninsche Aussage, die bereits mehrfach zitiert wurde, muß interpretiert werden; sie müßte sonst mißverstanden werden als eine Inthronisation der Logik als Universalwissenschaft; dies ist nicht gemeint; gemeint ist:

1. Die Denkformen können nicht in ihrer logischen Spezifik erkannt werden, solange sie nicht als Widerspiegelungen ihrer materiellen und ideellen historischen Genesis begriffen werden;

2. Diese Definition der Logik erwächst aus einer Konfrontation mit Hegels Idealismus;

3. Die Logik ist nur insofern die Lehre von den Entwicklungsgesetzen *aller* ›materiellen, natürlichen und geistigen Dinge‹,

164 A.a.O. 16.
165 *LW* 33, 220.
166 *LW* 32, 82.
167 *LW* 38, 84/85.

als sie identisch ist mit der ›Dialektik‹ und die allgemeinsten
Gesetze logischer Widerspiegelungsstrukturen formuliert – und
beinhaltet. Die Logik manifestiert, *daß* die Gesetze der Dialektik existieren und widerspiegelungsfähig sind. Ohne logische
Widerspiegelung gäbe es keine Gewißheit von den Entwicklungsgesetzen des materiellen und ideellen Seins.

4. Lenin definiert die *dialektische* Logik. Die Befähigung dieser Logik zu wahren Allgemeinaussagen über die dialektische
Struktur zwischen Materie, Natur und Bewußtsein wird von
Lenin so hoch eingeschätzt, daß er Marxismus und dialektische
Logik als Synonyme bezeichnet[168]. Dabei ist vorausgesetzt,
daß die Dialektik des konkreten Seins eine ›Dialektik‹ notwendig begründet, die mit der marxistischen Erkenntnistheorie
identisch ist[169].

5. Zu berücksichtigen ist, daß Lenin diese Definition im unmittelbaren Kontext seiner historischen Theorie der Befreiung
des Menschen durch Erkenntnisse niederschreibt: die »Kategorien« der Erkenntnis sind als Formen gesellschaftlich notwendigen Bewußtseins nicht nur Indizien oder Symbole der Befreiung aus blinder Naturunterlegenheit, sondern »Stufen des
Heraushebens« aus dem »*Netz* von Naturerscheinungen«, die
den »instinktiven Menschen« gefangen halten. Ontologie und
Logik sind deshalb nicht mehr im Sinne Hegels identisch, sondern bilden eine identische, den Widerspruch einschließende
Einheit. Weil die praktischen ›Stufen des Heraushebens‹ erkenntnisbedingt sind, d. h. Stufen »der Erkenntnis der Welt«
kennzeichnen, ist die Logik als Wissenschaft von den Entwicklungsgesetzen der Wirklichkeit, *soweit* sie erkannt wird, zugleich Erkenntnistheorie; weil die Erkenntnis von den Antagonismen der materiellen Produktion und Reproduktion determiniert wird, ist ihre Theorie zugleich ›Dialektik‹[170].

1915 hat Lenin in *Zur Frage der Dialektik* die »Identität der
Gegensätze« als »*Gesetz der Erkenntnis* (*und* Gesetz der objektiven Welt« definiert. Dabei verwandte er den Terminus
›Identität‹ deckungsgleich mit »Einheit«: »Bedingung der Erkenntnis aller Vorgänge in der Welt in ihrer ›*Selbstbewegung*‹,
in ihrer spontanen Entwicklung, in ihrem lebendigen Leben ist

168 Vgl. *LW* 32, 86.
169 Vgl. *LW* 38, 343.
170 *LW* 38, 85.

die Erkenntnis derselben als Einheit von Gegensätzen. Entwicklung ist ›Kampf‹ der Gegensätze«. Als Beispiel führte Lenin das Verhältnis von Gesellschaftswissenschaft und Klassenkampf an: der Klassenkampf ist die Einheit jener Gegensätze, die sich gesetzmäßig gesellschaftswissenschaftlich widerspiegelt. Diese Einheit der Gegensätze und deren Erkenntnis ist »bedingt, zeitweilig, vergänglich, relativ«; zwei Schlußfolgerungen drängen sich auf: a) ist in der »(objektiven) Dialektik auch der Unterschied zwischen Relativem und Absolutem relativ« und b) bilden die »Dialektik als *lebendige, vielseitige* [...] Erkenntnis mit einer Unzahl von Schattierungen [...] jeder Annäherung an die Wirklichkeit« und die dialektische *Theorie* dieser dialektischen Erkenntnis eine historische Einheit. Diese Einheit ist selbst nicht widerspruchslos; sie schließt ein den Widerspruch zwischen der konkreten Erkenntnis und einer Theorie, welche die Erkenntnisse zwar systematisiert, aber den ideologischen Charakter der Erkenntnisformen in seiner sozialen und historischen Determination verkennt. Die Vermittlungsstruktur zwischen Erkenntnis und Theorie kann die *dialektische* Logik nachweisen; sie konfrontiert Genesis und Geltung logischer Widersprüche gemäß dem Gesetz der Einheit materieller und ideeller Widersprüche. Marx – so referiert Lenin – hat im *Kapital* den Warenaustausch als das »einfachste, gewöhnlichste, grundlegendste, massenhafteste, alltäglichste, milliardenfach zu beobachtende *Verhältnis* der bürgerlichen (Waren-)Gesellschaft« analysiert. »Die Analyse deckt in dieser einfachsten Erscheinung [...] *alle* Widersprüche (resp. die Keime *aller* Widersprüche) der modernen Gesellschaft auf«[171]; zu diesen Widersprüchen gehört nicht zuletzt jener zwischen der im Kapitalverhältnis erzeugten Menschenware und deren nicht systemkonformem Bewußtsein, das zur Kraft der Negation wird. Die Erkenntnis der Einheit von Dialektik, Erkenntnistheorie und Logik und deren Konzeption in der dialektischen Logik ist selbst zutiefst verankert in diesem Funktionszusammenhang von Praxis und Erkenntnis.

In der Auseinandersetzung über die Bedeutung der Termini ›Identität‹ bzw. ›Einheit‹ in der Theorie der ›Identität‹ bzw. ›Einheit‹ von Dialektik, Logik und Erkenntnistheorie ist diese historisch-materialistische Perspektive oft unangemessen, scheu-

171 *LW* 38, 339; 338; 343; 344.

klappeneng an den Rand des Blickfangs gerückt. Bemerkenswert aber ist, daß Lenin diese Theorie gerade als die Erbschaft des Marxschen *Kapital* verstanden hat:

»Wenn Marx auch keine ›Logik‹ [...] hinterlassen hat, so hat er doch die *Logik* des ›Kapitals‹ hinterlassen. [...] Im ›Kapital‹ werden auf *eine* Wissenschaft Logik, Dialektik und Erkenntnistheorie (man braucht keine 3 Worte: das ist ein und dasselbe) des Materialismus angewendet«[172].

Es ist auffällig, daß in der Literatur zwei mögliche Varianten der Idee des ›Zusammenfallens‹ der drei Bereiche der materialistischen Dialektik nicht scharf genug unterschieden werden:
Variante 1: Aufgrund der Widerspiegelungsfunktion der Erkenntnis fallen die drei die Erkenntnisse unterschiedlich systematisierenden Theorien zusammen: ›Dialektik‹, Logik und Gnoseologie. Die ›Dialektik‹ wird in dieser Variante als Theorien- und Methodensystem verstanden.
Variante 2: Jede Erkenntnis ist eine formbestimmte Funktion der materiellen Prozesse in Natur und Gesellschaft. Jede Erkenntnis ist ein Teilelement der Dialektik der Wirklichkeit. Die *Idee* des Zusammenfallens von Dialektik, Logik und Erkenntnistheorie widerspiegelt die Einheit nicht allein innerhalb der Widerspiegelungsstruktur, sondern innerhalb der *ontologischen* Dialektik selbst. Es besteht materiell eine Einheit von Prozeß und Form, von Wirklichkeit und Erkenntnis.
Für die materialistische Philosophie ist nur die zweite Variante annehmbar. Erst in dieser zweiten Variante kann erklärt werden, daß die Idee des Zusammenfallens nicht nur eine neue Stufe der Wissenschaft charakterisiert, sondern eine neue Qualität der Dialektik von Praxis und Erkenntnis. Die Abgrenzung der dialektischen Logik von der formalen ist nur hier plausibel. Kern der These ist: Die dialektische Logik beantwortet die Frage nach der Einheit von Ontologie und Gnoseologie, ohne beide Bereiche zu identifizieren, d. h. undialektisch als absolute Kongruenz mißzudeuten; die dialektische Logik *ist* der Begriff, die höchste wissenschaftliche Form der realdialektischen Einheit von materieller und ideeller Produktion; die dialektische Logik erkennt die Widersprüche im Funktionsverhältnis von Sein und Bewußtsein; die dialektische Logik ist die

172 *LW* 38, 316.

Theorie der widersprüchlichen Einheit von Logischem und Historischem; sie ist die Theorie der *intensionalen* gesetzmäßigen Verhältnisse innerhalb des Denkens, welches Verhältnisse widerspiegelt, die selbst gesetzmäßig verbunden sind; für die dialektische Logik fällt »die Geschichte des Denkens im großen und ganzen mit den Gesetzen des Denkens zusammen«[173]; dieser Satz gilt für die dialektische Logik im engeren Sinne, d. h. als Wissenschaft mit einem von der ›Dialektik‹ und der Erkenntnistheorie abgenzbaren Gegenstandsbereich; dieser Gegenstandsbereich ist – im Unterschied (nicht Gegensatz) zur formal-logischen Untersuchung der extensionalen Beziehungen von Begriffen etc. – die Intensionalität logischer Strukturen; die Erkenntnistheorie umgreift die logischen Fragestellungen, die auf dem Niveau theoretischen Wissens nach dem Wahrheitswert der Erkenntnis fragen, und schließt darüber hinaus die Problematik der physiologischen und psychologischen Erkenntniskonstitution auf allen Ebenen der Erfahrung und Erkenntnis ein.

5.2. Zum Forschungsstand

Dialektik, Logik und Erkenntnistheorie – laut Lenin ›ein und dasselbe‹. Nur völlige Unkenntnis der Entwicklung der marxistischen Philosophie kann zu der naiven Unterstellung führen, mit Lenins Diktum – gleichsam ex kathedra – sei das Problem ein für allemal gestellt und beantwortet worden. Schon ein summarischer Überblick über den Forschungsstand[174] muß diese Fehleinschätzung korrigieren: die Diskussion über die angemessene Interpretation dieses Leninschen ›ein und dasselbe‹ war kontrovers und ist offen. Strittig war und ist, ob Lenin das *Zusammenfallen* von Dialektik, Logik und Erkenntnistheorie mit dem Begriff ›Identität‹ faßt oder als ›Einheit‹ und ob ›Identität‹ und ›Einheit‹ Synonyme sind.

B. Fogarasi ging davon aus, daß das Denken »eine *qualitativ höhere Bewegungsform* als die übrigen bekannten Bewegungsformen« sei; dementsprechend müßten »seine spezifischen Bewegungsformen und Bewegungsgesetze in einer besonderen dialektischen Disziplin untersucht werden. Diese besondere Disziplin ist die *dialektische Logik*«. Fogarasi läßt die Frage,

173 *LW* 38, 315.
174 Vgl. Bibl.: (226)-(250).

die zur Debatte steht, offen: die dialektische Logik bilde »in gewissem Sinne [...] einen Teil der Wissenschaft der Dialektik, [...] in gewissem Sinne aber auch nicht«. Im Rahmen der materialistischen Widerspiegelungstheorie aber sei eines gewiß: »die Logik ist *erkenntnis-theoretische* Logik« (Fogarasi: (232), 25;5). Die mechanische Unterordnung der subjektiven unter die objektive Dialektik hat bei Fogarasi eine systematische Standortbestimmung verhindert. In der Sowjetunion stehen sich zwei entgegengesetzte Auffassungen gegenüber; *F. Kumpf* berichtet darüber (Kumpf: (239), 12 ff.); hier nur eine Bilanz. Für *Kopnin* gibt es »keine drei selbständigen Teile in der Philosophie mit verschiedenen Gesetzen, sondern eine Wissenschaft, die man verschieden benennen kann: Dialektik, Logik oder Erkenntnistheorie, eine Wissenschaft mit einheitlichen Gesetzen, die sowohl Gesetze des Seins als auch der Erkenntnis (des Denkens) sind«[175]. Für *W. I. Tscherkessow* folgt aus der »Identifizierung der dialektischen Logik mit der Dialektik [...] die Leugnung einer besonderen neben der marxistischen Dialektik stehenden dialektischen Logik«[176]. Auf der anderen – mehrheitlichen – Seite der Bilanz stehen Versuche z. B. Rosenthals, Alexejews, Narskis und Suworows, die Einheit der drei gnoseologischen und ontologischen Bereiche zu betonen und ihnen gleichwohl unterscheidbare wissenschaftliche Gegenstandsbereiche zuzuordnen. *Alexejew* und *Rosenthal* stellen der dialektischen Logik nicht zuletzt aus wissenschaftspraktischen Gründen die Aufgabe, die Allgemeinheit und Konkretheit der dialektischen Prozeßgesetze im Denken und Erkennen konkret zu verifizieren[177]. Im Gegensatz zur ersten Auffassung (unterschiedslose Identität) hat *L. N. Suworow* die dialektisch-ontologischen Differenzierungen zwischen Seins- und Erkenntnisprozeß hervorgehoben; deshalb habe »die dialektische Logik [...] das theoretische Denken als Widerspiegelung der realen Welt durch den Menschen und die Formen dieses

---

175 P. V. Kopnin, *Probleme der Erkenntnistheorie und der dialektischen Logik.* In: *WZHUB* H. 3/1962, 363.
176 W. I. Tscherkessow, *Über den Gegenstand der marxistischen dialektischen Logik.* In: *Probleme der dialektischen Logik.* Moskau 1959, 44 (russ.).
177 M. N. Alexejew, *Die dialektische Logik.* Moskau 1960 (russ.). M. M. Rosenthal, *Prinzipien der dialektischen Logik.* Moskau 1960 (russ.).

Denkens zu ihrem Forschungsgegenstand«[178]. Diese Betonung
der Unterschiede im einheitlichen System ›Dialektik-Logik-
Erkenntnistheorie‹ hat das von der anderen Seite mißachtete
Prinzip geltend gemacht, daß die Widerspiegelung keine passive Abbildung der objektiven Dialektik ist, sondern ein pro-
duziertes, verändertes, qualitativ vom Objekt unterscheidbares
Abbild. Gegenüber Kopnins These, die Philosophie unter-
suche das Denken mit dem Ziel, in den Denkgesetzen die widerspiegelten objektiven Gesetze ›zu entdecken‹, ist der Einwand von *F. Kumpf* plausibel: die materialistische Gnoseologie kann sich nicht mit dem Nachweis der materiellen Herkunft
der Denkform begnügen; sie muß vielmehr »die Denkformen
unter dem Gesichtspunkt analysieren, wie sich aus ihnen methodologische Schlußfolgerungen für die praktische erkennende
und umgestaltende Tätigkeit der Menschen ergeben. [...] Auf
diese Weise leistet die dialektisch-materialistische Erkenntnistheorie bzw. die dialektische Logik einen realen Beitrag zur
Erkenntnis objektiver Gesetze, aber nicht, indem sie diese im
vorliegenden Erkenntnismaterial der anderen Wissenschaften
sozusagen wiederentdeckt. [...] Die spezifische Aufgabe besteht [...] nicht einfach darin, im Denken ›die widergespiegelten objektiven Gesetze zu entdecken‹, sondern darin, das erkannte Wissen in der Weise zu transformieren, daß es als methodologische Hilfe und dialektisch-logische Grundlage für
weitere Erkenntnisse der objektiven Realität relevant wird«
(Kumpf: (239), 18/19).
Die dialektische Logik ist erst auf der Grundlage der materialistischen Dialektik denkbar, – diese Einsicht ist den unterschiedlichen Auffassungen gemein. Weil sich aber die objektiven dialektischen Gesetze nicht in sich und durch sich bereits
widerspiegeln, hat die dialektische Logik die kategoriale, begriffliche, theoretische systematische Form der Widerspiegelung
und *deren* gesetzmäßige Struktur zu analysieren. Lenins Perspektive der ›Gesetze der Erkenntnis‹ kommt erst so vollinhalt-
lich zum tragen: die dialektische Logik hat es nicht unmittelbar mit dem ganzen Bewußtseins- und Erkenntnisprozeß des
Menschen zu tun, sondern mit dem *erkennenden Denken,* dessen empirische Grundlagen die Erkenntnistheorie umfassend

178 L. N. Suworow, *Fragen der Dialektik im Philosophischen Nachlaß Lenins.* Moskau 1960, 108 (russ.).

untersucht. *M. M. Rosenthals* Behauptung, Lenin habe gezeigt, »daß in der marxistischen Philosophie die Dialektik auch die Erkenntnistheorie *ist*«, stellt sich so als zu kurzgriffig heraus, weil sie die Leninsche Theorie der *Dialektik* der Widerspiegelung und deren spezifische Gesetze außer acht läßt (Rosenthal: (133), 45).

Detailiert hat sich *A. Kosing* auf die Frage eingelassen, welche Bedeutung bei Lenin die Kopula ›ist‹ – die Dialektik *ist* die Erkenntnistheorie – hat. Kosing kommt zu folgendem Ergebnis:

Lenin kennt keine unterschiedslose Identität von Dialektik und Erkenntnistheorie; »von der Dialektik wird hier nur eine Bestimmung ausgesagt, und das schließt keineswegs aus, daß ihr auch noch andere Bestimmungen zukommen. Die Dialektik umfaßt also mehr als nur die Erkenntnistheorie, aber sie ist zugleich auch Erkenntnistheorie«. Weil die bloße Identifizierung von Dialektik und Erkenntnistheorie sowie Logik zugleich auch eine Reduktion der ganzen marxistischen Philosophie (›Dialektik‹) auf Erkenntnistheorie und Logik nach sich ziehen müßte und der *weltanschauliche* Charakter dieser revolutionären Philosophie bedroht würde, schlägt Kosing ein Subordinationsschema vor: er differenziert »vom Gegenstand her die *dialektisch-materialistische Naturtheorie, den historischen Materialismus* und die *dialektisch-materialistische* Erkenntnistheorie. [...] Dem historischen Materialismus ist die *Ethik*, der Erkenntnistheorie die *dialektisch-materialistische Logik* subordiniert. Im Gegensatz zu *T. Pawlows* These, Lenin habe »seinen klassischen Gedanken nicht *von der Einheit, sondern von der Identität* der Erkenntnistheorie, Dialektik und Logik formuliert«[179], bestimmt Kosing den Leninschen Sprachgebrauch von ›Identität/Einheit‹ so:

»Wenn Lenin in den ›Philosophischen Heften‹ von ›Identität‹ spricht, dann meint er nicht den Satz der Identität im Sinne der Logik, der besagt, daß zwei Dinge dann und nur dann identisch sind, wenn sie in allen Bestimmungsstücken übereinstimmen, nicht diese *abstrakte Identität*, in der keine Verschiedenheit stattfindet [...], sondern die dialektische Auffassung der *konkreten Identität, die Einheit von Identität und Verschiedenheit ist*«. Konkreter: »Aus der Übereinstimmung (nicht der Identität) von objektiver Realität und Erkenntnis, die in der Widerspiegelung begründet liegt, ergibt sich [...] die untrennbare Einheit von marxistischer Dialektik und marxistischer Erkenntnistheorie. [...] Aber aus der Verschiedenheit von objektiver Realität und Erkenntnis (von Widergespiegeltem und Widerspiege-

179 T. Pawlow, *Der dialektische Materialismus und die Einzelwissenschaften.* Zit. Kosing: (238), 1439.

lung) ergibt sich, daß beide auch voneinander unterschieden sind«
(Kosing: (238), 1434; 1431; 1439; 1445).

Unter dem besonderen Aspekt der Einheit des Historischen
und Logischen im Erkenntnisprozeß und dessen Konstitutionsbedingungen haben *Kumpf* und – in neueren Werken – auch
Kopnin eine Akzentverschiebung vorgenommen. Standen zunächst wissenschaftsklassifikatorische und methodologische Fragen der Struktur der marxistischen Philosophie im Vordergrund der Debatte, so wird jetzt verstärkt auf die Rolle des
Historischen und des historischen Materialismus verwiesen. Die
Erkenntnistheorie begründet nach Kopnin »die Notwendigkeit
der Wissenschaft, welche in reiner Art Logik ist«, nicht ausschließlich aufgrund der logischen Struktur der Erkenntnis;
es beruht vielmehr »das Zusammenfallen von Erkenntnistheorie und Logik auf dem Zusammenfallen der Erkenntnisgeschichte mit deren Theorie« (Kopnin: (237), 13). Die Dialektizität der Vermittlungen von Praxis und Erkenntnis erfordert eine dialektische historische Erkenntnistheorie und eine
dialektische Logik als deren Organon.

In seinen Überlegungen *Zum Problem der Identität von Dialektik, Logik und Erkenntnistheorie* (1970) hat *A. P. Šeptulin*
noch einmal Bedenken gegenüber der Interpretation der Leninschen Idee des Zusammenfallens mittels der Kategorie ›Einheit‹ angemeldet. ›Einheit‹, ›organischer Zusammenhang‹ und
›wechselseitige Bedingung‹ von Seinsauffassung, Erkenntnistheorie und Logik werde auch von nicht-materialistischen Philosophien unterstellt; wesentliches Charakteristikum der marxistischen Philosophie sei es aber, die schichten- oder regionalontologische Trennung zwischen Ontologie, Gnoseologie und
Logik überwunden zu haben. Die Einheits-Perspektive sei zu
unspezifisch. Zum anderen verwahrt sich Šeptulin aber auch
gegen eine Harmonisierung der drei Teilsysteme; die Identität
von subjektiver und objektiver Dialektik sei unbestreitbar; sie
betreffe jedoch nur die allgemeinen Strukturmerkmale der Vermittlung von Sein und Bewußtsein; die subjektive Dialektik
umfasse aber auch jene spezifischen Gesetze des gesellschaftlichen Erkenntnisprozesses, die erst auf dem ontologischen Niveau erkenntnisgeleiteter Wirklichkeit aufträten. Zum dritten
hält Šeptulin die Interpretation der Identität von Dialektik,
Logik und Gnoseologie als eines Verhältnisses von Teil und

Ganzem für nicht stichhaltig. Diese Interpretation berücksichtige zwar die quantitativen, nicht aber die qualitativen Unterschiede zwischen den Teilsystemen. Als richtigen Ansatz beschreibt Šeptulin endlich eine Fragestellung, die nicht die volle Identität von Dialektik, Logik und Erkenntnistheorie als bereits vorhanden feststelle, sondern die Bedingungen erfrage, unter denen eine dialektische Identität möglich werde; der dialektischen Logik wird so die Aufgabe gestellt, nicht nur die Gesetze des Denkens zu formulieren; dieses Ziel verfolge bereits auch die formale Logik; die dialektische Logik erforsche Zusammenhänge der Realität: a) unter dem Aspekt der Aufdeckung des Wesens der Vermittlung von Sein und Erkenntnis im Logischen und b) unter dem normativen Aspekt, Zielvorstellungen für das Erkenntnissubjekt zu entwickeln, Regeln und Prinzipien aufzustellen, welche eine adäquate wissenschaftliche, forschende Erkenntnis erst ermöglichen; die Kategorien der Logik müßten als ›Knotenpunkte‹ praktisch bedeutsamer Erkenntnistätigkeit entwickelt werden (Šeptulin: (249), vgl. Bericht in: (3) 4 (1971), Lfg. 1, Bl. 13).

Weitere Fortschritte hat die neueste Arbeit des Bulgaren *A. Bânkov Dialektische Logik. Grundlegende Probleme* erbracht. Bânkov zufolge wendet die dialektische Logik im Unterschied zur formalen Perspektive der Synchronie von Denken und Sprache bei der Untersuchung des Verhältnisses von Denken und sprachlicher Aussage das Prinzip des materialistischen Historismus an; die dialektische Logik ist genetische, historische Logik. Folgende Hauptaufgaben werden herausgehoben:

1. Erforschung der Gesetze der dialektischen Logik und allgemein des dialektischen Denkens;
2. Erforschung und Erklärung der Entwicklungsformen des Denkens, ihrer Wechselbeziehungen, ihres Systems und ihrer Rolle im Erkenntnisprozeß;
3. Erforschung des dialektischen Wesens der Kategorien, ihrer Wechselbeziehungen, ihres Systems und ihrer Rolle im Erkenntnisprozeß;
4. das Beweisproblem;
5. die dialektische Erkenntnismethode;
6. Analyse und Aufdeckung des Wesens und der Struktur der wissenschaftlichen Theorie in der Entwicklung der wissenschaftlichen Erkenntnis[180].

180 A. Bânkov, *Dialektičeska logika. Osnovni problemi (Dialektische Lo-*

5.3. Zum Verhältnis von dialektischer und formaler Logik

Die gegenwärtige nicht-materialistische bürgerliche Philosophie hat dieses Spektrum unterschiedlicher Weiterentwicklungen des Marxismus-Leninismus auf dem Gebiet der Dialektik-Theorie und der dialektischen Erkenntnistheorie entweder aus Desinteresse nicht zur Kenntnis genommen oder – durchaus in antimarxistischem ›gegenrevolutionärem‹ Interesse – verschwiegen. Der Gegner wird dem Vorurteil entsprechend aufgebaut, d. h. es wird ihm ein Dogmatismus und eine Einförmigkeit unterschoben, die den Kritiker gegen's Einlassen auf Differenzierungen immunisieren. Die generelle antimarxistische Argumentationsfigur ist der Kampf gegen die Dialektik: gegen die Hegelsche, wo indirekt argumentiert wird, gegen die Marx-Engelssche, wo der Angriff direkt gewagt wird. Eine besondere Spielart ist das Verdikt über die dialektische Logik. Dem herrschenden Mißverständnis der Kategorie ›Parteilichkeit‹ entsprechend gründet die dialektische Logik – darüber ist man sich einig – in einem Verstoß gegen die Gesetze der formalen Logik, insbesondere gegen das Gesetz der logischen Widerspruchsfreiheit. Selbst einläßliche, gut informierte Studien wie die W. Goerdts über *Die ›allseitige universale Wendigkeit‹ (Gibkost') in der Dialektik V. I. Lenins* verkennen den historischen Charakter der dialektischen Logik und reduzieren deren Ertrag auf die »Erkenntnisgewandtheit« als parteilich-apologetische Kategorie. Auch hier verstellt der Versuch des Nachweises, »daß die materialistische Theorie der Dialektik das Ganze der Wirklichkeit nicht adäquat erfaßt«, schon das Textverständnis (Goerdt: (233), 96). Der Neo-Positivismus, der logische Positivismus und die Lehre des kritischen Rationalismus haben es sich einfacher gemacht; ihr Urteil steht – ›unparteilich‹ wie sich versteht – schon vor dem Sicheinlassen auf die marxistische Theorie fest. Die These von der ›Klassengebundenheit der Erkenntnis‹ wird vereinseitigend interpretiert als Absicht, »die eigenen politischen Ideale als sinngebende Kräfte in den Ablauf der Geschichte zu projizieren und bestimmte soziale Klassen oder Gruppen mit einem Erkenntnisprivileg auszustatten, während gegen alle anderen [. . .] ein allgemeiner Ideologievorwurf erhoben wird«. Anzu-

gik. Grundlegende Probleme). Sofija 1971. vgl. Bericht in: (3) 5 (1972), Lfg. 1, Bl. 19.

merken ist bereits hier, daß H. Albert in Unkenntnis des marxistischen Begriffs ›Ideologie‹ dem wissenschaftlichen Sozialismus die Mannheimsche Revision von ›Ideologie‹ anlastet; daß die marxistische Ideologiewissenschaft mit der erkenntnis-anthropologischen Leerformel von der ›sozialen Seinsgebundenheit aller Erkenntnis‹ (bei Mannheim = Ideologie) nicht zu verwechseln ist, wird später zu präzisieren sein. Symptomatisch ist, wie Albert sein Unbehagen kaschiert: die materialistische Dialektik müsse sich aus politischen Gründen den »Trick« leisten, »die übliche Logik als irrelevant beiseite zu schieben«[181].

In der umfangreichen systematischen *Wissenschaftstheorie* von W. K. Essler nehmen Probleme der Logik einen breiten Raum ein. Die dialektische Logik kommt nicht zu Wort; ersatzweise wird der »sogenannten dialektischen Logik« bescheinigt, ihre Vertreter hätten »bisher nirgendwo klar gesagt [...], was sie mit der Entwicklung ihrer Theorie anzugeben gedenken: eine Gesamtheit von Naturgesetzen, eine Gesamtheit von Methoden zur Gewinnung von Erfahrungserkenntnissen oder eine Gesamtheit von Verfahren zur Beurteilung solcher Methoden«. Die Kritik einer Wissenschaft, die doch ihren Gegenstandsbereich noch nicht einmal formuliert haben soll, ist ein Kuriosum. Entsprechend Esslers Verfahren: ohne jegliche Identifikation – Namen dialektischer Logiker werden nicht genannt – fingiert er einige Positionen möglicher Dialektik-Auffassungen, um sie der Unhaltbarkeit zu überführen; weil mangelnde Quellenkenntnis eine konkrete Kritik dieser Logik nicht erlaubt, muß J. Habermas' »interessante Verwendungsweise des Ausdrucks ›Dialektik‹« pro toto herhalten. Essler erwähnt Habermas' Stellungnahme im Positivismusstreit *Analytische Wissenschaftstheorie und Dialektik*; er bezieht sich auf Habermas' Diskussion des Verhältnisses ›Theorie/Geschichte‹ bzw. ›Wissenschaft/Praxis‹ – und findet dort eine dialektische Logik: »Die *dialektische Logik* besteht dann aus folgenden Schritten [...]«; Essler kommt freilich nicht umhin, jene ›Schritte‹ nachzugehen, die Habermas selbst machte; Schritte des Vergleichs und der wechselseitigen Kritik von *Hermeneutik* und *Analy-*

181 H. Albert, *Aufklärung und Steuerung. Gesellschaft, Wissenschaft und Politik in der Perspektive des kritischen Rationalismus.* In: *Hamburger Jahrbuch für Wirtschafts- und Gesellschaftspolitik* 17 (1972), 14.

tik. Das Fazit, demzufolge die dialektische Logik sich als Synthese von Analytischer Wissenschaftstheorie und Hermeneutik zu verstehen hätte, ist nicht minder irrig als Esslers unwissenschaftlicher Epilog auf eine Wissenschaft, die nur in seiner Einbildung existiert. Der Hinweis, daß Habermas nirgends von dialektischer Logik spricht – und gewiß nicht in dem von Essler zitierten Kontext –, mag als Kommentar genügen[182].

Metakritisch haben sich dialektische Logiker mit dem Einwand auseinandergesetzt, die dialektische Logik suspendiere die Einheit der Logik und deren Gesetze. Seit Fogarasi gibt es keine marxistische dialektische Logik, die nicht nachdrücklich die Geltung der Gesetze der formalen Logik anerkannt hätte: »Die Aufgabe der Logik ist [...] die Bewußtmachung der Gesetzmäßigkeiten des Denkens, von der elementaren Stufe der Bewußtmachung (Schullogik) bis zur höheren Stufe der dialektischen Logik« (Fogarasi: (232), 32). Und bis hin zu A. A. Sinowjews ›mehrwertiger Logik‹ steht die Einheit der Logik nicht in Frage, denn »ungeachtet des Unterschieds der Eigenschaften verschiedener Sphären der Wirklichkeit gibt es gewisse allgemeine Eigenschaften, die von den Regeln der Logik widergespiegelt werden. [...] Die mehrwertige Logik liefert keinerlei Argument für die Konzeption einer nicht universellen Logik« (Sinowjew: (250), 117/118).

Für die marxistische Philosophie hat sich das Problem einer einfachen Alternative von dialektischer *oder* formaler Logik nie gestellt; entsprechend dem dialektischen und solchermaßen historischen Prinzip ihrer Erkenntnistheorie erhob sich aber um so dringender die Frage nach den Grenzen der formalen Logik. Engels bezeichnete den *absoluten* Gegensatz von ›wahr‹ und ›falsch‹ als Metaphysik:

»Gegensätze von Wahr und Falsch, Gut und Schlecht, Identisch und Verschieden, Notwendig und Zufällig; man weiß, daß diese Gegensätze nur relative Gültigkeit haben, daß das jetzt für wahr Erkannte seine verborgene, später hervortretende falsche Seite ebensogut hat wie das jetzt als falsch Erkannte seine wahre Seite, kraft deren es früher für wahr gelten konnte«[183].

Die Prozessualität, Dialektizität und Historizität menschlicher

182 W. K. Essler, *Wissenschaftstheorie II. Theorie und Erfahrung.* Freiburg/München 1971; 97; 100.
183 *MEW* 21, 293/294.

Erkenntnisse, für deren ›Wahrheit‹ die Erkenntnistheorie das Praxis-Kriterium kritisch einsetzt, bilden die Perspektive, in welcher dialektische und formale Logik abgrenzbar werden. Für Plechanow folgte daraus, »daß die Dialektik die Formal-Logik nicht aufhebt, vielmehr nur ihre Gesetze der *absoluten Geltung* beraubt, die ihnen von den Metaphysikern zugeschrieben wird«. »*Wie die Ruhe ein spezieller Fall der Bewegung*«, – so schloß Plechanow – »*so ist auch das Denken gemäß den Regeln der formalen Logik (gemäß den ›Grundgesetzen‹ des Denkens) ein spezieller Fall des dialektischen Denkens*«[184].

Die dialektische Logik hat die formale keineswegs ersetzt. Sie verwahrt sich jedoch gegen die Grenzüberschreitung der formalen Logik, die zur Leugnung der in der Realität existierenden Dialektik führen muß. Ihre Kernthese ist, daß aus der strukturellen Analyse der immanenten Beziehungen zwischen Begriffen, Kategorien, Urteilen, Schlußformen etc. keine Aussagen über die Vermittlungsstruktur zwischen Praxis und Erkenntnis abgeleitet werden können. Die Unterscheidung zwischen formaler und dialektischer Logik kann deshalb – mit Kedrov[185] – vorgenommen werden, wenn man die Stellung beider logischer Wissenschaften zur These untersucht, die Wahrheit sei ein sozial-historisch determinierter und historisch-logisch vermittelter Prozeß: die dialektische Logik erkennt und systematisiert die Begriffe und Kategorien des logischen Denkens als fließend, veränderlich, entwicklungsfähig und als widerspruchsbedingt; die formale Logik erkennt und systematisiert die Begriffe und Kategorien des logischen Denkens ausschließlich in der Dimension ihrer *logisch* widerspruchsfreien Beziehungen, d. h. unter Ausschluß ihrer Genesis und Entwicklung.

In der von der Akademie der Wissenschaften der UdSSR 1956 herausgegebenen *Logik* findet sich folgende Definition der formalen Logik:

»Die Logik ist die Wissenschaft von den Denkformen unter dem Gesichtspunkt ihrer Struktur, von den Gesetzen und Regeln des Erhaltens von Konklusionswissen; die Logik untersucht auch die all-

184 G. W. Plechanow, *Grundprobleme des Marxismus*. Berlin 1958, 126; 124.
185 B. M. Kedrov, *Über das Wesen des philosophischen Begriffs*. In: VF 23 (1969), 13-24. (russ.).

gemeinen logischen Methoden, die bei der Erkenntnis der Wirklichkeit Anwendung finden«. Konklusionswissen ist »das Wissen, das aus vorher festgestellten Wahrheiten gewonnen wird, und zwar mit Hilfe der Anwendung der Gesetze der Logik hinsichtlich bestimmter wahrer, schon bewiesener Thesen, ohne unmittelbares Hinwenden zur Praxis, zur Erfahrung«[186].

G. Klaus hat diese Definition präzisiert. Er hat seine vorläufige These, die Logik habe es »*mit der allgemeinsten Struktur des richtigen Denkens zu tun*« und erforsche »die Regeln über die Bildung von Begriffen, Urteilen und Schlüssen«, folgendermaßen verdeutlicht:

»*Die formale Logik ist die Theorie der extensionalen logischen Konstanten und der Prädikate beliebiger Stellenzahl und Stufe und ihrer philosophischen Problematik*« (Klaus: (234), 8; 485).

Die formale Logik wendet einen Wahrheitsbegriff an, der allein aufgrund der extensionalen, d. h. vom die Aussage bedingenden Erkenntnisinhalt abstrahierten, logischen Strukturzusammenhänge zwischen Einzelaussagen oder Aussagenklassen gewonnen wird. Die dialektische Logik erkennt in der Intensionalität, d. h. in den inhaltlichen Beziehungen von begrifflichen Erkenntnissen, jene dialektischen Widersprüche, die sich in formal-logisch ›wahren‹ oder ›falschen‹ Aussagen widerspiegeln und deren materielle Grundlage bilden. Extensionalität und Intensionalität sind keine den begrifflichen Erkenntnissen bloß theoretisch zugerechneten logischen Modi, sondern entsprechen bestimmten Verhältnissen in der objektiven Realität:

»Der Unterschied zwischen« formaler und dialektischer Logik »besteht darin, daß es die formale Logik nur mit denjenigen objektiven Strukturen zu tun hat, die im Denken von den logischen Konstanten und von den Beziehungen von Dingen zu Klassen von Dingen und Klassen zu Klassen erfaßt werden. Die dialektische Logik hingegen hat es mit den allgemeinen Gesetzen und Strukturen der objektiven Realität zu tun, die die Entwicklung und den immanenten Zusammenhang der Erscheinungen der Wirklichkeit bestimmen und die für alle Bereiche der Realität und des erkennenden Denkens gelten und bei der Erkenntnis der Welt berücksichtigt werden müssen«. Diese Definition schließt ein, daß die dialektische Logik gleich der formalen die objektive Realität nicht unmittelbar erforscht, sondern in den

---

186 Zit. Kumpf: (239), 32.

Vermittlungsformen des analytischen und synthetischen, abstrahierenden und konkretisierenden Denkens, das eine Widerspiegelung ist
(Kumpf: (239), 38).

Die dialektische Logik begründet die Unverwechselbarkeit
und Notwendigkeit der ›Wahrheit‹ von Aussagen; sie ist unvereinbar mit allen rein konventionalistischen Logik-Konzep-
tionen. Lenins Forderung lautete: »*Nicht* Psychologie, *nicht*
Phänomenologie des Geistes, *sondern* Logik = Frage nach der
Wahrheit«[187]; dieses Postulat trägt dem Wirklichkeitsverhältnis Rechnung, welches jede formal-logische Analyse von Aussagen vor die Aufgabe stellt, bei aller Abstraktion den gegenüber der Praxis *funktionalen* Charakter logischer Erkenntnis
und logischen Denkens nicht zu leugnen. Die Prädikation – in
der Aussage wird einem Gegenstand ein Prädikat zugemessen
– ist nicht willkürlich. P. Lorenzens These, in der Logik werde
nicht erörtert, »ob diese Prädikationen jeweils *berechtigt* sind«,
so daß für die Logik »an die Stelle der Entscheidung über die
faktische Wahrheit oder Falschheit der primitiven Aussagen
stets eine willkürliche Festsetzung über Wahrheit oder Falschheit dieser Aussagen treten« könne, stellt gerade jenen Er-
kenntnis- und Aussagenbereich beliebig zur Disposition, der als
Bestandteil menschlichen Alltagsbewußtseins unmittelbar pra-
xisbedeutsam ist[188]. Eines der von Kopnin als wesentliche
Aufgabenstellung der formalen Logik bezeichneten Ziele kann
nicht mehr erreicht werden: die Normierung von Erkenntnisverfahren auf dem Niveau des Alltagsbewußtseins zugunsten
einer höheren Rationalität der Erfahrung und der Erkenntnis
(vgl. Kopnin: (165), 139 f.).

Nicht zuletzt unter dem Aspekt der auch die ›primitiven‹ Aussagen umfassenden Genesis logischer Kalküle kommt Kopnin
zu einer wichtigen Definition:

»Die dialektische Logik fungiert als Wissenschaft von der Wahrheit,
vom Prozeß des Zusammenfallens des Wissensinhalts mit dem Objekt, von den Kategorien, in denen das menschliche Denken mit der
gegenständlichen Tätigkeit übereinstimmt, zusammenfällt. Mit anderen Worten: Alle logischen Kategorien, die in ihrem Zusammenhang und in ihren Übergängen die Theorie der dialektischen Logik
bilden, sind universelle Bestimmungen der Wirklichkeit, wie sie im

187 *LW* 38, 164.
188 P. Lorenzen, *Formale Logik*. Berlin ²1962, 11.

objektiv-wahren Denken aussieht, das durch die menschliche Praxis überprüft wird und werden kann. Definitionen des ›wahrhaften‹ Denkens sind gleichzeitig Definitionen der richtig erfaßten Wirklichkeit, und sie können nichts anderes sein. Die logischen Kategorien sind Formen der Übereinstimmung, des Zusammenfallens (der Identität) von Denken und Wirklichkeit« (Kopnin: (165), 167).

Die dialektische Logik ist die Wissenschaft der Wahrheit menschlichen begrifflichen Denkens; diese Wahrheit ist ein Prozeß; die dialektische Logik ist historisch-genetische Prozeßtheorie, ist die Wissenschaft von den Wegen, auf welchen das menschliche Bewußtsein zur Wahrheit gelangt. Die Wege zur Wahrheit führen nicht an den Widersprüchen vorbei, die sich in der Dialektik der materiellen und ideellen Aneignung der Wirklichkeit einstellen.

Der Einwand gegen die dialektische Logik, sie erlaube logisch widerspruchsvolle Aussagen, ist haltlos. Er ist polemisch, ideologisch, parteilich. Das Gegenteil vom Vorurteil ist wahr. Dazu Lenin:

»›Logische Antinomien‹ dürfen – richtiges logisches Denken natürlich vorausgesetzt – *weder* in einer ökonomischen *noch* in einer politischen Analyse vorkommen«[189].

Wie also kann es – vom politischen Aspekt des Einwands einmal abgesehen – zu dieser Kritik kommen? Sie fußt in einer Verabsolutierung des *Satzes vom ausgeschlossenen Widerspruch* und im Verkennen des vollen terminologischen Umfangs der Kategorie ›Widerspruch‹. Unter der Voraussetzung, daß der Satz vom ausgeschlossenen Widerspruch in der Erkenntnisobjektivation berücksichtigt ist, gibt es keine Widersprüche im Denken. Und doch gibt es ›falsche‹, weil die Geltung dieses logischen Gesetzes nicht berücksichtigende Aussagen. Das Gesetz gilt, aber es setzt sich nicht per se durch. Logische Widersprüche können und müssen vermieden werden; eine logische Propädeutik leistet hierzu ihren Beitrag. Das formallogische Gesetz der Konstitution logisch ›wahrer‹ Aussagen kann aber weder die Existenz logischer Widersprüche negieren noch den Widerspruch als Motor der Geschichte – auch des Denkens. »Dieses Gesetz« – schreibt Kopnin ((165), 227) – »bezieht sich nur auf die Konstruktion von Schlüssen. In ein

189 *LW* 23, 32.

und demselben Schluß können einander widersprechende Aussagen nicht als wahr anerkannt werden«. Das formal-logische Gesetz bezieht sich *nicht* auf den Inhalt von Prädikaten, der Verhältnisse prädiziert, die objektiv widersprüchlich sein können. Die dialektische Logik anerkennt aber bewußt die Geltung des Satzes als logische Norm, weil anders rationale, der Wirklichkeit und den Bedürfnissen des Menschen, seine Geschichte bewußt zu machen, angemessene Erkenntnisse nicht gewonnen werden können. Bestritten wird jedoch, daß die Berücksichtigung dieses Gesetzes bereits ein zureichendes Kriterium wissenschaftlicher Wahrheit ist; logische Widerspruchsfreiheit garantiert unter den Bedingungen gesellschaftlich notwendigen falschen Bewußtseins noch keine Wahrheit von Theorien. Die dialektische Logik hat deshalb die Funktion, jene Widersprüche im Denken zu kritisieren, welche objektive Widersprüche reflektieren. Die dialektische Logik erkennt im Widerspruch, zumal der sozialen und politischen Praxis, ein notwendiges Moment der Aneignung der Natur und der geschichtlichen Realität inclusive des theoretischen Fundus, im gesellschaftlichen Bewußtsein akkumuliert. Der Widerspruch im Denken ist das Ergebnis der Differenz und Nicht-Identität von subjektiver Aneignung und objektiver Außenwelt; er resultiert aus der historischen Relativität der Wahrheitsfindung: »Logische Widersprüche entstehen nicht jenseits, sondern im Verlauf der Lösung der Widersprüche zwischen Subjekt und Objekt« (Kopnin: (165), 236).
Die dialektische Logik ist die Wissenschaft von den notwendigen, gesetzmäßigen Bedingungen der Genesis logischer Widersprüche, welche die formale Logik zu verhindern heißt. Diese doppelte Funktion der Kategorie ›Widerspruch‹ (vgl. auch Orudshew: (245), 241 ff.; Grundlagen: (8), (282-289) hat die formal-logische Kritik an der Dialektik nicht erkannt. Sie hat verkannt, daß die Analyse logischer Antinomien solange abstrakt bleibt, wie sie die logischen Widersprüche nicht in der dialektischen Struktur der Beziehung ›Ontologie/Gnoseologie‹ verortet weiß; ohne eine Antwort auf die Grundfrage nach dem Verhältnis von Sein und Bewußtsein und ohne Einsicht in das Problem, daß das Bewußtsein materiell und nicht materiell ist, bleibt die formale Logik phänomenologischer Positivismus, Konventionalismus oder logischer Konstruktivismus, für wel-

che die Wahrheitsfrage keine Frage der bewußten Gestaltung der Geschichte ist, sondern ein rein formales Problem (vgl. Narskij: (243)).

Einen neuen Denkansatz zur Widerlegung des formal-logischen Einwands gegen die dialektische Logik hat L. Erdei in *Gegensatz und Widerspruch in der Logik* ausgeführt. Erdei kritisiert den bisherigen Lösungsversuch, der von einer Unterscheidung zwischen logischen und dialektischen Widersprüchen ausgeht und nicht mehr als eine defensive Strategie darstelle, die sich ihre Argumentation nur von der formal-logischen Kritik habe vorschreiben lassen. Seine Lösung lautet:

1. Es gibt in der dialektischen Logik ein legitimes Schlußverfahren, welches formal-logisch untersagt sein muß. Sein Beispiel:

»(a) ›Jede menschliche Tätigkeit ist materiell‹; ›Jede menschliche Tätigkeit ist nicht-materiell‹

(b) ›Jede menschliche Tätigkeit ist bewußt‹; ›Jede menschliche Tätigkeit ist nicht-bewußt‹

(c) ›Jede menschliche Tätigkeit ist materiell‹; ›Jede menschliche Tätigkeit ist bewußt‹

D. h., es ist ein wirklicher *logischer Schluß,* aus dem hier gegebenen positiven Urteil auf das vollentfaltete negative und umgekehrt sowie von einem der sog. gegensätzlichen auf das andere zu schließen«.

Erdei kommt zu diesem Schluß durch eine Unterscheidung konträrer, kontradiktorischer und dialektisch-logischer Widerspruchs-Schlüsse:

»(a) Der konträre Typ der formalen Logik: ›Jede menschliche Tätigkeit ist materiell‹; ›Keine menschliche Tätigkeit ist materiell‹

(b) Der kontradiktorische Typ der formalen Logik [...]: ›Jede menschliche Tätigkeit ist materiell‹; ›Manche menschliche Tätigkeit ist nicht-materiell‹

(c) Der dialektisch-logische Widerspruchstyp: ›Jede menschliche Tätigkeit ist materiell‹; ›Jede menschliche Tätigkeit ist nicht-materiell‹«.

Diese Unterscheidung setzt die Hypothese voraus: »Die dialektisch-logisch widersprüchlichen Urteilspaare drücken Widersprüche aus, die *auch in der objektiven Wirklichkeit existieren,* die also *wahre Widerspiegelungen objektiver Widersprüche sind*«.

Erdei bezeichnet die Widerspruchstypen der formalen Logik als reduzierte Widerspruchsformen: sie drücken nicht den Widerspruch aus, sondern nur den ›Gegensatz‹. Den Gegensätzen ist zu eigen, daß »dem *bloß* positiven Urteil das entsprechende, jedoch ebenfalls *bloß* negative Urteil gegenübersteht«. »Demgegenüber kann auch das negative Urteil im dialektischen Typ der widersprüchlichen Urteile nicht

bloß als negatives Urteil bezeichnet werden. Im Gegenteil: Das ist ein
negatives Urteil, das das Positive negativ in sich birgt und mit dem
entsprechenden Positiven belastet ist. Daher folgt daraus logisch das
positive Urteil als solches, das das entsprechende Positivum oder Negativum ausdrückt«.
Nach Erdei enthält nur der sich selbst gegensätzliche Denkvorgang
logische Fehler; der Satz vom ausgeschlossenen Widerspruch lautet in
der dialektischen Logik, daß widersprüchliche Urteile »*einzig und
allein zusammen wahr sind, daß sie die Wahrheit in ihrer konkreten
Totalität einzig und allein zusammen ausdrücken*«.
Die Unterscheidung von logischem und dialektischem Widerspruch ist
in dieser Theorie sinnlos: »Statt dessen müssen wir einerseits von
einem logischen Gegensatz, d. h. von einer Eigengesetzlichkeit der
Logik des Denkens sprechen, die unbedingt ein logischer Fehler ist
und eine bedingte, objektiv nicht existierende Relation ausdrückt.
Weiterhin müssen wir von einem logischen Widerspruch oder von der
Widersprüchlichkeit der Logik des Denkens sprechen. Das ist allerdings kein logischer Fehler. Im Gegenteil, es ist eine vorwärtstreiben-
de Kraft, hinter der die entsprechenden, objektiv möglichen Widersprüche stehen«.
Die wirkliche Differenz zwischen formaler und dialektischer Logik
– dies ist Erdeis These – gründet in der unterscheidbaren Geltung der
Sätze vom Gegensatz – »zwei einander (konträr bzw. kontradikto-
risch) gegensätzliche Urteile können nicht zugleich wahr sein« – und
vom Widerspruch: »Zwei einander widersprüchliche Urteile sind
einzig und allein zusammen wahr‹.
Die Kritik an der dialektisch-logischen Anerkennung der Legitimität
von Aussagen, die Widersprüche widersprüchlich reflektieren, stellt
sich so 1. als Mißverständnis auf der Grundlage der Verwechslung
von ›Widerspruch‹ und ›Gegensatz‹ heraus und ist 2. eine erschlichene
Kritik an der ›Dialektik‹. Die formale Logik ist zu nicht mehr –
aber auch zu nicht weniger – berechtigt als zur Forderung der Gegen-
satzfreiheit logischer Urteile[190].

Erdei hat durch seine ungemein präzise Argumentation im
Prinzip die Erkenntnis bestätigt, die sich in der Forschung
durchgesetzt hat: der Widerspruch ist eine Wechselwirkung ko-
existierender Gegensätze; die Gegensätze bedingen sich und
schließen sich aus; sie führen zu einer Negation der Negation.
Die Kategorie ›dialektischer Widerspruch‹ ist die Widerspiegelung objektiv-realer Gegensätze *in Verbindung* mit logischen
Gegensätzen. Ob aber Erdeis Absetzung von der vorherrschen-

190 L. Erdei, *Gegensatz und Widerspruch in der Logik*. Budapest 1972,
58; 61; 65; 68; 69; 71; 72.

den Unterscheidung zwischen dialektischen und logischen Widersprüchen sinnvoll ist, scheint zweifelhaft. Seine These, logische Gegensätze hätten keine Korrelate in der objektiven Realität, ist wichtig, solange sie die Spezifik der ideellen Produktion und Reproduktion geltend macht; ihr Kern wäre dann, daß logische Gegensätze objektive Widersprüche nicht unmittelbar abbilden. Die These scheint aber nur um den Preis einer Einschränkung der Widerspiegelungstheorie konsequent durchgedacht werden zu können: sie stellt das Problem, welche nicht-ideellen Ursachen für logische Gegensätze angegeben werden können. Nützlich ist sie zur Erklärung jener Teilmenge von Aussagen, die ausschließlich aufgrund ›falscher‹ logischer Operationen entsteht und keine notwendigen historisch-logischen bzw. sozialen Wurzeln hat. Der logische Widerspruch kann aber kaum auf diese Teilmenge reduziert werden. Der logische Gegensatz ist ein Element der Widerspruchsstruktur der Vermittlung von gesellschaftlichem Sein und gesellschaftlichem Bewußtsein, ein Element von Widersprüchen, die koexistierende Gegensätze einschließen. Die Ablehnung der Unterscheidung ›dialektische/logische Widersprüche‹ ist darüber hinaus auch deshalb folgenreich und riskant, weil die partielle Unfähigkeit des Alltagsbewußtseins, gerade des klassenspezifischen, zu logischer Strenge und logischer Strukturierung umgangssprachlicher Aussagen nur als Widerspiegelung realer Widersprüche, nicht aber als mehr oder weniger zufälliger Mangel in der logisch-operationellen Technik erklärt werden kann. Die Logik muß als Wissenschaft auch der vorwissenschaftlichen logischen Denkstrukturen eingesetzt werden; denn die Logik ist Wissenschaft vom vergesellschafteten Wissen.

In diesem Zusammenhang muß auch die gegenwärtig sich deutlich abzeichnende Tendenz zur Formalisierung bzw. Symbolisierung dialektisch-logischer Aussagen gesehen werden. Es wäre zweifellos ein sinnloser Anachronismus, beim Stand der wissenschaftlich-technischen Revolution noch einschränkungslos auf die Lautsprache setzen zu wollen. An Fogarasis vehementer Kritik der ›Esoterik‹ logischer Sprachen, deren Formalcharakter nur noch »Eingeweihten« verständlich sei (Fogarasi: (232), 7/8), ist freilich soviel richtig, daß zumindest noch die Grenzen der Formalisierbarkeit bedacht werden müssen. Formalisierbar oder symbolisierbar sind Relationen *innerhalb* der

Widerspiegelungstheorie; nicht formalisierbar und nicht symbolisierbar ist die Widerspiegelung als sozialer Prozeß. Die Äquivalenzrelation etwa hat ihre große Bedeutung in der Methodologie der Wissenschaften. G. Klaus' Auffassung, daß »im Bereich der systematischen Philosophie [...] letztlich sicher alles mit den Mitteln der Logik und Mathematik bearbeitet werden kann«, ja daß die Mathematik das Paradigma für alle Philosophie sei und »die Mathematisierung gewissermaßen den Charakter einer regulativen Idee« habe, bedeutet indessen eine Vereinseitigung und Verarmung der materialistischen Dialektik. Die gesellschaftliche und ideologische Situation der Kybernetisierungs-Euphorie in der DDR – die inzwischen größerem ökonomischen Realismus stattgegeben hat – ist womöglich eine Erklärung der Formalisierungstrends, eine Rechtfertigung liefert sie nicht. G. Klaus mußte – in einer verharmlosenden Klammerformulierung – »von bestimmten emotionalen Elementen, die mit dem weltanschaulichen Aspekt des philosophischen Denkens verbunden sind, absehen« (Klaus: (159), 284; 283). Erkenntnistheorie und Logik können aber von diesen ja nicht nur emotionalen, sondern emprischen Elementen auf keinen Fall absehen.

Dies schließt – um es zu wiederholen – nicht aus, durch den Versuch, »strukturelle Eigenarten erkenntnistheoretischer Sachverhalte mit Hilfe mathematischer Begriffe auszudrücken«, zu einer Präzisierung wissenschaftlicher Methoden zu gelangen. Gerade die Widerspiegelungs*theorie* ist durch die Einführung der mathematischen Isomorphie- bzw. Homomorphiebegriffe konkretisiert worden (vgl. Kreiser: (211)). Der Exaktheitsanspruch der dialektischen Erkenntnistheorie und Logik darf aber den wichtigeren Anspruch dieser Theorien nicht verdrängen, die widersprüchliche Vermittlungsstruktur und die *historisch*-logische Genesis der ideellen Weltaneignung zu erklären. Die dialektische Logik ist als System der Einheit von Dialektik, Logik und Erkenntnistheorie eine Wissenschaft auf der Basis des gnoseologischen und ontologischen Praxis-Kriteriums der Wahrheit. Die dialektische Logik ist – par excellence – Logik der in der Geschichte der Klassenwidersprüche, der in der Dialektik von Natur und Arbeit notwendig gewordenen Formen des Denkens. Als Logik auf dem Niveau des Kapitalverhältnisses ist sie die höchste wissenschaftliche Weise der Kritik aller Bedingungen gesellschaftlich notwendigen Bewußtseins, soweit sich das Bewußtsein im begrifflichen Denken objektiviert. Die dialektische Logik ist die Wissenschaft von den logischen Strukturen der ideellen *Produktion* als Tätigkeit des *gesellschaftlichen* Bewußtseins.

6. Form und Qualität gesellschaftlich notwendigen Bewußtseins

Eines der wesentlichen Kennzeichen der dialektischen Erkenntnistheorie ist, daß sie das Erkennen als Widerspiegelung und als sozialen Prozeß beschreibt. Diese Erkenntnistheorie ist eine materialistische, dialektische, historische, soziale und kritische Wissenschaft (vgl. Teil I, 1.2. *Vorfragen und Definition der Erkenntnistheorie*). Materialistisch erkennt sie das Wesen der Bewußtseinsleistungen als Widerspiegelung des materiellen Seinsprozesses, dialektisch vollziehen sich im Medium der gesellschaftlichen Praxis die Bewußtseins-, Erkenntnis- und Wissensbildung, historisch sind die Prozeßformen der ideellen Widerspiegelung und ihre Vermittlung im akkumulierten Wissen historischer Formationen, sozial ist die Determination des Erkenntnisprozesses und kritisch ist die Wissenschaft, welche die Formen und Qualitäten des menschlichen Bewußtseins an der Praxis als Wahrheitskriterium mißt. Diese Erkenntnistheorie behauptet keinen Monokausalismus im Verhältnis von gesellschaftlichem Sein und Bewußtsein; sie verwirft die Identifizierung von Widerspiegelung und Objekt-Welt und unterzieht sich der Mühe und Anstrengung des Begriffs, die Dialektik der Formen und Qualitäten von Sein und Bewußtsein differenziert zu analysieren.
Diese philosophische Studie versucht, in ihrer Darstellungsweise ein wichtiges Problem zu berücksichtigen: problematisch ist, daß die *Theorie* der Erkenntnisgenese und -determination nicht ›naiv‹ verfahren kann; sie rekonstruiert die Mannigfaltigkeit der Formen des Erkenntnisprozesses in wissenschaftlich abstrahierender und konkretisierender Weise; sie setzt also den historisch erreichten Stand der Erkenntnis der Welt bereits voraus; ›Praxis‹ und ›Geschichtsbewußtsein‹ sind die theorieleitenden Perspektiven, unter denen sich der Konstitutionsprozeß

der Erkenntnis und die Theorie dieses Prozesses als Einheit darstellen. Die logische Strukturierung der historischen Bewegung vom Nicht-Wissen zum Wissen kann von der phylogenetischen und ontogenetischen Geschichte der Welterkenntnis nicht absehen und muß doch – wie im Zeitrafferverfahren – methodisch von der bloßen Addition der mannigfaltigen Elemente des akkumulierenden Erkenntnisprozesses und von der Vielfalt der Formen menschlicher Bewußtseinsleistungen abstrahieren, um das Konkret-Allgemeine in Bewußtsein, Erkenntnis und Wissen herauszukristallisieren.

Die Einsicht der dialektischen, materialistischen Erkenntnistheorie lautet: *die Formen und Qualitäten des menschlichen Bewußtseins und seiner Leistungen sind Formen und Qualitäten gesellschaftlich notwendigen Bewußtseins.* Was aber ist oder bedeutet gesellschaftliches Bewußtsein? Gerade unter dem Aspekt der sozialwissenschaftlichen Forschungsaufgabe der Erkenntnistheorie wird eine Antwort möglich. Zunächst ist zu bedenken, daß die Kategorie ›gesellschaftliches Bewußtsein‹ doppelte Bedeutung hat, zwei unterscheidbare Inhalte ausdrückt: ›gesellschaftliches Bewußtsein‹ drückt aus die Gesellschaftlichkeit des Bewußtseins, d. h. die Genese und Manifestation von Bewußtsein in der Dialektik der Arbeit; zum anderen aber ist ›gesellschaftliches Bewußtsein‹ eine theoretisch-wissenschaftlich qualifizierte Kategorie zur Bezeichnung jenes ontologischen und gnoseologischen Substrats, welches durch Abstraktion und Synthesis von der Geschichte der Erkenntnis der Welt gewonnen wird und die allgemeinen Gesetze des Erkenntnisprozesses widerspiegelt.

Als Fazit der bisherigen Überlegungen zur Erkenntnis- und Widerspiegelungstheorie ergibt sich folgende Teildefinition: Erkenntnis ist Widerspiegelung. ›Widerspiegelung‹ ist eine gnoseologische Kategorie zur Erklärung des sozial-historisch determinierten und historisch-logisch akkumulierenden Prozesses, in welchem Wissen entsteht; dieser Prozeß selbst gibt am Ende der menschlichen ›Vorgeschichte‹ die Einsicht an die Hand, daß die Objektivität und Wahrheit der Widerspiegelung Funktionen der materiellen Praxis sind. Widerspiegelung ist die ideelle, objektives Sein in sinnlicher Wahrnehmung, empirischer Erfahrung, erkennender Abstraktion und begrifflicher synthetisierender Konkretion reproduzierende *und* in der Reproduktion zum bewußten Sein qualifizierende Tätigkeit gesellschaftlicher Individuen. Die Widerspiegelung hat eine regulative Funktion in der Arbeit und für die Produktion und Reproduktion des Lebens; sie ist schöpferisch, verändert die Wirklichkeit und schafft Objektivität. Die Erkenntnis als Widerspiegelung ist komplex determiniert:

– durch die materielle, natürliche und gesellschaftliche Seinsweise der Objektwelt
– durch die ontologischen – physischen, psychischen, sozialen – Möglichkeits- und Notwendigkeitsbedingungen des Bewußtseins
– durch den logisch strukturierten Stand der Geschichte der Wissensakkumulation
– durch die persönlichkeitsspezifischen Formen der gesellschaftlichen Psychologie und des Alltagsbewußtseins
– durch die Qualität der Manifestationen gesellschaftlichen Bewußtseins, d. h. durch den historischen Stand der Vergesellschaftung logisch-richtigen Wissens und der Wissenschaften
– durch die Differenziertheit und Komplexheit der sprachlichen Voraussetzungen, in deren Rahmen die widerspiegelnde Erkenntnis sich artikuliert
– durch den Grad der Übereinstimmung individuellen Bewußtseins mit dem Klassenbewußtsein als primärer gesellschaftlicher Identitätsform subjektiven Bewußtseins.

Ist gesellschaftliches Bewußtsein gesellschaftliches Sein? Sind Sein und Bewußtsein *identisch*? Es blieb dem Neohegelianismus der Lukács-Schule vorbehalten, der marxistischen Ontologie und Gnoseologie diese Identitätsphilosophie zu unterstellen. Gegenüber der These Jakubowskis – »Das Bewußtsein ist bewußtes Sein« (Jakubowski: (40), 90) – muß betont werden, daß der Marxismus-Leninismus die Bedingungen jenes Approximationsprozesses angegeben hat, in dessen Verlauf die Formen des Bewußtseins der Objektivität und die Qualitäten des Bewußtseins der Totalität der Objektivität *immer adäquater werden*; nicht zuletzt dadurch, daß das Bewußtsein ›die objektive Welt auch schafft‹. T. I. Oiserman hat auf die Formspezifik des gesellschaftlichen Bewußtseins verwiesen und festgestellt, daß die Formen »sich voneinander ausschließlich durch den Charakter ihrer sozialen Funktion unterscheiden und durch diesen bestimmt werden«[191].

191 T. I. Oiserman, *Probleme der Philosophie und der Philosophiegeschichte*. Frankfurt/M. 1972, 82.

Oiserman macht geltend, daß der Marx-Engelssche Satz, Bewußtsein könne nie etwas anderes sein als das bewußte Sein, für das gesellschaftliche wie auch das individuelle zutreffe; er liest diesen Satz als Aussage über die Materialität der Bedingungen des Bewußtseins, nicht aber als Beleg für den vermeintlichen Identitätsstandpunkt. Nur bei dieser Lesart ist eine ganz bedeutsame Differenzierung möglich:

»Das bewußte Sein unterscheidet sich wesentlich von der Erforschung des Seins – der Natur und der Gesellschaft. Bewußtsein existiert vor jeder Forschung und hängt nicht von ihr ab. Der Umstand, daß Forschungsergebnisse ins Bewußtsein treten, daß sie Inhalt des Bewußtseins werden, beseitigt nicht die qualitativen Unterschiede zwischen Wissenschaft (Forschung) und Bewußtsein. Gesellschaftliches Bewußtsein, zum Beispiel die Moral, hat keinen Forschungsgegenstand, aber spiegelt gesellschaftliches Sein wider. Einen Forschungsgegenstand hat hingegen die Ethik; ihr Forschungsgegenstand ist die Moral.«

Oiserman resümiert aus der richtigen Einschätzung der Verhältnisbestimmung von Sein und Bewußtsein – daß das Bewußtsein bewußtes Sein ist, ist eine ontologische Prämisse der Gnoseologie –:

»Das gesellschaftliche Bewußtsein, das das gesellschaftliche Sein widerspiegelt, ist deshalb noch nicht *Erkenntnis* des gesellschaftlichen Seins. Dazu ist die Untersuchung des gesellschaftlichen Seins erforderlich. Eine solche Untersuchung hat nicht immer stattgefunden und wenn, dann hat sie natürlich nicht immer ihr Ziel erreicht. Die Erkenntnis des gesellschaftlichen Seins ist wie jede Erkenntnis unbeschränkt. Das gesellschaftliche Bewußtsein jedoch erhält im Rahmen eines historisch bestimmten gesellschaftlichen Seins eine relativ abgeschlossene Form, die sich auf Grund des fortschreitenden Erkenntnisprozesses nicht wesentlich verändert. Solche Veränderungen werden vor allem durch grundlegende sozialökonomische Umgestaltungen bewirkt [...] Man darf natürlich Bewußtsein und Wissen nicht metaphysisch einander gegenüberstellen. Im Bewußtsein des gesellschaftlichen Seins ist auch Wissen über letzteres enthalten. Aber das ist noch kein wissenschaftliches Wissen, denn der objektive Inhalt und die subjektiven Vorstellungen sind darin nicht voneinander abgegrenzt«[192].

Der gesellschaftliche Charakter des Bewußtseins von Individuen läßt eine begriffliche Erkenntnis logischer Qualität in

192 Oiserman, a.a.O., 83/84.

eben den Grenzen zu, die der Mensch selbst in der gesellschaftlichen Arbeit produziert. Die Trennung von Kopf- und Handarbeit und die durch sie erzwungene ›tote Abstraktheit‹ des theoretischen Denkens gegenüber dem konkreten Lebensbezug sind die bis in den Kapitalismus bestehenden Barrieren, die sich vor einer Identität von bewußtem Sein und Wahrheit aufbauen. Marx hat die Lage des Individuums, dessen Bewußtsein bewußtes Sein *ohne Begriff* ist, so dargestellt:

»Das Individuum A dient dem Bedürfnis des Individuums B vermittelst der Ware a, nur insofern und weil das Individuum B dem Bedürfnis des Individuums A vermittelst der Ware b dient und vice versa. Jedes dient dem anderen, um sich selbst zu dienen; jedes bedient sich des anderen wechselseitig als seines Mittels«[193].

Unter den Bedingungen isolierter Bedürfnisbefriedigung und privativer Arbeit gelingt dem gesellschaftlichen Bewußtsein zwar eine angemessene, gesellschaftlich notwendige und keineswegs gewollt ›betrügerische‹ Widerspiegelung des sozialen Status quo; die Erkenntnis des Wesens dieses sozialen Status, die Selbstreflexion des Subjekts als des Subjekts zerstörter gesellschaftlicher Gesamtarbeit und die daraus folgende Negation des Status quo gelingt nicht; dieses Bewußtsein ist gesellschaftliches Bewußtsein, ist gesellschaftlich notwendiges Bewußtsein, ist gesellschaftlich notwendiges unwesentliches, d. h. falsches Bewußtsein. Zur Marxschen Zustandsbeschreibung gehört gleichwohl, daß »die große Industrie« den »Schleier« zerrissen hat, »der den Menschen ihren eignen gesellschaftlichen Produktionsprozeß versteckte und die verschiednen naturwüchsig besonderten Produktionszweige gegeneinander und sogar dem in jedem Zweig Eingeweihten zu Rätseln machte«. Die moderne industrielle Technologie hat den Arbeitsstatus des Arbeiters verändert:

»Durch Maschinerie, chemische Prozesse und andre Methoden wälzt sie beständig mit der technischen Grundlage der Produktion die Funktionen der Arbeiter und die gesellschaftlichen Kombinationen des Arbeitsprozesses um. Sie revolutioniert damit ebenso beständig die Teilung der Arbeit im Innern der Gesellschaft und schleudert unaufhörlich Kapitalmassen und Arbeitermassen aus einem Produktionszweig in den andern.«

193 *Grundrisse* 155.

Die »Natur der großen Industrie« bedingt und fordert – dies ihr Negativum wie Positivum, weil Negation einleitend – die »allseitige Beweglichkeit des Arbeiters«. Daraus folgt ein Problem »auf Leben und Tod«:

»Wenn [...] der Wechsel der Arbeit sich jetzt nur als überwältigendes Naturgesetz und mit der blind zerstörenden Wirkung eines Naturgesetzes durchsetzt, das überall auf Hindernisse stößt, macht die große Industrie durch ihre Katastrophen selbst zur Frage von Leben und Tod, den Wechsel der Arbeiten und daher möglichste Vielseitigkeit der Arbeiter als allgemeines gesellschaftliches Produktionsgesetz anzuerkennen und seiner normalen Verwirklichung die Verhältnisse anzupassen. Sie macht es zu einer Frage von Leben und Tod, die Ungeheuerlichkeit einer elenden, für das wechselnde Exploitationsbedürfnis des Kapitals in Reserve gehaltenen, disponiblen Arbeiterbevölkerung zu ersetzen durch die absolute Disponibilität des Menschen für wechselnde Arbeitserfordernisse; das Teilindividuum, den bloßen Träger einer gesellschaftlichen Detailfunktion, durch das total entwickelte Individuum, für welches verschiedne gesellschaftliche Funktionen einander ablösende Betätigungsweisen sind«[194].

Diese Sätze aus dem *Kapital* widerspiegeln die objektive Notwendigkeit der Entwicklung der bürgerlich-kapitalistischen Produktionsweise und Gesellschaft; sie manifestieren gesellschaftliches, gesellschaftlich notwendiges, gesellschaftlich notwendiges wesentliches, d. h. richtiges Bewußtsein; sie sind nicht utopisch, sondern ihr Topos ist der »prozessierende Widerspruch« des Kapitalverhältnisses der Arbeit selbst. Das Kapital muß »nach der einen Seite hin [...] alle Mächte der Wissenschaft und der Natur« anstrengen, und es ist doch gezwungen, »diese so geschaffnen riesigen Gesellschaftskräfte« zu messen »an der Arbeitszeit, und sie ein[zu]bannen in die Grenzen, die erheischt sind, um den schon geschaffnen Wert als Wert zu erhalten«[195]. Die Universalität des Individuums ist keine sozial-romantische Forderung, sondern gesellschaftliche Notwendigkeit des Lebens. Die Notwendigkeit gesellschaftlicher Gesamtarbeit zu erkennen, bedurfte es eines gesellschaftlichen Bewußtseins, welches das Wesen, d. h. die Negation der Negation, widerspiegelte. Die Marxsche Methode der Anatomie, der historisch-logischen Analyse der kapitalistischen Gesell-

194 *MEW* 23, 511/512.
195 *Grundrisse* 593.

schaft ist ein Dokument dafür, daß der »prozessierende Widerspruch« auch die Mittel seiner Negation und der Erkenntnis dieser Negation freisetzt.

Daß gesellschaftliches Bewußtsein bewußtes Sein sei, ist eine Fiktion, solange nicht der Charakter und die Qualität der das soziale Sein widerspiegelnden Bewußtseinsformen erklärt werden. Die Marxsche Kritik der bürgerlichen Nationalökonomie hat die Unterscheidung qualitativ verschiedener Formen gesellschaftlich notwendigen Bewußtseins ermöglicht. Die ›ewigen Wahrheiten‹ der bürgerlichen Nationalökonomie sind ›identisch‹ mit der kapitalistischen Ökonomie nur im Sinne von blinder Übereinstimmung; die ontologische und gnoseologische Kategorie ›Identität‹ gilt innerhalb der Dialektik des Kapitalverhältnisses: die *Kritik der politischen Ökonomie* ist ›identisch‹ mit den Widersprüchen des Kapitalverhältnisses, insofern sie das Wesen der Widersprüche – den Fetischismus der Warenwelt und die Negation der Negation – widerspiegelt. Es wäre deshalb falsch, die Formen und Qualitäten des gesellschaftlich notwendigen Bewußtseins einlinig nach dem Kriterium der Wissenschaftlichkeit zu unterscheiden. Wissenschaftlich sind die bürgerliche Nationalökonomie wie deren Kritik; sie sind wissenschaftlich, insofern sie Strukturen der Objektivität begrifflich, verallgemeinernd, systematisch widerspiegeln. In beiden Fällen handelt es sich um sozial determinierte Erkenntnis- und Wissenssysteme. Eine angemessene Unterscheidung hat deshalb anzusetzen bei jenem Kriterium, welches ›richtige‹ und ›falsche‹ Erkenntnisse scheidet: zu fragen ist, ob das gesellschaftliche Bewußtsein die ›Erscheinungen‹ widerzuspiegeln genötigt ist oder die Notwendigkeit der dialektischen Entwicklung des ›Wesens‹ widerspiegelt. Falsch wäre eine Unterscheidung, welche die Qualität gesellschaftlichen Bewußtseins ausschließlich im Rahmen der Differenzierung zwischen ›Alltagsbewußtsein‹, ›Klassenbewußtsein‹, ›Alltagserkenntnis‹ und ›Wissenschaft‹ ausmessen wollte. Objektiv richtige Einsichten in die wesentliche gesellschaftliche Struktur leistet das gesellschaftliche Bewußtsein – in verschiedener *logischer* Qualität – auf allen seinen Konstitutionsebenen. Und irrig wäre endlich eine Unterscheidung, welche das gesellschaftlich notwendige falsche Bewußtsein als ideologisch, das gesellschaftlich notwendige objektiv richtig widerspiegelnde Bewußtsein als nicht-ideologisch bezeichnete. Eine angemessene Unterscheidung der ideologischen Formen und Qualitäten des gesellschaftlich notwendigen Bewußtseins muß ausgehen vom materiellen Praxis- und Produktionsprozeß, von dessen Verortung in ökonomischen Gesellschaftsformationen und dessen Klassenspezifik.

Die Bestimmung des gesellschaftlichen Bewußtseins und dessen ideologischen Charakters kann als bereits gelöstes Problem vorausgesetzt werden.

›Gesellschaftliches Bewußtsein‹ bezieht sich als Grundbegriff des historischen Materialismus auf die »historisch bestimmte Gesamtheit der politischen, weltanschaulichen, moralischen, juristischen Auffassungen, die in einer jeweiligen Gesellschaft als ideeller Ausdruck des im materiellen Produktions- und Reproduktionsprozeß sowie im Klassenkampf sich vollziehenden praktischen gesellschaftlichen Lebensprozesses entstehen und wirksam werden«. Bei aller gebotenen Unterscheidung der Formen des gesellschaftlichen Bewußtseins und seiner verschiedenen Funktionen[196] ist hervorzuheben, »daß das gesellschaftliche Bewußtsein *primär* der ideelle Ausdruck einer ökonomischen Gesellschaftsformation, der Produktions- und Klassenverhältnisse, der Stellung der Menschen in der konkreten Gesellschaft ist. Dieser ideelle Ausdruck ist stets vermittelt durch

196 Vgl. Klaus/Buhr: (5), 425:

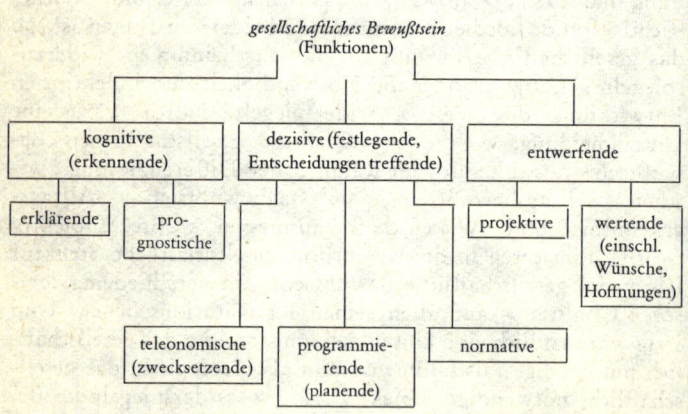

jeweilige gesellschaftliche und Klasseninteressen und dient deren Durchsetzung. Die entscheidende Bestimmtheit des ›gesellschaftlichen Bewußtseins‹, die alle seine konkreten Gestaltungen und Funktionen zu einem System zusammenschließt, besteht daher darin, daß es das Selbstbewußtsein einer gesellschaftlichen Formation bzw. einer Klasse darstellt, das vorwiegend politisch-ideologisch und weltanschaulich ausgerichtete und auf die praktische gesellschaftliche Aktion abzielende soziale Selbstverständnis einer Formation oder Klasse. Das heißt, das gesellschaftliche Bewußtsein ist wesentlich Ideologie« (Klaus/Buhr: (5), 423-425).

Der marxistische Begriff ›Ideologie/ideologisch‹ ist wie kaum ein zweiter zur Provokation geworden; Streitschriften – vor allem zur Engels-Exegese – füllen Bibliotheken. Marx und Engels haben Problem und Begriff des Ideologischen als Kennzeichen der Gesellschaftlichkeit des Bewußtseins in mehreren weitgehend übereinstimmenden Ansätzen entfaltet:

Ideologie ist:
– Ausdruck und Form menschlicher Selbstentfremdung oder Selbstentäußerung in Religion, Philosophie, Politik und politischer Theorie[197];
– Ausdruck und Form der Illusion, ›Geist‹ und ›Idee‹ machten und beherrschten Geschichte und Wirklichkeit[198];
– materiell notwendige, praktisch erzeugte Verkehrung der wirklichen Triebkräfte der Geschichte; eine Verkehrung mit Ursachen in der Teilung der Arbeit, zumal der Trennung von Hand- und Kopfarbeit[199];
– gesellschaftlich notwendige Widerspiegelung sozial-ökonomischer, scheinbar naturwüchsiger und ewiger Strukturen der Produktion[200];
– gesellschaftlich notwendiges falsches Bewußtsein, welches trotz seiner Verkehrtheit auf die Praxis rückwirkt[201].

Die Diskussion um den Ideologie-Begriff entzündet sich immer wieder am scheinbar einseitigen Engelsschen Ideologie-Verständnis: »Die Ideologie ist ein Prozeß, der zwar mit Bewußt-

197 *MEW* Erg. Bd. 1, 515, 571 f.; *MEW* 1, 345, 378; 2, 86; 20, 294; 1, 345, 383.
198 *MEW* 3, 14, 19 f.; 7, 342; 20, 574.
199 *MEW* 3, 26 f., 167, 227 f.; 20, 239.
200 *MEW* 13, 76 f.; 25, 163, 290; 37, 488.
201 *MEW* 39, 97.

sein vom sogenannten Denker vollzogen wird, aber mit einem falschen Bewußtsein. Die eigentlichen Triebkräfte, die ihn bewegen, bleiben ihm unbekannt«[202]. Engels Auffassung dementiert jedoch die Allgemeinheit der Ideologie-Konzeption nicht, sondern bedeutet eine Präzision; keineswegs handelt es sich um eine unhistorische generalisierende Reduktion des ideologischen auf ›das‹ gesellschaftlich notwendige *falsche* Bewußtsein. Erst bei Ausblendung der besonderen geschichtlichen Formation, die Objekt der Marx-Engelsschen Analysen war, stellt sich dieses Mißverständnis ein; Engels Aussage besagt: das gesellschaftliche Bewußtsein als Widerspiegelung und Kampfform der *bürgerlich-kapitalistischen* Herrschaft über den erkenntnisleitenden ökonomischen Arbeitsprozeß ist falsches Bewußtsein und als solches Ideologie. Die bürgerliche Ideologie ist nicht bereits aufgrund ihres Klassencharakters ›falsch‹; sie ist Dokument falschen Bewußtseins erst aufgrund der bürgerlich-kapitalistischen Spezifik des Klassenbewußtseins und der diesem vorausliegenden Klasseninteressen. Die marxistische Ideologietheorie mußte innerhalb der bürgerlich-kapitalistischen Formation in dem Maße auf klassische Elemente der frühen Priester-Betrugs-Theorien und Ideologietheoreme zurückgreifen, wie die bürgerliche Ideologie – d. h. die Ideologie der Bourgeoisie als Klasse – ja bereits unter pragmatischen Aspekten ›notwendig‹ war zur Legitimation, Durchsetzung und Stabilisierung der Klassenherrschaft. Alle Versuche, jegliches gesellschaftliches Bewußtsein entweder als ›falsches‹ oder jegliches ideologisches als falsches Bewußtsein zu diskreditieren, sind unzulässige Verallgemeinerungen der marxistischen Ideologietheorie. A. Gramsci hat die Denaturierung des Ideologie-Begriffs, wie sie seit K. Korschs innermarxistischer und K. Mannheims antimarxistischer Revision auf der Tagesordnung der Marxologie steht[203], kritisiert und erläutert:

202 *MEW* 39, 97.
203 Beispiele dieses Spektrums: K. Korsch, *Marxismus und Philosophie*. Hg. v. E. Gerlach. Frankfurt/M. 1966, 122. Jakubowski: (40), 90, 94. J. Habermas, *Theorie und Praxis*. Neuwied/Berlin 1963, 314 f. J. Gabel, *Ideologie und Schizophrenie*. Frankfurt/M. 1967, 51. E. Brand, *Ideologie*. Düsseldorf 1972, VIII. Stellvertretend: B. Schwarz, *Hermeneutik und Sachkontakt*, in: (383), 27: »Ideologie ist immer, wie Marx sagt, falsches Bewußtsein; aber das Schlechte der marxistischen These ist, daß es überhaupt *nur* falsches Bewußtsein gibt oder gegeben hat«. K. Mannheim hat in *Ideo-*

»Wenn man den Wert der Ideologien in Betracht zieht, so scheint
mir, daß ein Element des Irrtums in der Tatsache zu suchen ist [...],
daß man mit dem Namen Ideologie einmal den für eine bestimmte
Basis notwendigen Überbau, zum anderen die willkürlichen Hirnge-
spinster gewisser Individuen bezeichnet. Die abfällige Bedeutung
des Begriffs Ideologie verändert und denaturiert. Der Prozeß dieses
Irrtums kann leicht rekonstruiert werden: 1. die Ideologie wird als
von der Basis unterschieden festgestellt, und man behauptet, daß
nicht die Ideologien die Basis verändern, sondern umgekehrt; 2. man
behauptet, eine gewisse politische Lösung sei ›ideologisch‹, d. h. nicht
ausreichend, um die Basis zu verändern, während sie sie zu ändern
glaubt; man behauptet, sie sei unnütz, stupide etc.; 3. man geht zu
der Behauptung über, jede Ideologie sei ›reiner‹ Schein, unnütz, stupide etc.« (Gramsci: (39), 169/170).

Der besondere Stellenwert der marxistischen Ideologiewissenschaft in der Geschichte der Ideologiekritik[204] wird nicht gesehen, wo – wie bei Schnädelbach: (192), 83 f. – ihr zentrales
Motiv so notiert wird:

»Ideologie ist gesellschaftlich notwendiges falsches Bewußtsein, sofern man die Subjektseite betrachtet, und gesellschaftlich notwendiger Schein, wenn man vom Gegenstand des ideologischen Bewußtseins spricht. [...] Allgemein läßt sich mit Marx nur sagen, daß
ideologisches Bewußtsein meist apologetisch und restaurativ ist, weil
es Ausdruck von Produktionsverhältnissen ist, die von der Entwicklung der Produktivkräfte geschichtlich überholt sind.«

Die Selbstdarstellung des wissenschaftlichen Sozialismus als
›Ideologie‹ der Arbeiterklasse muß bei diesem Angebot eines
kritisch-totalen Ideologieverständnisses geradezu als Aufforderung verstanden werden, die Wissenschaftlichkeit der proletarischen Ideologie schlicht in Abrede zu stellen[205]. Es handelt
sich deshalb nicht nur um terminologische Rechthaberei zur
Rettung des Begriffs ›Ideologie‹ als Selbstreflexionskategorie,
wird hier ausdrücklich die Allgemeinheit und Objektivität die-

logie und Utopie (Frankfurt/M. [4]1965, 69/70) den nicht-marxistischen Ideologiebegriff gegen den Marxismus gewendet, der auch nur Ideologie sei.
204 Vgl. K. Lenk (Hg.), Ideologie. Ideologiekritik und Wissenssoziologie.
Neuwied 1961.
205 So hat R. Bubner eilig den Schluß gezogen, es sei »der reklamierte
Wissenschaftsstatus des Marxismus [...] auf keine Weise zu halten«, stehe
doch der per se ideologieverdächtige Ideologiebegriff »auf keiner prinzipiell anderen Ebene als die von ihm diagnostizierten Gestalten von Schein«
(In: (389), 237).

ses im Kontext der Kritik der politischen Ökonomie der bürgerlichen Gesellschaft entwickelten Begriffs betont: für Marx galten als ›ideologisch‹ im Unterschied zu den ›materiellen‹ Grundlagen der gesellschaftlichen Produktion alle jene »juristischen, politischen, religiösen, künstlerischen oder philosophischen [...] Formen, worin sich die Menschen« des Konflikts zwischen Produktionsverhältnissen und Produktivkräften »bewußt werden und ihn ausfechten«[206]. ›Ideologie‹ ist also eine theoretische Kategorie zur verallgemeinernden Bezeichnung aller Widerspiegelungsformen, in denen sich die Dialektik gesellschaftlicher Produktion ideell reproduziert und in denen das Subjekt der Produktion affirmativ oder negierend den sozialen Widerspruch aushält *und* ausficht *und* weitertreibt.

Die Kategorie ›Ideologie‹ ist selbst nichts anderes als der Ausdruck bestimmter historischer, sozial-ökonomischer Existenzbestimmungen. Die Funktion dieser Kategorie kann entsprechend der Entwicklung der marxistischen politischen Ökonomie von der ›Kritik‹ der bürgerlichen Nationalökonomie zur positiven Wissenschaft doppelt erklärt werden:

1. Unter den Bedingungen der die Ideologie als gesellschaftlich notwendiges falsches Bewußtsein erzwingenden klassen*antagonistischen* Produktionsweisen fungiert ›Ideologie‹ als fundamentale *Kritik-Kategorie* zur Entlarvung blind den bloßen Schein legitimierender Bewußtseinsleistungen;
2. Unter Produktionsbedingungen, welche – wie die Diktatur des Proletariats – den Übergang zu *nicht-antagonistischen* Formen der Klassenauseinandersetzungen ermöglichen und unter deren Wirkung *nicht-partikuläre* Klasseninteressen sich verwirklichen können, hat ›Ideologie‹ über die Funktion als Kritik-Kategorie hinaus die Funktion einer *analytischen erkenntnis- und sozialwissenschaftlichen* Kategorie; diese Kategorie ist keineswegs ›wertneutral‹; sie ist durchaus parteilich, beschreibt aber Formen gesellschaftlich notwendigen objektiv-richtigen Bewußtseins und gewinnt ihre Kritik-Funktion erst sekundär auf der Grundlage existierender wahrer Erkenntnis.

Die geschichtliche Entwicklung des Ideologie-Begriffs von einem normativen, vorrangig moralischen Kritik-Institut zu einer wissenschaftlichen analytischen Theorie des Systems gesellschaftlich notwendigen Bewußtseins gibt hinlänglich Anlaß

206 *MEW* 13, 9.

zu dieser Unterscheidung. Der wissenschaftliche Ideologie-
Begriff wird durch die Unterstellung, Ideologie sei ex definitione falsches Bewußtsein, unterlaufen; diese Manipulation –
sie steht inmitten der gegenwärtigen Strategie der ›Entideologisierung‹ – soll den Wahrheits- und Objektivitätsanspruch
des wissenschaftlichen Sozialismus relativieren und ist – was
marxistische Ideologiekritik wiederum beweist – eine Form der
bürgerlichen ideologischen Apologie von Produktionsverhältnissen, deren reale Alternativen zumindest theoretisch totge-
schwiegen werden sollen. Die Ideologie des totalen Ideologie-
verdachts und ihr Entideologisierungs-Korrelat sind Formen
gesellschaftlich notwendiger Widerspiegelung des bourgeoisen
Klasseninteresses *und* Formen bürgerlichen Klassenkampfs.
Die Ideologieproblematik umfaßt im wesentlichen zwei Komplexe der materialistischen Dialektik: erstens den der Erkenntnistheorie; unter diesem Aspekt ist die Ideologie eine besondere
gesellschaftliche systematische Form der Widerspiegelung und
als Widerspiegelungsform sozialer Prozeß; sie umfaßt zweitens neben dem kognitiven Aspekt den der sozialen Funktion
von Ideologie, d. h. einen historisch-materialistischen Aspekt.
Detailanalysen haben die Erkenntnis dieser beiden Komplex-
bereiche vertieft.
Aus der umfassenden ideologiewissenschaftlichen Forschung in
der DDR seien zwei hervorragende Arbeiten H. Schliwas erwähnt: *Erkenntnis und Ideologie* (Bibl.: (189)) und – ebenfalls
1968 erschienen – *Der marxistische Begriff der Ideologie und
das Wesen und die Funktionen der sozialistischen Ideologie.*
In dieser zweiten Arbeit kommt Schliwa zu folgenden Ergebnissen:

Wichtige Fragen ideologiewissenschaftlicher Forschung sind »die Frage nach der historischen Notwendigkeit, nach den ›Produktions-,
Distributions- und Konsumptionsbedingungen‹ der Ideologie und
nach ihrem sozialen Träger (Subjekt und dessen Charakter), weiterhin die Frage nach den Funktionen der Ideologie in der Geschichte
und im aktuellen Gesellschaftsprozeß (in den verschiedenen ökonomischen Gesellschaftsformationen), die Frage nach dem Charakter
der ideologischen Widerspiegelung und ihrem Verhältnis zur wissenschaftlichen Erkenntnis, die Frage nach dem Systemcharakter und der
Struktur der Ideologie und schließlich die Frage nach der Erschei-
nungsweise der Ideologie, d. h. den konkreten sprachlichen Gestaltungen und deren Wirkungsweise.

Demzufolge ließen sich fünf Aspekte des Ideologieproblems unterscheiden:
1. der soziale Aspekt, der in einen genetischen, politischen und historischen aufgegliedert werden könnte,
2. der funktionale Aspekt,
3. der Widerspiegelungsaspekt,
4. der systematisch-strukturelle Aspekt und
5. der semiotische Aspekt«.

Schliwa formuliert eine Definition, der gegenüber die Reduktion der Ideologie auf ›falsches Bewußtsein‹ als Nonsens abfällt: ›Ideologie‹ ist

»ein philosophischer Begriff zur Bezeichnung *der* ideellen Produkte, deren Entstehung, Weiterentwicklung und Rezeption in gesetzmäßiger Beziehung steht zu den historisch bestimmten Produktionsverhältnissen einer Gesellschaft, der Klasse (bzw. den Klassen), deren Grundinteresse sie zum Ausdruck bringt, und die auf das praktische gesellschaftliche Verhalten der Klassen, Gruppen und Individuen gerichtet sind und deren Handeln leiten, mobilisieren, normieren und motivieren«[207].

Aus dieser Definition ist ein gewichtiges Ergebnis zur Beantwortung der Frage nach den Formen und Qualitäten gesellschaftlich notwendigen Bewußtseins zu gewinnen: die Kennzeichnung jeglicher Formen und Qualitäten des gesellschaftlichen Bewußtseins als nur ›ideologisch‹ wäre das Ende einer differenzierten Erkenntnistheorie; im Rahmen der Gnoseologie kann es nur darum gehen, die *Ideologierelevanz* der verschiedenen Widerspiegelungs- als ideeller Aneignungsformen der Wirklichkeit zu bestimmen; jedes ideologische Bewußtsein ist ein Erkenntnismodus, aber nicht jede Erkenntnis ist per se ideologisch; ideologisch sind jene Elemente oder Teilmengen der Erkenntnis, welche als primäre Widerspiegelungen von Klasseninteressen und Klassenbeziehungen klassenspezifisches Verhalten prägen. Die Gesamtheit der Funktionen der Erkenntnis, des Wissens und der Wissenschaft ist mit dem Ideologie-Begriff noch nicht angegeben.

Es läge nahe, nach dieser allgemeinen Abgrenzung von Formen und Qualitäten des gesellschaftlichen Bewußtseins sich einzulassen auf die Spezifik des Alltagsbewußtseins und des Klas-

207 H. Schliwa, *Der marxistische Begriff der Ideologie und das Wesen und die Funktionen der sozialistischen Ideologie*. In: *DZP* 16 (1968), 1038/1039.

senbewußtseins, der Alltagserkenntnis und der Wissenschaft; denn diese Formen des gesellschaftlichen Bewußtseins sind die Erscheinungsweisen und Identitätsformen des individuell-gesellschaftlichen Bewußtseins. Dieser Schritt wäre voreilig: Die Produktion materieller *wie auch* ideeller Güter ist immer gebunden an gesellschaftlich arbeitende *Individuen*. Das gesellschaftliche Bewußtsein und seine unterscheidbaren Formen lassen sich nur als Daseinsformen des gesellschaftlichen Individuums feststellen; sie existieren als Vergesellschaftungsformen individuellen Bewußtseins, nirgends aber losgelöst vom Individuum. Vor der Untersuchung von Alltagsbewußtsein, Klassenbewußtsein und Wissenschaft liegt ein Schritt der Vermittlung: die Theorie der gesellschaftlichen Psychologie der menschlichen Persönlichkeit.

6.1. *Zur Psychologie der Erkenntnis*

Als Widerspiegelung gesellschaftlichen Seins ist das gesellschaftliche Bewußtsein Gegenstand nicht der Psychologie, sondern der Gesellschaftswissenschaft und der dialektischen Erkenntnistheorie. Die Allgemeinaussagen dieser Wissenschaften werden aber konkretisiert und gestützt durch die Erforschung des ›Wie‹ der Umsetzung und Übersetzung von Materiellem in Ideelles. Und diese Umsetzung findet statt als Brechung äußerer Ursachen im individuellen, persönlichkeitsspezifischen Medium ›Bewußtsein‹. Der bereits von Engels und intensiv von Lenin vertretenen Forderung verpflichtet, das ›Wie‹ der Übersetzung zu erklären, sieht die dialektische Gnoseologie ihre Grundlagen geschaffen in der Untersuchung a) der Gesetzmäßigkeiten der Hirnphysiologie, b) der Determination des Bewußtseins durch den sozial-historischen und ideologischen, historisch-logisch vermittelten ›Block‹, in welchem sich die Genese sozialer und ideologischer Identität kollektiv-individuellen Bewußtseins vollzieht und c) der gesellschaftlichen und Persönlichkeitspsychologie. Gerade die gesellschaftliche Psychologie, d. h. die Psychologie des vergesellschafteten Menschen, vermittelt historische Identitätsstrukturen. In der gesellschaftlichen Psychologie widerspiegeln sich die nicht-individuellen sozialen Lebensbedingungen des Individuums als Gefühle, Stimmungen etc. und als Alltagsbewußtsein. Die gesellschaftliche Psychologie ist nicht reduzierbar auf die Totalität der

Sozialstruktur. Sie ist das Ensemble der das Alltagsbewußtsein prägenden elementaren Widerspiegelungsformen, zu deren Bedingungen etwa auch klasseninterne, gruppen- und schichtenspezifische Arbeitsweisen gehören (so der Arbeiter, Bauern, Intelligenz usw.). Erst wo die antagonistischen Klassenstrukturen auch im Alltagsbewußtsein in der besonderen Qualität ›Klassenbewußtsein‹ bewußt werden, wird die gesellschaftliche Psychologie annähernd mit dem ideologischen System identisch. Die Inhalte der gesellschaftlichen Psychologie werden weniger durch bewußte Aneignung erlernt als durch Anpassung erworben; im Alltagsbewußtsein wirkt die überkommene soziale und ideologische Kontinuität als die eigentliche Weise der ›Vererbung‹. Der Bereich gesellschaftlicher Psychologie, der Resultat von Lernprozessen ist, darf aber nicht unterschätzt werden. In der gesellschaftlich notwendigen Sozialisation wird nicht nur individuell nützliches Wissen vermittelt; erlernt werden »Haltungen, Einstellungen, emotionale Stellungnahmen, [...] Motive des Handelns und das Handeln selbst, Verhaltensweisen und ihre Begründungen« (Hiebsch/Vorweg: (286), 58). Herrschende gesellschaftliche Bedürfnisse und Normen werden in der gesellschaftlichen Psychologie in dem Maße blind, unbewußt, irrational verinnerlicht, wie die Historizität des Bewußtseins unreflektiert bleibt. Zum Geschichts-, d. h. Kontinuitäts- *und* Veränderungsbewußtsein wird das Alltagsbewußtsein erst auf dem Niveau systemdysfunktionalen Klassenbewußtseins, das durch wissenschaftliche Erkenntnis orientiert wird. Die bewußte oder unbewußte Speicherung von Erkenntnissen und Erkenntnismethoden qualifiziert unterschiedliche Formen des gesellschaftlichen Bewußtseins. Dem Grad der bewußt werdenden Akkumulation des Wissens entspricht die Qualität der inneren Determination des individuellen Bewußtseins. Um diese innere Determination geht es bei der Analyse der gesellschaftlichen und Persönlichkeitspsychologie.
Gegenüber den Tendenzen der bürgerlichen Ideologie – auch in Erkenntnistheorie und Psychologie –, die Individualität des Bewußtseins zu verabsolutieren, hat die marxistische Psychologie die Dialektik von Außendetermination und innerer Vermittlung geltend gemacht; sie ist zugleich eine nachdrückliche Kritik an mechanistischen Strömungen innerhalb des Marxismus, welche außer den dominierenden sozialen Determina-

tionsfaktoren keinerlei persönlichkeitseigene Merkmale der Psychologie des gesellschaftlichen Individuums anerkannten. Die sowjetische Denk- und Persönlichkeitstheorie hat demgegenüber erhebliche Fortschritte gebracht. Zum Problem der historisch-sozialen Konstitutionsfaktoren des Bewußtseins stellt S. L. Rubinstein fest:

»In der Bedingtheit der Entwicklung des individuellen Denkens durch diese [gespeicherten] Kenntnisse äußert sich *die für den Menschen spezifische sozial-historische Determiniertheit seines Denkens.* Aber die Rolle der sozial-historischen Entwicklung bei der Determinierung der geistigen Entwicklung des Individuums besteht nicht etwa in einer einfachen Projektion von Äußerem nach innen. Nicht durch ›Interiorisierung‹ äußerer Einwirkungen formt sich die geistige Tätigkeit des Menschen. Stellt man sich auf diesen Standpunkt [...], dann verfälscht man den richtigen Satz *von der sozial-historischen Bedingtheit des Denkens durch eine mechanistische Interpretation seiner Determinierung*« (Rubinstein: (295), 56).

»Daß äußere Ursachen (äußere Einwirkungen) immer nur mittelbar über die inneren Bedingungen« einer Persönlichkeit wirken, bezeichnet Rubinstein als die Grundthese eines recht verstandenen Determinismus. Die Persönlichkeit ist als »ganzheitlicher Komplex innerer Bedingungen« das Organ der Vermittlung »für die Gesetzmäßigkeiten des psychischen Prozesses«; sie tritt »bei der Erklärung irgendwelcher psychischer Erscheinungen [...] als zur Einheit verbundene Gesamtheit innerer Bedingungen auf, durch die alle äußeren Einwirkungen gebrochen werden« (Rubinstein: (295), 11/12).
Diese Position der sowjetischen Psychologie setzt – wissenschaftshistorisch und -politisch betrachtet – eine deutliche Akzentverschiebung vom vorrangigen Interesse an Problemen des Kollektivs zu Fragen des ›subjektiven Faktors‹ voraus; die Sicherung der Ergebnisse der sozialistischen Revolution in der UdSSR ist die politische Voraussetzung. Die Vorstufen dieser Position sind nur noch Reminiszenzen, wichtige freilich.

Exkurs zur Problemgeschichte:
Solange die Behauptung noch Abnehmer findet, »die primitive Engelssche (aber auch Leninsche) Abbildtheorie« sei ›völlig ungeeignet, die spezifische Einheit von Denken und Sein [...] zu erfassen«[208], und den Applaus erhält, der »orthodoxe Vulgärmaterialismus« sei

208 I. Fetscher, *Der Marxismus.* München 1967, 197.

»im Diamat von der Leninschen Abbildtheorie auf die Spitze getrieben« worden[209], ist ein Rückblick nicht überflüssig.
Die zeitgenössischen Verdikte haben ihre schlechte Tradition: von B. Erdmanns Mißverständnis, die »Spiegelbild-Theorie« impliziere, daß der menschliche Geist zur restlosen Abspiegelung der Objektivität fähig sei[210], über W. Sombarts Widerrede »für die materialistische Geschichtsauffassung gibt es keine Realität des Geistes; dieser ist nur eine Spiegelung der Wirtschaft«[211] und Adlers Psychologisierung der materialistischen Dialektik bis zur Lukács-Schule[212] und zur sogenannten ›Praxis-Philosophie‹[213]. Max Adlers neokantianische Preisgabe des Materialismus ist repräsentativ: »Die ökonomischen Verhältnisse stellen nur die Bewegungsfreiheit des Ideellen her«; folglich ist »dieses Materielle [...] als solches notwendig bereits etwas *Geistiges*. [...] Das Ökonomische ist das in der Geschichte wirkende Geistige selbst«[214].
Im Kontrast zu Adlers Überschätzung des ›Formalpsychischen‹ im historischen Materialismus steht die Geschichte jener Erkenntnistheorie, in der das Problem der Psychologie und dessen Lösungen Meilensteine bedeuten. So hat schon G. W. Plechanow jener besonderen psychologischen Schichtung Aufmerksamkeit geschenkt, die er als Vermittlungsschicht zwischen Basis und Überbau annahm. In seinen von Lenin auch in der Phase größter politischer Differenzen zwischen Menschewiki und Bolschewiki gewürdigten *Grundproblemen des Marxismus* (1908) schlug er dieses Modell der Basis-Überbau-Struktur vor:

»1. *Stand der Produktivkräfte;*
2. die durch diesen Stand bedingten *ökonomischen Verhältnisse;*
3. die *sozialpolitische Ordnung,* die sich auf der gegebenen ökonomischen ›Basis‹ erhebt;
4. die teils unmittelbar durch die Ökonomie, teils durch die ganze darauf sich erhebende sozialpolitische Ordnung bestimmte *Psychologie des gesellschaftlichen Menschen*;
5. die verschiedenen *Ideologien,* welche die Eigenschaften dieser Psychologie in sich widerspiegeln.«

209 D. Böhler, *Metakritik der Marxschen Ideologiekritik.* Frankfurt/M. 1971, 50.
210 B. Erdmann, *Die philosophischen Voraussetzungen der materialistischen Geschichtsauffassung.* In: *Schmollers Jahrbuch* 31 (1907), 9 ff.
211 W. Sombart, in: *Verhandlungen des 6. dt. Soziologentages.* Zürich 1929, 93.
212 Jakubowski: (40), 64 f.
213 Vgl. P. Vranicki, *Der augenblickliche Stand der ideologischen Diskussion in Jugoslawien.* In: *Marxismus-Studien,* 5. Folge. Tübingen 1968, 161.
214 M. Adler, *Das Formalpsychische im historischen Materialismus.* In: *Die Neue Zeit* 26 (1907/1908), 59; 54; 60.

Plechanow zog hier eine Konsequenz, deren Wirkungen auf seine noch weitgehend mechanische Erkenntnistheorie er nicht abzuschätzen vermochte; eine Konsequenz, deren Bedeutung aber auch der oft zu pauschalen Plechanow-Kritik bis heute nicht klar geworden ist und die später mühevoll erinnert werden mußte: die Schlußfolgerung, »daß alle Ideologien in der *Psychologie der betreffenden Epoche* ihre gemeinsame Wurzel haben« (Plechanow: (50), 84/85). Vom heutigen Erkenntnisstand gesehen ist diese Schlußfolgerung zu ungenau; für den Marxismus der II. Internationale war sie ungemein fortschrittlich. Plechanow hatte bemerkt, daß die nicht auf die Psychologie eines imaginären ›Durchschnittssubjekts‹ reduzierbare Eigenart des ideologischen Überbaus erst erklärbar ist, wenn die gesellschaftliche Psychologie in ihrer Relation und in ihrer Funktionsweise gegenüber den Produktivkräften und Produktionsverhältnissen der den Überbau produzierenden Klassen erklärt wird. Er hatte Marx' Überbau-Definition ernstgenommen, die – so im *18. Brumaire* – den Überbau auch als Komplex von »eigentümlich gestalteten Empfindungen, Illusionen, Denkweisen und Lebensanschauungen« bestimmte[215].

Mit vergleichbarer Intensität, aber nahezu ohne Gehör und Wirkung, hatte bereits 1896 einer der wichtigsten Vertreter des italienischen zeitgenössischen Marxismus – Antonio Labriola – in seinen *Essais sur la conception matérialiste de l'histoire* die Perspektive der Sozialpsychologie eingeklagt. Die Untersuchung der historischen Determinanten des ideologischen Bewußtseins müsse aufweisen, »*auf welchem Wege* (durch welche Vermittlungen)« die bestimmten Objektivationsformen des Bewußtseins zustande kämen; es könne nicht nur darum gehen, »alle komplizierten historischen Manifestationen in ökonomische Kategorien zurückzuverwandeln«; man müsse vielmehr, »um von der zugrundeliegenden ökonomischen Struktur zu einer historischen Gesamtgestalt zu kommen, einen Begriffskomplex benützen, [...], den man [...] *Sozialpsychologie*« nennen könne und der gewiß nicht als der »abstrakte und allgemeine Ausdruck des sogenannten Menschengeistes« mißverstanden werden könne[216].

Plechanows *Zur Frage der Entwicklung der monistischen Geschichtsauffassung* von 1894 hatte das Problem noch schärfer formuliert: »Die Psychologie der Gesellschaft ist hinsichtlich ihres Verhältnisses zur Ökonomie immer zweckmäßig, entspricht ihr, wird immer durch sie bestimmt« (Plechanow: (49), 190; im Original hervorgeh.). Dieser Satz identifizierte Ökonomie und Psychologie nicht, sondern schrieb beiden Prozeßfunktionen in der Entwicklung der Produk-

215 *MEW* 8, 139.
216 A. Labriola, zit. nach: I. Fetscher, *Der Marxismus.* München 1967, 116/117.

tivkräfte zu. So gewann Plechanow eine Konkretisierung der ›relativen Eigenständigkeit des Überbaus‹: die Psychologie der Menschen paßt sich den objektiven Gesetzmäßigkeiten und Notwendigkeiten der ökonomischen Produktion an; ›Anpassung‹ schließt freilich ein, daß sich die gesellschaftliche Psychologie auf »neue, künftige Produktionsverhältnisse« schon vor deren Herrschaft einstellen kann. Die Psychologie der Subjekte revolutionärer Klassen überwindet im Vorgriff die herrschende ökonomische Basis, indem sie sich ändert »in der Richtung *jener Produktionsverhältnisse, durch die die alten, im Absterben begriffenen ökonomischen Verhältnisse* mit der Zeit *ersetzt werden.* Die Anpassung der Psychologie an die Ökonomie wird [...] fortgesetzt, aber die allmähliche psychologische Evolution *geht* der ökonomischen Revolution *voran*« (Plechanow: (49), 195).
Die Idee der notwendigen Reife für eine revolutionäre Strukturveränderung und die Idee der antizipativen Widerspiegelung der Revolution durch Erkenntnis des latenten revolutionären Widerspruchspotentials liegen hier im Keim vor. Auf Plechanow zurückzugreifen, ist mehr als eine Reminiszenz; es bedeutet, die pauschalierten Marxismus-Kritiken der Unkenntnis oder Lüge zu überführen; es bedeutet einen Theoriegewinn: der Theorie-Hypertrophie gegenübertreten zu können mit dem Hinweis auf die Antizipationskraft und schöpferische Leistung auch des Alltagsbewußtseins.

Das von Plechanow und Labriola angedeutete, aber noch nicht in seiner vollen Tragweite erkannte Problem der gesellschaftlichen Psychologie wird heute in der entwickelten marxistischen Sozial- und Persönlichkeitspsychologie voll anerkannt, entwickelt und gelöst. Die Versuche, die materialistische Dialektik durch die Psychoanalyse ›anzureichern‹, sind im Vergleich zum Stand der Wissenschaft nur noch ein Anachronismus, der fortvegetiert, wo anachronistische Produktionsverhältnisse fortvegetieren. Angesichts der Attraktivität der Psychoanalyse in vielen ›linken‹ Theorien einige Hinweise.

Exkurs zur Psychoanalyse:
Die Psychoanalyse war und ist eine ideologische Konkurrenz zum historischen und dialektischen Materialismus; von W. Reich bis J. Habermas diskutiert sie mit dem und gegen den Marxismus. Ihren Kritik-Anspruch verbindet sie mit dem Selbstverständnis einer ›emanzipatorischen‹ Theorie und Praxis (Therapie). Doch so ›emanzipatorisch‹ sich die kritische Kritik gibt, so willkürlich kritisiert sie, »daß die unbewußten historischen Identitätsstrukturen des Systems Mensch [...] den geschichtsblinden Fleck im Auge des historischen Materialismus und den gänzlich undialektisch ausgeblendeten toten

Winkel im dialektischen Bewußtsein des größten Teils der von Marx sich herleitenden Denktradition bildet«[217].

Die gegenwärtige Debatte der Psychoanalyse mit dem Marxismus blendet jenes realdialektische Moment aus, dessen sich die Freudomarxisten der 20er Jahre bewußt waren: daß der Versuch, die Psychoanalyse sozial- und ideologiekritisch gegen ihre eigene bürgerlichgesellschaftliche Genesis auszuspielen, die proletarische sozialistische Alternative zur bürgerlichen Klassengesellschaft voraussetzte.

Gewiß ist ›Unbewußtes‹ als Un-Gewußtes ein Element der Erkenntnis- und Verhaltensdetermination. Daß aber »an der Verhaltensstrukturierung menschlicher Gesellschaft [...] unbewußt verlaufende kollektive Einstimmungen [...] der entscheidende Vorgang« seien – wie A. Mitscherlich unterstellt – und daß soziale Verhaltensänderungen »nur aus den Schwankungen in der Triebstärke (aus Induktionen der Selbstidealisierung in Glaubensgruppen etwa) und der Triebverteilung zu begreifen« wären, sind völlig unbegründete Verallgemeinerungen einer im Kapitalismus teilweise zutreffenden Theorie auf ›den Menschen‹ und ›die Gesellschaft‹[218].

Die marxistische Psychologie leugnet die Existenz unbewußter Faktoren nicht. Sie erhebt aber Einspruch gegen die Freudsche Grundannahme, die lautet:

»daß die Geschehnisse der Menschheitsgeschichte, die Wechselwirkungen zwischen Menschennatur, Kulturentwicklung und jenen Niederschlägen urzeitlicher Erlebnisse, als deren Vertreter sich die Religion vordrängt, nur die Spiegelung der dynamischen Konflikte zwischen Ich, Es und Über-Ich sind, welche die Psychoanalyse beim Einzelmenschen studiert, die gleichen Vorgänge, auf einer weiteren Bühne wiederholt«[219].

Diese Identifizierung von individuellem und gesellschaftlichem Bewußtseinsschicksal, gesellschaftlicher Psychologie und Ideologie, von Phylogenese und Ontogenese teilt den ideologischen Irrtum der bürgerlichen Gesellschaft, welcher den Bürger mit der Menschheit an sich identifiziert. Nicht akzeptabel ist, daß die Psychoanalyse die unbewußte Teilmengen der Prozeßtotalität des Psychischen isoliert und ihnen eine metaphysische bzw. metapsychologische Geltung zuerkennt. Denn auch die unbewußten Anteile am psychischen Prozeß bilden mit den bewußten einen Gesamtzusammenhang von Rationalität; sie sind selbst im Stadium erst potentieller Rationalität grundsätzlich bewußtseinsfähig.

217 H. Kilian, *Das enteignete Bewußtsein. Zur dialektischen Sozialpsychologie.* Berlin 1971, 43/44.
218 A. Mitscherlich, *Krankheit als Konflikt. Studien zur psychosomatischen Medizin I.* Frankfurt/M. 1966, 22.
219 S. Freud, *Ges. Werke.* 18. Bde. London/Frankfurt 1940-1952. Bd. XVI, 32.

Die marxistische Kontroverse mit Freudomarxismus und sozialwissenschaftlich engagierter Psychoanalyse steht hier nicht zur Debatte (vgl. Sandkühler: (296)). Es geht nicht um den Ökonomismus-Vorwurf W. Reichs gegen die Weimarer KPD. Reichs Thesen hatten bei aller grundlosen Polemik – grundlos angesichts der realen ökonomischen Macht des Faschismus, die nicht durch den bloß ideologischen Kampf der Arbeiterklasse aufzuheben war – einen durchaus rationellen Kern. Reichs Überbetonung der »psychischen Struktur der Masse«[220] entsprach im plausiblen Kern O. Fenichels Hypothese:
»Nicht nur direkt wirken die ökonomischen Verhältnisse auf das Individuum ein, sondern auch indirekt auf dem Umwege über die Änderung seiner psychischen Struktur«[221]. Reich sekundierte: »Die Ideologie einer sozialen Schicht ist keine unmittelbare Spiegelung ihrer wirtschaftlichen Lage«[222].
Die Psychologisierung historischer sozialer Prozesse durch W. Reich – »Nur durch den Kopf des Menschen [...], seine psychische Existenz schaffen wir, konsumieren wir, verändern wir die Welt«; nur »durch die seelische Struktur hindurch [ist] der objektive Prozeß für uns erreichbar«[223] – zollt der bürgerlich-gesellschaftlichen Trennung von Hand- und Kopfarbeit blind Tribut. Den absoluten Subjektivismus der J. P. Sartreschen ›existentiellen Psychoanalyse‹[224] hatte Reich gewiß nicht als Zielvorstellung seiner Psychoanalyse-Revision. Nicht vermeiden konnte er aber die historisch-materialistisch längst widerlegte Annahme eines ontologischen bzw. anthropologischen ›Realitätsprinzips‹ als Manifestation ›der‹ Gesellschaft schlechthin. Dies war der Tribut an den Historismus, der nicht nur zeitgleich war mit der Entstehung der Freudschen Theorie, sondern die Psychoanalyse zum klassenunspezifischen ›Verstehen‹ verleitete.[225]
Die Erinnerung psychoanalytischer Theorieelemente hat nicht deren idealistische Rezeption durch die psychoanalytische Anthropologie zum Adressaten. Die Ersetzung der Bedürfnis- durch die Triebkategorie, die Verwechslung von ›Sublimation‹ im Freudschen Sinne mit der materialistischen Theorie gesellschaftlich notwendiger Bedürfniseinschränkung und die Stilisierung der Überbau-Erscheinungen

220 W. Reich, Die sexuelle Revolution. Frankfurt/M. 1966, 209.
221 O. Fenichel, Über die Psychoanalyse als Keim einer zukünftigen dialektisch-materialistischen Psychologie. In: H. P. Gente (Hg.), Marxismus, Psychoanalyse, Sexpol I. Frankfurt/M. 1970, 236.
222 W. Reich, a.a.O. 11.
223 W. Reich, Was ist Klassenbewußtsein? Amsterdam 1968, 14.
224 Vgl. J. P. Sartre, Das Sein und das Nichts. Hamburg 1962, 720 ff.
225 Vgl. H.-U. Wehler, Zum Verhältnis von Geschichtswissenschaft und Psychoanalyse. In: H.-U. Wehler (Hg.), Geschichte und Psychoanalyse. Köln 1971, 19/20.

»Ideologie, Politik, [...] Recht, [...] Staat, [...] Moralen, Religionen« zum »realen Inhalt der ›Über-Ich‹-Sphäre«[226], beweisen nur die Gefahr der psychoanalytischen Marxismus-Revision.

Adressat des problemgeschichtlichen Verweises auf die Psychoanalyse ist vielmehr das diskutable – aber falsche – Unterfangen W. Reichs, eine weitere Lösung des ›Wie‹ der Umsetzung von Materiellem in Ideelles anzubieten. Reich verwässerte den Basis-Begriff nicht anthropologisch, sondern glaubte eine Vermittlungsinstanz zwischen Basis und Überbau entdeckt zu haben: manifesten Bewußtseinsleistungen liege eine noch nicht bewußte psychische Prozeßsituation zugrunde, eine »Dialektik im Seelenleben«. Reichs Psychoanalyse glaubte sich »kraft ihrer Methode, die triebhaften Wurzeln der gesellschaftlichen Tätigkeit des Individuums aufzudecken, und kraft ihrer dialektischen Trieblehre berufen [...], die psychische Auswirkung der Produktionsverhältnisse im Individuum, das heißt die Bildung der Ideologien ›im Menschenkopfe‹, im Detail zu erklären«. Die Erklärung:

»Zwischen die beiden Endpunkte: *ökonomische Struktur der Gesellschaft* und *ideologischer Überbau,* deren Kausalbeziehungen die materialistische Geschichtsauffassung im allgemeinen erfaßt, schaltet die psychoanalytische Erfassung der Psychologie des vergesellschafteten Menschen eine Reihe von Zwischengliedern ein. Sie kann zeigen, daß die ökonomische Struktur der Gesellschaft sich ›im Kopfe des Menschen‹ nicht unmittelbar in Ideologien umsetzt, sondern daß das Nahrungsbedürfnis, von den jeweiligen ökonomischen Verhältnissen in seinen Äußerungsformen abhängig, die Funktionen der weit plastischeren Sexualenergie abändernd beeinflußt, und daß diese gesellschaftliche Einwirkung auf die Sexualbedürfnisse durch Einschränkung ihrer Ziele immer neue Produktivkräfte in Form sublimierter Libido in den gesellschaftlichen Arbeitsprozeß überführt. Teils direkt in Form von Arbeitskraft, teils indirekt in Form von höher entwickelten Ergebnissen der Sexualsublimierung, wie etwa der Religion, der Moral im allgemeinen, der Geschlechtsmoral mi besonderen, der Wissenschaft usw.«

Auf einen Nenner gebracht bedeutet diese These Reichs, daß »die sublimierte Libido als Arbeitskraft zur Produktivkraft wird«; daß auch jegliche Arbeitskraft das Produkt sublimierter Libido sei, wollte Reich gewiß nicht unterstellen (Reich: (292), 176).

Reich hat empirische Daten aus seiner Wiener psychoanalytischen Praxis und aus der Therapie vornehmlich proletarischer Patienten eingebracht. Er hat einen Funktionswandel primärer Bedürfnisse und Produktions- wie Reproduktionsformen (Sexualität/Familie) beob-

---

226 R. Kalivoda, *Marx und Freud.* In: *Der Marxismus und die moderne geistige Wirklichkeit.* Frankfurt/M. 1970, 73/74.

achtet und ihn als Ausdruck sich wandelnder Herrschaftsverhältnisse verstanden. Sein Versuch, ideologische Mechanismen *auch* in ihrer psychosomatischen Dimension und *auch* in ihren Beziehungen zur Sexualunterdrückung des Proletariers zu erhellen, war nicht falsch; er hätte zu einer Erkenntniserweiterung auf dem Gebiet ›Gattungsreproduktion‹ bis hin in Bereiche der libidinösen Konditionierungen von Ideologien führen können, welche spezifische Widerspiegelungen dieses biologisch-historischen Prozesses sind. Sexuelle Verhaltensformen existieren nicht nur *neben* anderen ideologierelevanten Verhaltensweisen, sondern üben eine besondere ideologieprägende Wirkung aus.

Reichs Konzept ist gescheitert, weil es historische Formen der gesellschaftlichen Psychologie – in der ›Orgon‹-Lehre bis zum Exzeß der Mythologisierung – naturalisiert hat. Was gegenüber Freud an Historizität der Reichschen Theorie auffällt, geht – wie die Maskierung von Bedürfnissen als Triebe – insgesamt auf das Konto einer *Natur*-Geschichte des Menschen. Das Modell ›Primärbedürfnis-Sexualität-Sublimation-Arbeit/Kultur‹ gibt eine bloß lineare Kausalitätskette vor und verkennt, daß die Arbeitsweise auf dem jeweiligen historischen Reproduktionsniveau alle Bedürfnisse – auch die der Sexualität – in sozial-historischer Besonderheit befriedigt und erzeugt.

Dieser längst überholte Ansatz der Freudomarxisten hat eine nicht zu schmälernde Rolle gespielt: libidinöse Determinanten in der komplexen Determinationsstruktur des Bewußtseins aufgedeckt zu haben. Die unzulässigen sozialwissenschaftlichen Verallgemeinerungen sind undiskutabel; die Kritik sollte die Perspektive der Zusammenhänge zwischen Ideologie und Sexualität freilich nicht verbauen[227].

Die Prämisse der materialistischen Psychologie lautet im Gegensatz zur triebdynamischen Hypothese, daß das Psychische wesentlich *Tätigkeit* ist:

»*Die grundlegende Daseinsweise des Psychischen ist seine Existenz als Prozeß oder Tätigkeit*« (Rubinstein: (295), 28).

Das Denken ist ein *Prozeß* der Wechselwirkung zwischen Mensch und Objektwelt; dieser Prozeß ist unter dem Gesichtspunkt seiner Widerspiegelungsfunktion *Tätigkeit;* er ist Aktivität des Subjekts, die sich in Analyse und Synthese, Abstrak-

227 Das Protokoll etwa der *Öffentlichen Anhörung* des Deutschen Bundestags zur Reform des Sexualstrafrechts (23.-25. 11. 1970) gibt preis, in welchem Maße konservative Ideologien an der Stabilisierung repressiver Sexualverhaltens-Normen interessiert sein *müssen*; es wäre trügerisch, die als ›Liberalisierung‹ kaschierte völlige Freisetzung der Waren-Funktionen weiblicher Sexualität als Gegenindiz zu begrüßen.

tion und Verallgemeinerung ausdrückt. Die Erforschung der prozessualen Gesetzmäßigkeit des Psychischen abstrahiert im verallgemeinernden theoretischen Ergebnis von den konkreten Trägern der psychischen Tätigkeit: den Subjekten, die Persönlichkeit sind. Bei den ›inneren Brechungen‹ äußerer Bewußtseinsdaten kann jedoch kein abstraktes Subjekt unterstellt werden; in den Grenzen relativ invarianter Gesetzmäßigkeiten der Bewußtseinsbildung (Gesetzmäßigkeiten im Verlauf des Aufsteigens vom Abstrakt-Konkreten zum Konkret-Allgemeinen bzw. zwischen Erfahrung und Denken allgemein) bestimmt das konkrete Subjekt ›Persönlichkeit‹ die Spezifik der Widerspiegelung; die »Persönlichkeitsfaktoren wirken nicht neben den Gesetzmäßigkeiten des psychischen Denkprozesses, sondern über sie« (Rubinstein: (295), 138).

Die materialistische Widerspiegelungstheorie ist als Theorie eines sozialen Prozesses der Vermittlung zwischen materiellem Sein und ideellem Bewußtsein durch diesen Ansatz erheblich präzisiert worden. ›Persönlichkeit‹ bezeichnet im Kontrast zur idealistischen Hypostasierung des abstrakten ›Ich‹ zum Menschen-an-sich das konkrete menschliche individuelle Subjekt des gesellschaftlichen Seins; diese Kategorie ist wissenschaftsgeschichtlich nicht zufällig erst nach der vollen Entwicklung der historisch-materialistischen Abstraktionskategorien wie ›gesellschaftliche Verhältnisse‹ so zentral geworden; das ontologische Kennzeichen des Geschichtssubjekts ›Mensch‹ ist nicht seine Individualität im Gegensatz zu seiner Gesellschaftlichkeit, sondern die Gesellschaftlichkeit seiner Existenz, in der er sich produziert und reproduziert.

›Persönlichkeit‹ ist deshalb in erster Linie eine soziologische und erst in zweiter Linie eine psychologische Kategorie. Der sozialwissenschaftliche Persönlichkeitsbegriff umfaßt alle Strukturen, in denen sich das ›Ensemble gesellschaftlicher Verhältnisse‹ individuell verwirklicht; der psychologische Persönlichkeitsbegriff umfaßt die Formen, in denen sich dieses Ensemble individuell widerspiegelt. Erste soziologische Ansätze eines konzeptionellen Rahmens haben I. S. Kon und G. L. Smirnow vorgelegt[228]; die rollentheoretische Fixierung des

228 I. S. Kon, *Soziologie der Persönlichkeit*. Berlin 1971. Vgl. Kritik in: *DZP* 20 (1972), 1295 ff. G. L. Smirnow, *Sowetski tschelowek. Formirowanije sozialistitscheskogo tipa litschnosti*. Moskwa 1971. Dt. Übers. angek.: *Die*

Persönlichkeitsbegriffs bei Kon setzt dieser Konzeption aber
noch enge Grenzen.

Die Persönlichkeitstheorie des französischen Leninisten L. Sève,
entwickelt in *Marxisme et Théorie de la Personalité* (1969),
hat eine neue Etappe der Persönlichkeitserforschung eingelei-
tet. L. Sève hatte bereits Mitte der 50er Jahre Vorstudien veröffentlicht: eine an Lenin orientierte Theorie sozialer psychologischer Typen und eine Kritik am Pawlowismus; bei Pawlow
stehenzubleiben, hieße, »eine Verwechslung des Widerspiegelnden mit dem Widergespiegelten, des Nervenprozessess mit
dem objektiven, sozialen Inhalt der Persönlichkeit zu riskie-
ren« (Sève: (299), 91).

Sèves Persönlichkeitstheorie ist wohl einer der gewichtigsten
Beiträge zur materialistischen Dialektik seit langem. Hier einige Ergebnisse (Ziff. = S. der dt. Ausg., Bibl.: (301)).

1. Sève scheut sich nicht, die Lösung eines Detailproblems der materialistischen Dialektik mit der Frage zu verbinden: *Was ist der
Mensch?* (7) Traditionelle Psychologie, Psychophysiologie, Biologie
und Anthropologie bleiben sprachlos. Erst auf der Grundlage der
dialektischen Epistemologie und des historischen Materialismus bildet
sich eine Wissenschaft, die im wahren Wortsinn auch Psychologie ist,
ohne noch ›Psychologie‹ sein zu können: die Persönlichkeitspsychologie oder -theorie »als Wissenschaft von der *konkreten menschlichen
Individualität*« (52).

Die wissenschaftstheoretische Standortbestimmung der neuen Wissenschaft vom Menschen lautet:
»aus der ›Form‹ der Kopplung der Psychologie mit dem Marxismus
lassen sich [...] aufgrund dessen, was man als Gesetz der Übereinstimmung der theoretischen Formen bezeichnen könnte, nicht nur
Teilgesichtspunkte, sondern auch die Gesamtkonzeption einer wissenschaftlich ausgereiften Psychologie der Persönlichkeit gewinnen« (53).
Die Persönlichkeitstheorie ist keine Teildisziplin des historischen Materialismus, sondern steht »in Juxtastruktur-Position zum historischen Materialismus« (163).

Sève entdeckt, was andere buchstabengetreu zitieren oder beliebig
verfälschen, neu – Neuland in Klassikertexten. Sein Buch kann gelesen werden als allseitige Interpretation der – im Gegensatz zu R.
Garaudys subjektivistischer Interaktions-Deutung und L. Althussers
antihumanistischem Objektivismus (66 ff.; 75 ff.) unverfälschten –
Marxschen sechsten *Feuerbachthese*:

Herausbildung der sozialistischen Persönlichkeit. Berlin 1973. Rezension in:
DZP 20 (1972), 1302 ff.

»Das menschliche Wesen ist kein dem einzelnen Individuum inne-
wohnendes Abstraktum. In seiner Wirklichkeit ist es das ensemble
der gesellschaftlichen Verhältnisse«[229].
Diese These impliziert Marx' Ablehnung jeglicher Personalisierung
des historischen Prozesses; er wollte nicht »den einzelnen verantwortlich machen für Verhältnisse, deren Geschöpf er sozial bleibt,
so sehr er sich auch subjektiv über sie erheben mag«[230].
Mit Marx hat Sève begriffen, daß eine Psychologie, für die nicht die
»Geschichte der *Industrie* und das gewordne *gegenständliche* Dasein
der Industrie [...] die sinnlich vorliegende menschliche *Psychologie*
ist«, »nicht zur wirklichen inhaltvollen und *reellen* Wissenschaft werden« kann[231].
Mit Marx entdeckt die Persönlichkeitstheorie das ›Geheimnis‹ des
menschlichen Wesens darin, daß das Individuum sein Wesen »nicht
angeboren« hat, daß es als Individuum nicht menschliches Wesen *ist,*
sondern *wird;* »es hat es außer sich, außermittig, in der Welt der gesellschaftlichen Verhältnisse. [...] Die *Humanität* [...] ist im Gegensatz zur *Animalität* [...] keine von Natur aus in jedem einzelnen Individuum vorhandene Gegebenheit, sie ist die *gesellschaftliche
Menschenwelt,* und jedes *natürliche* Individuum wird dadurch zum
menschlichen, daß es sich durch seinen wirklichen Lebensprozeß innerhalb der gesellschaftlichen Verhältnisse vermenschlicht« (156).
2. Die Geburt der Persönlichkeit findet statt in der Arbeit und den
Verhältnissen, die durch Produktion und Reproduktion erzeugt werden: Basis und Überbau. Sève sperrt sich aber gegen eine unmittelbare Zuordnung der Persönlichkeit zur umfassenden ontologischen Basis-Überbau-Struktur und fragt:
»Ist das Faktum des *Besitzes von Suprastrukturen, bewußten* Suprastrukturen, die Elemente wie die ideologischen Vorstellungen, Kultu-
ren, Sprachen etc. in die Institutionen hineinbringen und die entsprechende Problematik hervorrufen (Probleme der Funktionalität
und Objektivität, des Übergangs vom Nichtbewußtsein zum Bewußtsein usw.), *eine ausschließliche Eigenschaft der Gesellschaftsformationen?«.* Er setzt voraus und begründet, daß es eine Theorie auch
»der mit den gesellschaftlichen Überbauten zusammenhängenden *Suprastrukturen der Persönlichkeit«* geben muß (164). Seine Argumentation:
a) Weil Gegenstand der Psychologie der sich selbst gesellschaftlich
   erarbeitende Mensch ist, hat die Psychologie der Persönlichkeit
   »die Analyse der gesellschaftlichen Arbeit zur Grundlage« (167).
b) das Wesen der Persönlichkeit ist aber mit der ökonomischen Ba-

229 *MEW* 3, 6.
230 *MEW* 23, 16.
231 *MEW* Erg. Bd. 1, 542/543.

sis nicht identisch; das konkrete Individuum ist kein bloßer Überbau der gesellschaftlichen Basis; das *gesellschaftliche* Individuum
ist ein integrierender Bestand*teil* des gesellschaftlichen Seins; das
biologische Individuum ist nicht Produkt der Basis, sondern eine
»ganz distinkte Realität«.

c) Die Topographie, welche der Persönlichkeitspsychologie eine Juxtastruktur-Position zum historischen Materialismus zuweist, entspricht einer Wirklichkeitsstruktur: »So sind die Individuen zwar
ebensosehr wie die Überbauten von der gesellschaftlichen Basis
(und ihren Überbauten) funktional determiniert, aber sie treten
nicht mit Überbau-Charakteristik *auf* dieser Basis hervor, sondern
werden gewissermaßen *von der Seite* in sie *hineinversetzt*«. Als
Bezeichnung für »diesen spezifischen Typ von Wesenszusammen-
hang« schlägt Sève »den Begriff *Juxtastruktur* vor« (162).

3. Die subtile Analyse der Arbeit als des persönlichkeitsprägenden
Existenzverhältnisses und der Dialektik von gebrauchswertproduzie-
render ›konkreter Arbeit‹ und ›abstrakter Arbeit‹ als Verausgabung
menschlicher Arbeitskraft überhaupt führt zu jenem Punkt, der nicht
jenseits der Psychologie liegt, sondern diesseits: die historischen Wandlungen der Strukturen und Entwicklungsgesetze der menschlichen
Persönlichkeiten können außerhalb der Arbeitsverhältnisse nie erklärt werden. Die politische Ökonomie ist Voraussetzung der Psychologie.

Die Psychologie der Persönlichkeit leistet andererseits einen wichtigen Beitrag zur Erklärung der ›abstrakten Arbeit‹, die ja auch Arbeit
von Individuen ist:

»Wie könnte auch die abstrakte Arbeit [...] nur den Ökonomen und
nicht den Psychologen angehen, wenn es doch [...] in der Ware –
und selbstverständlich auch beim *arbeitenden* Menschen – genau-
genommen nicht zwei Arten von Arbeit gibt, sondern konkrete
Arbeit und abstrakte Arbeit zwei Seiten derselben, in Gegensatz zu
sich selbst geratenen Arbeit sind. Wie könnte diese wesentliche *Einheit* der beiden *gegensätzlichen* Aspekte der Arbeit wohl in der Ware,
aber nicht in der Persönlichkeit des Produzenten vorhanden sein?
*Der Begriff abstrakte Arbeit entspricht selbst auch einer konkreten
psychologischen Realität*: Das ist des Rätsels Lösung« (172).

4. Einen großen Fortschritt gegenüber den traditionellen Verhaltens-
forschungen bringt die Analyse der ›naturwüchsigen und gesellschaftlichen Verhältnisse zwischen den Verhaltensweisen« (178–194).

Ausgehend von der Marxschen Grundeinsicht, daß der *Lohn* nicht
der *Preis der Arbeit*, sondern der *Preis der Arbeitskraft* ist (d. h. der
Preis für das zu weiterer Mehrwertproduktion notwendige Maß der
bloßen Reproduktion der Arbeitskraft des Arbeiters) und deshalb die
›Entsprechung‹ zwischen Lohn und Arbeit weder naturwüchsig noch

**DÜSSELDORF, KÖNIGSALLEE 22
UND MOORENSTRASSE 80
SCHROBSDORFF FACHBUCH
KÖNIGSALLEE 27-31**

Name:

Anz.	Datum	Einzel-preis	DM	Pf
1	SV		12	—
1	SL 110		9	80
2	Rechgosen		12	6

Verk.   0606-**24**

MWSt.		In diesem Betrag sind
Steuerliches Entgelt		5,5 bzw. 11% Mehrwertsteuer enthalten.

27JNE*088 L   *09.20

psychologisch ist – sondern Schein –, weist Sève den Versuch als völlig falsch zurück, die Realität dieses Verhältnisses »auf dem Boden der Wissenschaft von den Verhaltensweisen erklären« zu wollen (189).

Für die Theorie der konkreten Persönlichkeit sind vielmehr jene Verhältnisse bedeutsam, die keiner ›allgemeinmenschlichen *Natur*‹ entsprechen und keine Verhältnisse zwischen Individuen als Individuen sind, sondern gesellschaftliche Verhältnisse.

Die Ausbildung der Persönlichkeit kann nur aufgrund der Erkenntnis verstanden werden, »daß der scheinbaren Entsprechung zwischen konkretem Arbeitsverhalten und durch den Lohn gestatteten Verhaltensweisen der Bedürfnisbefriedigung *keine ökonomische Wahrheit* zukommt und daß sie somit nur *psychologische Illusion* sein kann«. Durch die Marxsche Analyse läßt sich nun begreifen, »daß diese scheinbar direkte Entsprechung von Lohn und Arbeit in Wirklichkeit *ganz und gar durch die objektiven gesellschaftlichen Verhältnisse vermittelt* ist, also nur insofern ›Entsprechung‹ ist, als sie mit einer *Relation ganz anderer Beschaffenheit behaftet ist als der scheinbaren Relation*«.

Sève erläutert: »Durch diese wirkliche Relation wird der Lohn absolut nicht mit der geleisteten Arbeit, sondern *mit der Wertform der dabei verausgabten Arbeitskraft* verknüpft, also mit einer Form, in der die menschliche Arbeit als *abstrakte Arbeit* wirksam wird« und nicht auf die Verhaltensweisen konkreter Arbeit reduziert werden kann.

Das Fazit:

»Wir haben es hier im Kernbereich des wirklichen psychologischen Lebens mit einem ›psychologischen‹ Verhältnis zu tun, das in Wirklichkeit kein psychologisches, sondern ein gesellschaftliches Verhältnis ist« (190).

5. Ende der Psychologie? Die Psychologie wäre ad absurdum oder in historischen Materialismus zurückgeführt, implizierte dieses gesellschaftliche Verhältnis nicht einen »*von Grund auf neuen Typ von psychologischen Verhältnissen*, eine Welt von *ganz spezifischen Strukturen der lebendigen Persönlichkeit*«.

Die Psychologie ist, will sie Wissenschaft sein, nicht länger positivistische Verhaltenslehre; Psychologie ist die Wissenschaft von den Verhältnissen zwischen den Verhaltensweisen. Sie anerkennt »*die gesellschaftlichen Verhältnisse zwischen den Verhaltensweisen als grundlegende Strukturen des individuellen Lebens*« (190).

Lohnarbeit und Privatbetätigung determinieren unterscheidbare Persönlichkeitsmerkmale. Deshalb bestimmt die Psychologie »die Persönlichkeit als lebendiges System von gesellschaftlichen Verhältnissen zwischen den Verhaltensweisen« (190). Die wirklichen Widersprüche zwischen konkreter und abstrakter Arbeit prägen den psychologisch bedeutsamen Grundwiderspruch zwischen konkreter und abstrakter Persönlichkeit.

6. Die Psychologie der Persönlichkeit begründet ihre Spezifik nicht auf eine Partialisierung des ›subjektiven Psychischen‹ im Gegensatz zur Objektivität, sondern »auf eine *Klasse von Verhältnissen,* die nicht aus den Verhaltensweisen hervorgeht, sondern im Gegenteil *von außen induziert* wird, und zwar *durch die Einfügung der individuellen Tätigkeit in die gesellschaftliche Welt*« (215).

Die Individualitätsformen und Strukturen der Persönlichkeit entwickeln sich nicht primär individuell bzw. individualpsychologisch, sondern als Ausdruck von Verhaltensformen, die ihrem Inhalt nach gesellschaftlich und der Form nach biologisch sind.

Sève zieht aus diesem Resultat aber nicht den Schluß, die Persönlichkeit sei in ihrer Individualitätsform nur eine Teilmenge einer ›Grundpersönlichkeit‹ in bestimmten ökonomischen Gesellschaftsformationen; er wendet das Ergebnis nachdrücklich gegen eine solche kulturanthropologische Abstraktion:

»Den Begriff Grundpersönlichkeit gelten lassen heißt akzeptieren, daß die Gesellschaft als bloßes Milieu aufgefaßt wird, als *allgemeine* Kulturmodelle vorweisende *Umwelt,* der von außen das als solches vorher definierte, also *naturalisierte, Individuum* entgegentritt.« Die Gesellschaft produziert keine ›Grundpersönlichkeit‹, der gegenüber die Individualität als die eigentliche ›natürliche‹ Existenzform des Menschen erscheinen könnte (247/248).

7. Die Persönlichkeitspsychologie ist keine bloße marxistische Transskription der Sozialpsychologie:

»Das Individuum ist *einmalig im wesentlich Gesellschaftlichen seiner Persönlichkeit und gesellschaftlich im wesentlich Einmaligen seiner Persönlichkeit;* das ist die Schwierigkeit, die zu bewältigen ist« (237).

»Die Persönlichkeit ist in ihrem Wesentlichsten *konkret* und *einmalig;* anders gibt es sie nicht« (238).

Zwar schließt eine bestimmte Gesellschaftsformation »*allgemein historische Individualitätsformen*« in sich; diese führen aber zu keiner erschöpfenden Bestimmung des Wesens einer Persönlichkeit, die »das *Gesamtsystem der Aktivität eines Individuums*« ist (238).

Das Prinzip der Individuation sozial-historischer Persönlichkeiten kann nie außerhalb des historischen Prozesses gefunden werden; der Mensch vereinzelt sich *durch* den historischen Prozeß der Wirklichkeitsaneignung, einmalig und gesellschaftlich, nicht aber als ›allgemeine Persönlichkeit‹ einer Epoche, eines Landes etc.‹.

8. Individuum und Gesellschaft verhalten sich nicht wie Konstitutionsbedingung und Summe von Konstitutionsbedingungen zueinander:

»Die Gesellschaft besteht nicht aus Individuen, sondern drückt die Summe der Beziehungen, Verhältnisse aus, worin diese Individuen zueinander stehen« - so Marx[232]. Deshalb bezeichnet Sève das Individuum als »Juxtastruktur der objektiven gesellschaftlichen Verhältnisse« (251) und kennzeichnet so dessen ontologische Spezifik. Er setzt dem wechselseitigen Reduktionismus von Individualität und Sozialität ein Ende: die Gesellschaft ist nicht das Ensemble psychischer Verhaltensweisen; das Individuum ist nicht die bloße Mikro-Form der Gesellschaft.

So steht die Persönlichkeitstheorie beim Versuch, *allgemeine* Wissenschaft von der *konkreten, einmaligen* Persönlichkeit zu sein, vor einer Paradoxie: vor dem »hochwichtigen epistemologischen Paradoxon der *Wissenschaft vom Individuellen*« und - weil Humanität nicht individuell, sondern gesellschaftlich ist - vor dem »epistemologischen Paradoxon des *konkreten Wesens*« (260/261).

9. *Die Lösung:*

Das gesellschaftliche Wesen der psychologischen Formen ist vom Individuum (qua Individuum) unabhängig. Basis, Überbauten und Ideologien sind keine psychologischen Tatbestände. Dies besagt - hier liegt Sèves Pointe -, »daß *die Tatsache, daß sie auch psychologische Gestalt annehmen*, nicht gesellschaftlichen Ursprungs ist. So seltsam das einem vereinfachten Materialismus auch erscheinen mag, bringt doch gerade der Gedanke, daß die psychologische Gestalt von den Individuen auf die Gesellschaft übergeht und nicht umgekehrt, den wahrhaft materialistischen Standpunkt zum Ausdruck: *Psychisches gibt es ursprünglich nur in den konkreten Individuen und durch sie*«.

Diese These verbindet Sève in wirklich dialektischem Denken mit einer zweiten: Inhalt und Formen des Psychischen sind nicht individuell angeboren, sondern sozial hergestellt. »Die Gesellschaft produziert die konkreten Formen (Mehrzahl!) und den konkreten Inhalt des Psychischen, produziert sie jedoch ursprünglich nur in den konkreten Individuen, wo die psychologische Gestalt (Einzahl!) als *Effekt der Individualität* erscheint, und von den Individuen aus wird diese ihrerseits in die Gesellschaft projiziert, wo sie sich dann als abgeleitetes ›gesellschaftliches Psychisches‹ offenbart, was die verschiedensten, außerordentlich komplexen sekundären Wechselwirkungen mit den Individuen zur Folge hat« (263).

Die Persönlichkeitstheorie findet ihren Gegenstand im konkreten Individuum, die Sozialwissenschaft in den allgemeinen Formen der Individualität, in welchen das menschliche Wesen psychologische Gestalt annimmt. Der ›homo oeconomicus‹ des Kapitalismus und die Figur des Kapitalisten als ›ökonomische Charaktermaske‹ sind histo-

232 *Grundrisse* 176.

rische Individualitätsformen, nicht aber als biologisch einmalig identifizierbare konkrete Persönlichkeiten.

Beim Übergang von der gesellschaftlichen Individualität zur konkreten Persönlichkeit kommt ein Gebilde in den Blick der Wissenschaft, »das als *Ganzheit spezifischer Ordnung* fungiert und als solche spezifische Strukturen einschließt, die keine Entsprechung in den gesellschaftlichen Strukturen besitzen«. Empfindungen gibt es nicht gesellschaftlich, politische und ideologische Regelungsformen gibt es nicht individuell.

Aus der Erkenntnis der Juxtastruktur-Position des Individuums gegenüber der Gesellschaft ergibt sich eine »Folgerung erstrangiger Bedeutung:

Obwohl das Individuum sein menschliches Wesen außer sich, in der gesellschaftlichen Welt vorfindet, *ist die psychologische Gestalt dieses menschlichen Wesens ein Effekt der konkreten Individualität und existiert ursprünglich nur in der konkreten Individualität*« (265).

Um die Natur des »Funktionaldeterminationsprozesses« zu begreifen, in dem die Persönlichkeit in nicht-persönlichen Realitäten der Gesellschaft Gestalt annimmt, ist der »Status der gesellschaftlichen Individualitätsformen zu bestimmen« (265), z. B. ›Arbeiter‹ und ›Kapitalist‹. Diese Individualitätsformen erscheinen »auf seiten der Individuen als *notwendige Aktivitätsmatrizen*« (266). Als Individualitätsformen widerspiegeln sie gesellschaftliche Prozesse, die dem konkreten Individuum äußerlich sind. Die Persönlichkeitstheorie ist deshalb nicht Wissenschaft von der Individualität, sondern vom Individuum (286/287), von dessen *wirklichem Leben* (303). Gilt dies, dann »ist das grundlegende Material aller *objektiven* wissenschaftlichen Forschung zur menschlichen Persönlichkeit *die Biographie*« (303), die das Medium nicht psychologischer Verhaltensweisen ist, sondern der »konkreten Aktivität«, der Handlung (316). Die Biographie dokumentiert die Entwicklung der Fähigkeiten einer Persönlichkeit; die Fähigkeitsentwicklung ist – entsprechend der progressiven Funktion der Akkumulation in der Gesellschaft – *»die wichtigste progressive Funktion der Persönlichkeit«,* denn Fähigkeiten sind Handlungspotentiale (319).

10. Sèves ›Dialektik‹ von Fähigkeit und Handlung führt zur Lösung des Grundproblems der Persönlichkeitstheorie: »des Problems der *Struktur der Grundaktivität, der Infrastruktur* der Persönlichkeit« (339).

Strukturbestimmend ist die Aktivität der Persönlichkeit; deren Infrastruktur muß als »Struktur mit *Zeit*substanz aufgefaßt« werden, »als *zeitliche Struktur,* denn nur eine zeitliche Struktur kann der inneren Logik der *Aktivität* eines Individuums, ihrer *Reproduktion* und ihrer *Entwicklung* gleichgeartet sein«. Im Gegensaz zum psychoanalytischen *nichtzeitlichen* Strukturmodell ›Es-Ich-Über-Ich‹ sucht die Persönlichkeitstheorie die Struktur der Aktivität selbst, d. h. »die Dialektik ihrer Entwicklung in der Zeit, *die Einheit ihrer Tätigkeitsstruktur und ihres historischen Entwicklungsgesetzes*«, die eine »*praktische* Realität« ist. Diese strukturelle Wirklichkeit nennt Sève den ›*Zeitplan*‹, das »System der tatsächlichen zeitlichen Verhältnisse zwischen den verschiedenen objektiven Aktivitätskategorien eines Individuums« (340/341).

Unter den Bedingungen einer Gesellschaft »mit quasi universeller Herrschaft der kapitalistischen Verhältnisse – wie in Frankreich unter dem staatsmonopolistischen Kapitalismus« wird die »Gesamtheit der infrastrukturellen psychologischen Aktivität [...] bei der weit überwiegenden Mehrzahl der Individuen [...] beherrscht von dem Gegensatz zwischen den Aktivitäten der gesellschaftlich produktiven Arbeit einerseits und den *unmittelbar auf das Selbst bezogenen* Aktivitäten andererseits«, zwischen abstrakter und konkreter Aktivität (344/345). Der ›Zeitplan‹ ist das zeitliche System der Verhältnisse zwischen der konkreten persönlichen Aktivität und der abstrakten gesellschaftlichen Aktivität. Das Leben des Lohnabhängigen im Kapitalismus vollzieht sich unter einer scheinbar naturwüchsigen verobjektivierten Zeitökonomie, deren Ergebnis die »Spaltung zwischen konkreter Persönlichkeit und abstrakter Persönlichkeit« ist (349). Sève sieht sich auf dem Wege zu einer persönlichkeitsspezifischen Theorie entfremdeter Arbeit. Freiheit der Zeitplangestaltung bringt erst der Sozialismus (375).

Die Suprastrukturen, d. h. der individuelle ›Überbau‹ einer Persönlichkeit, welche nicht unmittelbar zur Produktion und Reproduktion des individuellen Lebens beitragen, sondern diese regeln, stellen keine *unmittelbaren Verinnerlichungen* gesellschaftlicher Institutionen und Normen dar; sie werden erzeugt durch »deren Aneignung *auf der psychologischen Grundlage der abstrakten Persönlichkeit*«. Die suprastrukturellen psychologischen Widersprüche zwischen spontanwillkürlichen Regelungen und bewußt gewollter Handlung können nicht als *ursprüngliche, naturhafte* Widersprüche aufgefaßt werden. »Sie sind über ihren relativ spezifischen Charakter hinaus die Widerspiegelung der infrastrukturellen Widersprüche zwischen konkreter Persönlichkeit und abstrakter Persönlichkeit, zwischen Selbstbetätigung und entfremdeter Arbeit, d. h. in letzter Instanz bezeugen sie auch Klassenwidersprüche« (360).

L. Sèves *Marxismus und Theorie der Persönlichkeit* ist eine großartige Chance, die materialistische Dialektik, zumal die Theorie der Erkenntnis- und Ideologiegenese, weiterzuentwickeln; diese Persönlichkeitstheorie zeigt Wege zu einer wissenschaftlich begründeten Wahrheit, die konkret ist. Das Instrumentarium dieser Theorie könnte verführen zu einer neuerlichen Subjektivierung des historischen und dialektischen Materialismus; Sève hat dem Mißbrauch nicht nachdrücklich genug den Zugang versperrt, weil er seine Konzeption nicht eindeutig genug in dem kategorialen Rahmen einer Theorie der Klassen und des Klassenbewußtseins verankert hat; doch ist dieser Mangel keineswegs systemnotwendig. Die Theorie der konkreten Persönlichkeit ist ein Veto gegen jeden abstrakten Determinismus, der von Individuen spricht und Standardmenschen meint. Die Unterscheidung zwischen Verhältnissen und Verhalten, zwischen historischer Individualitätsform und einmaligem Individuum sowie die Öffnung der Wege zur Biographie als Ort der Aktivität des Individuums weisen der Widerspiegelungstheorie – und einer materialistischen Hermeneutik – den letzten Schritt in der Rekonstruktion der Genesis geltender Erkenntnisse, der Rekonstruktion aller Widerspiegelungsdeterminanten: Widerspiegelung vollzieht sich nicht unvermittelt zwischen der ökonomischen Basis und dem allgemeinen gesellschaftlichen Bewußtsein als deren Überbau; Widerspiegelung vermittelt sich im Bereich der Persönlichkeit als Juxtastruktur zur gesellschaftlichen Existenzweise, vermittelt sich über die Dialektik persönlichkeitsspezifischer Infra- und Suprastrukturen, die ihrerseits Ausdruck konkreter und abstrakter Arbeit sind; Subjekt der Arbeit ist das Individuum nicht als Individuum, sondern als sein gesellschaftliches Wesen erzeugendes Individuum, d. h. als tendentiell zum Ensemble gesellschaftlicher Verhältnisse fortschreitender Mensch.

Am Beispiel der Kritik des Voluntarismus der chinesischen Kulturrevolution, Kritik an der Fiktion, eine *Kultur*revolution könne massenhaft das Bewußtsein über »*die realen Basen des gesellschaftlichen Lebens hinaus entwickeln*« (376), verdeutlicht Sève die praktische Bedeutung seiner Theorie. Sève hat »das Problem der Schaffung einer wirklichen Wissenschaft vom individuellen Leben« in wesentlichen Punkten gelöst. Wo nicht, empfiehlt er, davon »unverzüglich aktiv zu träumen« (425).

Die Theorie der gesellschaftlichen Psychologie und der konkreten Persönlichkeit erfüllt ein Desiderat der materialistischen Erkenntnistheorie, welches sich aus Lenins Satz ergibt, das Bewußtsein widerspiegele nicht nur die objektive Welt, sondern schaffe sie auch. Die Widerspiegelung ist ein schöpferischer Vorgang auf der Grundlage des gesellschaftlichen Produktions- und Reproduktionsprozesses und in den Grenzen der historischen Formation des gesellschaftlichen Bewußtseins, der Psychologie des gesellschaftlichen Menschen und der konkreten individuellen Persönlichkeit. So wird die Persönlichkeitstheorie zur unmißverständlichen und begründeten Alternative zur miß-hegelianischen Spekulation, das Bewußtsein sei die Offenbarung der Wirklichkeit selbst; sie weist nach, daß das Bewußtsein nicht ist, was z. B. Jakubowski unterstellt: »Selbsterkenntnis der Wirklichkeit, Ausdruck und Teil des geschichtlichen Seinsprozesses, der sich in jeder Phase selbst erkennt« (Jakubowski: (40), 54).

Die nun differenziert anwendbare Widerspiegelungstheorie kann dagegen geltend machen, daß das gesellschaftliche Subjekt (Klasse) und die konkrete Persönlichkeit (Individuum) fähig sind, die objektive sozial-historisch existierende Wirklichkeit aktiv widerzuspiegeln, weil fähig, sie aktiv zu erarbeiten und zu verändern. Denken und Erkennen halten nicht ›den Dingen einen Spiegel vor‹, sondern konstituieren objektives Sein als Wahrheit für das Subjekt. ›Subjektivität‹ des Denkens und Erkennens bedeutet nicht, was ein idealistischer, solipsistischer Standpunkt behauptete: die atomisierte Individualität der Bewußtseinsleistungen. Das Produkt der psychischen Tätigkeit ist ›subjektiv‹ im Sinne einer dem objektiven Widerspiegelungsgegenstand angemessenen Subjektivität, d. h. es ist subjektiv als Element des sozialen Reproduktionsprozesses. Es erhält eine ›subjektive‹ Form und Gestalt, insofern das individuelle Subjekt, die Persönlichkeit, dem sozial-historisch determinierten und historisch-logisch vermittelten Bewußtseinsinhalt seinen besonderen Stempel aufdrückt. Die subjektive Qualität der Widerspiegelung ist ein Modus gesellschaftlich notwendigen Bewußtseins; sie ist eine Funktion der regulativen Rolle der Erkenntnis für das tätige Subjekt; die individuelle Widerspiegelung bestimmt als Antriebsregulation Wahl und Richtung des Handelns von Individuen und kontrolliert als Ausführungsregulation die objektiven Voraussetzungen einer Handlung, paßt die Praxis objektiven Notwendigkeiten an. Deshalb produziert die Widerspiegelung nicht nur durch die materielle Seinsweise des Objekts ausdeterminierte Abbilder.

Sie ist schöpferisch in der Form von Begriffen, logischer Synthese etc. Ideelle Reflexion und ›materiell-praktisches Schöpfertum‹ treten in einen Prozeß gegenseitiger Realisationsforderungen: die Notwendigkeit, über das rein mimetische Verhalten in der Wirklichkeit hinaus praktisch-schöpferisch ein für den Menschen wesentliches Sein zu verwirklichen, wird zur Basis der ideellen Kreativität.

»Ideelle Reflexion und Kreation existieren nicht ohne, sondern ausschließlich durch den Menschen.« So gelangt S. Vasilev »im Sinne der Marxschen Definition des Ideellen und Materiellen [...] zu dem Standpunkt, daß – während das Ideelle das im Menschenkopf umgesetzte und eingeprägte Materielle ist – die materiell-praktische Kreation das in die Wirklichkeit umgesetzte Ideelle ist« (Vasilev: vgl. (3), 3 (1970), Lfg. 2, Bl. 7).

Die Widerspiegelung schafft in den inhaltlichen Konkretionen der Kategorie des ›Neuen‹ eine Perspektive für die praktische Planung und Durchsetzung neuer Wirklichkeitsstrukturen. Sind die objektiven gesellschaftlichen materiellen Voraussetzungen gegeben, wird diese Form der Widerspiegelung zur wichtigsten Funktion in der Dialektik von Sein und Bewußtsein: in der Form der ideellen Kreation wirkt die Erkenntnis entscheidend auf die bewußtseinsunabhängige (d. h. materiell vorgängige) gesellschaftliche Basis ein. ›Sind die objektiven Bedingungen gegeben‹ – dies will sagen: entwickelt sich die Dialektik von Sein und Bewußtsein erkenntnisleitend und erkenntnisgeleitet fortschrittlich zur Freiheit.

»Gerade daraus entspringt das, was das menschliche Bewußtsein wirklich nicht nur als Verhalten der Anpassung an eine gesellschaftliche und natürliche Wirklichkeit charakterisiert, nicht nur als unbewußten Zusammenhang und als Rückkoppelung zwischen dem Menschen und der gesellschaftlichen und natürlichen Wirklichkeit, sondern als schöpferisches Bewußtsein, als Schöpfertum . . ., das eben und nur einem gesellschaftlich-historisch entstandenen und sich gesellschaftlich-historisch entwickelnden und vervollkommnenden Wesen, dem Menschen, eigen ist« (Pavlov: (218), 75).

Die deutliche Tendenz z. B. in der sowjetischen Erkenntnistheorie zur Erforschung der Aktivität des Subjekts, der Probleme des Schaffens, der Logik der wissenschaftlichen Entdeckung, des Experiments, der Intuition, des Modellierens etc. beweist die ganze Absurdität der gebetsmühlendrehenden Vorwürfe bürgerlicher Ideologen, die Freiheit und Kreativität ›des Menschen‹ durch die Widerspiegelungstheorie gefährdet sehen wollen. Das materialistische Prinzip der Einheit von Adäquation *und* Kreativität der Widerspiegelung scheint ihnen ein Paradox zu sein. Daß die Adäquation die Bedingung der Entdeckung des *Neuen* und die Kreativität die Bedingung der Schaffung weiterer objektiver Grundlagen adäquater Widerspiegelungen ist, gilt als Rätsel. Dieses Rätsel löst sich auf, begreift man, daß eine adäquate Widerspiegelung ja selbst *den Prozeß, die Entwicklung* von Gegenständen erfaßt, die Produkt der Dialektik von Adäquation und Kreativität sind. Der logische Schluß z. B. hat eben diese Struktur. Wäre Widerspiegelung nichts als Abbildung bewußtseinsunabhängiger Objekte, ließe sich die Reflexion über *ideelle Objekte*, ließen sich z. B. Meta-Theorien nicht mehr erklären. Die materialistische Widerspiegelungs*theorie* selbst ist Gegenbeleg: ihr Gegenstand ist nicht die Abbildung von Daten, sondern die Art und Weise der Abbildung; sie reproduziert Abbildungsprozesse in der Form einer Widerspiegelung der allgemeinen Gesetze und Strukturen der Widerspiegelungsprozesse. Ein weiteres Indiz für die Kreativität der Widerspiegelung ist die ›Vorstellungskraft‹:

Die Vorstellungskraft ist nicht mit dem begrifflichen Denken identisch, sondern bewirkt persönlichkeitsspezifische Veränderungen im Bereich der empirischen Anschauung; sie ist »die Veränderung des Wissens, die auf der Anschauungsebene verläuft. Die Vorstellungskraft ist die Umgestaltung der anschaulichen Erfahrung, die sich unter der führenden Rolle des Denkens verwirklicht, dessen Ergebnis die Formung von sinnlichen Bildern von teilweise oder vollständig unbeobachteten Erscheinungen ist«; sie schafft Modelle (Korschunow/Prushinin: (209), 86/87).
Unter diesem Aspekt ist es nicht mehr möglich, a) Widerspiegelung auf begriffliches Denken und b) Kreativität auf theoretisches Begreifen zu reduzieren. Das Bewußtsein ist schöpferisch bereits auf dem Niveau der Alltagserfahrung.

6.2. *Alltagsbewußtsein und Klassenbewußtsein*

Das Bewußtsein ist geschichtlich. In der Geschichte ist es ein Element des Fortschritts der Weltaneignung durch den Menschen. Dialektisch auf den Prozeß des materiellen, natürlichen und gesellschaftlichen Seins bezogen, eignet das Bewußtsein in seinen unterschiedlichen Qualitäten und Formen dem Menschen seine Welt an. *Die* Welt? Ihre historische und konkrete *Totalität*? Die Erkenntnistheorie der materialistischen Dialektik weist nach, daß ›das Bewußtsein‹ eine tote Abstraktion und ›gesellschaftliches Bewußtsein‹ eine verständige Abstraktion ist, abstrahiert vom konkreten Bezug zwischen konkreter Arbeit und konkreter Erkenntnis konkreter gesellschaftlicher Individuen. Es gibt eine potentielle Verfügbarkeit über die historische und konkrete Gesamtheit der Weltaneignung und Welterfahrung für das Bewußtsein der Menschen; der Grad der wirklichen bewußten Verfügung hängt aber ab vom Grad des gesellschaftlichen und individuellen Wissens. Ein Traum die Annahme, die grundsätzliche Gesellschaftlichkeit der Bewußtseinsqualitäten hebe bereits das individuelle Wissen auf das Niveau des objektiven sozialen Verfügungspotentials. Die Erkenntnis des sozialen Charakters der Widerspiegelung ist gesichert; ein latenter Rationalismus – Erbe nicht zuletzt der klassischen bürgerlich-revolutionären europäischen Philosophie, zumal der deutschen – hat die marxistische Erkenntnistheorie oft einseitig fixiert auf das kategoriale ›vernünftige‹ Denken und die theoretische, wissenschaftliche Erkenntnis. Der wichtigste bewußtseinsleitende Praxisbezug des Individuums – *der Alltag* – wurde oft unzulässig ausgeblendet; dies ist ein folgenschwerer Kunstfehler für eine materialistische, historisch-materialistische Gnoseologie.

Gegenüber dem qualitativ besonderen ideellen System ›gesellschaftliches Bewußtsein‹, das die kollektiven Formen bewußter Wirklichkeitsaneignung im Rahmen gesellschaftlicher Antagonismen und deren regulierenden, kontrollierenden und sozialinteressenspezifischen Charakter repräsentiert, und gegenüber dem Bereich ›gesellschaftliche Psychologie‹ als Widerspiegelung der sozialen Lebensverhältnisse in Gefühl, Stimmung, logisch noch nicht hochqualifiziertem Gedanken und Erfahrungsgewohnheit bleibt ein Wirklichkeitsverhältnis zu erforschen: *das Alltagsbewußtsein oder die Alltagserkenntnis*. Als Alltagsbewußtsein sollen vorläufig alle – auch die gesellschaftliche Psychologie umfassenden – empirischen, noch nicht theoretisch verallgemeinerten Widerspiegelungen bezeichnet werden, welche die Erfahrung und Beobachtung der praktischen Auseinandersetzung des Alltagslebens mit der Umwelt sinnlich-konkret erfassen und Kenntnisse und Fertigkeiten für den Arbeitsprozeß bereitstellen. Das Alltagsbewußtsein ist noch nicht ideologisch, ist kein geschlossenes System von politischen, philosophischen, moralischen, ästhetischen, religiösen Ideen und Kampfformen; es widerspiegelt nicht unmittelbar die Klassenspezifik einer Gesellschaftsformation. *Sein wesentliches Kennzeichen ist seine Spontaneität* (im Unterschied zur bewußten kategorialen Reflexion); ein weiteres Charakteristikum ist seine *umgangssprachliche Verfassung,* die es unter der Herrschaft von Klassenideologien der Manipulation preisgibt und weitgehend kritikunfähig macht.

Fragmente einer Philosophie des Alltagsbewußtseins liegen vor, mehr nicht[233]. Die bürgerliche Erkenntnistheorie hat diese Bewußtseinsform der Massen – des ›profanum vulgus‹ – zugunsten der Wissensformen der Herrschenden, die über den Wissenschaftsproduktionsprozeß verfügen, interessiert vernachlässigt, bestenfalls als ›unwissenschaftliche‹ Artikulationsweise der menschlichen Natur anthropologisiert. Für die materialistische Widerspiegelungstheorie ergibt sich die dringende Aufgabe, das Alltagsbewußtsein als Form geistiger Produktion auf dem Nährboden der materiellen Produktion ernstzunehmen. Zu prüfen ist, inwieweit die Alltagserkenntnis nicht eine jener ›Naturmächte‹ ist, mit denen der Mensch der Natur in der Arbeit begegnet. Die allgemeine Perspektive ist bekannt:

233 Die noch immer umfassendste Untersuchung und Theoretisierung liegt vor in: H. Lefèbvre, *Critique de la vie quotidienne (Kritik des Alltagslebens).* 2 Bde. Paris 1947 bzw. 1961. Vgl. vor allem: Bd. 1 Paris ²1958, III: *Le marxisme comme connaissance critique de la vie quotidienne.* Für L. *ist* der Marxismus als Wissenschaft des Proletariats die kritische Erkenntnis des alltäglichen Lebens: »Der Marxismus beschreibt und analysiert *das Alltagsleben der Gesellschaft* und bezeichnet die *Mittel* zu seiner Veränderung. Er beschreibt und analysiert *das Alltagsleben der Arbeiter* selbst: getrennt von den Arbeitsmitteln, treten sie in Verbindung mit den materiellen Arbeitsbedingungen ausschließlich durch den Vertrag, der sie an einen Arbeitgeber kettet, werden sie auf dem Arbeitsmarkt als Waren verkauft – und dies unter dem rechtlichen und ideologischen Schein der ›Freiheit‹ des Arbeitsvertrags« (161). Das Alltagsleben im Kapitalismus ist ›Privat-Leben‹ (vie ›privée‹): Realitätsverlust und Verlust der Bindung an die Welt sowie Fremdheit gegenüber menschlicher Wesentlichkeit sind seine Kennzeichen (162). In der Perspektive der Universalität des Individuums trägt die marxistische Kritik des Alltagslebens zur Überwindung der »conscience privée«, des partikulären Bewußtseins, bei durch *Kritik*: a) der Mystifikationen, b) des Geldes, c) der Bedürfnisse, d) der Arbeit, e) der Freiheit, die in ihrer Gesamtheit den bürgerlichen Individualismus reproduzieren (163–188).

das Alltagsbewußtsein ist eine relativ einfache Produktivkraft, ist ein ideelles Produktions-*Verhältnis*; es ist die Bedingung für komplexere Bewußtseinsleistungen und nähert sich tendentiell komplexen Erkenntnisformen an, weil es nicht anthropologisch konstant, sondern Element des historisch-logischen Aufsteigens vom Abstrakten zum Konkreten und vom Empirischen zum Theoretischen ist; damit teilt es die sozialen Bedingungen des gesamten Erkenntnisprozesses. Das Alltagserkennen kann als »echte Teilmenge der Menge ›Erkennen‹ bestimmt werden«. Es kann als ›vorwissenschaftlich‹ qualifiziert, nicht aber als ›unwissenschaftlich‹ disqualifiziert werden. Es ist richtig, wenn F. Fiedler es ablehnt, Alltagserkennen und wissenschaftliches Erkennen als ›sinnliche‹ bzw. ›rationale‹ Erkenntnis-›Stufen‹ zu unterscheiden, wissenschaftliches als gesellschaftliches und Alltagserkennen als individuelles Erkennen bzw. als ideologiefreies oder ideologisches Bewußtseinsdokument zu kennzeichnen und eine rein historische Sukzession – Präwissenschaft/Wissenschaft – zu konstruieren. Statt dessen benennt Fiedler einige Definitionskriterien:

a) *das Kriterium des Erkenntnissubjekts:* Subjekt der Alltagserkenntnis sind »Individuen, Gruppen, Kollektive, Klassen«, schließlich die ganze Gesellschaft; Subjekt wissenschaftlicher Erkenntnis sind nach Maßgabe ihrer Stellung in der wissenschaftlich-technischen Revolution ausgezeichnete, speziell ausgebildete Gruppen.

b) *das Kriterium des Erkenntnisobjekts:* während im Alltagserkennen die Wirklichkeit in ihrer noch undifferenzierten Komplexität zum Gegenstand wird, hat das wissenschaftliche Erkennen theoretisch klassifizierbare Objektbereiche.

c) *das Kriterium der Erkenntnisstruktur:* das Alltagserkennen bezieht sich empirisch auf das unmittelbar Gegebene; Wissenschaft verfährt theoretisch, setzt einen höheren Abstraktionsgrad und eine höhere Verallgemeinerungsfähigkeit voraus, kommt im Annäherungsprozeß an die objektive Wahrheit zu höherer ideeller Adäquation und ist relevant nur im historischen System bereits erworbener Kenntnisse.

d) *das Kriterium der Erkenntnismethode:* die Operationen der wissenschaftlichen Erkenntnis wenden eine Vielzahl nicht beliebiger, sondern objektnotwendiger allgemeiner und spezieller Methoden an, deren Anwendung und Reihenfolge geregelt ist. Wissenschaftliches Erkennen bedient sich bewußt und zweckmäßig der Analyse und Synthese, verfährt nach erkannten Gesetzmäßigkeiten des Aufsteigens vom Abstrakten zum Konkreten und leistet den Über-

gang von der Erscheinung zum Wesen. Im Alltagserkennen reproduzieren sich die Erscheinungsformen »unmittelbar spontan, als
gang und gäbe Denkformen«, während das Wesen erst wissenschaftlich »entdeckt werden« muß[234]. Die Praxis wirkt in der
Wissenschaft aufgrund besonderer Verifikationsmethoden, die
selbst nicht – wie beim Alltagserkennen – Praxisform haben.

e) *das Kriterium des materiellen Erkenntnismittel-Gebrauchs:* Alltagserkennen – keine materiellen Erkenntnismittel; Wissenschaft –
hochspezialisierte Instrumente wie Mikroskop, Teleskop, Compu-
ter etc.

f) *das Kriterium des Erkenntnisziels und der Erkenntnisfunktion:*
das Alltagserkennen zielt »auf eine Reflexion der gesamten er-
fahrbaren Umwelt, die sich *unmittelbar* in das praktische Verhalten der Individuen, Klassen usw. umformt«. Das wissenschaftliche
Erkennen zielt auf die Erfassung und Formulierung von objektiven Strukturen in Natur und Gesellschaft und deren Gesetzmäßigkeiten. Seine Funktion ist die Entdeckung von Neuem, die Erweiterung des Wissens, das als Produktivkraft wirkt und zur Leitung gesellschaftlicher Prozesse dient. Es besitzt »eine relative
Selbständigkeit in seiner Entwicklung, die durch spezifische Tendenzen und Gesetzmäßigkeiten gekennzeichnet ist« (Fiedler: (258),
940/941).

Alle diese Kriterien gelten nicht losgelöst von der Gesellschaftsordnung, in welcher der Übergang vom spontanen Alltagserkennen zu
Formen bewußter Erkenntnis und Erkenntnisanwendung gehindert
oder beschleunigt wird.

Die alltagsbewußten Erkenntnisformen sind zunächst nicht
ideologisch, wofern ›Ideologie‹ ein System der Widerspiegelung gesellschaftlicher Organisationsstrukturen ist und Verhalten in bestimmtem Klasseninteresse normiert. Es besteht aber
ein Zusammenhang von Erkenntnis und Ideologie, der auch
die Alltagserkenntnis einschließt. Soziale Interessen dringen
durch die Medienpolitik, durch die ›öffentliche Meinung‹ und
durch Konsummanipulation in das individuelle Alltagsleben
ein: im Augenblick der Grenzüberschreitung individueller Erfahrung ins ›Man‹ wird das Alltagsbewußtsein zum Vehikel
von Ideologie und widerspiegelt in der Abstraktheit seiner
Aussagen die Abstraktheit der nur noch scheinbar individuellen, persönlichen Bedürfnisse: ›man‹ hält für wahr, ›man‹ trägt
in diesem Frühjahr, ›man‹ wählt CDU usw. Bei der Erfor-

234 *MEW* 23, 564.

schung des Alltagsbewußtseins ist deshalb genau zu unterscheiden, in welchem Maße die Objektivationen dieses Bewußtseins Ausdruck der – nach L. Sève – abstrakten oder konkreten Persönlichkeit sind. Dieses Problem ist um so wichtiger, als es außerhalb des Subjekts der Alltagserkenntnis kein Bewußtsein und keine Ideologie gibt; und die Analyse der Alltagserkenntnis der Massen führt zur praktischen Forderung nach Verhältnissen, in denen der Alltag wahre Erkenntnisse zuläßt. G. Lukács, der gewiß so nachdrücklich wie wenige eine Theorie des Alltagsbewußtseins gefordert hat, begründet aus dem »Wesen der Arbeit« die These, die Unmittelbarkeit des Alltagslebens und -denkens drücke sich »prägnant in der Art des spontanen Materialismus dieser Sphäre aus«; jede gründliche Analyse müsse »zeigen, daß der Mensch des Alltagslebens auf die Gegenstände seiner Umwelt stets spontan materialistisch reagiert, einerlei wie diese Reaktionen vom Subjekt der Praxis nachträglich interpretiert werden«[235]. Diese These setzt einen naiven, von falschem Bewußtsein ungestörten Zugang zum gesellschaftlichen Sein im Alltag voraus; spontaner Materialismus unter der Herrschaft der – wie W. F. Haug es nennt – ›Warenästhetik‹, – ein Trugschluß; der Fetischismus der Tauschwertabstraktion setzt im Kapitalismus der praktischen Erfahrung mit den ›Dingen des Alltags‹ eine Barriere entgegen; Robinson baut keine Tische und formt keine irdenen Gefäße mehr, sondern findet Unmittelbarkeit zur Härte des Materiellen nur noch fremdbestimmt in den Symbolen der ›Natürlichkeit‹, in der Reklame für Zigaretten, Rum etc. Die im Kapitalismus erzeugte Arbeitswirklichkeit ›Alltag‹ soll zwar spontan anerkannt werden, nicht aber ›spontan materialistisch‹ erkannt; die Kulturindustrie rezeptiert bewußtseinsstimulierende bzw. illusionierende Psychopharmaka, deren toxische Wirkung die der medikamentösen Manipulation weit übersteigt. Sie dienen der Ideologisierung der Alltagserkenntnis mit dem Ziel der Anpassung an die herrschende Ideologie. Der gesellschaftliche Gesamtarbeitszusammenhang widerspiegelt sich im Alltagsbewußtsein in der vollen Ambivalenz der Privatarbeit: die Abstraktheit der Privatarbeit reproduziert sich gerade nicht in

235 G. Lukács, *Ästhetik*. In vier Teilen. Erster Teil. Neuwied/Berlin 1972, 20. Vgl. insgesamt: *Probleme der Widerspiegelung im Alltagsleben*, 9-54.

einem robinsonhaften alltäglichen Privatleben, sondern in der abstrakten Allgemeinheit des ›Man‹, der Fremdidentifikation, welche ihre Funktion im Überspielen der realen Widersprüche des Arbeitsprozesses und der realen Widersprüche von Bildungsprivileg und Unterprivilegierung, Hochsprache und Sprachbarriere hat. Die Ersatzidentifikationen in ›Sozialpartnerschaft‹ etc. sind Symptom: das gesellschaftliche Bewußtsein der Individuen wird auf dem Wege der Pseudohomogenisierung des Alltagsbewußtseins an einer angemessenen Widerspiegelung der Wirklichkeitswidersprüche gehindert; der Übergang zu den sozialen Identifikationsformen des Klassenbewußtseins wird erschwert.

Die umgangssprachliche Verfassung des Alltagsbewußtseins und seiner Artikulationsformen zu kritisieren, ist eine Aufgabe der materiellen Erkenntnistheorie. Die Sprache gibt dem Individuum eine gesellschaftliche ›Totalität‹, deren Partialcharakter unbewußt bleibt. Der Sprachkonsum zwingt zur Einbildung, die abstrakte Verfügung über die Wirklichkeit sei bereits deren konkrete Aneignung. Der lohnabhängige Arbeiter soll seine Bedürfnisse mit den Mitteln der Herrschaftssprache geltend machen. Gerade aber die revolutionäre Kontinuität seiner Klassengeschichte wurde aus der Herrschaftssprache exiliert. Die Sprache der Institutionen der bürgerlichen Gesellschaft ist das Pfandhaus, in dem der Proletarier sein Geschichtsbewußtsein versetzt, solange es nicht im Klassenbewußtsein bewahrt wird; der Prolet verfügt nicht über die institutionell-ideologischen und materiellen Mittel, die zur Reproduktion des Geschichtsbewußtseins unabdingbar sind. Indem die Alltagssprache den Individuen zunehmend nicht mehr kommunikativ als Eigentum zuwächst, sondern – im vollen Wortsinn – vorgeschrieben wird, potenziert sich die *unbewußte* Geschichtlichkeit des Alltagsbewußtseins; die im ideologischen System ›Geschichte‹ festgeschriebenen Selektionen aus der Geschichte bestimmen die Schein-Verfügung des Alltagsbewußtseins gegenüber der ganzen Wirklichkeit. Die historisch-logische Verknüpfung mit dem ›historischen Block‹ geschieht für das Alltagsbewußtsein nicht mehr durch die Kraft geschichtlicher Kontinuität, sondern durch die Macht der Usurpation dieser Kontinuität. Die Alltagserkenntnis des Individuums der bürgerlichen Gesellschaft steht nicht auf dem Niveau der ›Geschichte der Klassenkämpfe‹²³⁶. So kann S. L. Rubinsteins Definition der Sprache für die Alltagssprache nicht genügen:

»Die Sprache ist die gesellschaftliche Form des Bewußtseins des Menschen als eines gesellschaftlichen Individuums« (Rubinstein: (294), 249).

Sie muß ergänzt werden um das Moment, daß gerade die reale Abstraktheit gesellschaftlicher Beziehungen die Gesellschaftlichkeit des Individuums unter den Bedingungen abstrakter Arbeit in der Sprache der abstrakten Persönlichkeit unterschlagen kann. Zu berücksichtigen ist, daß die Sprache zwar objektiv eine Widerspiegelungsfunktion ausübt, nicht aber bereits die Gestalt einzelner sprachlicher Zeichen. Die nur teilweise, fragmentarische umgangssprachliche Verfügung über das ganze Potential gesellschaftlich akkumulierten Wissens determiniert die Alltagserkenntnis. Die Sprache verselbständigt sich nicht allein in der Metasprache, in Wissenschaftssprachen, sondern bereits durch den ideologischen Selektionsprozeß im Bereich der Alltagssprache; es ergibt sich das »Problem, aus der Sprache ins Leben herabzusteigen«²³⁷. »Die Sprache *ist* das

236 Zum Problem der Historizität der Geschichte und der Geschichtslosigkeit des Alltagslebens vgl. Kosík: (127). Die Alltäglichkeit ist als »die *Gliederung* des individuellen Lebens der Menschen im Rahmen jedes Tages« (71), durch die mechanische Rhythmik der Alltagsaktivität und die bloße Chiffrenhaftigkeit der austauschbaren Subjekte des Alltagslebens der Geschichtslosigkeit preisgegeben. Die ideologische Trennung von Alltag und Geschichte ist das mystifizierende Korrelat dieses Erfahrungsbestands (71 ff.). Diesen wichtigen Gedanken verspielt Kosík aber in seiner ›Metaphysik des alltäglichen Lebens‹; K. orientiert sich an Heidegger: »Die primäre und elementare Weise, in der die Ökonomie für den Menschen existiert, ist die Sorge. Nicht der Mensch hat Sorge, sondern die Sorge hat den Menschen. [...] Sorge ist die reine Tätigkeit des isolierten gesellschaftlichen Individuums. [...] Die Sorge ist die Welt im Subjekt« (62/63). Kosíks Verbindung von ›Sorge‹ und ›Besorgung‹ ist mehr als ein Sprachspiel: »Das Besorgen ist die Erscheinungsform der abstrakten Arbeit. Die Arbeit ist schon bis zu dem Maße zergliedert und entpersönlicht, daß sie in allen ihren Sphären – der materiellen, administrativen und geistigen – als bloßes Besorgen oder Manipulieren erscheint. [...] Das Besorgen ist die Praxis in einer *erscheinungsmäßig entfremdeten* Gestalt, die nicht mehr auf die Genesis der menschlichen Welt [...] hinweist, sondern die Praxis der alltäglichen Manipulation ausdrückt« (64/65). K.'s These reflektiert in der Abstraktheit einer anthropologischen Theorie der ›Entfremdung‹, was sie kritisieren will: die Abstraktheit nicht ›des‹ Alltags ›der‹ Individuen, sondern des bürgerlichen Individuums unter der Herrschaft abstrakter Arbeit.
237 *MEW* 3, 432.

praktische, auch für andre Menschen existierende, also auch für mich selbst erst existierende wirkliche Bewußtsein, und die Sprache entsteht, wie das Bewußtsein, erst aus dem Bedürfnis, der Notdurft des Verkehrs mit andern Menschen«[238]. Sprachformen sind Formen der Reproduktion, sind ideelle Verkehrsformen. Der Objektivationsprozeß des Bewußtseins in der Sprache hat teil am historischen Prozeß der Arbeitsteilung und der Teilung von körperlicher und geistiger Arbeit. Die unterschiedlichen Widerspiegelungsfähigkeiten der Alltagssprache beweisen ein Ausmaß von Sprach-Teilung, das seinen miserablen Ausdruck findet z. B. in der ›Sprachlosigkeit‹ der öffentlichen Meinung der BRD gegenüber dem Vietnam-Krieg. Die Vergegenständlichung der Sprache wird zur Widerspiegelung der Vergegenständlichung persönlicher Beziehungen: für die amerikanischen Truppen gilt beim ›body-count‹ die entindividualisierte Zahl von Objekten der Kriegsführung; der Gegner ist nicht Person und Subjekt, sondern Ding ohne Gesicht. Symbol- und Signalfunktion der Sprache beruhen nicht auf Konvention oder Konstruktion, sondern gründen in der gegenüber der konkreten Wirklichkeit sekundär-abstrakten Form gesellschaftlich notwendigen Bewußtseins. Die Sprache enthält nicht die Totalität einer Kultur, Weltanschauung oder Ideologie; vor allem die Alltagssprache enthält im großen und ganzen nur die zur Reproduktion einer Gesellschaftsformation notwendigen Erkenntnisbedingungen. Der umgangssprachlich verfaßte Alltagsverstand ist keineswegs der ›bon sens‹, der gesunde Menschenverstand der bürgerlichen Aufklärung. Er bleibt in den engen Schranken der Sprache, die – wofern ideologisch usurpiert – zur praktischen Gegenaufklärung und zum Hindernis der Ideologiekritik wird. Dieses Dilemma ließ für A. Gramsci »die Bedeutung des allgemeinen, linguistischen Problems evident« werden, »d. h., daß ein und dasselbe ›kulturelle‹ Klima auf kollektiver Ebene erreicht wird« (Gramsci: (39), 152). Die materialistische Erkenntnistheorie muß sich dem Alltag, dem Alltagsbewußtsein und der Alltagserkenntnis verstärkt widmen, um der Sprachkritik ein wissenschaftliches Instrumentarium an die Hand zu geben. Sprachkritik – dies umfaßt Probleme der Semantik und Linguistik, die nicht als Phä-

238 *MEW* 3, 30; vgl. *Grundrisse*, 390 ff.

nomenologie der Sprache sich bescheiden können; angesichts der Erkenntnis, daß sozial-historische Determination und historisch-logische Kontinuität für das umgangssprachlich verfaßte Alltagsbewußtsein auseinanderfallen, müssen für die Alltagssprache der Individuen die Abstraktheit pseudo-kollektiver Kommunikation aufgehoben und die konkrete Totalität und Kontinuität auch des revolutionären Inhalts der Alltags-, Literatur- und Wissenschaftssprachen wiedergewonnen werden. Dies ist eine Forderung in der Perspektive ›Praxis und Geschichtsbewußtsein‹. Die Fiktion der bürgerlich-gesellschaftlichen – gar ›abendländischen‹ – Sprachgemeinschaft wird freilich solange die herrschende Illusion des Alltagsbewußtseins sein, wie die Formen der Alltagssprache und der Alltagserkenntnis nicht als Widerspiegelungsformen von Klassenbedürfnissen erkannt werden.

Dem Kriterium der Praxis in der Erkenntnistheorie räumt die Theorie der Formen und Qualitäten gesellschaftlich notwendigen Bewußtseins nur dann seinen fundamentalen Rang ein, wenn sie nicht nur Erkenntnisse auf dem Niveau der Wissenschaft, der Literatur etc. berücksichtigt; die unmittelbare Widerspiegelung der sozialen Lebensverhältnisse spielt sich ab im Alltagsleben von Alltagsindividuen; die Praxis wird in diesem Bereich der Erfahrungsspontaneität aber nicht als gesellschaftliche, gesamtheitliche Tätigkeit des über-individuellen Subjekts erfahren; so wird es für die Erkenntnistheorie notwendig, die sozialspezifischen Erkenntnisbedingungen zu berücksichtigen: unbestreitbar spielen soziale Gruppen eine erkenntnis- und theoriebildende Rolle; soziale Gruppen – hier ist nicht nur an durch Arbeitsfunktionen definierte Gruppen gedacht, sondern auch an politische, religiöse, wissenschaftliche Kollektive bzw. Kooperativen – bilden aber nur Spezialfälle der gesellschaftsstrukturierenden Verbände: der Klassen. Die Genese und besondere Determination von Bewußtseinsformen in Klassenbeziehungen ist deshalb ein erstrangiger Erkenntnisgegenstand der Gnoseologie. Gegenüber dem Alltagsbewußtsein zeigt das Klassenbewußtsein ein sozialspezifisches Profil: *Das Klassenbewußtsein ist die primäre Identitätsform des gesellschaftlichen Bewußtseins gesellschaftlicher Individuen.* Im Klassenbewußtsein widerspiegelt sich, was als ›condition humaine‹, als Drama oder Tragödie der menschlichen Existenz beschrieben worden ist, unzureichend auch in Kategorien wie ›Schuld‹ und ›Sünde‹; die *Dialektik* der Produktion und Reproduktion des Lebens. Im Klassenbewußtsein erreicht das Bewußtsein der Menschen eine Identität mit dem ›menschlichen Wesen‹, die nicht vollständig ist, nicht Identität von Individuum und menschlichem Wesen, nicht individuelle oder ›Ich-Identität und nicht gesellschaftliche Identität; im Klassenbewußtsein werden sich Menschen ihrer eigenen Tätigkeit bewußt, des ›Machens der Geschichte‹, die eine Geschichte von Kämpfen ist. Das Klassenbewußtsein widerspiegelt eine gesellschaftlich notwendige Identität von Menschen, die eine Identität von Gegensätzen ist, eine *dialektische Identität*. Klassenbewußtsein ist eine ideelle Form der Negation der Negation; es widerspiegelt *und* schafft den Fortschritt zu höheren Identitätsformen: bis hin zur historisch notwendigen Antizipation der klassenlosen Gesellschaft. Der Realismus der Widerspiegelungstheorie besteht aber nicht zuletzt darin, die Dialektik von gesellschaftlichem Sein und gesellschaftlichem Bewußtsein als Dialektik von Klassensein und Klassenbewußtsein zu konkretisieren.

Das Klassenbewußtsein

- widerspiegelt die materiellen Existenzbedingungen einer Klasse
- widerspiegelt deren Verhältnis zu anderen Klassen der Gesellschaftsformation
- widerspiegelt die objektive Rolle der Klasse im geschichtlichen Prozeß in der Form gesellschaftlich notwendigen, richtigen oder falschen ideologischen Bewußtseins
- wird von der ganzen Klasse aus deren materiellen gesellschaftlichen Bedingungen heraus geschaffen und geformt
- entsteht sozial-historisch notwendig auf der Basis spontanen gesellschaftlichen Bewußtseins (als Arbeiterbewußtsein etc.) und wird durch Klasseninstitutionen (Partei) zum bewußten Faktor der Wirklichkeitsaneignung.

Im Zusammenhang dieser erkenntnistheoretischen Studie kann das komplexe Thema des Verhältnisses von Klasse und Klassenbewußtsein nicht erörtert werden. Eine Strukturanalyse der Klassenverhältnisse in der BRD ist nicht ihre Aufgabe. Die Auseinandersetzungen über Spontaneität oder organisatorische Bildung von Klassenbewußtsein haben Theorie und Praxis der II. und III. Internationale weitgehend bestimmt; die Kontroverse zwischen Lenin und R. Luxemburg war keine Episode.

Zu diesen Themen sollen hier nur einige für die Erkenntnistheorie und für die Grundlegung einer materialistischen Hermeneutik notwendige Informationen gegeben werden.

1. Primärkennzeichen des Klassenbegriffs:
Klassen sind definierbar durch ihren Ort in einer abgrenzbaren historischen ökonomischen Gesellschaftsformation, in erster Linie durch ihre Beziehung zu den Produktionsmitteln. ›Klasse‹ ist kein ontologischer oder anthropologischer Begriff, sondern kennzeichnet ausschließlich historisch entstandene und aufhebbare Sozialformationen. ›Klasse‹ ist eine Verhältnisbestimmung widersprüchlicher Sozialformationen. Entsprechend den vorherrschenden Formen der Verfügung über die Produktionsmittel als *Eigentum* und den Aneignungsformen der Arbeitskraft der Massen durch Minderheiten werden Klassen und deren Herrschaftsinstrumente (Staat) unterscheidbar. ›Klasse‹ ist keine theoretische Zurechnungs-Kategorie, sondern widerspiegelt objektive Beziehungen von Menschen im Produktionsprozeß. So ist trotz aller soziologischen Integrationstheorien eine bestimmte Menge von Menschen in der BRD als ›Arbeiterklasse‹ zu definieren: als Masse der Nichteigentümer an Produktionsmitteln, als Verkäufer von Arbeitskraft, als Menge primär körperlich Arbeitender, als Menge von Mehrwertproduzenten und Lohnabhängigen *und* als Klasse, in welcher trotz geringen Organisationsniveaus das Bewußtsein ihrer materiellen Lage *im Verhältnis* zum Monopolkapital entsteht und wächst: Sie begreift, daß die »Subsumtion der Individuen unter bestimmte Klassen [...] nicht eher aufgehoben werden [kann], als bis sich eine Klasse gebildet hat, die gegen die herrschende Klasse kein besonderes Klasseninteresse durchzusetzen hat«²³⁹. Lenin über ›Klassen‹: »Als Klassen bezeichnet man große Menschengruppen, die sich voneinander unterscheiden nach ihrem Platz in einem geschichtlich bestimmten System der gesellschaftlichen Produktion, nach ihrem (größtenteils in Gesetzen fixierten und formulierten) Verhältnis zu den Produktionsmitteln, nach ihrer Rolle in der gesellschaftlichen Organisation der Arbeit und folglich nach der Art der Erlangung und der Größe des Anteils am gesellschaftlichen Reichtum, über den sie verfügen. Klassen sind Gruppen von Menschen, von denen die eine sich die Arbeit einer andern aneignen kann infolge der Verschiedenheit ihres Platzes in einem bestimmten System der gesellschaftlichen Wirtschaft«²⁴⁰.

2. Klasse und Klassenbewußtsein, Notwendigkeit und Spontaneität:
Der begriffene Widerspruch zwischen Kapital und Arbeit ist für die gesamte Epoche des Antagonismus von Bourgeoisie und Proletariat

239 *MEW* 3, 75.
240 *LW* 29, 410.

die notwendige Voraussetzung des Klassenbewußtseins; zureichende Bedingung ist aber erst die Existenz dieser beiden im Kapitalverhältnis ausgebildeten Antipoden.

Marx und Engels haben das Problem ›Klassenbewußtsein‹ – im Gegensatz zu marxologischen Einsichten – thematisiert; entsprechend der materialistischen Beantwortung der Grundfrage nach dem Verhältnis von Sein und Bewußtsein stehen Fragen des Klassenbewußtseins grundsätzlich im Kontext der empirischen Analyse der Klassenlage in der bürgerlichen Gesellschaft: der politischen Ökonomie und der politischen Analyse der Institutionen.

1852 hat Marx die Quintessenz seiner Klassentheorie dargestellt: »Was mich betrifft, so gebührt mir nicht das Verdienst, weder die Existenz der Klassen in der modernen Gesellschaft noch ihren Kampf unter sich entdeckt zu haben. Bürgerliche Geschichtsschreiber hatten längst vor mir die historische Entwicklung des Kampfes der Klassen und bürgerliche Ökonomen die ökonomische Anatomie desselben dargestellt. Was ich neu tat, war 1. nachzuweisen, daß die Existenz der Klassen bloß an *bestimmte historische Entwicklungsphasen* der Produktion gebunden ist; 2. daß der Klassenkampf notwendig zur *Diktatur des Proletariats* führt; 3. daß diese Diktatur selbst nur den Übergang zur Aufhebung aller Klassen und einer klassenlosen Gesellschaft bildet«[241]. Daß in diesem Prozeß »einzelne Individuen nicht ›immer‹ durch die Klasse bestimmt werden, der sie angehören«, war für Marx selbstverständlich[242]. Die historische Notwendigkeit, daß »das Proletariat im Kampfe gegen die Bourgeoisie sich [. . .] zur Klasse vereint«[243] galt ihm zugleich als Quelle, »von der das Bewußtsein über die Notwendigkeit einer grundsätzlichen Revolution, das kommunistische Bewußtsein, ausgeht«[244].

Für Marx und Engels war aber auch evident, daß sich das proletarische Klassenbewußtsein nicht ›naturwüchsig‹, nicht spontan entfalten konnte. Der »geschichtliche Beruf des modernen Proletariats«, die »weltbefreiende Tat durchzuführen«, war eine objektive Notwendigkeit und eine Realität, die empirisch festgestellt werden konnte; empirisch, – aber nicht ohne *Theorie*: »Ihre geschichtlichen Bedingungen, und damit ihre Natur selbst, zu ergründen und so der zur Aktion berufnen, heute unterdrückten Klasse die Bedingungen und die Natur ihrer eignen Aktion zum Bewußtsein zu bringen, ist die Aufgabe des theoretischen Ausdrucks der proletarischen Bewegung, des wissenschaftlichen Sozialismus«[245].

241 *MEW* 28, 507 f.
242 *MEW* 4, 349.
243 *MEW* 4, 482.
244 *MEW* 3, 69.
245 *MEW* 19, 228.

Die »Tendenzen der Arbeiterklasse entspringen den realen Bedingungen. [...] Deshalb sind diese [...] Tendenzen in der ganzen Klasse vorhanden, obwohl sich die Bewegung in ihren Köpfen in den unterschiedlichsten Formen widerspiegelt«[246]. Das Proletariat wurde nicht als gesamtmenschheitliche Klasse mit gleich unter welchen gesellschaftlichen Bedingungen identischen Interessen fingiert; die Arbeiterklassen (Plural!) hatten »in den verschiedenen Ländern verschiedene Entwicklungsbedingungen«; für Engels folgte daraus »notwendig, daß ihre theoretischen Ansichten, welche die reale Bewegung widerspiegeln, ebenso verschieden sind«[247].

Klassenbewußtsein kann nicht ausschließlich als ›Abbild‹ verstanden werden, sondern in den Kategorien schöpferischer Widerspiegelung: »Um die besitzenden Klassen vom Ruder zu verdrängen, brauchen wir zuerst eine Umwälzung in den Köpfen der Arbeitermassen, wie sie sich jetzt allerdings – relativ langsam – vollzieht«; die ökonomische Strukturveränderung kann nicht eschatologisch erwartet werden, sondern muß bewußt gesteuert werden, bis »die ökonomische Umwälzung die große Masse der Arbeiter zum Bewußtsein ihrer Lage gebracht« hat; »um diese zuwege zu bringen, brauchen wir ein noch rascheres Tempo in der Umwälzung der Produktionsmethoden, mehr Maschinerie, mehr Arbeiterverdrängung, mehr Bauern- und Kleinbürgerruin, mehr Handgreiflichkeit und Massenhaftigkeit der unvermeidlichen Resultate der modernen großen Industrie«[248]. »Selbstbewußtsein, Selbstvertrauen der Klasse«, – dies war 1893 für Engels »das Wichtigste«[249]. Unter diesem Gesichtspunkt wurde die Organisationsfrage zentral: der »sozialistische Instinkt« wurde bei den Massen immer stärker, zielte aber ins Leere, weil eine Klassenorganisation noch weitgehend fehlte. Nicht zuletzt durch die parlamentarische Vertretung der Arbeitermassen werde »das Klassenbewußtsein ganz von selbst durchbrechen«[250]. Das Fazit: das Zusammenfallen »der Revolution im Äußern« mit der »Revolution in den Köpfen der Arbeiter [...] verbürgt uns eine noch gewaltigere und umfassendere Revolution in der ganzen Weltordnung«[251].

Lenin hat seine Forderung, die politischen Ziele der Revolutionäre müßten »wirklich die Interessen einer existierenden Klasse ausdrücken, deren Lebensbedingungen dazu zwingen, in einer bestimmten Richtung tätig zu sein«[252], einer voluntarischen Auslegung seiner

246 *MEW* 32, 671.
247 *MEW* 33, 667.
248 *MEW* 38, 64/65.
249 *MEW* 39, 30.
250 *MEW* 39, 361; 248.
251 *MEW* 39, 239.
252 *LW* 18, 322.

Avantgarde-Doktrin immer entgegengesetzt: »Mit der Avantgarde allein kann man nicht siegen. Die Avantgarde allein in den entscheidenden Kampf werfen, solange die ganze Klasse, solange die breiten Massen nicht die Position eingenommen haben, daß sie die Avantgarde entweder direkt unterstützen oder zumindest wohlwollende Neutralität ihr gegenüber üben und dem Gegner der Avantgarde jederlei Unterstützung versagen, wäre nicht nur eine Dummheit, sondern auch ein Verbrechen«[253].

Lenins Theorie der Dialektik von Avantgarde und Klasse war – und ist – die richtige Alternative zu Auffassungen, wie sie z. B. in der II. Internationale K. Kautsky vertrat. Kautsky hatte einen Gegensatz zwischen Spontaneität und Außendetermination des Klassenbewußtseins konstruiert, dem jede Erfahrung der Arbeiterbewegung widersprach. Die Tatsache, daß die politische Ökonomie des Proletariats noch im Rahmen der bürgerlichen Gesellschaft entstanden war, verführte ihn zu einer maßlosen Überschätzung der ›bürgerlichen Intelligenz‹ und zur These: »Das sozialistische Bewußtsein ist also etwas in den Klassenkampf des Proletariats von außen Hineingetragenes, nicht etwas aus ihm urwüchsig Entstandenes«[254]. Lenin dagegen ging es darum, dem Mechanismus und Attentismus jener zu begegnen, die einen Automatismus ›Arbeiterklasse/Klassenbewußtsein/Revolution‹ – womöglich unter Absehung des Mittelglieds ›Klassenbewußtsein‹ – predigten. Deshalb warnte er davor, »daß *jede* Anbetung der Spontaneität der Arbeiterbewegung, jede Herabsetzung der Rolle des ›bewußten Elements [...] zugleich *die Stärkung des Einflusses der bürgerlichen Ideologie auf die Arbeiter bedeutet.* Jeder, der von der ›Überschätzung der Ideologie‹, von der Übertreibung der Rolle des bewußten Elements u. dgl. m. spricht, glaubt, die reine Arbeiterbewegung könne und werde sich von selbst eine selbständige Ideologie schaffen, wenn nur die Arbeiter ›ihr Schicksal den Händen der Führer entreißen‹. Aber das ist ein schwerer Fehler«[255].

Ein schwerer Fehler, weil nicht ›der Arbeiter‹ an sich, d. h. als eine vom Kapitalverhältnis in eine radikale Individuation getriebene abstrakte Persönlichkeit, das Klassenbewußtsein als soziale Identitätsform des Bewußtseins stiftet.

In seiner für die Klassen- und Klassenbewußtseinstheorie bedeutendsten Arbeit – *Was tun?* (1902) – betonte Lenin, es könne »ohne revolutionäre Theorie [...] auch keine revolutionäre Bewegung geben«, es könne »*die Rolle des Vorkämpfers nur eine Partei erfüllen* [...],

253 *LW* 31, 80; vgl. *LW* 33, 213.
254 K. Kautsky in: *Die Neue Zeit* 20 (1901/1902), 79/80. Lenin anerkennt diesen Standpunkt, gibt ihm aber eine ganz andere theoretische Wendung.
255 *LW* 5, 393/394.

die von einer fortgeschrittenen Theorie geleitet wird«. Unter dem Titel *Spontaneität der Massen und Bewußtheit der Sozialdemokratie* stellte er fest, daß jede spontane proletarische Aktion »die *Keimform* der Bewußtheit« enthalte. Zugleich aber wies er nach, daß »die Arbeiter ein sozialdemokratisches Bewußtsein *gar nicht haben konnten*«: »Die Geschichte aller Länder zeugt davon, daß die Arbeiterklasse ausschließlich aus eigener Kraft nur ein trade-unionistisches Bewußtsein hervorzubringen vermag, d. h. die Überzeugung von der Notwendigkeit, sich in Verbänden zusammenzuschließen«. Die spontane Organisation und Aktivität der Arbeiterklasse bleibt – dies ist ihr Mangel – reaktiv auf den Klassenkampf der Bourgeoisie bezogen; sie läßt sich ein Bewußtsein oktroyieren, welches partikulären Interessen entspricht. »Das Bewußtsein der Arbeiterklasse kann kein wahrhaft politisches sein, wenn die Arbeiter nicht gelernt haben, auf *alle* und *jegliche* Fälle von Willkür und Unterdrückung, von Gewalt und Mißbrauch zu reagieren, *welche Klassen* diese Fälle auch betreffen mögen, und eben vom sozialdemokratischen und nicht von irgend einem anderen Standpunkt aus zu reagieren. Das Bewußtsein der Arbeitermassen kann kein wahrhaftes Klassenbewußtsein sein, wenn die Arbeiter es nicht an konkreten und dazu unbedingt an brennenden (aktuellen) politischen Tatsachen und Ereignissen lernen, *jede* andere Klasse der Gesellschaft in *allen* Erscheinungsformen des geistigen, moralischen und politischen Lebens dieser Klassen zu beobachten; wenn sie es nicht lernen, die materialistische Analyse und materialistische Beurteilung *aller* Seiten der Tätigkeit und des Lebens *aller* Klassen, Schichten und Gruppen der Bevölkerung in der Praxis anzuwenden. Wer die Aufmerksamkeit, die Beobachtungsgabe und das Bewußtsein der Arbeiterklasse ausschließlich oder auch nur vorwiegend auf sie selber lenkt, der ist kein Sozialdemokrat, denn die Selbsterkenntnis der Arbeiterklasse ist untrennbar verbunden mit der absoluten Klarheit nicht nur der theoretischen [...] sogar richtiger gesagt: nicht so sehr der theoretischen als vielmehr der durch die Erfahrung des politischen Lebens erarbeiteten Vorstellungen von den Wechselbeziehungen *aller* Klassen der modernen Gesellschaft«[256]. Das proletarische Klassenbewußtsein ist – hier seine Differenz zum bürgerlichen – Bewußtsein der gesellschaftlichen und ideologischen Totalität und – hier seine zweite Differenz – *solidarisches Bewußtsein* über die Klassenschranken hinaus.

3. Zur Perspektive der Beurteilung von Klassenlage und Klassenbewußtsein

»Die Entstehung der objektiven Klassenstruktur geht historisch und logisch der Entstehung des Klassenverhaltens und Klassenbewußtseins ebenso voraus, wie die Herausbildung von der Klasse eigen-

256 *LW* 5, 379/380; 385/386; 426.

tümlichen ›Illusionen, Empfindungen und Lebensanschauungen‹ der Herausbildung politischen Klassenbewußtseins, entsprechender Verhaltensweisen und Organisationen« (Jung: (325), 117).

Das Klassenbewußtsein kann keinesfalls ausschließlich auf die objektive Funktion der Klasse im Arbeitsprozeß zurückgeführt werden. In hohem Maße haben die Organisationsformen und Kampfformen der Arbeiterklasse ihren Anteil bei der Genesis von Klassenbewußtsein.

In seiner ungemein präzisen, materialreichen und die gegenwärtige einschlägige Literatur verarbeitenden Studie zur politischen Soziologie des Arbeiterbewußtseins *Das Bewußtsein der Arbeiter* hat *F. Deppe* folgenden Weg der Analyse des Verhältnisses von Lage und Bewußtsein der Arbeiterklasse vorgezeichnet:

»1. Entwicklung der Klassengliederung auf der Grundlage der gesellschaftlichen Eigentumsverhältnisse, d. h. nach dem Verhältnis der Besitzer und Nichtbesitzer von Produktionsbedingungen und nach ihrem Platz in der gesellschaftlichen Organisation der Arbeit.
2. Analyse von Struktur und Zusammensetzung der Arbeiterklasse auf der Grundlage der Verteilung und Umverteilung der Arbeitskräfte und die verschiedenen Zweige der materiellen und immateriellen Produktion sowie auf verschiedene Funktionsbereiche innerhalb der Produktion.
3. Analyse der Verteilung und Umverteilung der Kapital- und der Lohneinkommen.
4. Analyse der rechtlichen und politischen Fixierung und Vermittlung der Eigentumsverhältnisse.
5. Analyse der herrschenden Ideologien, ihrer Institutionalisierung und ihres Einflusses.
6. Analyse des politischen und ideologischen Kräfteverhältnisses der Klassen und der Entwicklung des Klassenkampfes«[257].

Deppe kommt zu einer für die Theorie des Klassenbewußtseins wichtigen Teildefinition:

»1. Arbeiterbewußtsein muß als die Einheit eines zweifachen gesellschaftlichen Beziehungssystems begriffen werden, a) als Erfahrung, Wahrnehmung und begriffliche Verarbeitung der sozialen Lage, b) als die aktive Einwirkung des Menschen auf die Veränderung seiner Lebensbedingungen.

257 F. Deppe, *Das Bewußtsein der Arbeiter. Studien zur politischen Soziologie des Arbeiterbewußtseins.* Köln 1971, 162/163. Zur Analyse und Theorie der Klassenstruktur in der BRD vgl.: H. Jung, *Zur Struktur der Arbeiterklasse Anfang der siebziger Jahre.* In: *MBL 11* (1973), 10-16. *Klassen und Klassenkampf heute, MBL,* Sonderheft 2/1968. *Klassen- und Sozialstruktur der BRD 1950-1970. Theorie/Diskussion/Sozialstatistische Analyse.* Teil I: *Klassenstruktur und Klassentheorie.* Frankfurt/M. 1972 (= Beiträge des IMSF 3).

2. Arbeiterbewußtsein und Klassenbewußtsein sind historisch-dynamische Kategorien, deren Entwicklung sich stets dem momentanen Charakter empirischer Detailuntersuchung entzieht.

3. Gesellschaftliches Bewußtsein – als Arbeiterbewußtsein oder als Klassenbewußtsein – objektiviert sich in der Schärfe wie in dem Organisationsgrad der Klassenauseinandersetzungen. Die Analyse von Streikbewegungen [...] [gibt] daher eher Aufschluß über das gegenwärtige gesellschaftliche Bewußtsein der Arbeiterschaft in der BRD als z. B. die isolierte Erfragung von Arbeitermeinungen über den Streik«[258].

4. *Der kategoriale Status von ›Klassenbewußtsein‹*

Entzieht sich das reale Klassenbewußtsein der empirischen Detailuntersuchung, – welchen kategorialen Status hat dann der Begriff ›Klassenbewußtsein‹? Seit G. Lukács' folgenreicher These, Klassenbewußtsein könne dem Proletariat nur ›*zugerechnet*‹ werden, stellt sich diese Frage erkenntnistheoretisch und politisch. ›*Klassenbewußtsein*‹ *ist* – dies ist nicht strittig – *eine analytische, nicht aber eine deskriptive Kategorie.* Das Klassenbewußtsein existiert als eine besondere Qualität gesellschaftlich notwendigen Bewußtseins; es kommt zum Ausdruck in der Aktion, in der Praxis einer Klasse; es ist immer vermittelt über das historische kollektive Subjekt ›Klasse‹. Deshalb kann es nicht als *Summe* der Widerspiegelungen der Klassenlage im individuellen Bewußtsein der Klassenpersönlichkeiten definiert werden, sondern als eine Menge von Erfahrungen, Erkenntnissen und Wissen, die eine konkrete Totalität der dialektischen *Beziehungen* einer ganzen Gesellschaftsformation *inklusive deren Genesis* widerspiegelt. ›Klassenbewußtsein‹ ist eine Kategorie zur Beschreibung einer ausgezeichneten Identitätsform des gesellschaftlichen Bewußtseins; als diese Identitätsform kann es nicht positivistisch durch Beobachtung von Individuen festgestellt werden. ›Klassenbewußtsein‹ ist eine Kategorie, die im Prozeß der Theoriebildung, durch Analyse, Verallgemeinerung und Konkretisierung zum Konkret-Allgemeinen gewonnen wird. Bei diesem Prozeß spielt – wie bei jedem Aufsteigen vom Abstrakten (abstrakten Individuum) zum Konkreten (konkreten Allgemeinen der Klassenstruktur) – der Komplex der historisch-logisch vorgängigen Abstraktionen eine große Rolle: Klassenbewußtsein existiert objektiv und

258 Deppe, a.a.O., 197.

wird widergespiegelt in der komplexen Form einer Widerspiegelung idealler Objektivität. Dies bedeutet: die Kategorie ›Klassenbewußtsein‹ unterliegt als Existenzbestimmung einer Gesellschaft oder Seite der Gesellschaft (Klasse) den Gesetzmäßigkeiten der Kategoriebildung im materiellen Reproduktionsprozeß; die Klassenstruktur determiniert die Kategorie ›Klassenbewußtsein‹ als Form gesellschaftlich notwendigen Bewußtseins und als Element der Ideologie. So widerspiegelt sich z. B. die objektive Existenz der Bourgeoisie als Klasse in der BRD gerade *nicht* in einer theoretischen Reflexion über den Status bürgerlichen Klassenbewußtseins, sondern ideologisch entsprechend den Interessen der Bourgeoisie: in der Form der ungemein theorieaufwendigen Leugnung des bürgerlichen, nur mittels dieser Strategie wirkenden Klassenbewußtseins. Die Analyse der bürgerlichen Klasse und ihres Klassenbewußtseins extrapoliert aus den objektiven Bedingungen und Bedürfnissen, aus den Klasseninteressen und deren ideologischer Manifestation eine gesellschaftlich notwendige, gleichwohl verdrängte Kategorie: bürgerliches Klassenbewußtsein. Der erkenntnistheoretische Status dieser Analyse wäre aber mit Lukács' Zurechnungs-Begriff völlig mißverstanden; er kann als ›wahr‹ bezeichnet werden aufgrund der systematischen Kenntnisse über die *Gesetzmäßigkeiten* bei der Widerspiegelung des Objekts ›Klasse‹. Weil ›Klassenbewußtsein‹ eine Kategorie zur Bezeichnung der idellen, ideologischen *Beziehungen und Verhältnisse zwischen Klassen* ist, leistet die Analyse des bürgerlichen Klassenbewußtseins zugleich einen Beitrag zur Erkenntnis der Lage und des Bewußtseins der Arbeiterklasse; die theoretische Analyse setzt die Existenz des Proletariats im Weltmaßstab und seine Herrschaft voraus; zugleich ist sie der Ausdruck der Genese des Bewußtseins der Arbeiterklasse in der BRD, der Matrix des wissenschaftlichen Sozialismus in diesem Land.

Die erkenntnistheoretische Frage nach dem kategorialen Status von ›Klassenbewußtsein‹ und nach der Qualität seiner Wahrheit kann nur unter dem Gesichtspunkt der Geltung des Praxiskriteriums beantwortet werden. Die Erkenntnisbedingungen klassenspezifischen Bewußtseins liegen primär in der Praxis, zum andern im ›historischen Block‹ von Praxis und Ideologie. Die Erkenntnisbedingungen werden nicht spontan aktualisiert, sondern in erkenntnisgeleitetem Klasseninteresse. Es besteht für jede Klasse ein Interesse daran, die Klassenindividuen in die Lage zu versetzen, den Reproduktionsbedürfnissen ihrer Klasse (Klassenherrschaft) zu genügen. Aber erst das Proletariat als Klasse erkennt und anerkennt als sein objektives Interesse, sich selbst nicht zu verewigen, sich selbst nicht als Partikularität zu reproduzieren. Das proletarische Klassenbewußtsein ist erkenntnistheoretisch als ›wahr‹ ausgezeichnet, weil es in der Form der Klassenidentität die Universalität des gesellschaftlichen, des menschlichen Wesens enthält. Selbst als Ausdruck des schärfsten Antagonismus, als Ausdruck des ideologischen Kampfs gegen die Unterdrückung durch die Bourgeoisie und gegen deren Ideologien ist das Klassenbewußtsein der Arbeiterklasse nicht nur Negation, sondern die ideelle Antizipation der Negation der Negation. Das Klassenbewußtsein der Arbeiterklasse ist mit Notwendigkeit ein Projekt zukünftiger Identität: »Für den individuellen Proletarier bedeutet, sich des Proletariats als Klasse bewußt zu werden – deren sozialer Wirklichkeit, folglich der ganzen Gesellschaft, dessen Aktion, folglich seiner politischen Zukunft –, die proletarische Verfassung seiner Existenz bereits überwunden zu haben«[259]. Der klassenbewußte Arbeiter ist nicht mehr, was ihn als proletarisches Individuum charakterisierte: eine abstrakte Persönlichkeit, der durch abstrakte Arbeit im Kapitalverhältnis totale Individuation und Identitätsmangel aufgezwungen wurde. Klassenbewußtsein der Arbeiterklasse bedeutet Erfahrung – durch Solidarität –, Erkenntnis und Wissen – durch Analyse der Klasse und ihrer Aktionen sowie durch die Theorie des wissenschaftlichen Sozialismus –, daß das menschliche Wesen individuell nicht existiert und nicht verwirklicht werden kann. In dieser sinnlichen und bewußten Erfahrung für das Individuum liegt der Fortschritt, liegt der Wahrheitswert des Klassenbewußtseins gegenüber dem Alltagsbewußtsein.

Die Debatte über Spontaneität *oder* Außendetermination des Klassenbewußtseins ist in den Jahren seit der linken, radikaldemokratischen bis sozialistischen Studentenbewegung immer wieder aufgeflammt. Sie ist zu Recht als Debatte auch um die Rolle der wissenschaftlich-technischen Intelligenz geführt wor-

259 H. Lefébvre, *Critique de la vie quotidienne. In: Introduction.* Paris 1958, 165.

den; der von der bürgerlichen Ideologie ausgenutzte Fehler
dieser Debatte in den westlichen kapitalistischen Staaten lag in
der abstrakten *Alternativ-Perspektive:* Spontaneität *oder*
Außendetermination[260]. Der latente Luxemburgismus der meisten Positionen tritt zutage in dem Maße, wie die Klassenbe-
wußtseins-Theorie G. Lukács' aktiviert wurde. *Geschichte und
Klassenbewußtsein* wurde wiederentdeckt; wiederentdeckt
wurde eine dem Anspruch nach anti-mechanistische linkshege-
lianische Position, die in Wirklichkeit mechanistisch war, d. h.
eine Theorie der Spontaneität des Klassenbewußtseins mechanistisch begründete. Das Eigentümliche des Lukácsschen Ansat-
zes ist darin zu sehen, daß er keine Spontaneität der Arbeitermassen bzw. einzelner Individuen der Arbeiterklasse kennt,
sondern die *Spontaneität der ontologischen Struktur.* Lukács
argumentiert, »das Proletariat« sei »allerdings das erkennende
Subjekt« der mit dem historischen Materialismus gegebenen
»Erkenntnis der gesellschaftlichen Gesamtwirklichkeit. Es ist
aber kein erkennendes Subjekt im Sinne der kantischen Methode, wo Subjekt als das definiert wird, was niemals Objekt
werden kann«. Das Proletariat sei zwar »zugleich Produkt
der permanenten Krise des Kapitalismus und Vollstrecker jener
Tendenzen, die den Kapitalismus zur Krise treiben«; das Klassenbewußtsein des Proletariats ist indessen nicht das Bewußtsein des Subjekts ›Proletariat‹, sondern die »Wahrheit des Prozesses ›als Subjekt‹. [...] Es ist das Bewußtsein des dialektischen Prozesses selbst: es ist [...] ein dialektischer Begriff«.
Weil Lukács den ontologischen und gnoseologischen Aspekt
der Verhältnisbestimmung von Sein und Bewußtsein verwechselt, weil er die ›Unabhängigkeit‹ des gesellschaftlichen Seins
vom Bewußtsein als mechanische Trennung von Sein und Bewußtsein mißversteht, besteht für ihn »das Wesen des wissenschaftlichen Marxismus [...] in der Erkenntnis der Unabhängigkeit der wirklichen bewegenden Kräfte der Geschichte von
dem (psychologischen) Bewußtsein der Menschen darüber«.
Der undialektische Ontologismus vergewissert sich des Klas-

---

260 Zur Kritik dieser undialektischen Position vgl. vor allem: E. Hahn,
Materialistische Dialektik und Klassenbewußtsein. In: *Konsequent. Beiträge
zur marxistisch-leninistischen Theorie und Praxis.* Sonderheft Nr. 1/1972.
Berlin (West). E. Hahn, *Spontaneität und Klassenbewußtsein.* In: *DZP* 20
(1972), 805-827.

senbewußtseins als eines Symptoms der Offenbarungskraft
›des Prozesses‹, des Seins selbst. Das Klassenbewußtsein hat
kein Klassensubjekt, welches immerhin menschliches sinnliches
Subjekt wäre. Die »Kategorie der objektiven Möglichkeit« ist
das ontologische Surrogat der dialektischen Kategorie der
›konkreten Totalität‹, einer Totalität von Sein und Bewußtsein im konkreten Leben. Klassenbewußtsein kann nur noch
als objektive Möglichkeit der ideellen Widerspiegelungen antizipiert werden, »die die Menschen [...] haben *würden,* wenn
sie diese Lage, die sich aus ihr heraus ergebenden Interessen
sowohl in bezug auf das unmittelbare Handeln wie auf den
– diesen Interessen gemäßen – Aufbau der ganzen Gesellschaft
vollkommen zu erfassen fähig wären«. Lukács' ontologisch
verbrämte Resignation vor dem Fetischismus der Warenwelt,
der abstrakt zum Fatum des Proletariats wird, erlaubt nur
noch eine Anti-Definition der Erkenntnisqualität des Klassenbewußtseins:

»Das Klassenbewußtsein ist also – abstrakt formuliert – zugleich
eine klassenmäßig bestimmte *Unbewußtheit* über die eigene gesell-
schaftlich-geschichtliche ökonomische Lage.«

Klassenbewußtsein existiert als notwendige Komponente des
Seinsprozesses; dem konkreten Subjekt des gesellschaftlichen
Seins kann es nur als »die rationell angemessene Reaktion«
auf eine »bestimmte typische Lage im Produktionsprozeß«
zugerechnet werden. Das Klassenbewußtsein ist »nicht das psychologische Bewußtsein einzelner Proletarier oder das massen-
psychologische Bewußtsein ihrer Gesamtheit [...], sondern *der
bewußt gewordene Sinn der geschichtlichen Lage der Klasse*«.
Wem anders als dem Philosophen wäre dieser Sinn bewußt
geworden? Klassenbewußtsein verschwindet aus der Wirklichkeit und denaturiert zum Gegenstand der Theorie:
*»Die objektive Theorie des Klassenbewußtseins ist die Theorie
seiner objektiven Möglichkeit.«*
Auf der Linie der Luxemburgschen Spontaneitätstheorie und
in offensichtlicher Nähe zu seiner neukantianischen Vergangenheit zieht Lukács noch 1921 Konsequenzen, die sich in bewußten Gegensatz zur leninistischen Doktrin der Dialektik von
Partei und Arbeiterklasse stellen. Die Partei ist die »Gestalt
des proletarischen Klassenbewußtseins«, ist »weit eher Folge

als Voraussetzung des revolutionären Prozesses«, den – notabene! – »die Partei weder hervorrufen noch vermeiden kann«. Wie das Klassenbewußtsein »die ›Ethik‹ des Proletariats« ist, konstituiert sich die Partei als »Trägerin der Ethik des kämpfenden Proletariats«: »denn die Kraft der Partei ist eine moralische« (Lukács: (73), 194; 213; 219; 223; 224/225; 248; 255; 214; 215). Lukács' Theorie-Dilemma ist aktuell. In der Rezeption seiner Theorie des Klassenbewußtseins hat sich freilich ein Akzent auffällig geändert: die Intelligenz nimmt den Platz des ›Prozesses‹ ein. So kritisierte H.-J. Krahl, »die mangelnde Reflexion auf die kategoriale Verfassung des Klassenbewußtseins als einer nicht empirischen Kategorie, wie sie von Lukács spekulativ im Anschluß an Lenin ausgeführt wurde«, habe »in der sozialistischen Bewegung eine verschwiegene Reduktion des Klassenbewußtseins in einem den Metropolen unangemessenen leninistischen Sinn zur Folge«. Krahl teilt das antileninistische Vorurteil der anti-autoritären Studentenbewegung (von Teilen des SDS bis zur heutigen ›sozialistischen Fraktion‹ des SHB), »Lenins Begriff des Klassenbewußtseins« beruhe »auf einer rigiden analytischen Trennung des politischen Totalitätsbewußtseins vom zwar diffus spontanen, aber notwendig ökonomistisch beschränkten Interessenbewußtsein, so daß dieses nur von außen politisierbar sei«. Und trotz selbstkritischer Einsichten über die Fremdheit intellektuellen Protests gegenüber den Bedürfnissen der Massen setzt Krahl die Intelligenz an die Stelle der Organisation:

»Die Bewegung wissenschaftlicher Intelligenz muß zum kollektiven Theoretiker des Proletariats werden – das ist der Sinn ihrer Praxis« (Krahl: (328), 335; 337; 345).

Die materialistische politisch-ökonomische Perspektive auf die »historische Tendenz der Proletarisierung der Intelligenz«[261] fehlt in der Aktualisierung von Lukács' ›Geschichte und Klassenbewußtsein‹[262] durchgehend. Die Alternative zu der aus der These vom bloß zurechenbaren Klassenbewußtsein entstehen-

---

261 F. Deppe, ›Alte‹ und ›neue‹ Arbeiterklasse. In: R. Vahrenkamp (Hg.), Technologie und Kapital. Frankfurt/M. 1973, 93.
262 Vgl. I. Mészáros (Hg.), Aspekte von Geschichte und Klassenbewußtsein. München 1972. F. Cerutti [u. a.], Geschichte und Klassenbewußtsein heute. Diskussion und Dokumentation. Amsterdam 1971.

den Überfunktion des Intellektuellen in der wissenschaftlich-technischen Revolution hat A. Gramsci verdeutlicht:

»Alle Menschen sind Intellektuelle [...]; aber nicht alle Menschen in der Gesellschaft haben die Funktion von Intellektuellen« (Gramsci: (39), 409). Die Definition der Partei der Arbeiterklasse als des »kollektiven Intellektuellen« war die Lehre, die – Togliatti hat dies hervorgehoben[263] – daraus zu ziehen war.

Die Parteilichkeit des Intellektuellen – nicht allein proletarischer sozialer Herkunft – für die Arbeiterklasse muß als ein wesentliches Element der Objektivität und Wirklichkeit des Klassenbewußtseins begriffen werden. Die Verwechslung von Arbeiterbewußtsein und Klassenbewußtsein und ihre sozialromantischen Folgen (wie die unsinnige theoriefeindliche Forderung ›Aktion statt Theorie: gehen wir in die Fabriken‹) und die blinde Alternativsetzung von Spontaneität *oder* Außendetermination müssen überwunden werden; sie sind Kennzeichen mangelnden Klassenbewußtseins.

6.3. Geschichtsbewußtsein und Klassenbewußtsein

Geschichte und ›Geschichte‹ sind nicht identisch. ›Geschichte‹ ist ein kategoriales System der Widerspiegelungen der Geschichte. ›Geschichte‹ ist eine Rekonstruktionskategorie; rekonstruiert wird, was nicht bloße vergangene Wirklichkeit ist, sondern geltende Genesis. ›Geschichte‹ ist eine Kategorie zur Bezeichnung der Wirkung und Gegenwärtigkeit gewesener Wirklichkeit (vgl. *1.3. Geschichtstheoretische Vorfragen*).
Der gesellschaftliche Charakter des menschlichen Bewußtseins ist – nicht zuletzt – ein Ergebnis des historisch-logischen Vermittlungszusammenhangs, in welchem sich die Bewußtseinsformen und -qualitäten entfalten. Als gesellschaftliches Produkt und als Reproduktionskraft ist das Bewußtsein wesentlich geschichtlich. Geschichtlichkeit des Bewußtseins und Geschichtsbewußtsein sind freilich nicht deckungsgleich. Die Reproduktionskraft des geschichtlichen Bewußtseins verstärkt sich in der bewußten Reflexion auf die Geschichte, – im Geschichtsbewußtsein. Das Geschichtsbewußtsein ist nicht Teil der menschlichen ›Natur‹, ist keine apriorische Bewußtseinsqualität; das

263 P. Togliatti, *Die marxistische Konzeption der politischen Partei der Arbeiterklasse* (1963). In: *Ausgew. Schriften*. Hg. v. C. Pozzoli. Frankfurt/M. 1967, 200.

Geschichtsbewußtsein ist eine besondere Qualität des im Stoffwechsel mit der Natur *erarbeiteten* Bewußtseins. Geschichtsbewußtsein setzt ein gesellschaftliches Bewußtsein der *Arbeit* als menschlichen Wesensmerkmals voraus. *Das Geschichtsbewußtsein artikuliert sich in der Erkenntnis: die Menschen machen ihre Geschichte selbst.* Nicht ›der Mensch‹ hat seine Geschichte gemacht; die Vorgeschichte der Verwirklichung des menschlichen Wesens ist eine Geschichte von Klassenkämpfen. Auf dem Niveau dieser Vorgeschichte widerspiegelt das Geschichtsbewußtsein die Formen des ›Machens der Geschichte‹, ist Geschichtsbewußtsein wesentlich Klassenbewußtsein. Elemente geschichtsmächtigen, d. h. Geschichte reflektierenden Bewußtseins, finden sich auf allen Ebenen der Qualifikation gesellschaftlichen Bewußtseins: das Alltagsbewußtsein kennt Vergangenheit und Zukunft, kennt Weltflucht und utopischen Wunsch, Hoffnung auf die Wiedergewinnung verlorener ›goldener Zeitalter‹ menschlicher Harmonie und Hoffnung auf zukünftige Solidarität; so gewinnt bereits das Alltagsleben Perspektiven jenseits – regressiv oder progressiv – der Alltäglichkeit; das Klassenbewußtsein widerspiegelt Formen der Identität und Kommunikation der Individuen jenseits der Individualität, – regressiv oder progressiv; und die wissenschaftliche Erkenntnis erforscht genetische Kontinuitätsstränge und entwirft Fluchtlinien, mögliche Wege zum menschlichen Wesen.

Jede Konzeption des Machens der Wirklichkeit stützt sich auf historische Fundamente; die Wahl der ›Geschichte‹ ist nicht willkürlich, sondern ist Parteinahme für bestimmte, von Bedürfnissen und Interessen bestimmte Formen geschichtlicher Wirklichkeitsaneignung. In der Dimension der Geschichte der Klassenantagonismen aktualisiert diese Parteinahme Klassenkontinuität und Klassenidentität.

»Wer sich zur Geschichte seiner Bewegung verhält wie einer, der sich an nichts erinnert, der kann kein klassenbewußter Arbeiter sein«[264]

Lenin nennt den Preis des Vergessens teuer bezahlter geschichtlicher Erfahrungen. Was Lenin an historischer Kenntnis der Epochen – selbst Episoden – der Geschichte der Arbeiterbewe-

---

264 *LW* 20, 278.

gung fordert, ist nichts als eine Schlußfolgerung aus dem Bewußtsein des materialistischen Historismus:

»Das Proletariat kann [...] nur *weltgeschichtlich* existieren, wie der Kommunismus, seine Aktion, nur als ›weltgeschichtliche‹ Existenz überhaupt vorhanden sein kann; weltgeschichtliche Existenz der Individuen, die unmittelbar mit der Weltgeschichte verknüpft ist«[265].

Der Anspruch des wissenschaftlichen Sozialismus – »Die deutsche Arbeiterbewegung ist die Erbin der deutschen klassischen Philosophie«[266]; »Wir sind die Erben aller humanistischen Traditionen des deutschen Volkes, der klassischen deutschen Literatur und Kunst, Philosophie und Wissenschaft«[267] – auf das ›Erbe‹ als mehrenswerte Tradition ist die Parteinahme für eine Geschichte, deren Erbschaft nicht konkurrenzlos reklamiert wird. Das Geschichtsbewußtsein ist eine Widerspiegelung von Klasseninteressen, die klassenbewußt vertreten werden; es ist ideologisch und als Bestandteil der Ideologie eine Selbstbestimmung, eine Ortsbestimmung innerhalb von Klassenbeziehungen. Es setzt sich bewußt in ein *Verhältnis* zur Genesis der Wirklichkeit; es ist Kampf um die Geschichte zugunsten der bewußten freien Planung der Wirklichkeit. Es ist eine Form gesellschaftlich *notwendigen* Bewußtseins und reproduziert nicht ›die Geschichte-an-sich‹, sondern jene geschichtlichen Prozesse, deren Verfügung notwendig ist. In der Phase des Übergangs aus der Vorgeschichte in die Geschichte des menschlichen Wesens erwächst dem fortschrittlichen Geschichtsbewußtsein eine Gefahr, die nur das Klassenbewußtsein bannen kann:

»Wir müssen ein Geschichtsbewußtsein der eigenen Identität in der Nichtidentität schaffen«[268].

Die anhaltende Wirkung der Vorgeschichte stellt der Erkenntnis der menschlichen gesellschaftlichen Subjektfunktion Hindernisse in den Fortschritt, setzt Grenzen, die in den Ideologien der Herkunft kartographiert sind: die trügerische Hoffnung, Geschichte nicht machen zu müssen, und die Furcht, sie ge-

265 *MEW* 3, 36.
266 *MEW* 21, 307.
267 *Manifest des VII. Parteitags der SED an die Bürger der DDR.* Berlin 1967; Zit. Engelberg: (63), 20.
268 W. Abendroth in: *Gespräche mit G. Lukács.* H. H. Holz, L. Kofler, W. Abendroth. Hg. v. Th. Pinkus. Reinbek bei Hamburg 1967, 94.

macht zu haben. Das Bedürfnis nach Entlastung von der Geschichte als gemachter Geschichte hat Mythen hervorgebracht
von Göttern, weltgeschichtlichen Heroen und vom Fetisch
›Notwendigkeit‹, vor dem kein Subjekt besteht. Der Zweifel
an der Macht und Verantwortlichkeit der Ideen und Idole
hätte die Verzweiflung über die menschliche ›Sündhaftigkeit‹
radikalisiert. So bilden die Rechtfertigung der fremden Iden-
titätssymbole und die der eigenen Ohnmacht – die Theodizeen
als Anthropodizeen – einen Januskopf. Das gespaltene Bewußtsein plädiert für die Unschuld des Individuums und führt
Indizienbeweise der Schuld abstrakter Kollektive, der ›Gattung‹, der ›Menschheit‹. Der christliche Erbschuldmythos
spricht das Individuum wie sein göttliches Ebenbild frei. Die
Entdeckung der Geschichte durch die Philosophie der Neuzeit
löst den Mythos ab, nicht auf.

Die Kategorie ›Geschichte‹ – ein Kollektivsingular, in dem die
historischen Zeiten nicht mehr als ›Geschichten‹ vorgestellt werden – reifte erst im 17. und 18. Jh. Noch Voltaire, der die Geschichte als ›Schürfstätte‹ entdeckte, beklagte:

»So leicht es ist, eine Sammlung von Klatschgeschichten zusammen-
zustellen, so schwierig ist es heute, *Geschichte* zu schreiben«[269].

Die Philosophie der Geschichte spricht unverkennbar mit ideo-
logischem Akzent. Die Geschichtskategorie ist kein theoretisches Konstrukt, sondern eine Kategorie der Praxis, Ausdruck
und Mittel der Bourgeoisie im Kampf gegen den Feudalismus,
gegen die feudale Legitimationsideologie, nicht Menschen
machten Geschichte, sondern Gott, in dessen Auftrag man seine
Kreaturen der ›civitas dei‹ in der ›civitas terrena‹ näherbringe
– und sei es in Ketten.

Für alle bürgerlich-revolutionären Geschichtsphilosophien –
von Giambattista Vico über die materialistische und rationalistische Aufklärung bis zu den idealistischen Theorien, die an
der Geschichte des Fortschritts im Bewußtsein der Freiheit, der
Perfektibilität der Rechtsverhältnisse schrieben (die Theorie
der Freiheit *als* Theorie der *Rechts*verhältnisse ist ein wichtiges
Symptom bereits der frühen bürgerlichen Gesellschaft) – gilt
als Kennzeichen der Einheit von Geschichts- und Klassenbe-

269 Artikel *Histoire*. In: *Artikel aus der von Diderot und d'Alembert
herausgegebenen Enzyklopädie*. Frankfurt/M. 1972, 672.

wußtsein: die Identifizierung des Bürgers mit dem Menschen schlechthin; des Bürgers, dessen Mündigkeit noch für Kant nicht Realität, sondern Forderung war. Die Bourgeoisie als Klasse usurpierte die Rolle des Menschheitsbefreiers und legitimierte ihren Herrschaftswillen als *geschichtlichen* Auftrag. Ihre Geschichtsspekulation gründete im Anspruch, Geschichte und Fortschritt trotz des revolutionären Bruchs mit dem Feudalismus im *Kontinuum* der Geschichte zu erzeugen. Die Kategorie der *einen* Geschichte zu begründen, Kontinuum und Diskontinuum, Evolution und Revolution zusammenzudenken, war eine der großen Leistungen der ›histoire naturelle‹ auf dem Wege zur ›histoire universelle‹; Buffons Theorie der Kataklysmen der Natur gipfelte in der Erklärung der Menschheitsrevolutionen durch eine Analogie: Menschheitsrevolutionen vollziehen sich mit Naturnotwendigkeit.

Und doch nährte die bürgerliche Geschichtskonzeption die Defensiv-Illusion, daß die Universalgeschichte sich im Prozeß des Absoluten (Geist) von selbst hervorbringe und den Fortschritt auch gegen den Willen der Individuen durch eine ›List der Vernunft‹ (Hegel) erzwinge[270]. So stellt sich dieses Geschichtsbewußtsein auf den Kopf: es gibt den gesellschaftlich notwendigen realen Schein einer Herrschaft des Geistes als Wahrheit aus. Die ›Logik der Geschichte‹ duldet den Widerspruch nicht, dem sich die Bourgeoisie im Klassenkampf gegen den Feudalismus politisch ausgesetzt weiß. Dennoch: dieses Geschichtsbewußtsein war revolutionär wie die Klasse, die seiner bedurfte. So lag etwas vor, was die Formel vom ›auf die Füße stellen‹ durch den historischen Materialismus begründete; es lag als ideologischer Befund vor »der enorme historische Sinn« nicht allein der Hegelschen Philosophie[271]; gewiß aber die Hegelsche »epochemachende Auffassung der Geschichte« als die »direkte theoretische Voraussetzung der neuen materialistischen Anschauung«[272]; epochemachend und die Epoche des bürgerlichen ökonomischen und politischen Herrschaftsantritts widerspiegelnd war, daß der objektive Idealist als Theoretiker der bürgerli-

---

270 Diese Kategorie wirkt noch in Engels Begriff ›Ironie der Geschichte‹ (mit neuen Vorzeichen: *Ironie*): vgl. *MEW* 22, 21; 47; 196.
271 *MEW* 13, 473.
272 *MEW* 13, 474.

chen Gesellschaft (nicht als Apologet der Bourgeoisie als Klasse)[273]

»die Selbsterzeugung des Menschen als einen Prozeß faßt, die Vergegenständlichung als Entgegenständlichung, als Entäußerung und als Aufhebung dieser Entäußerung: daß er also das Wesen der *Arbeit* faßt und den gegenständlichen Menschen, wahren, weil wirklichen Menschen als Resultat seiner *eigenen Arbeit* begreift«[274].

Die Zweidimensionalität des modernen Geschichtsbewußtseins – die Geschichte als Subjekt zu erarbeiten *und* die ›Geschichte‹ zu schreiben – ist das Ergebnis der bürgerlichen Revolution. Der bürgerliche Geschichtsbegriff dokumentiert eindeutig die Mutation radikal-revolutionärer Subjektivität im Kampf gegen den Feudalismus zur Stabilisierung des bürgerlich-revolutionär mit der Französischen Revolution Erreichten und zur altständisch-konservativen Revolutionskritik. Variationen zum Thema ›Geschichte‹:

Vorbereitend G. B. Vico: Die Betonung »jener Wahrheit, die man in keiner Weise in Zweifel ziehen kann: daß diese historische Welt ganz gewiß von den Menschen gemacht worden ist: und darum können (denn sie müssen) in den Modifikationen unseres eigenen menschlichen Geistes ihre Prinzipien aufgefunden werden«; die Forderung, »nachzudenken über die Welt der Nationen, oder historische Welt, die die Menschen erkennen können, weil sie die Menschen geschaffen haben«[275]. Auf der Höhe der bürgerlichen Revolution F. W. J. Schelling: »1) *Was nicht progressiv ist, ist kein Objekt der Geschichte* [...] 2) *Wo Mechanismus ist, ist keine Geschichte*, und umgekehrt, *wo Geschichte ist, ist kein Mechanismus* [...] 3) *Wovon eine Theorie a priori möglich ist, davon ist keine Geschichte möglich*, und umgekehrt, *nur was keine Theorie a priori hat, hat Geschichte*. Wenn also der Mensch Geschichte (a posteriori) hat, so hat er sie nur deswegen, weil er keine (a priori) hat; kurz, weil er seine Geschichte nicht mit-, sondern selbst erst hervorbringt«. Und Kritik der Revolution im *System* von 1800: »In den Ideen der Philosophen endet die Geschichte mit dem Vernunftreich, d. h. mit dem goldenen Zeitalter des

---

273 Vgl. H. J. Sandkühler, *Hegel – Theoretiker der bürgerlichen Gesellschaft*. In: *Aus Politik und Zeitgeschichte*. Beilage zu *DAS PARLAMENT B* 34/70, 11–23.
274 *MEW* Erg. Bd. 1, 574.
275 G. B. Vico, *Die neue Wissenschaft*. Ed. E. Auerbach. Reinbek bei Hamburg 1966, 51/52.

Rechts, wenn alle Willkür von der Erde verschwunden ist, und der Mensch durch Freiheit an denselben Punkt zurückgekehrt sein wird, auf welchen ihn ursprünglich die Natur gestellt hatte, und den er verließ, als die Geschichte begann«. Der Mensch *hat* und *macht* nicht mehr *seine* Geschichte, sondern »führt durch seine Geschichte einen fortgehenden Beweis von dem Dasein Gottes«. Geschichte noch aushalten zu können, überführt sie Schelling später in der Mythologie-Philosophie in ein organizistisches Weltbild, »ein System von Zeiten, in das sich uns die Geschichte unseres Geschlechtes einschließt«: Seins-Geschichte ist der Ort der Wiederkehr der verlorenen Einheit mit Gott. Der Rekurs auf die Geschichte des Absoluten und die vermeintlich denaturierte gesellschaftliche Welt der geschichtlichen Veränderungen stellen wechselseitig ihre Möglichkeits- und Notwendigkeitsbedingungen dar[276].

Hegels Philosophie spiegelt die Folgen und die Grenzen der Selbstreflexion des Bürgers als Agenten der Geschichte. Die Geschichte der Autonomie des Subjekts wird gerettet vor dem Atomismus der ökonomischen Individualisierung, vor dem interessen-partikularistischen bürgerlichen ›System der Bedürfnisse‹. Zur Sicherung des bürgerlich-revolutionär Erreichten gegen die ökonomische Perversion im bourgeoisen Klassensystem gilt es nun, »das was *ist* zu begreifen, [...] denn das, was *ist*, ist die Vernunft«[277]: »Die Weltgeschichte ist der Fortschritt im Bewußtsein der Freiheit, – ein Fortschritt, den wir in seiner Notwendigkeit zu erkennen haben«[278].

In der Fortschrittsidee, gesichert durch die der Notwendigkeit, gewinnt das bürgerlich-revolutionäre Geschichtsbewußtsein ein Legitimationsinstrument. Spätestens aber in der Restaurationsepoche verfällt die Fortschrittsideologie der Spekulation, der Fortschritt zur Freiheit sei mit der Stabilisierung der bürgerlichen Klassenherrschaft beendet und die Geschichte zu einer Überholung der bürgerlichen Gesellschaft nicht mehr fähig. Für das Geschichtsbewußtsein als Klassenbewußtsein gilt nun, was Marx für die politische Ökonomie nach 1848 feststellt: daß sie »bürgerlich ist, d. h. die kapitalistische Ordnung statt als geschichtlich vorübergehende Entwicklungsstufe, umgekehrt als absolute und letzte Gestalt der gesellschaftlichen Produktion auffaßt«[279].

276 F. W. J. Schelling, *Sämtl. Werke*. Hg. v. K. F. A. Schelling. Stuttgart/Augsburg 1856–1861. Bde. I, 466–473; III, 589/590; III, 603; XI, 235. vgl. H. J. Sandkühler, *Freiheit und Wirklichkeit. Zur Dialektik von Politik und Philosophie bei Schelling.* Frankfurt/M. 1968, 159–177.
277 G. W. F. Hegel, *Grundlinien der Philosophie des Rechts*. Hg. v. J. Hoffmeister. Hamburg ⁴1955, 14.
278 G. W. F. Hegel, *Philosophie der Geschichte*, Jub. Ausg. Bd. 11, 45/46.
279 *MEW* 23, 19/20.

Die zentrale Kategorie des bürgerlichen Geschichtsbewußtseins – ›die‹ Geschichte im Kollektivsingular – war der angemessene Ausdruck des seinem Selbst- und Klassenbewußtsein nach einzigen Kollektivsubjekts des geschichtlichen Fortschritts: der Bourgeoisie. Der mit dem Bürger identische Geschichtsbegriff mußte untergehen in einer Situation, in der das kapitalistische ökonomische System partikulärer Bedürfnisverwirklichung die bürgerliche Gesellschaft in den Antagonismus ›Bourgeoisie/Proletariat‹ aufbrechen ließ. Die Existenz der Arbeiterklasse ließ es nicht mehr zu, daß der Bourgeois als einziges Subjekt der Geschichte verantwortlich zeichnete. Die bürgerliche Geschichtsideologie und ihr Versuch, Geschichte ›vernünftig‹ zu machen, waren gescheitert am Anspruch, Geschichte widerspruchslos und Freiheit in Gleichheit zu verwirklichen. Das partikuläre *Klasseninteresse* der Bourgeoisie und das ›allgemeinmenschliche‹ Geschichts- als *Klassenbewußtsein* klafften auseinander; die weitere Entwicklung des Geschichtsbewußtseins ist ein Manifest der Radikalität, mit der die bürgerliche Klasse die Fiktion des Bürgers als stellvertretenden alleinigen Geschichtssubjekts aufzugeben genötigt wurde. Der Verlust des Geschichtsbewußtseins, beklagt als ›Verlust der Geschichte‹, ist kein Unglücksfall, ist keine psychologische Amnesie; der Verlust des Geschichtsbewußtseins ist so gesellschaftlich notwendig wie es seine Funktion in der bürgerlichen Revolution war: Es mußte ›Geschichte‹ geben; es darf keine ›Geschichte‹ mehr geben; es hat eine Geschichte gegeben, aber es gibt keine mehr[280]. Das Interesse an der Verewigung der bürgerlichen Herrschaftsstruktur ist mit dem Interesse an ›Geschichte‹ – der Theorie der Veränderung par excellence – unvereinbar.

Während die »soziale Revolution des neunzehnten Jahrhunderts [...] ihre Poesie nicht aus der Vergangenheit schöpfen [konnte], sondern nur aus der Zukunft«, bedurften die »früheren Revolutionen [...] der weltgeschichtlichen Rückerinnerung, um sich über ihren eignen Inhalt zu betäuben«[281]. Das heutige epigonale bürgerliche Geschichtsbewußtsein zeigt Verunsicherung: Unsicherheit gegenüber der Geschichte der Weltkriege der Bourgeosien, über deren Inhalt sich zu betäuben dem Alltagsbewußtsein bis in die Gegenwart nicht gelingt,

280 *MEW* 4, 139.
281 *MEW* 8, 117.

und Unsicherheit gegenüber der Macht der Geschichte, die fortschreitet nicht durch eine ›List der Vernunft‹, sondern die Herrschaft des Proletariats über die halbe Welt. Die ›Geschichte‹
wird in der bürgerlichen Welt in dem Maße funktionslos, wie
die Prognosen darüber, ob sie noch hält, was die Vergangenheit
der revolutionären Klasse versprechen soll, das Risiko der un-
gewollten Anerkennung der revolutionären Veränderung enthalten. Die demokratische Fortschrittsideologie hat die welt-
historische Perspektive verloren und geht auf in der Technologie des Alltags. Der revolutionäre Fortschrittsbegriff ist – so
Gramsci – »nicht mehr *en vogue* [. . .] die offiziellen ›Träger‹
des Fortschritts sind dieser Herrschaft [der rationalen Herrschaft über die Natur] unfähig geworden, weil sie aktuelle,
destruktive Kräfte auf den Plan gerufen haben, die ebenso gefährlich und beängstigend sind, wie die Naturkräfte der Vergangenheit, etwa die ›Krisen‹, die Arbeitslosigkeit etc.

Die Krise der Fortschrittsidee ist darum nicht die Krise der Idee
selbst, sondern Krise der Träger dieser Idee, die ›Natur‹ geworden
sind, die ebenfalls beherrscht werden muß« (Gramsci: (39), 159).

Die Entblößung des Klassenbewußtseins vom Geschichtsbewußtsein im zeitgenössischen Kapitalismus ist gewiß kein Indiz
für die bereits durchgeführte Entmachtung der Monopolbour-
goisie. Sie wird vielmehr symptomatisch für eine verbreitete
Deklassierung des Geschichtsbewußtseins *und* des Klassenbewußtseins zum amorphen kleinbürgerlichen Alltagsbewußtsein,
welches die reale Deklassierung der Individuen bezeugt. Die
immer stärkere zahlenmäßige Ausgrenzung der bürgerlichen
Individuen aus der ökonomischen und politischen Herrschaft
ihrer Klasse verringert objektiv die Bewußtseinsbasis, für die
Diltheys Satz noch gelten könnte:

»Die erste Bedingung für die Möglichkeit der Geschichtswissenschaft
liegt darin, daß ich selbst ein geschichtliches Wesen bin, daß der,
welcher die Geschichte erforscht, derselbe ist, der die Geschichte
macht«[282].

Schwankend, ob die Geschichtslosigkeit des Alltagsbewußtseins
als »Einbuße an Geschichtsbewußtsein« oder als »Befreiung
vom Geschichtsbewußtsein« zu beurteilen sei[283], glaubt sich

282 W. Dilthey, *Ges. Schriften* VII. Stuttgart ²1958, 278.
283 R. Wittram: (363), 7 ff.

die bürgerliche Geschichtswissenschaft noch immer in der Lage, ihren eigenen Zustand angemessen zu erklären, und verfällt auf völlig zweitrangige Ursachen; die heutige Generation der Historiker gebe »unter dem Druck der Krise, der öffentlichen Meinung, die Stellungnahme, Aufklärung, Ratschläge, Trost und Ermutigung fordert«, den »verehrungswürdigen idealistischen Standpunkt« – Wissenschaft von der Geschichte sei Selbstzweck, habe keinen Nützlichkeitsstandpunkt, sei »eine Teilobjektivation des absoluten Geistes« – preis; verantwortlich gemacht wird nicht die Ursache der Krise, sondern – das Feindbild ist parat – der »Druck der Revolutionäre und Frondeure aus den eigenen Reihen«[284]. Ähnlich hat G. Mann statt einer Antwort auf die Frage *Ohne Geschichte leben?* noch auf dem 29. Historikertag in Regensburg (1972) die wirklichen Ursachen der ›Krise des Geschichtsbewußtseins‹ in einem offenkundigen falschen Krisenbewußtsein verdunkelt:

»Wir leben in einem Zeitalter der Kapitulation«. Schon der Auftakt seines Vortrags kündigt die Abstraktheit der bürgerlich-konservativen ›Geschichte‹ an. Wer ist ›wir‹? Was berechtigt zur Subsumtion der antagonistischen politischen Systeme unter der Kategorie ›Zeitalter‹? Wer kapituliert für ›uns‹, wofern wir schon nicht selbst kapitulieren, sondern unter den Bedingungen einer subjektlosen Kapitulation leben? Das gesamte Begriffsinstrumentarium Manns läßt nur eine Antwort zu: der Historiker rechnet Geschichte zu, wo sie nicht mehr gemacht, sondern erlitten wird. Denn »das spezifisch Geschichtliche« ist gänzlich namenlos, nicht identifizierbar »der Mensch«, »der Mensch in der ihm eigenen Dimension der Zeit«. Das Geschichtliche ist »das Einmalige«, soll sagen: nicht nach Gesetzen Bestimmbare. Das Zeitliche ist »das Überdauernde, der Zeit Enthobene«, ist, was *ist*, ist, was nicht nach Kriterien geschichtlich-gesellschaftlicher Notwendigkeit qualifizierbar ist; was die Geschichte »eigentlich lehrt, ist nicht so leicht zu sagen«. Der Praxisbezug, der Emanzipationsbezug der ›Geschichte‹ sind fragwürdig für den, der fragt, ohne antworten zu wollen oder zu können, denn er kennt »den Sinn der Menschheitsgeschichte nicht, und der, was immer Hegel und Marx lehrten, ist auch rein logisch gar nicht zu kennen; er wäre es erst vom Ende her, also für den Menschen selber niemals«. Die Irrationalität der Geschichte, des »großen und gefährlichen Abenteuers des Menschen«, wurzelt in der Abgeschlossenheit der historischen Epochen, die »mit unserem eigenen So-geworden-Sein eigentlich nichts zu tun«

284 O. F. Anderle: (334), 5/6.

haben. So bedarf die Geschichtswissenschaft »keiner Rechtfertigung«.
Die vom historischen Materialismus behaupteten Geschichtsgesetze
sind illusorisch: der Historiker ohne Geschichte und ›Geschichte‹
glaubt, »daß die Historie über lose konstruierte, unzuverlässige, weil
stets eine Fülle verschiedener Möglichkeiten offenlassende Erfah-
rungsregeln grundsätzlich nicht hinauskommen wird«. Was bleibt?
Die Biographie historischer Größen, über deren ›Größe‹ ein Konsens
ideologisch garantiert ist. »Man kann das ja immer auch mit ein
wenig Soziologie verbinden, ›Neue Klasse‹, materielle Interessen der
Revolutionsgewinnler und so fort«[285].

Eine Klasse, mit der sich zu identifizieren schwierig ist, weil sie
nicht mehr als Subjekt des Fortschritts identifizierbar ist,
kommt nur dann ohne das Legitimationsmittel ›Geschichte‹
aus, solange sie die Macht hat, Fragen nach der Legitimität
ihrer Herrschaft zu unterdrücken. Sie schreibt keine ›Geschichte‹ mehr, denn sie macht keine Geschichte mehr. Sie zementiert
den Status quo und fürchtet die kritische Kraft des Geschichtsbewußtseins. Die Regression auf den vor-›geschichtlichen‹
Stand der ›Geschichten‹ führt zur Historie, die Vergangenheiten
numeriert, um sie bei Bedarf im musée imaginaire öffentlich
vorzuführen. Der historische Sinn der Geistesgeschichte ist –
J. Ritter hat präzise darauf hingewiesen – »*grundsätzlich und
wesentlich*« von dem unterschieden, »*wie sich Völker sonst in
der Kontinuität ihres geschichtlichen Lebens zum Vergangenen
verhalten*«. Die lebendige Mißachtung des zu Recht Vergangenen war eine wirklich dialektische Aufhebung. In der geschichtslosen Gesellschaft wird gesammelt, nicht aufgehoben.
Was J. Ritter affirmativ als Konsequenz der »Gleichheit der
Menschen« in der modernen bürgerlichen Gesellschaft anerkennt – die Entfaltung der Geisteswissenschaften, »*weil die
Gesellschaft notwendig eines Organs bedarf, das ihre Geschichtslosigkeit und für sie die geschichtliche und geistige Welt
des Menschen offen und gegenwärtig hält*« – ist ein wichtiges
Überbauphänomen; und zweifellos »*kann man sagen, daß die
Gesellschaft selbst die Geisteswissenschaft als das Organ hervorbringt, das ihre Abstraktheit und Geschichtslosigkeit aus-
gleichen kann*« (Ritter: (356)), 29; 33/34). Über Ritters Erklärung hinaus muß aber bedacht werden, was es bedeutet, daß

285 G. Mann, *Ohne Geschichte leben?* In: *DIE ZEIT,* Nr. 41, 13. 10. 1972,
57-59.

›die Gesellschaft‹ sich kompensatorische Mittel erzeugt: diese
Aussage selbst spricht innerhalb der geisteswissenschaftlichen
›Geschichte‹; die konkrete Widersprüchlichkeit der Klassen und
Subjekte der bürgerlichen Gesellschaft hat mit abstrakten Kategorien
wie ›die Gesellschaft‹ einen abstrakten ›historischen
Sinn‹ hervorgebracht; die reale Gesellschaft ist freilich nicht der
Adressat des ›historischen Bewußtseins‹; Adressat ist die bürgerliche
Klasse, die die empirische Erfahrung ihrer Klassenschranken
ideologisch erweitert im Begriff ›Geschichte‹ und in
Abstraktionen wie ›Gesellschaft‹. Ohne die erkenntnisleitende
Kategorie ›Klasse‹ und ohne die Berücksichtigung des Klassenbewußtseins-Charakters
des historischen Bewußtseins ist nicht
zu verstehen, weshalb sich *antagonistische* Klassenverhältnisse
gerade in Ideologien der *Universalität* der Geschichte widerspiegeln.
Daß das menschliche Wesen nicht ›da ist von Natur‹,
sondern erarbeitet wird, ist eine Tatsache. Sie auch zu begreifen,
bedarf es eines Geschichtsbewußtseins, welches weiß: die
Menschen machen ihre Geschichte selbst, aber . . . Aber in Widersprüchen,
aber in Klassenkämpfen, aber bisher nicht bewußt,
aber bisher nicht ohne Sonderinteressen und Privilegienherrschaft.

Das Geschichtsbewußtsein der Arbeiterklassen in den westlichen
kapitalistischen Staaten zu stärken und auf das Qualifikationsniveau
dessen zu heben, der die Geschichte nicht nur
kennt, sondern aktiv aus ihr lernt und nichts vergißt, ist eine
politische Aufgabe, die sich mit der Bildung des Klassenbewußtseins
löst; nicht spontan, sondern im bewußten Prozeß
der Erziehung des Erziehers. Geschichtsbewußtsein und Klassenbewußtsein
entwickeln sich nach ein und demselben Kriterium
ihrer Wahrheit oder Falschheit: dem der Praxis.

6.4. *Wissenschaft – allgemeine Arbeit und Parteinahme für die bewußte Produktion der Geschichte*

Das Bewußtsein ist geschichtlich. Die Geschichte der Wissenschaft
widerspiegelt den Prozeß, in dem sich das menschliche
Bewußtsein qualifiziert zur Macht, Geschichte nicht nur zu erleiden,
sondern bewußt zu machen. Wie keine andere Form
und Qualität gesellschaftlich notwendigen Bewußtseins ist das
wissenschaftliche Wissen ein Element der Dialektik der Arbeit;
das wissenschaftliche Wissen ist ein Paradigma für die Befähi-

gung der materiellen ontologischen Qualität ›Bewußtsein‹, die objektive Welt nicht nur widerzuspiegeln, sondern die Dialektik der Arbeit schöpferisch zweckgerichtet zu gestalten, um eine *menschliche* Welt zu schaffen. Das wissenschaftliche Wissen ist ideologisch nicht im abstrakten Sinne der ideellen ›Auseinandersetzung mit der Welt‹; es ist ideologisch, weil es für die individuell-gesellschaftliche und klassenspezifische Auseinandersetzung mit der sozialen Lebenswelt bestimmter Menschen in bestimmten historischen ökonomischen Formationen besondere Mittel an die Hand – dies im praktischen Wortsinn – gibt: das wissenschaftliche Wissen widerspiegelt die wirklichen logischen und ontologischen Strukturen und Gesetzmäßigkeiten, ohne deren Kenntnis die Wirklichkeitsaneignung bloß spontan und willkürlich bleibt. Die Wissenschaft nimmt Partei für die bewußte Produktion der Geschichte – nicht abstrakt-allgemein, sondern konkret entsprechend den jeweiligen historischen Bedürfnissen nach einer bestimmten, den sozialen Interessen bestimmter Individuen und Klassen angemessenen Wirklichkeit. Sie ist ihrer Form nach theoretisch; sie ist ihrer Funktion nach wesentlich praktisch. Die Praxis ist das Kriterium wissenschaftlicher Wahrheitskonstitution und Wahrheit. In der Praxis wird das Subjekt, für das die Wissenschaft fungiert, benennbar, identifizierbar. In der gegenwärtigen historischen Epoche kann die Frage, was Wissenschaft sei, nur in der Perspektive der höchsten Form und Qualität gesellschaftlichen wissenschaftlichen Bewußtseins beantwortet werden: in der Perspektive des wissenschaftlichen Sozialismus, d. h. der Wissenschaft im Sozialismus. Allgemeine Strukturmerkmale der Wissenschaft ziehen sich durch den gesamten geschichtlichen Prozeß der Wissenschaftsproduktion; die Analyse dieser geschichtsunspezifischen Strukturen kann aber nicht davon entlasten, die Besonderheit der wissenschaftlichen Produktionsformen vor Ort, will meinen: im Rahmen der allgemeinen gesellschaftlichen Produktivitätsformen zu untersuchen. Es gibt nicht *die* Wissenschaft, sondern Wissenschaften im Koordinatensystem einer Geschichte, die als ›Geschichte‹ von Klassenkämpfen geschrieben werden muß.

Als die moderne marxistische Wissenschaftstheorie durch John Desmond Bernal 1939 mit dessen noch heute gültigem Buch *The Social Function of Science* aus der Taufe gehoben wurde, rückte die Frage nach der sozialen Struktur und Funktion der Wissenschaft in den Vordergrund:

»Was ist die gesellschaftliche Funktion der Wissenschaft? Vor hundert oder gar fünfzig Jahren wäre diese Frage sogar dem Wissenschaftler als fremd, beinahe sinnlos erschienen, weit mehr noch dem Politiker oder dem einfachen Bürger. [...] Wissenschaft war zugleich die edelste Blume menschlichen Geistes und die vielversprechendste Quelle materieller Wohltaten. [...] Es konnte keinen Zweifel geben, daß ihre praktischen Aktivitäten die hauptsächliche Basis des Fortschritts waren. Jetzt haben wir ein ganz anderes Bild. Die Probleme unserer Zeit scheinen selbst eine Konsequenz eben dieses Fortschritts zu sein. Die neuen Produktionsmethoden führen zu Arbeitslosigkeit und Überfluß, ohne daß sie dazu dienen, Armut und Mangel zu beseitigen«[286].

Die wissenschaftstheoretische Reflexion systematisiert, was Marx 1856 andeutete:

»In unseren Tagen scheint jedes Ding mit seinem Gegenteil schwanger zu gehen. Wir sehen, daß die Maschinerie, die mit der wundervollen Kraft begabt ist, die menschliche Arbeit zu verringern und fruchtbar zu machen, sie verkümmern läßt und bis zur Erschöpfung auszehrt. Die neuen Quellen des Reichtums verwandeln sich durch einen seltsamen Zauberbann zu Quellen der Not. Die Siege der Wissenschaft erscheinen erkauft durch Verlust an Charakter«[287].

Marx war kein Moralist. Der Anatom der bürgerlich-kapitalistischen Gesellschaft hatte die ökonomischen pathogenen Ursachen des Widerspruchs von wissenschaftlicher Produktionskraft und Machtlosigkeit der Wissenschaft, dem Fortschritt der Massen zu dienen, erkannt:

»Wie dem auserwählten Volk auf die Stirn geschrieben stand, daß es das Eigentum Jehovas, so drückt die Teilung der Arbeit dem Manufakturarbeiter einen Stempel auf, der ihn zum Eigentum des Kapitals brandmarkt. [...] Die geistigen Potenzen der Produktion erweitern ihren Maßstab auf der einen Seite, weil sie auf vielen Seiten verschwinden. Was die Teilarbeiter verlieren, konzentriert sich ihnen gegenüber im Kapital. Es ist ein Produkt der manufakturmäßigen Teilung der Arbeit, ihnen die geistigen Potenzen des materiellen Produktionsprozesses als fremdes Eigentum und sie beherrschende Macht gegenüberzustellen. Dieser Scheidungsprozeß beginnt

286 J. D. Bernal, *The Social Function of Science*, London 1939.
287 *MEW* 12, 3.

in der einfachen Kooperation. [...] Er entwickelt sich in der Manufaktur, die den Arbeiter zum Teilarbeiter verstümmelt. Er vollendet sich in der großen Industrie, welche die Wissenschaft als selbständige Produktionspotenz von der Arbeit trennt und in den Dienst des Kapitals preßt«[288].

Der im Kapitalismus von der Wissenschaftsproduktion getrennt lebende und wissenschaftliche Ergebnisse weitgehend auf das Erkenntnis- und Wissensniveau des Alltagsbewußtseins reduzierende Wissenschaftskonsument ist geneigt, die Wissenschaft als konstante Größe anzusehen, die mit einigermaßen gleichbleibender, kaum durchdringlicher Macht in sein Alltagsleben eingreift. Er erfährt im alltagspraktischen Lebensvollzug kaum, was die Wissenschaftsmetrik als Prozeß ungeheurer Beschleunigung der wissenschaftlichen Erkenntnisgewinnung mißt.

Einige Daten laut UNESCO – Bericht aus dem Jahre 1960: Gegenwärtig sind etwa zwei Millionen Wissenschaftler im Weltmaßstab forschend tätig, davon allein 600 000 in der UdSSR. Die Zahl der heute lebenden Wissenschaftler entspricht annähernd 90% aller Wissenschaftler, die je auf der Erde gelebt haben. In den letzten 15 Jahren wurden etwa soviel naturwissenschaftliche Daten gewonnen, wie in der ganzen Erkenntnisgeschichte zuvor. Die Verdoppelung des Wissensbestands vollzieht sich in immer kürzeren Zeiträumen: von 1800 bis 1900, von 1900 bis 1950, von 1950 bis 1960, von 1960 bis 1966. Angesichts dieses exponentiellen Wachstums, dieses Prozesses wechselseitiger Verwissenschaftlichung der gesellschaftlichen Tätigkeit und der Vergesellschaftung der wissenschaftlichen Tätigkeit, ist der heute in beiden Weltsystemen Fragen der Wissenschaftstheorie eingeräumte Vorrang erklärlich. Es kann kein Zweifel daran bestehen, daß der wissenschaftswissenschaftliche Trend nicht individueller Forscherneugier entspringt, sondern einem gesellschaftlich notwendigen objektiven Interesse an Kontrolle, Selbstreflexion und Selbstkritik entspricht. In der marxistischen Wissenschaft von der Wissenschaft gilt es als erwiesen, daß dieser Trend mit der zunehmenden Verwandlung großer Wissenschaftsbereiche in eine unmittelbare gesellschaftliche Produktivkraft unausweichlich werden mußte[289].

Die These, *die* Wissenschaften seien heute eingetreten in die Phase ihrer Selbstreflexion, ist gleichwohl so aufdringlich wie falsch. Das ideologische Spektrum bürgerlicher und sozialisti-

288 *MEW* 23, 382.
289 Vgl. M. Guntau, *Bemerkungen zu einigen gesetzmäßigen Tendenzen der Wissenschaftsentwicklung.* In: *WZHUB* 20 (1971), 727-730.

scher Wissenschaftstheorien dokumentiert den unterschiedlichen Einsatz der Wissenschaften in den politischen Systemen und deren sozial-ökonomischen Verwertungsverhältnissen; nicht verbürgt ist, was zu leisten bleibt: Die Bestimmung von Wesen, System, Struktur und Funktion der Wissenschaften. Wissenschaftsfortschritt und Befreiung klaffen im Kapitalismus immer weiter auseinander. Zur Akkumulation des wissenschaftlich verfügbaren Wissens durch die Minderheit derer, die über die *Produktivkraft* Wissenschaft als Eigentümer wie über ein *Produktionsmittel* verfügen, gesellt sich die Ohnmacht und Spontaneität im Alltagsbewußtsein der Massen, die als Wissenschaftskonsumenten von diesem Produktionsmittel-Besitz ausgeschlossen bleiben. Unter den Bedingungen staatsmonopolistischer Wissenschaftsplanung, -leitung und -organisation erfährt sich der Wissenschaftler, der zum Teilarbeiter geworden ist, nicht mehr als das eigentliche schöpferische Subjekt der Wissenschaftsproduktion; er findet sich vielmehr in der Situation des lohnabhängigen und mehrwertproduzierenden Objekts einer scheinbar naturwüchsigen Wissenschaftsökonomie. Die bürgerlich-positivistischen Wissenschaftstheorien beschreiben die ideologischen Erscheinungsformen der Wissenschaften, ohne sich freilich über deren Ideologiehaftigkeit noch Rechenschaft ablegen zu können. An der Erklärung der Funktion der Wissenschaften im Kapitalverhältnis zeigen sie sich kaum interessiert. Die Philosophie scheint nach wie vor das Organon der Wissenschaftstheorie zu sein; in der ›Philosophy of Science‹ tritt sie aber nur noch in ihrer scientistischen Schwundstufe auf; sie ist Metatheorie, ist reflexiv gerichtet auf einzelwissenschaftliches Fremd-Wissen und hat ihren eigenen Objektbereich verloren[290].

Die marxistische Wissenschaft von der Wissenschaft hat ihre Leitperspektive in der Erkenntnis des historischen Produktionsprozesses gefunden, in dem materielle Güter und alle Bewußtseinsformen – auch die Wissenschaften – erzeugt werden. In den *Grundrissen* schreibt Marx über diesen Produktionsprozeß:

»Es ist dieser zugleich Disziplin, mit Bezug auf den werdenden Menschen betrachtet, wie Ausübung, Experimentalwissenschaft, ma-

290 Vgl. H. J. Sandkühler, *Philosophie und Wissenschaft von der Wissenschaft*. Vortrag beim IX. Intern. Hegel-Kongreß, Antwerpen 1972. In: *Hegel-Jahrbuch* 1973.

teriell schöpferische und sich vergegenständlichende Wissenschaft mit Bezug auf den gewordnen Menschen, in dessen Kopf das akkumulierte Wissen der Gesellschaft existiert«[291].

Wissenschaftsdefinitionen, die den Produktionscharakter und die Praxis-Funktion der Wissenschaften nicht berücksichtigen, bleiben deshalb historisch und praktisch abstrakt; in ihrer Abstraktheit repräsentieren sie die Ambivalenz der Abstraktionsstruktur wissenschaftlichen Wissens: dessen kategoriale Abstraktheit wird zur Widerspiegelung der realen Abstraktheit kapitalistischer Produktion; der besondere ideologische Charakter dieser Wissenschaften resultiert daraus, daß die materiellen sozialen Bedingungen nicht gegeben sind, die den Schein der Geschichtslosigkeit der wissenschaftlichen Erkenntnis unterbinden; die bürgerliche positivistische – sich ›positiv‹, affirmativ-unkritisch zum sozialen Status quo verhaltende, anpassungsorientierte – Wissenschaft ist zwar eine Form des ›akkumulierten Wissens der Gesellschaft‹; sie akkumuliert aber gerade den Schein, der die sozial-historische und historisch-logische Genesis der Wissenschaft als gesellschaftlich notwendiger Bewußtseinsqualität verbirgt. Repräsentativ z. B. die von A. Diemer in *Was heißt Wissenschaft?* angebotene Definition:

»Wissenschaft ist ein Gesamt von Sätzen über einen thematischen Bereich, die mit diesem in einem Begründungszusammenhang stehen. Sie zerfallen in die Klassen der Basis- und die der theoretischen Sätze; von den ersten wird gefordert, daß sie wissenschaftlich wahr, von den zweiten, daß sie berechtigt sind«. Auffällig ist, wie sich diese Wissenschaftstheorie 99% des wirklichen Problems vom Hals schafft und die wesentlichen Fragen ausklammert:
»Dies sind die Fragen nach dem ›Wesen‹ der Wissenschaft, ihrem ›Sinn‹ oder ihrem Ursprung«[292].

Die marxistische Wissenschaftsdefinition hat ein der Wissenschaftspraxis entsprechendes Selbstverständnis und ist sich *als* Wissenschaft der Tatsache bewußt, »Moment im Realprozeß ihres Gegenstandes«[293] zu sein. Die Gesetze der Konstitution von Bewußtsein, Erkenntnis und Wissen haben uneinge-

---

291 *Grundrisse*, 599/600.
292 A. Diemer, *Was heißt Wissenschaft?* Meisenheim/Glan 1964, 67 (im Original hervorgeh.); 9.
293 F. Dröge, *Wissen ohne Bewußtsein. Materialien zur Medienanalyse der BRD.* Frankfurt/M. 1972, 9.

schränkte Geltung für die Wissenschaft. Die marxistische Wissenschaftstheorie ist eine Theorie der rationalen logischen Struktur, der Historizität *und* Objektivität der Wissenschaft. Für sie gilt nicht, was bürgerlicher Erkenntnispessimismus zuzugeben gezwungen ist:

»Die Theorie der Wissenschaft ist auf jeden Fall weniger rational als die Wissenschaft selber. Der Theoretiker der Wissenschaft gelangt schnell in eine unmittelbare [...] Nachbarschaft zur Metaphysik«[294].

Die materialistische Definition der Wissenschaft wurde von Marx vorbereitet. Er definierte nicht nur das »allgemeine gesellschaftliche Wissen« als *»unmittelbare Produktivkraft«*[295] und die Wissenschaft als *allgemeine Arbeit,* sondern entdeckte die ideologische Struktur auch des wissenschaftlichen Wissens. Die wissenschaftliche Form des Bewußtseins und dessen spezifischer Wahrheitswert entsprechen den gesellschaftlichen Bedingungen ihrer Herkunft. Dabei lag es bereits Marx völlig fern, die Definition des Wissenschaftsbegriffs in der Bestimmung der Wissenschaft als Produktivkraft erschöpft zu glauben. Grundlos deshalb die Unterstellung R. Lays:

»Die Gesellschaft ist nicht durch Wissenschaft konstituiert wie sie Wissenschaft reguliert. Der Zusammenhang von Gesellschaft und Wissenschaft dürfte also, wenn man Wissenschaft ausschließlich vom Begründungszusammenhang als gesellschaftliche Produktivkraft konzipiert, sehr viel komplizierter und vielschichtiger sein als es viele Marxisten simplifizierend ahnen«[296]. Gewiß – doch zu den Marxisten, den vielen, die nichts ahnen, dafür um so mehr erklären. Zu ihnen gehört Karl Marx.

Wissenschaft garantiert – so Marx – nicht per se Wahrheit, denn richtiges und falsches Bewußtsein, Wahrheit und Unwahrheit konkurrieren auch in den Wissenschaften, solange sie den herrschenden ökonomischen, sozialen, politischen und ideologischen Klassenantagonismus mit historischer Notwendigkeit widerspiegeln. Marx hatte begriffen:

294 H. Mohr, *Wissenschaft und menschliche Existenz. Vorlesungen über Struktur und Bedeutung der Wissenschaft.* Freiburg 1967, 17.
295 *Grundrisse,* 594.
296 R. Lay, *Grundzüge einer komplexen Wissenschaftstheorie.* 1. Band: *Grundlagen und Wissenschaftslogik.* Frankfurt/M. 1971, 96.

»Alle Wissenschaft wäre überflüssig, wenn die Erscheinungsform und das Wesen der Dinge unmittelbar zusammenfielen«[297].

Die im ideologischen Schein schlecht repräsentierte Wirklichkeit gegen den Strich zu bürsten und die eigentlichen Wirkkräfte der menschlichen Existenz zu durchschauen, setzte Marx deshalb der Wissenschaft als Ziel:

»Es [ist] ein Werk der Wissenschaft, die sichtbare, bloß erscheinende Bewegung auf die innere wirkliche Bewegung zu reduzieren«[298].

Das von der gesellschaftlichen Psychologie des arbeitenden Menschen, durch konkrete (abstrakt-konkrete) praktische Erfahrung geformte und von den Manipulationen herrschender Ideologieagenturen eingekreiste Alltagsbewußtsein wird zwar objektiv vom Fortschritt der Wissenschaft in Mitleidenschaft gezogen, dringt aber zum Kern, zur Totalität theoretischer Weltaneignung nicht durch. Deshalb ist »wissenschaftliche Wahrheit [...] immer paradox vom Standpunkt der alltäglichen Erfahrung, die nur den täuschenden Schein der Dinge wahrnimmt«[299].

Die Wahrheit der Wissenschaft ist eine aktiv, durch Kritik des Scheins erzeugte Wahrheit, die eines kritischen Subjekts bedarf. Die 1968 als erste umfassende philosophische Wissenschaftstheorie der DDR vorgelegte *Wissenschaft von der Wissenschaft* führt dazu aus:

»Die neue Qualität der Klasse des Proletariats als Geschichtssubjekt bedingt erstmalig ein Erkenntnissubjekt, das uneingeschränkt an der Wahrheitserkenntnis in Natur und Gesellschaft interessiert ist. Die Interessen und Bedürfnisse des Proletariats, die sich als das gesellschaftliche Handeln der Klassenindividuen lenkende und regulierende Ideen in Gestalt der Ideologie aussprechen, fördern die Entwicklung der Wissenschaft«[300]. Mit anderen Worten: »Manche Leute mögen es nicht wahrhaben wollen, doch es ist so: Sozialismus und Wissenschaft bilden eine untrennbare Einheit. Der Sozialismus verlangt schöpferische Arbeit und macht den wahren Sinn unseres Lebens aus. Und dazu gehört die Wissenschaft«[301].

297 *MEW* 25, 825.
298 *MEW* 23, 324.
299 *MEW* 16, 129.
300 *Die Wissenschaft von der Wissenschaft. Philos. Probleme der Wissenschaftstheorie.* Berlin 1968, 95.
301 Zit. Bibl. (262 b), 7.

Die marxistische Wissenschaftstheorie ist Theorie auf dem Niveau der Diktatur des Proletariats, und ihr Wissenschaftsbegriff gehört in den politischen Kontext des Selbstverständnisses, daß die Aktionen der herrschenden Arbeiterklasse nicht spontan den revolutionären Sprung in die klassenlose Gesellschaft erzwingen. Das heißt: wie das Klassenbewußtsein der Arbeiterklasse wird auch die Wissenschaft als dessen besondere systematische logische Wissensform durch die Institutionen der Arbeiterklasse ›von außen‹ geleitet; was – notabene! – nicht bedeutet, die Arbeiterklasse bekäme ihre Identität nur geliehen zum Preis der Fremdherrschaft über ihr Bewußtsein. Auch im zeitgenössischen Sozialismus muß die Funktionsbestimmung der Wissenschaft noch davon ausgehen, daß die Verwissenschaftlichung des gesellschaftlichen und Alltagsbewußtseins dem Grad der Vergesellschaftung der Wissenschaft nicht voll entspricht. Noch ist das Klassenbewußtsein der Arbeiterklassen nicht deckungsgleich mit dem Produktivkraftpotential der Wissenschaft. Die marxistische Wissenschaftsdefinition umfaßt deshalb nicht nur die logische Struktur wissenschaftlicher Erkenntnis, sondern nicht zuletzt deren ideologische Funktion im gesellschaftlichen Produktions- und Reproduktionsprozeß:

»So unumwunden man dem Gedanken zustimmen muß, daß der Sozialismus die Wissenschaft zu einer ungeteilt humanistisch wirksamen Potenz macht, während der staatsmonopolistische Kapitalismus sie zu einem Werkzeug der Unterdrückung [...] pervertiert, so wenig kann man die Ansicht akzeptieren, daß sich der sozialökonomische Gegensatz beider nur auf die Verwertung der wissenschaftlichen Ergebnisse und nicht auf die Wissenschaft selbst erstrecke. Wissenschaft ist in erster Linie gesellschaftliche Erkenntnistätigkeit und insofern wie jede gesellschaftliche Tätigkeit durch ihr Zielsystem bestimmt, das grundsätzlich (wenn auch vermittelt und vielstufig) mit den Interessen der Hauptklassen der jeweiligen Gesellschaftsformation verbunden ist«[302].

Das Problem der Wissenschaftsdefinition ist nicht durch eine allgemeingültige Konzeption gelöst. Hier zunächst eine noch abstrakte Teildefinition:

»Die Wissenschaft ist ein System objektiv wahren Wissens, welches die Praxis verallgemeinert; es erwächst aus der Praxis und wird an ihr überprüft ... Somit besteht das Spezifische der Wissenschaft darin, daß sie die höchste Verallgemeinerung der Praxis und fähig ist, alle Erscheinungen der Realität zu erfassen, daß sie in abstrakt-

302 H. Laitko / H. Parthey, *Zu den Aufgaben der marxistisch-leninistischen Wissenschaftstheorie*. In: *Philosophen-Kongreß der DDR '70*. IV. Teil Berlin 1970, 22.

logischer Form richtige Kenntnisse vom Wesen der ablaufenden Erscheinungen, Prozesse, Gesetzmäßigkeiten in Natur und Gesellschaft vermittelt« (Grundlagen: (10a), 479-481).

Es handelt sich um eine Teildefinition, die nicht umfaßt

– die Parteilichkeit und Klassenspezifik der Wissenschaft
– das Subjekt der Wissenschaft, bei dem zwischen kapitalistiser Teilarbeit in der Wissenschaftsproduktion und der sozialistischen Gesellschaft als gesellschaftlichem Gesamtarbeiter zu unterscheiden ist
– die Spezifik wissenschaftlichen Wissens als ›Widerspiegelung‹, als sozialer Prozeß und als historisch logisch akkumulierte gesellschaftliche Erkenntnisqualität
– den Zusammenhang und die Einheit von Natur- und Gesellschaftswissenschaften, deren zunehmende Vereinheitlichung nach Maßgabe der gesellschaftlich organisierten Naturbeherrschung und der Qualität der Dialektik der Arbeit.

Wesentliche Aspekte des Wissenschaftsbegriffs macht das *Philosophische Wörterbuch* geltend:

»Die moderne Wissenschaft [...] *ist eine spezifische Form des gesellschaftlichen Bewußtseins, ein besonderes Gebiet der gesellschaftlichen Arbeitsteilung, eine soziale Institution und unmittelbare Produktivkraft der Gesellschaft sowie theoretische Grundlage der Leitung der Gesellschaft*« (Bibl.: (5), 1170).

Diese Definition hält sich in den Grenzen der additiven Konzeption in *Die Wissenschaft von der Wissenschaft*; dort werden Aspekte aufgezählt, die gleichwohl noch keinen einheitlichen historisch- und dialektisch-materialistischen Wissenschaftsbegriff ausmachen können: Wissenschaft sei als gesellschaftlicher *Prozeß* ein Bereich der gesellschaftlichen Arbeitsteilung, als gesellschaftliches *Produkt* ein System von Theorien und Methoden und als gesellschaftliches *Instrument* eine zunächst potentielle, zunehmend verwirklichte Produktivkraft der Gesellschaft und Grundlage für die Leitung der gesellschaftlichen Entwicklung. Dem entspricht eine Wissenschaftstheorie als komplexes System weltanschaulicher, erkenntnistheoretischer, methodologischer, logischer, semiotischer, soziologischer und psychologischer Forschung (Kosing u. a.: (262b), 39/40; vgl. 68/69; vgl. Kosing: (262a), 761, 768). Über dieses additive Konzept einer Summe von Tochterdisziplinen (wie Methodologie der wissenschaftlichen Forschung, Psychologie des wissenschaftlichen Schöpfertums, Soziologie der Wissenschaft) der Basis-Disziplinen Philosophie, Psychologie, Soziologie etc. hinauszugelangen zu einer komplexen einheitlichen Wissenschaftstheorie, ist Forderung und Programm der neuesten theoretischen Erörterungen in der DDR (vgl. Kröber/Laitko: (262 f), 86). Der Mensch als wichtigste Produktivkraft – nicht mehr der Träger ökonomischer Charaktermasken, sondern der Mensch als Ensemble sozialer Funktionen in der sozialistischen Gesamtarbeit – wird zum zentralen Gesichtspunkt der Wissenschaftstheorie:

»Wichtig [...] ist die Hervorhebung der Schlüsselrolle der Hauptproduktivkraft Mensch in diesem Prozeß der Verwandlung der Wissenschaft in eine unmittelbare Produktivkraft. In der Sphäre der Wissenschaft als Produktivkraft vollzieht sich [...] die Entfaltung der schöpferischen Fähigkeiten, die allseitige Entwicklung der Hauptproduktivkraft Mensch im Sozialismus/Kommunismus – ein Vorgang, der sich über den gesellschaftlichen Gesamtarbeiter realisiert und keinesfalls auf die unmittelbare materielle Produktion oder gar auf die Sphäre der Technologie zu reduzieren ist« (Bohring/Mocek: (252), 702).

Hier Entfaltung der schöpferischen Fähigkeiten – dort Reduktion auf Technologie: ein Problem der Wissenschaft im Sozialismus. G. M. Dobrovs Aufgabenbestimmung der Wissenschaftstheorie scheint ein Risiko anzudeuten, das Risiko der ›sozialtechnologischen‹ Einvernahme der Wissenschaft:

»Die Wissenschaftswissenschaft ist die komplexe Untersuchung und Verallgemeinerung des Funktionierens wissenschaftlicher Systeme mit dem Ziel, das Potential der Wissenschaft zu stärken und die Effektivität des wissenschaftlichen Prozesses mit Hilfe organisatorischer Mittel zu erhöhen« (Dobrov: (253)). Entsprechend gilt für die Wissenschaftsorganisation:
»Die sozialistische Wissenschaftsorganisation hat entsprechend der Stellung der Wissenschaft als untrennbarer Bestandteil des gesellschaftlichen Reproduktionsprozesses das koordinierte Zusammenwirken aller an einem Aufgabenkomplex beteiligten wissenschaftlich-technischen Potentiale [...] zu gewährleisten, die organisatorischen und materiellen Bedingungen für eine hocheffektive geistig-schöpferische Arbeit zu schaffen und die schöpferische Initiative sowie den Ideenreichtum der Arbeiter, Wissenschaftler und Ingenieure für höchste Leistungen in Forschung, Technik und Ökonomie zu fördern und zu nutzen« (Dobrov: (254b), IX).

Die mit dem ›Sozialtechnologie‹-Vorwurf unterlaufende Übertragung eines kapitalismuskritischen Begriffs wäre in keiner Weise gerechtfertigt; denn zweifellos gilt: »Systemintegrierte Wissenschaft unterliegt den objektiven sozialen Gesetzmäßigkeiten des Systems«, das über ihre gesellschaftliche Anwendung zum Nutzen oder Schaden des Menschen entscheidet[302a]. Weil Wissenschaft gesellschaftliche Tätigkeit ist und über ihre Funktion als höchste systematische bewußte *Widerspiegelung*, über ihre *ideelle* Reproduktionsfunktion hinaus als Produktivkraft ein Element der *materiellen* Sozialstruktur ist, muß bei der These von der ökonomischen Effektivitätssteigerung durch die Wissenschaft nach dem *System* gefragt werden, welches ihr den Ort anweist. Als Definition im sozialistischen System erhält die folgende Bestimmung einen besonderen Sinn:

»Wissenschaft ist ein im Gesamtzusammenhang der jeweiligen Gesellschaftsformation bestimmtes System gesellschaftlicher Tätigkeiten, die auf Gewinnung, Vermittlung, Reproduktion und Anwendung von Erkenntnissen gerichtet sind« (Kröber/Laitko: (262 f), 61).

›Rationalisierung‹ der wissenschaftlichen Produktivität bedeutet im Horizont der sozialistischen Ethik nicht nur die für den Ausbau der sozialistischen Gesellschaft unabdingbare Orientierung der Wissenschaften am *gesellschaftlichen* – und gerade nicht interessen-partikulären – Nutzen; Rationalisierung soll vielmehr ein Höchstmaß bewußter Rationalität wissenschaftlicher Arbeit von Menschen erzielen, die ihre Geschichte selbst machen und die Bedingungen einer menschlichen Geschichte erarbeiten. Die Qualität der Wissenschaftsverwertung im Sozialismus erhöht sich in dem Maße, wie sich der sozialistische Gesamtarbeiter verwirklicht. So markiert das im Juli 1971 verabschiedete *Komplexprogramm für die weitere Vertiefung und Vervollkommnung der Zusammenarbeit und Entwicklung der sozialistischen ökonomischen Integration der Mitgliedsländer des RGW* (der Organisation für gemeinsame Wirtschaftshilfe der sozialistischen Länder) auch für den Stand der Wissenschaft eine neue Ortsbestimmung:

»Da Wissenschaft und Technik das Wachstum, die Struktur und die Leistung der sozialistischen Volkswirtschaft entscheidend bestimmen,

302a E. Kellner/R. Mocek, *Naturwissenschaft und Ethik*. In: *DZP* 17 (1969), 1104.

muß die ökonomische Integration eng mit der wissenschaftlich-technischen Integration der Länder des RGW verbunden werden. [...] Die Gesetzmäßigkeit der wissenschaftlich-technischen Integration ergibt sich als wesentliche Folge der Gesetzmäßigkeit des ökonomischen Integrationsprozesses. [...] Die wissenschaftlich-technische Integration [ist] Ausdruck und gesetzmäßige Folge der Vergesellschaftung der Produktivkraft Wissenschaft im Sozialismus«[303].

Das Kriterium der Produktivitätssteigerung kann nicht mit dem kapitalistischen Prinzip der Profitmaximierung durch Wissenschaft verwechselt werden; die Wissenschaften im Sozialismus können nicht *abstrakt* unter dem Gesichtspunkt *der* Warenproduktion erfaßt werden; die sozialistische Wissenschaftsorganisation und -leitung weiß sich einem humanistischen Ziel verpflichtet, welches im *internationalistischen* – und nicht bloß internationalen – Charakter sozialistischer Gesamtarbeit zum Ausdruck kommt:

»Der internationalistische Charakter der sozialistischen Wissenschaft ist die Keimform des wahrhaft und allseitig internationalen Charakters der kommunistischen Weltwissenschaft der Zukunft«[304].

Parteinahme für die bewußte Gestaltung der Geschichte – dies ist die besondere Qualität des gesellschaftlichen Bewußtseins in der Form der Wissenschaft, die ihre Verwirklichungsbedingungen materiell im gesellschaftlichen Sein vorfindet. Der parteiliche und ideologische Stellenwert der Wissenschaftstheorie und ihrer Ergebnisse im Sozialismus wurde nachdrücklich hervorgehoben, um die neuen Koordinaten in der Kartographie des modernen Wissenschaftssystems anzugeben, Fluchtlinien der Wirklichkeit, die sich auch im Begriff der Wissenschaft schneiden. Die materialistische Wissenschaftsdefinition ist nicht abstrakt und keiner ›Entideologisierung‹ anheimgefallen; sie ist nicht ›wertneutral‹, weil der Wahrheitswert der Wissenschaft mit dem Wert einer menschlichen Existenz steht und fällt. Auf die sozial-ökonomischen und politischen Aspekte der Wissenschaftstheorie wurde zweitens abgehoben, um eine z. B. in *Die Wissenschaft von der Wissenschaft* zutage tretende Verengung des kategorialen Felds der Bestimmung des Wesens der

303 So G. Kröber in einem Kommentar zum *Komplexprogramm* (veröff. in: *Dokumente des RGW*. Berlin 1971): *Sozialistische Integration der Wissenschaft*. In: *Wissenschaft und Fortschritt* 23 (1973), 3.
304 *A.a.O.*, 4.

Wissenschaft zu bestreiten: die »adäquate Definition der Wissenschaft« als ein »philosophisches Programm«, als ein *philosophisches Problem*« auszuzeichnen, heißt einen falschen Wegweiser für die Wissenschaftswissenschaft in der materialistischen Dialektik aufzustellen (Kosing u. a.: (262b), 51).

Ist die Wissenschaftswissenschaft – als Wissenschaft – eine Form gesellschaftlich notwendigen Bewußtseins, dann kann sie ihre Kategorien nicht mehr außerhalb jenes sozialen Systems gewinnen, in welchem die absolute Trennung von Kopf- und Handarbeit zumindest teilweise aufgehoben ist. Im Rahmen der materialistischen Dialektik müssen die Kategorien der Wissenschaftswissenschaft ein komplexes, nicht mehr allein philosophisch-theoretisches System bilden, ein System der Widerspiegelung der realen Dialektik von materieller *und* geistiger *Arbeit*; die Marxsche Aufhebung traditionell philosophischer Fragestellungen in solche der ›Wissenschaft von der Geschichte‹, vornehmlich der Politischen Ökonomie, gilt auch für die Wissenschaftswissenschaft. Sie kann ihre Kategorien – auch die der Analyse nicht-materialistischer Wissenschaften – nur noch aus der gegenwärtig höchsten Qualität wissenschaftlicher Erkenntnis gewinnen. Hiervon ist auszugehen:

»1. Die sozialistische Wissenschaft repräsentiert eine neue Qualität der Vergesellschaftung der wissenschaftlichen Tätigkeit. Wissenschaftliche Tätigkeit ist hier unmittelbare gesellschaftliche Arbeit.

2. Als unmittelbare gesellschaftliche Arbeit realisiert sich die wissenschaftliche Tätigkeit nur durch ihre bewußte Leitung, Planung und Organisation im Maßstab der ganzen Gesellschaft unter Führung der Arbeiterklasse und ihrer marxistisch-leninistischen Partei.

3. Sozialistische Produktionsverhältnisse verbinden die wissenschaftliche Tätigkeit mit anderen gesellschaftlichen Tätigkeitsbereichen und bestehen gleichzeitig auch innerhalb der Sphäre der wissenschaftlichen Tätigkeit. Die wissenschaftlich Tätigen verhalten sich zu Bedingungen, Zielen und Ergebnissen ihrer Arbeit als sozialistische Eigentümer. Sie können diese Verhältnisse nur dann voll realisieren, wenn sie in ihrem Denken und Handeln von der sozialistischen Ideologie ausgehen.

4. Die sozialistische Vergesellschaftung der Wissenschaft ist zugleich ein Prozeß der zunehmenden wissenschaftlichen Durchdringung aller gesellschaftlichen Tätigkeiten. Die Wissenschaft verwandelt sich tendenziell in einen Bestandteil der Lebenstätigkeit aller Mitglieder der sozialistischen Gemeinschaft« (Kröber/Laitko: (262 f), 64/65).

Diese Aussage ist – ungeachtet ihrer politisch-ideologischen Zielrichtung – zunächst als Zustandsbeschreibung zu nehmen, die für die Bestimmung von Wesen, Struktur, Funktion und System der modernen Wissenschaften bedeutsam ist. Eine materialistische Wissenschaftsdefinition umfaßt weit mehr als die Theorie des logischen Status wissenschaftlichen Wissens. Sie umfaßt die Untersuchung der materiellen und ideologischen *Genesis* der Wissenschaften in der Geschichte der Erkenntnis der Welt. Wissenschaftsgeschichte ist eine notwendige Voraussetzung jeder Wissenschaftsdefinition, denn auch wissenschaftliche Erkenntnisse sind sozial-historisch determiniert und gründen in der Geschichte des Aufsteigens vom Abstrakt-Konkreten zum Konkret-Allgemeinen, d. h. in der historisch-logischen Vermittlung der wissenschaftlichen Abstraktion. Zur Bestimmung des Wissenschaftsbegriffs gehört die Analyse der logischen Struktur des Wissens, d. h. eine Wissenschaftslogik mit den zwei Dimensionen einer Logik der wissenschaftlichen Forschung und einer Logik der wissenschaftlichen Vermittlungs- und Darstellungsweisen (vgl. Bibl.: (262c)). Wichtig ist die Ortsbestimmung der Wissenschaft in den Institutionen des sozial-ökonomischen Verwertungsprozesses, d. h. eine politische Wissenschafts-Ökonomie und -Soziologie, die zugleich die Funktionen einer fundamentalen materialistischen Wissenschaftskritik ausüben. Soll nicht abstrakt ein universalistischer unhistorischer Begriff ›der‹ Wissenschaft unterstellt werden, ist eine Klassifikation der Wissenschaften unumgänglich; die Klassifikation muß den Reihen »zusammengehöriger und ineinander übergehender Bewegungsformen« im Gesamtsystem der Wissenschaften entsprechen: »Wie eine Bewegungsform sich aus der andern entwickelt, so müssen auch ihre Spiegelbilder, die verschiednen Wissenschaften, eine aus der andern mit Notwendigkeit hervorgehn«[305]. Zu erforschen sind das Subjekt der Wissenschaft, die Gesellschaft und der in ihr lebenden Wissenschaftler, sowie die Merkmale des materiellen und ideellen wissenschaftlichen Schöpfertums der Wissenschaftler oder wissenschaftlicher Kollektive (vgl. Bibl.: (262 g)). Und dieser Aufgabenkatalog ist mit der Erwähnung der semiotischen Analyse der Wissenschaftssprache längst nicht abgeschlossen:

305 *MEW* 20, 515. Vgl. Duženkov: (255b); Rochhausen: (267).

»Je abstrakter unsere Theorien werden, desto wichtiger ist die Analyse der Bedeutung unserer wissenschaftlichen Termini, d. h. eine wissenschaftlich betriebene Semantik. Je komplizierter diese Theorien werden, desto notwendiger ist eine Beschäftigung mit der Struktur solcher theoretischen Systeme, d. h. eine wissenschaftlich betriebene Syntaktik« (Klaus: (159), 185).

P. V. Tavanec und V. S. Svyrjev: »Die logische Analyse des Wissens ist vor allem auch unmittelbare Analyse der Sprache [...] Die syntaktische Analyse der Sprache abstrahiert natürlich von der ›lebendigen‹ Sprache. Auch der Übergang zur semantischen Analyse ist an und für sich noch keine Rückkehr zur lebendigen Sprache in ihrer Konkretheit. [...] Deshalb kann eine konkrete Vorstellung von der Sprache als dem Träger des Gedankens [...] im Grunde genommen erst auf der Ebene ihrer pragmatischen Analyse nach dem Schema ›Sprache – Aktion des Menschen mit der Sprache auf der Grundlage der Sprache – Wirklichkeit‹ erzielt werden« (Bibl.: (275d), 26/27).

Das Verhältnis von natürlicher Sprache und Wissenschaftssprache gibt Aufschluß über die Verwandlung von Alltagsbewußtsein in die qualitativ höhere Form gesellschaftlichen Bewußtseins, welches die Objektivität ungehindert von der Spontaneität der Alltagserkenntnis exakt und logisch ›wahr‹ widerspiegelt[306]. Die Analyse der Wissenschaftssprache gerade durch Pragmatik bzw. Pragma-Linguistik und Sozio-Linguistik ist nicht zuletzt deshalb wichtig, weil die Definition des Begriffs ›Wissenschaft‹ von der erkenntnistheoretisch notwendigen Differenzierung von Wissenschaft und ›Wissenschaft‹ nicht absehen kann: Der wirkliche Wissenschaftsproduktionsprozeß muß als Prozeß der *materiellen* Produktivkraft Wissenschaft unterschieden werden von der (gegenüber der Produktivkraft) meta-wissenschaftlichen, *ideellen*, kategorialen Reflexion, aus der sich der Begriff ›Wissenschaft‹ als konkret-allgemeine Aussage über die Mannigfaltigkeit der Wissenschaften ergibt. Der Begriff ›Wissenschaft‹ ist keine fotomechanische Abbildung des wirklichen Wissenschaftsprozesses; »er enthält auch philosophische, sozial-theoretische und politisch-ideologische Voraussetzungen, die in den Interessen der verschiedenen Klassen wurzeln« (Kosing u. a.: (262b), 52); die metasprachlichen Aussagen der Wissenschaftstheorie über die objektsprachlichen

---

306 Vgl. W. Segeth, *Elementare Logik*. Berlin [7]1972: 1.4. Sprache und Wissenschaft, 13-32.

Ausdrucksformen wissenschaftlicher Erkenntnis sind symptomatisch, ›verräterisch‹; sie werden beide zum Gegenstand ideologiewissenschaftlicher Analyse und Kritik. Der materialistischen Wissenschaftstheorie fällt die ungemein wichtige Aufgabe zu, das gesellschaftliche ideologische System der Wissenschaften als eine *konkrete Totalität sozialer Funktionen zu rekonstruieren*; dies bedeutet: die wissenschaftstheoretische, in theoretischen *Abstraktionen* ausgedrückte *Synthesis* gesellschaftlich notwendiger Bewußtseins- und Widerspiegelungsformen des Wissenschaftssystems ist eine Kritik der Arbeitsteilung im Sektor der geistigen Produktion. Die reale notwendige Arbeitsteilung wird nicht aufgehoben, sondern im Begriff der Einheit der Wissenschaften *bewußt* gemacht. Die Abstraktheit wissenschaftlicher Erkenntnisse wird nicht aufgehoben, sondern in ihrer sozialen Funktion *bewußt* gemacht. Der Begriff ›Wissenschaft‹ dient der Rückkoppelung der wissenschaftlichen Bewußtseinsqualität an das Alltags- und Klassenbewußtsein, indem er die Genesis *aller* Bewußtseinsformen aus der gleichen sozial-historischen Matrix erklärt. Das Alltagsleben steht der Wissenschaft nicht mehr blind und machtlos gegenüber; nicht die spezifischen Inhalte der Einzelwissenschaften werden für die Massen verfügbar; vielmehr macht ein zureichend ideologisch und politisch ins Alltagsleben vermittelter Wissenschaftsbegriff erfahrbar, welche Rolle die Wissenschaften für das Individuum, für die soziale Gruppe, für das Arbeitskollektiv und für die Klasse spielen. Solange die Wissenschaften bewußt esoterisch bleiben und in ihrer sozialen Funktion als Produktivkräfte nicht durchschaut werden sollen, weil sie sonst als Kräfte menschlicher Weltgestaltung bewußt und zum Risiko kapitalistischer Reproduktion würden, ist eine massenhafte Selbstkritik des Alltagsverstands unmöglich. Der marxistische Wissenschaftsbegriff muß deshalb rückübersetzt werden für die Individuen, die in ihrer Arbeit auch die Bedingungen der Wissenschaftsproduktion erarbeiten; im marxistischen Wissenschaftsbegriff tritt eine Form gesellschaftlich notwendigen Bewußtseins, die im System der Arbeitsteilung als abstrakt-geistige Arbeit das Privileg der Freiheit und der Muße für Minderheiten legitimierte, zurück auf den Boden ihrer materiell-gesellschaftlichen Herkunft und gibt sich als das zu erkennen, was sie ist: *Arbeit.* Dieser Wissenschaftsbegriff ist eine Leistung der Theorie der Arbeiterklasse, d. h. des gesamten wissenschaftlichen Sozialismus.

Die Definition der Wissenschaft durch Marx war das Resultat nicht der Philosophie, sondern der *Logik des ›Kapital‹*: »*Allgemeine Arbeit ist alle wissenschaftliche Arbeit, alle Entdeckung, alle Erfindung. Sie ist bedingt teils durch Kooperation mit Lebenden, teils durch Benutzung der Arbeiten Früherer*«[307].

Diese in ihrer Bedeutung gar nicht zu überschätzende Aussage hat zwei Dimensionen der Wissenschaftsdefinition eröffnet:

– Wissenschaft ist als Arbeit *gesellschaftliche Tätigkeit*,
– Wissenschaft ist gesellschaftliche Tätigkeit im *Kontinuum der Geschichte der Erkenntnis der Welt*, d. h. der Geschichte der Dialektik von Arbeit und Erkenntnis, von gesellschaftlichem Sein und gesellschaftlichem Bewußtsein.

Erstens: Wissenschaft ist *Arbeit* in der Form der *allgemeinen Arbeit.* Ihr Arbeitscharakter stellt sie in den Kontext aller anderen gesellschaftlichen Produktivitätsformen; als allgemeine Arbeit ist sie gegenüber anderen Arbeitsprozessen ausgezeichnet. »Auch wenn ich *wissenschaftlich* etc. tätig bin, eine Tätigkeit«, – so Marx in den *Ökonomisch-Philosophischen Manuskripten* unter den Bedingungen kapitalistischer Teilarbeit[308] – »die ich selten in unmittelbarer Gemeinschaft mit andern ausführen kann, so bin ich *gesellschaftlich*, weil als Mensch tätig. Nicht nur das Material meiner Tätigkeit ist mir – wie selbst die Sprache, in der der Denker tätig ist – als gesellschaftliches Produkt gegeben, mein *eignes* Dasein ist gesellschaftliche Tätigkeit«. Wissenschaft unterscheidet sich als allgemeine Arbeit von der ›gemeinschaftlichen Arbeit‹ durch die relative reale Abstraktheit ihrer Beziehungen zur materiellen gesellschaftlichen Produktion: »Gemeinschaftliche Arbeit unterstellt die unmittelbare Kooperation der Individuen«[309]. Als »allgemeine wissenschaftliche Arbeit«[310] beruhen die besondere wissenschaftliche Wissensform und deren besondere Produkte – systematisches Wissen – auf einer besonderen Form der Vergesellschaftung der Bewußtseinstätigkeit: auf einer nicht nur

307 *MEW* 25, 113/114. (Im Original nicht hervorgeh.)
308 *MEW* Erg. Bd. I, 538.
309 *MEW* 25, 114.
310 *Grundrisse*, 587.

unmittelbaren aktuellen gesellschaftlichen Produktion und Interaktion von arbeitenden Individuen, sondern auf der durch die *historisch-logische* Sprachvermittlung begründeten Kommunikation und Interaktion mit der Geschichte wissenschaftlicher Arbeit:

»Als *Arbeit* ist Wissenschaft zielgerichtete Verausgabung gesellschaftlicher Arbeitskraft, an menschliche Zwecke gebundene Tätigkeit«. Durch ihre *bewußte Zweckbindung* unterscheidet sich die wissenschaftliche allgemeine Arbeit von der ›abstrakten Arbeit‹ (als Verausgabung körperlicher und geistiger Arbeitskraft in der unmittelbaren gesellschaftlichen Reproduktion). »Die gesellschaftlichen Erfordernisse, aus denen die wissenschaftliche Tätigkeit entspringt, sind [...] weder abstrakt-menschliche oder abstrakt-soziale noch erwachsen sie nur aus der Wissenschaftsentwicklung selbst. Sie existieren stets in einer historisch-konkreten Gestalt, als Reproduktionserfordernisse einer gegebenen Produktionsweise, die in einem bestimmten Klasseninteresse repräsentiert werden«. Unter diesem Aspekt unterscheidet sich die Wissenschaft als *Arbeit* noch nicht wesentlich von anderen Arbeitsformen. Erst die Qualifikation der Wissenschaft zur *allgemeinen Arbeit* begründet den Unterschied: Gegenüber anderen gesellschaftlichen Tätigkeiten ist die Wissenschaft das »Produkt der allgemeinen geschichtlichen Entwicklung in ihrer abstrakten Quintessenz«[311]. »Wissenschaftliche Arbeit ist systematische Erkenntnistätigkeit, die die wesentlichen, allgemeinen und notwendigen Zusammenhänge der objektiven Realität gesellschaftlich verfügbar und praktisch nutzbar macht«[312].

Die Wissenschaft ist nicht nur ein Ensemble geistiger sozialer Funktionen, sondern sie ist System; als gesellschaftliche Arbeit ist sie systematisch integriert in das jeweils *aktuell* gegebene System der Gesellschaftsformation, d. h. in das System der objektiven Realität, der politisch-ökonomischen Organisation, Distribution und Konsumption der Arbeit und deren Produkte; sie ist System in der Bewußtseinssphäre, d. h. im Bereich der ideellen theoretischen, begrifflich-logisch strukturierten theoretischen Systeme wissenschaftlicher Weltaneignung; »die Wissenschaft« – so Hegel – »ist der entwickelte Zusammenhang der Idee in ihrer Totalität«[313]. Diese Bestimmungen sind

311 *MEW* 26/1, 367.
312 G. Kröber, *Wissenschaft-System-Dialektik*. Vortrag beim IX. Intern. Hegel-Kongreß (Antwerpen 1972). Typoskript 12-14. Erscheint in: *Hegel-Jahrbuch* 1973.
313 G. W. F. Hegel, *Jub. Ausg.* Bd. 16, 467.

aber nicht zureichend, materialistisch den Systemcharakter der Wissenschaft zu erklären. Denn die Wissenschaft ist System als Totalität der ›Geschichte der Erkenntnis der Welt‹: »und die Wissenschaft ist dies, diese Einheit in ihrer ganzen Entwicklung durch sich selbst zu wissen«[314]. Sie ist System als genetisches, historisches, prozessuales System (vgl. dazu unten ›Zweitens‹). So ergibt sich die Definition der Wissenschaft als System nicht schon aus ihrer Funktion als Arbeit, sondern erst aus ihrer Tätigkeit als allgemeine Arbeit.

Die Wissenschaft existiert nicht als individuelle Erkenntnis, sondern findet in dieser ihre Voraussetzung. Wissenschaftliches Wissen konstituiert sich erst als gesellschaftliche, sozial verfügbare, allgemein und öffentlich zugängliche, in allgemeingültigen wissenschaftssprachlichen Codes ausgedrückte und sozial organisierbare Bewußtseinsqualität:

»Wissenschaftliches Wissen existiert in zwei Formen – als Bewußtseinszustand und -prozeß denkender Individuen und als Menge von Zeichenausdrücken in gesellschaftlich normierter Form. [...] Für die Charakteristik der wissenschaftlichen Tätigkeit sind [...] drei Merkmale unentbehrlich:

1. Wissenschaftliche Tätigkeiten bewirken *Übergänge* von einem Zustand einer gegebenen Gesamtheit wissenschaftlicher Erkenntnisse zu einem anderen Zustand dieser Gesamtheit.
2. Wissenschaftliche Tätigkeiten werden von Menschen ausgeführt; sie bewirken die unter (1) genannten Übergänge durch Aufwand *lebendiger Arbeit* (Gedankenarbeit und/oder praktische, im allgemeinen mit technischen Mitteln operierende Arbeit).
3. Wissenschaftliche Tätigkeiten sind Vorgänge der geistigen *Aneignung* des Erkenntnisgegenstandes durch ihr Subjekt, die Teil seiner sozialen Aneignung ist. Die Aneignungsweise ist durch die Interessen der Klasse bestimmt, von deren Positionen aus die Aneignung erfolgt« (Kröber/Laitko: (262 f), 68/69).

Kröber und Laitko präzisieren den Begriff der wissenschaftlichen Tätigkeit durch einige Klassifikationsprinzipien, für die sie folgende Kriterien zugrundelegen:

– »Erkenntnistheoretisches Kriterium: objektiv wahre Abbildung materieller und ideeller Erkenntnisgegenstände«
– »Sozial-ökonomisches Kriterium: Integration der Forschung in den gesellschaftlichen Reproduktionsprozeß«

314 G. W. F. Hegel, *Jub. Ausg.* Bd. 19, 689.

– »Kriterium der Reproduktion: Umschlag von Erkenntnissen in Wissenschaftspotential«
– »Sozial-politisches Kriterium: Leitung der vergesellschafteten wissenschaftlichen Tätigkeiten«.

So ergeben sich als Formen der wissenschaftlichen Tätigkeit 1. die Produktion von Aussagen und Aussagensystemen (Gesetzesaussagen); 2. die Zielbestimmungen der wissenschaftlichen Forschung entsprechend gesellschaftlichen Zwecken und Bedürfnissen: a) Aussagen über gesellschaftliche Bedürfnisse, zu deren Verwirklichung die Erkenntnis beitragen soll, und b) Formulierung neuer Erkenntnisprobleme, die zur Schaffung neuer Bedürfnisqualitäten beitragen sollen; 3. die Überführung wissenschaftlicher Erkenntnisse in Handlungsanleitungen; 4. die Übertragung der Resultate abgeschlossener wissenschaftlicher Tätigkeiten in das Potential künftiger Tätigkeiten (Reproduktion der Voraussetzungen schöpferischer Erkenntnis): a) durch Informationstätigkeit, welche Erkenntnisse zu effektiver Anwendung und Wiederverwendung ordnen (Thesauri, Datenspeicherung etc.), und b) durch Qualifikationstätigkeiten (Qualifikation individueller Bewußtseinszustände) in Lernen und Lehren; 5. die Organisation und Leitung arbeitsteiliger Wissenschaftsproduktion durch kollektive Leitungsentscheidungen (Staat, Partei etc.). Folgendes Schema der wissenschaftlichen Tätigkeiten liefert ihre primäre Klassifikation (Kröber/Laitko: (262 f), 70-73):

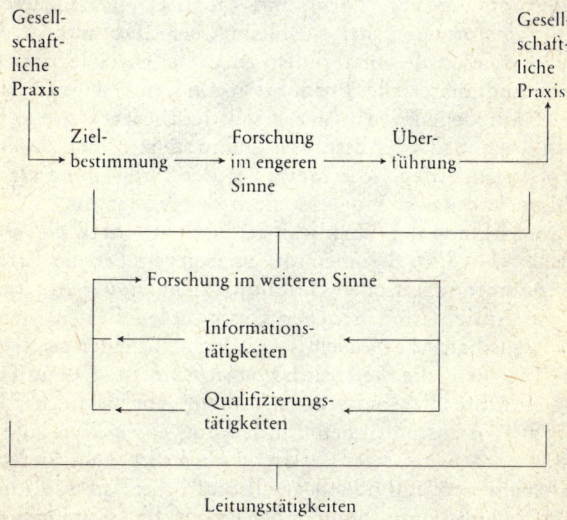

Zweitens: Der Systemcharakter der Wissenschaft ergibt sich in vollem Umfang erst aus der Definition der wissenschaftlichen Tätigkeit als *allgemeine Arbeit.* Als allgemeine Arbeit repräsentiert die Wissenschaft in abstrakter totalisierender Widerspiegelungsform das System der historisch-logisch überlieferten und für die Praxis verfügbaren Widerspiegelungen der Dialektik der Arbeit. Die Wissenschaft muß deshalb als logisch strukturiertes *Prozeßsystem* verstanden werden, welches vom Resultat, von der ›abstrakten Quintessenz‹ her die Genesis des erreichten Standes der Annäherung an die objektive Wahrheit dokumentiert und rekonstruiert.

›Abstrakte Quintessenz‹ – dies meint, daß das Produkt der wissenschaftlichen Tätigkeit zwar in ideeller Form eine Summe, ein Fazit des historisch-logischen Bewußtseinsprozesses zieht, aber als geistige Produktivkraft die Entfaltung der materiellen Produktivkräfte maßgeblich bestimmt. Hier soll zugleich eingeräumt werden, daß die Unterscheidung zwischen geistigen und materiellen Produktivkräften keinen ontologischen Dualismus beinhaltet und dem materialistischen Monismus nicht widerspricht. Diese Unterscheidung ist erkenntnis- und wissenschaftstheoretisch sinnvoll und notwendig, solange es um die Bestimmung von Form und Qualität und Genese von Bewußtseinsformen geht; sie bleibt aber auch nur in diesen Theoriebereichen der materialistischen Dialektik legitim, denn geistige und materielle Produktion sind nur unterscheidbare *Formen* auf dem Niveau der gesellschaftlichen Ontologie des menschlichen Seins. ›Abstrakte Quintessenz‹: dies unterstellt nicht – wie die Hegelsche Metapher der Philosophie als ›Eule der Minerva‹, deren Flug erst nach der Vollendung des Tags (der Entwicklung der Wirklichkeit) beginnt –, daß die Wissenschaft *ausschließlich* Summen aus einer gegenüber der Erkenntnis autonomen materiellen Geschichte zieht; in der Abstraktion sind die Antizipationen neuer Geschichtsqualitäten angelegt. Das wissenschaftliche Wissen ist das Ergebnis einer gesellschaftlichen Tätigkeit, die wesentlich *geschichtlich* ist. Es hat Teil an der Geschichte der wissenschaftlichen, vorwissenschaftlichen und nicht-wissenschaftlichen Entdeckung einer Welt, die vom Menschen erarbeitet wird; es ist geschichtlich zum andern als ein Element der individuell-gesellschaftlichen, persönlichkeitseigenen Bewußtseinsbildung in der Praxis der Individuen.

Die geschichtlichen Spuren der Wissenschaftsgenesis sind zwar in den Abstraktionen wissenschaftlichen Wissens ausgelöscht – so *scheint* es zumindest. In ihrer *Erscheinung* sind die Wissenschaften geschichtslos. Ihrem Wesen nach aber sind sie nichts als die Geltung ihrer sozialen, materiellen, historischen Genesis. Dies gilt nicht nur für die historischen Geistes- und Sozialwissenschaften; es gilt vor allem auch für die Naturwissenschaften als Wissenschaften der Natur, die nicht abstrakt ist und keinen ewigen geschichtslosen Erkenntnisgegenstand darstellt; die Naturwissenschaften sind Wissenschaften im Prozeß, d. h. in der Geschichte ihres Objekts: der Geschichte und Dialektik der Natur. In der Praxis, auf die sie orientiert sind, beweisen alle Wissenschaften ihre Geschichtlichkeit; nicht nur, weil sie selbst sich verändert haben und verändern, sondern weil sie Kräfte der Produktion und Reproduktion sind, Kräfte zur Veränderung. Sie kommen aus vergangenen Wirklichkeiten und verhalten sich bewußt oder nicht-bewußt zur Geschichte. Sie können den Status quo regressiv unterlaufen, stabilisieren oder progressiv, kritisch mit Zukunftsperspektive verändern. Sie sind reaktionär, legitimatorisch oder revolutionär entsprechend den sozialen Bedürfnis- und Zielsystemen. Sobald die Wissenschaften durch einen zureichenden wissenschaftswissenschaftlich begründeten Wissenschaftsbegriff ihr eigenes Wesen, ihre Struktur und ihre Funktion als Prozeßelemente in der Dialektik der Natur und Geschichte erkennen, werden sie rational, anwendbar und praktisch. Zu erkennen ist, daß die wissenschaftliche Erkenntnis die höchste Form und Qualität gesellschaftlich notwendigen Bewußtseins darstellt; zu begreifen ist, daß sie nicht nur wie jede Bewußtseinsobjektivation geschichtlich ist, sondern das Alltags- und Klassenbewußtsein zum *Geschichtsbewußtsein* qualifizieren kann; zum praktischen Bewußtsein, das die Menschen anleitet, ihre Vorgeschichte zu verstehen als gemachte Geschichte und ihre Geschichte als Herkunft der Bedingungen, unter denen die Wirklichkeit und die Zukunft bewußt und frei gemacht werden können. *Praxis und Geschichtsbewußtsein* ist die Perspektive des marxistischen humanistischen Wissenschaftsbegriffs. *Praxis und Geschichtsbewußtsein* ist die Perspektive der Parteinahme für Fortschritt und Freiheit, deren Verwirklichung nicht zuletzt den Wissenschaften anvertraut ist.

7. Prolegomena einer materialistischen Hermeneutik

Praxis und *Geschichtsbewußtsein* waren die erkenntnisleitenden Perspektiven dieser Studie zur materialistischen Dialektik. Deren Studium sollte im Theoriebereich ›Erkenntnistheorie‹ vertieft werden durch eine einläßliche, von den wesentlichen Grundlagen des Systems ›historischer/dialektischer Materialismus‹ ausgehende Interpretation der marxistisch-leninistischen Klassiker und durch eine kritische, gegen Dogmatismus und Revisionismus argumentierende Erörterung der zeitgenössischen Philosophie des wissenschaftlichen Sozialismus. Das ganze Buch ist orientiert am materialistischen, am bewußten Historismus: es soll zur Erkenntnis beitragen, daß und wie die Menschen ihre eigene Geschichte selbst machen, daß und wie sie sich befreien und daß und warum ohne ein Geschichtsbewußtsein auf dem Niveau der wirklichen Bedürfnisse Befreiung im Morast der Geschichtsblindheit versacken muß. Das ganze Buch ist ein Plädoyer gegen die Herrschaft der Vergangenheit über die Wirklichkeit und ein Plädoyer für die Herrschaft der Gegenwart über die Vergangenheit. Als ein Dokument dialektischer Philosophie fordert es die bewußte Verfügung über die menschliche Geschichte, die eine Geschichte der Klassenkämpfe war und eine Geschichte des befreiten Menschen wird. Eine herrschaftsfreie ›Kommunikation‹ mit dieser Geschichte, die ein dialektisches revolutionäres Kontinuum von Natur- und Menschheitsentwicklung ist, scheitert noch heute in der bürgerlich-kapitalistischen Gesellschaft an den Zwängen, die Geschichte der Herrschaft zu reproduzieren. Das Geschichtsbewußtsein zu stärken muß bedeuten, bereits für das Alltagsbewußtsein der Massen die bewußte Identifikation mit der Geschichte der Befreiung, mit der Geschichte der Revolutionen zu ermöglichen. Nicht zu begreifen, daß diese Forderung auf keinen Fall eine Forderung bloß ans Bewußtsein sein kann, wäre eine Utopie. Den geringsten Sinn für Realismus verleugnen hieße es aber auch, alles auf die Karte einer *Praxis* zu setzen, die zukunftsblind wäre ohne eine Revolution im Bewußtsein der Massen.

Dieses Plädoyer für ein revolutionäres Geschichtsbewußtsein ist nicht auf den Indizienbeweis angewiesen, daß seit der neuzeitlichen ›Entdeckung‹ der einen Geschichte ›Geschichte‹ geschrieben wird. Der historische Materialismus hat das wirkliche Subjekt der Geschichte identifiziert, den gesellschaftlich in Klassen und potentiell in einer nicht mehr klassenantagonistischen Gesellschaft arbeitenden Menschen, – der sein *menschliches* Wesen nicht hat, sondern erzeugt. Die gegen diesen Beweis, den die Geschichte des Fortschritts selbst in der Praxis erbringt, eingelegten Revisionen sind durch die bürgerliche und sozialistische Revolution verworfen und werden tagtäglich verworfen. Der anti-geschichtliche Revisionismus ist praktisch chancenlos selbst dort, wo er in der Theorie Chancen zu haben vorgaukelt. Die marxistische Theorie der ›Geschichte‹ ist wahr nicht kraft theoretischer Stringenz; sie ist wahr, weil sie die Partei des Fortschritts nicht nur ergreift, sondern in der Arbeiterklasse als ihre Grundlage weiß. Diese Konzeption der ›Geschichte‹ – im materialistischen bewußten Historismus verfaßt – ist alles andere als traditionalistisch oder konservativ. Sie ist nichts als eine objektive Widerspiegelung der wirklichen Dialektik der Natur und der gesellschaftlichen geschichtlichen Arbeit – eine Widerspiegelung in Form der ›Dialektik‹.

›Dialektik‹ in der Geschichtskonzeption besagt, gegenüber der Vergangenheit einen radikalen Gegenwartsstandpunkt zu beziehen und zu verfechten, praktisch wie theoretisch. Die Theorie ›Geschichte‹ kann nicht konservativ sein, weil – so Walter Benjamin – »die innersten Strukturen des Vergangenen sich jeder Gegenwart nur in dem Licht erhellen, das von der Weißglut ihrer Aktualitäten ausgeht«[315]. Wer die Geschichte in der ›Geschichte‹ »als Ursprungstitel oder Paradigma [...] sich zuzuschlagen« versucht[316], beweist in der bloßen Apologie des Vergangenen – und der aus dem Vergangenen konstruierten ›notwendigen‹ Tendenzen –, daß er keine Hoffnung kennt und hat, die Geschichte noch zu machen. Die gegenwärtigen bürgerlichen ›Geschichts‹-(Krisen)Theorien sind Manifeste der ›recherche du temps perdu‹. Die gegenwärtige geisteswissenschaftliche Hermeneutik ist eines der Instrumente dieser vergeblichen Suche; sie interpretiert die historischen Quellen, um sie einem Subjekt aneignen zu können, das als Geschichtssubjekt

---

315 W. Benjamin, *Gesammelte Schriften.* Bd. III, hg. v. H. Tiedemann-Bartels. Frankfurt 1972, 97.
316 *A.a.O.*, 255.

nur noch auf Zeit existiert, oder erhebt sich zur philosophischen Universaltheorie historischen Sinns, für den es nur noch auf Zeit einen Adressaten, aber kein Geschichtsbewußtsein mit Willen zur Zukunft gibt.

Der historische Materialismus ist die Wissenschaft von der Geschichte mit dem Bewußtsein ›der Weißglut ihrer Aktualitäten‹. In der Theorie des dialektischen Materialismus, in der dialektischen Erkenntnistheorie, in der Ideologiewissenschaft der Formen und Qualitäten gesellschaftlich notwendigen Bewußtseins und in der Psychologie des gesellschaftlichen und individuellen Bewußtseins sowie in der Persönlichkeitstheorie hat die materialistische Dialektik ein ungemein komplexes und differenziertes System entwickelt, in welchem die Grundfrage nach dem Verhältnis von Sein und Bewußtsein komplex und differenziert beantwortet wird. Dennoch ist eine gewisse Hilflosigkeit der marxistischen Theorie dort festzustellen, wo es um eine konkrete Anwendung der ›Dialektik‹ in der Erklärung und Deutung ideeller Produktions- und Reproduktionsformen geht: so zum Beispiel in ästhetischen Fragen. Die Erklärung ideologischer Überbauerscheinungen in *Texten* hat noch nicht das gleiche Niveau erreicht wie die Erklärung politisch-ideologischer oder institutioneller Überbauformen. Eine Wissenschaft, die den *Text* als Widerspiegelungsobjektivation zum Gegenstand hat, gibt es bisher nur als Semantik, Semiotik, Linguistik etc. Mit diesen Disziplinen sind Probleme der logischen oder sprachlichen Strukturanalysen zu lösen, nicht aber die ›Form-Inhalt‹-bzw. ›Erscheinung-Wesen‹-Relationen in jenen besonderen Produkten geistiger Arbeit, die in Texten und Quellen vorliegen. Um es deutlich zu sagen: es fehlt eine Wissenschaft, die der traditionellen Hermeneutik und deren ausdifferenziertem Instrumentarium (Kanones etc.) qualitativ entspricht. Man sollte sich nicht länger scheuen, diese Wissenschaft als Teilwissenschaft der materialistischen Dialektik zu begründen; es gibt keinen Grund, diese Wissenschaft nicht als ›materialistische Hermeneutik‹ zu inventarisieren. Es handelt sich nicht darum, den Marxismus wieder einmal ›anzureichern‹; auf dem Spiel steht nicht zuletzt das wissenschafts-politische Ziel, der Usurpation der Verfügung über historische Quellen und gegenwärtige Bewußtseinsleistungen in Texten durch die bürgerliche Sozialisation, durch die bürgerliche Vergesellschaftung bereits des Alltagsbewußtseins in Schulen etc., mit Nachdruck entgegenzutreten.

Am Ende dieser Studie kann es nicht darum gehen, Schritt für Schritt die vorherigen Begründungen der materialistischen Hermeneutik zu wiederholen. Am Ende steht kein Resümee, sondern eine Aufforderung, anzufangen. Dieser Anfang – und nicht mehr sollte vorbereitet werden – kann nur in einigen Prolegomena zur materialistischen Hermeneutik bestehen. Die marxistische Philosophie hat die Funktion, die Voraussetzungen dieser Disziplin und den allgemeinen klassifikatorischen Rahmen anzugeben. Die materialistische Hermeneutik kann sich nur als text-erklärendes Organon der Ideologiewissenschaft und Erkenntnistheorie in den Einzelwissenschaften etablieren; sie ist keine Disziplin der Philosophie. Wichtig ist: im Gegensatz zur geisteshistorischen philosophischen Hermeneutik löst die materialistische Hermeneutik das allgemeine *Problem* der Erklärung und des Verstehens *nicht*. Sie überträgt Problemlösungen des historischen und dialektischen Materialismus in ihren Gegenstandsbereich ›sprachliche/textuelle Widerspiegelungsdokumente‹. Ihr Problem lautet:

»Es handelt sich ja nicht darum, die Werke des Schrifttums im Zusammenhang ihrer Zeit darzustellen, sondern in der Zeit, als sie entstanden, die Zeit, die sie erkennt – das ist die unsere – zur Darstellung zu bringen«[317].

Dieser Satz W. Benjamins formuliert die Frage, die von der Hermeneutik *nicht* zu beantworten ist; die Problemlösung liegt im historisch-materialistischen Begriff ›Geschichte‹ und in der erkenntnistheoretischen Formulierung

- der *Gesetzmäßigkeiten* der Dialektik von materieller und geistiger Produktion,
- der Widerspiegelung als eines sozialen Prozesses,
- der sozial-historischen Determination der Bewußtseinsleistungen,
- der historisch-logischen Vermittlungen von Bewußtseinsleistungen im Prozeß des Aufsteigens vom Abstrakt-Konkreten der empirischen Erfahrung zum Konkret-Allgemeinen theoretischer Weltaneignung,
- des Praxis-Kriteriums der Wahrheit von Widerspiegelungen,
- der Konstitutionsbedingungen einer Widerspiegelung als Gedankentotalität,

317 *A.a.O.*, 290.

– der gesellschaftlichen und individuellen Formen und Qualitäten notwendigen ideologischen Bewußtseins.

Benjamins Problemstellung ist darüber hinaus für die materialistische Hermeneutik zu eng; so unbestreitbar jede Zuwendung zur Geschichte die Verortung der Geschichtserkenntnis in der Gegenwart und deren Bedürfnissen/Interessen voraussetzt, so eindeutig ist der Auftrag, die Gegenwart nicht in die Geschichte unmittelbar zu projizieren bzw. die Geschichte kritiklos zu aktualisieren. Wenn sich die materialistische Hermeneutik auf das *gesamte System* der materialistischen Dialektik begründet, dann gewinnt sie durch die objektive Erkenntnis der *Gesetzmäßigkeiten* a) der Konstitution der Bewußtseinsleistungen (Texte) und b) der notwendigen (und keineswegs geheimnisvollen) Differenz zwischen hermeneutischem Objekt und hermeneutischem Subjekt den Zugang zur Objektivität auch der historischen Quelle. Die Theorie der Einheit von Objektivität und Geschichtlichkeit der Erkenntnis (und der Wissensformen) gilt uneingeschränkt für die materialistische Hermeneutik. Ihr wichtigstes Instrument ist die *dialektische Rekonstruktion der Genesis von Bewußtseinsobjektivationen und deren historischer und/oder aktueller Geltung.*

Prolegomena einer materialistischen Hermeneutik müssen ansetzen bei zwei Problemen:

1. erkenntnistheoretisch abzusichern war die spezifische hermeneutische Erkenntnisqualität,
2. geschichtstheoretisch abzusichern war die Unterscheidung von (produzierter) Geschichte und (sprachlich/textuell referierter) ›Geschichte‹, wobei unter ›Geschichte‹ der ganze ›historische Block‹ der Genesis *und* Wirklichkeit, der ganze die Wirklichkeit umfassende Prozeß der Natur-Dialektik und der Dialektik der Arbeit/ Praxis gefaßt wurde.

Die Lösung dieser beiden Probleme ergibt als vorläufige allgemeine Definition der materialistischen Hermeneutik: *Die materialistische Hermeneutik fungiert als systematische Theorie und als wissenschaftliche Methode der Rekonstruktion und Kritik der Genesis und Geltung ideologischer sprachlich-textuell verfaßter Materiale, die als sozial-historisch determinierte und historisch-logisch vermittelte, objektivierte Widerspiegelungen der Wirklichkeit erkannt werden können.* Die materialistische Hermeneutik hat zum Gegenstandsbereich einen speziellen sozialen Produktionsbereich: eine sprachlich und logisch strukturierte, in Aussagen-Kontexten systematische Menge von Widerspiegelungen der Praxis, die sich auf einen durch die Aussagen intendierten Teil oder die Totalität einer jeweiligen ökonomischen Gesellschaftsformation beziehen. Die materialistische Hermeneutik ist eine empirische Wissenschaft vom Text. Sie gibt mittels eines eigenen gegenstandsspezifischen Methodensystems Auskunft über die materiellen, sozialen Bedingungen der *historischen* Strukturierung sprachlicher Texte, soweit diese Bedingungen notwendig und zureichend waren, gerade diese und nicht eine beliebig andere Textgestalt zu begründen. Als Organon der Ideologiewissenschaft interpretiert sie den *Text als Produkt* und die Textformen als Formen gesellschaftlich notwendigen Bewußtseins; nicht abstrakt nach einem bloßen Schematismus von ›Basis und Überbau‹, sondern in seiner *Formspezifik:* sie fragt nach dem *konkreten Subjekt* der im Text herrschenden Kategorien und unterstellt nicht – wie die Literatursoziologie – ›die‹ Gesellschaft als abstraktes Subjekt; sie analysiert den Autor des Textes als Produzenten, dessen Produktion determiniert ist durch die Bedingungen, unter denen sich das Materielle, die Objektivität, ideologisch in ein geistiges Produkt umsetzt und übersetzt; diese Bedingungen sind die im Rahmen der gesellschaftlichen Psychologie mögliche Verfügung über das akkumulierte Wissen der Gesellschaft, der Grad der bewußten Kenntnis aller der Theorie- bzw. Textproduktion vorgängigen historisch-logisch gegebenen Abstraktionen, damit die Qualität der ›inneren Brechung äußerer Ursachen‹, die Integration in die ideologischen Systeme ›Alltagsbewußtsein‹ und ›Klassenbewußtsein‹, die Verfügung über die Produktivkraft ›Wissenschaft‹ und – nicht zuletzt – die Struktur der Persönlichkeit des Autors als ›abstrakte‹ oder ›konkrete Persönlichkeit‹ (L. Sève).

Die materialistische Hermeneutik verfährt also mit einem komplexen Perspektivsystem und reduziert niemals mechanistisch das Produkt auf die allgemeinen *ökonomischen* Produktionsverhältnisse der Gesellschaft, in der der Autor lebt. Sie mißversteht nicht die Sozialgeschichte als unmittelbaren ›Kontext‹ oder ›Beleg‹ der Textproduktion. Entsprechend den Differenzierungen der Widerspiegelungstheorie – die *keine*

Identitätsphilosophie ist – setzt sie bei den materiellen sozial-ökonomischen Bedingungen an und stößt vor bis in die Biographie des Autors; die Erforschung der Persönlichkeitspsychologie und der persönlichen Bewußtseinsstrukturen als Juxtastrukturen zum gesellschaftlichen Überbau, dem je besondere persönliche Suprastrukturen auf der Basis der individuellen (abstrakten oder konkreten) Arbeit entsprechen, bietet ihr eine wichtige Erklärungshilfe.

Diese Hermeneutik – hier ihr Charakteristikum – abstrahiert nicht die Geistesgeschichte vom materiellen Produktionsprozeß. Weil sie ihr Material als *Produkt* analysiert, ortet sie es in der Topographie der Arbeitsteilung. Als Produkt ist der Text integriert in das System der gesellschaftlichen Teilung von geistiger und körperlicher Arbeit. Die Aussagen des Textes über die intendierte Wirklichkeit widerspiegeln nicht nur den Grad der Integration in die geistige Produktion, sondern sie widerspiegeln das *Produktionsverhältnis* und die *Dialektik der Arbeitsteilung.* Diese Hermeneutik abstrahiert bei der Textanalyse nicht davon, daß der Text als Produkt systematisch in Beziehung steht zum gesellschaftlichen und individuellen Konsumenten. Der Text setzt als Konsumobjekt nicht nur konsumierende Subjekte voraus, sondern er schafft sich selbst einen Markt, er trägt bei zur Produktion von Bedürfnissen nach Texten. Dieser Zusammenhang wird besonders einsichtig, wenn unter Texten nicht nur literarische, gar belletristische verstanden werden, sondern z. B. Gesetzestexte. In die Produktion positiver Gesetze gehen augenscheinlicher als etwa beim Roman nicht nur die privaten Produktionsbedingungen ein, sondern sozial-ökonomische, politisch-institutionelle und allgemein-ideologische (öffentliche Meinung). Die Tendenzen zur Fetischisierung menschlicher Interaktions- und Arbeitsbeziehungen treten hier offener zutage. Die traditionelle bürgerliche rechtshistorische oder positiv-gesetzliche Hermeneutik liefert Beweise in Fülle, in welchem Maße die hermeneutische Interpretation als sekundäres Fetischisierungsinstrument dient. Ein deutliches Beispiel:

»Die eigentliche Auslegung deutet den Sinn des Gesetzes aus seinem rechtspolitischen Zweck, richtiger aus seiner rechtspolitischen Zwecksetzung [...] Die objektive Theorie [der Auslegung] gewinnt die Richtlinien der Gesetzesauslegung aus den Werturteilen der bei der

Entscheidung, nicht bei der Setzung herrschenden Kulturschicht«
(Bartholomeyczik: (476), 40; 44; vgl. Bibl.: (475)–(516)).
Ähnlich definiert auch F. Wieacker als »Grundfrage der Hermeneutik
[...] die *Applikation*, nämlich die unmittelbare Anpassung des au-
toritären Wortes an die sich wandelnde Aufgabe« (Wieacker: (513),5).

Der Gesetzestext kann als Paradigma dienen, weil er nicht nur
hinsichtlich seines Inhalts den Klassencharakter geistiger ideologischer Produkte offenbart, sondern bereits in seiner Form:
die *Sprache* juristischer Texte widerspiegelt in ihrer Abstraktheit die reale Abstraktheit der sozial-politischen Beziehungen,
die das Gesetz regelt und organisiert, und die Klasseninteressen an dieser Abstraktheit. Die Sprache – dies ist ein wesentlicher Aspekt der materialistischen Hermeneutik – fungiert als
ideeller Träger ›ökonomischer Charaktermasken‹; durch ihre
relative Beständigkeit gegenüber materiellen Basis-Veränderungen tradiert sie den ideologischen Anachronismus. Auf dieses Problem muß die materialistische Hermeneutik grundsätzlich ihr Augenmerk richten; nicht nur im politisch-institutionell
verwerteten Text, sondern im Gesamtbereich textueller ideologischer Widerspiegelungen wirkt die Sprache gegenüber der
intendierten Aussage über die Wirklichkeit regressiv oder anti-
zipatorisch, so daß die hermeneutische Auslegung kaum jemals
von einer unmittelbaren Identität von widerspiegelnder Aussage und Objektwelt ausgehen kann. Die Gedankentotalität,
die ein Text darstellt, unterliegt den gesellschaftlich notwendigen Bedingungen ihrer Genese. Zu diesen Bedingungen gehört,
daß sie nicht nur in der Unmittelbarkeit des je aktuellen gesellschaftlichen Seins produziert werden, sondern den ›historischen Block‹ von materieller und geistiger Arbeit, von Arbeit
und Ideologie in sich bergen.
So gehen in den Text nicht nur Produktionsformen ein; er
widerspiegelt vielmehr Reproduktionsinhalte, die dem Autor
bewußt oder nicht bewußt sind. Die als ›Wiederkehr des Gleichen‹ oft mißverstandenen konstanten ›Figuren‹ und Metaphern, die sich durch ganze Epochen z. B. der Literaturgeschichte hindurchziehen und den Schein der Geschichtslosigkeit
ästhetischer Bewußtseinsleistungen provozieren, bilden ein besonderes Problem für jede Interpretation, die radikal gegenwärtig interessiert ist. Die offensichtliche Invarianz sprachlicher Motive z. B. in der Lyrik oder die Beharrlichkeit bestimm-

ter Mythen (wie des Ödipus-Mythos in der Literatur) durch
Jahrhunderte hat dazu verführt, sie als ›Archetypen‹ (wie die
C. G. Jungsche ›magna mater‹) zu erklären. Gewiß variieren
sich solche Grundtopoi entsprechend neuen sozialen Konstellationen. Es wäre aber falsch, dieses Phänomen sprachlicher
Reproduktion geschichtlich überwundener Wirklichkeitsgehalte
einfach zu leugnen. Die Literaturwissenschaft ›stößt‹ nicht auf
diese Motive durch Zufall, sondern entdeckt sie nach bestimmten erkenntnisleitenden Interessen, die ideologiewissenschaft-
lich deutbar sind. Auffällig ist, daß etwa die Jungschen ›Archetypen‹ insgesamt *Naturbeziehungen* des Menschen beinhalten.
Es handelt sich in ihnen um Primärerfahrungen jeden individuellen Bewußtseins, Erfahrungen von Geburt, Familienbe-
ziehung etc. Die materialistische Hermeneutik erklärt diese
scheinbaren ›Archetypen‹ als relativ konstante anthropologische Erfahrungen; konstante Motive und Topoi widerspiegeln
Primärerfahrungen der materiellen natürlichen Produktion
und Reproduktion, die nur ihrer Erscheinung nach unhistorisch
sind. Die relativ beständigen sprachlichen Konstellationen bilden keine ›transkulturellen‹ Welterfahrungen ab. Die materialistische Hermeneutik kann solche literarischen, aber auch politisch-ideologischen und juristischen (man denke an die *natur*-
rechtlichen Kategorien unseres Rechtssystems) sprachlichen
Konfigurationen erklären: als durch die Dialektik der Natur
erzeugte und der Dialektik der Arbeit entsprechend variierte
Widerspiegelungen des geschichtlichen Prozesses, der ein Prozeß der Selbsterzeugung des Menschen in der Natur ist.
Die materialistische Hermeneutik wird sich deshalb nicht mit
einer semantischen oder logisch-strukturellen Analyse zufrie-
den geben; das Kriterium ihrer Auslegung ist – entsprechend
dem erkenntnistheoretischen Praxis-Kriterium der Wahrheit –
die Praxis in ihrer gesellschaftlichen Form; die Strukturanalyse
der logischen Wahrheit von Texten setzt deshalb eine nicht-
formale Methode voraus; die materialistische Hermeneutik
findet sie in der *dialektischen Logik,* der materialistischen, historischen, genetischen Logik. Die materialistische Hermeneutik geht aus von einem Erkenntnisprozeß, in dem allseitig die
Logik der Praxis, die Logik der Erkenntnis, die Logik der
Sprache *und* die Logik der Zerstörung der Identität von Praxis, Erkenntnis und Sprache erforscht sind; diese Erkenntnis

leistet sie selbst nicht. Hierin liegt die Begründung für ihre Definition als klassifikatorisch der Ideologiewissenschaft untergeordnete wissenschaftliche Disziplin.

Die materialistische Hermeneutik ist eine empirisch verfahrende, das Theoriensystem der materialistischen Dialektik anwendende Wissenschaft. Sie ist materialistisch, weil sie ihren Gegenstand als Prozeßelement des materiellen Entwicklungsgangs der Dialektik der Arbeit in idealler Form und mit materiell-praktischer Wirkung auffaßt und erklärt; sie ist eine realistische Wissenschaft, weil sie die Objektivationen des menschlichen Bewußtseins im Text als *parteiliche Erkenntnis- und Wissensformen* begreift. Die materialistische Hermeneutik ist eine Wissenschaft. Dies bedeutet für ihren sozialen und kategorialen Status: sie ist *allgemeine Arbeit* und reproduziert als ›abstrakte Quintessenz‹ ihrer Gegenstände Schlußfolgerungen aus der Geschichte der Erkenntnis der Welt, die im Text bereits aktualisiert worden waren. So wird sie in noch vermittelterer Form als schon ihr Material zum Modell der ›zweiten Geschichte‹; sie verhält sich bewußt parteilich – klassenbewußt und geschichtsbewußt – zur ›ersten Geschichte‹, welche die Menschen erkennen können, weil sie ihre Geschichte selbst machen. Die materialistische Hermeneutik ist ein Paradigma der ›Geschichte als Kritik‹. Als Wissenschaft ist sie eine gesellschaftliche Produktivkraft und wirkt praktisch durch die Parteinahme für eine bestimmte ›Geschichte‹. Als Wissenschaft ist sie gewiß eine Ideologie, die selbst den Gesetzen der Ideologiebildung unterliegt. Ihre Chance ist: sie kennt diese Gesetze und wendet sie methodisch gesichert an. Sie ist verwirklichtes aktives Geschichtsbewußtsein und dient der Praxis der Befreiung von blinder ›naturwüchsiger‹ Geschichtsnotwendigkeit.

Meiner Frau und meinen Kindern gewidmet.
Gießen, April 1973

Zeitschriften – Sigeln

ABG	Archiv für Begriffsgeschichte.
ANTWP	Algemeen Nederlands Tijdschrift voor Wijsbegeerte en Psychologie. Naarden.
AP	Archives de Philosophie. Chantilly.
ARGUMENT	Das Argument. Berlin (W.).
ARS	Archiv für Rechts- und Sozialphilosophie.
ARWPH	Archiv für Rechts- und Wirtschaftsphilosophie.
ASNS	Archiv für das Studium neuerer Sprachen
BB	Berufsbildung. Berlin (DDR).
BGDA	Beiträge zur Geschichte der deutschen Arbeiterbewegung. Berlin (DDR).
DVLG	Deutsche Vierteljahrschrift für Literaturwissenschaft und Geistesgeschichte.
DZP	Deutsche Zeitschrift für Philosophie. Berlin (DDR).
EINHEIT	Einheit. Berlin (DDR).
ESPRIT	Esprit. Paris.
FC	Filosofický Časopis. Praha.
FILOZOFIA	Filozofia. Bratislava.
FM	Filosofska misul. Sofija.
FN	Filosofskie nauki. Moskva.
GUST	Geschichtsunterricht und Staatsbürgerkunde. Berlin (DDR).
HZ	Historische Zeitschrift.
IIF	Izvestija na Instituta po Filosofija. Sofija.
JbPhil	Jahrbuch der Philologie.
KJ	Kritische Justiz.
KOMMUNIST	Kommunist. Moskva.
KST	Kantstudien.
MBL	Marxistische Blätter.
NM	Nová mysl. Praha.
NPL	Neue Politische Literatur.
PENSEE	La Pensée. Revue du rationalisme moderne. Paris.
PJGG	Philosophisches Jahrbuch der Görres-Gesellschaft.
PRAXIS	Praxis. Revue philosophique. Ed. internationale. Zagreb.
PRDSCH	Philosophische Rundschau.
RFILOZ	Revista de filozofii. Bucuresti.
RRSS	Revue Roumaine des Sciences Sociales. Série: Philosophie et logique. Bucuresti.
SG	Studium Generale. Berlin (W.).
SW	Die Soziale Welt.

SWGB	Sowjetwissenschaft. Gesellschaftswissenschaftliche Beiträge. Berlin (DDR).
TECHNG	Die technische Gemeinschaft. Berlin (DDR).
TFILOS	Tijdschrift voor Filosophie. Leuven.
TRF	Trudy po filosofii. Tartu.
UBM	Unter dem Banner des Marxismus.
VANSSSR	Vestnik akademii nauk SSSR. Moskva.
VCUF	Vestnik Char'k. universiteta. Serija Filosofii. Charkow.
VF	Voprosy filosofii. Moskva.
VMUF	Vestnik moskovskogo universiteta. Serija Filosofija. Moskva.
WIRTSCHAFT	Die Wirtschaft. Berlin (DDR).
WIŻUG	Wissenschaftliche Zeitschrift der Ernst-Moritz-Arndt-Universität Greifswald. Gesellschafts- und sprachwissenschaftliche Reihe. Greifswald.
WZUH	Wissenschaftliche Zeitschrift der Martin-Luther-Universität Halle-Wittenberg. Gesellschafts- und sprachwissenschaftliche Reihe. Halle.
WZHUB	Wissenschaftliche Zeitschrift der Humboldt-Universität Berlin. Gesellschafts- und sprachwissenschaftliche Reihe. Berlin (DDR).
WZUNR	Wissenschaftliche Zeitschrift der Universität Rostock. Gesellschafts- und sprachwissenschaftliche Reihe. Rostock.
WZTHM	Wissenschaftliche Zeitschrift der Technischen Hochschule »Otto von Guericke« Magdeburg. Magdeburg.
ZA	Zeszyty argumentow. Warszawa.
ZFAW	Zeitschrift für allgemeine Wissenschaftstheorie.
ZGW	Zeitschrift für Geschichtswissenschaft. Berlin (DDR).
ZPF	Zeitschrift für philosophische Forschung.
ZThK	Zeitschrift für Theologie und Kirche.
ZZ	Zeichen der Zeit. Berlin (DDR).

Bibliographie

1. Quellen: Marx – Engels – Lenin

Karl Marx / Friedrich Engels, *Werke*. Hg. v. Institut für Marxismus-Leninismus beim ZK der SED. 39 Bd., 1 Erg. Bd. in 2 Tl., 2 Registerbd. Berlin 1956-1971. (Zit.: *MEW*, Bd., S.).
W. I. Lenin, *Werke*. Nach der 4. russ. Ausg. hg. v. Institut für Marxismus-Leninismus beim ZK der SED. 40 Bd., 1 Erg. Bd., 3 Registerbd. Berlin 1961-1969. (Zit.: *LW*, Bd., S.).
Einschlägig vor allem:
Was sind die Volksfreunde? Bd. 1.
Was tun? Bd. 2.

2.1. Hilfsmittel

1 N. Henrichs, *Bibliographie der Hermeneutik und ihrer Anwendungsbereiche seit Schleiermacher.* Düsseldorf 1968.
2 *Bibliographie Philosophie.* Zentralstelle f. d. philosophische Information u. Dokumentation im Institut f. Gesellschaftswissenschaften beim ZK der SED. Berlin 1967 ff.
3 *Erkenntnistheorie. Philosophische Probleme der Methodologie und Logik.* Referateblatt Philosophie. Reihe D. Hg. v. d. Zentralstelle f. d. philosophische Information und Dokumentation im Institut f. Gesellschaftswissenschaften beim ZK der SED. Berlin 1968 ff.
4 *Aktuelle Probleme der marxistisch-leninistischen Philosophie in der UdSSR.* Monatsübersicht aus sowjetischen philosophischen Zeitschriften. Hg. v. d. Zentralstelle f. d. philosophische Information und Dokumentation im Institut f. Gesellschaftswissenschaften beim ZK der SED. Berlin 1963 ff.
5 *Philosophisches Wörterbuch.* Hg. v. Georg Klaus u. Manfred Buhr. 6., erw. u. überarb. Aufl. Leipzig 1969.
Vor allem Artikel:
Abbild / Abbildtheorie / Anschauung / Antizipation / Arbeit / Arbeiterklasse / Ästhetik / Autonomie / Basis und Überbau / Bedingungen des materiellen Lebens der Gesellschaft / Begriff / Bewußtsein / bürgerliche Gesellschaft / Denken / Determinismus / Dialektik / Entfremdung / Erkenntnis / Erkenntnistheorie / Fetischismus / Fortschritt / Freiheit / Geschichte / geschichtliches Denken / Geschichtsphilosophie / Gesellschaft / gesellschaftliches Bewußtsein / gesellschaftliches Sein / Hermeneutik / Historismus / idealistische Geschichtsauffassung / Identität / Ideologie / Interessen / Kategorie / Klasse / Klassenbewußtsein / Klassenkampf / Logik, dialektische / Marxismus-Leninismus / Materialismus, dialektischer, historischer / Natur / Notwendigkeit / Partei / Parteilichkeit / Philosophie / Praxis / Produktion / Produktionsverhältnisse / Produktivkräfte /

Recht / Revolution / Sein / Spontaneität / Sprache / Subjekt-Objekt-Dialektik / Theorie / Überbau / Utopie / Vernunft / Wahrheit / Weltanschauung / Widerspiegelung / Widerspruch.

2.2. Handbücher zum historischen und dialektischen
Materialismus

6 *Studienmaterial für das marxistisch-leninistische Grundlagen-
studium.* 2. Bd.; *Aus den Werken der Klassiker des Marxismus-
Leninismus.* Berlin 1968.

7 *Grundlagen des Marxismus-Leninismus.* Lehrbuch. Nach der
2. überarb. u. erg. russ. Ausg. Berlin 1963.

8 *Grundlagen der marxistischen Philosophie.* Nach der 2. überarb. u. erg. Ausg. Berlin 1964.

9 *Marxistische Philosophie.* Lehrbuch. Berlin 1967.

10 *Einführung in den dialektischen und historischen Materialismus.*
Autorenkollektiv u. d. Leitung v. G. Redlow, H. Frommknecht,
M. Klein. Frankfurt/M. 1971.

10a *Grundlagen der marxistisch-leninistischen Philosophie.* 2., nach
der 2. russ. Ausg. durchgesehene Aufl. Frankfurt/M. 1972.

11 M. M. Rosenthal (Red.), *Lenin als Philosoph.* Hg. v. d. Akademie für Gesellschaftswissenschaften b. ZK d. KPdSU. Frank-
furt/M. 1971.

12 *Zur Geschichte der marxistisch-leninistischen Philosophie in
Deutschland.* Bd. I: *Von ihren Anfängen bis zur Großen Sozialistischen Oktoberrevolution.* Von M. Klein, E. Lange, Fr. Richter. 2 Hbd. Berlin 1969.

13 W. Hollitscher, *Die Natur im Weltbild der Wissenschaft.* Bearb.
3. Aufl. Wien 1965.

14 W. Hollitscher, *Der Mensch im Weltbild der Wissenschaft.* Wien
1969.

2.3. Allgemeine Geschichte der Hermeneutik

15 Fr. Ast, *Grundlinien der Grammatik, Hermeneutik und Kritik.*
Landshut 1808.

16 W. R. Beyer, *Hermeneutik.* In: *Philosophisches Wörterbuch* (5),
473-475.

17 E. C. Blackman, *Biblical Interpretation.* Philadelphia 1957.

18 F. Blass, *Geschichte der Hermeneutik und Kritik.* In: *Handbuch
d. Klassischen Altertumswissenschaften.* Hg. v. Müller, I. Bd. I.
1892.

19 R. Bultmann, *Das Problem der Hermeneutik*. In: *Glauben und Verstehen*. 2 Bd. Tübingen ⁴1965, 211-235.

20 W. Dilthey, *Die Entstehung der Hermeneutik. Zusätze aus den Handschriften*. In: *Gesammelte Schriften* V. Bd., Leipzig/Berlin 1924, 317-338.

21 G. Ebeling, *Hermeneutik*. In: *Die Religion in Geschichte und Gegenwart*. Hg. v. K. Galling. Tübingen ³1959, 242-262.

22 E. Fuchs, *Hermeneutik*. Tübingen ⁴1970.

23 L. Geldsetzer, *Vorwort* und *Einleitung* zu: G. Fr. Meier, *Versuch einer allgemeinen Auslegungskunst*. Nachdruck d. Ausg. Halle 1757. Düsseldorf 1965.

24 L. Geldsetzer, *Hermeneutik*. In: *Das Fischer-Lexikon Philosophie*. Frankfurt/M. ²1967, 95-101.

25 E. F. Heigel-Vogel, *Hermeneutik*. In: Ersch-Gruber, *Real-Enzyklopädie*. 2. Sektion, Bd. VI. Leipzig 1829, 300 ff.

26 H. Lipps, *Untersuchungen zu einer hermeneutischen Logik*. Frankfurt/M. 1938.

27 J. M. Robinson, *Die Hermeneutik seit Karl Barth*. In: *Die neue Hermeneutik*. Hg. v. J. M. Robinson / J. B. Cobb, jr. Zürich/Stuttgart 1965, 13-108.

28 F. E. D. Schleiermacher, *Hermeneutik*. Nach Handschriften neu hg. u. eingel. v. H. Kimmerle. Abh. d. Heidelberger Ak. d. Wiss. Philos.-historische Klasse, Jg. 1959, 2. Abh. Heidelberg 1959.

29 G. Stachel, *Die neue Hermeneutik. Ein Überblick*. München 1968.

30 J. Wach, *Das Verstehen. Grundzüge einer Geschichte der hermeneutischen Theorien im 19. Jahrhundert*. 3 Bd. Tübingen 1926 bis 1933. Nachdruck Hildesheim 1966.

31 O. Weber, *Hermeneutik*. In: Kirchenlexikon. Hg. v. H. Brunotte / O. Weber. Göttingen ²1962, 120-126.

3.1. Historischer Materialismus

32 I. K. N. Alnas, *Marx si determinismul social. (Marx und der gesellschaftliche Determinismus.)* In: *Marxismul si contemporaneitatea*. Bukarest 1968, 320-332.

33 P. Bollhagen, *Determinismusmodell und Gesellschaftsprognose bei Karl Marx*. In: *Die philos. Lehre von Karl Marx u. ihre aktuelle Bedeutung*. Berlin 1968, 783-787.

34 D. Česnokov, *Voprosy istoričeskogo materializma v knige V. I. Lenina ›Materializm i empiriokriticizm‹. (Fragen des Historischen Materialismus im Werk W. I. Lenins ›Materialismus und Empiriokritizismus‹.)* In: *KOMMUNIST* 46 (1969), 35-44.

35 R. Garaudy, *Die Freiheit als philosophische und historische Kategorie*. Mit einem Vorw. von Maurice Thorez. Berlin 1959.

36 G. J. Gleserman, *Der Marxismus-Leninismus über Basis und Überbau*. Berlin 1952.

37 G. J. Gleserman, *Der historische Materialismus und die Entwicklung der sozialistischen Gesellschaft*. Berlin 1969.

38 L. G. Gorschkowa, *Engels und die materialistische Geschichtsauffassung*. In: (65), 405-434.

39 A. Gramsci, *Il materialismo storico e la filosofia di Benedetto Croce*. Opere Bd. 2. Turin ⁸1966. (Deutsche Auswahl in: A. Gramsci, *Philosophie der Praxis. Eine Auswahl*. Hg. u. übers. v. Ch. Riechers. Frankfurt/M. 1967, 129-181).

40 F. Jakubowski, *Der ideologische Überbau in der materialistischen Geschichtsauffassung*. Nachdruck Frankfurt/M. 1968.

41 K. Korsch, *Die materialistische Geschichtsauffassung. Eine Auseinandersetzung mit Karl Kautsky* (1929). Nachdruck Frankfurt/M. 1971.

42 A. D. Kosičev, *Voprosy stanovlenija dialektiko-materialisti-českogo ponimanija istorii v rannich trudach Marksa i Engelsa. (Fragen der Entstehung der dialektisch-materialistischen Geschichtsauffassung in Frühwerken von Marx und Engels.)* In: *FN* 11 (1968), 15-24.

43 D. F. Kozlov, *Voprosy istoričeskogo materializma v ›Kapitale‹ Karla Marksa. (Fragen des Historischen Materialismus im ›Kapital‹ von Karl Marx.)* In: *VMUF* 23 (1968), 13-21.

44 H.-J. Krahl, *Konstitution und Klassenkampf. Zur historischen Dialektik von bürgerlicher Emanzipation und proletarischer Revolution*. Frankfurt/M. 1971.

45 H. Lefèbvre, *Probleme des Marxismus heute*. Frankfurt/M. 1965.

46 T. I. Oiserman, *Determinismus und Freiheit*. In: *DZP* 19 (1971), 1460-1470.

47 T. I. Oiserman, *Die dialektische Verwandlung von Notwendigkeit in Freiheit*. In: (65), 372-402.

48 G. W. Plechanow, *Über materialistische Geschichtsauffassung*. Berlin 1946.

49 G. W. Plechanow, *Zur Frage der Entwicklung der monistischen Geschichtsauffassung*. Berlin 1956.

50 G. W. Plechanow, *Grundprobleme des Marxismus*. Berlin 1958.

51 T. Pop, *Probleme de materialism istoric in ›Manuscrisele economico-filosofice din 1844‹. (Fragen des historischen Materialismus in den ›Ökonomisch-philosophischen Manuskripten von 1844‹)*. In: *RFILOZ* 15 (1968), 575-585.

52 K. Reissig / W. Schmidt, *Das ›Manifest der Kommunistischen Par-

tei< – die erste marxistische Gesellschaftsprognose. In: ZGW 16 (1968), 549-564.

53 A. Schmidt, *Der Begriff der Natur in der Lehre von Marx.* Frankfurt/M. 1962.

54 J. W. Stalin, *Werke.* Auf Beschluß des ZK der KPD/ML. Hamburg 1971. Einschlägig vor allem:
Kurze Darlegung der Meinungsverschiedenheiten in der Partei, Bd. 1.
Antwort an den >Sozialdemokrat<, Bd. 1.
Anarchismus oder Sozialismus? Bd. 1.
Über die Grundlagen des Leninismus, Bd. 6.
Über dialektischen und historischen Materialismus. In: J. W. Stalin. *Zu den Fragen des Leninismus. Eine Auswahl.* Hg. v. H.-P. Gente. Frankfurt/M. 1970, 251-280.
Der Marxismus und die Fragen der Sprachwissenschaft. In: Gente, 281-284.

55 I. Taubert, *Zur materialistischen Geschichtsauffassung von Marx und Engels. Über einige theoretische Probleme im ersten Kapitel der >Deutschen Ideologie<.* In: BGDA 10 (1968), Sonderheft, 27 bis 50.

56 F. Tomberg, *Basis und Überbau. Sozialphilosophische Studien.* Neuwied/Berlin 1969.

3.1.1. Theorie der Geschichte und der Geschichtsschreibung

56a W. Berthold (Hg.), *Kritik der bürgerlichen Geschichtsschreibung.* Köln 1970.

57 C. Bobinska, *Historiker und historische Wahrheit. Zu erkenntnistheoretischen Problemen der Geschichtswissenschaft.* Berlin 1967.

58 P. Bollhagen, *Soziologie und Geschichte.* Berlin 1966.

59 P. Bollhagen, *W. I. Lenin und der Historismus.* In: *Philosophen-Kongreß DDR 1970. Teil III: Die Leninsche Weiterentwicklung der marxistischen Philosophie.* Berlin 1970, 83-90.

60 *Geschichte und Klassenbewußtsein heute. Diskussion und Dokumentation.* F. Cerutti, D. Classen, H.-J. Krahl, O. Negt, A. Schmidt. Amsterdam 1971.

60a G. Brendler, *Zur Rolle der Parteilichkeit im Erkenntnisprozeß des Historikers.* In (63a), 103-120.

61 R. Döhring, *Zu einigen Problemen der Entwicklung des sozialistischen Geschichtsbewußtseins.* In: GUST 12 (1970), 590-596.

62 E. Engelberg, *Parteilichkeit und Objektivität in der Geschichtswissenschaft.* In: ZGW 17 (1969), 74-79.

63 E. Engelberg, *Über Gegenstand und Ziel der marxistisch-lenini-stischen Geschichtswissenschaft.* In: *Marxismus-Digest,* H. 2/ 1971, 3-29.

63a E. Engelberg (Hg.), *Probleme der Geschichtsmethodologie.* Berlin 1972.

63b E. Engelberg, *Über Theorie und Methode in der Geschichtswissenschaft.* In (63a), 11-32.

64 O. Feyl, *Geschichtswissenschaft und Geschichtsbewußtsein.* In: ZGW 16 (1968), 492-497.

65 O. Finger, *Engels' Beitrag zur Methodologie der Philosophiegeschichte und zur Kritik der bürgerlichen Philosophie.* In: *Friedrich Engels und moderne Probleme der Philosophie des Marxismus.* Eine Gemeinschaftsarbeit dt. und sowj. Philosophen, hg. v. Matthäus Klein / Hermann Ley. Berlin 1971, 85-116.

66 S. Heppener / V. Wrona, *Die materialistische Geschichtsauffassung - wissenschaftliche Grundlage der marxistisch-leninistischen Theorie des Sozialismus.* In: *DZP* 17 (1969), 33-72.

67 P. Hinze, *Zum erkenntnistheoretischen und soziologischen Aspekt des Geschichtsbewußtseins.* In: *WZTHM* 12 (1968), 49-51.

68 E. Hoffmann, *Zur Entwicklung und Rolle der westdeutschen Geschichtsschreibung. Diskussionsgrundlage.* In: ZGW 8 (1960), 1811-1831.

69 I. S. Kon, *Fragen der Theorie der Geschichtswissenschaft in der modernen bürgerlichen Geschichtsschreibung.* In: ZGW 7 (1959), 973-1001.

70 I. S. Kon, *Die Geschichtsphilosophie des 20. Jahrhunderts.* Bd. II. Berlin ²1966.

71 P. V. Kopnin, *K voprosu o metode istoriko-filosofskogo issledovanija. (Über die Methode der historisch-philosophischen Forschung).* In: *VF* 21 (1967), 106-116.

72 W. Küttler / G. Lozek, *Marxistisch-leninistischer Historismus und Gesellschaftsanalyse. Die historische Gesetzmäßigkeit der Gesellschaftsformationen als Dialektik von Ereignis, Struktur und Entwicklung.* In: (63a), 33-78.

73 G. Lukács, *Geschichte und Klassenbewußtsein.* In: *Werke,* Bd. 2, *Frühschriften* II. Neuwied/Berlin 1968.

73a H. Meier / W. Schmidt, *Geschichtsbewußtsein und sozialistische Gesellschaft. Beiträge zur Rolle der Geschichtswissenschaft, des Geschichtsunterrichts und der Geschichtspropaganda bei der Entwicklung des sozialistischen Bewußtseins.* Berlin 1970.

74 Ch. N. Momdshian, *Marx und das Problem des historischen Fortschritts.* In: *Die philos. Lehre von Karl Marx und ihre aktuelle Bedeutung.* Berlin 1968, 96-106.

75 W. W. Nowikow, *Bewußter Historismus*. In: *Weimarer Beiträge*
17 (1971), 34-52.

76 G. A. Podkorytov, *Istorizm kak metod naučnogo poznanija.
(Der Historismus als Methode der wissenschaftlichen Erkenntnis)*. Leningrad 1967.

77 F. Richter / V. Wrona, *Theoretische Grundfragen der Geschichte
der marxistisch-leninistischen Philosophie*. In: *DZP* 19 (1971),
344-363.

78 F. Rupprecht, *Theoretische und methodische Fragen der Bestimmung und Erfassung des sozialistischen Geschichtsbewußtseins*.
In: *ZGW* 15 (1967). 843-849.

79 A. Schaff, *Das Individuum und die Geschichte*. In: *Marxismus
und das menschliche Individuum*. Wien 1965, 183-217.

80 A. Schaff, *Geschichte und Wahrheit*. Frankfurt/M. 1970.

81 A. Schmidt, *Über Geschichte und Geschichtsschreibung in der
materialistischen Dialektik*. In: *Folgen einer Theorie.
Essays über ›Das Kapital‹ von Karl Marx*. Frankfurt/M. 1967,
103-129.

82 A. Schmidt, *Geschichte und Struktur. Fragen einer marxistischen
Historik*. München 1971.

82a W. Schmidt, *Geschichtsbewußtsein und sozialistische Persönlichkeit bei der Gestaltung der entwickelten sozialistischen Gesellschaft*. In (73a), 8-40.

83 H. Schulze, *Bürgerliche Geschichtsschreibung zwischen Historis-
mus und historischem Materialismus*. In: *ARGUMENT* 70
(= Sonderband: *Kritik der bürgerlichen Geschichtswissenschaft*
I), 1972, 125-141.

83a J. Stahl, *Die Rolle der Geschichtspropaganda im System der
politischen Massenarbeit im VEB Schiffswerft ›Neptun‹ Rostock*.
In (73a), 178-182.

83b G. Stiehler, *Geschichte und Verantwortung. Zur Frage der Alternativen in der gesellschaftlichen Entwicklung*. Berlin 1972.

84 J. Streisand, *Geschichtsbild und Geschichtsbewußtsein*. In: *GUST*
10 (1968), 1059-1069.

84a J. Streisand, *Geschichtsforschung und Geschichtsschreibung auf
dem Wege zur sozialistischen Menschengemeinschaft*. In (73a),
41-55.

85 A. I. Verbin / P. M. Egides, *O sootnošenii zakonov istoričeskoj
nauki. (Über das Wechselverhältnis der Gesetze des historischen
Materialismus und der Geschichtswissenschaft)*. In: *VF* 22 (1968),
110-117.

86 A. S. Achiezev, *Nekotorye problemy kategorii praktiki. (Einige Probleme der Praxis)*. In: *Sborn. tr. (Vsevojuz. zooč. politechn. in-t.)* 1967, 23-28.

87 B. Bosnjak, *Rozwazania o praxis. (Betrachtungen über die Praxis)*. In: *ZA* 1966, H. 2, 5-27.

88 J. F. Buchalov, *K voprosu o soderžanii ponjatija praktiki. (Über den Inhalt des Begriffs der Praxis)*. In: *VCUF* 1965, H. 1, 43-54.

89 M. Cekić, *Ist die Praxis der Maßstab der Wahrheit?* (Kurzfassung). In: *Akten d. XIV. Int. Kongr. f. Philos.* Wien, 2.-9. 9. 1968. Bd. III, Wien 1969, 302 ff.

90 M. Durić, *Praxis, Arbeit und Handeln.* In: *PRAXIS* 1971, H. 1/2, 101 ff.

91 W. Eichhorn I, *Dialektik, Bewußtsein und revolutionäre Praxis.* In: *DZP*, Sonderheft 1967: *Philosophie und Politik in unserer Epoche*, 28-48.

92 S. I. Gončaruk, *Edinstvo teorii i praktiki. (Einheit von Theorie und Praxis).* Moskau 1965.

93 J. Habermas, *Arbeit und Interaktion. Bemerkungen zu Hegels Jenenser ›Philosophie des Geistes‹.* In: *Technik und Wissenschaft als ›Ideologie‹.* Frankfurt/M. 4. Aufl. 1970, 9-47.

94 D. Henrich (Hg.), *Über Theorie und Praxis.* Frankfurt/M. 1967.

95 G. Herzberg, *Materialismus und Praxis.* In: *DZP* 15 (1967), 968-980.

96 T. M. Jaroszewski, *Razvitie V. I. Leninym marxistskogo ponimanija praktiki i sovremennost. (Die Weiterentwicklung der marxistischen Praxis-Konzeption durch W. I. Lenin und die Gegenwart).* In: *VF* 23 (1969), 17-29.

97 G. Koch, *Gesetzmäßigkeit und Praxis. Zur Dialektik von objektiver gesellschaftlicher Gesetzmäßigkeit und subjektiv praktischer Tätigkeit.* Berlin 1968.

98 E. Mieth, *Zum Leninschen Praxisbegriff in Auseinandersetzung mit der ›Philosophie der Praxis‹.* In: *Philosophen-Kongreß DDR* 1970. Teil III: *Die Leninsche Weiterentwicklung der marxistischen Philosophie.* Berlin 1970, 97-103.

99 M. Markov, *Marksistskaja filosofija o praktike. (Die marxistische Philosophie über die Praxis).* In: *Kommunist Êstonii.* 1965, H. 5, 34-42.

100 M. Marković, *Dialektik der Praxis.* Frankfurt/M. 1968.

101 A. P. Ogurcov, *Praktika kak filosofskaja problema. (Obzor literatury). (Die Praxis als philosophisches Problem).* In: *VF* 21 (1967), 91-105.

102 H. Opitz, *Philosophie und Praxis. Eine Untersuchung zur Herausbildung des marxistischen Praxisbegriffs.* Berlin 1967.

103 J. Peters / V. Wrona, *Die Praxis und das System der marxistisch-leninistischen Philosophie.* In: *DZP* 15 (1967), 1105-1119.

104 M. Riedel, *Hegel und Marx. Die Neubestimmung des Verhältnisses von Theorie und Praxis.* In: G.-K. Kaltenbrunner (Hg.), *Hegel und die Folgen,* Freiburg 1970, 273-294.

105 H. Seidel, *Vom praktischen und theoretischen Verhältnis des Menschen zur Wirklichkeit.* In: *DZP* 14 (1966), 1177-1191.

106 H. Seidel, *Praxis und marxistische Philosophie.* In: *DZP* 15 (1967), 1470-1485.

107 G. Stiehler, *Dialektik und Praxis, Untersuchungen zur »tätigen Seite« in der vormarxistischen und marxistischen Philosophie.* Berlin 1968.

108 H. Wald, *Les modalités gnoséologiques de la pratique.* In: *RRSS* 11 (1967), 125-134.

109 D. Wittich, *Praxis, Erkenntnis, Wissenschaft.* Berlin 1965.

110 I. E. Zuev, *Leninizm o sootnošenii ob-ektivnogo i sub-ektivnogo v poznanii i praktičeskoj dejatel'nosti. (Der Leninismus über die Wechselwirkungen des Objektiven und Subjektiven in der Erkenntnis und praktischen Tätigkeit).* In: *Uč. zap. (Smol. in-t. fiz. kultury)* 1966, H. 4, 5-182.

3.2. Dialektischer Materialismus

111 V. I. Aleksašin, *Osnovnye zakony materialističeskoj dialektiki.* Pod. red. M. S. Lapšina. *(Die Grundgesetze der materialistischen Dialektik.)* Minsk 1959.

112 G. Alexander / H. Kirsch, *Zur Bestimmung der Kategorien »Basis-Überbau«.* In: *WZUH* 18 (1969), 297-301.

113 G. Alexander / H. Kirsch, *Zum Inhalt der Kategorien Basis-Überbau in der marxistisch-leninistischen Philosophie.* In: *DZP* 17 (1969), 840-849.

114 N. P. Antonov, *Proischoždenie i suščnost' soznanija. (Ursprung und Wesen des Bewußtseins.)* Ivanov 1959.

115 Ch. Baumann, *Die Dialektik von gesellschaftlichem Sein und gesellschaftlichem Bewußtsein.* In: *NWE* 24 (1969), 765-767.

116 F. I. Chaschačich, *Materie und Bewußtsein.* Berlin 1959.

117 A. Deborin, *Lenin als revolutionärer Dialektiker.* In: O. Negt (Hg.), Abram Deborin, Nikolai Bucharin, *Kontroversen über dialektischen und mechanistischen Materialismus.* Frankfurt/M. 1969, 51-92.

118 A. Deborin, *Materialistische Dialektik und Naturwissenschaft.* In: (117), 93-134.
119 A. Deborin, *Hegel und der dialektische Materialismus.* In: (117), 172-188.
120 W. Eichhorn I, *Dialektik, Bewußtsein und revolutionäre Praxis.* In: *DZP*, Sonderheft 1967: *Philosophie und Politik in unserer Epoche.* Zum 50. Jahrestag der Großen Sozialistischen Oktoberrevolution, 28-48.
121 W. Eichhorn / H. Kosing, *Zur Dialektik von Basis und Überbau.* In: *DZP* 17 (1969), 592-600.
121a A. Gedö, *Über die Allgemeinheit der Gesetze der materialistischen Dialektik.* In: *Hegel-Jahrbuch* 1970. Meisenheim am Glan 1971, 229-235.
122 R. O. Gropp, *Grundlagen des dialektischen Materialismus.* Berlin 1970.
123 H. Hörz, *Der dialektische Determinismus in Natur und Gesellschaft.* Berlin ⁴1971.
124 M. Kammare, *Die Dialektik von Basis und Überbau.* In: *Ostprobleme* 9 (1957), 165-174.
125 G. Klaus (u. a.), *Dialektischer Materialismus* – H. 1. *Der dialektische Materialismus – die Weltanschauung des Sozialismus.* Berlin 1959 (Wissenschaftliche Weltanschauung. T. 1, H. 1.).
126 L. Kofler, *Geschichte und Dialektik. Zur Methodenlehre der marxistischen Dialektik.* Hamburg 1955.
127 K. Kosík, *Die Dialektik des Konkreten. Eine Studie zum Problem des Menschen und der Welt.* Frankfurt/M. 1967.
128 K. Kosík, *Gesellschaftliches Sein und ökonomische Kategorien.* In: *Folgen einer Theorie. Essays über ›Das Kapital‹ von Karl Marx.* Frankfurt/M. 1967, 94-102.
129 H. Lefèbvre, *Der dialektische Materialismus.* Frankfurt/M. 1966.
130 Mao Tse-Tung, *Über den Widerspruch.* Peking 1964.
131 S. T. Meljuchin, *Engels Arbeiten über die Dialektik der Natur und ihre aktuelle Bedeutung.* In: (65), 300-329.
132 G. Petrović, *Dialectical materialism and the Philosophy of Karl Marx.* In: *PRAXIS*, H. 3, 1966, 325-337.
133 M. M. Rosenthal, *Die marxistische dialektische Methode.* Berlin 1953.
134 M. M. Rosenthal / G. M. Schtraks, *Kategorien der materialistischen Dialektik.* Berlin 1959.
135 P. Ruben, *Problem und Begriff der Naturdialektik.* In: *Weltanschauung und Methode. Philosophische Beiträge zur Einheit von Natur- und Gesellschaftswissenschaften.* Hg. v. A. Griese / H. Laitko. Berlin 1969, 51-88.

136 J. P. Sartre, *Kritik der dialektischen Vernunft*, Hamburg 1967.

137 H. Schliwa, *Der marxistische Begriff der Ideologie und das Wesen und die Funktionen der sozialistischen Ideologie*. In: *DZP* 16 (1968), 339-355.

138 A. Schmidt, *Zum Verhältnis von Geschichte und Natur im dialektischen Materialismus*. In: *Existentialismus und Marxismus. Eine Kontroverse zwischen Sartre, Garaudy, Hyppolite, Vigier und Orçel*. Frankfurt/M. 1965, 103-155.

139 G. A. Wetter, *Der dialektische Materialismus*. Freiburg ²1956.

140 J. Zelený, *Zum Wissenschaftsbegriff des dialektischen Materialismus*. In: *Beiträge zur marxistischen Erkenntnistheorie*. Hg. v. A. Schmidt. Frankfurt/M. 1969, 73-86.

3.2.1. Materialistische Erkenntnistheorie

141 E. Albrecht / P. Hadler / O. Wittstock, *Todor Pawloffs Beitrag zur Weiterentwicklung der marxistisch-leninistischen Erkenntnistheorie*. In: *DZP* 8 (1960), 451-459.

142 E. Albrecht, *Die Einheit von Weltanschauung und Erkenntnistheorie im Marxismus-Leninismus und die zeitgenössischen bürgerlichen Erkenntnistheorien*. In: *DZP* 18 (1970), 20-31.

143 E. Albrecht / G. Czichowski / J. Eichhorn, *Die marxistisch-leninistische Erkenntnistheorie und der Abstraktionsprozeß in der Mathematik*. In: *Lenin und die Wissenschaft*, Bd. II: *Lenin und die Naturwissenschaften*. Berlin 1970, 183-198.

144 D. Alexander / H. Barth, *Hegels ›Wissenschaft der Logik‹ und einige konzeptionelle Fragen der marxistisch-leninistischen Erkenntnistheorie*. In: *Hegel und wir*. Hg. v. E. Lange. Berlin 1970, 51-100.

145 (Autorenkollektiv), *Sovremennye problemy teorii poznanija dialektičeskogo materializma. I. Materija i otraženie. (Moderne Probleme der Erkenntnistheorie des dialektischen Materialismus. I. Materie und Widerspiegelung)*. Moskau 1970.

146 R. Bellmann / H. Laitko (Hrsg.), *Wege des Erkennens*, Berlin 1969.

147 W. R. Beyer, *Das Sinnbild des Kreises im Denken Hegels und Lenins*. Meisenheim a. G. 1971.

147a H. Brinkmann, *Ware und Erkenntnis*. In: H. Brinkmann / K. J. Bruder / R. Münch, *Wissenschaftstheorie und gesellschaftliche Praxis*. Gießen 1972, 105-120.

148 D. Chaschačich, *Voprosy teorii poznanija dialektičeskogo materializma. (Fragen der Erkenntnistheorie des dialektischen Materialismus)*. Moskau 1967.

149 P. M. Egides, *K probleme toždestva byijai myšlenija. (Zum Problem der Identität von Denken und Sein).* In: *FN* 11 (1968), 103-113.

150 L. Erdei, *Der Angang der Erkenntnis. Kritische Analyse des ersten Kapitels der Hegelschen Logik.* Budapest 1964.

151 R. Garaudy, *Die materialistische Erkenntnistheorie.* Berlin 1960.

152 A. Gedö, *Die Einheit von Geschichtlichkeit und Objektivität der Erkenntnis.* In: *DZP* 18 (1970), 825-842.

153 S. Gitter, *Zu einigen gesellschaftlichen Wirkungskomponenten bei der Entstehung und Entwicklung des Erkenntnisapparates und der menschlichen Wahrnehmung.* Diss. Karl-Marx-Univ. Leipzig.

153a K. Gößler, *Erkennen als sozialer Prozeß.* In: *DZP* 20 (1972), 517-546.

154 P. Hinze, *Zum erkenntnistheoretischen und soziologischen Aspekt des gesellschaftlichen Bewußtseins.* In: *WZTHM* 12 (1968), 49-51.

155 J. Jasný, *Theorie poznání. (Erkenntnistheorie).* Hradec Králové 1966.

156 A. Katz, *Premise epistemologice pentru o ontologie modernă. (Epistemologische Voraussetzungen für eine moderne Ontologie).* In: *RFILOZ* 17 (1970), 1341-1354.

157 G. Klaus, *Erkenntnis-Modell-Spiel und Mensch.* In: *MBL* 3 (1965), 1-8.

158 G. Klaus, *Die Macht des Wortes. Ein erkenntnistheoretisch-pragmatisches Traktat.* Berlin ⁵1969.

159 G. Klaus, *Spezielle Erkenntnistheorie. Prinzipien der wissenschaftlichen Theorienbildung.* Berlin 1965.

160 G. Klaus, *Kybernetik und Erkenntnistheorie.* Berlin ²1967.

161 H. Klotz, *Bemerkungen zur Arbeit Lenins auf dem Gebiete der Erkenntnistheorie.* In: *Philosophen-Kongreß DDR 1970.* Teil III: *Die Leninsche Weiterentwicklung der marxistischen Philosophie.* Berlin 1970, 57-62.

162 P. V. Kopnin, *Ideja i ee rol' v poznanii. (Die Idee und ihre Rolle in der Erkenntnis.)* In: *VF* 1959, H. 9, 53-64.

163 P. V. Kopnin, *Die Entwicklung der Erkenntnis als Veränderung der Kategorien.* In: *SWGB* 1966, H. 4, 345-356.

164 P. V. Kopnin, *Vvedenie v marksistskuju gnoseologiju. (Einführung in die marxistische Gnoseologie).* Kiew 1966.

165 P. V. Kopnin, *Dialektik-Logik-Erkenntnistheorie. Lenins philosophisches Denken, Erbe und Aktualität.* Berlin 1970.

166 P. V. Kopnin, *Marksistko-leninskaja teorija poznanija i sovremennaja nauka. (Die marxistisch-leninistische Erkenntnistheorie und die Wissenschaft der Gegenwart).* In: *VF* 25 (1971). 28-35.

167 A. Kosing, *Die Einheit von Dialektik und Erkenntnistheorie im dialektischen Materialismus.* In: *DZP* 8 (1960), 1428-1447.

168 A. Kosing / D. Wittich, *Über den Gegenstand der marxistischen Erkenntnistheorie.* In: *DZP* 15 (1967), 1397-1417.

169 A. Kosing, *Karl Marx und die dialektisch-materialistische Abbildtheorie.* In: *DZP*, Sonderheft 1968: *Probleme und Ergebnisse der marxistisch-leninistischen Erkenntnistheorie*, 7-29.

170 A. Kosing, *Karl Marx und die Entwicklung der Erkenntnistheorie.* In: *Akten des XIV. Intern. Kongr. f. Philos.* Wien 2.-9.9. 1968. Bd. III. Wien 1969, 357-363.

171 A. Kosing, *Die Entwicklung der marxistischen Erkenntnistheorie durch Lenin.* In: *DZP*, Sonderheft 1970: *Lenin und die marxistische Philosophie in unserer Zeit*, 164-183.

172 D. Krause, *Noch einmal: Was ist Ideologie? Ideologiekritik als Absage an die Aufklärung.* In: *ARGUMENT* 13 (1971), 523 bis 550.

173 G. A. Kursanow, *Über das logische Kriterium der Wahrheit in der Erkenntnis.* In: *Wissenschaftl. Zeitschrift d. Friedrich-Schiller-Univ.* Jena. Gesellschafts- u. sprachwiss. Reihe. 1958/59, H. 1, S. 1-2.

174 C. Luporini, *Problèmes philosophiques et épistémologiques.* In: *Marx and contemporary scientific thought.* Den Haag 1969, 168-178.

175 G. Lukács, *Az emberi gondolkodás es éselekves ontológiai alapzatai. (Die ontologischen Grundlagen des menschlichen Denkens und der Tätigkeit).* In: *VF* 23 (1969), 16-27.

176 Mao Tse-tung, *Über die Praxis. Über den Zusammenhang von Erkenntnis und Praxis, von Wissen und Handeln.* Peking 1967.

177 G. Márkus, *Über die erkenntnistheoretischen Ansichten des jungen Marx.* In: *Beiträge zur marxistischen Erkenntnistheorie.* Hg. v. A. Schmidt. Frankfurt/M. 1969, 18-72.

178 *Marxistische Lehrbriefe.* Serie E: *Das moderne Weltbild.* Nr. 3: *Die marxistische Auffassung der Erkenntnis* (Erkenntnistheorie) Hg. v. d. August-Bebel-Gesellschaft. Frankfurt/M. 1966.

179 A. Meusel, *Untersuchungen über das Erkenntnisobjekt bei Marx.* Jena 1925. (Nachdruck Gießen 1970.)

180 N. Motroschilowa, *Zur Wertproblematik in der Erkenntnistheorie.* In: *DZP* 14 (1966), 223-234.

181 I. S. Narski, *Fragen der Erkenntnistheorie.* In: (65), 181-210.

182 G. J. Nesterenko, *Marksistskaja gnoseologija soznanija. (Marxistische Erkenntnistheorie und das Bewußtsein).* Moskau 1967.

183 H. Opitz, *Grundlagen der Erkenntnistheorie des dialektischen Materialismus.* Berlin 1966.

184 T. Pavlov, *Vŭprosi na markistsko-leninskata teorij na pozna-*

nieto. (Fragen der marxistisch-leninistischen Erkenntnistheorie).
In: *FM* 1965, H. 4, 27-36.

185 M. Raphael, *Zur Erkenntnistheorie der konkreten Dialektik.*
Paris 1934. (Nachdruck Frankfurt/M. 1972.)

186 H. Reichelt. *Zur logischen Struktur des Kapitalsbegriffs bei Karl
Marx.* Mit einem Vorwort v. I. Fetscher. Frankfurt/M. 1970.

187 M. Rozental', *Teorija poznanija dialektičeskogo materializma i
ee sovremennoe razvitie. (Die Erkenntnistheorie des dialektischen Materialismus und die gegenwärtige Entwicklung.)* In: *Po-
lit. smoobrazovanie* 1965, H. 5, 66-76.

187a M. N. Rutkevitsch, *Die Praxis als Grundlage der Erkenntnis
und als Kriterium der Wahrheit.* Berlin 1957.

188 M. N. Rutkevič, *Dialekticeškij charakter kriterija praktiki. (Der
dialektische Charakter des Kriteriums der Praxis.)* In: *VF* 1959,
H. 9, 43-52.

189 H. Schliwa, *Erkenntnis und Ideologie.* In: *DZP*, Sonderheft
1968: *Probleme und Ergebnisse der marxistisch-leninistischen
Erkenntnistheorie,* 102-125.

190 H. Schliwa, *Antirevolutionäre Erkenntnistheorie gegen die historische Rolle des Proletariats.* In: *DZP* 19 (1971), 836-856.

191 A. Schmidt (Hg.), *Beiträge zur marxistischen Erkenntnistheorie.*
Aufsätze von G. Márkus, J. Zelený, E. W. Iljenkow, H.-G.
Backhaus, H. Lefèbvre, A. Schmidt. Frankfurt/M. 1969.

192 H. Schnädelbach, *Was ist Ideologie?* In: *ARGUMENT* 10
(1969), 71 ff.

193 R. Schuffenhauer / G. Terton, *Probleme und Aufgaben der marxistisch-leninistischen Erkenntnistheorie.* (Arbeitstagung d. Inst.
f. Philos. Leipzig, Nov. 1967.) In: *DZP* 16 (1968), 360-363.

194 J. Šmok, *Materialistické teorii vědomi. (Über die materialistische Erkenntnistheorie.)* In: *NM* 21 (1967), 27-31.

195 A. Sohn-Rethel, *Geistige und körperliche Arbeit. Zur Theorie
der gesellschaftlichen Synthesis.* Erg. und revidierte Ausgabe.
Frankfurt/M. 1972.

196 A. Sohn-Rethel, *Warenform und Denkform. Aufsätze.* Frank-
furt/M. 1971.

197 A. Sohn-Rethel, *Materialistische Erkenntniskritik und Vergesellschaftung der Arbeit.* Berlin 1971.

198 N. K. Vachtomin, *Zakony dialektiki – zakony poznanija. (Die Gesetze der Dialektik – die Gesetze der Erkenntnis.)* Moskau 1966.

199 A. V. Vostrikov, *Teorija poznanija dialektičeskogo materializma. (Erkenntnistheorie des dialektischen Materialismus.)* Moskau 1965.

200 A. Wellmer, *Methodologie als Erkenntnistheorie. Zur Wissenschaftslehre Karl R. Poppers.* Frankfurt/M. 1967.

3.2.2. Widerspiegelungstheorie

201 I. D. Andreew / N. T. Abramova, *Leninskaja teorija otraženija i sovremennaja nauka. (Die Leninsche Widerspiegelungstheorie und die moderne Wissenschaft.)* In: FN 12 (1969), 181-183.

202 F. Bassenge, *Abbildung und Ausdruck. Zur Diskussion um Probleme über Ästhetik.* In: DZP 8 (1960), 116-143.

203 F. I. Georgiev, *Soznanie i princip otraženija. (Das Bewußtsein und das Prinzip der Widerspiegelung.)* In: FN 1966, H. 5, 96 bis 102.

204 F. I. Georgiev, *Problemy otraženija. (Probleme der Widerspiegelung.)* Moskau 1969.

205 G. Girginov, *Leninskijat etap v razvitieto na teorijata na otraženieto. (Die Leninsche Etappe in der Entwicklung der Widerspiegelungstheorie.)* In: FM 24 (1968), 11-18.

206 W. Hofmann, *Zu einigen Fragen der dialektisch-materialistischen Widerspiegelungstheorie.* In: GUST 1965, H. 11, 940-948.

207 W. Hollitscher, *Bemerkungen zu einem noch ungelösten Teilproblem der marxistischen Widerspiegelungstheorie.* In: DZP 13 (1965), 967-975.

208 J. H. Horn, *Widerspiegelung und Begriff.* Berlin 1958.

209 A. M. Korschunow / B. I. Prushinin, *Die Aktivität des Subjekts und die Widerspiegelung.* In: MARXISMUS-DIGEST Nr. 1, 1972, 81-91.

210 A. Kosing, *Die dialektisch-materialistische Abbildtheorie in Lenins Werk ›Materialismus und Empiriokritizismus‹.* In: DZP 7 (1959), 218-238.

211 L. Kreiser, *Ideelle Widerspiegelung und Homomorphie.* In: *Weltanschauung und Methode. Philosophische Beiträge zur Einheit von Natur- und Gesellschaftswissenschaften.* Hg. v. A. Griese / H. Laitko, Berlin 1969, 175-189.

212 G. Kröber, *Die logische Form von Gesetzesaussagen als Widerspiegelung der inneren Einheit des objektiven Gesetzes und seiner Wirkungsbedingungen.* In: WZHUB, Mathem.-nat. R. 1965, H. 4/5, 579-584.

213 I. S. Narski, *Karl Marx und die Widerspiegelungstheorie.* In: SWGB 22 (1969), 152-164.

214 O. Negt, *Marxismus als Legitimationswissenschaft. Zur Genese der stalinistischen Philosophie.* In: A. Deborin / N. Bucharin, *Kontroversen über dialektischen und mechanistischen Materialismus.* Frankfurt/M. 1969, 7-48.

215 L. Novák, *Aktuální problémy teorie odrazu. (Aktuelle Probleme der Theorie der Widerspiegelung.)* In: NM 1967, H. 3, 22 bis 27.

216 T. Pavlov, *Aktual'nye leninskoj teorii otraženija. (Aktuelle Probleme der Leninschen Theorie der Widerspiegelung.)* In: *KOMMUNIST* 44 (1968), 23-35.

217 T. Pavlov / A. P. Šeptulin / P. Gindev (Hg.), *Leninskata teorija na otraženieto i savremennostta. (Lenins Widerspiegelungstheorie und die Gegenwart.)* Sofija 1969.

218 T. Pavlov, *Information, Widerspiegelung, Schöpfung.* Berlin 1970.

219 E. Pracht, *Probleme der künstlerischen Widerspiegelung, Literatur und Wahrheit.* In: *DZP* 8 (1960), 838-862.

220 E. Pracht, *Sozialistischer Realismus und Leninsche Abbildtheorie.* In: *DZP* 19 (1971), 755-777.

221 V. Ruml, *Leninskaja teorija otraženija ideologičeskaja bor'ba. (Die Leninsche Widerspiegelungstheorie und der ideologische Kampf der Gegenwart.)* In: *KOMMUNIST* 46 (1970), 70-79.

221a V. Ruml, *Aktuelle Probleme der Leninschen Abbild-Theorie und der ideologische Kampf in der Gegenwart.* In: *Marxismus-Digest* Nr. 1/1972, 28-43.

222 B. S. Ukrainzev, *Otobraženie v nezivoj prirode. (Das Abbild in der unbelebten Natur.)* Moskau 1969.

223 B. Valehrach, *The starting point of the theory of reflection from the ontological viewpoint.* In: *FILOZOFIA* 25 (1970), 129.

224 S. Vasilev, *Otraženie i obraz. (Widerspiegelung und Abbild).* In: *IIF* 19 (1970), 33-52.

225 D. Wittich, *Widerspiegelung und gesellschaftliche Praxis. Über zwei erkenntnistheoretisch relevante Widerspiegelungsbeziehungen.* In: *DZP* 1968. Sonderheft: *Probleme und Ergebnisse der marxistisch-leninistischen Erkenntnistheorie,* 30-44.

3.2.3. Dialektische Logik

226 W. Adoratski, *Lenin über die Hegelsche Logik und Dialektik.* In: *UBM* 5 (1929), 633 ff.

227 M. N. Alekseev, *Dialektičeskaja logika v SSSR. (Die dialektische Logik in der UdSSR.)* In: *FN* 10 (1967), 68-78.

228 E. Ay, *Die materialistische Dialektik als Logik und Erkenntnistheorie.* In: *WIZUG* 1966, H. 2, 155-160.

229 S. B. Cereteli, *K ponjatiju dialektičeskoj logiki. (Zum Begriff der dialektischen Logik.)* In: *VF* 20 (1966), 31-38.

230 S. Conevski, *Lenin za poznanieto kato proces. (Lenin über die Erkenntnis als Prozeß.)* In: *Lenin i njakoj problemi na marksistkata filosofija.* Sofija 1970, 125-171.

231 S. Eiletz, *Die Dialektik des Konkret-Allgemeinen in der zeitgenössischen sowjetischen Philosophie.* Berlin 1970.

232 B. Fogarasi, *Dialektische Logik.* Nachdruck Gießen 1971.

233 W. Goerdt, *Die »allseitige universale Wendigkeit« (Gibkost) in der Dialektik V. I. Lenins.* Wiesbaden 1962.

234 G. Klaus, *Moderne Logik. Abriß der formalen Logik.* Berlin 1972.

235 P. V. Kopnin, *Dialektika i logika. (Dialektik und Logik.)* In: *FM* 1959, H. 5, 47-61.

236 P. V. Kopnin, *Gegelevskaja ideja o sovpadenii dialektiki, logiki i teorii poznanija i ee značenie dlja razvitija filosofii. (Die Hegelsche Idee vom Zusammenfallen der Dialektik, Logik und Erkenntnistheorie und ihre Bedeutung für die Entwicklung der Philosophie.)* In: *VANSSSR* 40 (1970), 38-47.

237 P. V. Kopnin, *Hegels Ideen über das Zusammenfallen von Dialektik, Logik und Erkenntnistheorie und ihre Bedeutung für die Auffassung des philosophischen Wissens.* (Dt.) Moskau 1970.

238 A. Kosing, *Die Einheit von Dialektik und Erkenntnistheorie im dialektischen Materialismus.* In: *DZP* 8 (1960), 1428-1447.

239 F. Kumpf, *Probleme der Dialektik in Lenins Imperialismusanalyse. Eine Studie zur dialektischen Logik.* Berlin 1968.

240 V. A. Lektorskij, *Sovremennye problemy dialektičeskoj logiki. (Aktuelle Probleme der dialektischen Logik.)* In: *VF* 21 (1967), 106-112.

241 V. I. Mal'ceva (Hrsg.), *Problemy dialektičeskoj logiki. Sbornik statej. (Probleme der dialektischen Logik. Sammelband.)* Moskau 1959.

242 L. A. Man'kovskij, *V. I. Lenin o dialektike, logike i teorii poznanija. (W. I. Lenin über die Dialektik, Logik und die Erkenntnistheorie.)* Moskau 1959.

243 I. S. Narskij, *Problemy logiki i teorii poznanija. (Probleme der Logik und Erkenntnistheorie.)* Moskau 1968.

244 I. S. Narskij, *Dialektičeskoe protivorečie i logika poznanija. (Der dialektische Widerspruch und die Logik der Erkenntnis.)* Moskau 1969.

245 S. M. Orudshew, *Fragen der dialektischen Logik.* In: (65), 235 bis 257.

246 T. I. Oiserman, *W. I. Lenin und die Hegelsche Dialektik.* In: *DZP* 18 (1970), 791-808.

247 M. Rozental / E. Il'enkov, *Lenin i aktual'nye problemy dialektičeskoj logiki (Lenin und aktuelle Probleme der dialektischen Logik).* In: *KOMMUNIST* 45 (1969), 24-35.

248 P. Ruben, *Von der ›Wissenschaft der Logik‹ und dem Verhältnis der Dialektik zur Logik.* In: *Zum Hegelverständnis unserer*

Zeit. *Beiträge zur marxistisch-leninistischen Hegel-Forschung.*
Hg. v. H. Ley. Berlin 1972, 58-99.
249 A. P. Šeptulin, *K voprosu o toždestve dialektiki, logiki i teorii poznanija. (Zum Problem der Identität von Dialektik, Logik und Erkenntnistheorie.)* In: *FN* 13 (1970), 47-56.
250 A. A. Sinovjev, *Über mehrwertige Logik. Ein Abriß.* Berlin 1968.

3.2.4. Theorie wissenschaftlichen Erkennens

251 E. Albrecht, *Weltanschauliche und methodologische Aspekte der marxistisch-leninistischen Wissenschaftstheorie.* In: *WIZUG* 20 (1971), 103-107.
251a E. Albrecht, *Zu Fragen einer Wissenschaftslehre.* In: *DZP* 12 (1964).
251b P. Altner, *The Development of the Science of Science in the German Democratic Republic.* In: (266c), 150-155.
251c [Autorenkollektiv], *Die gegenwärtige wissenschaftlich-technische Revolution. Eine historische Untersuchung.* Berlin 1972.
251d R. Bauermann, *Die führende Rolle der Arbeiterklasse und die Wissenschaft.* In: (252c), 53-57.
251e R. Bellmann / H. Laitko, *Beschreibung und Erklärung – Kategorien einer Erkenntnis- und Methodentheorie der Naturwissenschaften.* In: (264), 175-213.
251f R. Bellmann/H. Laitko, *Methode und Methodologie der wissenschaftlichen Erkenntnis. Bemerkungen zum Begriff.* In: (264), 9-47.
251g J. D. Bernal, *Die Wissenschaft in der Geschichte.* Berlin 1967.
252 G. Bohring/R. Mocek, *Die Arbeiterklasse und die Produktivkraft Wissenschaft.* In: *DZP* 20 (1972).
252a A. V. Brušlinskij, *Phantasie und Schöpfertum* (Schwierigkeiten bei der Interpretation der Phantasie). In: (262g), 316-322.
252b V. V. Bykov, *Methoden der Wissenschaft und wissenschaftliches Schöpfertum.* In: (262g), 213-233.
252c *Die Bedeutung des Marxismus-Leninismus für die Durchsetzung des Prinzips der Einheit der Wissenschaft. Wissenschaftliche Beiträge der Martin-Luther-Universität Halle-Wittenberg.* Halle (Saale) 1972.
253 G. M. Dobrov, *Wissenschaftswissenschaft.* Berlin 1969.
254 G. M. Dobrov, *Aktuelle Probleme der Wissenschaftswissenschaft.* Berlin 1970.
254a G. M. Dobrov, *Potential der Wissenschaft.* Berlin 1971.
254b G. M. Dobrov, *Wissenschaftsorganisation und Effektivität.* Berlin 1971.

255 G. Domin, *Die Wissenschaftsbewegung der Gegenwart und die gesellschaftlichen Entwicklungs- und Anwendungsbedingungen der Wissenschaft. Zum Verhältnis von Wissenschaftstheorie, Ideologie und Politik.* Habil.-Schrift, Halle 1968.

255a G. Domin, *Wissenschaft und Gesellschaftsordnung.* In: *DZP* 16 (1968), 1340-1344.

255b V. I. Duženkov, *Über die Klassifizierung der Typen der wissenschaftlichen Forschung und die Beziehung zwischen ihnen.* In: (262h), 27-45.

256 F. Fiedler, *Die Wissenschaft als Gegenstand der Wissenschaft.* In: *DZP* 16 (1968), 558-570.

257 F. Fiedler, *Wissenschaftliches Erkennen und sozialistische Produktivverhältnisse.* In: *DZP* 17 (1969), 938-952.

257a F. Fiedler, *Zum marxistisch-leninistischen Wissenschaftsbegriff als Grundlage der Wissenschaftsforschung.* In: *DZP* 19 (1971), 1493-1495.

258 F. Fiedler/H. Seidel, *Der Marxsche Wissenschaftsbegriff und die sozialen Grundlagen des wissenschaftlichen Erkennens.* In: *DZP*, Sonderheft 1968: *Probleme und Ergebnisse der marxistisch-leninistischen Erkenntnistheorie*, 71-87.

259 P. Gindev, *Die Methodologie als philosophische Lehre von den Methoden der wissenschaftlichen Erkenntnis.* In: *DZP* 15 (1967), 1057-1068.

260 J. W. Görlich, *Semantik und dialektischer Materialismus. Darstellung und Analyse der modernen marxistisch-leninistischen Wissenschaftstheorie in der DDR.* Berlin 1969.

260a *Grundzüge der Geschichte und Theorie der Wissenschaftsentwicklung* [In der Reihe *Wissenschaftswissenschaft. Probleme und Forschungen*]. Moskau 1969 (russ.).

260b M. Grunwald, *Wissenschaft und Wissenschaftstheorie bei Friedrich Engels.* In: *DZP* 18 (1970), 1232-1249.

260c D. Gvišiani, *Wissenschaftlich-technische Revolution und das Problem der Wissenschaft.* In: *SWGB* Heft 9/1971.

260d K. Hager, *Sozialismus und wissenschaftlich-technische Revolution.* Berlin 1972.

260e G. Harig/H. Neels (Hrsg.), *Die Entwicklung der Wissenschaft zur unmittelbaren Produktivkraft.* Leipzig 1963.

260f M. G. Jaroševskij, *Die Logik der Wissenschaftsentwicklung und die Tätigkeit des Wissenschaftlers.* In: *VF* 22 (1968).

260g M. G. Jaroševskij, *Über drei Verfahren der Interpretation des wissenschaftlichen Schöpfertums.* In: (262g), 117-170.

260h K. Kannegießer/R. Rochhausen/A. Thom, *Entwicklungsprobleme einer marxistisch-leninistischen philosophischen Wissenschaftstheorie.* In: *DZP* 17 (1969), 1054-1075.

260i B. M. Kedrov, *Klassifikation der Wissenschaften.* 2 Bde. (russ.). Moskau 1965.

260j E. Kellner, *Zur marxistisch-leninistischen Untersuchung der Kreativität.* In: (252c), 92-95.

261 P. W. Kopnin, *Aufgaben und Grundbegriffe der Logik der wissenschaftlichen Forschung.* In: *Die Logik der wissenschaftlichen Forschung* (russ.). Moskau 1965.

261a P. W. Kopnin, *Logische Grundlagen der Wissenschaft* (russ.). Kiew 1968.

261b P. W. Kopnin/V. Lektorskij, *Materialističeskaja dialektika – metodologičeskaja osnova poznanija. (Die materialistische Dialektik – das methodologische Fundament der wissenschaftlichen Erkenntnis).* In: *KOMMUNIST* 47 (1971), 88-98.

262 A. Kosing, *Wissenschaftstheorie als Aufgabe der marxistischen Philosophie.* In: *Sitzungsberichte der DAW zu Berlin. Klasse für Philosophie, Geschichte, Staats-, Rechts- und Wirtschaftswissenschaft.* Nr. 1/1967.

262a A. Kosing, *Wissenschaftstheorie in der Sicht der marxistischen Philosophie.* In: *DZP* 15 (1967), 759-771.

262b [A. Kosing u. a.], *Die Wissenschaft von der Wissenschaft. Philosophische Probleme der Wissenschaftstheorie.* Gemeinschaftsarbeit eines Kollektivs am Institut für Philosophie der Karl-Marx-Universität Leipzig. Berlin 1968.

262c G. Kröber (Hrsg.), *Studien zur Logik der wissenschaftlichen Erkenntnis.* Berlin 1967. [Russ. Ausgabe Moskau 1964].

262d G. Kröber, *Gesellschaftliche Notwendigkeit der marxistisch-leninistischen Wissenschaftstheorie.* In: *Marxistisch-leninistische Wissenschaftstheorie. Grundlegung und Gegenstand. Kolloquienreihe des Instituts für Wissenschaftstheorie und -organisation der Dt. Akad. d. Wiss. zu Berlin,* H. 1/1971, 1-30.

262e G. Kröber, *The Marxist-Leninist Theory of Science: the Task and the Programme.* In: (266c), 77-87.

262f G. Kröber/H. Laitko, *Sozialismus und Wissenschaft (Gedanken zu ihrer Einheit).* Berlin 1972.

262g G. Kröber/M. Lorf (Hrsg.), *Wissenschaftliches Schöpfertum.* Berlin 1972.

262h G. Kröber/H. Steiner (Hrsg.), *Wissenschaft. Studien zu ihrer Geschichte, Theorie und Organisation.* Berlin 1972.

263 H. Laitko, *Zur Wissenschaftsauffassung der marxistisch-leninistischen Wissenschaftstheorie.* In: *WZHUB* 20 (1971), 691-697.

264 H. Laitko/R. Bellmann (Hrsg.), *Wege des Erkennens. Philosophische Beiträge zur Methodologie der naturwissenschaftlichen Erkenntnis.* Berlin 1969.

264 J. I. Lejman, *Kollektiv und wissenschaftliches Schöpfertum.* In: (262g), 245-256.

264b H. Ley, *Zum Klassencharakter der Funktion von Wissenschaft.* In: *DZP* 18 (1970), 1250-1269.

265 R. Löther, *Zu einigen Aspekten der Wissenschaftsentwicklung im Sozialismus.* In: *Weltanschauung und Methode. Philosophische Beiträge zur Einheit von Natur- und Gesellschaftswissenschaften.* Hg. v. A. Griese/H. Laitko. Berlin 1969, 7-19.

265a I. Malecki, *Die Wissenschaftslehre im System der Wissenschaften.* In: *SWGB* H. 12/1967.

265b S. R. Mikulinskij, *History of Science and some Problems of Modern Science.* In: *Organon 3* (1966).

265c S. R. Mikulinskij/M. G. Jaroševskij, *Die Psychologie des wissenschaftlichen Schöpfertums und die Wissenschaftskunde.* In: (262g), 13-33.

265d S. R. Mikulinskij/N. J. Rodnyj, *Wissenschaftsgeschichte und Wissenschaftskunde.* In: (262h), 58-95.

265e E. M. Mirsky, *Wissenschaftswissenschaft in der UdSSR (Geschichte, Probleme, Perspektiven).* In: *ZFAW* 3 (1972), 127-144.

265f R. Mocek, *Wissenschaft und Gesellschaft in unserer Epoche.* In: *DZP,* Sonderheft 1967: *Philosophie und Politik in unserer Epoche. Zum 50. Jahrestag der Großen Sozialistischen Oktoberrevolution,* 121-146.

265g K. Müller, *Wissenschaftliche Erkenntnis und sozialistische Ideologie.* In: *DZP* 18 (1970), 931-946.

266 H. Parthey, *Wissenschaft als Form des gesellschaftlichen Bewußtseins und ihre Funktion als Produktivkraft.* In: *WZUNR* 14 (1965), 557-560.

266a D. Pasemann, *Zum wissenschaftshistorischen Aspekt der Einheit der Wissenschaft.* In: (252c), 96-101.

266b N. I. Podnyj, *Istorija nauki, naukovedenie, nauka (Geschichte der Wissenschaft, Wissenschaftskunde, Wissenschaft).* In: *VF* 26 (1972), 51-52.

266c *Problems of the Science of Science. Second Special Issue of the Polish Quarterly ›Zagadnienia Naukoznawstwa‹ (Polish Academy of Science).* Warschau 1971.

267 R. Rochhausen (Hrsg.), *Die Klassifikation der Wissenschaften als philosophisches Problem.* Berlin 1968.

268 R. Rochhausen/K. Kannegießer/A. Thom, *Entwicklungsprobleme einer marxistisch-leninistischen philosophischen Wissenschaftstheorie.* In: *DZP* 17 (1969), 1054-1075.

269 P. Ruben, *Wissenschaftstheorie – Philosophische Probleme ihrer Grundlegung.* Leipzig-Berlin-Jena 1969.

269a H. J. Sandkühler, *Philosophie und Wissenschaft von der Wissenschaft.* In: *Hegel-Jahrbuch* 1973.

270 K. Th. Schuon, *Wissenschaft und Politik in der spätkapitalistischen Klassengesellschaft.* In: *ARGUMENT* 13 (1971), 323-393.

270a H. Schwabe, *Die relative Eigengesetzlichkeit der Wissenschaftsentwicklung als Kategorie der marxistisch-leninistischen Wissenschaftstheorie.* In: (252c), 63-70.

270b W. S. Schwyrjew, *Engels und moderne Probleme der Logik der wissenschaftlichen Erkenntnis.* In: *Friedrich Engels und moderne Probleme der Philosophie des Marxismus.* Eine Gemeinschaftsarbeit deutscher und sowjetischer Philosophen. Hg. v. M. Klein/H. Ley. Berlin 1971, 258-279.

271 H. Seickert, *Zur Produktivkraft Wissenschaft und zu den Faktoren des Nutzeffekts der wissenschaftlichen Arbeit.* In: *WIRTSCHAFT* 15 (1967), 705-724.

272 A. A. Sinovjev, *Osnovy logičeskoj teorii naučnych zanij (Grundlagen der logischen Theorie der wissenschaftlichen Erkenntnis).* Moskau 1967.

273 V. A. Smirnov, *Wissensebenen und Etappen des Erkenntnisprozesses.* In: (262c), 36-71.

273a G. Speer (Hrsg.), *Wissenschaft im Klassenkampf.* Berlin 1968.

274 R. Steigerwald, *Wissenschaft und Gesellschaft.* In: *MBL* 5 (1967), 74-76.

275 H. Steiner, *Der sozialökonomische Charakter der Vergesellschaftung der Wissenschaft als theoretische und methodologische Grundlage für ihre wissenschaftstheoretische Analyse.* In: *DZP* 19 (1971), 1471-1489.

275a M. Strauß, *Was ist und was soll die Wissenschaftswissenschaft?* (Thesen). In: *DZP* 17 (1969), 728-731.

275b A. L. Subbotin, *Idealisierung als Mittel wissenschaftlicher Erkenntnis.* In: (262c), 434-454.

275c V. S. Švyrjev, *Einige Fragen der logisch-methodologischen Analyse des Verhältnisses von theoretischer und empirischer Wissensebene.* In: (262c), 72-112.

275d P. V. Tavanec/V. S. Švyrjev, *Die Logik der wissenschaftlichen Erkenntnis.* In: (262c), 11-35.

276 F. Tomberg, *Was heißt bürgerliche Wissenschaft?* In: *ARGUMENT* 13 (1971), 461-475.

276a *Vergesellschaftung der Wissenschaft.* Kolloquienreihe des Instituts für Wissenschaftstheorie und -organisation der *DAW*, Heft 3, 1971.

277 K. Wagner, *Über die wissenschaftliche Erkennbarkeit der Welt.* In: *DZP*, Sonderheft 1968: *Probleme und Ergebnisse der marxistisch-leninistischen Erkenntnistheorie*, 88-101.

277a *Wissenschaftswissenschaft. Probleme und Forschungen.* Hg. v. Institut f. Geschichte der Naturwissenschaft und Technik d. Akademie d. Wissenschaften der UdSSR:
Organisation der wissenschaftlichen Tätigkeit. Moskau 1968 (russ.). *Grundzüge der Geschichte und Theorie der Wissenschaftsentwicklung.* Moskau 1969 (russ.).
Die wissenschaftliche Entdeckung und ihre Aufnahme. Moskau 1971 (russ.).

278 G. N. Wolkow, *Soziologie der Wissenschaft.* Berlin 1970.

279 J. Zelený, *Die Wissenschaftslogik bei Marx und das ›Kapital‹.* Berlin 1968.

3.2.5. Probleme der Psychologie

280 N. P. Antonov, *Soznanie kak otraženie material'nogo mira v mozgu čeloveka. (Das Bewußtsein als Widerspiegelung der materiellen Welt im Gehirn des Menschen.)* In: *Nauč. trudy.* (Novosib. univ.) Filosof. serija. 1965, H. 1, 3-19.

281 H. Berndt / R. Reiche, *Die geschichtliche Dimension des Realitätsprinzips.* In: J. Habermas (Hg.), *Antworten auf Herbert Marcuse.* Frankfurt/M. 1968, 104-133.

282 H. Bober, *Die Rolle des Affektiv-Emotionalen im Erkenntnisprozeß.* In: *DZP* 13 (1965), 948-966.

283 H. Dahmer, *Psychoanalyse und historischer Materialismus.* In: *Psychoanalyse als Sozialwissenschaft.* Frankfurt/M. 1971, 60-92.

284 A. I. Gorjačeva, *O strukture obščestvennogo soznanija i meste v nej obščestvennoj psichologii. (Über die Struktur des gesellschaftlichen Bewußtseins und den Platz der gesellschaftlichen Psychologie in dieser Struktur.)* In: *TRF* 1969, H. 12, 43-67.

285 J. Helm, *Erkenntnistheoretische Fragen und empirische Ergebnisse zum Problem »Bewußtsein und Unbewußtsein«.* In: *Zeitschr. Psychol.* (Leipzig) 175 (1968), 1-28.

286 H. Hiebsch / M. Vorweg, *Einführung in die marxistische Sozialpsychologie.* Berlin 1967.

287 W. Hofmann, *Verhalten – Psychisches – Bewußtsein. Bemerkungen zum Verhaltensmodell Pawlows und Anochins und zur Kennzeichnung einiger philosophischer Grundkategorien.* In: *DZP* 17 (1969), 1210-1224.

288 K. Holzkamp, *Kritische Psychologie. Vorbereitende Arbeiten.* Frankfurt/M. 1972.

289 A. Labriola, *Essais sur la conception matérialiste de l'histoire* (1896). Paris 1928.

290 F. Liedemit, *Die Entwicklung der Wahrnehmungspsychologie*

und ihre Bedeutung für die marxistisch-leninistische Erkenntnis-theorie. In: *DZP* 13 (1965), 456-475.

291 A. Lorenzer, *Symbol, Interaktion und Praxis.* In: *Psychoanalyse als Sozialwissenschaft.* Frankfurt/M. 1971, 9-59.

292 W. Reich, *Dialektischer Materialismus und Psychoanalyse.* In: Bernfeld/Reich/Jurinetz/Sapir/Stoljarov. *Psychoanalyse und Marxismus. Dokumentation einer Kontroverse.* Hg. u. eingel. v. H. J. Sandkühler. Frankfurt/M. 1970, 137-188.

293 H. Richter, *Die Rolle der Psychologie bei der Entwicklung des sozialistischen Bewußtseins.* In: *DZP* 8 (1960), 1065-1071.

294 S. L. Rubinstein, *Sein und Bewußtsein.* Berlin 1962.

295 S. L. Rubinstein, *Das Denken und die Wege seiner Erforschung.* Berlin ³1968.

296 H. J. Sandkühler, *Psychoanalyse und Marxismus. Dokumentation einer Kontroverse.* In (292), 7-45.

297 I. Sapir, *Freudismus, Soziologie, Psychologie.* In: (292), 189-246.

298 L. Sève, *Pavlov, Lénine et la psychologie.* In: *La Raison*, 1954, H. 9/10.

299 L. Sève, *Lenine et la psychologie.* In: *PENSEE* 1954, H. 57, 86-91.

300 L. Sève, *La théorie marxiste de l'individualité humaine.* In: *Cahiers de l'Université Nouvelle* 1968, (Januarh.).

301 L. Sève, *Marxismus und Theorie der Persönlichkeit.* Frankfurt/M. 1972.

3.2.6. Theorie der Sprache

302 E. Albrecht, *Über die Beziehungen von Logik, Erkenntnistheorie und Sprachwissenschaft.* In: *WZUNR* 1965, H. 3, 127-136.

303 E. Albrecht, *Sprache und Erkenntnis. Logisch-linguistische Analysen.* Berlin 1967.

304 E. Albrecht, *Die philosophischen Aspekte einer Theorie der Sprache.* In: *DZP* 15 (1967), 807-820.

305 G. Klaus / W. Segeth, *Semiotik und materialistische Abbildtheorie.* In: *DZP* 10 (1962), 1245 ff.

306 H. Müller / H. Pallus, *Der Marxismus-Leninismus und das Problem der Sprache im Erkenntnisprozeß.* In: *DZP* 15 (1967), 572-577.

307 L. O. Reznikov, *Erkenntnistheoretische Probleme der Semiotik.* Berlin 1968.

308 A. Schaff, *Sprache und Erkenntnis.* Wien/Frankfurt/Zürich 1963.

309 A. Händel, *Das Problem der Wahrheit in der marxistischen Philosophie.* In: *GUST* 1965, H. 3. 239-245.

310 L. Kreiser, *Eine Präzision der marxistisch-leninistischen Wahrheitskonzeption.* In: *DZP,* Sonderheft 1968: *Probleme und Ergebnisse der marxistisch-leninistischen Erkenntnistheorie,* 180 bis 191.

311 G. Kursanov, *Leninskaja teorija istiny – nadežnoje oružie v bor'be s idealističeskoj gnoseologiej. (Die Leninsche Theorie der Wahrheit – eine zuverlässige Waffe im Kampf mit der idealistischen Gnoseologie).* In: *KOMMUNIST* 45 (1968), 22-31.

312 S. P. Lebedev, *Marksistko-leninskoe učenie ob istine.* Moskau 1965.

313 A. Schaff, *Zu einigen Fragen der marxistischen Theorie der Wahrheit.* Berlin 1954.

314 D. Teichmann, *Wahrheit und Parteilichkeit.* (Tl. 1/2). In: *TECHNG* 1965, H. 3, 5-6; H. 4/5, 4-6.

315 L. Tošenovský, *Problém marxistického pojetí pravdy. (Das Problem der marxistischen Wahrheitsauffassung).* In: *FC* 1967, H. 6, 838-863.

316 K. Wagner, *Zu den weltanschaulichen Grundlagen der marxistisch-leninistischen Wahrheitsauffassung.* (Autorenreferat in: (3), 4 (1971), Lfg. 1, Bl. 10.

317 K. Wagner, *Die Leninsche Wahrheitsauffassung und ihre aktuelle Bedeutung.* In: *MARXISMUS-DIGEST* Nr. 1, 1972, 44-55.

318 H. Wessel, *Zu einer Bedeutung des Terminus »absolute Wahrheit«.* In: *DZP* 15 (1967), 80-84.

319 D. Wittich, *Zu zwei Fragen der marxistischen Wahrheitsauffassung.* In: *DZP* 14 (1966), 339-344.

320 D. Wittich, *Die Allgemeingültigkeit des marxistisch-leninistischen Begriffs »objektive Wahrheit«.* In: *DZP* 19 (1971), 941 bis 963.

3.2.8. Klassenbewußtsein

321 W. Abendroth, *Klassenauseinandersetzungen in der spätkapitalistischen Industriegesellschaft. Die Rolle der Intelligenz.* In: *Marxismus in unserer Zeit. Beiträge zum zeitgenössischen Marxismus.* Veröffentlicht zum 150. Geburtstag von Karl Marx am 5. Mai 1968. *MBL.* Sonderheft 1/1968, 118-126.

322 M. Döbler, *Wachsende Bedeutung des sozialistischen Bewußtseins.* In: *BB* 21 (1967), 113-116.

323 W. Eichhorn I / E. Hahn, *Zur Theorie der Erforschung des sozialistischen Bewußtseins.* In: *DZP* 15 (1967), 901-921.

324 G. Heyden, *Die Rolle der Bewußtheit in der sozialistischen Gesellschaft und bei der Formung des sozialistischen Menschen.* In: BGDA 11 (1969), Sonderheft 2, 41-46.

325 H. Jung, *Der Marxsche Klassenbegriff – Instrument zur Analyse der kapitalistischen Gesellschaft von heute.* In: *Klassen und Klassenkampf heute. Beiträge zu einer intern. wiss. Konferenz zum 150. Geburtstag von Karl Marx vom 25.-27. Mai 1968 in Frankfurt/M. MBL,* Sonderheft 2/1968, 104-118.

326 K. Kautsky, *Akademiker und Proletarier.* In: *Die Neue Zeit* 1901, 2. Bd., 89-91.

327 M. Klein, *Über die Einheit von marxistisch-leninistischer Weltanschauung und marxistisch-leninistischer Partei.* In: *Die philosophische Lehre von Karl Marx und ihre aktuelle Bedeutung.* Berlin 1968, 60-65.

328 H.-J. Krahl, *Thesen zum allgemeinen Verständnis von wissenschaftlicher Intelligenz und proletarischem Klassenbewußtsein.* In: *Konstitution und Klassenkampf. Zur historischen Dialektik von bürgerlicher Emanzipation und proletarischer Revolution.* Frankfurt/M. 1971, 330-347.

329 G. Lukács, *Klassenbewußtsein.* In: (73), 218-256.

330 W. Müller, *Philosophische Probleme der Theorie der sozialistischen Bewußtseinsbildung.* In: *DZP* 16 (1968), 909-927.

331 W. Müller, *Das entwickelte gesellschaftliche System des Sozialismus und das Bewußtsein des Menschen.* In: *Sozialismus und Ideologie.* Berlin 1969, 9-68.

332 W. Reich, *Was ist Klassenbewußtsein? Ein Beitrag zur Diskussion über die Neuformierung der Arbeiterbewegung.* Kopenhagen 1934.

4.1. Theorie der Geschichte

333 Th. W. Adorno, *Was bedeutet: Aufarbeitung der Vergangenheit.* In: *Eingriffe. Neun kritische Modelle.* Frankfurt/M. 1963, 125 bis 146.

334 O. F. Anderle, *Theoretische Geschichte. Betrachtungen zur Grundlagenkrise der Geschichtswissenschaft.* In: *HZ* Bd. 185, (1958), 1-54.

335 Basis GWS, *Historie zwischen Ideologie und Wissenschaft. Zur Kritik der herrschenden Geschichtswissenschaft.* Hamburg 1970.

336 W. Benjamin, *Geschichtsphilosophische Thesen.* In: *Zur Kritik*

der Gewalt und andere Aufsätze. Nachwort v. Herbert Marcuse. Frankfurt/M. 1965, 78–94.

337 A. Dempf, *Kritik der historischen Vernunft,* München 1957.

338 J. G. Droysen, *Historik. Vorlesungen über Enzyklopädie und Methodologie der Geschichte.* Hg. v. R. Hübner, München ⁵1967.

339 H. Fleischer, *Marxismus und Geschichte.* Frankfurt/M. 1969.

340 K. Gründer, *Perspektiven für eine Theorie der Geschichtswissenschaft.* In: Saeculum 22 (1971), 101–113.

341 J. Habermas, *Karl Löwiths stoischer Rückzug vom historischen Bewußtsein.* In: Theorie und Praxis. Sozialphilosophische Studien. Neuwied/Berlin 1963, 352-370.

342 G. W. F. Hegel, *Vorlesungen über die Philosophie der Geschichte.* Mit einem Nachwort von Eduard Gans und Karl Hegel. In: *Sämtliche Werke.* Jubiläumsausgabe in 20 Bd. Stuttgart ⁴1961, Bd. 11.

343 A. Heuss, *Verlust des Geschichtsbewußtseins.* 1959.

344 M. Horkheimer, *Geschichte und Psychologie.* In: *Kritische Theorie.* Bd. I. Hg. v. A. Schmidt. Frankfurt/M. 1968, 9-30.

345 P. Hünermann, *Durchbruch des geschichtlichen Denkens im 19. Jahrhundert.* Freiburg 1967.

346 K. Jaspers, *Vom Ursprung und Ziel der Geschichtlichkeit.* München 1949.

347 R. Koselleck, *Kritik und Krise. Ein Beitrag zur Pathogenese der bürgerlichen Welt.* Freiburg/München 1959.

348 R. Koselleck, *Historia Magistra Vitae. Über die Auflösung des Topos im Horizont neuzeitlich bewegter Geschichte.* In: *Natur und Geschichte.* K. Löwith z. 70. Geb. Hg. v. M. Braun/M. Riedel. Stuttgart 1967, 196-219.

349 Th. Litt, *Die Wiederentdeckung des geschichtlichen Bewußtseins.* Mit einem Geleitw. v. E. Spranger u. W. Roessler zum 75. Geb. d. Verf. Heidelberg 1950.

350 K. Löwith, *Weltgeschichte und Heilsgeschehen. Die theologischen Voraussetzungen der Geschichtsphilosophie.* Stuttgart ⁴1961.

351 G. Lozek, *Das Dilemma der imperialistischen westdeutschen Geschichtsschreibung und Geschichtsideologie.* In: *Die philosophische Lehre von Karl Marx und ihre aktuelle Bedeutung.* Berlin 1968, 192-200.

352 M. Müller, *Erfahrung und Geschichte.* Freiburg/München 1971.

353 K. R. Popper, *Über Geschichtsschreibung und über den Sinn der Geschichte.* In: *Geist und Gesicht der Gegenwart.* Hg. v. O. Molden. Zürich 1962, 111-142.

354 K. R. Popper, *Das Elend des Historizismus.* Tübingen ²1969.

355 M. Riedel, *Das erkenntniskritische Motiv in Diltheys Theorie der Geisteswissenschaften.* In: *Hermeneutik und Dialektik.* Auf-

sätze I: *Methode und Wissenschaft. Lebenswelt und Geschichte.* Hg. v. R. Bubner / K. Cramer / R. Wiehl. Tübingen 1970, 233 bis 255.

356 J. Ritter, *Die Aufgabe der Geisteswissenschaften in der modernen Gesellschaft.* Jahresschrift 1961 der Ges. z. Förderung d. Westf. Wilh.-Univ. zu Münster. Münster 1961, 11-39.

357 E. Rothacker, *Die dogmatische Denkform in den Geisteswissenschaften und das Problem des Historismus.* Mainz/Wiesbaden 1954. (Ak. d. Wiss. u. d. Lit., Abh. d. geistes- u. sozialwiss. Kl., Jg. 1954, Nr. 6).

358 G. Simmel, *Probleme der Geschichtsphilosophie.* Leipzig 1892.

359 E. Troeltsch, *Der Historismus und seine Probleme.* In: *Gesammelte Schriften III.* Neudruck Aalen 1961.

360 P. Vranicki, *Mensch und Geschichte.* Frankfurt/M. 1969.

361 A. Weber, *Abschied von der bisherigen Geschichte. Überwindung des Nihilismus?* Hamburg 1946.

362 H.-U. Wehler, *Zum Verhältnis von Geschichtswissenschaft und Psychoanalyse.* In: *Geschichte und Psychoanalyse.* Hg. v. H.-U. Wehler. Köln 1971, 9-30.

363 R. Wittram, *Anspruch und Fragwürdigkeit der Geschichte. Sechs Vorlesungen zur Methodik der Geschichtswissenschaft und zur Ortsbestimmung der Historie.* Göttingen 1969.

4.2. Theorie des Verstehens

364 H. Albert, *Theorie, Verstehen und Geschichte. Zur Kritik des methodologischen Antinomieanspruchs in den sogenannten Geisteswissenschaften.* In: *ZFAW* 1 (1970), 3-23.

364a K. O. Apel, *Das Verstehen. Eine Problemgeschichte als Begriffsgeschichte.* In: *ABG* 1955, H. 1, 142-199.

365 K. O. Apel, *Wittgenstein und das Problem des hermeneutischen Verstehens.* In: *ZThK* 63 (1966), 49-87.

366 W. Blumenfeld, *Verstehen und Deuten. Ein Beitrag zur Theorie der Hermeneutik.* In: *JbPhil* 3 (1927/28), 18-34, 81-100, 145 bis 169.

367 O. F. Bollnow, *Was heißt einen Schriftsteller besser verstehen, als er sich selber verstanden hat?* In: *DVLG* 18 (1940), 117-139.

368 O. F. Bollnow, *Über das kritische Verstehen.* In: *DVLG* 22 (1944), 1-29.

369 O. F. Bollnow, *Das Verstehen. Drei Aufsätze zur Theorie der Geisteswissenschaften.* Mainz 1949.

370 W. Ehrlich, *Das Verstehen.* Zürich 1939.

371 Th. Haering, *Philosophie des Verstehens. Versuch einer syste-*

matischen erkenntnistheoretischen Grundlegung allen Erkennens.
Tübingen 1963.

372 H. Kimmerle, *Typologie der Grundformen des Verstehens von der Reformation bis zu Schleiermacher.* In: *ZThK* 67 (1970), 162 ff.

373 W. Raddatz / G. Sauter / H. G. Ulrich, *Verstehen.* In: *Praktisch Theologisches Handbuch.* Hg. v. G. Otto. Hamburg 1970.

374 H. Scholz, *Zur Erhellung des Verstehens.* In: *Geistige Gestalten und Probleme. Festschr. f. E. Spranger z. 60 Geb.* Leipzig 1942, 291-310.

375 G. Simmel, *Vom Wesen des historischen Verstehens.* Berlin 1918.

376 E. Spranger, *Zur Theorie des Verstehens und zur geisteswissenschaftlichen Psychologie.* In: *Festschr. f. J. Volkelt.* München 1918, 357-403.

4.3. Geisteswissenschaftliche Hermeneutik

377 K.-O. Apel, *Heideggers philosophische Radikalisierung der Hermeneutik und die Frage nach dem »Sinnkriterium« der Sprache.* In: *Die hermeneutische Frage in der Theologie.* Hg. v. O. Lorentz / W. Strolz. Wien/Freiburg 1968, 86-153.

378 J. Berger, *Historische Logik und Hermeneutik.* In: *PJGG* 75 (1967), 127-151.

379 E. Betti, *Probleme der Übersetzung und der nachbildenden Auslegung.* In: *DVLG* 27 (1953), 489-508.

380 E. Betti, *Zur Grundlegung einer allgemeinen Auslegungslehre.* In: *Festschr. f. E. Rabel,* Bd. II. Tübingen 1954, 79-168.

381 E. Betti, *Die Hermeneutik als allgemeine Methodik der Geisteswissenschaften.* Tübingen 1962.

382 E. Betti, *Allgemeine Auslegungslehre als Methodik der Geisteswissenschaften.* Tübingen 1967.

383 E. Betti, *Problematik einer allgemeinen Auslegungslehre als Methodik der Geisteswissenschaften.* In: *Hermeneutik als Weg heutiger Wissenschaft. Ein Forschungsgespräch.* Hg. v. V. Warnach, Salzburg/München 1971, 13-28.

384 Rezensionen zu 382:
G. Funke. In: *ZPF* 14 (1960), 1161-1181.
L. Kreiser / W. Lorenz. In: *DZP* 18 (1970), 1004-1007.
H. Lausberg. In: *ASNS* 1957, Nr. 193, 215 ff.
K. Oedingen. In: *KST* 50 (1958), 230-233.

385 H. Bock, *Theologische Erwägungen zu einer philosophischen Hermeneutik.* In: *ZZ* 23 (1969), 362-370.

386 O. F. Bollnow, *Zum Begriff der hermeneutischen Logik.* In: *Argumentationen. Festschr. f. J. König.* Göttingen 1964, 20-42.

387 O. F. Bollnow, *Erwägungen zum Aufbau einer Philosophie der Erkenntnis.* In: ZPF 22 (1968), 510-553.

388 O. F. Bollnow, *Philosophie der Erkenntnis. Das Vorverständnis und die Erfahrung des Neuen.* Stuttgart 1970.

389 C. v. Bormann, *Die Zweideutigkeit der hermeneutischen Erfahrung.* In: Theorie-Diskussion. *Hermeneutik und Ideologiekritik.* Mit Beiträgen von K.-O. Apel, C. v. Bormann, R. Bubner, H.-G. Gadamer, H. J. Giegel, J. Habermas. Frankfurt/M. 1971, 83-119.

390 R. Bubner / K. Cramer / R. Wiehl, *Hermeneutik und Dialektik. Aufsätze I: Methode und Wissenschaft, Lebenswelt und Geschichte. Aufsätze II: Sprache und Logik, Theorie der Auslegung und Probleme der Einzelwissenschaften.* Tübingen 1970.

391 E. Castelli, *Herméneutique de l'herméneutique.* In: *Hermeneutica e tradizione. Archivio de Filosofia.* Hg. v. E. Castelli. Padua 1963, 1-4.

392 E. Coreth, *Grundfragen der Hermeneutik. Ein philosophischer Beitrag.* Freiburg/Basel/Wien 1969.

393 E. Coreth, *Zur Beziehung zwischen Hermeneutik und Metaphysik.* In: (383), 55-61.

394 A. De Waehlens, *Sur une herméneutique de l'herméneutique.* In: RPL 60 (1962), 573-591.

395 A. Fialkowski, *Paul Ricoeur et l'Herméneutique des Mythes.* In: ESPRIT 35 (1967), 73-89.

396 G. Frey, *Hermeneutik und hypothetisch-deduktive Methode.* In: ZFAW 1 (1970), 24-40.

397 P. Fruchon, *Ressources et limites d' une Herméneutique philosophique.* In: AP 30 (1967), 411-438.

398 H. G. Gadamer, *Vom Zirkel des Verstehens.* In: *Martin Heidegger z. 70. Geb.* (26. Sept. 1959). Pfullingen 1959, 24-34.

399 H. G. Gadamer, *Verstehen.* In: *Die Religion in Geschichte und Gegenwart.* Bd. VI, 3. Aufl. Tübingen 1963, 1381 ff.

400 H. G. Gadamer, *Hermeneutik und Historismus.* In: PRDSCH 9 (1962), 241-276.

401 H. G. Gadamer, *Sprache als Medium der hermeneutischen Erfahrung.* In: *Das Problem des Übersetzens.* Hg. v. H. J. Störig. Darmstadt 1963, 402-409.

402 H. G. Gadamer, *Wahrheit und Methode. Grundzüge einer philosophischen Hermeneutik.* Tübingen ²1965.

403 H. G. Gadamer, *Die Universalität des hermeneutischen Problems.* In: PJGG 73 (1966), 215-225.

404 H.-G. Gadamer, *Semantik und Hermeneutik.* In: *Akten d. XIV. Inter. Kongr. f. Philosophie.* Wien 2.-9. 9. 1968. Bd. VI, 259 bis 264.

405 H. G. Gadamer, *Rhetorik, Hermeneutik und Ideologiekritik. Metakritische Erörterungen zu ›Wahrheit und Methode‹.* In: (389), 57-82.

406 H. G. Gadamer, *Replik.* In: (389), 283-317.

407 M. Gatzemeier / D. Gerhardus, *Vorüberlegungen zu einer Hermeneutik als Wissenschaft.* In: *Linguistische Berichte* 13 (1971), 1-13.

408 L. Geldsetzer, *Die Philosophie der Philosophiegeschichte im 19. Jahrhundert. Zur Wissenschaftstheorie der Philosophiegeschichtsschreibung und Betrachtung.* Düsseldorf 1968.

409 L. Geldsetzer, *Über zwei Typen der Hermeneutik. Theorie der zetetischen und dogmatischen Interpretation* (Kurzfassung). In: *Akten d. XIV. Intern. Kongr. f. Philos.,* Wien, 2.-9. 9. 1968. Bd. III. Wien 1969, 305-306.

409a U. Gerber (Hg.), *Hermeneutik als Kriterium für Wissenschaftlichkeit? Der Standort der Hermeneutik im gegenwärtigen Wissenschaftskanon.* Loccum 1972 (= Loccumer Kolloquien 2).

410 H. J. Giegel, *Reflexion und Emanzipation.* In: (389), 244-282.

411 K. Gründer, *Hermeneutik und Wissenschaftstheorie.* In: *PJGG* 75 (1967), 152-167.

412 J. Habermas, *Zu Gadamers ›Wahrheit und Methode‹.* In: (389), 45-56.

413 W. F. Haug, *Privatmann und Ursprungsmythos. Die restaurative Hermeneutik bürgerlicher Marx-Engels-Biographien.* In: *ARGUMENT* 13 (1971), 79-107.

414 M. Heidegger, *Sein und Zeit.* Halle 1927.

415 E. Heintel, *Verstehen und Erklären.* In: (383), 67-77.

416 H. Hülsmann, *Hermeneutik und Sprache.* In: (383), 101-106.

417 H. Hülsmann, *Hermeneutik und Gesellschaft.* In: *SW* 18 (1967) 1-28.

418 H. Hülsmann, *Hermeneutik und Dialektik. Betrachtungen zur Theologie und Aufklärung.* In: *ZPF* 25 (1971), 98-108.

419 H. Kimmerle, *Die Hermeneutik Schleiermachers im Zusammenhang seines spekulativen Denkens.* Phil. Diss. Heidelberg 1957.

420 H. Kimmerle, *Hermeneutische Theorie oder ontologische Hermeneutik.* In: *ZThK* 59 (1962), 114-130.

421 H. Kimmerle, *Metahermeneutik. Applikation, hermeneutische Sprachbildung.* In: *ZThK* 61 (1964), 221-235.

422 K. Koch, *Was ist Formgeschichte?* Berlin ²1971.

423 H. Kosak, *Leitfaden biblischer Hermeneutik.* Berlin ²1971.

424 H. Kuhn, *Hermeneutik und Ontologie.* In: (383), 45-50.

425 K. Kuypers, *Hermeneutiek en Anthropologie.* In: *ANTWP* 39 (1946), 61-74.

441

426 F. K. Mayr, *Der Gott Hermes und die Hermeneutik*. In: *TFILOS* 30 (1968), 535-625.

427 G. F. Meier, *Versuch einer allgemeinen Auslegungskunst*. Halle 1757. Nachdruck Düsseldorf 1965.

428 W. Pannenberg, *Hermeneutik und Universalgeschichte*. In: *ZThK* 60 (1963), 90-121.

429 S. Oppholzer (Hg.), *Hermeneutik, Phänomenologie, Dialektik, Methodenkritik*. München 1966.

430 H. Ott, *Das Hermeneutische als das Unumgängliche der Philosophie*. In: *Die Zukunft der Philosophie*. Hg. v. H. R. Schlette. Olten/Freiburg 1968, 87-104.

431 R. E. Palmer, *Hermeneutics. Interpretation Theory in Schleiermacher, Dilthey, Heidegger and Gadamer*. Evanston/Ill. 1969.

432 P. Ricoeur, *Existence et Herméneutique*. In: *Interpretation der Welt. Festschr. f. R. Guardini z. 80. Geb*. Würzburg 1965, 32-51.

433 R. Ricoeur, *Le conflict des Interprétations. Essais d' Herméneutique*. Paris 1969.

434 K. Schmidt, *Der hermeneutische Zirkel. Untersuchungen zum Thema: Übersetzen und Philosophie*. In: *Die pädagogische Provinz* 22 (1967), 472-488.

435 W. Schulz, *Die Grundlagen der Hermeneutik Schleiermachers, ihre Auswirkung und ihre Grenzen*. In: *ZThK* 50 (1953), 158 ff.

435a Th. M. Seebohm, *Zur Kritik der hermeneutischen Vernunft*. Bonn 1972.

436 H. Seiffert, *Hermeneutik und historische Methode*. In: *Einführung in die Wissenschaftstheorie*. 2. Bd. München 1970, 43-198.

437 H. Seiffert, *Verständlichkeit der Wissenschaft: dialektisch-sprach-analytisch-hermeneutisch*. In: *Neue Sammlung* 10 (1970), 275 ff.

438 J. Vandenbulcke, *Hermeneutiek en Gesprek. Een studie over ›Wahrheit und Methode‹ van H. G. Gadamer*. In: *TFILOS* 31 (1969), 211-231.

4.4. Sozialwissenschaftliche Hermeneutik

439 K. Acham, *Zum wissenschaftlichen Status und zur Pragmatik der Geschichtswissenschaft. Einige Bemerkungen aus der Sicht der analytischen Geschichtsphilosophie*. In: *Neue Aspekte der Wissenschaftstheorie*. Hg. v. H. Lenk. Braunschweig 1971, 129 bis 167.

440 Th. W. Adorno, *Thesen über Tradition*. In: *Ohne Leitbild. Parva Aesthetica*. Frankfurt/M. 1967, 29-41.

441 Th. W. Adorno, *Zur Metakritik der Erkenntnistheorie*. In: *Gesammelte Schriften 5*. Frankfurt/M. 1971.

441a H. Albert, *Hermeneutik und Realwissenschaft. Sozialwissenschaft und soziale Praxis.* In: *Plädoyer für kritischen Rationalismus.* München 1971, 106-149.

442 K.-O. Apel, *Szientistik, Hermeneutik, Ideologiekritik. Entwurf einer Wissenschaftslehre in erkenntnisanthropologischer Sicht.* In: (389), 7-44.

443 K.-O. Apel, *Die erkenntnisanthropologische Funktion der Kommunikationsgemeinschaft und die Grundlagen der Hermeneutik.* In: *Information und Kommunikation.* Hg. v. S. Moser. München/Wien 1968, 163 ff.

444 K.-O. Apel, *Szientismus oder transzendentale Hermeneutik.* In: *Hermeneutik und Dialektik. Aufsätze I: Methode und Wissenschaft. Lebenswelt und Geschichte.* Hg. v. R. Bubner / K. Cramer / R. Wiehl. Tübingen 1970, 105-144.

445 D. Böhler, *Metakritik der Marxschen Ideologiekritik. Prolegomenon zu einer reflektierten Ideologiekritik und »Theorie-Praxis-Vermittlung«.* Frankfurt/M. 1971.

446 J. Habermas, *Zur Logik der Sozialwissenschaften.* Tübingen 1967. (*Der hermeneutische Ansatz:* 149-176).

447 J. Habermas, *Erkenntnis und Interesse.* In: *Technik und Wissenschaft als ›Ideologie‹.* Frankfurt/M. 1968, 146-168.

448 J. Habermas, *Erkenntnis und Interesse.* Frankfurt/M. 1968.

449 J. Habermas, *Der Universalitätsanspruch der Hermeneutik.* In: (389), 120-159.

450 A. Lorenzer, *Symbol, Interaktion und Praxis.* In: *Psychoanalyse als Sozialwissenschaft.* Mit Beiträgen von A. Lorenzer, H. Dahmer, K. Horn, K. Brede, E. Schwanenberg. Frankfurt/M. 1971, 9-59.

451 A. Wellmer, *Der heimliche Positivismus der Marxschen Geschichtsphilosophie.* In: *Kritische Gesellschaftstheorie und Positivismus.* Frankfurt/M. 1969, 69-127.

4.5. *Hermeneutik und Literatur, Ästhetik*

452 Autorenkollektiv sozialistischer Literaturwissenschaftler Westberlin, *Zum Verhältnis von Ökonomie, Politik und Literatur im Klassenkampf. Grundlagen einer historisch-materialistischen Literaturwissenschaft.* Berlin 1971.

453 R. Barthes, *Literatur oder Geschichte.* Frankfurt/M. 1969.

454 J. G. Bomhoff, *Hermeneutiek der Literatuur.* In: *ANTW* 59 (1967), 151-167.

455 O. Hansen, *Hermeneutik und Literatursoziologie.* In: *Literatur-*

wissenschaft und Sozialwissenschaften. Grundlagen und Modell-
analysen. Stuttgart 1971, 357-399.

456 J. Hauff / A. Heller / B. Hüppauf / L. Köhn / K.-P. Philippi,
Methodendiskussion. Arbeitsbuch zur Literaturwissenschaft. Bd.
II, Kap. III: Hermeneutik. Frankfurt/M. 1971, 1-81.

457 W. F. Haug, Zur Kritik der Warenästhetik. In: Kursbuch 20.
1970, 140-158.

458 W. F. Haug, Kritik der Warenästhetik. Frankfurt/M. 1971.

459 C. Heselhaus, Auslegung und Erkenntnis. In: Gestaltprobleme
der Dichtung. Festschr. f. G. Müller. Bonn 1957, 259-282.

460 L. Hoyer, Der Mißbrauch der Ästhetik im zeitgenössischen Revisionismus. In: DZP 19 (1971), 1301-1317.

461 H. R. Jauss, Literaturgeschichte als Provokation. Frankfurt/M.
1970.

462 G. Kandler, Sprachwissenschaftliche Aufgaben der Hermeneutik.
In: Studi in onore Emilio Betti. Mailand 1962, Bd. I, 173-191.

463 E. Leibfried, Kritische Wissenschaft vom Text. Manipulation,
Reflexion, transparente Poetologie. Stuttgart 1970.

464 E. Leibfried, Identität und Variation. Prolegomena zur kritischen Poetologie. Stuttgart 1970.

465 G. Lukács, Einführung in die ästhetischen Schriften von Marx
und Engels. In: Marxistische Literaturkritik. Hg. u. eingel. v.
V. Žmegač. Bad Homburg 1970, 29-59.

466 L. Noussan-Lettry, Das Verhältnis der Texte als Sache philo-
sophiegeschichtlicher Hermeneutik. In: ZPF 25 (1971), 523 bis
534.

467 V. F. Pereverzev, Notwendige Voraussetzungen der marxistischen Literaturwissenschaft. In: (465), 19-28.

468 U. Ricklefs, Hermeneutik. In: Das Fischer-Lexikon. Literatur II.
Frankfurt/M. 1965, 277-293.

469 F. Rodi, Morphologie und Hermeneutik. Zur Methode von
Diltheys Ästhetik. Stuttgart 1969.

470 H. D. Sander, Marxistische Ideologie und allgemeine Kunst-
theorie. Tübingen 1970.

471 H. J. Sandkühler, Zum Verhältnis von Hermeneutik und Ideologiewissenschaft. Fragen einer materialistischen Interpretations-
theorie. Gießen 1972.

471a H. J. Sandkühler, Zur Begründung einer materialistischen Hermeneutik durch die materialistische Dialektik. In: ARGUMENT
14 (1972), 977-1005.

472 E. Staiger, Die Kunst der Interpretation. Zürich 1955.

473 P. Szondi, Zur Erkenntnisproblematik in der Literaturwissenschaft. In: Die Neue Rundschau 73 (1962), 146-165.

474 Literatur im Klassenkampf. Zur proletarisch-revolutionären Li-

444

teraturtheorie 1919-1923. Eine Dokumentation v. W. Fähnders
und M. Rector. München 1971.

4.6. Hermeneutik und Recht

475 A. v. Baeyer, *Bemerkungen zum Verhältnis von juristischer und
philosophischer Hermeneutik.* In: *ARS* 54 (1968), 27-42.

476 H. Bartholomeyczik, *Die Kunst der Gesetzesauslegung. Eine
wissenschaftliche Hilfe zur praktischen Rechtsanwendung.*
Frankfurt/M. 1971.

477 L. Bendix, *Zur Psychologie der Urteilsfähigkeit des Berufsrich-
ters u. a. Schriften.* Neuwied/Berlin 1968.

478 E. Betti, *Jurisprudenz und Rechtsgeschichte vor dem Problem
der Auslegung.* In: *ARS* 40 (1952), 354-374.

479 E. Betti, *Das Problem der Kontinuität im Lichte der rechtshistorischen Auslegung.* In: *Vorträge des Mainzer Institus f. eu-
ropäische Geschichte,* Nr. 18, 1957.

480 E. Betti, *Das Problem der Auslegung in der Rechtswissenschaft.*
In: *Festschrift für Karl Engisch zum 70. Geb.* Hg. v. P. Bock-
mann / A. Kaufmann / U. Klug. Frankfurt/M. 1969, 274 bis
288.

481 G. Bohne, *Zur Psychologie der richterlichen Überzeugungsbil-
dung.* Köln 1948 (Nachdruck Darmstadt 1967).

482 H. Coing, *Die juristischen Auslegungsmethoden und die Lehre
der allgemeinen Hermeneutik.* In: *Veröffentlichung der AG f.
Forschung d. Landes Nordrhein-Westf.,* Geisteswiss. R. 84.
Köln/Opladen 1959.

483 K. Engisch, *Aufgaben einer Logik und Methodik des juristischen
Denkens.* In: *SG* 12 (1959), 76 ff.

484 K. Engisch, *Einführung in das juristische Denken.* Stuttgart
⁵1971.

484a K. Engisch, *Logische Studien zur Gesetzesanwendung.* Heidelberg ³1963.

485 J. Esser, *Vorverständnis und Methodenwahl in der Rechtsfin-
dung.* Frankfurt/M. 1970.

486 E. Forsthoff, *Recht und Sprache. Prolegomena zu einer richterlichen Hermeneutik.* Halle 1940, 2. Aufl. 1964.

487 H. G. Gadamer, *Die exemplarische Bedeutung der juristischen
Hermeneutik.* In: *Wahrheit und Methode. Grundzüge einer philosophischen Hermeneutik.* Tübingen ²1965, 307-323.

488 W. Hassemer, *Tatbestand und Typus. Untersuchungen zur straf-
rechtlichen Hermeneutik.* Köln 1968.

489 A. Heuss, *Zur Hermeneutik des historischen und juristisch-*

    normativen Satzes. In: *Studi in onore di Emilio Betti.* Mailand
    1962, Bd. I, 161-172.

490 J. Himmelschein, *Studien zur antiken hermeneutica juris.* In:
    Symbolae Fribourgenses in honorem Ottonis Lehnel. Leipzig
    1935, 372-424.

491 A. Kaufmann, *Die Geschichtlichkeit des Rechts im Lichte der
    Hermeneutik.* In: *Festschr. f. Karl Engisch z. 70 Geb.* Frank-
    furt/M. 1969, 243-273.

492 H. Kelsen, *Zur Theorie der Interpretation.* In: *Revue Intern.
    de la Théorie du Droit général* 8 (1934), 9-17.

493 M. Kriele, *Theorie der Rechtsgewinnung. Entwickelt am Pro-
    blem der Verfassungsinterpretation.* Berlin 1967.

494 J. J. Lang, *Beiträge zur Hermeneutik des Römischen Rechts.*
    Stuttgart 1857.

495 W. Maihofer, *Ideologie und Recht. Juristische Vorbemerkungen
    zum Thema.* In: *Ideologie und Recht.* Hg. v. W. Maihofer,
    Frankfurt/M., 1969, 1-35.

496 Th. Mayer-Maly, *Hermeneutik und Evidenz im Recht.* In: (383),
    127-130.

497 F. Müller, *Normstruktur und Normativität. Zum Verhältnis
    von Recht und Wirklichkeit in der juristischen Hermeneutik,
    entwickelt an Fragen der Verfassungsinterpretation.* Berlin
    1966.

498 W. Naucke, *Der Nutzen der subjektiven Auslegungstheorie im
    Strafrecht.* In: (480), 274-288.

499 F. Neumann, *Der Funktionswandel des Gesetzes.* In: *Demokra-
    tischer und autoritärer Staat. Studien zur politischen Theorie.*
    Hg. u. m. einem Vorwort vers. v. H. Marcuse. Eingel. v. H.
    Pross. Frankfurt/Wien 1967.

500 E. Paschukanis, *Allgemeine Rechtslehre und Marxismus. Ver-
    such einer Kritik der juristischen Grundbegriffe.* Mit einer Re-
    zension v. K. Korsch. Nachdruck Frankfurt/M. 1966.

501 G. Radbruch, *Arten der Interpretation.* In: *Recueil d'Etudes
    sur les sources du droit en l'honneur de François Gény.* Paris
    1934, Bd. II, 217-226.

502 N. Reich, *Einleitung* zu (509), 7-58.

503 P. Römer, *Das Recht als Basis und Überbau. Die Bedeutung von
    W. Friedmanns »Recht und sozialer Wandel« für die deutsche
    Rechtswissenschaft.* In: *NPL* 15 (1970), 300-319.

504 W. Rosenbaum, *Zum Rechtsbegriff bei Stučka und Pašukanis.*
    In: *KJ* 4 (1971), 148-165.

505 H. Rottleutner, *Klassenjustiz?* In: *KJ* 2 (1969), 1-26.

505a H. Rottleutner, *Zur Soziologie richterlichen Handelns* (I, II).
    In: *KJ* 3 (1970), 283-306; 4 (1971), 60-88.

506 W. Sauer, *Juristische Methodenlehre, zugleich eine Einleitung in die Methodik der Geisteswissenschaften.* Stuttgart 1940, §§ 36/37.

507 U. Schroth, *Zum Problem der Wertneutralität richterlicher Tatbestandsfestlegung im Strafrecht. Zugleich ein Beitrag zur allgemeinen juristischen Hermeneutik.* In: *Rechtstheorie. Ansätze zu einem kritischen Rechtsverständnis.* Karsruhe 1971, 103 ff.

508 J. Seifert, *Verrechtlichte Politik und die Dialektik der marxistischen Rechtstheorie.* In: *KJ* 4 (1971), 185-200.

509 P. I. Stučka, *Die revolutionäre Rolle von Recht und Staat.* Hg. v. N. Reich. Frankfurt/M. 1969.

510 A. F. J. Thibaut, *Über den Einfluß der Philosophie auf die Auslegung der positiven Gesetze.* In: *Versuche über einzelne Teile der Theorie des Rechts,* Bd. 1, 1798.

511 A. F. J. Thibaut, *Hermeneutik und Kritik des Römischen Rechts.* In: *A. F. J. Thibauts juristischem Nachlaß.* Hg. v. C. J. Guyet. 2 Bd. Berlin 1841/1842, Bd. II, 363-480.

512 F. Wieacker, *Notizen zur rechtshistorischen Hermeneutik.* In: *Nachrichten d. Ak. d. Wiss. Göttingen, Phil.-Hist. Kl.* Göttingen 1963, 1-22.

513 F. Wieacker, *Bemerkungen zu einer rechtshistorischen Hermeneutik.* In: *Das Problem der Interpretation.* Mainzer Universitätsgespräche im Sommersemester 1964. Hg. v. H. Müller / P. Schneider. Mainz [1964], 5-13.

514 H. G. Wittich, *Principia et subsidia hermeneuticae juris.* Göttingen 1799.

515 H. Wüstendörffer, *Zur Hermeneutik der soziologischen Rechtsfindungstheorie.* In: *ARWPH* 9 (1915), 16 ff.

516 Zachariä, *Versuch einer allgemeinen Hermeneutik des Rechts.* Meißen 1805.

Personenregister

Sachregister

452

Alphabetisches Verzeichnis der edition suhrkamp